淄　博　市　桓　台　县
第二次全国地名普查丛书

桓台县地名志

HUANTAIXIAN DIMING ZHI

桓台县民政局 编

方志出版社
Publishing House of Local Records

图书在版编目（CIP）数据

桓台县地名志/桓台县民政局编. -- 北京 ：方志出版社，2018.3
ISBN 978-7-5144-3042-4

Ⅰ. ①桓… Ⅱ. ①桓… Ⅲ. ①地名-桓台县 Ⅳ. ①K925.24

中国版本图书馆CIP数据核字(2018)第065731号

桓台县地名志

编　　者：桓台县民政局
责任编辑：张　颢
出 版 人：冀祥德
出 版 者：方志出版社
地址　北京市朝阳区潘家园东里9号（国家方志馆4层）
邮编　100021
网址　http://www.fzph.org
发　　行：方志出版社图书经销中心
电话（010）67110500
经　　销：各地新华书店
印刷装帧：山东麦德森文化传媒有限公司（0531）82666659
开　　本：889×1194　1/16
印　　张：34
字　　数：820千字
版　　次：2018年10月第1版　2018年10月第1次印刷
印　　数：0001～2000册
ISBN 978-7-5144-3042-4　定价：198.00元

桓台县地名志编委会成员

主　　任　张京义

副 主 任　王允强

成　　员　王德明　荆延桥　史希东　赵　朋

　　　　　许志明　田兴军　宗延新　王秀芳

主　　编　王允强

副 主 编　田兴军　王秀芳

执行主编　徐承来　张春兴

编辑人员　金　强　高　红　于　琳　刘倩倩

　　　　　刘　冰　刘晓艳　赵　红　张　超

　　　　　刘丙琪　许晓婕　巩丽丽

序

桓台县第二次全国地名普查丛书——《桓台县地名图集》《桓台县地名录》《桓台县地名志》《桓台县地名词典》，自2016年3月开始编纂，历时两年多时间，即将付梓出版。该丛书是2014年7月至2018年6月，桓台县在国务院和省市第二次全国地名普查领导小组的指导下，开展地名普查的主要成果，是在深入基层，发动群众，参考历史，查阅资料，反复核实基础上编纂而成的，是全县广大地名工作者自觉践行实干苦干、永争一流要求的真实写照，是对桓台文化强县建设的重大贡献。

地名，是民族文化的遗产，是人类活动与山川地理的自然结合，同时也是一种牵动乡土情怀的称谓，更是承载家乡历史、传播地域文化的特殊载体。桓台历史悠久，人文荟萃，早在原始社会的新石器时代，境内就出现了人类文明。桓台人杰地灵、英才辈出，是清初诗坛领袖王士祯的故里，辕固、王重光、王象乾、王象晋、徐夜等文人名士，也都在中国历史上产生过重要的影响。桓台物华天宝、钟灵毓秀，境内沃野平畴，河流纵横交错，是我国江北地区第一个“吨粮县”和全国闻名的“建筑之乡”，县境北部96平方公里的马踏湖是国家级湿地公园。每一处自然、人文地理实体，都有一个专门为其量身定制、具有独特内涵的名字。桓台地名，因为这些体现地域特色的名字，而变得更加富有诗意。因此，编纂出版桓台县第二次全国地名普查丛书，是时代呼唤、民心所盼、众望所归，是一项功在当代、利在千秋的事业。

读史方能明智，知古方能鉴今。《桓台县地名录》集中反映了通过第二次全国地名普查生成的3157条地名的标准名称、标准读音、地理位置等信息。《桓台县地名志》详细记述了境内314个自然村的历史沿革、自然、政治、经济、风俗、文化、重大事件、历史人物等内容，系统介绍了涵盖风景名胜、遗址、文物、石刻、公园、纪念建筑物、湖泊、河流、水库、水利、电力、通信、交通、事业、企业等十几类地名的概况。《桓台县地名词典》则本着简明、实用的原则，重点对全县720多条地名的历史与现状、来历及含义等作了介绍。《桓台县地名图集》共收录各个历史时期的政区图、城区图、地名图以及各镇办区划地名图等20多幅。该丛书，是桓台县有史以来首部集权威性、综合性、法定性、知识性、宣传性、实用性等于一体的大型地名资讯专业工具书，是人们认知桓台地名文化的重要地情资料。

在四年多的地名普查和资料编纂过程中，参与普查和编写的同志，锲而不舍，精益求精，足迹踏遍了全县509平方公里的每个角落，付出了大量的心血和辛勤的劳动，做了大量卓有成效的工作，高标准高质量完成了各项地名普查和丛书编纂任务，先后三次代表全省和全市接受上级组织的阶段性质量评定和最终检查验收。多位方志专家、地名学者和党政领导同志积极参与其中，给予了具体的工作指导，并提出了很多有价值的意见和建议，为丛书的顺利出版奠定了基础。

桓台，是一方文化的热土。桓台作为政区名称，始终铭记着先贤的足迹，镌刻着今人的作为，牵动着人们的情感。乡人情之所牵，前辈事之所继。希望全县广大地名工作者，紧紧抓住第二次全国地名普查为我县地名文化事业发展带来的机遇，牢记新时代肩负的责任，紧跟县委、县政府提出的打造发展质量更高创新活力更强的宜业宜居新桓台这一目标任务，以更加饱满的热情、求真务实的作风、严谨细致的工作，更加注重地名工作的科学化规范化，更加注重发挥地名普查丛书的资政育人作用，更加注重提升地名公共服务的质量水平，让桓台地名文化在服务全县经济社会发展、推进桓台转型跨越新征程中绽放出更加绚丽的色彩。

谨以为序。

中共桓台县委书记

桓台县人民政府县长

2018年10月

县委办公楼

县政府办公楼

县人大政协办公楼

四世宫保坊

马踏湖

红莲湖

桓台博物馆

云涛古迹

王渔洋祠堂

王渔洋故居

文体中心

城标广场

柳泉北路

少海公园

目　录

第一章

县情概况

桓台县位于山东省中部偏北，北纬36°51′～37°06′，东经117°50′～118°10′。地处鲁中山区与鲁中平原结合地带，淄博市区正北方。东接临淄区，南靠张店区，西南与周村区分界，西连滨州市邹平县，西北以小清河为界与高青县接壤，东北与滨州市博兴县毗邻，县人民政府驻索镇街道，距淄博市中心城区18千米，略呈方形。东西最大横距31千米，南北最大纵距25.5千米，面积508.96平方千米。其中陆地469.33平方千米，占92.21%；水域39.63平方千米，占7.79%。人口密度每平方千米980人。辖索镇、少海2个街道，新城、田庄、起凤、唐山、荆家、果里、马桥7个镇，有335个村民委员会和11个社区居委会，共314个自然村。

桓台地域早在4000年前已有人类居住并繁衍生息。著名人物有战国时期鲁仲连、颜斶，西汉初"齐诗学"创始人、博士辕固；明代兵部尚书王象乾，医药学家、《二如亭群芳谱》作者王象晋；清代文学家王士禄、徐夜，一代诗宗王士禛。是全国百强县（市），山东省县域经济50强，江北第一个吨粮县，全国闻名的建筑之乡。

全县总人口50.15万人，其中非农业人口14.33万人。人口出生率14.57‰，死亡率8.08‰，自然增长率2.1‰。全县除汉族外，有27个少数民族，共548人。县内少数民族处于散居状态。

县境处鲁北平原的南缘，北部属黄河冲击平原，南部为鲁中山地北麓洪冲击平原。地形平缓，南高北低，向东北倾斜，略呈微波状。县内最高处位于果里镇三龙村，海拔29.5米，最低处位于马踏湖，海拔5.7米。

气候属于暖温带湿润气候，其特点是四季分明。春季干旱多风，夏季炎热多雨，秋季天高气爽，冬季寒冷晴燥。多年平均气温13.3℃，一月平均气温－2.4℃，极端最低－23.2℃（1979年2月1日）；7月平均气温27.0℃，极端最高气温41.5℃（2005年6月23日）。最低月平均气温－5.9℃（1981年1月），最高月平均气温29.1℃（2010年7月）。平均气温年较差29.4℃，最大日较差25.3℃（1990年5月11日）。无霜期年平均198天，最长达243天，最短为171天。年平均日照时数2523.0小时。0℃以上持续288天（一般为2月24日至12月8日）。年平均降雨日数为71天，最多87天（1990），最少为54天（1999）。极端年最大雨量1077.7毫米（1964），极端年最少雨量242.2毫米（1989）。降雨集中在每年的5月至9月，7月最多。5、6月份有时出现冰雹天气。

境内河道属小清河流域。主要河道有省属一级河道小清河（古称泺水），自高青县黑里寨镇与邹平县交界处入境，至荆家镇崔家村和博兴交界处出境，流经马桥、荆家2个镇，过境长度18.8千米，流域面积120.38平方千米。泄洪能力500立方米/秒。县境内北部有马踏湖、锦秋湖、青沙湖3个滞洪湖泊，县内各河皆自右岸先后汇入小清河。

境内已探明地下矿藏有铁、铜、钴、硫、石油、天然气、煤、地热等。铁矿属内生矿藏，主要分布在果里镇的侯庄至三龙等地，总储量为1632万吨。以侯庄南部规模最大。矿石中铁含量为38%～50%，最高达58%；铜含量为0.13%～1.71%；硫含量为0.14%～0.57%；钴含量为0.141%。省属企业山东金岭铁矿、淄博铁源矿业、临淄金龙铁矿三企业正常投入生产；石油、天然气储量为0.5亿吨，主要分布于马桥、荆家、起凤、田庄、唐山、新城6镇；县境南部有煤炭资源，属全隐蔽式煤田，有一定开采价值；地热资源分布于县城北部。水资源，境内平均大气降水量为2.69亿立方米，客水入境量为0.25亿立方米。

全县总土地面积76.4万亩，其中耕地面积

40 万亩，人均 0.81 亩，林地面积 36.4 万亩。地处农业部规划的黄淮海优势农产品产业带，是全省重要的商品粮基地县。2009 年、2010 年被表彰为“全国粮食生产先进县”。小麦、玉米、细毛山药、四色韭黄 4 个标准化生产基地，被批准为国家级示范区。2014 年，据粮食抽样调查，小麦平均亩产达到 514 公斤，玉米平均亩产 583 公斤，居全省第一位。经济作物以棉花蔬菜为主。

林业平稳健康发展，造林面积 511 公顷，森林覆盖率 29.8%，美国白蛾疫情得到有效防控。肉类总产量 15183 吨；禽蛋产量 13980 吨；奶类产量 12579 吨。大牲畜存栏 1 万头，生猪存栏 6.1 万头，家禽存栏 238.6 万只。羊存栏 1 万只，家禽存栏 238.6 万只。全年生猪出栏 12.3 万头，羊出栏 1.3 万只，家禽出栏 541.9 万只。

水产养殖面积 233 公顷，全年总产量 1185 吨。农业机械总动力 62.4 万千瓦，其中农用排灌总动力 21.69 万千瓦。拥有联合收割机 2485 台。全年农村用电量 25121 万千瓦时，化肥施用量（折纯）2.1 万吨。获国家购机补贴 1800 万元，更新、推广各类农机具 851 台。

全县 308 家规模以上工业企业实现业务收入 1738.4 亿元，实现利税 80.63 亿元，利润 50.41 亿元。金诚、汇丰、东岳入围中国民营 500 强企业（全市仅此 3 家），金诚同时入围中国企业 500 强。马桥产业区、果里经济开发区和唐山氟硅材料产业园 3 个工业主导区实现工业产值占全县工业总产值的 82.9%。

建筑企业全年总产值 428.46 亿元。天齐荣膺“中国承包商企业 60 强”，获批全市建筑业首件中国驰名商标。万鑫、新城建工获评“中国建筑业竞争力百强企业”，起凤建工获评“中国建筑业成长型百强企业”。获“鲁班奖”1 项、国优工程奖 3 项，创泰山杯 12 项。

全县完成规模以上高新技术产业产值 448.78 亿元，占工业总产值的比重达 26.0%，高新技术企业达到 24 家。全年承接市级以上科技计划 29 项，其中国家级 5 项，获得无偿支持资金 1755 万元，2 项科技成果技术达到国内领先水平，荣获市级以上科技奖励 12 项，其中山东省科技进步三等奖 1 项。东岳“全氟离子膜工业技术研究”和“新型燃料电池分换膜技术研究”通过国家验收。全县市级以上工程技术研究中心总数达 56 家，其中省级技术研究中心 21 家。院士工作站达到 10 家，居全市首位。年内与各高校科研院所达成合作协议 126 项，其中院士项目 19 项，外事项目 5 项，与桓台保持合作的院士达到 37 位。建成省级工业设计中心 1 家，市级 3 家。申请发明专利 350 件，授权发明专利 55 件。

全县共有各级各类学校 63 处，在校学生 61633 人，教职工 5033 名。其中，小学 37 处，在校生 22956 人；初中 21 处，在校生 22914 人；普通高中 3 处，在校生 12154 人；职业学校 1 处，在校生 3609 人；特教中心 1 处，在校生 81 人。共有各级各类幼儿园 97 处，在园幼儿 11863 名。全年用于义务教育“全免一补”、农村学校标准化建设及 14 处学校操场塑胶工程达 1.21 万平方米。

全县有文化艺术团体 104 个，会员 4250 人，创作的艺术作品有小戏《寻根》《梧桐花儿开》《乡音》《凤氏夫人》《特别相逢》；歌曲《中国之歌》《锦秋三部曲》《桓台就说王渔洋》《电业工人之歌》《锦秋荷花十里香》《桓台家乡美》；小品《总理进农家》《马踏湖情缘》。后埠村村歌《道路越来越宽广》获全国优秀村歌大赛优秀作品，并成功举办纪念王渔洋诞辰 380 周年全国学术研讨会。桓台县被获评“中华诗词之乡”。有剧院 1 座，座位 1006 个，年演出 15 场次，观众达 1.2 万人次；电影公司 1 个，电影放映单位 15 个，电影城 1 座，座位 805 个，年放映 14605 场次，观众达 331.6 万人次。文化馆（国家一级馆）1 个，建筑面积 3170 平方米；

文化站9个，建筑面积5900平方米；公共图书馆（国家一级馆）1个，建筑面积15852平方米，藏书25万册；档案馆1个，建筑面积880平方米；博物馆1个，建筑面积6000平方米；体育馆1个，总建筑面积14950平方米；全民健身广场占地面积12.7万平方米，设有标准田径场1个，篮球场7个，网球、排球场各1个，以及其它娱乐设施等。文化行业从业人员86人，其中事业单位从业人员45人；主要文化艺术团体有11家。入选山东省千支农村优秀团队6家。

地方特色民间艺术有“傻子扑蝶”“苏王高跷”“新城剪纸”“起凤苇编”等，其中“炉姑传说”和“强恕堂传统白酒酿造技艺”列入首批省级非物质文化名录；“马车桥的传说”“孝女史修真的传说”“水上婚俗”列入市级非物质文化遗产名录；马踏湖民俗风情旅游节暨荷花灯会被命名为山东省农村特色文化品牌。

各级各类医疗机构437个，疾病控制中心1个，卫生院13所；病床2706张，其中公立卫生机构末位1503张。专业卫生人员2568人，其中执业医师1087人，执业助理医师408人，注册护士1073人。年内各医疗机构（门诊部以上）完成诊疗140万人次以上，出院病人11万人次。

全县有体育场56个，总面积26.3万平方米。塑胶体育场13处，塑胶篮球场56处。100%的县城社区和95%的村已安装健身器材，经常性参加体育锻炼人数占总人口的38%。每年定期举办全民健身活动展演和门球、钓鱼、象棋、乒乓球、太极拳、太极剑、健身秧歌、柔力球、功夫扇等单项比赛活动。其中2011年举办的县第二届运动会，共有83个单位44982人参加67个大项目314个小项目的比赛，参赛运动员占全县人口的9.04%。2011年创建为“淄博市群众体育特色县（钓鱼）”。2009年承办第十一届全运会排球部分赛事；2010年，承办第二十二届省运会手球、篮球比赛，县政府被市委、市政府表彰为第二十二届省运会筹办工作先进集体。

已形成由铁路、公路等运输方式构成的交通运输网络。2014年，客运总量3290万人次，货运总量6790万吨。铁路淄东线过境，境内长约24千米。设桓台站，通往淄博、东营，其中有快车K878次、K877次。年货运吞吐量23.96万吨，主要为境内及周边企业发送货物。

S29滨莱高速公路过境，境内长23.5千米，双向4车道，在桓台新城镇有1个出入口，通往S321省道，G205国道过境，境内长32.4千米。通往张店市区的有S235、S238、S294，总长度约61.4千米。有县乡公路41条，总长335.1千米。2014年日均发送252辆客车，日客运量43408人次。2014年运输业拥有货运汽车959辆，3543吨。

全县有邮政网点17个，投递路线单程总长度1929.18千米，投递点789个，乡村通邮率100%；全年投递国内函件121.42万份，国内汇票业务完成3.8万笔，订销报纸667.4万份；联通公司拥有营业厅16家，服务网点301个；固定电话用户9万户，宽带用户4.8万户，手机用户11万户。有移动电话36.2万户，光缆线路总长达600千米；中国电信有固定电话9000户，移动用户27000户，有12个支局，各类代办点113个。

境内有国家AAAA级旅游区1家，AAA级旅游区2家，中国历史文化名镇1个，省旅游强乡镇2个，省旅游特色村1个，国家级农业旅游示范点1个，国家级湿地公园1个。境内有国内旅行社3家，三星级饭店2家，三星级餐馆1家，二星级餐馆3家。

重点名胜古迹有忠勤祠：位于新城镇，始建于1604年，被列为国家AAAA级旅游区。五贤祠：位于马踏湖景区，于1985年在三贤祠旧址上重新构建。“四世宫保”砖牌坊：位于新城镇城南村，有近400年历史，被誉为“华夏第一砖坊”，为国家重点文物保护单位。华严寺：位于田庄镇高楼村，建于隋代，为市级重点文物保护单位。炉姑苑：位于索镇街道办事处西镇村，始建于春秋，整体建筑为明、清风格，是淄博境内规模最大，保存最完整的庙宇建筑之一，属孝道人文景观，为淄博市重点文物保护单位。

土特产品有新城细毛山药：口感细腻香甜，营养丰富，食用和药用价值都高于普通山药品种，素有“宫廷贡品”的盛誉，被国家工商总局评为“国家地理标志商标”。四色韭黄：素有“不老草”之称，具有较高的食用、药用、养颜和保健价值，有一百年的栽培历史，一度作为贡品进贡朝庭，被列入淄博市非物质文化产品保护名录和国家工商总局“保护地名商标”。荆家实杆芹菜：产于荆家镇，于光绪三十年（1904）引进种植。其叶柄肉质肥厚，实心、纤维少且质脆，适于生调和热炒。白莲藕：马踏湖中特产，因所开的莲花是白色，故称“白莲藕”，它洁白如玉，鲜嫩甜脆。金丝鸭蛋：马踏湖区水草等植被繁茂，水里鱼类品种众多，湖内鸭以水草、鱼虾、河蚌为主要食物，所产鸭蛋经腌制蒸熟后，可见蛋清与蛋黄相交处有蛋黄油相圈隔，犹如金丝绞缠，故称金丝鸭蛋。

著名人物王士禛（1634—1711），字子真，一字贻上，号阮亭，别号渔洋山人，新城人。清初文坛领袖，一代诗宗，独创诗论神韵说的杰出诗人、文学家。王士禛6岁入塾，学诗经能体会诗情。15岁时，写了不少诗篇，编成《落笺堂初稿》。清顺至十六年（1659），出任扬州府推官。康熙三年（1664）调任京职，先后任户部、礼部、吏部、兵部、翰林院、国子监任职，并入值南书房，官至刑部尚书。康熙四十三年（1704）被革职。同年9月，回到家乡新城，晚年著述为业。王士禛为官励精图治，为文长于诗赋，他研究前人诗论，创立“神韵说”，强调诗文创作的兴到神会和含蓄，力主革除旧诗论复古僵化的流弊，开拓新的诗风，成为诗坛一代宗师。一生著述达50余种，作诗4000余首。主要有《渔洋山人精华录》《渔洋文略》《蚕尾集》《池北偶谈》《香祖笔记》《居易录》《渔洋诗集》《带经堂集》《感旧集》等。

苗海南（1904—1967），原名世循，索镇建国村人，著名实业家。民国13年（1924）考入南通纺织学院，民国20年（1931）毕业于英国皇家第六纺织学院，民国21年（1932）在济南创办成通纱厂，自任经理兼总工程师，次年建成投产，拥有纱锭14800枚。民国27年（1938），日军迫其与日商合资，不从被逐离厂。至民国36年（1947）以70万元法币收回自营。民国37年（1948）10月，认购胜利公债400万份。次年12月，被委任为华东军政委员会委员。1950年3月，当选为山东省人民政府副省长。1952年，捐款15亿元，购买“成通号”战斗机一架支援抗美援朝战争。1956年当选山东省政协副主席。1959年，捐资5万元，倡建济南民办中医学校。1967年病故。

王幼平（1910—1995），原名王际坦，索镇马家村人，著名外交官。民国19年（1930）秋，随国民党第26军到达江西。1931年5月加入中国共产党，12月参加江西宁都农民起义，并随起义部队参加中国工农红军。在长征中任中央工作团员。民国25年（1936）4月起，先后赴宁夏、绥远、山东开展白区工作。抗日战争期间，历任八路军129师先前纵队主任，129师新八旅政治部主任、城工部部长等职。解放战争期间，历任豫、皖、苏政治部主任、二野18军副政委、第五兵团政治部代主任等职，参加淮海、渡江等战役。1949年11月，调入外交部，先后任中国驻罗马尼亚、挪威、越南、苏联等七国大使。1979年7月任外交部副部长。曾任中国共产党第十二、十三届代表大会代表，中共顾问委员会委员，第三、四届全国人民代表大会代表。

毕庆堂（1916—1969），原名永福，字庆堂，索镇前毕村人。民国24年（1935）考入山东省第十中学，思想趋于进步。民国27年（1938）2月，带私家枪支参加八路军，历任连副指导员、营长、团参谋长、副团长、团长、师参谋长等职。先后参加泗水、宿北、鲁南、泰安、沙土集、洛阳、济南、淮海、渡江、解放舟山等战役。新中国成立后任22军参谋长。1950年2月起，先后任华东军政大学浙江分校副校长，第十三步兵学校副校长、中央马列主义学院一分院代秘书长、总参防化兵部副部长等职。参与1964年10月的首次核实验，同年被授予少将军衔。1969年7月病逝。

宗怀德（1917—1997），圣名若瑟，田庄镇宗王村人，生于世代宗教世家，著名宗教爱国人士。民国19年（1930）入周村天主教小修道院，民国26年（1937）升入济南耀汉神哲学院，民国32年（1943）4月始传教。民国36年（1947）任教于济南安墩修道院，次年考入北平辅仁大学。民国38年（1949）调周村教区代理主教。1958年4月被选圣为周村教区正权主教。先后任淄博市人大代表、政协常委、济南市人大代表、省政协常委等职。1980年当选为中国天主教爱国会主席、中国天主教教务委员会副主任、主教团副团长。同年起，先后任全国政协常委、全国政协宗教委员会副主任、中国人民争取和平与裁军协会副会长、中国和平促进会常务理事、中国宗教界和平委员会副主席。1992年当选中国天主教主教团团长、中国天主教爱国会主席。

第二章

政区地名图

第三章

城区图

第四章

历史地图

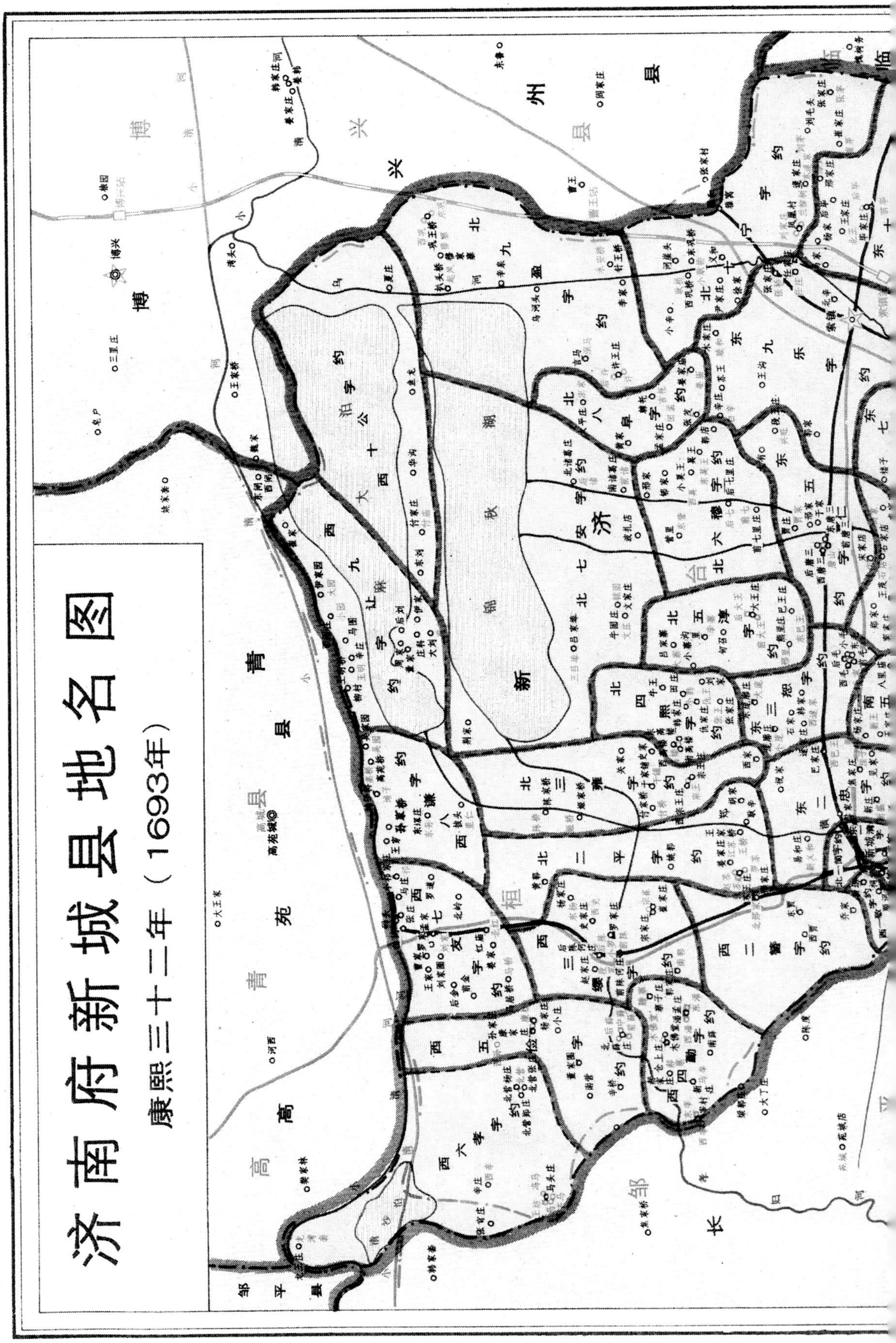
济南府新城县地名图
康熙三十二年（1693年）

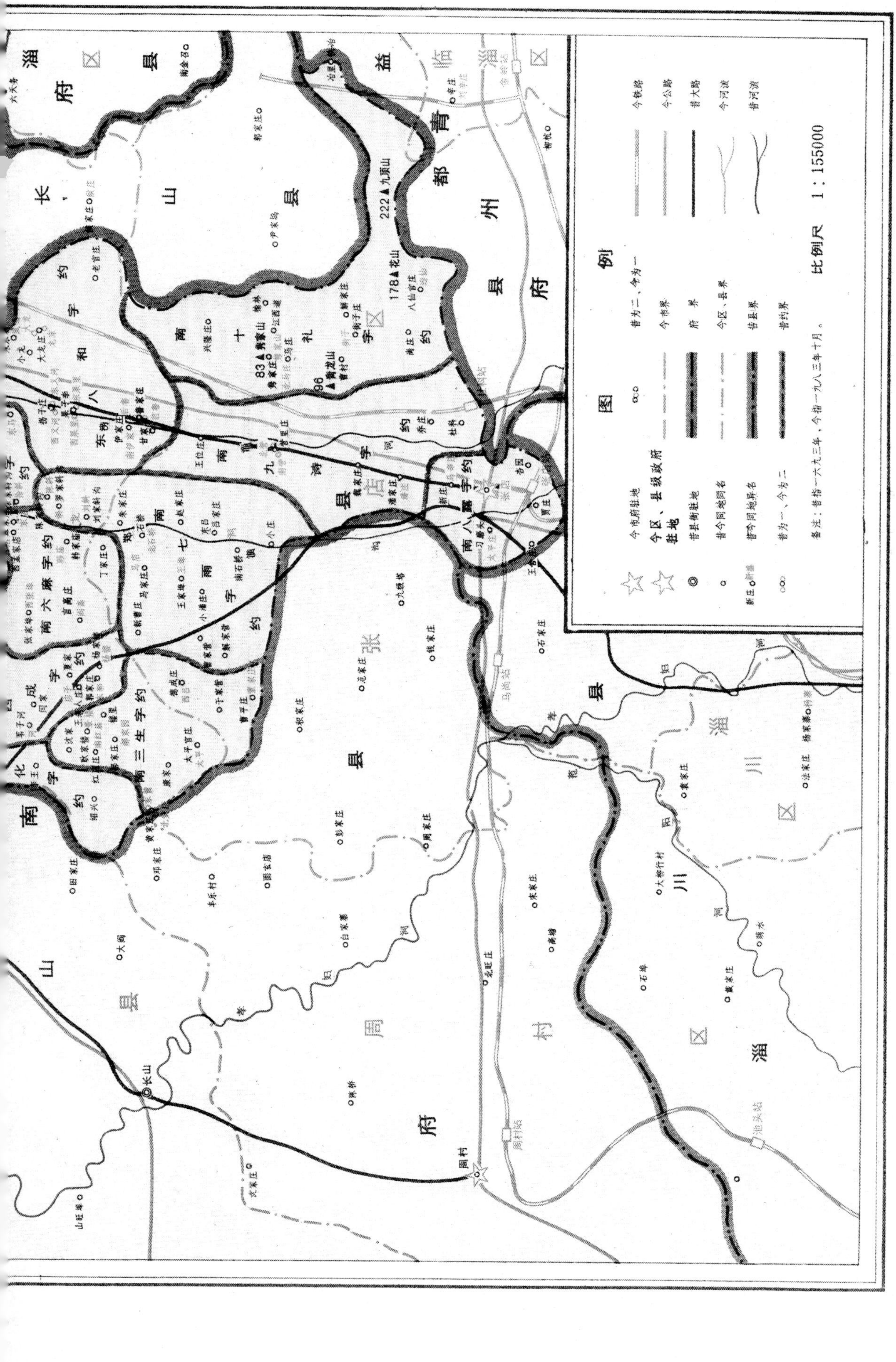
图例
今市府驻地
今区、县级政府驻地
昔县衙驻地
昔今同地同名
昔今同地异名
昔为一，今为二
昔为二，今为一
今市界
府界
今区、县界
昔县界
昔约界
今铁路
今公路
昔大路
今河流
昔河流
备注：昔指一六九三年，今指一九八三年十月。
比例尺 1：155000

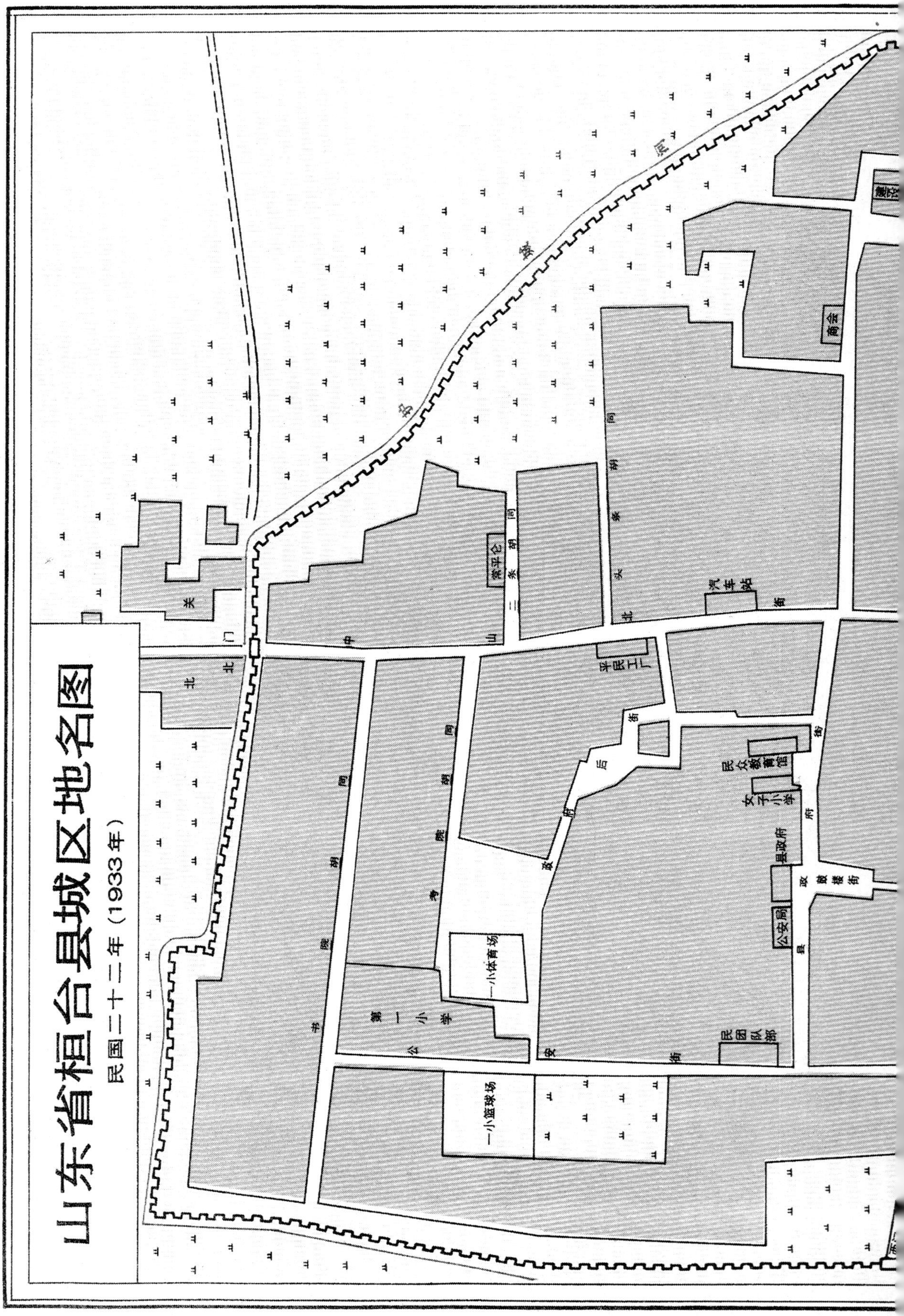
山东省桓台县城区地名图
民国二十二年（1933年）
商会
汽车站
平民工厂
民众教育馆
女子小学
县政府
公安局
民团队部
一小体育场
一小篮球场
第一小学

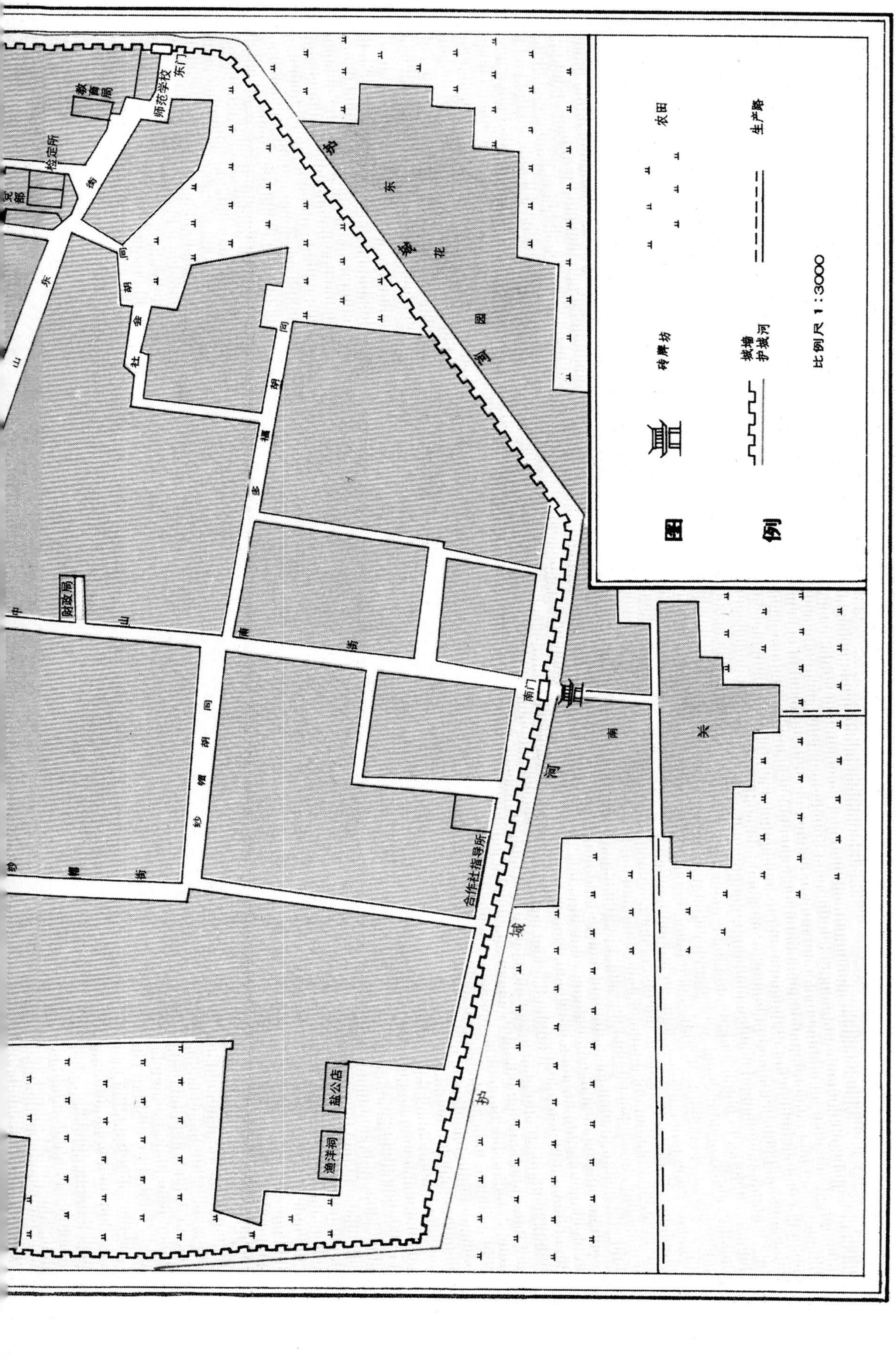
图例
砖牌坊
城墙
护城河
农田
生产路
比例尺 1:3000
东门
南门
师范学校
教育局
检定所
财政局
合作社指导所
盐公店
渔洋祠

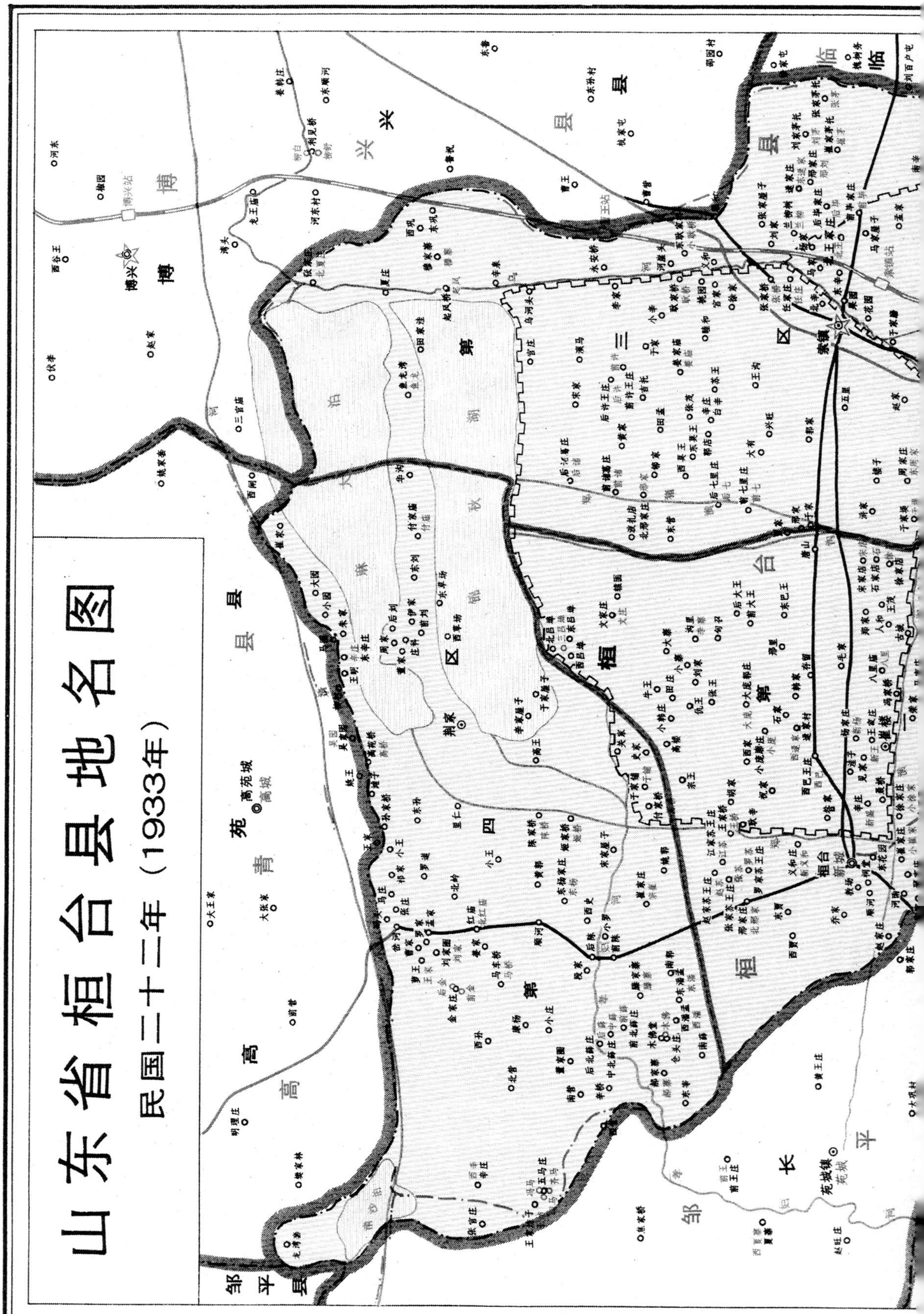
山东省桓台县地名图
民国二十二年（1933年）

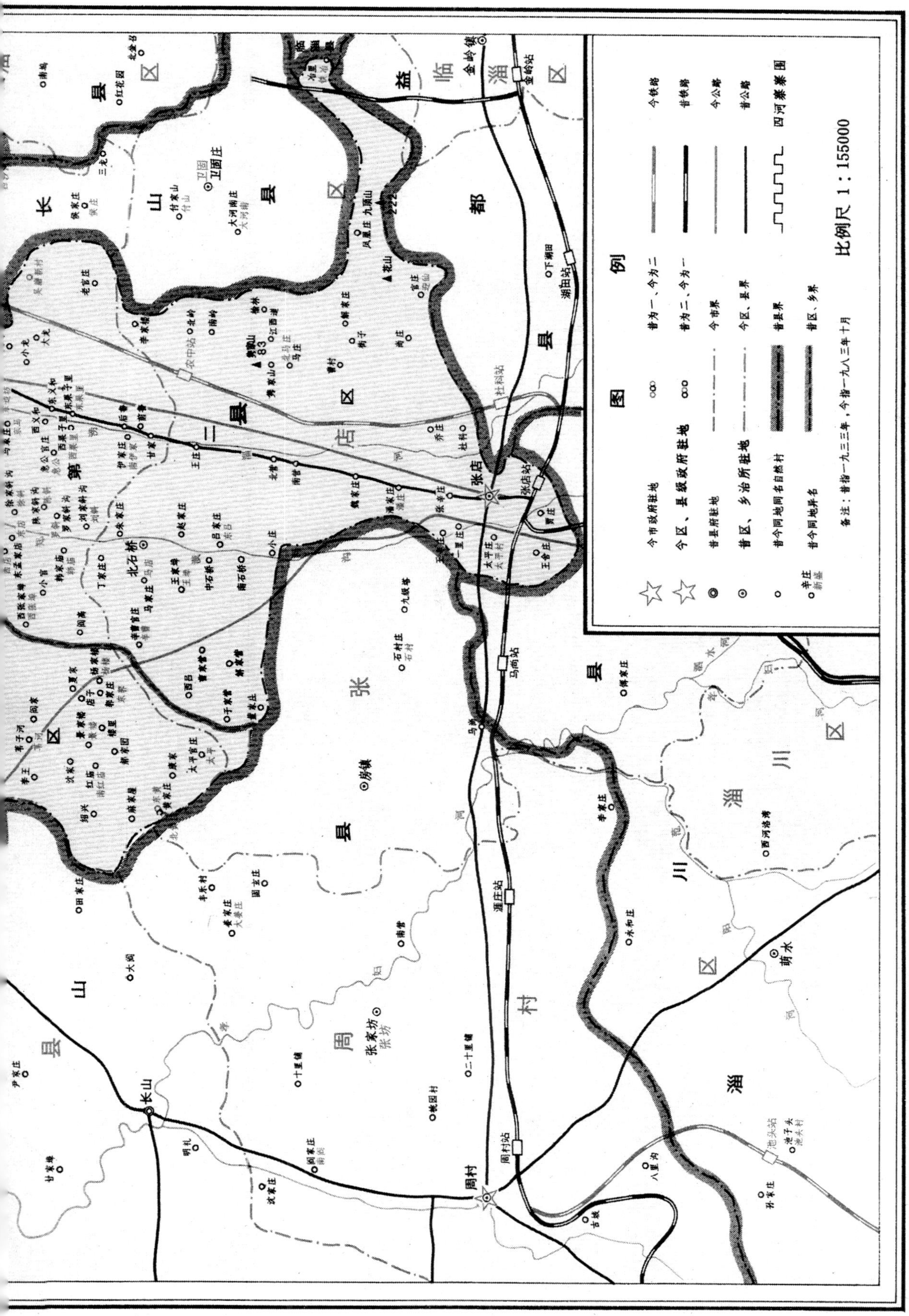

图例
今市政府驻地
今区、县级政府驻地
昔县府驻地
昔区、乡治所驻地
昔今同地同名自然村
昔今同地异名
四河寨寨围
备注：昔指一九三三年，今指一九八三年十月
比例尺 1：155000
张店
周村
长山
北石桥
张家坊
金岭镇
萌水

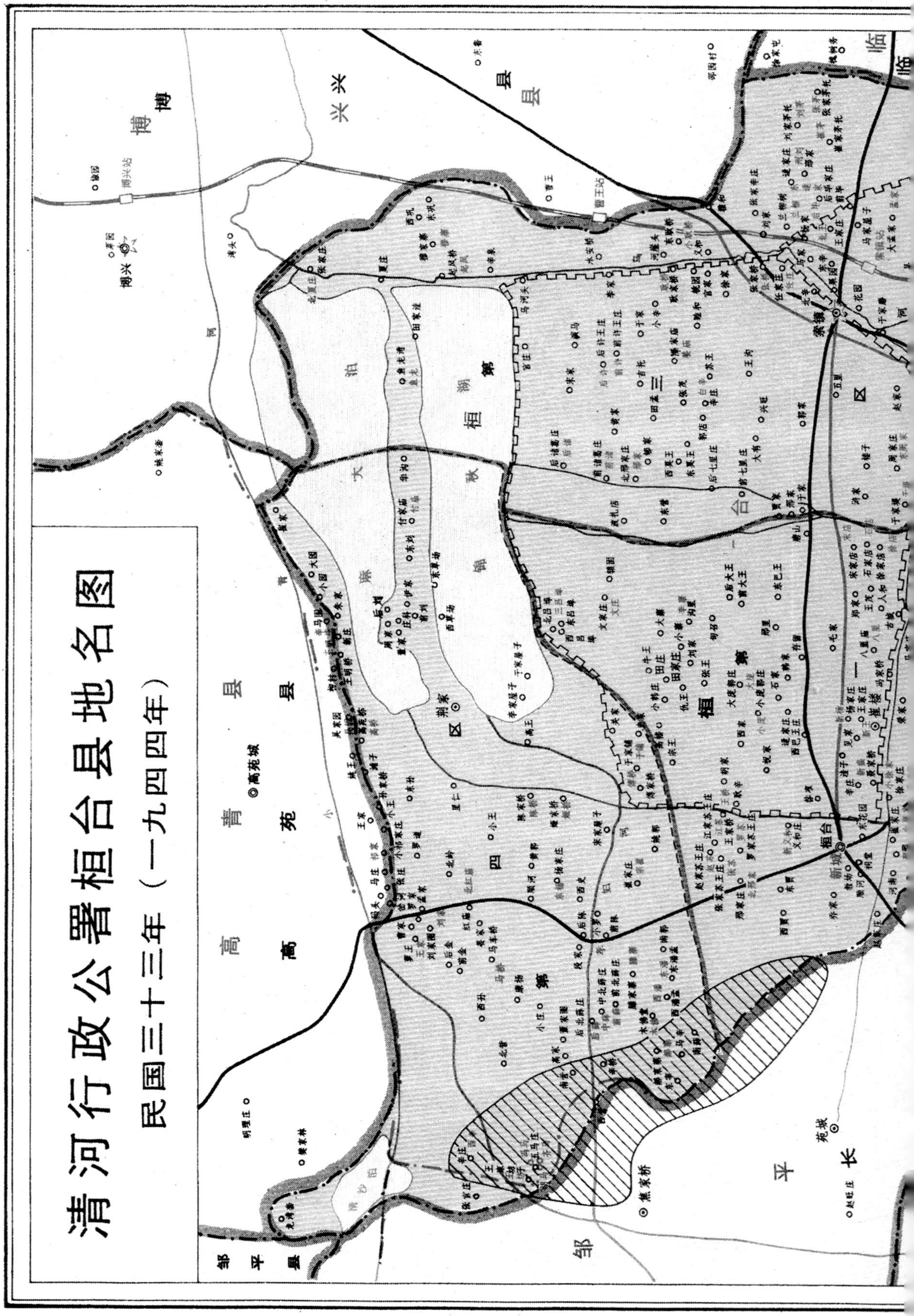
清河行政公署桓台县地名图
民国三十三年（一九四四年）

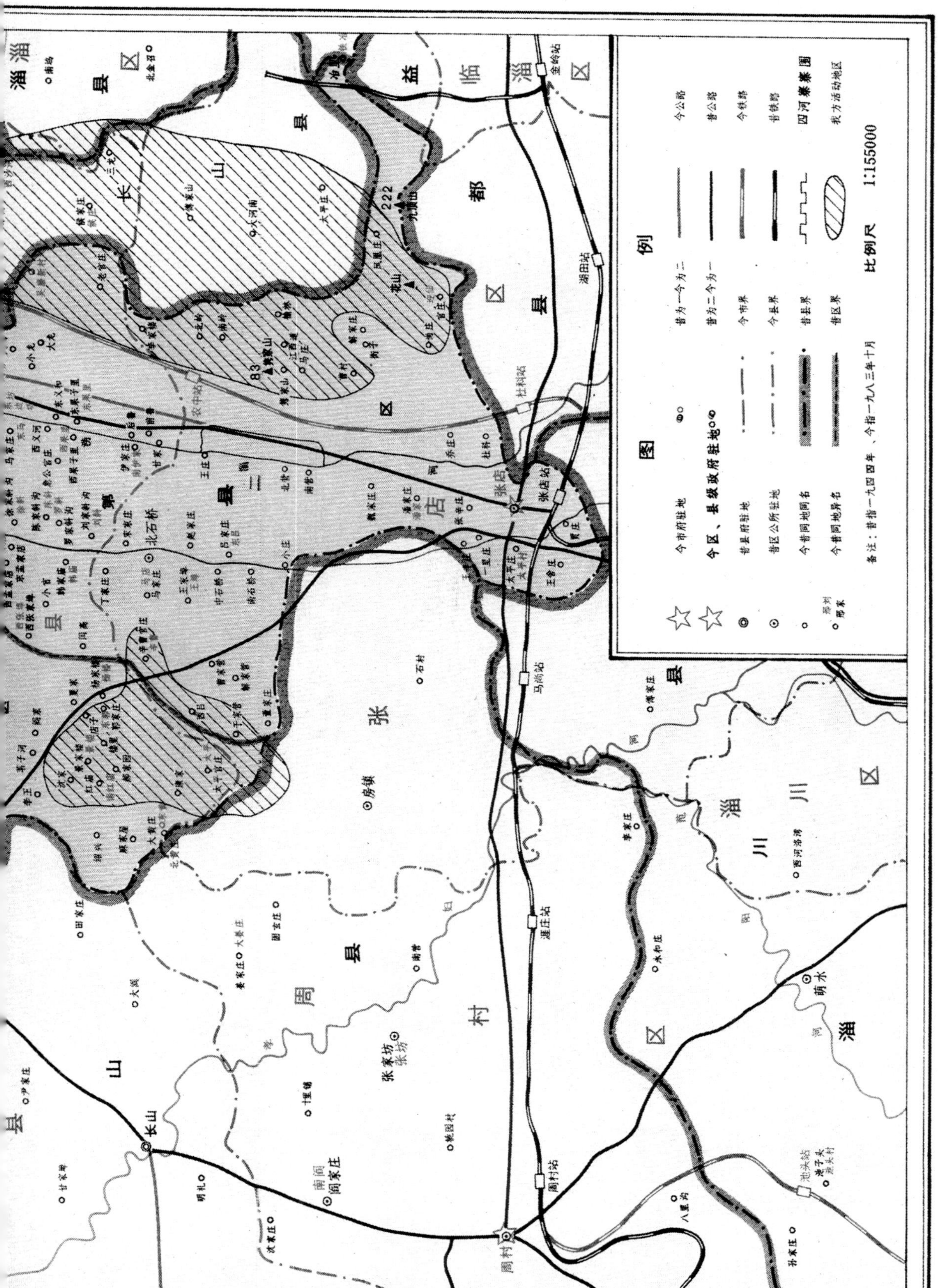
图例
今市府驻地
今区、县级政府驻地
昔县府驻地
昔区公所驻地
今昔同地同名
今昔同地异名
昔为一今为二
昔为二今为一
今市界
今县界
昔县界
昔区界
今公路
昔公路
今铁路
昔铁路
四河寨寨围
我方活动地区
比例尺 1:155000
备注：昔指一九四四年、今指一九八三年十月
张店
张店站
马尚站
湖田站
杜科站
金岭站
涯庄站
周村站
周村
长山
张家坊
北石桥
房镇
萌水
池头站

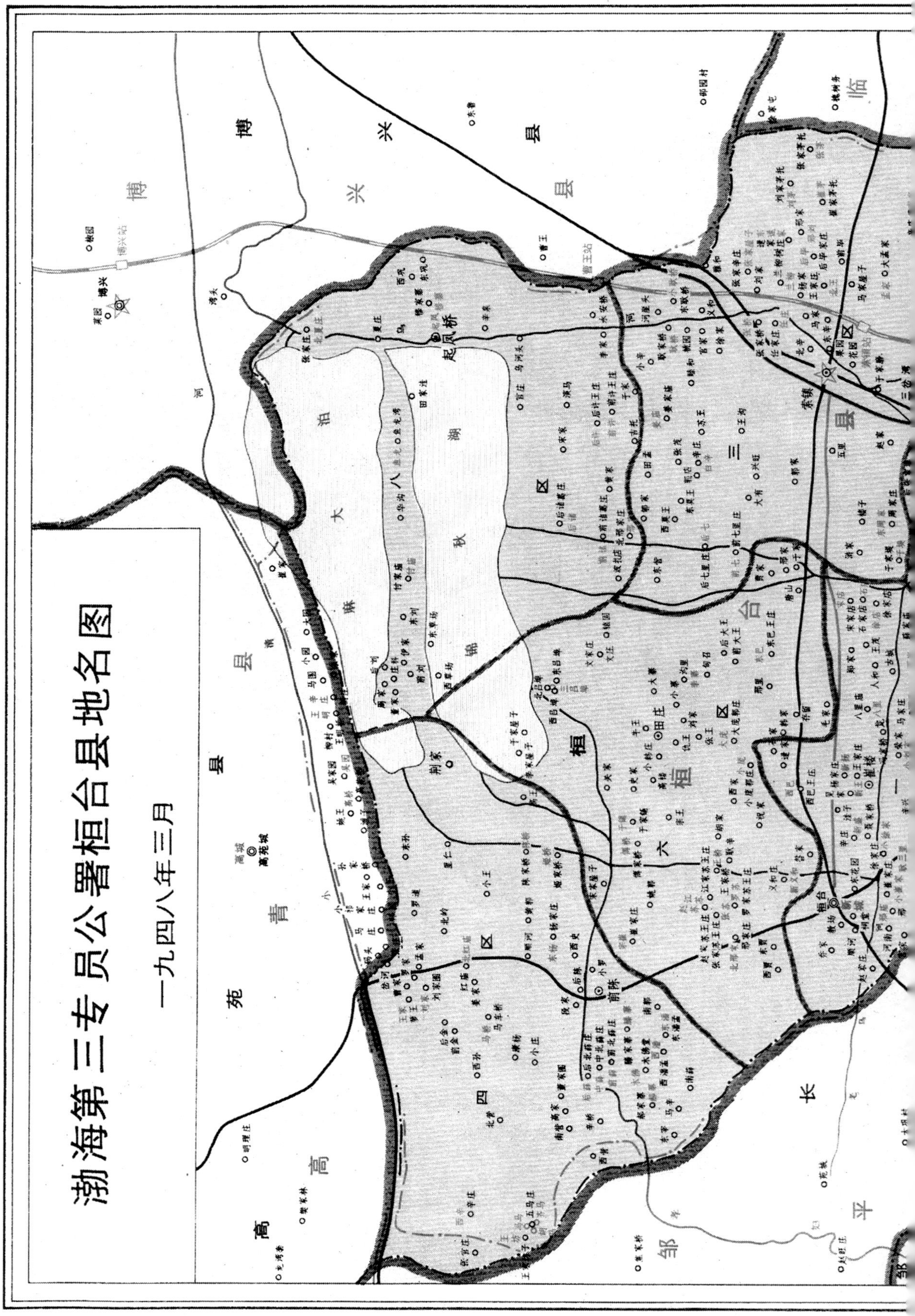
渤海第三专员公署桓台县地名图
一九四八年三月

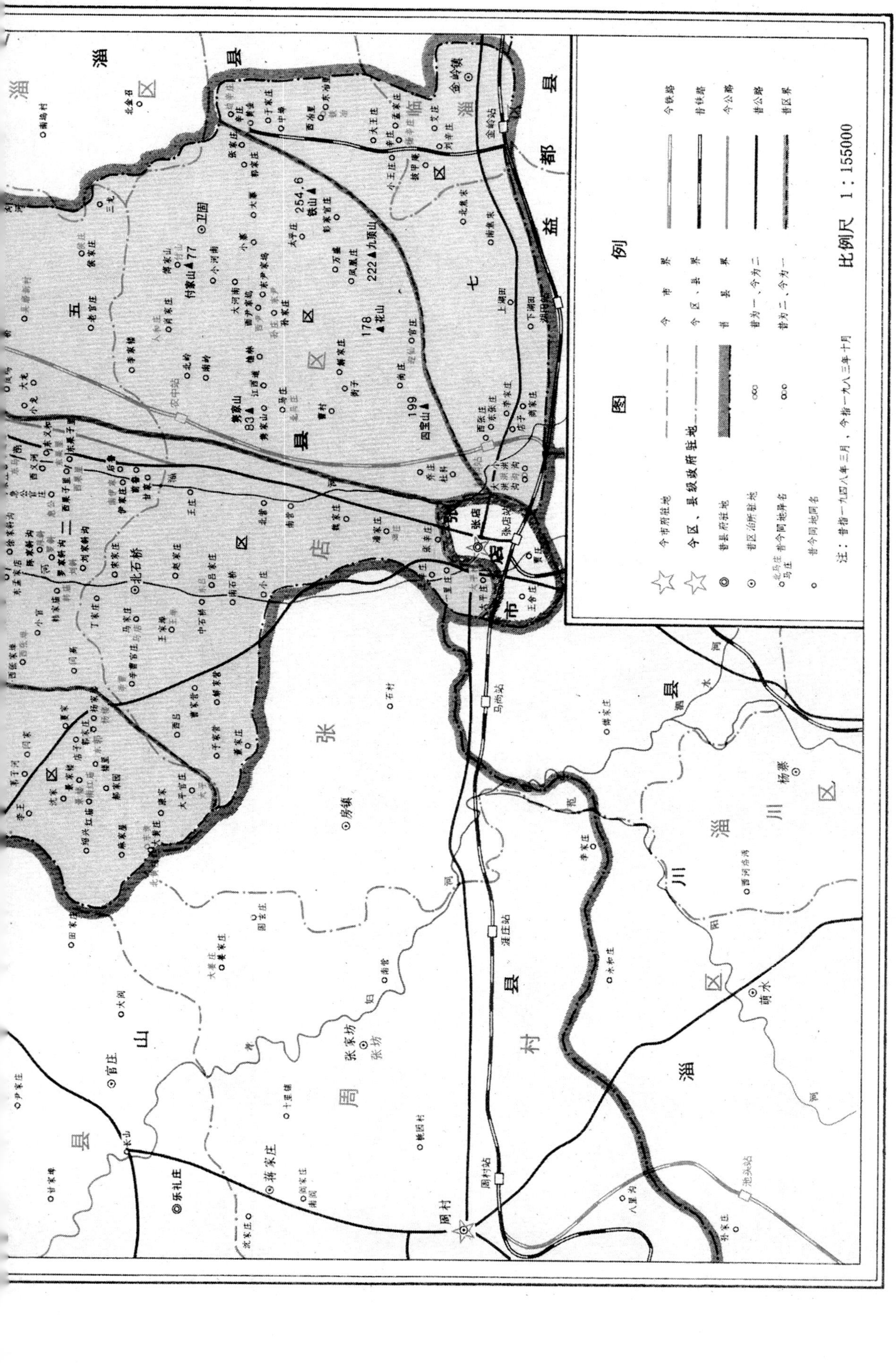
图例
今市府驻地
今区、县级政府驻地
昔县府驻地
昔区治所驻地
昔今同地异名
昔今同地同名
今铁路
昔铁路
今公路
昔公路
昔区界
今市界
今区、县界
昔县界
昔为一、今为二
昔为二、今为一
比例尺 1:155000
注：昔指一九四八年三月，今指一九八三年十月
张店
淄川
周村
临淄
益都
张周县
博山
桓台
五区
七区
二区
区
县
金岭镇
卫固
北石桥
湖田
马尚站
淄川区
杨寨
萌水
樵庄站
周村站
张家坊
蒋家庄
乐礼庄
官庄

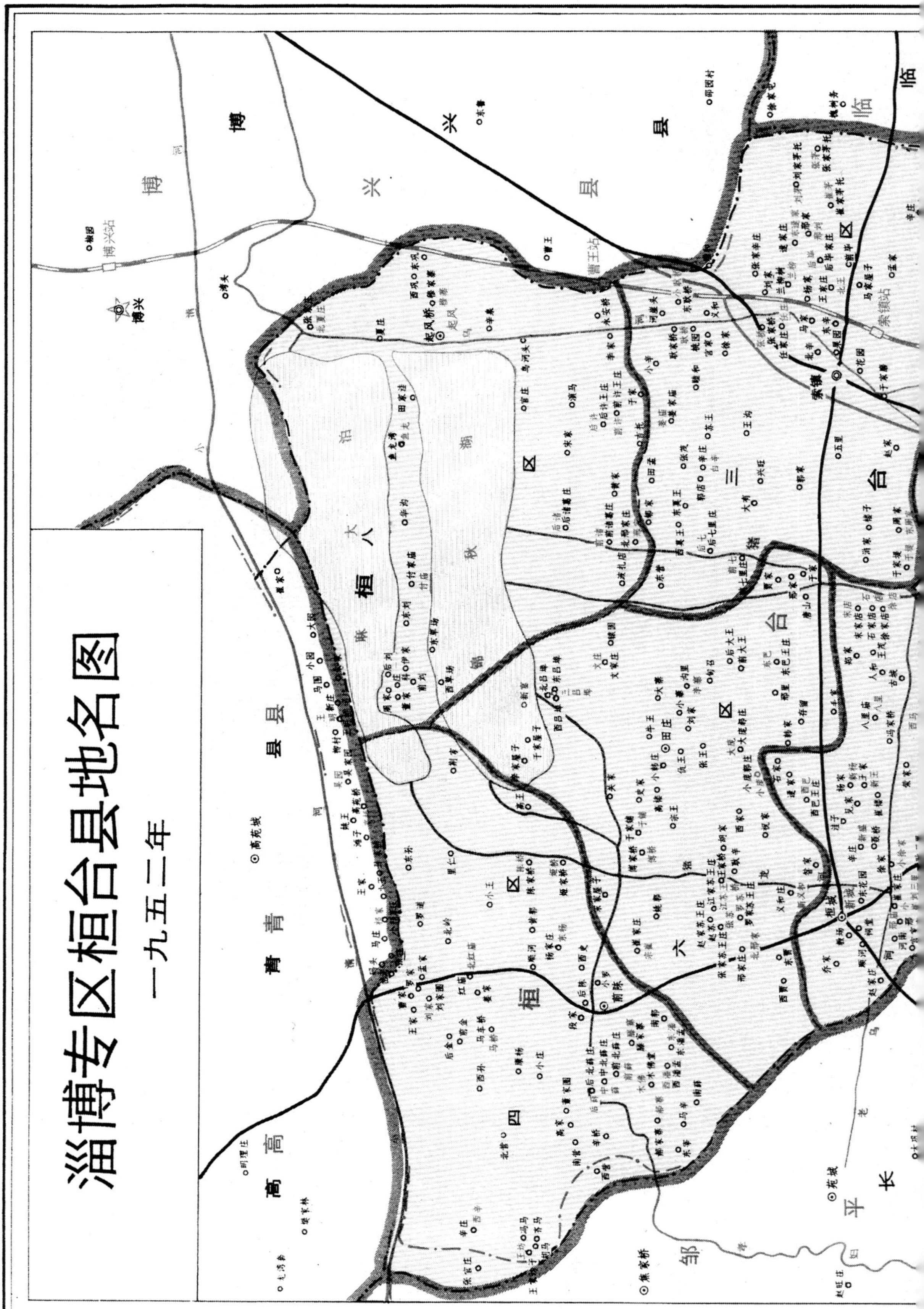
淄博专区桓台县地名图
一九五二年

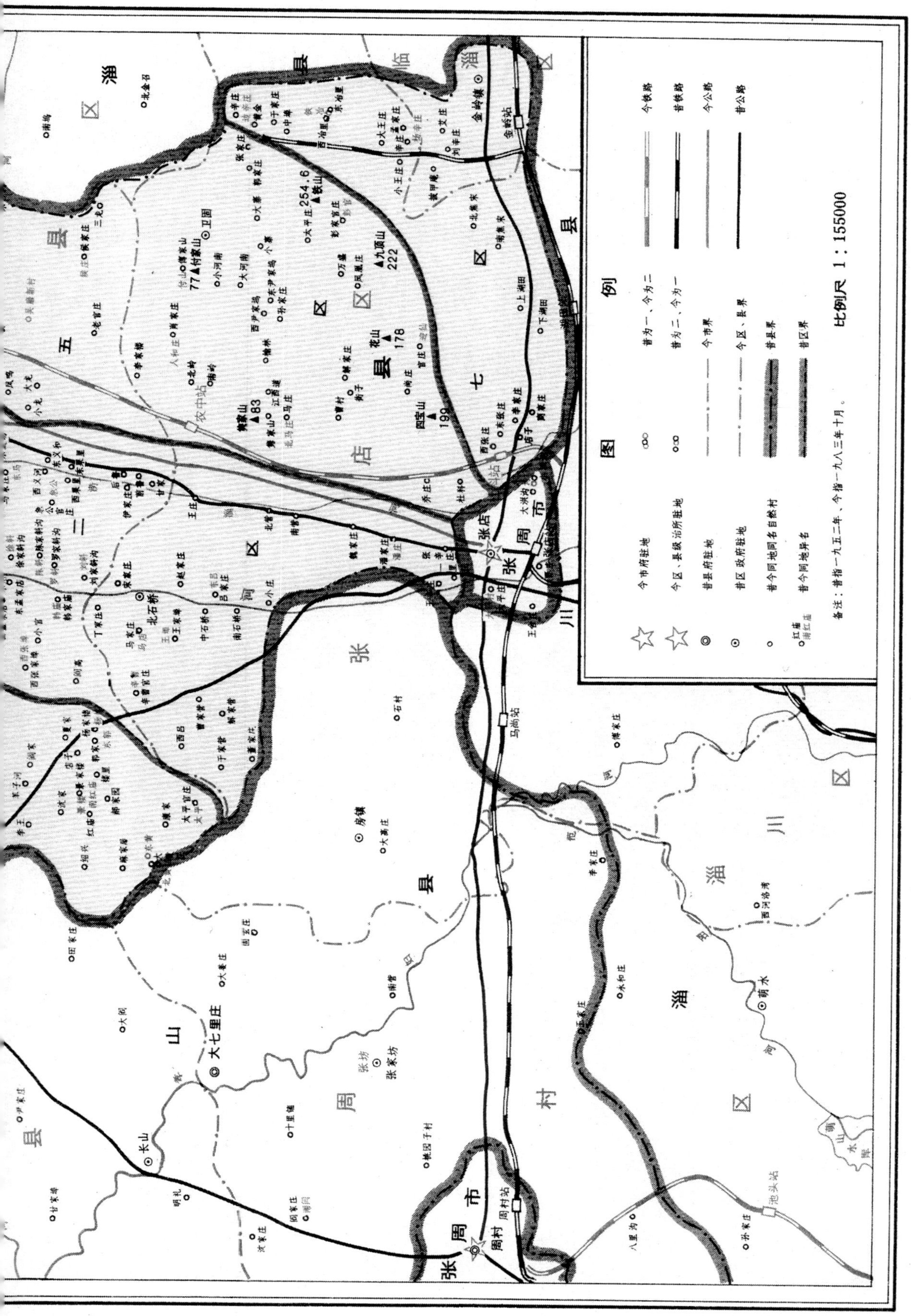
图例
今市府驻地
今区、县级治所驻地
昔县府驻地
昔区政府驻地
昔今同地同名自然村
昔今同地异名
红庙
南红庙
昔为一、今为二
昔为二、今为一
今市界
今区、县界
昔县界
昔区界
今铁路
昔铁路
今公路
昔公路
比例尺 1：155000
备注：昔指一九五二年，今指一九八三年十月。
张周市
张店
周村
淄川区
张周县
七区
五区
二区
金岭镇
马尚站
大七里庄
长山

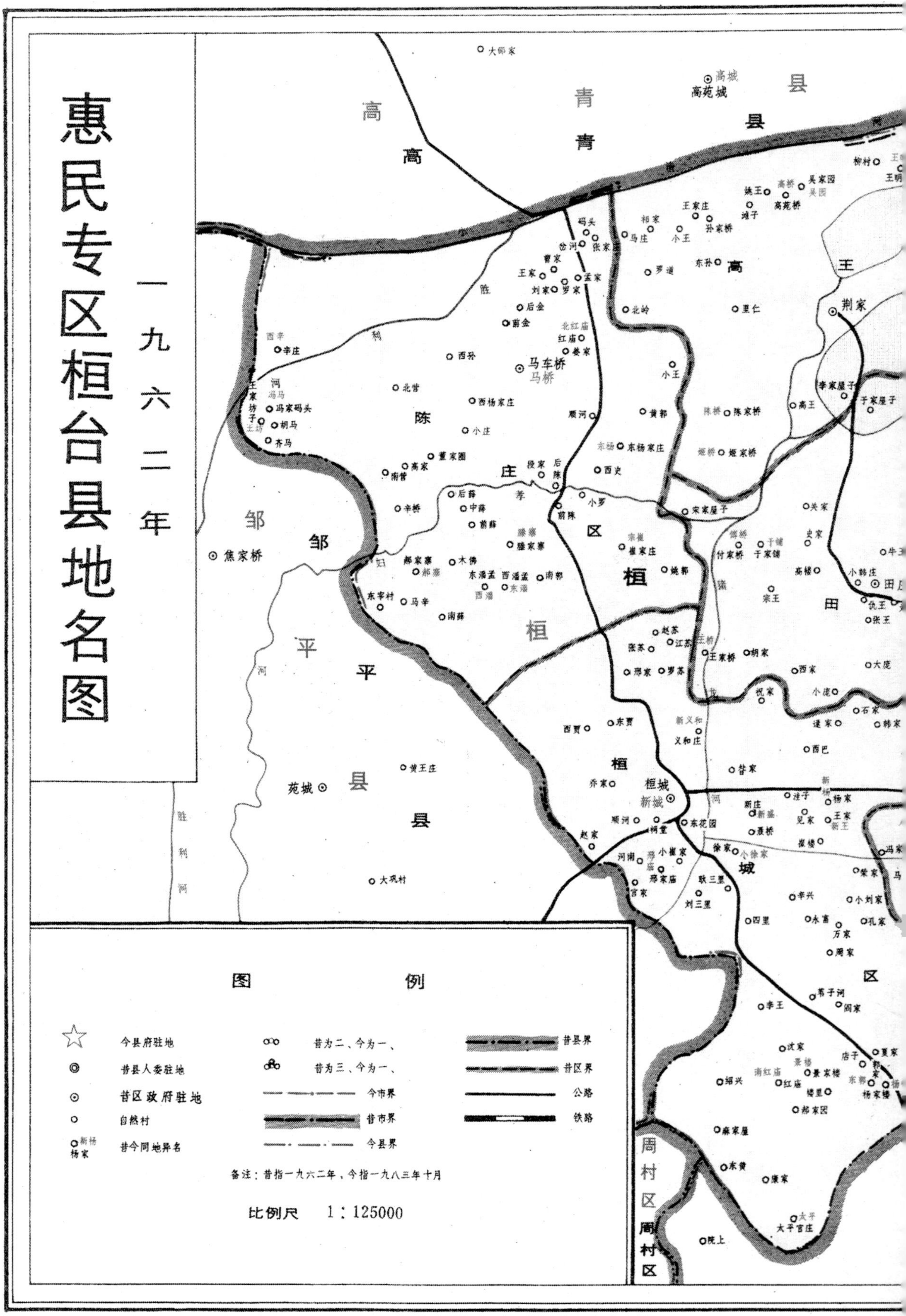
惠民专区桓台县地名图
一九六二年
高
高
青
青
县
县
邹
邹
平
平
县
县
陈
庄
区
桓
桓
桓
城
王
田
区
周村区
周村区
马车桥
马桥
焦家桥
苑城
荆家
高苑城
高城
图例
今县府驻地
昔县人委驻地
昔区政府驻地
自然村
昔今同地异名
昔为二、今为一、
昔为三、今为一、
今市界
昔市界
今县界
昔县界
昔区界
公路
铁路
备注：昔指一九六二年，今指一九八三年十月
比例尺 1：125000

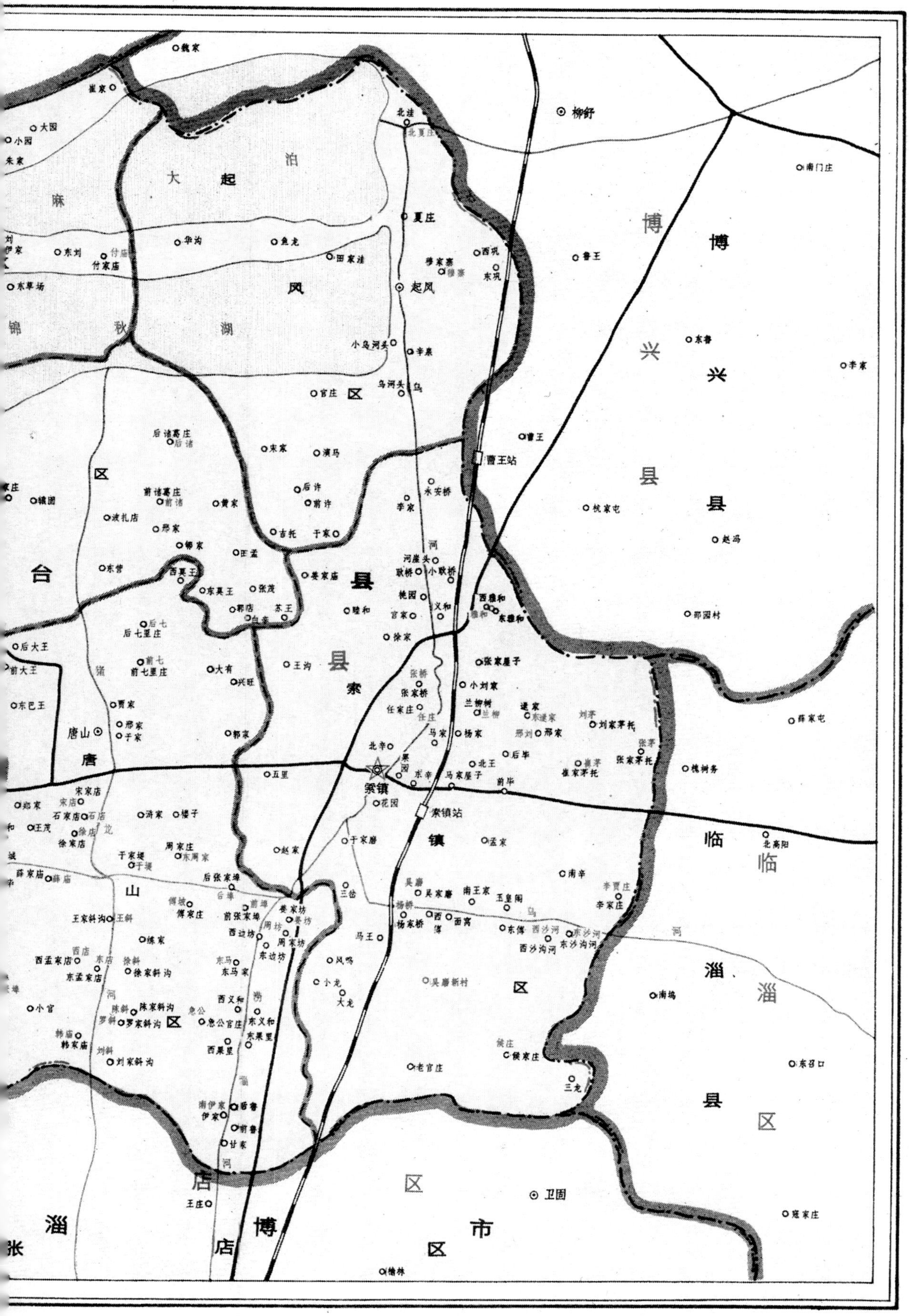
魏家
崔家
大园
小园
朱家
大
起
泊
麻
华沟
鱼龙
田家洼
东刘
付家店
东草场
风
锦
秋
湖
北洼
夏庄
西巩
东巩
穆家寨
起凤
小乌河头
辛泉
乌河头
官庄
区
柳舒
南门庄
博
博
鲁王
东鲁
兴
兴
李家
后诸葛庄
东家
演马
曹王
曹王站
区
前诸葛庄
镇团
黄家
后许
前许
永安桥
李家
县
县
杭家屯
波扎店
邢家
韩家
吉托
于家
赵冯
台
东营
西冀王
东冀王
匡孟
姜家庙
县
河崖头
耿桥
小耿桥
张茂
郭店
东王
桃园
官家
义和
西鲍和
东鲍和
邵园村
后七里庄
睦和
徐家
后大王
前大王
前七里庄
大有
兴旺
王沟
县
索
张家屋子
张家桥
小刘家
东巴王
贾家
任家庄
兰柳树
逯家
刘家茅托
薛家屯
唐山
邢家
于家
郝家
马家
杨家
邢家
唐
北辛
后毕
北王
崔家茅托
张家茅托
槐树务
五里
索镇
东辛
马家屋子
前毕
宋家店
花园
索镇站
石家店
济家
楼子
临
北高阳
王茂
徐家店
于家磨
镇
孟家
赵家
于家堤
周家庄
临
南辛
薛家庙
后张家埠
山
三岔
吴家磨
南王家
玉皇阁
李家庄
王家斜沟
傅家庄
前张家埠
姜家坊
杨家桥
西傅
面窝
东傅
西边坊
周家坊
马王
西沙沟河
东沙沟河
缑家
东边坊
风鸣
淄
淄
西孟家店
东马家
徐家斜沟
东孟家店
吴磨新村
小龙
大龙
区
小官
陈家斜沟
西义和
南坞
罗家斜沟
区
急公官庄
东义和
韩家庙
东果里
西果里
刘家斜沟
侯家庄
老官庄
东召口
三龙
县
区
南伊家
后鲁
伊家
前鲁
甘家
店
区
卫固
王庄
淄
博
市
寇家庄
张
店
区
杨林

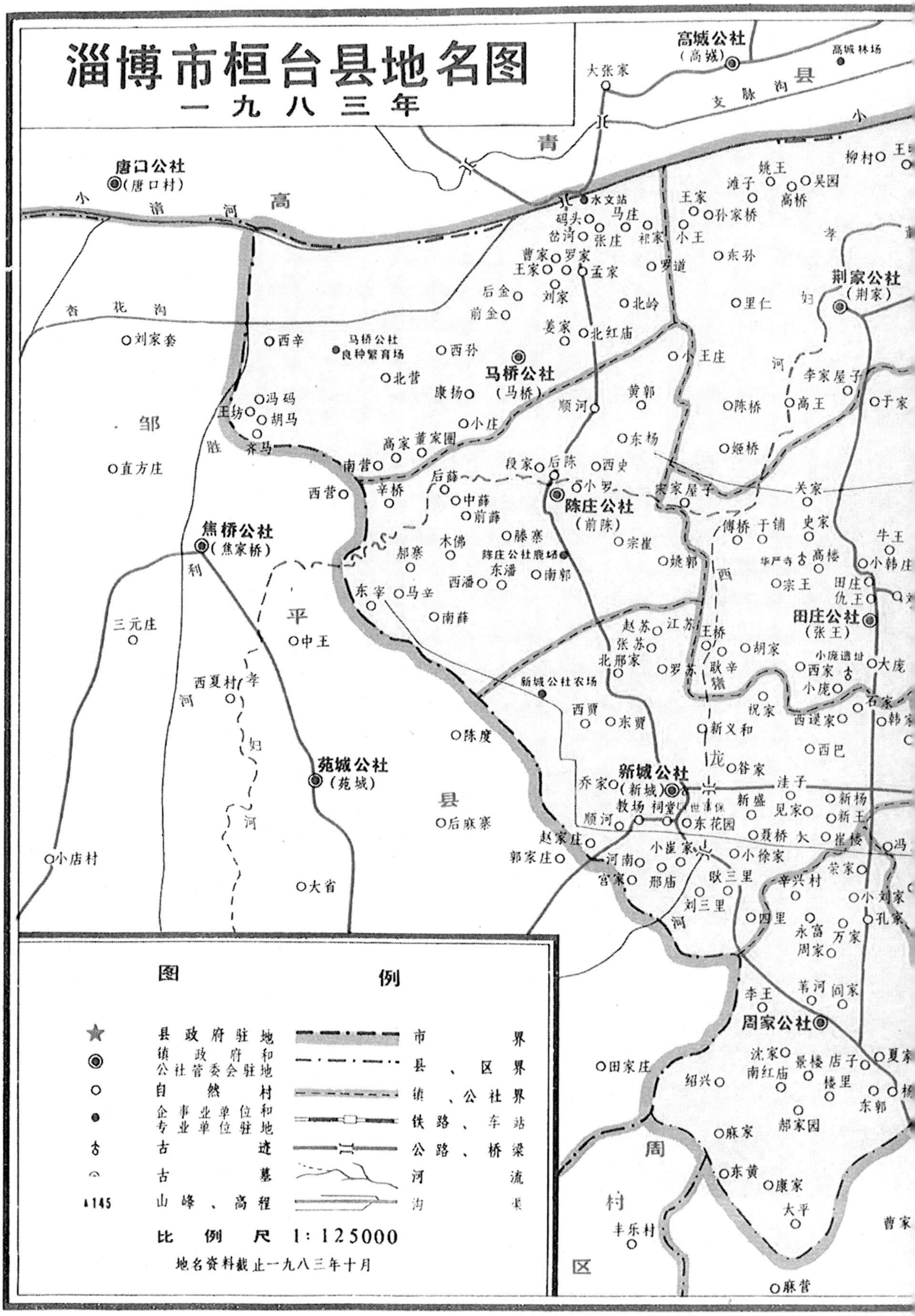
淄博市桓台县地名图
一九八三年
高城公社
（高城）
高城林场
大张家
支脉沟
县
小
青
唐口公社
（唐口村）
小清河
高
水文站
码头
马庄
岔河
张庄
祁家
王家
孙家桥
姚王
潍子
吴园
高桥
柳村
小王
东孙
曹家
罗家
王家
孟家
罗道
孝
后金
刘家
前金
北岭
里仁
荆家公社
（荆家）
杏花沟
妇
刘家套
西辛
马桥公社良种繁育场
西孙
姜家
北红庙
小王庄
河
李家屋子
马桥公社
（马桥）
北营
康扬
黄郭
顺河
冯码
王坊
胡马
陈桥
高王
于家
邹
小庄
东杨
高家
董家圈
胜
齐马
姬桥
南营
段家
后陈
西史
直方庄
后薛
小罗
宋家屋子
关家
西营
辛桥
中薛
陈庄公社
（前陈）
前薛
傅桥
于铺
史家
牛王
焦桥公社
（焦家桥）
郝寨
木佛
滕寨
宗崔
华严寺
高楼
小韩庄
陈庄公社鹿场
利
东潘
南郭
姚郭
西
西潘
宗王
田庄
平
东辛
马辛
仇王
南薛
田庄公社
（张王）
三元庄
赵苏
江苏
王桥
中王
张苏
胡家
北邢家
罗苏
耿辛
小庞遗址
大庞
西家
西夏村
孝
新城公社农场
小庞
河
西贾
祝家
石家
西梁家
韩家
东贾
新义和
陈度
西巴
妇
龙
昝家
苑城公社
（苑城）
新城公社
（新城）
乔家
洼子
县
教场
祠堂
世康堡
新杨
新盛
河
顺河
后麻寨
东花园
见家
新王
聂桥
大
崔楼
赵家庄
小崔家
小徐家
冯
小店村
郭家庄
河南
荣家
宫家
邢庙
耿三里
辛兴村
小刘家
大省
刘三里
四里
孔家
河
永富
万家
周家
图例
县政府驻地
镇政府和公社管委会驻地
自然村
企事业单位和专业单位驻地
古迹
古墓
山峰、高程
▲145
市界
县、区界
镇、公社界
铁路、车站
公路、桥梁
河流
沟渠
比例尺 1:125000
地名资料截止一九八三年十月
李王
苇河
闫家
周家公社
田家庄
沈家
景楼
店子
夏家
南红庙
绍兴
楼里
东郭
麻家
郝家园
周
东黄
康家
村
大平
丰乐村
曹家
区
麻营

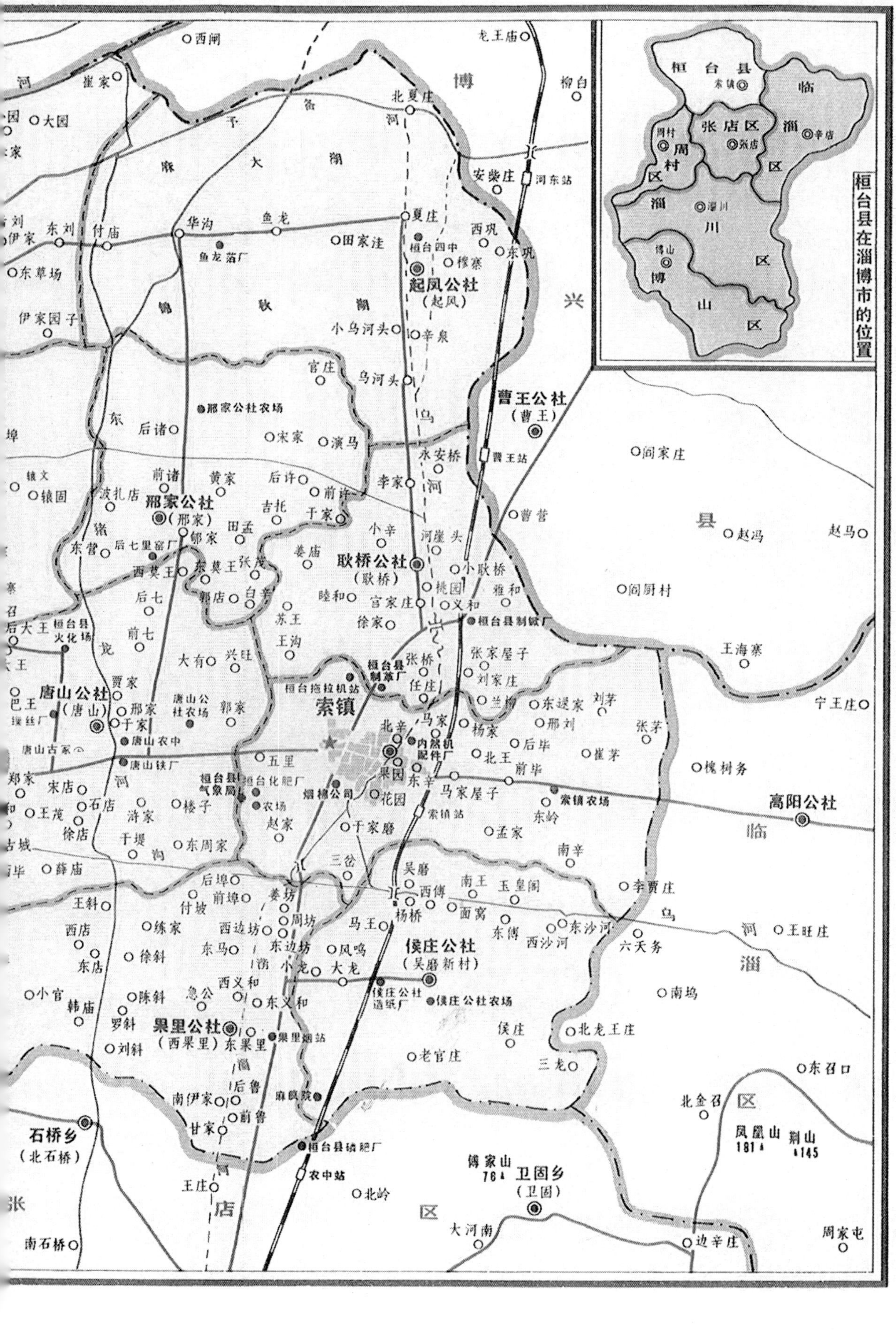

桓台县在淄博市的位置
桓台县
索镇
临
淄
区
辛店
张店区
张店
周村
周
村
区
淄
淄川
川
区
博山
博
山
区
西闸
崔家
大园
龙王庙
柳白
北夏庄
博
河
麻
大
湖
安柴庄
河东站
夏庄
华沟
鱼龙
东刘
付庙
伊家
田家洼
鱼龙苗厂
桓台四中
西巩
东巩
穆寨
起凤公社
（起凤）
东草场
锦
秋
湖
兴
伊家园子
小乌河头
辛泉
官庄
乌河头
曹王公社
（曹王）
邢家公社农场
东
后诸
宋家
演马
乌
永安桥
曹王站
阎家庄
镇文
辕固
前诸
黄家
后许
前许
李家
河
波扎店
邢家公社
（邢家）
吉托
于家
曹营
县
赵冯
赵马
猪
田孟
小辛
河崖头
东营
后七里窑厂
郇家
姜庙
耿桥公社
（耿桥）
小耿桥
西莫王
东莫王
张茂
雅和
阎厨村
后七
郭店
白辛
睦和
宫家庄
桃园
义和
后大王
桓台县火化场
苏王
徐家
桓台县制锁厂
前七
龙
王沟
张桥
张家屋子
王海寨
大有
兴旺
桓台县制革厂
唐山公社
（唐山）
贾家
桓台拖拉机站
任庄
刘家庄
邢家
唐山公社农场
郭家
索镇
兰桥
东逯家
刘茅
宁王庄
于家
唐山农中
北辛
马家
邢刘
唐山古家
内燃机配件厂
杨家
后毕
张茅
唐山铁厂
五里
北王
崔茅
河
桓台县气象局
桓台化肥厂
果园
东辛
前毕
槐树务
郑家
宋店
石店
烟棉公司
农场
花园
马家屋子
索镇农场
高阳公社
王茂
楼子
济家
赵家
索镇站
东岭
临
徐店
于家磨
孟家
干堤
沟
东周家
南辛
古城
薛庙
三岔
吴磨
后埠
李贾庄
西傅
南王
玉皇阁
王斜
前埠
姜坊
付坡
杨桥
面窝
乌
练家
周坊
马王
东傅
东沙河
西店
西边坊
西沙河
河
王旺庄
六天务
东马
东边坊
凤鸣
侯庄公社
（吴磨新村）
东店
徐斜
淄
涝
小龙
大龙
小官
陈斜
急公
西义和
侯庄公社造纸厂
侯庄公社农场
南坞
韩庙
东义和
罗斜
果里公社
（西果里）
东果里
果里烟站
侯庄
北龙王庄
刘斜
老官庄
三龙
东召口
后鲁
麻疯院
南伊家
区
北金召
前鲁
石桥乡
（北石桥）
甘家
桓台县磷肥厂
凤凰山
181
荆山
145
傅家山
76
卫固乡
（卫固）
王庄
农中站
北岭
张
店
区
大河南
南石桥
边辛庄
周家屯

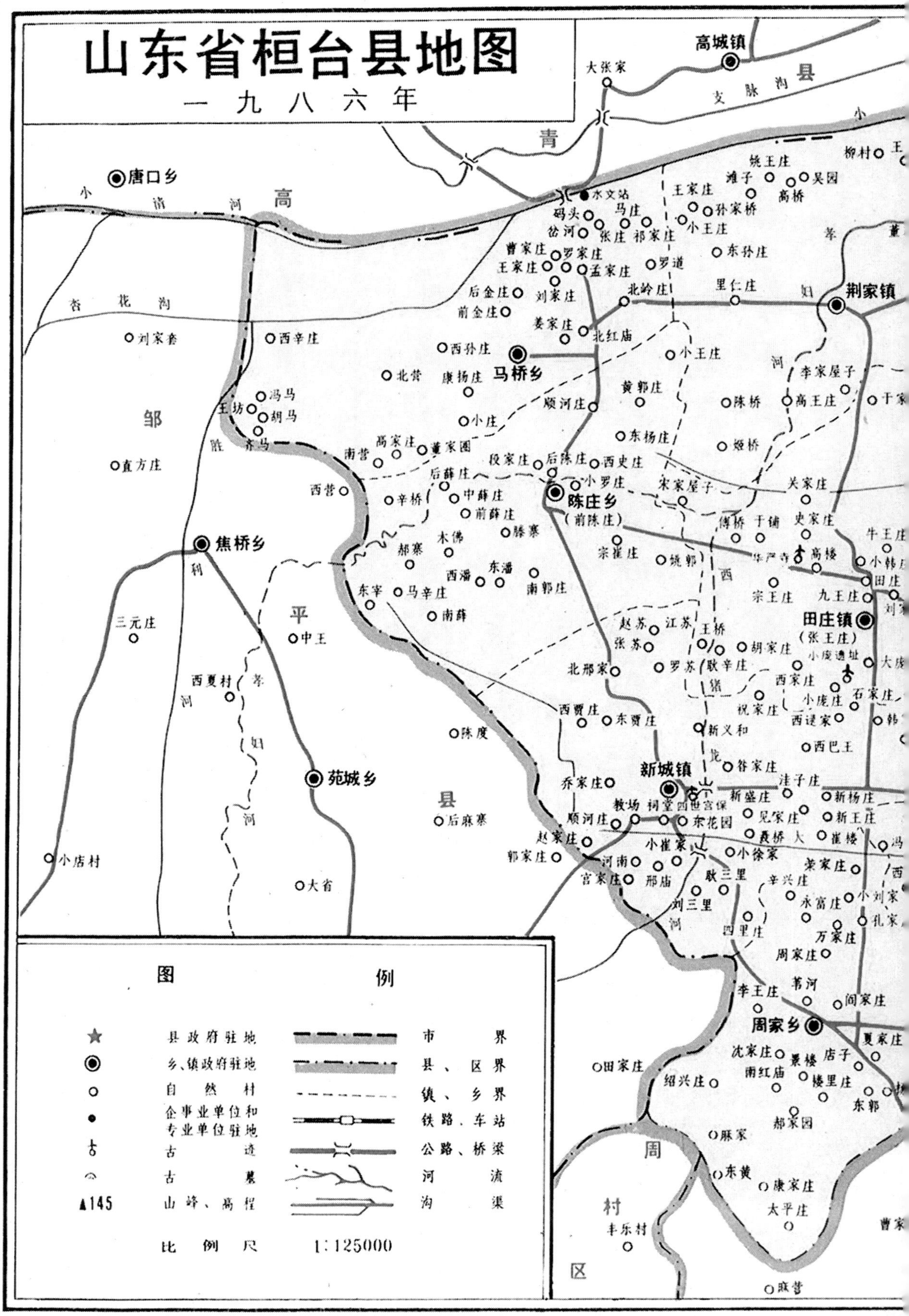
山东省桓台县地图
一九八六年
高城镇
大张家
支脉沟
县
青
小
柳村
姚王庄
吴园
王家庄
潍子
高桥
唐口乡
小
清
河
高
水文站
码头
马庄
孙家桥
岔河
张庄
祁家庄
小王庄
曹家庄
罗家庄
东孙庄
王家庄
孟家庄
罗道
孝
后金庄
北岭庄
里仁庄
妇
荆家镇
杏
花
沟
前金庄
刘家庄
姜家庄
北红庙
刘家套
西辛庄
西孙庄
马桥乡
小王庄
河
李家屋子
北营
康杨庄
冯马
黄郭庄
陈桥
高王庄
于家
邹
王坊
胡马
顺河庄
小庄
东杨庄
姬桥
胜
齐马
高家庄
南营
董家园
段家庄
后陈庄
西史庄
直方庄
后薛庄
小罗庄
宋家屋子
关家庄
西营
辛桥
中薛庄
陈庄乡
（前陈庄）
傅桥
于铺
史家庄
前薛庄
焦桥乡
木佛
滕寨
牛王庄
郝寨
宗崔庄
姚郭
华严寺
高楼
小韩庄
利
东潘
西
田庄
西潘
东辛
马辛庄
南郭庄
宗王庄
九王庄
平
三元庄
南薛
田庄镇
（张王庄）
赵苏
江苏
王桥
中王
张苏
胡家庄
小庞遗址
大
西夏村
孝
北邢家
罗苏
耿辛庄
西家庄
河
猪
石家庄
小庞庄
祝家庄
西家
西逯家
韩
西贾庄
东贾庄
妇
陈度
新义和
西巴王
龙
谷家庄
苑城乡
新城镇
洼子庄
乔家庄
县
新盛庄
新杨庄
教场
祠堂
四世宫保
河
后寨寨
顺河庄
东花园
吴家庄
新王庄
赵家庄
小崔家
聂桥
大
崔楼
小店村
郭家庄
小徐家
河南
柴家庄
宫家庄
邢庙
耿三里
辛兴庄
大省
刘三里
永富庄
小刘家
河
孔家
四里庄
万家庄
周家庄
图
例
县政府驻地
市 界
乡、镇政府驻地
县 、 区 界
自 然 村
镇 、 乡 界
企事业单位和
专业单位驻地
铁路、车站
古 迹
公路、桥梁
古 墓
河 流
▲145
山峰、高程
沟 渠
比 例 尺
1:125000
李王庄
苇河
闫家庄
周家乡
夏家庄
沈家庄
景楼
店子
田家庄
南红庙
绍兴庄
楼里庄
东郭
郝家园
周
麻家
东黄
康家庄
村
太平庄
曹家
丰乐村
区
麻营

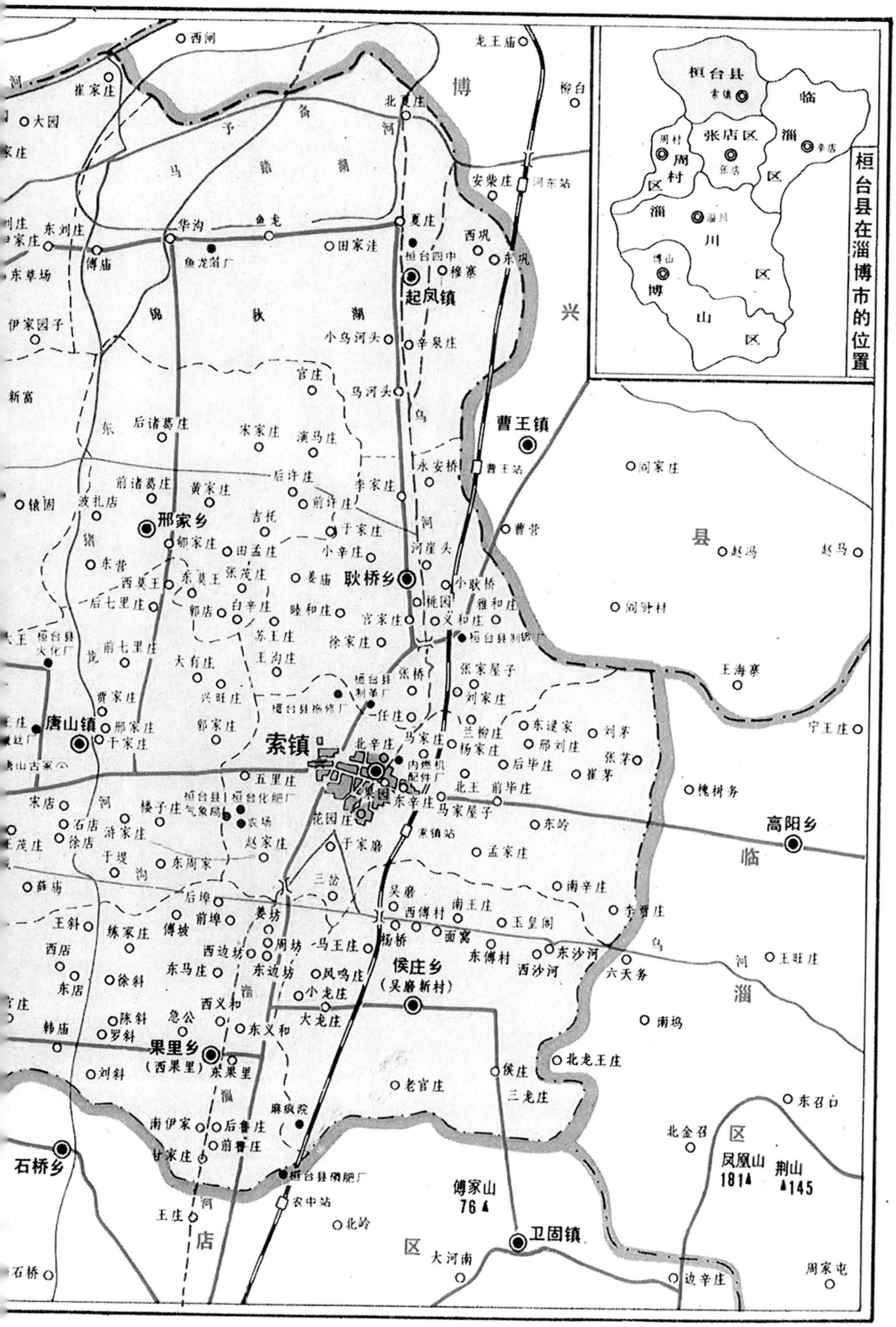
桓台县在淄博市的位置
桓台县
索镇
临
张店区
周村
周
村
区
淄
辛店
张店
区
淄川
川
博山
区
博
山
区
博
兴
县
临
淄
区
河
店
区
索镇
起凤镇
耿桥乡
邢家乡
唐山镇
曹王镇
高阳乡
侯庄乡
（吴磨新村）
果里乡
（西果里）
石桥乡
卫固镇
马踏湖
锦秋湖
予备河
乌河
猪龙河
淄河
西河
崔家庄
大园
北夏庄
龙王庙
柳台
安柴庄
河东站
华沟
鱼龙
夏庄
东刘庄
傅庙
鱼龙苗厂
田家洼
桓台四中
穆寨
西巩
东巩
东草场
伊家园子
小乌河头
辛泉庄
官庄
乌河头
新富
后诸葛庄
宋家庄
演马庄
永安桥
曹王站
后许庄
前诸葛庄
黄家庄
李家庄
前许庄
镇固
波扎店
吉托
于家庄
河崖头
曹营
闫家庄
赵冯
赵马
东营
邢家庄
田孟庄
小辛庄
西莫王
东莫王
张茂庄
姜庙
小耿桥
后七里庄
郭店
白辛庄
睦和庄
宫家庄
桃园
雅和庄
义和庄
闫钟村
桓台县火化厂
前七里庄
苏王庄
徐家庄
桓台县制钢厂
大有庄
王沟庄
张家屋子
王海寨
张桥
贾家庄
兴旺庄
桓台县制革厂
刘家庄
桓台县拖修厂
任庄
郭家庄
于家庄
北辛庄
马家庄
兰柳庄
东逯家
邢刘庄
刘茅
宁王庄
杨家庄
后毕庄
张茅
五里庄
内燃机配件厂
崔茅
桓台县气象局
桓台化肥厂
农场
东辛庄
北王
前毕庄
槐树务
宋店
石店
楼子庄
马家屋子
徐店
浒家庄
赵家庄
花园庄
东岭
于家磨
索镇站
孟家庄
于堤
东周家
薛庙
三岔
南辛庄
吴磨
后埠
王斜
前埠
姜坊
西傅村
南王庄
玉皇阁
李营庄
练家庄
傅坡
周坊
马王庄
杨桥
面窝
西店
西边坊
东傅村
东沙河
王旺庄
六天务
东马庄
东边坊
凤鸣庄
西沙河
东店
徐斜
小龙庄
西义和
大龙庄
陈斜
急公
南坞
韩庙
罗斜
东义和
北龙王庄
东果里
刘斜
侯庄
老官庄
三龙庄
麻疯院
东召口
南伊家
后鲁庄
北金召
前鲁庄
甘家庄
凤凰山
181
荆山
145
桓台县磷肥厂
傅家山
76
王庄
农中站
北岭
大河南
边辛庄
周家屯
石桥

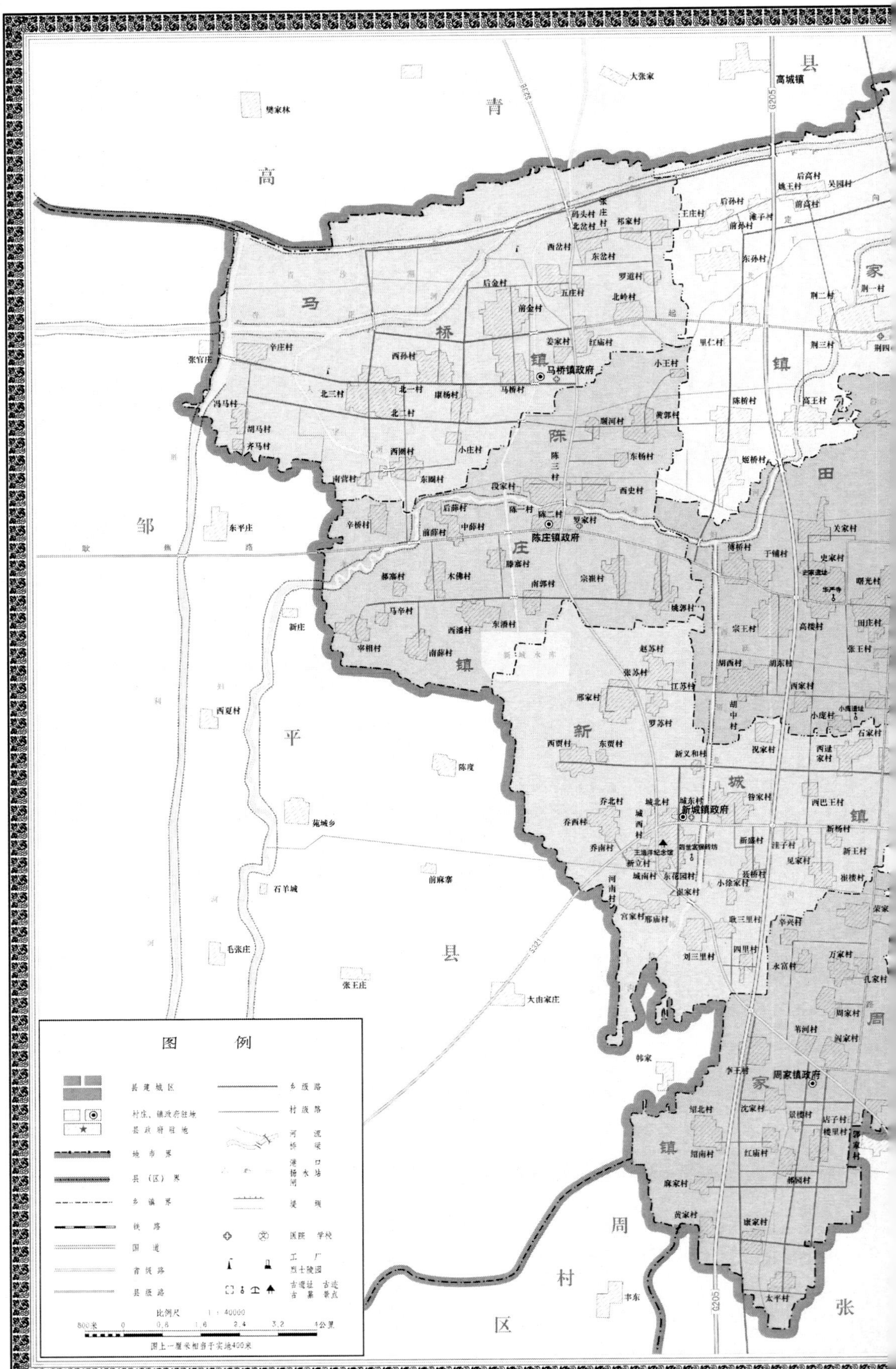
马桥镇
陈庄镇
新城镇
田家镇
周家镇
马桥镇政府
陈庄镇政府
新城镇政府
周家镇政府
高城镇
图例
县建城区
村庄、镇政府驻地
县政府驻地
地市界
县（区）界
乡镇界
铁路
国道
省级路
县级路
乡级路
村级路
河流
桥梁
医院 学校
比例尺 1:40000
图上一厘米相当于实地400米

桓台县地图
博
兴
县
临
淄
区
店
区
起
凤
镇
邢
家
镇
唐
山
镇
果
里
镇
索
镇
起凤镇政府
邢家镇政府
唐山镇政府
索镇政府
果里镇政府
石桥镇
曹王镇
鲁庄
东孙庄
闫辟村
东台村
南均村
南金召
人和庄
三龙村

2007年

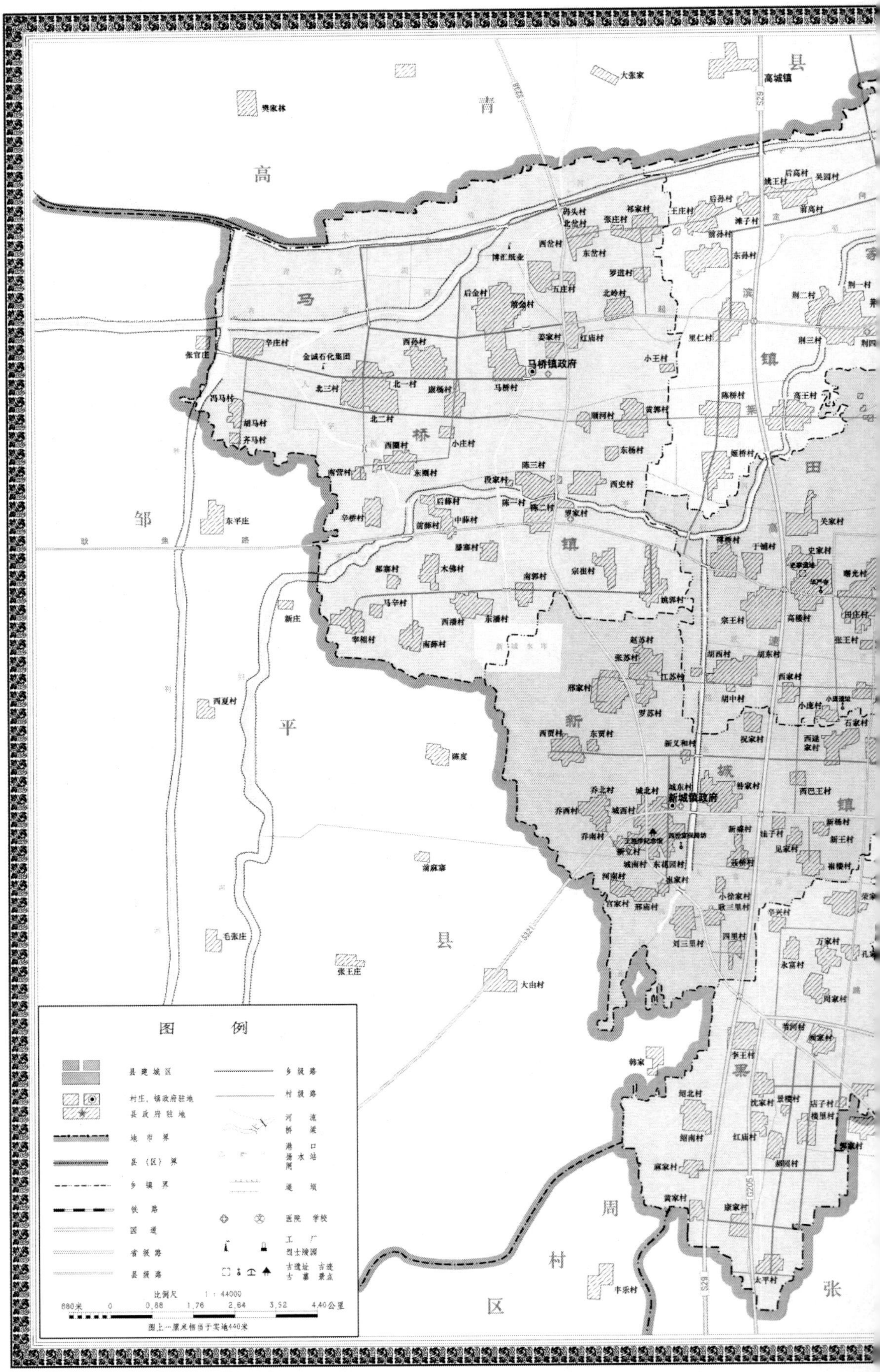
青
高
邹
平
县
周
村
区
张
马桥镇
新城镇
田
果
镇
马桥镇政府
新城镇政府
金诚石化集团
博汇纸业
大张家
樊家林
高城镇
张官庄
东平庄
新庄
西夏村
陈度
前麻家
毛张庄
张王庄
大由村
韩家
丰乐村
码头村
北岔村
张庄村
祁家村
西岔村
东岔村
五庄村
罗道村
后金村
前金村
北岭村
姜家村
红庙村
华庄村
西孙村
北一村
北三村
康杨村
马桥村
小王村
冯马村
胡马村
齐马村
北二村
西圈村
东圈村
小庄村
南营村
陈三村
段家村
陈一村
陈二村
西史村
辛桥村
后苏村
前苏村
中苏村
罗家村
滕家村
郗家村
木佛村
南郭村
宗崔村
姚郭村
马辛村
西潘村
东潘村
李相村
南苏村
黄郭村
东杨村
王庄村
后孙村
前孙村
东孙村
潍子村
里仁村
陈桥村
姬桥村
后高村
吴园村
前高村
姚王村
荆一村
荆二村
荆三村
高王村
关家村
于舖村
史家村
宗王村
高楼村
田庄村
张王村
赵苏村
张苏村
江苏村
邢家村
罗苏村
胡西村
胡东村
胡中村
西家村
小庞村
石家村
西贾村
东贾村
新义和村
祝家村
西巴王村
乔北村
城北村
城东村
城西村
乔西村
乔南村
新立村
城南村
河南村
宫家村
邢南村
刘三里村
四里村
新杨村
新王村
见家村
崔楼村
万家村
永富村
李王村
绍北村
绍南村
沈家村
景楼村
红庙村
麻家村
黄家村
康家村
太平村
S29
S321
G205
图例
县建城区
村庄、镇政府驻地
县政府驻地
地市界
县（区）界
乡镇界
铁路
国道
省级路
县级路
乡级路
村级路
河流
桥梁
港口
扬水站
闸
堤坝
医院
学校
工厂
烈士陵园
古遗址
古墓
古迹
景点
比例尺 1：44000
880米 0 0.88 1.76 2.64 3.52 4.40公里
图上一厘米相当于实地440米

桓台县地图

2012 年 7 月

第五章

建置沿革

桓台县地域历史悠久。1996年4—11月，淄博文物局、市博物馆和桓台县文物管理所组成考古工作队，对史家遗址进行勘探和抢救性发掘，揭露面积1300平方米，发掘岳石文化至西汉时期的墓葬14座、水井70眼、灰坑11个；岳石文化大型木架结构祭祀器物窖藏1处；商代殉藏坑1个；殉猪藏坑3个；房基2处；出土岳石文化和商代的刻字卜骨、商代中晚期的多字铭文与族徽铜器、龙山文化、岳石文化、商周、战国和汉代的青铜器、骨器、蚌器等各类遗物500余件。1997年4月，国家著名考古、史学、文字专家13人，在北京对史家出土的甲骨文进行了鉴定。其中，两块刻字卜骨被鉴定为国内目前已知最早的甲骨文。比安阳殷墟甲骨文至少提前300年。表明远在四千五百年左右的新石器时代晚期，原始氏族社会，先民已在此繁衍生息，并创造了灿烂的文化。

黄帝、少昊、尧、舜历史时期（前21世纪前），桓台县地域系爽鸠氏国地。

夏朝（前21—16世纪）系季萴氏国地。

商朝（前16—11世纪）系逢伯陵国地，殷末系薄姑国地。

西周（前11世纪—前771）为齐国地。

春秋战国（前770—前221）为齐国渠丘邑、葵丘邑、狄邑地。

秦朝（前221—前207）为齐郡（亦说临淄郡）临淄县地。

西汉（前206—8）初置西安县（治今索镇），属青州齐郡（国）。同时在格孙城置高苑县、会城置平安县、今穆寨东北置延乡县，属青州济南郡。

东汉（25—220），25年刘秀建东汉，东宁县复名西安县，属青州齐国。西境并存高苑县，属乐安国。北部平安、延乡二县并入博昌县。

三国时期（220—280）置西安县，属魏地，高苑县并入武强县。

晋及十六国时期（265—420），西安县先后属后赵、前燕、前秦、后燕、南燕五国。

南北朝（420—589），移西安县于今临朐县境，原西安县城侨置索卢县，属青州齐郡。原高苑县故城侨置鬲县，延乡县故城侨置湿沃县，属冀州乐陵郡。北齐天保七年（556）索卢县并入高阳县，鬲县并入武强县，湿沃县并入博昌县。

隋朝（581—618），县境分属齐郡长山、高苑县，北海郡临淄县地。

唐朝（618—907）属河南道淄州长山县，高苑县地，青州临淄县地。

五代十国时期（907—960），先后为梁、唐、晋、汉、周之长山县、高苑县、临淄县地。

北宋时期（960—1127），属京东东路青州临淄县地、淄州长山县、高苑县地。

金朝（1115—1234）为山东东路淄州长山、高苑县地，益都府临淄县地。

南宋绍定元年（1228）置新城县，治新城，属般阳路。金末，连年战乱，政令不行。山东东路兵马副元帅张贵（本籍人），为聚民保土，绕齐桓公戏马台筑城自卫，名新城。

元朝（1271—1368）设新城县，属中书省般阳路。

明朝（1368—1644）设新城县，属山东承宣布政使司济南府。洪武元年（1368）全县编为40里。洪武十二年（1379）全县编为42里。天启四年（1624），全县设八镇即：索镇、石桥镇、张店镇、高楼镇、新桥镇、唐藏镇、旬召镇、崔楼镇。四乡即：利用乡、厚生乡、永宁乡、正德乡。编为45里。

清朝（1644—1911），设新城县，属山东省济南府。康熙三十二年（1693），全县设索镇、石桥、张店、高楼、新城、唐藏、旬召、崔楼八镇。编为40个约，共有311个庄。

辛亥革命后，民国2年（1913）废府设道，新城县属济南道。

《新修桓台县志》载：民国3年（1914）1月北京政府内务部鉴于全国有90余县县名相同，故对重名政区重新命名。并公布了《内务部改定各县重新命名及废存理由清单》，因国内以新城县名者有五，议留直隶最初之一，余均改名。是年4月，县署奉文改县名为耏水，经集众会议，佥以耏水名非素称，且非本县所独有，不如易为桓台较为典要。县署转以上核准如议，遂定今名。以新城内齐桓公戏马台（又名桓台）遗址得名。仍治新城。民国17年（1928）道废，桓台县直隶山东省。民国19年（1930），全县分4个区，12个镇，136个乡，共347个庄。

抗日战争和解放战争时期。民国26年（1937）抗日战争爆发后，国民党县长吴景寿携民财逃离桓台，国民党县政府解体。民国27年（1938）7月，国民政府华北游击纵队第十三支队第十二梯队（司令胡凤林，于民国27年（1938）9月24日在花山与日作战牺牲），在吉托置县政府，隶属山东省第十一专员公署。民国28年（1939）1月，伪山东省公署委派桓台县公署知事杜杰，随日本侵略军侵占桓台城，设伪县公署。民国29年（1940）秋，日伪县公署改称县政府，改知事为县长。民国28年（1939）7月1日，在中国共产党领导下的清河区第一个县级政权机构——“长（山）、桓（台）、临（淄）、益（都）四县边区行政联防办事处”，在侯庄面窝村成立，隶属中共清河特委，书记孙铁民。民国29年（1940）4月28日，桓台县抗日民主政府在中埠村成立，隶属清河专员公署，县长李铁峰。民国30年（1941）2月，成立中共长桓委员会，书记刘耀文，副书记李本荣。民国31年（1942）2月，清河区与冀鲁边区合并称渤海区行政公署，桓台属第六专区属。民国31年（1942）1月，成立长桓军政工作团，团长相子正，政委马同贵（马兢生），隶属清河区行政主任公署清中专署。民国31年（1942）7月，驻桓台的山东保安24旅张景琪率部投靠日军，国民政府名存实亡。民国31年（1942）10月，24旅成立战地服务队，取代国民政府。民国34年（1945）8月，桓台军民在中国共产党的领导下，取得了抗日战争的胜利，桓台属渤海区第三专署。山东保安24旅逃往张店。民国35年（1946）6月张店解放时，县政府官员逃至济南。民国34年（1945）9月，桓台县抗日民主政府改称桓台县人民政府，县长相子正，代理县长杨荣，副县长张精忠、赵子美，县大队大队长相子正，政委孙铁民、李晓光、张哲民，县人民武装委员会主任张立民。1948年3月，桓台解放，国民政府废除。

桓台县是八路军清河军区所在地，英雄的人民具有光荣的革命传统。早在民国27年（1938）1月，桓台军民实施小清河伏击战，击毙日军松井山村司令，在鲁中向日寇打响第一枪；民国28年（1939）7月清河军区在东沙河村办起《群众报》，极大鼓舞了军民的抗日热情；民国27年（1938）9月的花山战斗，歼灭日伪军300多人；民国34年（1945）7月的石桥战斗，炸毁日军飞机场，并击毙日军坂田旅团长；民国36年（1947）7月的唐山战斗，歼灭国民党顽匪200多人。在中国共产党的领导下，桓台军民为民族的独立和祖国的解放做出了巨大贡献。民国37年（1948）3月，桓台取得了解放战争的全面胜利。

民国37年（1948）9月桓台县设八区、一镇，即：崔楼、石桥、乌河、岔河、铁山、田庄、金岭、湖滨八区，索镇镇。

1950年3月，撤销清河专署，桓台县隶淄博专属，县政府由新城迁至索镇。1953年6月，淄博专署改称淄博工矿特区，桓台县划属惠民专属。1958年11月，桓台并入博兴县，隶属淄博专属。1961年9月，复置桓台县，改属惠民专属。1983年10月，桓台县划归淄博市。1988年，全县有索镇、新城、田庄、起凤、唐山、荆家6镇;耿桥、侯庄、果里、周家、邢家、陈庄、马桥7乡。1991年10月至1995年9月，境内耿桥、侯庄、果里、周家、邢家、陈庄、马桥7乡先后改镇。2001年3月，耿桥镇并入索镇镇，侯庄镇并入果里镇。2003年6月，果里镇的甘家、罗斜、刘斜、韩庙、小官、闫高和周家镇的杨楼、郭家8个村划入张店区管辖。2010年5月，撤销索镇，以原索镇东镇村等43个村建立索镇街道办事处；以原索镇的赵家、五里2个村委会和少海居民委员会等11个居民委员会建立少海街道办事处。2010年11月，撤销周家镇，其行政区域并入果里镇；撤销邢家镇，其行政区域并入唐山镇;撤销陈庄镇，其行政区域并入马桥镇。

2014年年末，境内政区辖索镇、少海2个街道，新城、田庄、起凤、唐山、荆家、果里、马桥7个镇，335个村民委员会和11个社区居民委员会。

第六章

地名综述

桓台境内有314个自然村，村名繁多，经梳理发现，以姓氏命名的居多，其余因物、因事、因地理位置、因民间传说等而得名，也有多个原因同时具备的。归纳如下：

一、以姓氏命名的占55.8%：“马”姓的7个，马王、马桥、马庄等；“刘”姓的6个，刘茅、刘斜、刘三里等；“李”姓的5个：李家、李贾、李王等；姓氏后面带“家”的46个：赵家、于家、马家、杨家、孟家、徐家、刘家、宫家、宋家、郇家、关家、史家、伊家、姜家、祁家、段家、罗家、毛家、韩家、石家、逯家、祝家、昝家、王家、见家、崔家、荣家、麻家、孔家、周家、沈家、夏家、黄家、万家、阎家、贾家、郭家、浒家、郑家、练家等；姓氏前加“小”字的14个：小王、小罗、小韩庄等；姓氏前加“大”字的6个：大有、大王、大庞等；双姓连着的11个：李贾、仇王、宗王、李王、马王、康杨、宗崔等。

二、用张、郝、沈、周、荣、毕、邢、郑、牛、田、徐、于、崔、宋、胡、史、宗、高、巩等姓作为村名开头第一字的有92个：赵家、于家、马家、孟家、李家、杨家、张家、宫家、宋家、贾家、郭家、郑家、冯家、韩家、徐家、练家、薛家、伊家、甘家、姜家、周家、关家、史家、胡家、荆家、董家、祁家、朱家、崔家、毛家、王家、荣家、孔家、夏家、沈家、高家、段家、齐家、罗家、金家、曹家、万家、阎家、乔家、见家、黄家、郇家、傅家、浒家等。

三、以方位命名的87个：北辛、东辛、南辛、西镇、东镇、东马、西马、东边、西边、前毕、后毕、前鲁、后鲁、前诸、后诸、前许、后许、前大王、后大王、东果里、西果里、东义和、西义和、龙东、龙南、龙北、西龙、西傅、东傅、西沙、东沙、南王、北王、北邢家、前薛、中薛、后薛、南薛、东潘、西潘、西毕、西马、乔南、乔西、乔北、辕南、辕北、东埠、西埠、北埠、东贾、西贾、东孙、前孙、后孙、前高、后高、前刘、后刘、东圈、西圈、前金、后金、乔南、乔西、乔北等。

四、以数量词命名的31个：三岔、三龙、四里、五里、七里等。

五、以名胜古迹命名的9个：古城、玉皇阁、祠堂、索镇等。

六、因古名人得名的1个：田庄镇辕固庄。因汉代博士辕固而得名。《中国通史》载：“辕固是汉朝景帝时诗博士。”《山东通志》载：“汉辕固，景帝时人，治东北二十里辕固庄。庄南有辕固冢，冢上有祠，或以为当年之授经台。”

七、因建筑物得名的3个：高楼，属田庄镇。村西北有隋唐建之华严寺，寺前立隋文塔，故得名高楼；高桥，在荆家镇。明朝初年立村。因村处小清河高苑桥旁，故得名“高苑桥”，后简称“高桥”。

八、因地理位置、特点得名：耿三里，属新城镇。明万历年间（1573—1620），耿王二姓在此定居。因村距新城三里，耿姓为旺族，故名“耿三里”。石店，在唐山镇。明朝初年，此处为交通要道。道东侧石姓夫妇开一客店，后形成村落，取名“石店庄”。“鸭窝庄”，清朝中期，改称“雅和庄”；岔河，属马桥镇。明洪武二年（1369）立村，因村处孝妇河入小清河处，故名“岔河”；华沟，在马踏湖与锦秋湖之间。因村中沟两岸盛开桃、杏花而得名“花沟庄”。后路泥泞难行，改为滑沟庄，又改称为：“华沟村”。战国时期，因鲁仲连隐居于此，曾名“鲁连陂”。地处湖中，又名“锦秋庄”；刘茅、张茅、崔茅，在索镇。明成化四年（1468），刘成刚兄弟3人，由直隶枣强桃园庄迁到索镇立村。因立村处茅草遍地，故名“刘家茅窝”，后简称刘茅。后又相继出现张茅、崔茅二村。

九、因事得名的6个：演马，属唐山镇。春秋时期因齐桓公的士兵常训练兵马于此，故得名“演马”。东营，属唐山镇。为春秋时期齐桓公囤兵处，故名营里庄。因村处新城之东，清末更名为东营。

十、以传说、轶闻命名的20个：鱼龙，属起凤镇。村处马踏湖中，水旋涡不定，传为龙窟，故名“鱼龙湾”。后简称“鱼龙”；马桥，属马桥镇。前517年，孔子乘车由齐返鲁经此，车马曾陷于村旁河中。尔后，村民在此建桥，取名“马车桥”。后简称“马桥”；波扎店，属唐山镇。宋太祖赵匡胤东征时，路过此地，蒺藜丛生，赤脚踏过无痛感，自曰：“不扎殿下”。后人以此为村名，俗称“波扎店”，方言叫“波罗店”；北营，属马桥镇。宋太祖赵匡胤领兵到此安营扎寨居北，故名“北营”。后以此名命村。

十一、以其他词语为村名的34个：文庄、花园、河崖头、睦和、兰柳、义和、桃园、吉托、曙光、滩子、双跃、码头、顺河、存留、洼子、新盛、永富、太平、大有、兴旺、面窝、凤鸣、于堤、红庙、里仁、木佛、苇河等。这类村名比较复杂，有的取较好的寓意，有的是因事物，有的是因传说轶闻，有的是因地理环境，不一而举。

十二、自然村重名的30个：红庙2个，伊家2个，阎家2个，马家2个，花园2个，义和2个，孟家2个，宫家2个，黄家2个，逯家2个，毕家3个，周家3个，贾家4个。

十三、按立村年份分：商1个，周13个，汉3个，唐2个，宋7个，南北朝、五代十国2个，元2个，明237个，清44个，民国2个，新中国成立后3个。

第七章

镇（街道）行政区划
居民点、自然村名

索镇街道办事处

因辖区为原索镇而得名。

位于北纬36° 58′ ～37° 1′，东经115° 50′ ～118° 50′。地处桓台县东部，东邻临淄区，南连果里镇，西依唐山镇，北靠起凤镇，东北与博兴县相邻。为桓台县政府驻地，街道办事处驻花园村。

春秋时期为齐国渠丘邑。西汉时为西安县治。魏晋时属齐国西安城。南北朝时为索卢县治。1946年3月，中共清河地委、清河专署、清河军分区驻此地。1950年3月，中共桓台县委、桓台县人民政府迁住索镇。1958年，建索镇人民公社。1982年社改镇，下辖26个行政村。2001年3月，耿桥镇并入索镇，镇政府驻地不变。2010年5月，以原索镇东镇村等43个村建立索镇街道办事处。

辖区总人口6.29万人，其中城镇常住人口6.29万人，城镇化率100%。人口出生率10.5‰，死亡率8.2‰，自然增长率2.3‰。有少数民族14个，73人。

辖区东西最大距离6.86千米，南北最大距离9.57千米，总面积6568公顷。人口密度为每平方千米901人。

2014年，全社会完成固定资产投资58亿元，实现财政总收入13962万元，各项存款334853万元，居民存款余额236082万元，各项贷款余额725284万元。

农林牧渔业实现总产值58620万元，农业产值13428万元：粮食总产5.4万吨，棉花总产132.9吨，油料总产24.9吨，水果总产0.002万吨，蔬菜总产0.8万吨；肉类总产3464.7吨，禽蛋总产2479吨，奶类总产2241吨；全年造林820亩，林木覆盖率达18.9%，全镇农机总动力10.23万千瓦。

完成工业固定资产投资18亿元；新上一次性固定资产投资100万元以上项目14个；实现工业增加值28.6亿元；有规模以上工业企业55家，实现增加值24.3亿元；实现产品销售收入174.6亿元，利税18亿元，利润109349万元。

全镇公路通车里程374公里，村村通汽车。拥有汽车1532辆，固定电话用户8725户，移动电话用户48315户。

实现社会零售总额799844万元；消费品市场65处；实现进出口总额24200万美元，其中出口9136万美元；实际利用外资701万美元，增长7%。

有小学6所，在校生1909人；普通初中1所，在校生666人；有体育锻炼场所34处，公共图书馆23处，文化娱乐场所35处。有卫生院所47处，卫生技术人员162人，其中执业医生64人，注册护士41人。文化站、广播电视站各1处，村级文化活动中心43处，图书室46个，文化艺术团体10个。炉姑传说被列为市级非物质文化遗产；云涛传说、苏王高跷被列为县级非物质文化遗产。

街道居民人均可支配收入28653元，消费性支出14430元；人均住房建筑面积37平方米；农民人均纯收入16673元，生活消费支出10438元。

2007年，荣获全国环境优美镇称号，创建全国文明城市工作先进单位。

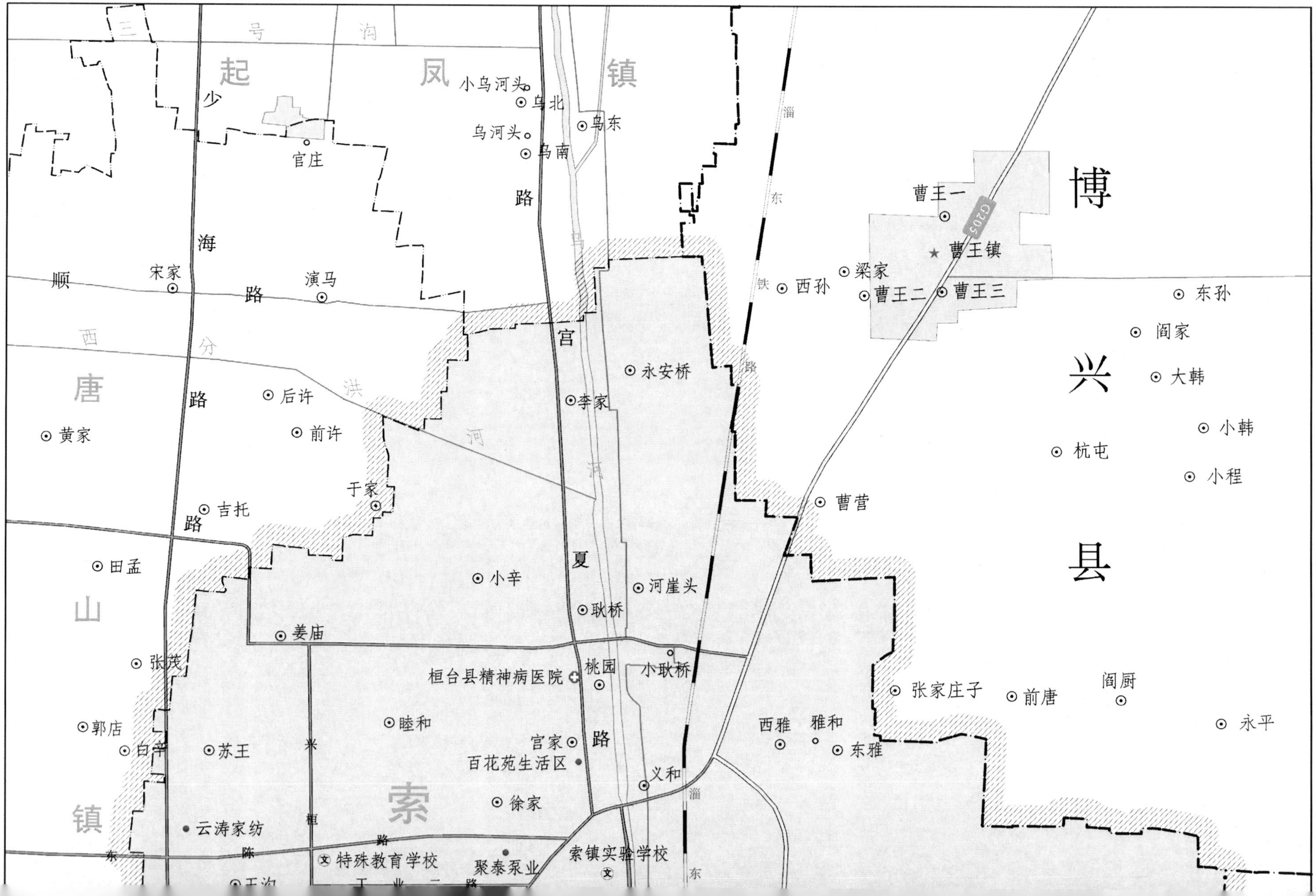
博兴县
起凤镇
少海路
顺海路
宫夏路
唐山镇
索镇
小乌河头
乌北
乌河头
乌南
乌东
官庄
宋家
演马
后许
前许
黄家
于家
吉托
田孟
张茂
郭店
白辛
苏王
云涛家纺
特殊教育学校
聚泰泵业
索镇实验学校
姜庙
小辛
睦和
徐家
百花苑生活区
宫家
桓台县精神病医院
桃园
耿桥
李家
永安桥
河崖头
小耿桥
义和
西雅
雅和
东雅
张家庄子
前唐
阎厨
永平
曹营
杭屯
小韩
小程
大韩
阎家
东孙
西孙
梁家
曹王一
曹王二
曹王三
曹王镇
G205
淄东铁路
西分洪河
三号沟

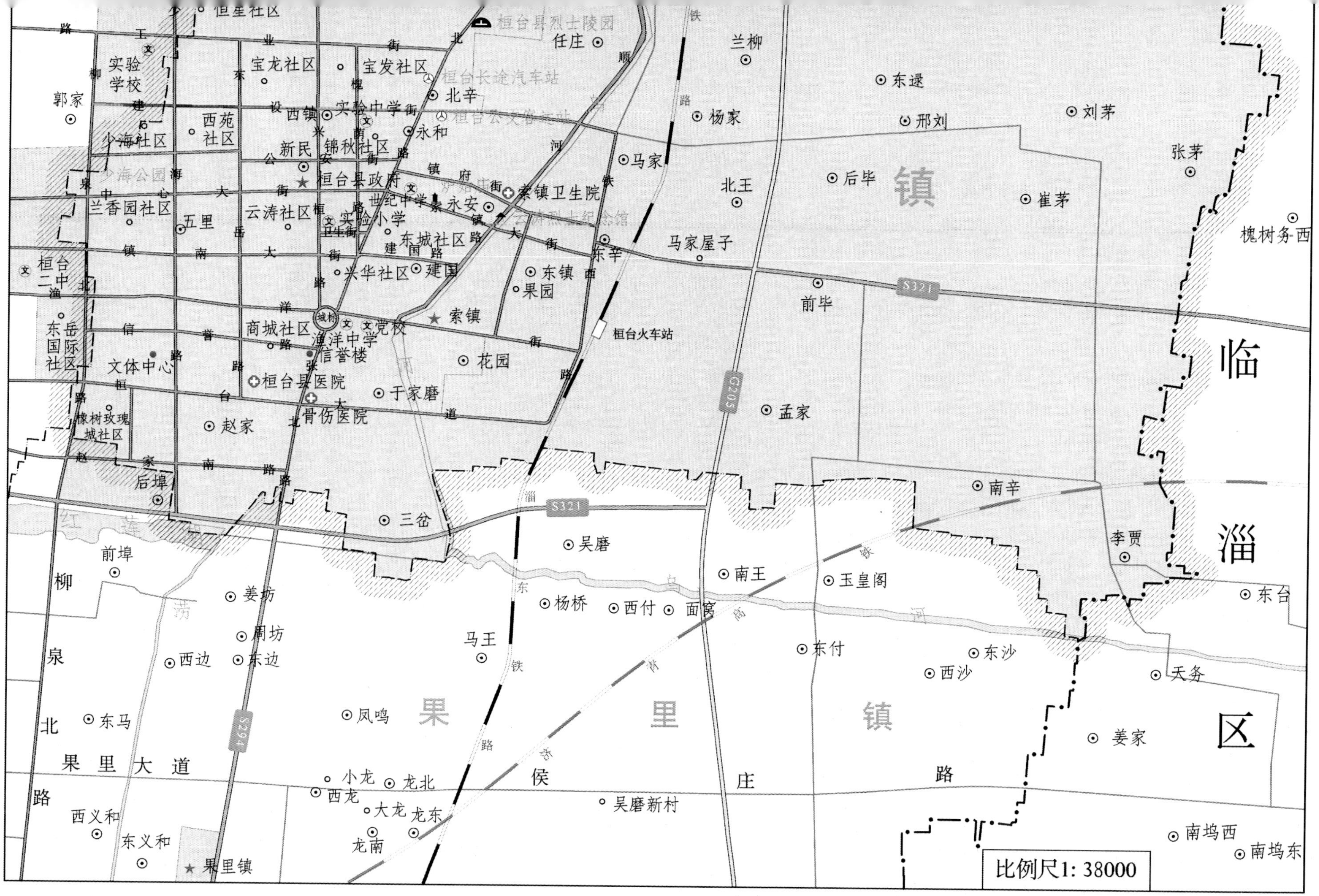

临淄区
索镇
果里镇
侯庄路
北果里大道
柳泉路
桓台县烈士陵园
任庄
兰柳
东逯
刘茅
杨家
邢刘
张茅
马家
北王
后毕
崔茅
槐树务西
马家屋子
东辛
前毕
桓台火车站
孟家
南辛
李贾
东台
天务
姜家
南坞西
南坞东
比例尺1: 38000
恒星社区
实验学校
郭家
宝龙社区
宝发社区
桓台长途汽车站
北辛
西镇
实验中学
永和
西苑社区
小海社区
新民
锦秋社区
少海公园
桓台县政府
索镇卫生院
世纪中学
永安
兰香园社区
云涛社区
实验小学
五里
东城社区
桓台二中
兴华社区
建国
东镇
果园
东岳国际社区
商城社区
渔洋中学
党校
信誉楼
文体中心
桓台县医院
花园
于家磨
骨伤医院
赵家
橡树玫瑰城社区
后埠
三岔
吴磨
前埠
姜坊
周坊
西边
东边
杨桥
西付
面窝
南王
玉皇阁
马王
东付
东沙
西沙
凤鸣
东马
小龙
龙北
西龙
大龙
龙东
龙南
吴磨新村
西义和
东义和
S321
G205
S294

索镇
Suǒzhèn

桓台县人民政府所在地。位于县政府以东，淄东铁路西侧，张北路与索镇大街、中心大街交汇处。由东镇、西镇、永安、永和、新民、建国、果园庄6个行政村和1个自然村组成。东邻东辛庄，南靠花园庄，西至五里庄，北接北辛庄。乌河自南向北贯通此地。聚落呈矩形。

索镇是一个历史悠久的城镇。索镇之名，系由索卢县故城演变而来。

春秋时期，属齐国渠丘邑。《续山东考古录》载："春秋昭公十一年楚申无字曰：齐渠丘实杀无知。杜注云：'渠丘今西安县也，齐大夫雍廪邑'。"又载："西安县故城在（新城）东四十里，今索镇。"

汉初，为西安县治，属齐郡。魏、晋时，属齐国西安县城。《齐乘》云："临淄西四十里，耿弇讨张步。谓西安城小而坚。"《汉书》载："武帝元朔六年嘉李翔北征封涉轵侯食邑，食邑在西安县。""汉平帝封东平殇王孙为西安侯。"

南北朝时，为索卢县治所。《续山东考古录》载："刘宋侨冀州广川郡，索卢县移西安。"《山东通志》载："西安县城在县东四十里，汉置县属齐郡，今索镇。后魏曾于此侨置索卢县故名。"

大隋开皇九年间（589）废县为镇。元太祖九年（1214），称索镇。宋理宗绍定元年（1228）蒙元置新城县，以田、索二镇属焉。明嘉靖旧志新城县治初设索镇。清康熙三十二年（1693）济南府新城县东九乐字约索镇。《桓台县地名词典》（1991年版）载：索镇。

明天启四年（1624）设镇、乡。索镇，为八镇之首。清代，属新城县厚生乡。民国3年（1914），新城县易名，属桓台县。民国22年（1933），属桓台县第三区（区公所驻索镇）。民国33年（1944），属清河行政公署桓台县第三区。民国35年（1946）3月，为中共清河地委、清河专署、清河军分区所在地。民国37年（1948）3月，属渤海第三专员公署桓台县三区。1950年4月，中共桓台县委、县政府机关由桓城迁驻索镇，也是索镇区管委会驻地。1952年，属淄博专区桓台县三区。1958年9月，属桓台县第二卫星人民公社。同年11月，撤销桓台县建制，属淄博专署博兴县索镇人民公社。1961年9月，恢复桓台县制，属惠民专署桓台县索镇区。1966年9月，撤区并社，复称索镇人民公社。人民公社化初时设大队，因居索镇"永安街"，故称"永安大队"；居"永和街"，故称"永和大队"；居"新民街"，故称"新民大队"；与之，居索镇东部，故称"东镇大队"；居索镇西部，故称"西镇大队"；驻索镇西南部（1955年曾因成立建国高级社）故沿用"建国"名称，故称"建国大队"。1982年1月，改属索镇人民政府。1983年10月，属淄博市桓台县索镇人民政府。2010年6月，改属索镇街道办事处。

设农历四、九集日，属县内四大集市之一，为商贸流通重镇。始发51路、251路、185路、601路、602路、603路、604路、606路、607路公交车。

名胜古迹有：汉代西安县城遗址、云涛古迹、云涛烈士纪念馆、炉姑庙。

此为全国工商联原常委、山东省工商联主任委员、山东省副省长苗海南故里。

东镇，位于县城乌河东岸，铁西路以西，距索镇街道办事处1千米处。村庄面积6.6公顷，居民1190户，2989人，皆为汉族。设东镇村民委员会，有9个村民小组。耕地110.7公顷，从事农业种植，兼工、商业，机井电灌，主产小麦、玉米。2014年人均收入16673元。建有幼儿园、小学、卫生室、文化大院、农家书屋、东镇影剧院、健身活动广场，沿街多有经营门店。水电配送。广播电视网和互联网畅通。民营企业有弹簧厂。

西镇，位于乌河西面，张北路东，村委会设在建设街2839号。距索镇街道办事处3千米处。村庄面积20公顷，居民561户，1630人，皆为汉族。设西镇村民委员会，有6个村民小组。无耕地，居民以工商业、服务业为主，人均收入20000元。建有办公楼、幼儿园、索镇一中、卫生室、文化大院、农家书屋、健身活动广场。村庄已实行旧村改造，居民分居于公安小区、炉姑北苑、南苑、西苑、阳光花园生活区内。水电配送，广播电视网和互联网畅通。企业有宏泰房地产有限公司。

永安，位于乌河西岸，距索镇街道办事处驻地1.7千米处。村庄面积3公顷，居民140户，412人，皆为汉族。设永安村民委员会，有3个村民小组。无耕地，居民以房屋租赁和第三产业为主。人均收入18000元。村庄已实行旧村改造，在原村集体的队场土地上建有永安新村，居民大多数住上了楼房。水电配送。广播电视网和互联网畅通。建有卫生室、文化大院、农家书屋、老年公寓、健身活动广场。个体企业有建材厂。

永和，位于张北路两侧，村委会设在张北路3383号，距索镇街道办事处2千米处。村庄面积8.6公顷，居民211户，672人，皆为汉族。设永和村民委员会，有3个村民小组。已无耕地，村民以务工为主，涉及工业、建筑业、批发零售、服务等行业。人均收入18000元。村庄已实行旧村改造，建有永和新区、永和新村，旧村居已全部盖上楼房。建筑面积26000平方米。水电配送，广播电视网和互联网畅通。建有卫生室、文化大院、农家书屋、健身活动广场。企业有5个建筑项目部。个体企业有制钉厂。

新民，位于乌河西岸，村委会设在兴桓路以西、公安街西首新民小区内，距索镇街道办事处2.8千米处。村庄面积7公顷，居民295户，620人，皆为汉族。设新民村民委员会，有4个村民小组。已无耕地，居民以商业、工业、个体经营为主。人均收入22000元。从2002年春开始，村庄实行旧村改造，居民住上了楼房，大都居住在新民小区和顺河家园内。水电配送。广播电视网和互联网畅通。建有办公楼、卫生室、老年公寓、文化大院、农家书屋、健身活动广场。

建国，位于张北路以东、乌河西岸，距索镇街道办事处1千米处。村庄面积47公顷，居民983户，2567人，皆为汉族。设建国村民委员会，有9个村民小组。耕地230亩，主产小麦、玉米。居民以农业、工商业、第三产业为主。人均收入19000元。村庄已实行旧村改造，居民全部住上了楼房。楼区命名为“建国小区”。该小区建筑面积360000平方米，绿地率达42%，容积率1.38，水电配送，广播电视网和互联网畅通。建有幼儿园、小学、卫生室、文化大院、农家书屋、建国托老所、健身活动广场、凤凰雕塑广场。沿街商店众多，索镇集市一部分在此。企业有建国建筑公司、建国开发公司、温州批发城等。

此为原全国工商联常委、山东省工商联主任委员、山东省副省长苗海南故里。

果园庄

Guǒyuán Zhuāng

位于县城东部，距索镇街道办事处1.5千米处。东邻东辛庄，西南与花园庄相连，北接索镇。

据考，高家万于清道光年间（1821—1850）迁此，因靠果园居住，故名。《高氏世谱》载：“我高氏自明初迁居以来，离近五百余年，——十五世高家万迁居果园”。民国22年（1933）《重修新城县志》载：果园。《桓台县地名词典》（1991年版）载：果园庄。

清代，属济南府新城县厚生乡。民国3年（1914），新城县易名，属桓台县。民国22年（1933），属桓台县第三区。民国33年（1944），属清河行政公署桓台县第三区。1948年3月，属渤海第三专员公署桓台县三区。1952年，属淄博专区桓台县三区。1958年9月，属桓台县第二卫星人民公社。同年11月，撤销桓台县建制，属淄博专署博兴县索镇人民公社。1961年9月，恢复桓台县建制，属惠民专署桓台县索镇区索镇人民公社。1983年10月，属淄博市桓台县索镇人民政府。2010年6月，镇改街道属索镇街道。

聚落呈块状，村庄面积5400平方米，居民110户，300人，皆为汉族。设1个村民小组，属东镇村民委员会管辖。耕地13公顷，以农业为主，机井电灌，主产小麦、玉米。人均收入16673元。水电配送。广播电视网和互联网畅通。

花园庄
Huāyuán Zhuāng

位于县城东南1.5千米，城标正东0.5千米处，索镇街道办事处所在地。东邻淄东铁路桓台站，南靠于家磨、吴家磨，西临乌河，北接果园庄。乌河、渔洋街流、经村居。

据考，元代已有此村，因村近花园而得名。《成氏世谱》载："吾始祖讳世名公，原籍济南济阳县人。明初徙居新城县之东四十里索镇之花园。"清道光十五年（1835）索镇《苗氏世谱》载："吾族居祊东花园，明季迁居索镇。"光绪三十年（1904）新城县东九约辖花园。民国14年（1925）《苗氏祖碑奉祀所碑文》载："花园庄为苗氏始居之村，莹中垒垒者几莫能数，而居是庄者几寥寥无几。"《桓台县地名词典》（1991年版）载：花园庄。

清代，属济南府新城县厚生乡。民国3年（1914），新城县易名，属桓台县。民国22年（1933），属桓台县第三区。民国33年（1944），属清河行政公署桓台县第三区。民国37年（1948）3月，属渤海第三专员公署桓台县三区。1952年，属淄博专区桓台县三区。1958年9月，属桓台县第二卫星人民公社。同年11月，撤销桓台县建制，属淄博专署博兴县索镇人民公社。1961年9月，恢复桓台县建制，属惠民专署桓台县索镇区索镇人民公社。1983年10月，属淄博市桓台县索镇人民政府。2010年6月，镇改街道属索镇街道。

聚落呈块状，村庄面积3公顷，居民478户，1640人，皆为汉族。设花园村民委员会，有6个村民小组。耕地29.1公顷，以农业为主，机井电灌，主产小麦、玉米。人均收入16673元。建有卫生室、文化大院、农家书屋、健身活动广场。

原村庄已于1995年始，实施旧村改造，村民整体搬迁新楼区—花园小区。水电配送。广播电视网和互联网畅通。旧村址有待另行开发。民办企业有万鑫能源投资有限公司。

1925年村民高庆梅兄弟在于家磨南，乌河东岸始创洞子井，引河水灌田，遂之多有效仿。

花园庄

获“省级文明村”“全国园林绿化先进村”。2010 年，花园村民委员会被评为“省优秀村委会”。

东辛庄
Dōngxīn Zhuāng

位于县城东侧，淄东铁路西侧，距索镇街道办事处约 1.5 千米处。东靠淄东铁路，西与索镇连接，北连马家庄。寿济路横穿此地。

清宣统年间（1909—1911），高姓从索镇迁此定居，因处索镇以东，故名东庄子。《重修新城县志》载：桓台县第三区东索镇辖东庄。中华人民共和国成立后，改称东新庄，后演化为东辛庄。《桓台县地名词典》（1991 年版）载：东辛庄。

清代，属济南府新城县厚生乡。民国 3 年（1914），新城县易名，属桓台县。民国 22 年（1933），属桓台县第三区。民国 33 年（1944），属清河行政公署桓台县第三区。民国 37 年（1948）3 月，属渤海第三专员公署桓台县三区。1952 年，属淄博专区桓台县三区。1958 年 9 月，属桓台县第二卫星人民公社。同年 11 月，撤销桓台县建制，属淄博专署博兴县索镇人民公社。1961 年 9 月，恢复桓台县建制，属惠民专署桓台县索镇区索镇人民公社。1983 年 10 月，属淄博市桓台县索镇人民政府。2010 年 6 月，镇改街道属索镇街道。

聚落呈块状，村庄面积 3.4 公顷，居民 246 户，623 人，皆为汉族。设东辛村民委员会，有 2 个村民小组。耕地 36.6 公顷，以农业为主，机井电灌，主产小麦、玉米。人均收入 16673 元。建有卫生室、文化大院、农家书屋、健身活动广场、便民商店。水电配送。广播电视网和互联网畅通。民办企业有东洋泰工艺品有限公司、赫希尔医疗器械有限公司、淄博超力复合材料有限公司。

东辛庄

北辛庄
Běixīn Zhuāng

位于县城东 1 千米，距索镇街道办事处 1.8 千米处。东临乌河，与马家庄隔河相望，南连索镇，西靠张北路，北接任庄。

据传，明朝时期，今村址西北角有一李家庄。明末，苗、周、徐、王、张等姓先后从索镇迁至李家庄以南、索镇以北，形成新的村落，名新庄。从此李家庄庄名消失。清康熙三十二年（1693），济南府新城县东九乐字约北辛。光绪三十年（1904）新城县东九约辖北辛庄。《桓台县地名词典》（1991 年版）载：北辛庄。

清代，属济南府新城县厚生乡。民国 3 年（1914），新城县易名，属桓台县。民国 22 年（1933），属桓台县第三区。民国 33 年（1944），属清河行政公署桓台县第三区。民国 37 年（1948）3 月，属渤海第三专员公署桓台县三区。1952 年，属淄博专区桓台县三区。1958 年 9 月，属桓台县第二卫星人民公社。同年 11 月，撤销桓台县建制，属淄博专署博兴县索镇人民公社。1961

年9月，恢复桓台县建制，属惠民专署桓台县索镇区索镇人民公社。1983年10月，属淄博市桓台县索镇人民政府。2010年6月，镇改街道属索镇街道。

主街南北走向。村庄面积49.7公顷，居民920户，2487人，皆为汉族。设北辛村民委员会，有8个村民小组。耕地62.9公顷，以农业为主，机井电灌，主产小麦、玉米。人均收入18000元。1992年在原村址上，实施旧村改造，盖楼房31栋。建有索镇中心幼儿园、桓台第一小学东校区、卫生室、文化大院、农家书屋、健身活动广场、便民商店，设索镇大集集市一部分。水电配送。广播电视网和互联网畅通。通610路公交车。民办企业有商店、天盛建工有限公司、北辛建材市场。

1950年，中国人民解放军第一康复医院在桓台建立，总部设在北辛庄。境内有北辛遗址。

北辛庄

马家庄
Mǎjiā Zhuāng

位于县城东1.5千米，距索镇街道办事处1.5千米处。东靠淄东铁路、杨家庄，南靠东辛庄，西临乌河，与北辛庄隔河相望，北与任庄相连。

据传，明初马姓从临淄迁此立村，名马家庄。《王氏世谱》载：王姓于明万历四十三年（1615）迁此。清康熙三十二年（1693）《新城县志》载：东十教字约马家庄。《桓台县地名词典》（1991年版）载：马家庄。

清代，属济南府新城县厚生乡。民国3年（1914），新城县易名，属桓台县。民国22年（1933），属桓台县第三区。民国33年（1944），属清河行政公署桓台县三区。民国37年（1948）3月，属渤海第三专员公署桓台县三区。1952年，属淄博专区桓台县三区。1958年9月，属桓台县第二卫星人民公社。同年11月，撤销桓台县建制，属淄博专署博兴县索镇人民公社。1961年9月，恢复桓台县建制，属惠民专署桓台县索镇区索镇人民公社。1983年10月，属淄博市桓台县索镇人民政府。2010年6月，镇改街道属索镇街道。

聚落呈方形块状，主街“井”字形。村庄面积5.2公顷，居民394户，1206人，皆为汉族。设马家村民委员会，有5个村民小组。耕地65.2公顷，以农业为主，机井电灌，主产小麦、玉米。人均收入16673元。建有幼儿园、卫生室、文化大院、农家书屋、健身活动广场、便民商店。水电配送。广播电视网和互联网畅通。通610路公交车。个体、民办企业有电器厂、机械厂、汽车维修、木器制作等40余家。

1946年春，渤海区第三专署机关驻马家庄。马家庄为中共苏鲁边区委员会青委会书记王际业（1917—1942）烈士故乡；著名翻译家王际真（1899—2001）（字稚臣）《红楼梦》翻译第一人；原中华人民共和国外交部副部长、著名外交官王幼平（1910—1995）原名王际坦；原贵州省军区副司令员王蒙故里。

境内有马家遗址。

刘茅
Liúmáo

位于县城东5.1千米，距索镇街道办事处4.5千米处。东南邻张茅，南靠寿济路，西接邢刘庄、东逯家庄，北与博兴县曹王镇交界。

《李氏世谱》载："明成化四年（1468），刘成刚兄弟三人，由直隶枣强桃园庄迁此立村。"因此处茅草丛生，取名"刘家茅窝"。后因"窝"字不雅，改名"刘家茅头"。清康熙三十二年（1693）《新城县志》载："北十宁字约刘家毛头。"光绪三十年(1904)新城县北十约辖刘家茅托。《桓台县地名词典》（1991年版）载：刘茅。

清代，属济南府新城县厚生乡。民国3年（1914），新城县易名，属桓台县。民国22年（1933），属桓台县第三区。民国33年（1944），属清河行政公署桓台县第三区索镇。民国37年（1948）3月，属渤海第三专员公署桓台县三区。1952年，属淄博专区桓台县三区。1958年9月，属桓台县第二卫星人民公社。同年11月，撤销桓台县建制，属淄博专署博兴县索镇人民公社。1961年9月，恢复桓台县建制，属惠民专署桓台县索镇区索镇人民公社。1983年10月，属淄博市桓台县索镇人民政府。2010年6月，镇改街道属索镇街道。

村北原有韩信河、韩信粮台。曾出土新石器时代石斧一把。据传，为楚汉战争时期，韩信征伐齐地时的运粮河。现古迹尚存。

聚落呈方形块状，主街东西走向。村庄面积56.9公顷，居民1164户，3214人，皆为汉族。设刘茅村民委员会，有16个村民小组。耕地350.8公顷，以农业为主，机井电灌，主产小麦、玉米。人均收入19000元。建有幼儿园、卫生室、文化大院、农家书屋、健身活动广场。设农历三、八集日。水电配送。广播电视网和互联网畅通。企业有：预制厂。通610路公交车。个体、民办企业有纺织厂、机械化大型养殖场、绝热保温材料厂、纺织配件厂、建材预制厂、机械加工厂。

历史事件：1947年11月24日，该村召开欢送新军大会，国特、地主、伪顽固分子混入会场，枪杀了区干部刘士明、李珍玉二同志，制造了刘茅事件。

境内有刘茅西南、东北两处遗址。

崔茅
Cuīmáo

位于县城东4.6千米，距索镇街道办事处6.9千米处。东邻张茅并与临淄区高阳镇交界，南靠寿济路，与南辛庄、李家庄隔路相望，西连后毕庄，北接刘茅。寿济路途径此地。

明弘治年间（1488—1505）崔姓立村。因此地茅草丛生，得名崔家茅窝。据辕固《崔氏世谱》载："始祖讳旺，称兴业公，大明洪武三年（1370），由北直隶枣强县迁于山东济南府新城县东北乡，相地之宜，遂居于辕固里。六世好生兄弟二人由辕固里迁居崔家茅窝。"清康熙三十二年（1693）《新城县志》载：北十宁字约崔家庄。光绪三十年（1904）新城县北十约崔家茅托。《桓台县地名词典》（1991年版）载：崔茅。

清代，属济南府新城县厚生乡。民国3年（1914），新城县易名，属桓台县。民国22年（1933），属桓台县第三区。民国33年（1944），属清河行政公署桓台县第三区。民国37年（1948）3月，属渤海第三专员公署桓台县三区。1952年，属淄博专区桓台县三区。1958年9月，属桓台县第二卫星人民公社。同年11月，撤销桓台县建制，属淄博专署博兴县索镇人民公社。1961年9月，恢复桓台县建制，属惠民专署桓台县索镇区索镇人民公社。1983 年 10 月，属淄博市桓台县索镇人民政府。2010 年 6 月，镇改街道属索镇街道。

聚落呈矩形块状，主街“十”字形。村庄面积 28.6 公顷，居民 481 户，1402 人，皆为汉族。设崔茅村民委员会，划分 9 个村民小组。耕地 144 公顷，以农业为主，机井电灌，主产小麦、玉米，特色种植白莲藕。人均收入 16673 元。建有卫生室、文化大院、农家书屋、健身活动广场。水电配送。广播电视网和互联网畅通。个体、民办企业有锅炉厂、机械厂、生猪养殖场、莲藕养植场等。

1952 年 5 月 20 日，桓台县第一个农村信用社在此成立。

张茅
Zhāngmáo

位于县城东 6 千米，距索镇街道办事处 8.6 千米处，寿济路北侧。东南邻临淄区朱台镇槐树务，西接刘茅，西南连崔茅，正北与博兴县曹王镇永平庄相望。

《张氏世谱》载：“元至正三年，始祖张有道，避战乱由直隶枣强迁徙安丘县，又避白马军乱，再迁新城县东，垦耕立村张家茅窝。”因此地荆茅丛生，故名。清初，改名张家庄。清康熙三十二年（1693）《新城县志》载：北十宁字约张家庄。光绪三十年（1904）新城县北十约辖张家茅托。《桓台县地名词典》（1991 年版）载：张茅。

清代，属济南府新城县厚生乡。民国 3 年（1914），新城县易名，属桓台县。民国 22 年（1933），属桓台县第三区。民国 33 年（1944），属清河行政公署桓台县第三区索镇。民国 37 年（1948）3 月，属渤海第三专员公署桓台县三区。1952 年，属淄博专区桓台县三区。1958 年 9 月，属桓台县第二卫星人民公社。同年 11 月，撤销桓台县建制，属淄博专署博兴县索镇人民公社。1961 年 9 月，恢复桓台县建制，属惠民专署桓台县索镇区索镇人民公社。1983 年 10 月，属淄博市桓台县索镇人民政府。2010 年 6 月，镇改街道属索镇街道。

聚落呈矩形块状，主街“丁”字形。村庄面积 19.4 公顷，居民 374 户，1278 人，皆为汉族。设张茅村民委员会，有 8 个村民小组。耕地 101.6 公顷，以农业为主，机井电灌，主产小麦、玉米。人均收入 16673 元。建有卫生室、文化大院、农家书屋、健身活动广场。水电配送。广播电视网和互联网畅通。通 610 路公交车。个体企业有厨房设备厂。

名胜古迹：张公井遗址。

邢刘庄
Xíngliú Zhuāng

位于县城东 3.7 千米，距索镇街道办事处 3 千米处。东邻刘茅，南靠新建路，西南连后毕庄，北接东逯家庄。

据传，元朝至正年间，邢姓在此定居，故名邢家庄。清康熙三十二年（1693）《新城县志》载：东十教字约邢家庄。为区别同姓庄，以村中主要姓氏邢、刘二姓命名，改为邢刘庄。《桓台县地名词典》（1991 年版）载：邢刘庄。

清代，属济南府新城县厚生乡。民国 3 年（1914），新城县易名，属桓台县。民国 22 年（1933），属桓台县第三区。民国 33 年（1944），属清河行政公署桓台县第三区。民国 37 年（1948）3 月，属渤海第三专员公署桓台县三区。1952 年，属淄博专区桓台县三区。1958 年 9 月，属桓台县第二卫星人民公社。同年 11 月，撤销桓台县建制，属淄博专署博兴县索镇人民公社。1961 年 9 月，恢复桓台县建制，属惠民专署桓台县索镇区索镇人民公社。1983 年 10 月，属淄博市桓台县索镇人民政府。2010 年 6 月，镇改街道属索镇街道。

聚落呈方形块状。村庄面积 10.5 公顷，居民 142 户，432 人，皆为汉族。设邢刘村民委员会，有 2 个村民小组。耕地 38.4 公顷，以农业为主，机井电灌，主产小麦、玉米，兼有奶牛等畜禽养殖。人均收入 16673 元。建有卫生室、文化大院、农家书屋、健身活动广场。水电配送。广播电视网和互联网畅通。通 610 路公交车。

建有桓台县“爱德”奶牛养殖专业合作社，在县城设立了“爱德奶吧”销售点。

境内有邢刘遗址。

杨家庄
Yángjiā Zhuāng

位于县城东 2.1 千米，距索镇街道办事处 1.6 千米处。东邻后毕庄，东南连北王庄，西靠淄东铁路，与马家庄隔路相望，北接兰柳树庄。

《杨氏世谱》载：杨姓于明末迁居于此，系由长山县三里庄迁此立村，名杨家庄。清康熙三十二年（1693）《新城县志》载：“东十教字约杨家庄。”《桓台县地名词典》（1991 年版）载：杨家庄。

清代，属济南府新城县厚生乡。民国 3 年（1914），新城县易名，属桓台县。民国 22 年（1933），属桓台县第三区。民国 33 年（1944），属清河行政公署桓台县第三区索镇。民国 37 年（1948）3 月，属渤海第三专员公署桓台县三区。1952 年，属淄博专区桓台县三区。1958 年 9 月，属桓台县第二卫星人民公社。同年 11 月，撤销桓台县建制，属淄博专署博兴县索镇人民公社。1961 年 9 月，恢复桓台县建制，属惠民专署桓台县索镇区索镇人民公社。1983 年 10 月，属淄博市桓台县索镇人民政府。2010 年 6 月，镇改街道属索镇街道。

杨家庄

聚落呈方形块状，主街“丁”字形。村庄面积 5.2 公顷，居民 115 户，348 人，皆为汉族。设杨家村民委员会。耕地 23.8 公顷，以农业为主，机井电灌，主产小麦、玉米、旱藕栽植。人均收入 18000 元。有卫生室、文化大院、农家书屋、健身活动广场。水电配送。广播电视网和互联网畅通。民办企业有筑路公司。

境内有杨家庄遗址。

前毕庄
Qiánbì Zhuāng

位于县城东 2.5 千米，距索镇街道办事处 2.5 千米处。东北邻崔茅，南依孟家庄、南辛庄，西连马家屋子、北王庄，北接后毕庄。寿济路横穿村中。205 国道、寿济路交汇于此。

曾名毕家茅托、毕家庄。明洪武十四年（1381）毕姓立村。取名毕家茅托。《毕氏世谱》载：“吾毕氏原籍直隶枣强，于大明洪武十四年（1381），迁新邑东三十五里，建庄为毕家茅托。明成化四年（1468）工部尚书毕亨故里。”

清康熙三十二年（1693）《新城县志》载：东十教字约毕家庄。因处后毕之南，改名前毕庄。光绪三十年（1904）新城县东十约辖前毕庄。《桓台县地名词典》（1991年版）载：前毕庄。

清代，属济南府新城县厚生乡。民国3年（1914），新城县易名，属桓台县。民国22年（1933），属桓台县第三区。民国33年（1944），属清河行政公署桓台县第三区。民国37年（1948）3月，属渤海第三专员公署桓台县三区。1952年，属淄博专区桓台县三区。1958年9月，属桓台县第二卫星人民公社。同年11月，撤销桓台县建制，属淄博专署博兴县索镇人民公社。1961年9月，恢复桓台县建制，属惠民专署桓台县索镇区索镇人民公社。1983年10月，属淄博市桓台县索镇人民政府。2010年6月，镇改街道属索镇街道。

聚落呈方形块状，主街东西走向。村庄面积60.3公顷，居民948户，2762人，皆为汉族。设前毕村民委员会，有8个村民小组。耕地241公顷，以农业为主，机井电灌，主产小麦、玉米。人均收入19600元。建有幼儿园、小学、卫生室、文化大院、农家书屋、健身广场、便民商店。设农历二、七集日。水电配送。广播电视网和互联网畅通。民办企业有山东爱亿谱环保科技有限公司、山东恒宝绝热材料有限公司、山东鹏程特种陶瓷有限公司、山东祥茂针织有限公司、淄博桓台瑞丰化工有限公司、淄博金安型煤有限公司、山东毕氏生态农业有限公司、丰亿农场等。

前毕庄

原有前毕大队第八生产队10户社员为便于耕种，迁居住“东岭“地片，1982年被命名为东岭庄。1986年《淄博市桓台县地名图》载：东岭；《桓台县地名词典》（1991年版）载：东岭庄。2000年，因妨碍修公路，其住户搬迁前毕庄内。至此，作为自然村的东岭庄已不存在。

中国人民解放军防化兵部原副部长毕庆堂故乡。

2004年9月，接受重庆市开县渠口镇巨坪村三峡移民5户，20人。

后毕庄
Hòubì Zhuāng

位于县城东3.1千米，距索镇街道办事处2.5千米处。东邻崔茅，南依前毕庄，西连北王庄，北靠新建路。

明成化年间（1465—1487）立村，因处毕家庄北，取名后毕庄。《张氏世谱》载：“元至正三年（1343），始祖有道——迁居新城东，垦耕立村张家茅窝。六世张升、张斗、张钿兄弟三人于明成化年间（1465—1487）从张家茅窝迁此立村。”清康熙三十二年（1693）《新城县志》载：东十教字约后毕庄。《桓台县地名词典》（1991年版）载：后毕庄。

清代，属济南府新城县厚生乡。民国3年（1914），新城县易名，属桓台县。民国22年（1933），属桓台县第三区。民国33年（1944），属清河行政公署桓台县第三区。民国37年（1948）3月，属

后毕庄

渤海第三专员公署桓台县三区。1952年，属淄博专区桓台县三区。1958年9月，属桓台县第二卫星人民公社。同年11月，撤销桓台县建制，属博兴县索镇人民公社。1961年9月，恢复桓台县建制，属惠民专署桓台县索镇区索镇人民公社。1983年10月，属淄博市桓台县索镇人民政府。2010年6月，镇改街道属索镇街道。

聚落呈方形块状，主街东西走向。村庄面积22.6公顷，居民363户，1008人，皆为汉族。设后毕村民委员会，有5个村民小组。耕地106.3公顷，以农业为主，机井电灌，主产小麦、玉米。人均收入17600元。建有卫生室、文化大院、农家书屋、健身活动广场、便民商店。水电配送。广播电视网和互联网畅通。通610路公交车。个体、民办企业有淄博锦绣床饰品有限公司、淄博奇森电力设备有限公司、淄博瑞奇塑胶有限公司、大型养鸡场。

1949年，渤海干校分校在此成立。

境内有后毕遗址。

北王庄
Běiwáng Zhuāng

位于县城东2.3千米，距索镇街道办事处2千米处。东邻前毕庄、后毕庄，南靠寿济路，与孟家庄隔路相望，西靠淄东铁路，北接杨家庄。

曾名北王家庄。明永乐年间，王姓从王斜迁此定居，名王家庄。《王氏世谱》载："吾祖原籍直隶枣强王家洼，兄弟二人，自洪武十四始迁山东新城县东南，北斜沟立村，三世王继祖徙居王家庄。"清康熙三十二年（1693）《新城县志》载：东十教字约王家庄。为区别村南王家庄，清光绪年间（1875—1908），改称北王家庄。1958年，简称北王。《桓台县地名词典》（1991年版）载：北王庄。

清代，属济南府新城县厚生乡。民国3年（1914），新城县易名，属桓台县。民国22年（1933），属桓台县第三区。民国33年（1944），属清河行政公署桓台县第三区。民国37年（1948）3月，属渤海第三专员公署桓台县三区。1952年，

北王庄

属淄博专区桓台县三区。1958 年 9 月，属桓台县第二卫星人民公社。同年 11 月，撤销桓台县建制，属淄博专署博兴县索镇人民公社。1961 年 9 月，恢复桓台县建制，属惠民专署桓台县索镇区索镇人民公社。1983 年 10 月，属淄博市桓台县索镇人民政府。2010 年 6 月，镇改街道属索镇街道。

聚落呈方形块状，主街东西走向。村庄面积 20.5 公顷，居民 313 户，970 人，皆为汉族。设北王村民委员会，有 6 个村民小组。耕地 58.5 公顷，以农业为主，机井电灌，主产小麦、玉米。人均收入 16673 元。建有卫生室、文化大院、农家书屋、健身活动广场。水电配送。广播电视网和互联网畅通。通 610 路公交车。民办企业有淄博欣然家纺有限公司、淄博振能复合材料有限公司。

马家屋子
Mǎjiāwūzi

位于县城东 1.7 千米，距索镇街道办事处 2 千米处。东邻前毕庄，南与孟家庄相望，西靠淄东铁路、与东辛庄隔路相望，北接北王庄。寿济路横穿村中。

清末（1840—1911）马茂礼迁此定居，人称马家屋子。1986 年桓台县地名图标有：马家屋子。《桓台县地名词典》（1991 年版）载：马家屋子。

清代，属济南府新城县厚生乡。民国 3 年（1914），新城县易名，属桓台县。民国 22 年（1933），属桓台县第三区。民国 33 年（1944），属清河行政公署桓台县第三区。民国 37 年（1948）3 月，属渤海第三专员公署桓台县三区。1952 年，属淄博专区桓台县三区。1958 年 9 月，属桓台县第二卫星人民公社。同年 11 月，撤销桓台县建制，属博兴县索镇人民公社。1961 年 9 月，恢复桓台县建制，属惠民专署桓台县索镇区索镇人民公社。1983 年 10 月，属淄博市桓台县索镇人民政府。2010 年 6 月，镇改街道属索镇街道。

聚落呈长方形块状，主街东西走向。村庄面积 8000 平方米，居民 30 户，78 人，皆为汉族。耕地 3 公顷，以农业为主，机井电灌，主产小麦、玉米。人均收入 16673 元。水电配送。广播电视网和互联网畅通。属北王村民委员会。

东逯家庄
Dōnglùjiā Zhuāng

位于县城东偏北 3.7 千米，距索镇街道办事处 3.5 千米处。东邻刘茅，南依邢刘庄，西连兰柳树庄，北接雅和庄。

原名逯家庄。《逯氏世谱》载：“明洪武年间，始祖自直隶枣强县徙居山东济南府新城县东北四十里逯家庄。”清康熙三十二年（1693）《新城县志》载：北十宁字约前逯家庄、后逯家庄。光绪三十年（1904）两庄合一，称逯家庄。《桓台县地名词典》（1991 年版）载：东逯家庄。

东逯家庄

清代，属济南府新城县厚生乡。民国3年（1914），新城县易名，属桓台县。民国22年（1933），属桓台县第三区。民国33年（1944），属清河行政公署桓台县三区。民国37年（1948）3月，属渤海第三专员公署桓台县三区。1952年，属淄博专区桓台县三区。1958年9月，属桓台县第二卫星人民公社。同年11月，撤销桓台县建制，属淄博专署博兴县索镇人民公社。1961年9月，恢复桓台县建制，属惠民专署桓台县索镇区索镇人民公社。1983年10月，属淄博市桓台县索镇人民政府。2010年6月，镇改街道属索镇街道。

李贾庄

聚落呈方形块状，主街东西走向。村庄面积13.1公顷，居民228户，652人，皆为汉族。设东逯村民委员会，划分3个村民小组。耕地64公顷，以农业为主，机井电灌，主产小麦、玉米。人均收入19320元。建有卫生室、文化大院、农家书屋、健身活动广场、便民商店。水电配送。广播电视网和互联网畅通。通610路公交车。

李贾庄
Lǐjiǎ Zhuāng

位于县城东南6千米，距索镇街道办事处6千米处，东、南为临淄区凤凰镇地界，西、北接南辛庄。与乌河、321省道、寿济路相邻。

曾名李家庄。据《贾氏墓碑》载：“贾姓于明洪武二年迁此立村，初名贾家庄。”后李姓迁来，改名为李贾庄。清康熙三十二年（1693）《新城县志》载：东十教字约李家庄。光绪十二年该村《重修关帝庙碑》载：李家庄。光绪二十九年（1903）《重修土地庙碑》载：李家庄。光绪三十年（1904）新城县东十约李家庄。《桓台县地名词典》（1991年版）载：李贾庄。

明代，属新城县正德乡。清代，属济南府新城县厚生乡。民国3年（1914），新城县易名，属桓台县。民国22年（1933），属桓台县第三区。民国33年（1944），属清河行政公署桓台县第三区。民国37年（1948）3月，属渤海第三专员公署桓台县第三区。1952年，属淄博专区桓台县三区。1958年9月，属桓台县第二卫星人民公社。同年11月，撤销桓台县建制，属淄博专署博兴县索镇人民公社。1961年9月，恢复桓台县建制，属惠民专署桓台县索镇区索镇人民公社。1983年10月，属淄博市桓台县索镇人民政府。2010年6月，镇改街道属索镇街道。

聚落呈矩形块状，主街南北走向。村庄面积20公顷，居民460户，1418人，除1名彝族外，其他为汉族。设李贾村民委员会，有7个村民小组。耕地127.2公顷，以农业为主，机井电灌，主产小麦、玉米。人均收入16673元。建有卫生室、文化大院、农家书屋、健身活动广场、便民商店，水电配送。广播电视网和互联网畅通。通609路县内客车。

“欢喜团子”制作工艺被列入桓台县第二批非物质文化遗产名录。

南辛庄
Nánxīn Zhuāng

位于县城东南4.8千米，距索镇街道办事4.2千米处。东邻李贾庄，南依东沙河，西北连孟家庄，北靠寿济路。

曾名新庄。清乾隆二十五年（1760）立村，名新庄。民国23年（1934）《新修桓台县志》载：第三区民权乡辖新庄，后演化为辛庄。为与荆家镇辛庄相区别，民国36年（1947）改为南辛庄。《桓台县地名词典》（1991年版）载：南辛庄。

清代，属济南府新城县厚生乡。民国3年（1914），新城县易名，属桓台县。民国22年（1933），属桓台县第三区。民国33年（1944），属清河行政公署桓台县第三区索镇。民国37年（1948）3月，属渤海第三专员公署桓台县三区。1952年，属淄博专区桓台县三区。1958年9月，属桓台县第二卫星人民公社。同年11月，撤销桓台县建制，属淄博专署博兴县索镇人民公社。1961年9月，恢复桓台县建制，属惠民专署桓台县索镇区索镇人民公社。1983年10月，属淄博市桓台县索镇人民政府。2010年6月，镇改街道属索镇街道。

南辛庄

聚落呈矩形块状，主街东西走向。村庄面积14.1公顷，居民270户，854人，皆为汉族。设南辛村民委员会，有2个村民小组。耕地73.6公顷，以农业为主，机井电灌，主产小麦、玉米、核桃。人均收入18800元。建有卫生室、文化大院、农家书屋、健身活动广场、便民商店。水电配送。广播电视网和互联网畅通。民办企业有淄博华清净水产品有限公司、装饰材料厂。

孟家庄
Mèngjiā Zhuāng

位于县城东南3千米，距索镇街道办事处2.5千米处。东邻南辛庄，南依南王庄、玉皇阁，西靠205国道，北接前毕庄。

据传，元末有曹、周二姓居此。后孟姓迁来，命村孟家庄。清康熙三十二年（1693）《新城县志》载："东十教字约孟家庄。"《桓台县地名词典》（1991年版）载：孟家庄。

清代，属济南府新城县厚生乡。民国3年（1914），新城县易名，属桓台县。民国22年（1933），属桓台县第三区。民国33年（1944），属清河行政公署桓台县第三区。民国37年（1948）3月，属渤海第三专员公署桓台县三区。1952年，属淄博专区桓台县三区。1958年9月，属桓台县第二卫星人民公社。同年11月，撤销桓台县建制，属淄博专署博兴县索镇人民公社。1961年9月，恢复桓台县建制，属惠民专署桓台县索镇区索镇人民公社。1983年10月，属淄博市桓台县索镇人民政府。2010年6月，镇改街道属索镇街道。

聚落呈矩形块状，主街东西走向。村庄面积26.2公顷，居民463户，1415人，除苗族2人、满族1人外，其他为汉族。

孟家庄

设孟家村民委员会，有6个村民小组。耕地122.7公顷，以农业为主，机井电灌，主产小麦、玉米。人均收入10120元。建有卫生室、文化大院、农家书屋、健身活动广场、便民商店。水电配送。广播电视网和互联网畅通。民办企业有锻造制造厂、虔诚机械厂。

于家磨
Yújiāmó

位于县城南1千米，距索镇街道办事处1千米处。东临乌河，南依三岔湾庄，西邻新世纪装饰材料城，北接花园庄。

据传，该村曾名桃园庄。清道光元年（1821）《刘氏世谱》载：“吾始祖明初由江南徙居山东济南府，新邑之东，去城三十里索镇卜居焉。”“六世希哲徙居桃园庄。”据考，明嘉靖年间（1522—1566）建村。清光绪八年于姓在村东北乌河上建水磨，从此改名于家磨。后简称于家。1982年复名于家磨。《桓台县地名词典》（1991年版）载：于家磨。

清代，属济南府新城县厚生乡。民国3年（1914），新城县易名，属桓台县。民国22年（1933），属桓台县第三区。民国33年（1944），属清河行政公署桓台县第三区。民国37年（1948）3月，属渤海第三专员公署桓台县三区。1952年，属淄博专区桓台县三区。1958年9月，属桓台县第二卫星人民公社。同年11月，撤销桓台县建制，属淄博专署博兴县索镇人民公社。1961年9月，恢复桓台县建制，属惠民专署桓台县索镇区索镇人民公社。1983年10月，属淄博市桓台县索镇人民公社。2010年6月，镇改街道属索镇街道。

聚落呈矩形块状，主街南北走向。村庄面积4.4公顷，居民409户，1078人，除有满族2人，其他为汉族。设于家磨村民委员会，有6个村民小组。耕地52.1公顷，以农业为主，机井电灌，主产小麦、玉米。人均收入18365元。建有卫生室、文化大院、农家书屋、健身活动广场。水电配送。广播电视网和互联网畅通。企业有纸管厂、铸造厂、超市、饭店等。

2009年3月，村庄启动旧村改造。新建楼房21栋，总建筑面积65200平方米，入住270户，入住率达95%。

于家磨

境内有于家磨遗址。

三岔湾庄
Sānchàwān Zhuāng

位于县城南1.6千米，距索镇街道办事处1.5千米处。东临乌河，与吴家磨隔河相望，西靠张北路五里桥，南临大寨沟、与果里镇马王庄、凤鸣庄隔河相望，北接于家磨。

原名三岔湾。《成氏世谱》载：“吾始祖——明初徙居新城县之东四十里处，索镇之花园。四世祖讳显公之四子讳豪公，自索镇花园移居到近城，今三岔湾。”继有袁、徐、杨诸姓迁此。据考，明永乐年间（1403—1424）建村。因乌河西流至此形成三岔，故名。清光绪三十年（1904）新城县东六约辖三岔湾。《桓台县地名词典》（1991年版）载：三岔湾庄。

清代，属济南府新城县厚生乡。民国3年（1914），新城县易名，属桓台县。民国22年（1933），属桓台县第三区。民国33年（1944），属清河行政公署桓台县第三区。民国37年（1948），属渤海第三专员公署桓台县三区。1952年，属淄博专区桓台县三区。1958年9月，属桓台县第二卫星人民公社。同年11月，撤销桓台县建制，属淄博专署博兴县索镇人民公社。1961年9月，恢复桓台县建制，属惠民专署桓台县索镇区索镇人民公社。1983年10月，属淄博市桓台县索镇人民政府。2010年6月，镇改街道属索镇街道。

聚落呈方形块状，主街东西走向。村庄面积9.9公顷，居民145户，443人，皆为汉族。设三岔村民委员会，有2个村民小组。耕地20.6公顷，以农业为主，机井电灌，主产小麦、玉米。人均收入16400元。建有卫生室、文化大院、农家书屋、健身活动广场。水电配送。广播电视网和互联网畅通。通605路公交车。民办企业有淄博竞迅钢构制品有限公司。

境内有三岔遗址。

耿桥
Gěngqiáo

位于县城北4.6千米，距索镇街道办事处5千米处。东邻小耿桥、河崖头，南依桃园，西连姜庙，北接河崖头。乌河、宫荆路流、经此地。

《巩氏世谱》载：“始祖由原籍枣强，于明初徙居新城巩桥庄。”明洪武十三年（1380）该村《奶奶庙碑》有巩家桥庄名。后分为两个庄，该庄为西巩家桥。清康熙三十二年（1693）《新城县志》载：“北十宁字约西巩家桥、东巩家桥”。光绪三十年（1904）合为一村，名巩家桥。民国14年（1925）耿姓倡修乌河桥，遂改村名为耿家桥。建国后，简称耿桥。《桓台县地名词典》（1991年版）载：耿桥。

清代，属济南府新城县利用乡。民国3年（1914），新城县易名，属桓台县。民国22年（1933），属桓台县第三区。民国33年（1944），属清河行政公署桓台县第三区。民国37年（1948）3月，属渤海第三专员公署桓台县三区。1952年，属淄博专区桓台县三区。1958年9月，属桓台县第二卫星人民公社。同年11月，撤销桓台县建制，属淄博专署博兴县索镇人民公社。1961年9月，恢复桓台县建制，属惠民专署桓台县索镇区耿桥人民公社。1966年9月，撤区并社，属耿桥人民公社。1983年10月，属淄博市桓台县耿桥人民公社。1984年4月，社改镇属耿桥乡。1994年12月，乡改镇属耿桥镇。2001年3月，耿桥镇撤并，属索镇。2010年6月，镇改街道属索镇街道。

聚落呈矩形块状，主街东西走向。村庄面积40.4公顷，居民875户，2700人，皆为汉族。设耿桥村民委员会，有8个村民小组。耕地 111.9 公顷，以农业为主，机井电灌，主产小麦、玉米。人均收入 18000 元。建有耿桥联办小学、卫生室、文化大院、农家书屋、健身活动广场、便民商店。设农历一、六集日。水电配送。广播电视网和互联网畅通。民办企业有淄博健美服装有限公司、淄博桓台振兴包装有限公司、耿桥兴华预制厂、桓台晨耀印刷有限公司。通 164 路公交车。

1947 年 3 月，莱芜大捷后，华东野战军某部来到桓台乌河岸边的耿桥村休整。陈毅司令员在耿桥干部大会上作《目前形势和任务》的报告。

境内有耿桥遗址。

河崖头

河崖头
Héyátóu

位于县城北 5.5 千米，距索镇街道办事处 6.5 千米处。东靠淄东铁路，西临乌河，南依小耿桥义和庄，北接永安桥。

明初立村。清光绪二十八年（1902）《刘氏世谱》载："吾祖于明洪武——永乐年间（1368—1924）迁诸城——分徙新城。"清康熙三十二年（1693）《新城县志》在：北十宁字约河崖头。因地处乌河东岸，居民分居在河沟崖头上，沟底为村内街道，出进爬崖头，故村名河崖头。《桓台县地名词典》（1991 年版）载：河崖头。

清代，属济南府新城县利用乡。民国 3 年（1914），新城县易名，属桓台县。民国 22 年（1933），属桓台县第三区。民国 33 年（1944），属清河行政公署桓台县第三区。民国 37 年（1948）3 月，属渤海第三专员公署桓台县第三区。1952 年，属淄博专区桓台县三区。1958 年 9 月，属桓台县第二卫星人民公社。同年 11 月，撤销桓台县建制，属淄博专署博兴县索镇人民公社。1961 年 9 月，恢复桓台县建制，属惠民专署桓台县索镇区耿桥人民公社。1966 年 9 月，撤区并社，属耿桥人民公社。1983 年 10 月，属淄博市桓台县耿桥人民公社。1984 年 4 月，社改镇属耿桥乡。1994 年 12 月，乡改镇属耿桥镇。2001 年 3 月，耿桥镇撤并，属索镇。2010 年 6 月，镇改街道属索镇街道。

聚落呈矩形块状，主街南北走向。村庄面积 57 公顷，居民 751 户，2521 人，皆为汉族。设河崖头村民委员会，有 10 个村民小组。耕地 159.7 公顷，以农业为主，机井电灌，主产小麦、玉米。人均收入 16449 元。建有幼儿园、卫生室、文化大院、农家书屋、健身活动广场、便民商店。民办企业有耐火材料厂、水泥制管厂、兴华电气开关厂、石英沙厂、岳阳砼创市政有限公司。

境内有河崖头遗址。

小耿桥
Xiǎogěngqiáo

位于县城驻地北偏东 4.8 千米，距索镇街道办事处 5.5 千米处。东靠淄东铁路，南依义和庄，西连耿桥，北接河崖头。

《巩氏世谱》载：“吾始祖原籍直隶枣强县自明初徙居西侧东北巩桥庄。”巩兴迁此定居后，在乌河上修一桥，以桥命村巩家桥。后形成两个庄，该庄为东巩桥。清康熙三十二年（1693）《新城县志》载：北十宁字约东巩家桥。清光绪三十年（1904）新城县北十约辖巩家桥。民国 14 年（1925）耿姓倡修乌河桥，村名改为东耿桥。民国 23 年（1934）《新修桓台县志》载：第三区永安乡东耿桥。1952 年改名小耿桥。《桓台县地名词典》（1991 年版）载：小耿桥。

清代，属济南府新城县利用乡。民国 3 年（1914），新城县易名，属桓台县。民国 22 年（1933），属桓台县第三区（区公所驻索镇）。民国 33 年（1944），属清河行政公署桓台县第三区。民国 37 年（1948）3 月，属渤海第三专员公署桓台县三区。1952 年，属淄博专区桓台县三区。1958 年 9 月，属桓台县第二卫星人民公社。同年 11 月，撤销桓台县建制，属淄博专署博兴县索镇人民公社。1961 年 9 月，恢复桓台县建制，属惠民专署桓台县索镇区耿桥人民公社。1966 年 9 月，撤区并社，属耿桥人民公社。1983 年 10 月，属淄博市桓台县耿桥人民公社。1984 年 4 月，社改镇属耿桥乡。1994 年 12 月，乡改镇属耿桥镇。2001 年 3 月，耿桥镇撤并，属索镇。2010 年 6 月，镇改街道属索镇街道。

聚落呈矩形块状，主街南北走向。面积 3.7 公顷，居民 108 户，355 人，设 1 个村民小组，由河崖头村民委员会管辖。耕地 15.9 公顷，以农业为主，机井电灌，主产小麦、玉米。人均收入 16449 元。水电配送。广播电视网和互联网畅通。沿街有便民商店。

雅和庄
Yǎhé Zhuāng

位于县城东北方向 5.5 千米，距索镇街道办事处 7.5 千米处。东邻博兴县张家庄、唐庄，南依巨明厂区，西靠 205 国道，与义和庄隔路相望，北接博兴县曹王镇曹营。205 国道从村西纵穿南北。

系战国时期（前 475—前 221）之村落。此地原河沟纵横，丘埠点点，是齐宣王王后无盐女钟离春放牧鸭鹅的地方，因而得名鸭鹅庄。清初，名雅和庄。《崔氏世谱》载：“余祖自明洪武二年（1369）迁辕固里，三世祖讳昌运徙居雅和庄”。清康熙三十二年（1693）《新城县志》载“北十宁字约雅窝庄”。光绪三十年（1904）新城县北十约辖雅和庄。《桓台县地名词典》（1991 年版）载：雅和庄。

清代，属济南府新城县利用乡。民国 3 年（1914），新城县易名，属桓台县。民国 22 年（1933），属桓台县第三区。民国 33 年（1944），属清河行政公署桓台县第三区。民国 37 年（1948）3 月，属渤海第三专员公署桓台县三区。1952 年，属淄博专区桓台县三区。1958 年 9 月，属桓台县第二卫星人民公社。同年 11 月，撤销桓台县建制，属淄博专署博兴县索镇人民公社。1961 年 9 月，恢复桓台县建制，属惠民专署桓台县索镇区耿桥人民公社。1966 年 9 月，撤区并社，属耿桥人民公社。1983 年 10 月，属淄博市桓台县耿桥人民公社。1984 年 4 月，社改镇属耿桥乡。1994 年 12 月，乡改镇属耿桥镇。2001 年 3 月，耿桥镇撤并，属索镇。2010 年 6 月，镇改街道属索镇街道。

雅和庄

1958年人民公社时建大队，因居雅和庄“东部”“西部”，设东雅和、西雅和两个大队，后以此为行政村。村庄面积66.2公顷，计居民917户，2757人，皆为汉族。

设农历五、十为集日。为齐宣王后无盐女钟离春放牧鸭鹅的地方。有雅和庄遗址。

东雅和，聚落呈矩形块状，主街东西走向。村庄面积14.6公顷，居民199户，587人，皆为汉族。设东雅和村民委员会，有2个村民小组，耕地53.9公顷，以农业为主，机井电灌，主产小麦、玉米。人均收入18000元。建有卫生室、文化大院、农家书屋、健身活动广场。水电配送。广播电视网和互联网畅通。民办企业有生态园餐饮、制管厂。

西雅和，聚落呈矩形块状，主街东西走向。村庄面积51.6公顷，居民718户，2170人，皆为汉族。设西雅和村民委员会，有10个村民小组，耕地180.5公顷，以农业为主，机井电灌，主产小麦、玉米。人均收入16673元。建有幼儿园、卫生室、文化大院、农家书屋、健身活动广场、供销商店。水电配送。广播电视网和互联网畅通。民办企业有志远工贸有限公司、龙达水泥制管厂等。

刘家庄
Liújiā Zhuāng

位于县城东北方3千米，距索镇街道办事处4.5千米处。东邻五维阻燃科技厂区，南靠兰柳树庄，西靠淄东铁路，与张家桥隔路相望。北接巨明厂区。淄东铁路纵穿村中。

明隆庆五年（1569），刘姓迁此立村，名刘家庄。据《刘氏世谱》载：“吾始祖由直隶枣强迁于乐安县王家岗坊灶户。大明隆庆四年（1570），海水泛滥，寸草不生，至五年春，自坡家庄徙居新城东偏三十余里王家庄。继由王家庄徙居凤凰庄北卜筑名曰兴隆庄。雍正八年（1730），因遭水灾，村址北移刘家庄。”据此，清雍正八年（1730）建村。清末《新城县后志》载：“北十约辖刘家庄。”《桓台县地名词典》（1991年版）载：刘家庄。

清代，属济南府新城县厚生乡。民国3年（1914），新城县易名，属桓台县。民国22年（1933），属桓台县第三区。民国33年（1944），属清河行政公署桓台县第三区。民国37年（1948）3月，属渤海第三专员公署桓台县三区。1952年，属淄博专区桓台县三区。1958年9月，属桓台县第二卫星人民公社。同年11月，撤销桓台县建制，属淄博专署博兴县索镇人民公社。1961年9月，恢复桓台县建制，属惠民专署桓台县索镇区耿桥人民公社。1966年9月，撤区并社，属耿桥人民公社。1983年10月，属淄博市桓台县耿桥人民公社。1984年4月，社改镇属耿桥乡。1994年12月，乡改镇属耿桥镇。2001年3月，耿桥镇撤并，属索镇。2010年6月，镇改街道属索镇街道。

1987年末，张家屋子，曾用名张家辛庄，俗名张家嫉妒庄并入刘家庄内，张家屋子村名消失。

聚落呈方形块状，主街东西走向。村庄面积 8.1 公顷，居民 172 户，540 人，皆为汉族。设刘家村民委员会，有 3 个村民小组。耕地 28.1 公顷，以农业为主，机井电灌，主产小麦、玉米。人均收入 17200 元。建有卫生室、文化大院、农家书屋、健身活动广场、便民商店。水电配送。广播电视网和互联网畅通。

刘家剪刀获“淄博市非物质文化遗产”称号。

兰柳树庄
Lánliǔshù Zhuāng

位于县城东北 2.8 公里，距索镇街道办事处 3.3 千米处。东靠 205 国道，南依杨家庄、北王庄，西靠淄东铁路，与任庄隔路相望，北接刘家庄。

明永乐十二年（1414）立村，因地形似凤凰，故名凤凰庄。清雍正八年（1730），因洪水成灾，村庄被淹，后重建家园，因村首河岸边植柳成行，绿树成荫。可防河水冲刷堤岸，故名懒柳树。后演化为兰柳树。《高氏世谱》载：“吾祖明洪武四年（1371），自直隶枣强迁居索镇，后又迁居凤凰庄。”清康熙三十二年（1693）《新城县志》载：“北十宁字约凤凰庄。”光绪三十年（1904）新城县北十约辖懒柳村。《桓台县地名词典》（1991 年版）载：兰柳树庄。

兰柳树庄

清代，属济南府新城县利用乡。民国 3 年（1914），新城县易名，属桓台县。民国 22 年（1933），属桓台县第三区。民国 33 年（1944），属清河行政公署桓台县第三区。民国 37 年（1948）3 月，属渤海第三专员公署桓台县第三区。1952 年，属淄博专区桓台县三区。1958 年 9 月，属桓台县第二卫星人民公社。同年 11 月，撤销桓台县建制，属淄博专署博兴县索镇人民公社。1961 年 9 月，恢复桓台县建制，属惠民专署桓台县索镇区耿桥人民公社。1966 年 9 月，撤区并社，属耿桥人民公社。1983 年 10 月，属淄博市桓台县耿桥人民公社。1984 年 4 月，社改镇属耿桥乡。1994 年 12 月，乡改镇属耿桥镇。2001 年 3 月，耿桥镇撤并，属索镇。2010 年 6 月，镇改街道属索镇街道。

聚落呈矩形块状，主街南北走向。村庄面积 13.5 公顷，居民 270 户，768 人，皆为汉族。设兰柳村民委员会，有 4 个村民小组。耕地 48.8 公顷，以农业为主，机井电灌，主产小麦、玉米。人均收入 16800 元。建有卫生室、文化大院、农家书屋、健身活动广场。水电配送。广播电视网和互联网畅通。个体企业有纸箱厂、纸管厂、生猪养殖场。

任 庄
Rènzhuāng

位于县城北 2 千米，距索镇街道办事处 3 千米处。东临乌河，南靠建设街、与北辛庄隔路相望，西连大桓九厂区，北接张桥。

明洪武四年（1371），任姓迁此立村，名任家庄。清嘉庆六年（1801）《任氏世谱》

任庄

载：“始祖兄弟三人，明洪武四年自枣强迁于新城——住任家庄。”清康熙三十二年（1693）《新城县志》载：东九乐字约任家庄。《桓台县地名词典》（1991 年版）载：任庄。

清代，属济南府新城县厚生乡。民国 3 年（1914），新城县易名，属桓台县。民国 22 年（1933），属桓台县第三区。民国 33 年（1944），属清河行政公署桓台县第三区索镇。民国 37 年（1948）3 月，属渤海第三专员公署桓台县三区。1952 年，属淄博专区桓台县三区。1958 年 9 月，属桓台县第二卫星人民公社。同年 11 月，撤销桓台县建制，属淄博专署博兴县索镇人民公社。1961 年 9 月，恢复桓台县建制，属惠民专署桓台县索镇区张桥人民公社。1966 年 9 月，撤区并社，属耿桥人民公社。1983 年 10 月，属淄博市桓台县耿桥人民公社。1984 年 4 月，社改镇属耿桥乡。1994 年 12 月，乡改镇属耿桥镇。2001 年 3 月，耿桥镇撤并，属索镇。2010 年 6 月，镇改街道属索镇街道。

聚落呈椭圆形块状，主街南北走向。村庄面积 21.9 公顷，居民 378 户，1177 人，皆为汉族。设任庄村民委员会，有 6 个村民小组。耕地 34.6 公顷，以农业为主，机井电灌，主产小麦、玉米。人均收入 16673 元。建有耿桥卫生院任庄分院、文化大院、农家书屋、健身活动广场、便民商店。水电配送。广播电视网和互联网畅通。有个体企业任庄工业园、木器厂、机械厂、汽修厂等。

张桥
Zhāngqiáo

位于县城北 2 千米，距索镇街道办事处约 3 千米处。东临乌河，与刘家庄隔河相望，西靠张北路，南连任庄，北接索镇实验学校。

据传，元初立村。明朝，该村村名张周庄。清雍正八年（1730）河水狂澜瘟疫流行，张姓移居乌河岸边，并在河上建一木桥，村名改为张家桥。清康熙三十二年（1693）《新城县志》载：东九乐字约张家庄。光绪三十年（1904）新城县东九约辖张家桥。《张氏祖茔碑》载：“始祖於明洪武二年（1369）自直隶枣强县迁居张周庄。”民国 20 年（1931）《周氏世谱》载：“我族自明洪武初，由枣强徙新城—岵祖卜居索镇。八世希成从索镇迁居张桥。”中华人民共和国成立后，简称张桥。《桓台县地名词典》（1991 年版）载：张桥。

清代，属济南府新城县厚生乡。民国 3 年（1914），新城县易名，属桓台县。民国 22 年（1933），属桓台县第三区。民国 33 年（1944），属清河行政公署桓台县第三区索镇。民国 37 年（1948），属渤海第三专员公署桓台县三区。1952 年，属淄博专区桓台县三区。1958 年 9 月，属桓台县第二卫星人民公社。同年 11 月，撤销桓台县建制，属淄博专署博兴县索镇人民公社。1961 年 9 月，恢复桓台县建制，属惠民专署桓台县索镇区张桥人民公社。1966 年 9 月，撤区并社，属耿桥人民公社。1983 年 10 月，属淄博

张桥

市桓台县耿桥人民公社。1984年4月，社改镇属耿桥乡。1994年12月，乡改镇属耿桥镇。2001年3月，耿桥镇撤并，属索镇。2010年6月，镇改街道属索镇街道。

聚落呈矩形块状，主街南北走向。村庄面积41.2公顷，居民587户，1854人，皆为汉族。设张桥村民委员会，有9个村民小组。耕地143.4公顷，以农业为主，机井电灌，主产小麦、玉米、蔬菜。人均收入16673元。建有索镇实验学校、幼儿园、东方文武学校、卫生室、文化大院、农家书屋、健身活动广场、便民商店、设傍晚小集市。水电配送。广播电视网和互联网畅通。通164路公交车，设张桥站点。民办企业有淄博同盛混凝土有限公司、肥料厂、饭店、日用品商店等。

1950年，中国人民解放军第一康复医院在桓台建立。1950—1955年间，在张桥设一分院。

义和庄
Yìhé Zhuāng

位于县城北3千米，距索镇街道办事处4千米处。东靠淄东铁路、与雅和庄隔路相望，南靠张北路（803省道），西临乌河、与宫家庄隔河相望，北接耿桥、小耿桥。乌河、淄东铁路、205国道、张北路（803省道）纵横流、经交会此地。

据《张氏家谱》记载：明洪武二年（1369）奉官文由北直隶省（京师）真定府枣强县（今河北省枣强县）迁徙而来。先居新城，后移薛庙。轶传，明末清初（约在1644）由张氏三世祖进忠，由薛庙迁居现址，与已先居于此的刘、林、信、郝4姓氏数户，相邻而居，初名刘家屋子。数载后，异姓时有迁出。而张姓人丁兴旺，刘家屋子已不能代表姓氏的变化。经众姓共议，以和睦为贵，取团结之意，更名为义和庄。清康熙三十二年（1693）北十宁字约义和。光绪三十年（1904）《新城县志》载：“北十约辖义和庄。”《桓台县地名词典》（1991年版）载：义和庄。

清代，属济南府新城县利用乡。民国3年（1914），新城县易名，属桓台县。民国22年（1933），属桓台县第三区。民国33年（1944），属清河行政公署桓台县第三区。民国37年（1948）3月，属渤海第三专员公署桓台县三区。1952年，属淄博专区桓台县三区。1958年9月，属桓台县第二卫星人民公社。同年11月，撤销桓台县建制，属淄博专署博兴县索镇人民公社。1961年9月，恢复桓台县建制，属惠民专署桓台县索镇区张桥人民公社。1966年9月，撤区并社，属耿桥人民公社。1983年10月，属淄博市桓台县耿桥人民公社。1984年4月，社改镇属耿桥乡。1994年12月，乡改镇属耿桥镇。2001年3月，耿桥镇撤并，属索镇。2010年6月，镇改街道属索镇街道。

聚落呈方形块状，主街十字走向。村庄面积33公顷，居民318户，976人，皆为汉族。设义和村民委员会，有4个村民小组。耕地47.6

义和庄

公顷，以农业为主，机井电灌，主产小麦、玉米。人均收入 18000 元。建有村委办公楼、卫生室、文化大院、农家书屋、健身活动广场。水电配送到户。广播电视网和互联网畅通。民办企业天厨厨业有限公司、万丰肥料有限公司、远达水泥厂等。

宫家庄
Gōngjiā Zhuāng

位于县城北 3 千米，距索镇街道办事处 4.5 千米处。东临乌河，与义和庄隔河相望，南靠张北路，西连徐家庄、睦和庄，北接桃园。乌河、张北路（803 省道）流、经此地，宫荆路纵穿此地。

该村原建关帝庙碑记载，明洪武年间（1368—1398）已有村。《宫氏世谱》载："明洪武四年（1372），宫氏先人宫子荣者，携家迁来此地。东靠乌河，草苇、荏土地，夙兴草刨，始建村庄。曰：宫家庄。"后有尹姓在庄西立村，名尹家庄。清代，属厚生乡。清康熙三十二年（1693）《新城县志》载："北十宁字约尹家庄。"光绪三十年（1904）新城县东七约辖宫家庄、尹家庄。民国初，两村合二为一，名宫尹庄。民国 22 年（1933）改名宫家庄。《桓台县地名词典》（1991 年版）载：宫家庄。

清代，属济南府新城县厚生乡。民国 3 年（1914），新城县易名，属桓台县。民国 22 年（1933），属桓台县第三区。民国 33 年（1944），属清河行政公署桓台县第三区。民国 37 年（1948）3 月，属渤海第三专员公署桓台县三区。1952 年，属淄博专区桓台县三区。1958 年 9 月，属桓台县第二卫星人民公社。同年 11 月，撤销桓台县建制，属淄博专署博兴县索镇人民公社。1961 年 9 月，恢复桓台县建制，属惠民专署桓台县索镇区张桥人民公社。1966 年 9 月，撤区并社，属耿桥人民公社。1983 年 10 月，属淄博市桓台县耿桥人民公社。1984 年 4 月，社改镇属耿桥乡。1994 年 12 月，乡改镇属耿桥镇。2001 年 3 月，耿桥镇撤并，属索镇。2010 年 6 月，镇改街道属索镇街道。

聚落呈矩形块状，主街东西走向。村庄面积 40.9 公顷，居民 597 户，1538 人，皆为汉族。设宫家村民委员会，有 6 个村民小组。耕地 66.1

宫家庄

公顷。以农业为主，机井电灌，主产小麦、玉米。人均收入 18000 元。

2000 年始，实施旧村改造建楼区。一期已建成多层楼 24 栋，建筑面积 9 万平方米。取名“百花苑生活区”。二期工程于 2014 年启动。规划建设高层楼房 24 栋，建筑面积约 39 万平方米。2002 年 6 月成立鲸鸿置业有限公司。2010 年成立百花苑物业管理有限公司，从事小区物业管理、服务。水电配送。广播电视网和互联网畅通。建有幼儿园、卫生室、文化大院、农家书屋、健身活动广场。设农历三、八集日。通 164 路公交车。民办企业有三星纸业有限公司，沿街便民商店、饭店 20 余家。

境内有宫家遗址。

桃园
Táoyuán

位于县城北 4 千米，距索镇街道办事处 6.1 千米处。东临乌河，南依宫家庄，西连耿桥医院，北接耿桥。乌河、宫荆路流、经此地。

《耿氏世谱》载：清乾隆年间（1736—1795），耿肇圣从耿桥迁此立村。因此地是耿桥耿姓的桃树园，故称桃园庄。清光绪三十年（1904）新城县北十约辖桃园。《桓台县地名词典》（1991 年版）载：桃园。

清代，属济南府新城县利用乡。民国 3 年（1914），新城县易名，属桓台县。民国 22 年（1933），属桓台县第三区。民国 33 年（1944），属清河行政公署桓台县第三区索镇。民国 37 年（1948）3 月，属渤海第三专员公署桓台县三区。1952 年，属淄博专区桓台县三区。1958 年 9 月，属桓台县第二卫星人民公社。同年 11 月，撤销桓台县建制，属淄博专署博兴县索镇人民公社。1961 年 9 月，恢复桓台县建制，属惠民专署桓台县索镇区耿桥人民公社。1966 年 9 月，撤区并社，属耿桥人民公社。1983 年 10 月，属淄博市桓台县耿桥人民公社。1984 年 4 月，社改镇属耿桥乡。1994 年 12 月，乡改镇属耿桥镇。2001 年 3 月，耿桥镇撤并，属索镇。2010 年 6 月，镇改街道属索镇街道。

聚落呈方形块状，主街南北走向。村庄面积 6 公顷，居民 137 户，398 人，皆为汉族。设桃园村民委员会，有 2 个村民小组。耕地 7 公顷，以农业为主，机井电灌，主产小麦、玉米、蔬菜。人均收入 18000 元。建有卫生室、文化大院、农家书屋、健身活动广场、便民商店。水电配送。广播电视网和互联网畅通。通 164 路公交车。民办企业有联华超市分店、建材厂。

桃园

徐家庄
Xújiā Zhuāng

位于县城北 3 千米，距索镇街道办事处驻地 5 千米处。东邻宫家庄，南靠王徐路，西连苏王庄，北接睦和庄。

明初，徐姓迁此立村，名徐家庄。清康熙三十二年（1693）《新城县志》载：“北

徐家庄

十宁字约徐家。”《桓台县地名词典》（1991 年版）载：徐家庄。

清代，属济南府新城县厚生乡。民国 3 年（1914），新城县易名，属桓台县。民国 22 年（1933），属桓台县第三区。民国 33 年（1944），属清河行政公署桓台县第三区。民国 37 年（1948）3 月，属渤海第三专员公署桓台县三区。1952 年，属淄博专区桓台县三区。1958 年 9 月，属桓台县第二卫星人民公社。同年 11 月，撤销桓台县建制，属淄博专署博兴县索镇人民公社。1961 年 9 月，恢复桓台县建制，属惠民专署桓台县索镇区耿桥人民公社。1966 年 9 月，撤区并社，属耿桥人民公社。1983 年 10 月，属淄博市桓台县耿桥人民公社。1984 年 4 月，社改镇属耿桥乡。1994 年 12 月，乡改镇属耿桥镇。2001 年 3 月，耿桥镇撤并，属索镇。2010 年 6 月，镇改街道属索镇街道。

聚落呈方形块状，主街南北走向。村庄面积 19.7 公顷，居民 250 户，812 人，皆为汉族。设徐家居民委员会，有 4 个村民小组。耕地 36.4 公顷，以农业为主，机井电灌，主产小麦、玉米。人均收入 18000 元。建有卫生室、文化大院、农家书屋、健身活动广场、便民商店。水电配送。广播电视网和互联网畅通。民办企业有淄博特种泵阀有限公司、锻造加工厂、机床加工厂、养鸡场、养鸭场，葡萄、蔬菜种植大棚。

王沟庄
Wánggōu Zhuāng

位于县城北 2.5 千米，距索镇街道办事处 3.5 千米处。东靠兴桓路，西靠少海路，南依王沟生活区，北靠王徐路，与苏王隔路相望。

明初，王姓从索镇迁此依河滩定居，名王家滩。清初，河身淤积为沟（名庙沟），故名为王沟庄。《张氏世谱》载：“张氏世祖张簧山兄弟二人，於明代自长山县大由庄迁王沟庄。”清康熙三十二年（1693）《新城县志》载：“东九乐字约王沟庄。”《桓台县地名词典》（1991 年版）载：王沟庄。

清代，属济南府新城县厚生乡。民国 3 年（1914），新城县易名，属桓台县。民国 22 年（1933），属桓台县第三区。民国 33 年（1944），

王沟庄

属清河行政公署桓台县第三区。民国37年（1948）3月，属渤海第三专员公署桓台县三区。1952年，属淄博专区桓台县三区。1958年9月，属桓台县第二卫星人民公社。同年11月，撤销桓台县建制，属淄博专署博兴县索镇人民公社。1961年9月，恢复桓台县建制，属惠民专署桓台县索镇区耿桥人民公社。1966年9月，撤区并社，属耿桥人民公社。1983年10月，属淄博市桓台县耿桥人民公社。1984年4月，社改镇属耿桥乡。1994年12月，乡改镇属耿桥镇。2001年3月，耿桥镇撤并，属索镇。2010年6月，镇改街道属索镇街道。

聚落呈矩形块状，主街南北走向。村庄面积24.6公顷，居民346户，1237人，除仡族1人外，其他为汉族。设王沟村民委员会，有6个村民小组。耕地55.1公顷，以农业为主，机井电灌，主产小麦、玉米。人均收入18000元。

2010年10月，村庄实行旧村改造。新住宅区位于东岳路3389号，王沟生活区东靠东岳路，西邻怡和花园。南依祥泰花园，北与王沟庄旧址相望。有18幢居民楼，1幢办公楼，入住率达95%。水电配送。广播电视网和互联网畅通。建有幼儿园、卫生室、文化大院、农家书屋、药店、超市、健身活动广场等。

睦和庄
Mùhé Zhuāng

位于县城北3.8千米，距索镇街道办事处5千米处。东邻宫家庄，南靠王徐路，西连苏王庄，北接姜庙。

金代村落，名成良里。为元朝山东东路兵马副元帅、新城创置人张贵之故乡。元初，穆姓迁此定居，改名穆家庄，后演变为木家庄。据张、胡二姓族谱考，明末张姓从楼子、胡姓从陈度迁此。清朝中期，村民崇尚礼仪，和睦相处，村民共议，改名睦和庄。清康熙三十二年（1693）《新城县志》载：东九乐字约木家庄。光绪三十年（1904）新城县东九约辖睦和庄。《桓台县地名词典》（1991年版）载：睦和庄。

清代，属济南府新城县厚生乡。民国3年（1914），新城县易名，属桓台县。民国22年（1933），属桓台县第三区。民国33年（1944），属清河行政公署桓台县第三区。民国37年（1948）3月，属渤海第三专员公署桓台县三区。1952年，属淄博专区桓台县三区。1958年9月，属桓台县第二卫星人民公社。同年11月，撤销桓台县建制，属淄博专署博兴县索镇人民公社。1961年9月，恢复桓台县建制，属惠民专署桓台县索镇区耿桥人民公社。1966年9月，撤区并社，属耿桥人民公社。1983年10月，属淄博市桓台县耿桥人民公社。1984年4月，社改镇属耿桥乡。1994年12月，乡改镇属耿桥镇。2001年3月，耿桥镇撤并，属索镇。2010年6月，镇改街道属索镇街道。

聚落呈矩形块状，主街道“十”字形。村庄面积43.9公顷，居民740户，2148人，除蒙古族1人外，其他为汉族。设睦和村民委员会，

睦和庄

有10个村民小组。耕地177.9公顷，以农业为主，机井电灌，主产小麦、玉米。人均收入16673元。建有幼儿园、卫生室、文化大院、农家书屋、健身活动广场、便民商店。水电配送。广播电视网和互联网畅通。设农历二、七集日。民办企业有福联铁厂、福隆纸管厂、龙景生态园、纸箱厂、佳乐福超市等。

苏王庄
Sūwáng Zhuāng

位于县城北4千米，距索镇街道办事处5千米处。东邻睦和庄，南依王沟庄旧村址，西连唐山镇白辛庄，北接姜庙。

明初，苏姓居此，名苏家庄。明弘治十七年（1504）重修玉皇庙碑载村名为苏家庄。明后期，王姓迁此定居，改名苏王庄。清雍正十一年（1733）《岳氏世谱》载：“始祖原籍直隶枣强，明洪武四年（1371），奉旨迁居新城东鄙索镇——三世尚忠自西关徙居苏王庄。”清康熙三十二年（1693）《新城县志》载“东九乐字约苏王庄。”《桓台县地名词典》（1991年版）载：苏王庄。

清代，属济南府新城县厚生乡。民国3年（1914），新城县易名，属桓台县。民国22年（1933），属桓台县第三区。民国33年（1944），属清河行政公署桓台县第三区。民国37年（1948）3月，属渤海第三专员公署桓台县三区。1952年，属淄博专区桓台县三区。1958年9月，属桓台县第二卫星人民公社。同年11月，撤销桓台县建制，属淄博专署博兴县索镇人民公社。1961年9月，恢复桓台县建制，属惠民专署桓台县田庄镇区。1966年9月，撤区并社，属耿桥人民公社。1983年10月，属淄博市桓台县耿桥人民公社。1984年4月，社改镇属耿桥乡。1994年12月，乡改镇属耿桥镇。2001年3月，耿桥镇撤并，属索镇。2010年6月，镇改街道属索镇街道。

苏王庄

聚落呈矩形块状，主街东西走向。村庄面积17.8公顷，居民434户，1379人，除白族1人外，其他为汉族。设苏王村民委员会，有7个村民小组。耕地108.6公顷，以农业为主，机井电灌，主产小麦、玉米。人均收入17000元。建有卫生室、文化大院、农家书屋、健身活动广场、便民商店。水电配送。广播电视网和互联网畅通。设农历五、十集日。民办企业有雅韵服装厂、车床机械加工厂、包装厂、恒星机械厂、汽修厂、鲁卉印刷厂等。

境内有苏王庄南、北遗址。

姜庙
Jiāngmiào

位于县城索镇北4.8千米，距索镇街道办事处6千米处。东邻小辛庄、耿桥，南依睦和庄，西连唐山镇张茂，北接唐山镇吉托。耿焦路横穿村居。

《姜氏世谱》载：“吾姜氏自元居此，经明、清两代，几经变迁，共七百余年矣”“从村西南隅庙中得一字据，元顺帝至正年间(1341—1368)修，领袖人姜姓居多。”村名姜家庄，后姜姓修庙，遂改村名姜家庙。清康熙三十二年（1693）《新城县志》载：北八阜字约姜家庙。光绪三十年（1904）新城县北八约辖姜家庙。1958年简称姜庙。《桓台县地名词典》（1991年版）载：姜庙。

清代，属济南府新城县厚生乡。民国3年（1914），新城县易名，属桓台县。民国22年（1933），属桓台县第三区。民国33年（1944），属清河行政公署桓台县第三区。民国37年(1948)3月，属渤海第三专员公署桓台县三区。1952年，属淄博专区桓台县三区。1958年9月，属桓台县第二卫星人民公社。同年11月，撤销桓台县建制，属淄博专署博兴县索镇人民公社。1961年9月，恢复桓台县建制，属惠民专署桓台县索镇区耿桥人民公社。1966年9月，撤区并社，属耿桥人民公社。1983年10月，属淄博市桓台县耿桥人民公社。1984年4月，社改镇属耿桥乡。1994年12月，乡改镇属耿桥镇。2001年3月，耿桥镇撤并，属索镇。2010年6月，镇改街道属索镇街道。

聚落呈矩形块状，主街东西走向。村庄面积26.1公顷，居民462户，1402人，皆为汉族。设姜庙村民委员会，有7个村民小组。耕地97.1公顷，以农业为主，机井电灌，主产小麦、玉米。人均收入16673元。建有卫生室、文化大院、农家书屋、健身活动广场、便民商店。水电配送。广播电视网和互联网畅通。民办企业有淄博金天包装有限公司、机械加工业。

2004年9月，接收重庆市开县渠口镇钦和村三峡移民6户，21人。

姜庙

小辛庄
Xiǎoxīn Zhuāng

位于县城北5千米，距索镇街道办事处7.8千米处。东邻耿桥，南依睦和庄，西连姜庙，北接李家庄。

明正德年间（1506—1521）立村，初名小新庄，曾名小心庄。清乾隆五十年（1875）《重修李氏世谱》载：“始祖明初徙居新城县河南庄。”其六世迁此居住。后演变为小辛庄。清光绪三十年（1904）新城县北十约小新庄。民国23年（1934）《新修桓台县志》载：桓台县第三区睦和乡辖小辛庄。《桓台县地名词典》（1991年版）载：小辛庄。

清代，属济南府新城县利用乡。民国3年（1914），新城县易名，属桓台县。民国22年（1933），属桓台县第三区。民国33年（1944），属清河行政公署桓台县第三区。民国37年（1948）3月，属渤海第三专员公署桓台县三区。1952年，属淄博专区桓台县三区。1958年9月，属桓台县第二卫星人民公社。同年11月，撤销桓台县建制，属淄博专署博兴县索镇人民公社。1961年9月，恢复桓台县建制，属惠民专署桓台县索镇区耿桥人民公社。1966年9月，撤区并社，属耿桥人民公社。1983年10月，属淄博市桓台县耿桥人民公社。1984年4月，社改镇属耿桥乡。1994年12月，乡改镇属耿桥镇。2001年3月，耿桥镇撤并，属索镇。2010年6月，镇改街道属索镇街道。

聚落呈方形块状，主街道“十”字形。村庄面积16.1公顷，居民276户，921人，皆为汉族。设小辛村民委员会，有4个村民小组。耕地88.7公顷，以农业为主，机井电灌，主产小麦、玉米。人均收入16673元。建有卫生室、文化大院、农家书屋、健身活动广场。水电配送。广播电视网和互联网畅通。通164路公交车。民办企业有小型建筑公司、安装公司、缝纫机组等。

李家庄

李家庄
Lǐjiā Zhuāng

位于县城北6.6千米，距索镇街道办事处8.6千米处。东临乌河，与永安桥隔河相望，南依耿桥，西连唐山镇前许庄，北接永安桥、起凤镇乌河头。乌河、宫荆路流、经村居。

明永乐年间（1403—1424），李姓从博兴县迁此立村，名李家庄。《李氏世谱》：载“始祖兄弟二人，于明洪武四年（1371），从枣强迁博兴县麻湾。三世迁新城县李家庄。”《郭氏祖茔碑》载：“始祖明洪武四年（1371）居博兴县郭家营，七世迁居李家庄。”清康熙三十二年（1693）济南府新城县北九盈字约李家。清光绪三十年（1904）新城县北九约辖李家庄。《桓台县地名词典》（1991年版）载：李家庄。

清代，属济南府新城县厚生乡。民国3年（1914），新城县易名，属桓台县。民国22年（1933），属桓台县第三区。民国33年（1944），属清河行政公署桓台县第三区。民国37年（1948）3月，属渤海第三专员公署桓台县八区。1952年，属淄博专区桓台县八区。1958年9月，属桓台县第二卫星人民公社。同年11月，撤销桓台县建制，属淄博专署博兴县索镇人民公社。1961年9月，恢复桓台县建制，属惠民专署桓台县索镇区耿桥人民公社。1966年9月，撤区并社，属耿桥人民公社。1983年10月，属淄博市桓台县耿桥人民公社。1984年4月，社改镇属耿桥乡。1994年12月，乡改镇属耿桥镇。2001年3月，耿桥镇撤并，属索镇。2010年6月，镇改街道属索镇街道。

聚落呈矩形块状，主街南北走向。村庄面积22.3公顷，居民468户，1468人，皆为汉族。设李家村民委员会，有4个村民小组。耕地101.3公顷，以农业为主，机井电灌，主产小麦、玉米。人均收入16673元。建有卫生室、文化大院、农家书屋、健身活动广场、便民商店。水电配送。广播电视网和互联网畅通。通164路公交车。民办企业有海景水洗有限公司、万家融暖通有限公司、兴霸采暖有限公司、益达精密铸造厂。

李家庄曾被评为“县级文明村”。

永安桥
Yǒng'ānqiáo

位于县城北 7.1 千米，距索镇街道办事处 9 千米。东靠淄东铁路，南依河崖头，西临乌河，与李家庄隔河相望，北接起凤镇乌河头庄。

据传，元朝时期，周、王二姓迁此依桥定居，名周王桥。曾名：针王桥、牟家桥。元末战乱村民匿于村西地洞中免于难。清乾隆三十年（1765）《牟氏世谱》载："原籍日照县牟家坪，自明洪武年间（1368—1398），徙居新城县——牟家桥。五世从牟家桥迁居周王桥。"清初洪水成灾，因村地高未受害。清康熙三十二年（1693）《新城县志》载：北九盈字约针王桥。清乾隆年间（1736—1795）县知事以此改名为永安桥。清光绪三十年（1904）新城县北九约辖永安桥。《桓台县地名词典》（1991 年版）载：永安桥。

清代，属济南府新城县利用乡。民国 3 年（1914），新城县易名，属桓台县。民国 22 年（1933），属桓台县第三区。民国 33 年（1944），属清河行政公署桓台县第三区。民国 37 年（1948）3 月，属渤海第三专员公署桓台县八区。1952 年，属淄博专区桓台县八区。1958 年 9 月，属桓台县第二卫星人民公社。同年 11 月，撤销桓台县建制，属淄博专署博兴县索镇人民公社。1961 年 9 月，恢复桓台县建制，属惠民专署桓台县索镇区耿桥人民公社。1966 年 9 月，撤区并社，属耿桥人民公社。1983 年 10 月，属淄博市桓台县耿桥人民公社。1984 年 4 月，社改镇属耿桥乡。1994 年 12 月，乡改镇属耿桥镇。2001 年 3 月，耿桥镇撤并，属索镇。2010 年 6 月，镇改街道属索镇街道。

聚落呈矩形块状，主街南北走向。村庄面积 24.2 公顷，居民 483 户，1823 人，除有彝族 2 人外，其他为汉族。设永安桥村民委员会，有 6 个村民小组。耕地 126 公顷，以农业为主，机井电灌，主产小麦、玉米、大白菜。人均收入 16500 元。建有联办幼儿园、卫生室、文化大院、农家书屋、健身活动广场、戏台。水电配送。广播电视网和互联网畅通。

少海街道办事处

全国社区共建共享先进街道、中华诗词之乡、省级文明单位、山东省农村优秀文化团队。因辖区内设少海居委会而得名。

位于东经 118° 04′ ～118° 06′，北纬 36° 56′ ～36° 58′。地处桓台县城区，办事处驻中心大街中部偏北。

2014 年末辖锦秋、云涛、东城、宝发、商城、兴华、兰香园、西苑、少海、宝龙、恒星 11 个社区居民委员会和赵家、五里 2 个村民委员会。

辖区总人口 68841 人，其中城镇常住人口 68841 人，城镇化率 100%。总人口中，男性 35199 人，占 49%；女性 33672 人，占 51%。少数民族 15 个，共 68 人。

辖区东西最大距离 3.6 千米，南北最大距离 5.6 千米，总面积 2016 公顷。其中陆地 1998 公顷，占 99.9%；水域 18 公顷，占 0.1%。人口密度为每平方千米 3394 人。

有街道文化站 1 处，社会文化活动中心 11 处，各类文体活动组织 26 个，各类图书馆 8 个，藏书 16046 册。音乐、美术、书法、摄影及文学创作队伍达 800 余人。

体育锻炼场所 73 处，文化娱乐场所 66 处。至 2014 年末，城镇最低生活保障户数 247 户，509 人。国家抚恤、补助各类优抚对象 96 人。老年公寓 1 处，床位 100 张，收养入住城镇三无老人、残疾人、社会老人等 100 人，入住率 100%。参加城镇养老保险 2610 人，参保率 100%。

城区内道路主要有中心大街、兴桓路、少海路、东岳路、柳泉北路、桓台大道、建设街、工业街、卫生街、王徐路等，803 省道纵贯城区。

辖区有公交线路 22 条，其中市内公交线路 13 条，县内 9 条。城区各类公交站点 28 个。

少海公园位于县城西侧，2004 年 8 月建成，占地总面积 21.6 公顷，其中绿地面积 15.3 公顷，水体面积 5.8 公顷，总水量 7.7 万立方米。红莲湖公园，位于县城西南侧，2009 年 9 月建成，占地面积 62 公顷。植绿面积 25 万平方米，总水面 25.9 万平方米，湖蓄水量 200 万立方米。

城标广场位于县城南侧，1997 年 6 月建成，占地面积 5.5 公顷，其中绿地面积 2.5 公顷，露天音乐舞台 600 平方米。文体中心广场位于县城西南侧，2009 年 8 月建成。建筑面积 12.7 万平方米，各类健身器材 130 套。

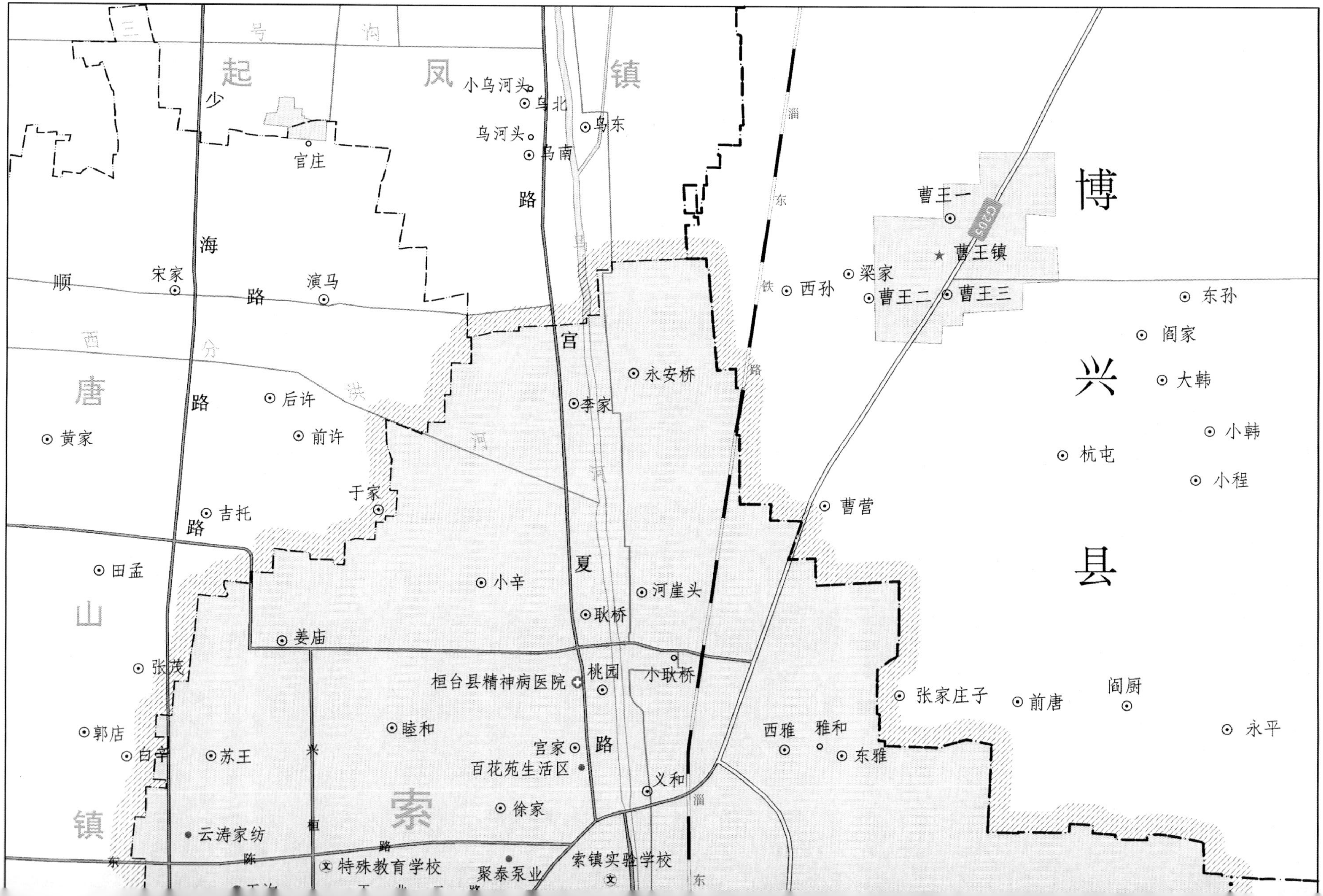

博兴县
起凤镇
唐山镇
索镇
三号沟
少海路
顺路
西分洪河
宫夏路
乌河
淄东铁路
桓米路
陈东路
G205
小乌河头
乌北
乌东
乌河头
乌南
官庄
宋家
演马
后许
前许
黄家
于家
吉托
田孟
张茂
郭店
白辛
苏王
云涛家纺
特殊教育学校
聚泰泵业
索镇实验学校
徐家
百花苑生活区
宫家
睦和
桓台县精神病医院
桃园
小耿桥
姜庙
小辛
耿桥
河崖头
永安桥
李家
义和
西雅
雅和
东雅
张家庄子
前唐
阎厨
永平
曹营
杭屯
小程
小韩
大韩
阎家
东孙
西孙
梁家
曹王二
曹王三
曹王一
曹王镇

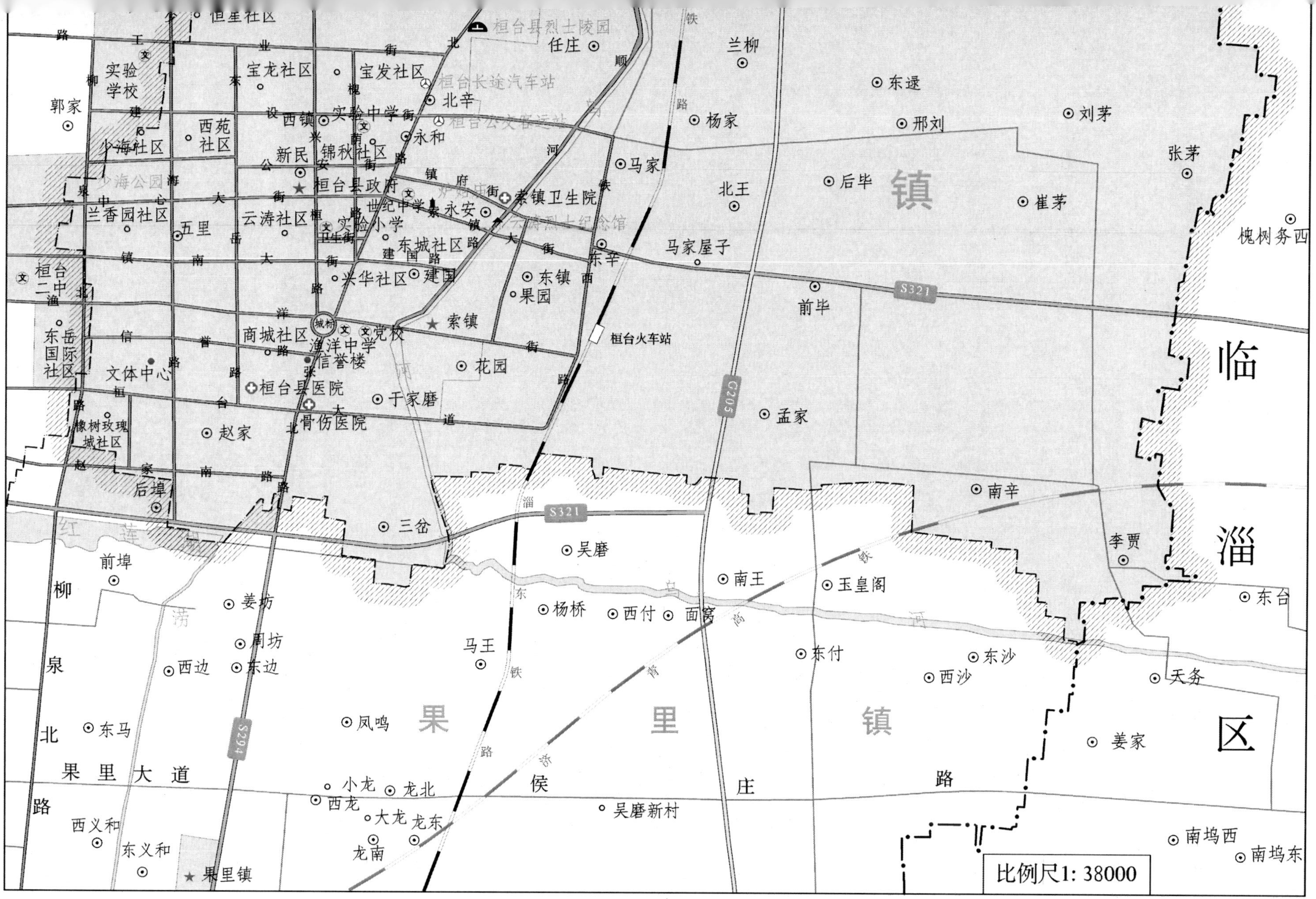

桓台县烈士陵园
任庄
兰柳
东逯
刘茅
张茅
槐树务西
实验学校
郭家
宝龙社区
宝发社区
桓台长途汽车站
北辛
西镇
实验中学
桓台公交客运站
杨家
邢刘
西苑社区
少海社区
新民
锦秋社区
永和
马家
后毕
少海公园
桓台县政府
索镇卫生院
北王
镇
崔茅
兰香园社区
五里
云涛社区
世纪中学
永安
实验小学
东城社区
马家屋子
东辛
桓台二中
兴华社区
建国
东镇
果园
前毕
S321
临
东岳国际社区
商城社区
渔洋中学
党校
索镇
信誉楼
桓台火车站
文体中心
花园
桓台县医院
于家磨
G205
孟家
橡树玫瑰城社区
赵家
骨伤医院
后埠
三岔
南辛
李贾
淄
S321
吴磨
前埠
南王
玉皇阁
东台
姜坊
杨桥
西付
面窝
周坊
马王
东付
东沙
西边
东边
西沙
天务
S294
凤鸣
果
里
镇
东马
姜家
区
果里大道
北
小龙
龙北
侯
庄
路
西龙
吴磨新村
大龙
龙东
西义和
南坞西
东义和
龙南
南坞东
果里镇
比例尺1: 38000

锦秋社区居民委员会
Jǐnqiū Shèqū Jūmínwěiyuánhuì

位于县城内，距县政府 0.645 千米、少海街道办事处 0.8 千米处。东起张北路，西至东岳路，南起中心大街，北至建设街。

该社区成立于 2001 年 8 月。因办公地址在锦秋小区内而得名。简称锦秋社区、锦秋居委会，隶属城区街道。2010 年 6 月 10 日，属少海街道。2007 年 7 月，迁至阳光花园生活区内。下设党组织、信访维稳服务站、劳动保障工作站、计生服务工作站、基层老龄协会、社区残协等组织。

该社区辖锦秋小区、阳光花园小区、电业局小区、万和建工、农机小区、机关生活一区、机关生活二区、机关生活三区、农机局宿舍、农机公司宿舍、实验中学宿舍、交警队宿舍、人民银行宿舍、经贸委宿舍、金地花园、中富大厦、地税之家、邮政局小区、公安局小区、西镇公安小区、毛巾厂宿舍、轴承厂小区、电器厂小区、生资公司宿舍、新民小区、槐荫小区、印刷厂小区、宾馆、御花园（文图馆宿舍楼）博物馆宿舍等 28 个城镇居民点。占地面积 66 公顷，现有三阳、丰源等物业公司服务。水电配送。广播电视网和互联网畅通。居民 6148 户，12194 人，除满族 10 人、蒙古族 4 人、回族 3 人、白族 1 人外，其他为汉族。居民以商业为主，人均收入 33700 元。

社区内有县委、政府机关、博物馆、人行、电业局、实验幼儿园、实验中学、邮政局、交警队等党政、事业单位 44 个，商业网点 200 余家。生活、交通便利，51 路、251 路、185、611、164 等路公交车经此。

锦秋小区
Jǐnqiū Xiǎoqū

位于县城内，距县政府 0.2 千米、少海街道办事处 0.5 千米处。东靠兴桓路，南靠公安街，西靠东岳路，北靠建设街。

该居民点于 1999 年由桓台县城建开发公司开发建设，2001 年 12 月建成。属城镇居民点，由锦秋社区居委会管辖。聚落形态为块状，占地面积 25 公顷，建筑物由 82 栋多层组成，居住 1820 户，5481 人，除满族 4 人、白族 1 人，其他为汉族。居民以商业为主，人均收入 33700 元。地理位置优越，交通、购物十分便利。临近有县委、县政府机关、桓台县博物馆、人民公园、桓台县实验幼儿园、喜乐佳超市、银行等。通 51 路、251 路、185 路、611 路公交车。

机关生活一区
Jīguānshēnghuóyīqū

位于县城内，距县政府 0.645 千米、少海街道办事处 0.5 千米处。东靠槐荫路，南靠中心大街，西靠兴桓路，北靠公安街。

该居民点于 1990 年开发建设。此地属桓台县县委县政府机关生活区，并按始建时间排序，故命名为机关生活一区。属城镇居民点，由锦秋社区居委会管辖。聚落形态为块状，占地面积 5 公顷，建筑物由 23 栋多层组成，居住 468 户，1397 人，皆为汉族。居民以商业为主，人均收入 33700 元。地理位置优越，交通、购物十分便利。周边有桓台县宾馆、喜乐佳超市、桓台县实验小学、桓台商厦、百货大楼、邮政、电信、银行等。通 51 路、185 路、611 路公交车。

中富大厦
Zhōngfùdàshà

位于县城内，距县政府0.6千米、少海街道办事处0.15千米处。东靠兴桓路，南靠公安街，西靠东岳路，北靠建设街。

该居民点由祥龙开发有限公司开发建设。2006年10月建成。开发商希望住户永远吉祥富裕，故命名为中富大厦小区。属城镇居民点，由锦秋社区居委会管辖。聚落形态为块状，占地面积1.9公顷，建筑物由2幢高层组成，居住120户，456人，皆为汉族。居民以商业为主，人均收入33700元。周边有建设街、兴桓路、东岳路，通251路、611路公共汽车。地理位置优越，生活、出行十分便利。

中富大厦小区

阳光花园小区
Yángguānghuāyuán Xiǎoqū

位于县城内，距县政府0.645千米、少海街道办事处1千米处。东靠张北路，南靠公安街，西靠槐荫路，北靠建设街。

该居民点于2006年2月，由桓台县宏泰房地产有限公司开发建设。2006年10月建成。此地属老毛巾厂旧址，开发商希望业主每天都像沐浴在阳光中一样幸福美好、温暖无限，故命名为阳光花园小区。属城镇居民点，由锦秋社区居委会管辖。聚落形态为块状，占地面积3公顷，建筑面积4万平方米，建筑物由21栋多层、20个营业房、60个停车位组成，居住900户，2499人，皆为汉族。居民以商业为主，人均收入33700元。地理位置优越，交通、购物十分便利。周边有桓台县实验中学、桓台县第一小学、桓台商厦、百货大楼、邮政、电信、银行、宾馆等。通51路、251路、611路、164路公交车。

云涛社区居民委员会
Yúntāo Shèqū Jūmínwěiyuánhuì

位于县城内，距县政府0.8千米、少海街道办事处1千米处。东起兴桓路，西至东岳路，南起渔洋街，北至中心大街。

该社区成立于2004年8月27日。因办公地址坐落于云涛小区内而得名，隶属城区街道。2010年6月10日，属少海街道。下设党组织、信访维稳服务站、劳动保障工作站、计生服务工作站、基层老龄协会、社区残协等组织。

社区内有云涛小区、宝龙大厦等2个城镇居民点。占地面积100公顷，现有宝龙物业有限公司负责管理维护。水电配送。广播电视网和互联网畅通。居民4321户，9725人，其中汉族9723人，满族2人。居民以商业为主，人均收入33700元。社区内有广播电视局、农业银行、第二小学、老干部活动中心、蒲公英幼儿园、医院、银座超市、商店、商场、宾馆、饭店等单位。交通便利，51路西线、251路、185路、611路公交车经此。

云涛小区
Yúntāo Xiǎoqū

位于县城内，距县政府 0.2 千米、少海街道办事处 0.9 千米处。东靠兴桓路，南靠渔洋街，西靠东岳路，北靠中心大街。

该居民点于 1990 年 6 月开工建设。1990 年 11 月建成。因天将下雨时，云雾缭绕，取“云涛”之意，命名为云涛小区。属城镇居民点，由云涛社区居委会管辖。聚落形态为块状，占地面积 99.2 公顷，建筑物由 124 栋多层组成。居住 528 人，11582 人，除满族 2 人外，其他为汉族。居民以商业为主，人均收入 33700 元。小区内有菜市场、蒲公英幼儿园、桓台县第二小学、老干部活动中心，周边有银行、超市、人民公园等。通 51 路西线、251 路、611 路等多路公交车。

宝龙大厦小区
Bǎolóngdàshà Xiǎoqū

位于县城内，距县政府 0.2 千米、少海街道办事处 0.6 千米处。东邻云涛小区，南至桓台二小，西靠东岳路，北靠中心大街。

宝龙大厦小区

该居民点于 2005 年 6 月，由淄博宝龙房地产开发有限公司开发建设。2006 年 6 月建成。名称取自企业字号。属城镇居民点，由云涛社区居委会管辖。聚落形态为块状，占地面积 8400 平方米，建筑物由 1 幢高层组成，一、二层为沿街商铺。居住 582 人，皆为汉族。由宝龙物业有限公司管理、服务。居民以商业为主，人均收入 33700 元。公共设施如水电、煤气、暖气、有线、宽带等入户开通，配有 24 小时监控系统。周边主要道路有中心大街、兴桓路，地理位置优越，生活、出行十分便利。楼下为大型超市——银座超市，北面紧靠人民公园。通 251 路、611 路公共汽车。

宝发社区居民委员会
Bǎofā Shèqū Jūmínwěiyuánhuì

位于县城区北部，距县政府 1.5 千米、少海街道办事处 1 千米处。东起张北路，西至兴桓路，南起建设街，北至工业街。

成立于 2001 年 5 月。由香港金宝集团与桓台开发区合资开发。名称取自金宝集团的“宝”，桓台开发区的“发”，命名为“宝发公司”。后称为宝发小区。因办公地址坐落宝发小区内而得名。2004 年 8 月 27 日，隶属城区街道。2010 年 6 月 10 日，属少海街道。下设党组织、信访维稳服务站、劳动保障工作站、计生服务工作站、基层老龄协会、社区残协等组织。

社区内有宝发 1 ～ 15、18 ～ 24 号楼，宝发别墅 1 ～ 6 号楼，三信水泥厂 1 ～ 10 号楼、沿街房，学林佳园 1 ～ 10 号楼，汇丰塑料 1、2、3、5、6 号楼，云涛纺织宿舍 1 ～ 3 号楼，教委宿舍 1 ～ 4 号楼，徐银书、徐军楼，职专生活区 1、2、3、

9号楼、建行1～2号楼，地毯厂东、西楼，经协委东、西楼，粮油公司宿舍楼、实验中学宿舍楼，一小宿舍1～2号楼，金元宿舍，磷肥厂平房、楼房，长途汽车站宿舍楼，金元机械，巨明1～2号楼，综合高中，王大河楼等27个城镇居民点。占地面积140公顷，建筑面积3.2万平方米，绿地面积1000平方米，现有三阳、吉祥、海润等物业公司负责服务。水电配送。广播电视网和互联网畅通。居民3257户，10332人，其中汉族10323人，土家族2人，苗族2人，回族2人，其他民族3人。以商业为主，人均收入33700元。

社区内有工商行政管理局、信息管理局、第一小学、淄博建筑工程学校、建设银行、长途车站、龙光医院等单位。交通便利，51路西线、251路、185路、611路公交车经此。

宝发小区

BǎofāXiǎoqū

位于县城北部，距县政府1千米、少海街道办事处1千米处。东靠张北路，南靠建设街，西靠兴桓路，北靠工业街。

该居民点于1999年10月，由淄博宝发房地产开发有限公司开发建设。2005年12月建成。故名“宝发小区”。属城镇居民点，由宝发社区居委会管辖。聚落形态为块状，占地面积9公顷，建筑面积11万平方米，由22栋多层楼房组成。居民940户，2835人。除苗族2人外，其他为汉族。由桓台县吉祥物业有限公司服务。居民以商业为主，人均收入33700元。通51路、251临、611路公交车。

学林佳园

Xuélínjiāyuán

位于县城北部，工业街1号，距县政府2.4千米、少海街道办事处2千米处。东靠张北路，南靠建设街，西靠槐荫路，北靠工业街。

该居民点于2007年3月，由山东博大房地产开发有限公司开发建设。2007年12月建成。原为“桓台县汇丰苑住宅区”，因此处周边有学校，文化氛围浓厚，故取谐音“学林佳园”，由宝发社区居委会管辖。聚落形态为块状，占地面积2公顷，建筑面积2万平方米，建筑密度26.3%，绿地率35%，容积率为3.38，居民300户，957人，皆为汉族。由三阳物业有限公司管理、服务。居民以商业为主，人均收入33700元。地理位置优越，生活、出行便利。通公共汽车。

学林佳园

东城社区居民委员会
Dōngchéng Shèqū Jūmínwěiyuánhuì

位于县城城区东部，张北路以东，距县政府1.2千米、少海街道办事处1.6千米处。东起建国，西至张北路，南起渔洋街，北至北辛庄。

成立于2004年8月27日。因处桓台县城东部而得名。隶属城区街道。2010年6月10日，属少海街道。下设党组织、信访维稳服务站、劳动保障工作站、计生服务工作站、基层老龄协会、社区残协等组织。

社区内有制革厂小区，电器厂，物资小区，英才园1～2号楼，建工小区，二百，鑫龙，大桓九6～7号楼，东方物资，老一中，康泰食品厂，富丽花园小区、黄河龙小区，烟草公司生活小区，北斗星14～17号楼，油毡纸厂2号楼，嘉桓4号楼，华齐7号楼2单元、9～10号楼，电影公司平房，炉姑苑小区等20个城镇居民点。占地面积600公顷，居民3690户，7175人，其中汉族7164人、满族4人、蒙古族5人、回族2人。居民以商业为主，人均收入33700元。

社区内有黄河龙幼儿园、世纪中学、建管局、人才中心、新华书店、交通局、百货大楼、商品批发城、三联家电、宾馆、饭店沿街门店等单位。交通便利，51路、164路、185路、611路公交车经此。

黄河龙小区
Huánghélóng Xiǎoqū

位于县城东南部，张北路2408号，距县政府1.5千米、少海街道办事处2千米处。东邻建国小区，南靠批发城东西街道，西靠张北路，北接富丽花园小区。

该居民点于2005年6月，由山东黄河龙集团有限公司开发建设，2006年5月建成。此地为原索镇酒厂厂址。故以企业名称得名为黄河龙小区。由东城社区居委会管辖。聚落形态为块状，占地面积7公顷，建筑面积6万平方米。居民600户，1412人，除满族2人外，其他为汉族。居民以商业为主，人均收入33700元。小区为开放式，公共设施如水电、煤气、暖气、有线、宽带等入户开通，配有24小时保安值班。地理位置优越，周边有温州批发城、桓台百货大楼、联华超市等，生活、出行便利。通51路、164路、611路公共汽车。

富丽花园小区
Fùlìhuāyuán Xiǎoqū

位于县城东南部，卫生街东首张北路以东路北，距县政府1.4千米、少海街道办事处2千米处。东邻建国小区，南邻黄河龙小区，西靠张北路，北接泰康小区。

该居民点于2006年11月，由桓台县富丽房地产开发有限公司开发建设，分二期工程。2011年3月建成。开发商希望住户富裕而美丽，故命名为富丽花园小区。属城镇居民点，由东

富丽花园小区

城社区居委会管辖。聚落形态为块状，占地面积 6 公顷，建筑面积 10 万平方米。居民 580 户，1228 人，皆为汉族。由建国物业有限公司服务。居民以商业为主，人均收入 33700 元。地理位置优越，周边有温州批发城、桓台百货大楼、联华超市等，生活、出行便利。通 51 路、164 路、611 路公共汽车。

兴华社区居民委员会
Xīnghuá Shèqū Jūmínwěiyuánhuì

位于县城东南部，距县政府南 0.63 千米、少海街道办事处 1 千米处。东起张北路，西至兴桓路，南靠渔洋路，北至中心大街。

该社区成立于 2005 年 9 月。因办公地址坐落于兴华小区院内而得名。2010 年 6 月 10 日，属少海街道。下设党组织、信访维稳服务站、劳动保障工作站、计生服务工作站、基层老龄协会、社区残协等组织。

社区内有兴华小区 2 号、4～9 号楼，馨园小区 1～5 号楼，商业局宿舍，中行宿舍 48 号，城乡建安宿舍、万通公司宿舍楼、卫生小区 1～10 号楼，司法局宿舍、老法院 1～3 号楼、水务局宿舍 1～3 号楼、康乐巷品字楼，监理公司宿舍，机电公司宿舍，武装部宿舍，县医院宿舍 1～12 号楼，运输公司宿舍 1～5 号楼，工行 1～5 号楼，防疫站宿舍，粮油公司 39 号楼，酒厂宿舍 5～6 号楼，卫生局宿舍，实验小学宿舍东、西楼，格林家园小区 1～4 号楼等 23 个城镇居民点。占地面积 30 公顷，建筑面积 12 万平方米。居民 1861 户，2762 人，其中汉族 2757 人，满族 2 人、回族 3 人。居民以商业为主，人均收入 33700 元。

社区内有人大、政协、城乡建委、林业局、万泉供水、旭峰物业公司、幼儿园、实验小学、超市、商店、饭店等单位，交通便利，张北路、中心大街、兴桓路、美食街、镇南大街纵横交会于此，51 路、164 路、185 路、611 路公交车经此。

兴华小区
Xīnghuá Xiǎoqū

位于县城东南部，镇南大街 173 号，距县政府 0.6 千米、少海街道办事处 1 千米处。东靠张北路，南靠美食街，西靠兴桓路，北靠镇南大街。

该居民点于 2004 年 3 月，由淄博兴华人造板有限公司开发建设。2004 年 12 月建成。此地为县木器厂旧址。2002 年，拆迁建造职工宿舍楼，故取名为兴华小区，由兴华社区居委会管辖。聚落形态为块状，占地面积 2 公顷，建筑面积 29 万平方米。居民 135 户，382 人，皆为汉族。居民以商业为主，人均收入 33700 元。周边有温州批发城、联华超市、桓台县实验小学、银行、餐饮酒店等。通 51 路、611 路、164 路公共汽车。

馨园小区
Xīnyuán Xiǎoqū

位于县城南部，兴桓路南首西侧，距县政府 0.59 千米、少海街道办事处 1 千米处。东靠张北路，南靠美食街，西靠兴桓路，北靠镇南大街。

该居民点于 2007 年 7 月，由淄博齐恒房地产开发有限公司开发建设。2008 年 5 月建成。开发商以嘉言取名为馨园小区，即清静、舒适、悠闲、温馨的居住地方，由兴华社区居委会管辖。聚落形态为块状，占地面积 3 公顷，居民 68 户，122 人，皆为汉族。居民以商业为主，人均收入 33700 元。周边有温州批发城、联华超市、桓台

馨园小区

县实验小学等。通51路、611路、164路公共汽车。

商城社区居民委员会
Shāngchéng Shèqū Jūmínwěiyuánhuì

位于县城城区南部，信誉路337号，距县政府1.27千米、少海街道办事处1.5千米处。东靠张北路，西靠柳泉路，南靠桓台大道，北靠渔洋街。

成立于2004年8月27日。为振兴桓台经济，促进商业发展，由各镇建筑公司开发建成“商城小区”，因办公地址坐落于此而得名，隶属城区街道。2010年6月10日，属少海街道。下设党组织、信访维稳服务站、劳动保障工作站、计生服务工作站、基层老龄协会、社区残协等组织。

社区内有商城小区，金洲花园、海圣春天、金太洋花园、阳光地带、国税局生活区、都市丽舍、怡苑花园、泰岳小区、骨伤医院生活区、长途汽车站生活区、联通公司生活区、渔洋中学生活区、新宇化肥厂小区等14个城镇居民点。面积27公顷，居民3750户，9375人，其中汉族9371人、满族2人、蒙古族2人。居民以商业为主，人均收入33700元。

社区内有文体中心、文化馆、图书馆、县医院、幼儿园、城南小学、信誉楼商厦、商店、饭店等单位。设有农历一、六大集。交通便利，张北路、少海路、兴桓路、东岳路桓台大道、渔洋街纵横交会于此，51路、251路、164路、611路公交车经此。

金洲花园
Jīnzhōuhuāyuán

位于县城西南部，兴桓路南首西侧，距县政府2.87千米、少海街道办事处3.1千米处。东靠少海路，南靠321省道，西靠柳泉北路，北靠赵家南路。大寨沟景观河环绕整个小区。

该居民点于2011年4月，由淄博金大洲房地产开发有限公司开发建设。2012年10月建成，故取“金洲花园”为名。属城镇居民点，由商城社区居委会管辖。聚落形态为块状，占地面积205公顷，由42栋高层、小高层及多次楼房

金洲花园

组成。居民2704户，1918人，除满族2人外，其他为汉族。居民以商业为主，人均收入33700元。公共设施配以电子巡更、红外线报警等高智能化系统，有幼儿园、3个中心活动广场、休闲会所、健身娱乐设施、车库等。周边有沿街商铺、生活、出行便利。

海圣春天小区
Hǎishèngchūntiān Xiǎoqū

位于县城西南部，距县政府1.38千米、少海街道办事处1.6千米处。东邻国税局生活区和阳光地带小区，南靠桓台大道，西靠少海路，北靠信誉路。

该居民点于2006年3月，由淄博海圣房地产开发公司开发建设。2011年11月建成。开发商希望像住在海南的春天一样温暖舒适，故取“海圣春天”为名，由商城社区居委会管辖。聚落形态为块状，占地面积4公顷，建筑面积50万平方米，由25幢多层、8幢高层楼房组成。居民1300户，2547人，皆为汉族。居民以商业为主，人均收入33700元。公共设施配以可视对讲系统、24小时监控系统。通51路、251路、611路公交车。

海圣春天小区

金太洋花园
Jīntàiyánghuāyuán

位于县城西南部、东岳路605号，距县政府1.34千米、少海街道办事处2千米处。东靠东岳路，南靠信誉路，西靠少海路，北靠渔洋街。

金太洋花园

该居民点于2007年8月，由淄博金太洋开发有限公司开发建设。2008年8月建成。以企业名称和因住宅以花园洋房为主，故取“金太洋花园”为名。属城镇居民点，由商城社区居委会管辖。聚落形态为块状，占地面积7公顷，建筑面积4万平方米，由10栋4层、3栋2层、部分3层营业房组成。居民300户，505人，皆为汉族。居民以商业为主，人均收入

33700 元。配以可视对讲系统、24 小时监控系统。沿街商铺众多。通 51 路、251 路、611 路公交车。

怡苑花园
Yíyuànhuāyuán

位于县城南部，距县政府 1.27 千米。少海街道办事处 1.7 千米处。东邻信誉楼商厦，南靠桓台大道，西靠东岳路，北靠信誉街。

该居民点于 2001 年 10 月开工建设。2002 年 10 月建成。属桓台县人民医院职工居住小区，取医院的谐音，取名“怡苑花园”，属城镇居民点，由商城社区居委会管辖。聚落形态为块状，占地面积 10 公顷。居民 762 户，1115 人，皆为汉族。居民以商业为主，人均收入 33700 元。公共设施配套齐全，并配以可视对讲系统、24 小时监控系统。周边有信誉楼商厦、县医院。通 51 路、164 路、611 路、601 路、602 路、603 路、604 路、606 路、607 路、610 路公交车。

怡苑花园

兰香园社区居民委员会
Lánxiāngyuán Shèqū Jūmínwěiyuánhuì

位于县城区西南，距县政府 1.2 千米、少海街道办事处 1.4 千米处。东邻银座商场，西接妇幼保健院，南起文体中心，北靠少海公园。

2004 年 8 月 27 日成立于羿景嘉园，取名为羿景社区居民委员会，隶属城区街道。2008 年 8 月 25 日，因管理区域新增兰香园生活小区，办公场所搬迁至该小区内，故更名为现名。隶属城区街道。2010 年 6 月 10 日，属少海街道。下设党组织、信访维稳服务站、劳动保障工作站、计生服务工作站、基层老龄协会、社区残协等组织。

社区内有兰香园，羿景嘉园，天煜星河，橡树湾，桓台二中，旭景豪园，石油公司宿舍 1 栋，齐商银行 1 栋，农机局宿舍 1 栋，育才印刷厂宿舍 1 栋，肛肠医院宿舍楼 2 栋，五里小区 2 ～ 7 号、15 ～ 19 号、21 号等 12 个城镇居民点。占地面积 100 公顷，居民 5328 户，5247 人，其中汉族 5242 人，满族 3 人、回族 2 人。居民以商业为主，人均收入 33700 元。

社区内有人民防空办公室、淄博少海医院、羿景幼儿园、小弟小妹幼儿园、沿街商店、饭店等单位。交通便利，柳泉北路、少海路、东岳路贯穿社区。通 51 路、185 路、601 路、602 路、603 路、605 路、607 路、611 路公交车。

兰香园社区为省级“文明社区”。

兰香园
Lánxiāngyuán

位于县城西南部，距县政府1.2千米、少海街道办事处1.4千米处。东邻五里庄，南依天煜星河小区，西靠少海路，北连少海公园。

该居民点于2007年5月，由淄博天煜置业有限公司开发建设。2009年3月建成。因地处少海公园，兰香芬芳，故名“兰香园”，由兰香园社区居委会管辖。聚落形态为块状，占地面积11公顷，建筑面积15万平方米，由10栋4层、3栋2层、部分3层营业房组成。居民920户，2952人，皆为汉族。居民以商业为主，人均收入33700元。沿街商铺众多。小区地理位置优越，附近有少海公园、桓台一中、妇幼保健医院、文体中心。通51路、185路、601路、602路、603路、605路、607路、611路公交车。

兰香园

旭景豪园
Xùjǐngháoyuán

旭景豪园

位于县城西部、中心大街以南与少海路交汇处，距县政府1.1千米、少海街道办事处1.7千米处。东邻五里庄，南依五里小区，西靠五里小区，北连少海公园。

该居民点于2010年11月，由淄博辉豪置业有限公司开发建设。2011年10月建成。因少海公园景色尽收眼底，并象征公司及业主事业兴旺，故取“旭景豪园”为名，由兰香园社区居委会管辖。聚落形态为块状，占地面积1公顷，建筑面积4万平方米，由1幢22层、1栋多层组成。居民270户，154人，皆为汉族。居民以商业为主，人均收入33700元。地理位置优越，附近有少海公园、妇幼保健医院、文体中心。通251路、611路公交车。

天煜星河小区
Tiānyùxīnghé Xiǎoqū

位于县城西南部、镇南大街 3277 号，距县政府 1.54 千米、少海街道办事处 1.7 千米处。东邻橡树湾小区，南依天煜信园，西接妇幼保健医院，北靠兰香园。

该居民点于 2009 年 4 月，由淄博天煜置业有限公司开发建设。2010 年 10 月建成。为突出企业形象，故以“天煜星河小区”为名，由兰香园社区居委会管辖。聚落形态为块状，占地面积 9.7 公顷，建筑面积 14 万平方米，由 6 栋小高层、22 栋多层组成。居民 420 户，1173 人，皆为汉族。居民以商业为主，人均收入 33700 元。小区地理位置优越，附近有少海公园、妇幼保健医院、文体中心。通 185 路、611 路公交车。

天煜星河小区

羿景嘉园
Yìjǐngjiāyuán

位于县城西南部、镇南大街与东岳路以西交汇处，距县政府 2.1 千米、少海街道办事处 2.4 千米处。东靠东岳路，南至渔洋街，西连少海路，北靠镇南大街。

羿景嘉园

该居民点于 2002 年 3 月，由青岛动态达房地产有限公司淄博分公司开发建设。2002 年 10 月建成。为突出企业形象，彰显楼盘高端品质，故名“羿景嘉园”，由兰香园社区居委会管辖。聚落形态为块状，占地面积 18 公顷，由 48 幢多层（带阁楼）组成。居民 912 户，2751 人，除回族 2 人外，其他为汉族。居民以商业为主，人均收入 33700 元。小区地理位置优越，附近有文体中心、信誉楼商厦、县医院。通 251 路、611 路、601 路、602 路、603 路、604 路、606 路、607 路公交车。

橡树湾小区
Xiàngshùwān Xiǎoqū

位于县城西南部，距县政府1.4千米、少海街道办事处1.7千米处。东邻羿景嘉园，南至渔洋街，西接天煜星河小区，北靠镇南大街。

该居民点于2009年11月，由淄博银亿置业有限公司开发建设。2010年12月建成。公司以橡树气质（精神）为契合点，加之园区内溪水缠绕，绿树花香，环境怡人，故名“橡树湾小区”，由兰香园社区居委会管辖。聚落形态为块状，占地面积9公顷，建筑面积14万平方米，由6栋小高层、22栋多层组成。居民1000户，2017人，皆为汉族。居民以商业为主，人均收入33700元。小区内有休闲广场，健身娱乐中心。附近有文体中心、少海公园、惠仟佳购物广场、信誉楼商厦等。

橡树湾小区

宝龙社区居民委员会
Bǎolóng Shèqū Jūmínwěiyuánhuì

位于县城城区北部，距县政府1千米，少海街道办事处0.3千米处。东起兴桓路，西至东岳路，南起建设街，北至工业街。

2004年8月27日成立。因办公地址坐落于宝龙小区内而得名，隶属城区街道。2010年6月10日，隶属少海街道。下设党组织、信访维稳服务站、劳动保障工作站、计生服务工作站、基层老龄协会、社区残协等组织。

社区内有宝龙小区、北苑小区、教体局宿舍、温馨家园（地税宿舍）、法院宿舍、检察院宿舍6个城镇居民点。占地面积25公顷，建筑面积12.1万平方米，绿地面积3000平方米。居民2234户，6478人，皆为汉族。居民以商业为主，人均收入33700元。

社区内有县教体局、人民法院、人民检察院、中医院（第一人民医院）、幼儿园、沿街商店、饭店等单位。交通便利，建设街、兴桓路、工业路贯穿社区，51路、251路、611路公交车经此。

温馨家园
Wēnxīnjiāyuán

位于县城北部，距县政府1千米、少海街道办事处0.3千米处。东邻北苑小区，南至建设街，西靠东岳路，北接宝龙小区。

该居民点于2006年11月，由桓台县地

温馨家园

税局开工建设。2007 年 12 月建成。小区住户皆是地税局职工，故名温馨家园，由宝龙社区居委会管辖。聚落形态为块状，占地面积 3 公顷，建筑面积 14 万平方米，由 1 栋高层、1 栋 5 层组成。居民 128 户，295 人，皆为汉族。居民以商业为主，人均收入 33700 元。通 251 路、611 路公交车。

宝龙小区
Bǎolóng Xiǎoqū

宝龙小区

位于县城北部，距县政府 1 千米、少海街道办事处 0.4 千米处。东邻北苑小区，南至建设街，西连东岳路，北靠工业街。

该居民点于 2005 年 4 月，由淄博宝龙房地产有限公司开发建设。2005 年 12 月建成。故名“宝龙小区”，由宝龙社区居委会管辖。聚落形态为块状，占地面积 10 公顷，由 19 栋 5 层、20 栋别墅组成。居民 1280 户，3059 人，皆为汉族。居民以商业为主，人均收入 33700 元。通 251 路、611 路公交车。

北苑小区
Běiyuàn Xiǎoqū

位于县城北部，距县政府 0.9 千米、少海街道办事处 0.6 千米处。东靠兴桓路，南至建设街，西连宝龙小区，北靠工业街。

该居民点于 2000 年 12 月开工建设。2001 年 11 月建成。因地处县城北部，取花园之意，故名“北苑小区”，由宝龙社区居委会管辖。聚落形态为块状，占地面积 10 公顷，由 3 栋 6 层、29 栋 5 层楼房组成。居民 1350 户，2984 人，皆为汉族。居民以商业为主，人均收入 33700 元。通 251 路、611 路公交车。

西苑社区居民委员会
Xīyuàn Shèqū Jūmínwěiyuánhuì

位于县城区西北，距县政府 1.1 千米，少海街道办事处 1 千米处。东起东岳路，西至少海路，南靠中心大街，北至建设街。

2004 年 3 月成立。因办公地址坐落于西苑小区而得名。隶属城区街道。2010 年 6 月 10 日，属少海街道。下设党组织、信访维稳服务站、劳动保障工作站、计生服务工作站、基层老龄协会、社区残协等组织。

社区内有西苑小区、澳门风情园、尚清华、桓台一中宿舍4个城镇居民点。占地面积20公顷，建筑面积36.89万平方米，绿地面积2.9万平方米。居民1322户，2712人。居民以商业为主，人均收入33700元。

社区内有幼儿园惠仟佳超市、沿街商店、饭店等。东岳路、建设街、少海路贯穿社区，51路、251路、611路公交车经此，并有候车站牌。

澳门风情园
Àomén Fēngqíngyuán

位于县城西部，距县政府0.88千米、少海街道办事处1.2千米处。东靠东岳路，南靠中心大街，西连惠仟佳超市，北接西苑小区。

该居民点于2006年5月，由淄博盈华置业有限公司开发建设。2007年5月建成。因小区内设有购物街，开发商希望小区能像澳门一样繁华，故命名为“澳门风情园”，由西苑社区居委会管辖。聚落形态为块状，占地面积7公顷。居民480户，1485人，皆为汉族。居民以商业为主，人均收入33700元。小区内有购物街。

澳门风情园

附近有惠仟佳购物广场、少海公园等。通251路、611路公交车。

西苑小区
Xīyuàn Xiǎoqū

位于县城西北部，距县政府1千米、少海街道办事处0.9千米处。东靠东岳路，南依澳门风情园，西至少海路，北靠建设街。

该居民点于2002年由桓台城建综合开发有限公司开发建设。2006年8月建成。因地处桓台县城西部，故名为西苑小区，由西苑社区居委会管辖。聚落形态为块状，占地面积20公顷。由38栋多层楼房组成。居民1560户，4695人，除回族6人、满族2人外，其他为汉族。居民以商业为主，人均收入33700元。附近有桓台县实验学校、明星幼儿园、少海公园、惠仟佳购物广场等。通51路、261路、611路公交车。

尚清华小区
Shàngqīnghuá Xiǎoqū

位于县城西部，柳泉北路与中心大街交叉路口西北角，距县政府1.8千米、少海街道办事处2千米处。东靠柳泉北路，南至中心大街，西连桓台一中，北靠翰林院。

该居民点于2006年11月，由山东鸿嘉置业有限公司开发建设。2007年12月建成。因小区地处桓台一中东邻，教育氛围浓厚，力争打造以教育文化为主题社区，谐音“上清华（大学）”，故名“尚清华”，由西苑社区居委会管辖。聚落形态为块状，占地面积1公顷。由4栋高层、5个营业房组成。居民120户，279人，皆为汉族。居民以商业为主，人均收入33700元。公共设施如水电、煤气、暖气、有线、宽带

尚清华小区

等入户开通。小区内配有智能管理系统。附近有少海公园、惠仟佳购物广场、桓台一中。通611路公交车。

恒星社区居民委员会
Héngxīngshèqū Jūmínwěiyuánhuì

位于县城城区北部，距县政府1.5千米、少海街道办事处1.3千米处。东起东岳路，西至少海路，南起建设街，北至王徐路。

2005年9月成立，因坐落于恒星花园院内，故名恒星社区居民委员会，隶属城区街道。2010年6月10日，属少海街道。下设党组织、信访维稳服务站、劳动保障工作站、计生服务工作站、基层老龄协会、社区残协等组织。

社区内有恒星花园、祥泰花园、怡和花园、西苑北区（7、8、11号楼、1～6、9、12～18号楼4～5层属社区管理，1～3层属西镇村管理）4个城镇居民点。占地面积19公顷，建筑面积29.78万平方米。居民3261户，3212人。除回族3人，满族1人，黎族2人，朝鲜族1人外，其他为汉族。居民以商业为主，人均收入33700元。

社区内有幼儿园、县疾病控制中心、圣洁医院、沿街商店、饭店等。东岳路、建设街、少海路、工业街贯穿社区，51路、251路、611路公交车经此，并有候车站牌。

恒星花园
Héngxīnghuāyuán

位于县城北部，建设街与少海路交叉路口东北角，兴桓路13号，距县政府1.26千米、少海街道办事处0.6千米处。东邻西苑北区，南至建设街，西连少海路，北靠工业街。

该居民点于2008年4月，由恒星房地产有限公司开发建设，故名“恒星花园”。2009年5月建成。由恒星社区居委会管辖。聚落形态为块状，占地面积10公顷，建筑面积10.4万平方米，由19栋楼房组成。居民847户，2850人，

恒星花园

除回族 2 人外，其他为汉族。居民以商业为主，人均收入 33700 元。附近有幼儿园、学校、医院。通 51 路、251 路、611 路公交车。

祥泰花园

Xiángtàihuāyuán

位于县城东岳路以西，开发区中心路以北，距县政府 1.8 千米、少海街道办事处 1.4 千米处。东靠东岳路，南靠工业街，西连怡和花园，北靠王沟小区。

该居民点于 2011 年 8 月，由桓台县恒星城建综合开发公司开发建设。2013 年 5 月建成。“祥泰”寓意为祥和、安泰，故名“祥泰花园”，由恒星社区居委会管辖。聚落形态为块状，占地面积 56 公顷，建筑面积 6.43 万平方米，由 3 栋 11 层、13 幢 5 层楼房组成。居民 554 户，1677 人，除回族 1 人、朝鲜族 1 人外，其他为汉族。居民以商业为主，人均收入 33700 元。内有综合百货商店，附近有幼儿园、学校。

祥泰花园

怡和花园

Yíhéhuāyuán

怡和花园

位于县城西北部，柳泉北路北首东侧，距县政府 1.6 千米、少海街道办事处 1.4 千米处。东邻祥泰花园，南靠工业街，西靠少海路，北靠森美街。

该居民点于 2007 年 6 月，由山东泰丰房地产开发有限公司开发建设。2008 年 8 月建成。开发商拟精心打造一个环境优美、居住安全的小区，故名“怡和花园”，由恒星社区居委会管辖。聚落形态为块状，占地面积 17 公顷，建筑面积 7.81 万平方米，由 62 栋 5 层（带阁楼）楼房和地上储藏室组成。居民 1760 户，2850 人，除黎族 2 人、满族 2 人外，其他为汉族。由山东桓航物业管理有限公司服务。居民以商业为主，人均收入 33700 元。内有车位、综合百货商店等，附近有幼儿园、学校。

少海社区居民委员会
Shàohǎi Shèqū Jūmínwěiyuánhuì

位于县城城区西部，距县政府 1.5 千米、少海街道办事处 1.4 千米处。东起少海路，西至柳泉北路，南起中心大街，北至王徐路。

2008 年 8 月 27 日成立。因该小区由山东润兴置业有限公司开发建设，因南侧紧邻少海公园而得名，隶属城区街道。2010 年 6 月 10 日，属少海街道。下设党组织、信访维稳服务站、劳动保障工作站、计生服务工作站、基层老龄协会、社区残协等组织。

社区内有少海花园、世纪村、阳光村、兴旺花园小区 1 ～ 19 号楼 4 个城镇居民点。占地面积 20 公顷，建筑面积 40.34 万平方米。居民 3243 户，10111 人，其中汉族 10105 人、满族 4 人、回族 2 人。居民以商业为主，人均收入 33700 元。

社区内有县气象局、实验学校、明星幼儿园、伟明物业公司、少海公园管理处等单位。少海路、柳泉北路、建设街贯穿社区，251 路、611 路公交车经此。

少海花园
Shàohǎihuāyuán

位于县城西部，柳泉北路北首东侧，少海路 1269 号，距县政府 1.62 千米，少海街道办事处 1.8 千米处。东靠少海路，南临少海公园，西靠柳泉北路，北靠建设街。

少海花园

该居民点于 2006 年 1 月，由山东润兴置业有限公司开发建设。2007 年 1 月建成。因小区南侧紧临少海公园，故名“少海花园”，由少海社区居委会管辖。聚落形态为块状，占地面积 20 公顷，建筑面积 25.8 万平方米，由 64 栋多层、12 幢高层、62 个营业房组成。居民 1950 户，5721 人，除回族 2 人、满族 4 人外，其他为汉族。居民以商业为主，人均收入 33700 元。附近有少海公园、明星幼儿园、桓台县实验学校、惠仟佳购物广场、餐饮酒店等。通 251 路、611 路公交车。

世纪阳光佳苑世纪村
ShìjìyángguāngjiāyuànshìjìCūn

位于县城西部，柳泉北路北首东侧，距县

世纪阳光佳苑世纪村

政府 2.5 千米，少海街道办事处 2.4 千米处。东靠少海路，南至建设街，西连桓台县实验中学，北靠工业街。

该居民点于 2006 年 6 月，由山东和昌置业有限公司开发建设。2007 年 6 月建成。因业主向往新世纪、新家园、新生活，故名世纪阳光佳苑世纪村，由少海社区居委会管辖。聚落形态为块状，占地面积 3 公顷，建筑面积 7.79 万平方米，由 14 栋多层楼房组成。居民 335 户，1196 人，皆为汉族。居民以商业为主，人均收入 33700 元。附近有明星幼儿园、桓台县实验学校、商店、餐饮酒店等。通 611 公交车。

东岳国际小区
Dōngyuèguójì Xiǎoqū

位于县城西南部，柳泉北路 6999 号，距县政府 1.6 千米、少海街道办事处 1.8 千米处。东靠柳泉北路，南接桓台大道，西靠一中中路，北靠渔洋街。

该居民点于 2012 年 12 月，由山东东岳联邦置业有限公司开发建设。至 2013 年 9 月，已完成三期工程。取名“东岳国际小区”，由少海街道管辖。聚落形态为块状，占地面积 19 公顷，建筑面积 41 万平方米，由 23 栋高层、地下车位和车库组成。居民 2310 户，已入住 1200 人，皆为汉族。居民以商业为主，人均收入 33700 元。周边有幼儿园、学校、医院、超市、公园、文体中心等。

东岳国际项目是桓台县首例获得住建部认可的国家康居示范工程。

东岳国际小区

五里庄
Wǔlǐ Zhuāng

位于县城西 1.3 千米，距少海街道办事处 2 千米处。东邻少海医院，南至镇南大街，西连兰香园，北靠中心大街。

曾名新庄。《张氏墓碑》载："清康熙十九年（1680），张荣刚兄弟二人，由楼子庄迁此定居。"村名新庄。清康熙三十二年（1693）《新城县志》载：东九乐字约辛庄。因该村东距索镇大桥五里，光绪三十年（1904）改名五里庄。《桓台县地名词典》（1991 年版）载：五里庄。

清代，属济南府新城县厚生乡。民国 3 年（1914），新城县易名，属桓台县。民国 22 年（1933），属桓台县第三区。民国 33 年（1944），属清河行政公署桓台县第三区。民国 37 年（1948）3 月，属渤海第三专员公署桓台县三区。1952 年，属淄博专区桓台县三区。1958 年 9 月，属桓台县第二卫星人民公社。同年 11 月，撤销桓台县建制，属淄博专署博兴县索镇人民公社。1961 年 9 月，恢复桓台县建制，属惠民专署桓台县索镇区索镇人民公社。1966 年 5 月，撤区并社，属索镇人民公社。1982 年 1 月，属索镇人民政府。1983 年 10 月，属淄博市桓台县索镇人民政府。2010 年 5 月，镇改街道属索镇街道。

聚落呈方形块状，主街东西走向。村庄面积 13.9 公顷，居民 753 户，2143 人，皆为汉族。设五里村民委员会，有 6 个村民小组。土地全部出让，以商业、建筑业为主。人均收入 24000 元。建有办公楼、卫生室、文化大院、农家书屋、健身活动广场、便民商店。企业有小型吊车加工与制造、卷板机厂等。

2003 年以来，村庄实施旧村改造。已拆除平房 472 户，在原址上新建楼房 1440 户，共计 172800 平方米，村民新楼房入住率 85%。设东西两个区域。

赵家庄
Zhàojiā Zhuāng

位于县城南 1.6 千米，距少海街道办事处驻地 2 千米处。东靠张北路，南至寿济路、红莲湖，西连城南学校，北靠桓台大道。

据考，于明隆庆年间（1567—1572）立村。《赵氏世谱》载："始祖赵献居石桥，明朝永乐年间举人，九世保山迁居赵家庄。"清康熙三十二年（1693）《新城县志》载：东七养字约赵家庄。《桓台县地名词典》（1991 年版）载：赵家庄。

清代，属济南府新城县厚生乡。民国 3 年（1914），新城县易名，属桓台县。民国 22 年（1933），属桓台县第三区。民国 33 年（1944），属清河行政公署桓台县第三区。民国 37 年（1948）3 月，属渤海第三专员公署桓台县第三区。1952 年，属淄博专区桓台县三区。1958 年 9 月，属

赵家庄

桓台县第二卫星人民公社。同年11月，撤销桓台县建制，属淄博专署博兴县索镇人民公社。1961年9月，恢复桓台县建制，属惠民专署桓台县索镇区索镇人民公社。1966年5月，撤区并社，属索镇人民公社。1982年1月，属索镇人民政府。1983年10月，属淄博市桓台县索镇人民政府。2010年6月，镇改街道属索镇街道。

聚落呈方形块状，主街东西走向。村庄面积6.2公顷，居民930户，2369人，皆为汉族。设赵家村民委员会，有8个村民小组。耕地21.5公顷，以农业为主，机井电灌，主产小麦、玉米。人均收入26000元。建有幼儿园、卫生室、文化大院、农家书屋、健身活动广场、便民商店。水电配送。民办企业有建筑安装公司、木材厂、建筑材料加工厂、饭店、生活日用店等。

2002年3月，实施旧村改造，建“赵家社区”。占地面积30.6公顷。计划在原村宅基地上建65栋居民楼。现已建成52栋，入住率达100%。

果里镇

全国环境优美镇、省特色产业镇、平安山东建设先进单位、省级文明镇。因原镇政府驻地位于西果里而得名。

果里镇文化事业服务中心

位于东经 117° 56′ ～118° 10′，北纬 36° 52′ ～37° 57′。地处桓台县南部，东与临淄区凤凰镇为邻，南与张店区四宝山街道办事处接壤，西连周村区和邹平县，北接桓台县城索镇街道、唐山镇。人民政府驻东义和村，北距县政府 5 千米。

清代属厚生乡。民国时期和解放后先后为二区和石桥区。1958 年 3 月，设果里乡，同年 9 月改为卫星第六人民公社。1966 年 7 月建果里人民公社。1984 年 4 月，撤社设乡。1994 年 6 月，撤乡设镇。2001 年 3 月侯庄镇并入果里镇。2003 年 7 月 4 日，镇内的闫高、小官、韩庙、刘斜、罗斜、甘家和周家镇的杨楼、郭家 8 个村划归张店区石桥街道办事处管辖。2010 年 11 月，周家镇并入果里镇。辖 65 个村民委员会。

全镇总人口 7.29 万人，其中非农业人口 0.098 万人。人口出生率 11‰，死亡率 6‰，自然增长率 5‰，有少数民族 12 个，23 人。

辖区东西最大距离 20.83 千米，南北最大距离 9.05 千米，总面积 8645 公顷。人口密度为每平方千米 750 人。

地处泰沂山被补冲洪积平原地带，地势略为东高西低、南高北低，呈长方形。以三龙村南最高，海拔 29.5 米，为华北平原一部分。全镇地势平坦，多为井灌区。

主要河流为东猪龙河、涝淄河、乌河、大寨沟 4 条，属小清河水系。东猪龙河自徐斜村南入境，由南而北，流经徐斜村、东店村、王斜村，入大寨沟。涝淄河自前鲁村南入境，由南经西义和村、东马村、西边村、前埠村、姜坊村入大寨沟。乌河自东沙村东入境，由东南向西北，流经东沙村、西沙村、玉凰阁村、东付村、面窝村、西付村、吴磨村入索镇街道办事处。

全镇总产值 101 亿元，固定资产投资 25.70 亿元，实现财政总收入 5.37 亿元，比上年（2013）增加 151%。居民存款余额 16.07 亿元。

人均住房面积 49 平方米；农民人均纯收入 17854 元，个人生活支出 8795 元；农村养老保险参保人数 31875 人。

2014 年，完成基本建设投资 257000 万元；新上一次性固定资产投资 100 万元项目 67 个；实现工业增加值 707000 万元；有规模以上工业企业 92 家，实现增加值 636300 万元；实现产品销售收入 499.6 亿元，利税 150238 万元，利润 75692 万元。

全镇农林牧渔业实现总产值 34431 万元；粮食总产 6 万吨，棉花总产 99 吨，水果总产 0.03 万吨，蔬菜总产 12 万吨，肉类总产 1634 吨，禽蛋总产 750 吨，奶类总产 550 吨，全年造林 160 公顷，林木覆盖率达 40.7‰；全镇农机总动力 8.4 万千瓦。

境内矿产资源主要为铁矿，集中分布在东北部侯庄村、三龙村一带，总储量为1632万吨，以侯庄东部规模最大。矿石含铁量38～50%，最高达58.5%，品位大于50%的占99.82%。

境内有省道803、省道寿济路、淄博市北外环和东外环线、柳泉北路、西十三路、张田路等7条公路干线交汇，淄东铁路由南向北穿境而过，有铁路专用线2条。拥有固定电话用户9100户，移动电话54200户。

有小学4所，在校生2501人；普通初中3所，在校生2400人；体育场所65处，公共图书室29处，文化娱乐场所65处。有卫生院所68处，卫生技术人员142人，其中执业医师87人，注册护士43人。

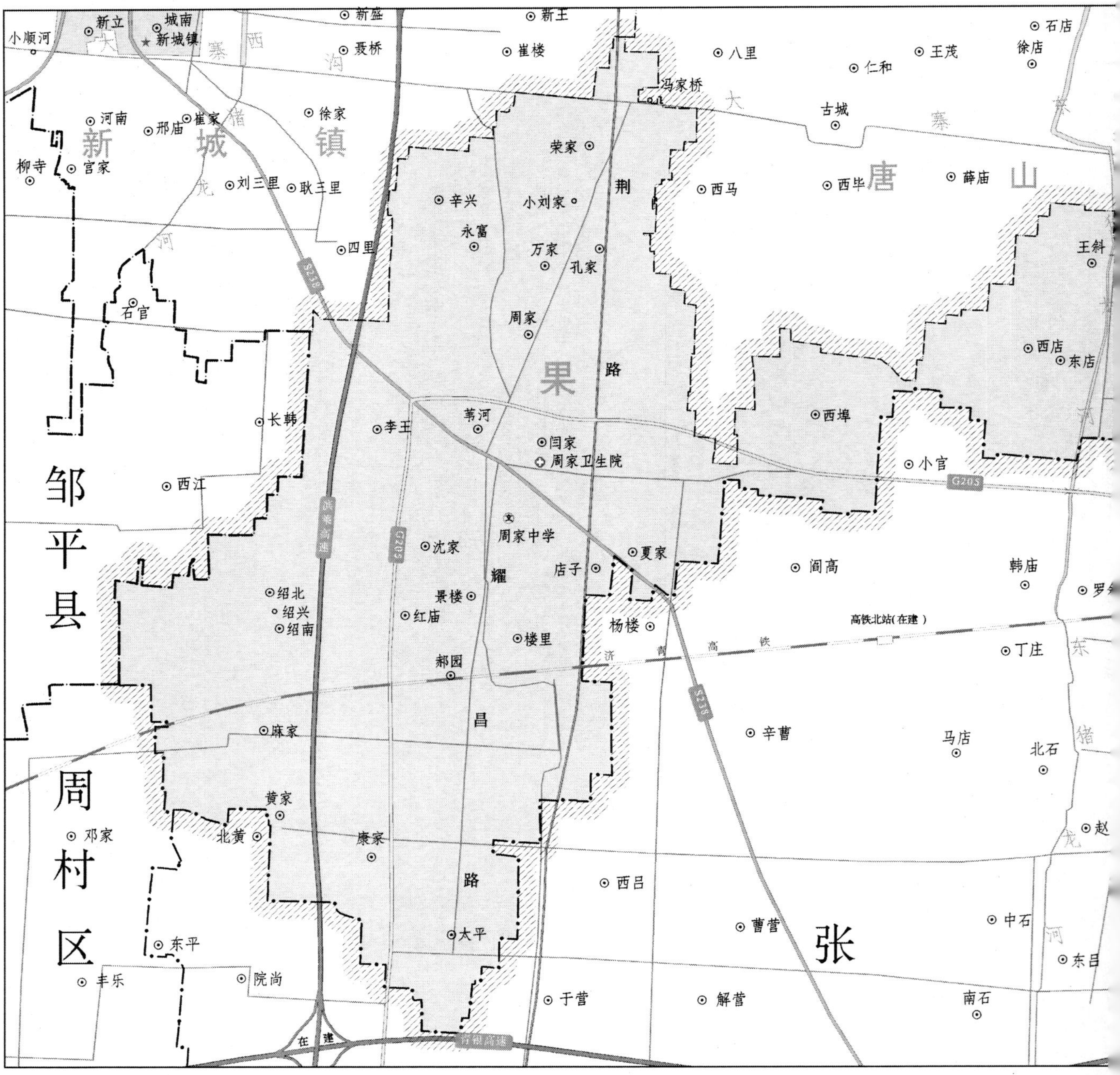

小顺河
新立
城南
新城镇
新盛
新王
聂桥
崔楼
八里
石店
徐店
王茂
仁和
冯家桥
古城
河南
邢庙
崔家
徐家
新 城 镇
柳寺
宫家
刘三里
耿三里
荣家
辛兴
小刘家
荆
西马
西毕
唐 山
薛庙
永富
万家
孔家
王斜
四里
石官
周家
西店
东店
果
路
西埠
长韩
李王
苇河
闫家
周家卫生院
小官
G205
西江
邹平县
周家中学
沈家
夏家
店子
闫高
韩庙
绍北
绍兴
绍南
景楼
耀
红庙
杨楼
楼里
高铁北站（在建）
济 青 高 铁
丁庄
郝园
辛曹
马店
北石
麻家
昌
周村区
黄家
北黄
邓家
康家
西吕
路
中石
曹营
张
东平
太平
东吕
丰乐
院尚
于营
解营
南石
在 建
青银高速
滨莱高速
S238

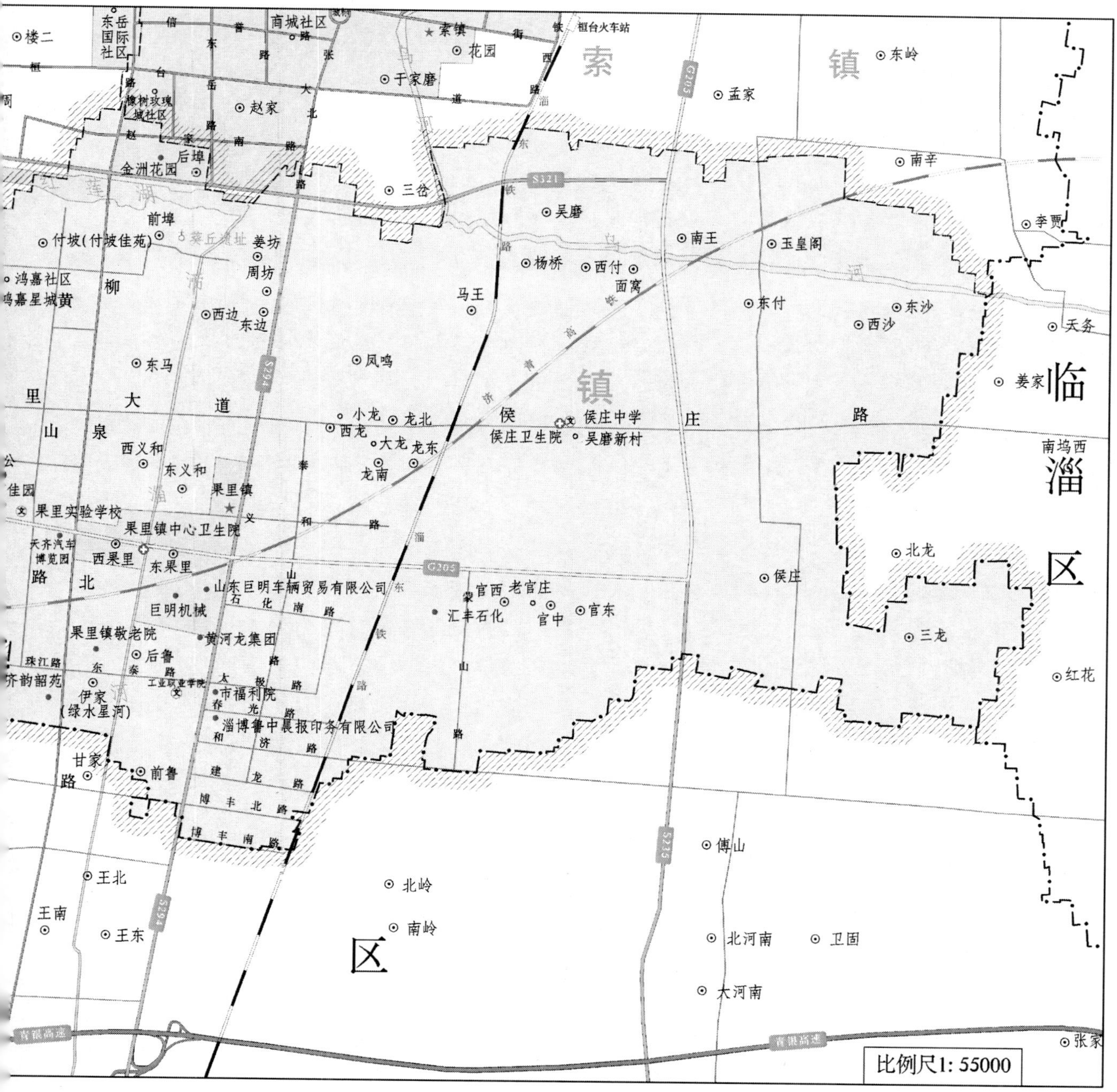

楼二
东岳国际社区
商城社区
索镇
桓台火车站
花园
于家磨
索
镇
东岭
孟家
赵家
樟树玫瑰城社区
后埠
金洲花园
三岔
南辛
吴磨
前埠
付坡(付坡佳苑)
葵丘遗址
姜坊
周坊
南王
玉皇阁
李贾
鸿嘉社区
鸿嘉星城
柳
杨桥
西付
面窝
马王
东付
东沙
西沙
天务
西边
东边
东马
凤鸣
镇
姜家
临
里
大
道
山
泉
小龙
龙北
侯
侯庄中学
庄
路
西龙
大龙
龙东
侯庄卫生院
吴磨新村
南坞西
西义和
东义和
龙南
淄
佳园
果里镇
果里实验学校
果里镇中心卫生院
义
和
路
天齐汽车博览园
西果里
东果里
北龙
区
山东巨明车辆贸易有限公司
官西
老官庄
侯庄
巨明机械
汇丰石化
官中
官东
三龙
果里镇敬老院
黄河龙集团
后鲁
珠江路
红花
齐韵韶苑
伊家(绿水星河)
市福利院
淄博鲁中晨报印务有限公司
甘家
前鲁
博丰北路
博丰南路
傅山
王北
北岭
王南
王东
南岭
区
北河南
卫固
大河南
青银高速
张家
G205
S321
S294
S235
比例尺1: 55000

东果里
Dōngguǒlǐ

位于县城南7千米，距果里镇政府0.5千米处，涝淄河东岸。东靠张北路（803省道），南依后鲁庄，西连西果里，北接东义和。

明永乐年间（1403—1424），李姓立村。《新邑梅岭李家寨李氏世谱》载：“始祖宠基，洪武四年（1371）迁居新城县东北乡沟里庄，三世望前公，迁居果子狸涝淄河西岸。”该村与西果里原为一个村。清康熙三十二年（1693）《新城县志》载：东八和字约果子李。清光绪三十年（1904）新城县东八约辖果子里。民国19年（1930）桓台县第二区（驻石桥）大同乡辖果子里。后以村中涝淄河为界，形成两个自然村，因该村在河东，定名东果里。《桓台县地名词典》（1991年版）载：东果里。

清代，属济南府新城县厚生乡。民国3年（1914），新城县易名，属桓台县。民国22年（1933），属桓台县第二区。民国33年（1944），属清河行政公署桓台县第二区。民国37年（1948）3月，属渤海第三专员公署桓台县二区。1952年，属淄博专区桓台县二区。1958年9月，属桓台县第六卫星人民公社。同年11月，撤销桓台县建制，属淄博专署博兴县唐山人民公社。1961年9月，恢复桓台县建制。1962年，属惠民专署桓台县唐山区。1966年7月撤区，属果里人民公社。1983年10月，属淄博市桓台县果里乡。1984年4月，撤社设乡，属果里乡。1994年6月，撤乡设镇，属果里镇。

聚落呈矩形块状，主街东西走向。村庄面积31.3公顷，该村居民429户，1475人，皆为汉族。设东果里村民委员会，有4个村民小组。耕地36公顷，以农业为主，机井电灌，主产小麦、玉米。人均收入17854元。建有幼儿园、文化大院、农家书屋、健身活动广场。水电配送。广播电视网和互联网畅通。通51路公交车。

2002年8月，接收重庆市开县渠口镇平浪村三峡移民4户，18人。

西果里
Xīguǒlǐ

位于县城南7千米，距果里镇政府0.6千米处，涝淄河西岸。东邻东果里，南依后鲁庄，西靠柳泉北路，北接西义和。

明永乐年间（1403—1424），李姓立村。《新邑梅岭李家寨李氏世谱》载：“始祖宠基，——洪武四年（1371）迁居新城县东北乡沟里庄，三世望前公，迁居果子狸涝淄河西岸。”该村与东果里原为一个村。清康熙三十二年（1693）《新城县志》载：东八和字约果子李。清光绪三十年（1904）新城县东八约辖果子里。民国19年（1930）桓台县第二区（驻石桥）大同乡辖果子里。后以村中涝淄河为界，形成两个自然村，因该村在河西，定名西果里。《桓台县地名词典》（1991年版）载：西果里。

清代，属济南府新城县厚生乡。民国3年（1914），新城县易名，属桓台县。民国22年（1933），属桓台县第二区。民国33年（1944），属清河行政公署桓台县第二区。民国37年（1948）3月，属渤海第三专员公署桓台县二区。1952年，属淄博专区桓台县二区。1958年9月，属桓台县第六卫星人民公社。同年11月，撤销桓台县建制，属淄博专署博兴县唐山人民公社。1961年9月，恢复桓台县建制。1962年，属惠民专署桓台县唐山区。1966年7月撤区，属果里人民公社。1983年10月，属淄博市桓台县果里乡。1984年4月，撤社设乡，属果里乡。1994年6月，撤乡设镇，属果里镇。

聚落呈矩形块状，主街东西走向。村庄面

积 19.5 公顷，居民 337 户，1102 人，皆为汉族。设西果里村民委员会，有 5 个村民小组。耕地 76.1 公顷，以农业为主，机井电灌，主产小麦、玉米。人均收入 17854 元。建有卫生室、文化大院、健身活动广场。水电配送。广播电视网和互联网畅通。设农历三、八集日。通 251 路、185 路公交车。

东义和庄
Dōngyìhé Zhuāng

位于县城南 6 千米，果里镇政府西侧，涝淄河东岸。东靠张北路，南依东果里，西连西义和，北靠果里大道。为果里镇人民政府驻地。

清初，王姓立村。新城《王氏世谱》载："王氏兄弟于清初迁此立村。因处涝淄河拐弯处，故名拐子庄。清康熙三十二年（1693）《新城县志》载：东八和字约拐子庄。清光绪年间，因名不雅，新城县官予改名义和庄。清光绪三十年（1904）新城县东八约辖义和庄。民国 23 年（1934）《新修桓台县志》载：第三区大同乡东义和庄、西义和庄。民国 3 年（1914）以村中小河为界，分为两个村，该村居河东，故名东义和庄。《桓台县地名词典》（1991 年版）载：东义和庄。

东义和庄

清代，属济南府新城县厚生乡。民国 3 年（1914），新城县易名，属桓台县。民国 22 年（1933），属桓台县第二区。民国 33 年（1944），属清河行政公署桓台县第二区。民国 37 年（1948）3 月，属渤海第三专员公署桓台县二区。1952 年，属淄博专区桓台县二区。1958 年 9 月，属桓台县第六卫星人民公社。同年 11 月，撤销桓台县建制，属淄博专署博兴县唐山人民公社。1961 年 9 月，恢复桓台县建制。1962 年，属惠民专署桓台县唐山区。1966 年 7 月撤区，属果里人民公社。1983 年 10 月，属淄博市桓台县果里乡。1984 年 4 月，撤社设乡，属果里乡。1994 年 6 月，撤乡设镇，属果里镇。

聚落呈矩形块状，主街东西走向。村庄面积 28.2 公顷，居民 288 户，965 人，皆为汉族。设东义和村民委员会，有 4 个村民小组。耕地 26.6 公顷，以农业为主，机井电灌，主产小麦、玉米。人均收入 17000 元。企业有乐山玻璃、东大钢管、正德机械。设有卫生室、文化大院、农家书屋、健身活动广场。水电配送。广播电视网和互联网畅通。

2002 年 8 月，接收重庆市开县渠口镇平波村三峡移民 4 户 11 人。

有东义和遗址。

西义和庄
Xīyìhé Zhuāng

位于县城南 6 千米，距果里镇政府 1 千米处，涝淄河西岸。东邻东义和，南依西果里，西连急公，北接东马。

清初，王姓立村。新城《王氏世谱》载："王氏兄弟于清初迁此立村。因处涝淄河拐弯处，故名拐子庄。清康熙三十二年（1693）《新城县志》载：东八和字约拐子庄。清光绪年间（1875—1908），因名不雅，新城县官予改名义和庄。清光绪三十年（1904）新城县东八约辖义和庄。民国23年（1934）《新修桓台县志》载：第三区大同乡东义和庄、西义和庄。民国3年（1914）以村中小河为界，分为两个村，该村居河西，故名西义和庄。《桓台县地名词典》（1991年版）载：西义和庄。

清代，属济南府新城县厚生乡。民国3年（1914），新城县易名，属桓台县。民国22年（1933），属桓台县第二区。民国33年（1944），属清河行政公署桓台县第二区。民国37年（1948）3月，属渤海第三专员公署桓台县二区。1952年，属淄博专区桓台县二区。1958年9月，属桓台县第六卫星人民公社。同年11月，撤销桓台县建制，属淄博专署博兴县唐山人民公社。1961年9月，恢复桓台县建制。1962年属惠民专署桓台县唐山区。1966年7月撤区，属果里人民公社。1983年10月，属淄博市桓台县果里乡。1984年4月，撤社设乡，属果里乡。1994年6月，撤乡设镇，属果里镇。

聚落呈集居型，主街南北走向。村庄面积11公顷，居民230户，736人，皆为汉族。设西义和村民委员会，有4个村民小组。村庄面积11公顷，耕地52.2公顷，以农业为主，机井电灌，主产小麦、玉米。人均收入17854元。有卫生室、文化大院、农家书屋、健身广场。水电配送。广播电视网和互联网畅通。

西义和庄

东店
Dōngdiàn

位于县城西南7.5千米，距果里镇政府5千米处，东猪龙河西侧。东临东猪龙河、与徐斜隔河相望，南依韩庙，西连西张埠，北接西店、王斜。

明初立村。孟姓在郑潢沟（今东猪龙河）桥西头开店，逐渐形成村落，名孟家店。民国13年（1924）《孙氏世谱》载："始祖开基居新城县东乡孟家店。"现已传世十六世。据考，孙姓于明嘉靖年间（1522—1566）在此定居。清康熙三十二年（1693），济南府新城县南六麻字约孟家店。民国19年（1930），将孟家店划分为两个自然村，该村位于东，为东孟家店。1982年称东店。《桓台县地名词典》（1991年版）载：东店。

清代，属济南府新城县厚生乡。民国3年（1914），新城县易名，属桓台县。民国22年（1933），属桓台县第二区。民国33年（1944），属清河行政公署桓台县第二区。民国37年（1948）3月，属渤海第三专员公署桓台县二区。1952年，属淄博专区桓台县二区。1958年9月，属桓台县第六卫星人民公社。同年11月，撤销桓台县建制，属淄博专署博兴县唐山人民公社。1961年9月，恢复桓台县建制。1962年，属惠民专署桓台县唐山区。1966年7月撤区，属果里人民公社。1983年10月，属淄博市桓台县果里乡。1984年4月，撤社设乡，属果里乡。1994年6月，撤乡设镇，属果里镇。

聚落呈矩形块状，主街东西走向。村庄面积17.7公顷，居民264户，756人，皆为汉族。设东店村民委员会，有4个村民小组。耕地79公顷，以农业为主，机井电灌，主产小麦、玉米。人均收入17854元。建有幼儿园、卫生室、文化大院、健身活动广场。水电配送。广播电视网和互联网畅通。设农历四、九集日。

境内有东店南、北两处遗址。

西店
Xīdiàn

位于县城西南7.5千米，距果里镇政府5千米处。东邻东店，南依小官，西连西张埠，北接王斜。

明初立村。孟姓在郑潢沟（今东猪龙河）桥西头开店，逐渐形成村落，名孟家店。民国13年（1924）《孙氏世谱》载："始祖开基居新城县东乡孟家店。"现已传世十六世。据考，孙姓于明嘉靖年间（1522—1566）在此定居。清康熙三十二年（1693），济南府新城县南六麻字约孟家店。民国19年（1930），将孟家店划分为两个自然村，该村位于西，为西孟家店。1982年称西店。《桓台县地名词典》（1991年版）载：西店。

清代，属济南府新城县厚生乡。民国3年（1914），新城县易名，属桓台县。民国22年（1933），属桓台县第二区。民国33年（1944），属清河行政公署桓台县第二区。民国37年（1948）3月，属渤海第三专员公署桓台县二区。1952年，属淄博专区桓台县二区。1958年9月，属桓台县第六卫星人民公社。同年11月，撤销桓台县建制，属淄博专署博兴县唐山人民公社。1961年9月，恢复桓台县建制。1962年，属惠民专署桓台县唐山区。1966年7月撤区，属果里人民公社。1983年10月，属淄博市桓台县果里乡。1984年4月，撤社设乡，属果里乡。1994年6月撤乡设镇，属果里镇。

聚落呈方形块状，主街南北走向。村庄面积8.2公顷，居民181户，530人，皆为汉族。设西店村民委员会，有2个村民小组。耕地71.8公顷，以农业为主，机井电灌，主产小麦、玉米。人均收入17854元。建有卫生室、文化大院、农家书屋、健身活动广场。

王斜
Wángxié

位于县城西南6.8千米，距果里镇政府6千米处，东猪龙河西侧。东临东猪龙河，南依西店、东店，西连西店，北靠大寨沟。

元朝大德元年（1297）王扆居郑潢沟（东猪龙河）西侧，因其献绿毛龟闻名乡里。以此命村名：王斜沟。清雍正年间（1723—1735）《桓台胜览·王扆斜沟》载："扆先居古城北门外，后卜筑郑潢沟侧，遂长子孙于此。"清康熙三十二年（1693）《新城县志》载：东四宽字约王彝邪沟庄。清光绪三十年（1904）新城县东四约辖王家斜沟。1982年简称王斜。《桓台县地名词典》（1991年版）载：王斜。

清代，属济南府新城县厚生乡。民国3年（1914），新城县易名，属桓台县。民国22年（1933），属桓台县第二区。民国33年（1944），属清河行政公署桓台县第二区。民国37年（1948）3月，属渤海第三专员公署桓台县二区。1952年，属淄博专区桓台县二区。1958年9月，属桓台县第六卫星人民公社。同年11月，撤销桓台县建制，属淄博专署博兴县果里人民公社。1962年，属惠民专区桓台县唐山区。1966年7月，属果里人民公社。1983年10月，属淄博市桓台县果里乡。1984年4月，撤社设乡，属果里乡。

王斜

1994 年 6 月，撤乡设镇，属果里镇。

聚落呈方形块状，主街东西走向。村庄面积 15.2 公顷，居民 349 户，1146 人，皆为汉族。设王斜村民委员会，有 5 个村民小组。耕地 105 公顷，以农业为主，机井电灌，主产小麦、玉米。人均收入 17854 元。建有卫生室、文化大院、健身活动广场、便民超市。水电配送。广播电视网和互联网畅通。

徐斜
Xúxié

位于县城西南 7 千米，距果里镇政府 3 千米处，东猪龙河东岸。东邻东马，南依陈斜，西临东猪龙河、与东店隔河相望，北接练家庄。

明初立村。名曰：马陵庄。明洪武十四年（1381），王姓迁此定居。《王氏世谱》载："吾族原籍直隶枣强县王家洼，兄弟二人，一昱公，二叙公。自明洪武十四年（1381）始迁山东新城县东居住南、北斜沟二庄。昱公居北，叙公居南。"（即今斜沟）。明后期，徐姓从唐山迁此。因此村西依郑潢沟（东猪龙河）改名徐家斜沟。清康熙三十二年（1693），济南府新城县东六爱字约徐家斜沟。1982 年简称徐斜。《桓台县地名词典》（1991 年版）载：徐斜。

清代，属济南府新城县厚生乡。民国 3 年（1914），新城县易名，属桓台县。民国 22 年（1933），属桓台县第二区。民国 33 年（1944），属清河行政公署桓台县第二区。民国 37 年（1948）3 月，属渤海第三专员公署桓台县二区。1952 年，属淄博专区桓台县二区。1958 年 9 月，属桓台县第六卫星人民公社。同年 11 月，撤销桓台县建制，属淄博专署博兴县。1961 年 9 月，恢复桓台县建制。1962 年，属惠民专署桓台县唐山区。1966 年 7 月，属果里人民公社。1984 年 4 月，撤社设乡，属果里乡。1994 年 6 月，撤乡设镇，属果里镇。

聚落呈矩形块状，主街东西走向。村庄面积 16.1 公顷，居民 395 户，1151 人，设徐斜村民委员会，有 5 个村民小组。耕地 65 公顷，以农业为主，机井电灌，主产小麦、玉米。人均收入 17854 元。民办企业有淄博易彩印刷有限公司、山东鸿嘉置业有限公司等。设有卫生室、文化大院、农家书屋、健身活动广场。

境内有徐斜遗址。

练家庄
Liànjiā Zhuāng

位于县城西南 6.3 千米，距果里镇政府 3 千米处。东邻鸿嘉星城，南依徐斜，西连王斜，北接唐山镇于堤。

明初立村。《练氏世谱》载："始祖直隶枣强人也，自明初徙居山东济南府新城县练家庄。"清康熙三十二年（1693）《新城县志》载：

练家庄

东六爱字约练家庄。《桓台县地名词典》（1991年版）载：练家庄。

清代，属济南府新城县厚生乡。民国3年（1914），新城县易名，属桓台县。民国22年（1933），属桓台县第二区。民国33年（1944），属清河行政公署桓台县第二区。民国37年（1948）3月，属渤海第三专员公署桓台县二区。1952年，属淄博专区桓台县二区。1958年9月，属桓台县第六卫星人民公社。同年11月，撤销桓台县建制，属淄博专署博兴县。1961年9月，恢复桓台县建制。1962年，属惠民专署桓台县唐山区。1966年7月，属果里人民公社。1983年10月，属淄博市桓台县果里乡。1984年4月，撤社设乡，属果里乡。1994年6月，撤乡设镇，属果里镇。

聚落呈矩形块状，主街南北走向。村庄面积11.5公顷，居民275户，844人，皆为汉族。设练家村民委员会，有5个村民小组。耕地22.8公顷，以农业为主，机井电灌，主产小麦、玉米。人均收入17854元。建有卫生室、文化大院、农家书屋、健身活动广场。水电配送。广播电视网和互联网畅通。

傅坡

Fùpō

位于县城西南5千米，距果里镇政府3千米处。红莲湖南岸，柳泉北路以西。东邻前埠，西靠柳泉北路、净水厂，南依鸿嘉星城，北临红莲湖。

明正统年间（1436—1449）立村。《傅氏世谱》载：“始祖公考，洪武二年迁潘孟店延及二、三世，人丁繁衍，因潘孟店地卑下多水灾，遂散处四方，——县东之傅家坡等处。”清康熙三十二年（1693）《新城县志》载：东六爱字约傅家坡。清光绪三十年（1904）马家坡并入傅家坡。1952年简称付坡。《桓台县地名词典》（1991年版）载：傅坡。

清代，属济南府新城县厚生乡。民国3年（1914），新城县易名，属桓台县。民国22年（1933），属桓台县第二区。民国33年（1944），属清河行政公署桓台县第二区。民国37年（1948）3月，属渤海第三专员公署桓台县二区。1952年，属淄博专区桓台县二区。1958年9月，属桓台县第六卫星人民公社。同年11月，撤销桓台县建制，属淄博专署博兴县。1961年9月，恢复桓台县建制。1962年，属惠民专署桓台县唐山区。1983年10月，属淄博市桓台县果里乡。1984年4月，撤社设乡，属果里乡。1994年6月，撤乡设镇，属果里镇。

聚落呈方形块状，主街东西走向。村庄面积8.3公顷，居民280户，1100人。设傅坡村民委员会，有4个村民小组。耕地19.1公顷，以农业为主，机井电灌，主产小麦、玉米。人均收入17854元。民办企业有淄博景明放置有限公司、淄博遥明铝制品有限公司。建有幼儿园、

付坡嘉苑

卫生室、文化大院、健身活动广场。水电配送。广播电视网和互联网畅通。

2010年3月3日，旧村改造奠基动工，2011年10月乔迁入住。以庄名为依据，命名“傅坡佳苑”。此处距镇政府2千米。东邻柳泉北路，西至桓台县净水厂，南靠鸿嘉星城，北接红莲湖。小区面积6公顷，容积率1.73，绿地率40.12%，建筑密度25.73%。由13栋多层住宅楼、1栋11层住宅楼、1栋17层住宅楼、1栋12层社区一体化综合楼、462个住宅停车位、174个公建停车位组成。入住273户，1036人，除藏族3人、蒙古族1人外，其他均为汉族。

为省级卫生村、省级文明村、省级生态文明村、省级生态优美村。

境内有傅家坡遗址。

前埠
Qiánbù

位于县城西南4.3千米，距果里镇政府3千米处，西北与后埠连村。东邻姜坊，南依东马，西连傅坡，北接后埠。

系春秋时期葵丘邑，后邑废为村。民国15年（1926）《张氏世谱》载：“吾张氏居桓台，由宋迄兹朝历代，年逾七百。”该村因处土埠之上，明朝村名埠上庄。后因该村以张姓为主，改为张家埠。清康熙年间（1662—1722），形成南北两个村，南为前张家埠，北为后张家埠。清康熙三十二年（1693），济南府新城县东六爱字约前张埠、后张埠。1982年简称前埠。《桓台县地名词典》（1991年版）载：前埠。

明代，属新城县厚生乡。清代，属济南府新城县厚生乡。民国3年（1914），新城县易名，属桓台县。民国22年（1933），属桓台县第二区。民国33年（1944），属清河行政公署桓台县第二区。民国37年（1948）3月，属渤海第三专员公署桓台县二区。1952年，属淄博专区桓台县二区。1958年9月，属桓台县第六卫星人民公社。同年11月，撤销桓台县建制，属淄博专署博兴县。1961年9月，恢复桓台县建制。1962年，属惠民专署桓台县唐山区。1966年7月，属果里人民公社。1983年10月，属淄博市桓台县果里乡。1984年4月，撤社设乡，属果里乡。1994年6月，撤乡设镇，属果里镇。

聚落呈矩形块状，主街东西走向。村庄面积23.1公顷，居民396户，1430人，皆为汉族。设前埠村民委员会，划分4个村民小组。耕地67公顷，以农业为主，机井电灌，主产小麦、玉米。人均收入16673元。建有幼儿园、卫生室、文化大院、农家书屋、健身活动广场。水电配送。广播电视网和互联网畅通。

名胜古迹：前埠遗址。系春秋时期齐国之葵丘邑，为市级文物保护单位。

后埠
Hòubù

位于县城西南4千米，距果里镇政府南3.5

千米处。东靠少海路，西连金洲花园，南靠寿济路、红莲湖，北靠赵家南路。

系春秋时期葵丘邑，后邑废为村。民国 15 年（1926）《张氏世谱》载："吾张氏居桓台，由宋迄兹朝历代，年逾七百。"该村因处土埠之上，明朝村名埠上庄。后因该村以张姓为主，改为张家埠。清康熙年间（1662—1722），形成南北两个村，南为前张家埠，北为后张家埠。清康熙三十二年（1693），济南府新城县东六爱字约前张埠、后张埠。1982 年简称后埠。《桓台县地名词典》（1991 年版）载：后埠。

后埠

明代，属新城县厚生乡。清代，属济南府新城县厚生乡。民国 3 年（1914），新城县易名，属桓台县。民国 22 年（1933），属桓台县第二区。民国 33 年（1944），属清河行政公署桓台县第二区。民国 37 年（1948）3 月，属渤海第三专员公署桓台县二区。1952 年，属淄博专区桓台县二区。1958 年 9 月，属桓台县第六卫星人民公社。同年 11 月，撤销桓台县建制，属淄博专署博兴县。1961 年 9 月，恢复桓台县建制。1962 年，属惠民专署桓台县唐山区。1966 年 7 月，属果里人民公社。1983 年 10 月，属淄博市桓台县果里乡。1984 年 4 月，撤社设乡，属果里乡。1994 年 6 月，撤乡设镇，属果里镇。

聚落呈方形块状，主街东西走向。村庄面积 7.4 公顷，居民 349 户，1295 人，皆为汉族。设后埠村民委员会，划分 4 个村民小组。耕地 28.2 公顷，以农业为主，建有生态园，机井电灌，主产小麦、玉米。人均收入 17854 元。建有办公楼、卫生室、文化大院、农家书屋、健身活动广场。水电配送。广播电视网和互联网畅通。2010 年由旧址整体搬迁至后埠新村。

2011 年，被命名为"省级文明村"。

境内有后埠遗址。

西张埠
Xīzhāngbù

位于县城西南 9.8 千米，距果里镇政府 8.5 千米处。东邻东店，西连阎家，南依阎高，北接唐山镇西毕庄。

明朝嘉靖年间（1522—1566），张姓迁此高埠之上定居。故名张家埠。清康熙三十二年（1693）《新城县志》载：南六麻字约张家埠。1949 年前，为与果里村北张家埠（今前埠、后埠）相区别，改名西张家埠。1982 年始称西张埠。《桓台县地名词典》（1991 年版）载：西张埠。

清代，属济南府新城县厚生乡。民国 3 年（1914），新城县易名，属桓台县。民国 22 年（1933），属桓台县第二区。民国 33 年（1944），属清河行政公署桓台县第二区。民国 37 年（1948）3 月，属渤海第三专员公署桓台县二区。1952 年，属淄博专区桓台县二区。1958 年 9 月，属桓台县第六卫星人民公社。同年 11 月，撤销桓台县建制，属淄博专署博兴县。1961 年 9 月，恢复桓台县建制。1962 年，属惠民专署桓台县唐山区。1966 年 7 月，属果里人民公社。1983 年 10 月，属淄博市桓台县果里乡。1984 年 4 月，撤社设乡，属果里乡。1994 年 6 月，撤乡设镇，属果里镇。

聚落呈方形块状，主街南北走向。村庄面积 25.9 公顷，居民 598 户，1496 人，皆为汉族。设西埠村民委员会，划分 8 村民小组。耕地 164.5 公顷，以农业为主，机井电灌，主产小麦、玉米。人均收入 17854 元。建有卫生室、文化大院、农家书屋、健身活动广场。水电配送。广播电视网和互联网畅通。

东马庄
Dōngmǎ Zhuāng

位于县城南 5.2 千米，距果里镇政府 1.5 千米处。涝淄河西岸。东邻西边坊，南依西义和，西连徐斜，北接前埠。

明初马姓立村。《马氏世谱》载：“马氏居此已传二十世。清初分为前马庄、后马庄。清康熙三十二年（1693）《新城县志》载：东六爱字约前马庄、后马庄。清光绪三十年（1904）两庄合一，名马庄。《新城县后志》载：东六约辖马庄。《桓台县地名词典》（1991 年版）载：东马庄。

清代，属济南府新城县厚生乡。民国 3 年（1914），新城县易名，属桓台县。民国 22 年（1933），属桓台县第二区。民国 33 年（1944），属清河行政公署桓台县第二区。民国 37 年（1948）3 月，属渤海第三专员公署桓台县二区。1952 年，属淄博专区桓台县二区。1958 年 9 月，属桓台县第六卫星人民公社。同年 11 月，撤销桓台县建制，属淄博专署博兴县。1961 年 9 月，恢复桓台县建制。1962 年，属惠民专署桓台县唐山区。1966 年 7 月，属果里人民公社。1983 年 10 月，属淄博市桓台县果里乡。1984 年 4 月，撤社设乡，属果里乡。1994 年 6 月，撤乡设镇，属果里镇。

聚落呈矩形块状，主街南北走向。村庄面积 13.3 公顷，居民 327 户，1000 人，皆为汉族。设东马村民委员会。有 5 个村民小组。耕地 52.9 公顷，以农业为主，机井电灌，主产小麦、玉米、蔬菜。人均收入 17854 元。建有卫生室、文化大院、农家书屋、健身活动广场。水电配送。广播电视网和互联网畅通。通 251 路、185 路公交车。

境内有东马遗址。

东马庄

东边坊
Dōngbiānfāng

位于县城南 4.5 千米，距果里镇政府 2 千米处，张北路西侧。东至张北路，南至果里大道，西连西边坊，北接周坊。

明正统年间（1436—1499）立村。清康熙二十七年（1688）《边氏族谱》载：“始祖明正统元年（1436）自临淄城西赵口徙于新城县东二十五里卜居焉，自立一庄，名作边家坊也。”因近碑坊定居，故名。清康熙三十二年（1693）《新城县志》载：东八和字约边家坊。民国 19 年（1930）以村中沟为界，形成两个自然村。该村在沟东为东边坊。《桓台县地名词典》（1991

年版）载：东边坊。

清代，属济南府新城县厚生乡。民国 3 年（1914），新城县易名，属桓台县。民国 22 年（1933），属桓台县第二区。民国 33 年（1944），属清河行政公署桓台县第二区。民国 37 年（1948）3 月，属渤海第三专员公署桓台县二区。1952 年，属淄博专区桓台县二区。1958 年 9 月，属桓台县第六卫星人民公社。同年 11 月，撤销桓台县建制，属淄博专署博兴县。1961 年 9 月，恢复桓台县建制。1962 年，属惠民专署桓台县唐山区。1966 年 7 月属果里人民公社。1983 年 10 月，属淄博市桓台县果里乡。1984 年 4 月，撤社设乡，属果里乡。1994 年 6 月，撤乡设镇，属果里镇。

聚落呈矩形块状，主街东西走向。村庄面积 35.4 公顷，居民 217 户，798 人，其中满族 1 人，设东边坊村民委员会，有 2 个村民小组。耕地 7.4 公顷，以农业为主，机井电灌，主产小麦、玉米、蔬菜。人均收入 17854 元。建有幼儿园、卫生室、文教中心、文化大院、农家书屋、健身活动广场、便民超市，水电配送，广播电视网和互联网畅通。

东边坊为“省级文明村”。

东边坊

西边坊
Xībiānfāng

位于县城南 4.8 千米，距果里镇政府 2 千米处，涝淄河东侧。东邻东边坊，南靠果里大道，西连练家庄，北接姜坊。

明正统年间（1436—1449）立村。清康熙二十七年（1688）《边氏族谱》载：“始祖明正统元年（1436）自临淄城西赵口徙于新城县东二十五里卜居焉，自立一庄，名作边家坊也。”因近碑坊定居，故名。清康熙三十二年（1693）《新城县志》载：东八和字约边家坊。民国 19 年（1930）以村中沟为界，形成两个自然村。该村在沟西为西边坊。《桓台县地名词典》（1991 年版）载：西边坊。

清代，属济南府新城县厚生乡。民国 3 年（1914），新城县易名，属桓台县。民国 22 年（1933），属桓台县第二区。民国 33 年（1944），属清河行政公署桓台县第二区。民国 37 年（1948）3 月，属渤海第三专员公署桓台县二区。1952 年，属淄博专区桓台县二区。1958 年 9 月，属桓台县第六卫星人民公社。同年 11 月，撤销桓台县建制，属淄博专署博兴县。1961 年 9 月，恢复桓台县建制。1962 年，属惠民专署桓台县唐山区。1966 年 7 月，属果里人民公社。1983 年 10 月，属淄博市桓台县果里乡。1984 年 4 月，撤社设乡，属果里乡。1994 年 6 月，撤乡设镇，属果里镇。

聚落呈矩形块状，主街东西走向。村庄面积 9.1 公顷，居民 191 户，628 人，皆为汉族。设西边坊村民委员会，有 4 个村民小组。耕地 49.3 公顷，以农业为主，

西边坊

机井电灌，主产小麦、玉米、蔬菜。人均收入17854元。建有卫生室、文化大院、农家书屋、健身活动广场。水电配送。广播电视网和互联网畅通。设有交通站牌。

境内有西边坊遗址。

周 坊
Zhōufáng

位于县城南4千米，距果里镇政府2.5千米处。东靠张北路，南依东边坊，西连西边坊，北接姜坊。

周坊

明朝中叶，周姓迁此立村。民国11年（1922）《周氏世谱》载："吾周氏始祖于明洪武初年迁新城县崔楼镇居焉。嗣岐祖昝家——七世周第迁此立村，因村近牌坊，故名周家坊。《桓台县地名词典》（1991年版）载：周坊。

清代，属济南府新城县厚生乡。民国3年（1914），新城县易名，属桓台县。民国22年（1933），属桓台县第二区。民国33年（1944），属清河行政公署桓台县第二区。民国37年（1948）3月，属渤海第三专员公署桓台县二区。1952年，属淄博专区桓台县二区。1958年9月，属桓台县第六卫星人民公社。同年11月，撤销桓台县建制，属淄博专署博兴县。1961年9月，恢复桓台县建制。1962年，属惠民专署桓台县唐山区。1966年7月，属果里人民公社。1983年10月，属淄博市桓台县果里乡。1984年4月，撤社设乡，属果里乡。1994年6月，撤乡设镇，属果里镇。

聚落呈矩形，主街东西走向。村庄面积6.4公顷，居民80户，328人，皆为汉族。设周坊村民委员会，有2个村民小组。耕地21.6公顷，以农业为主，机井电灌，主产小麦、玉米。人均收入17854元。建有文化大院、健身活动广场、便民商店。水电配送。广播电视网和互联网畅通。

姜 坊
Jiāngfáng

位于县城南4千米，距果里镇政府3千米处，张北路西侧。东靠张北路，西临涝淄河，与前埠隔河相望，南依周坊，北靠大寨沟。

姜坊

明天启元年（1621），姜姓迁此立村。清道光十一年（1831）《新城县姜家坊姜氏初修谱序》载："自枣强徙居山东省济南府新城县北邢家庄。至天启元年徙居此地，而以姜家坊为名。"因村近牌坊故名。清康熙三十二年（1693）《新城县志》载：东八和字约姜家坊。1982 年，简称姜坊。《桓台县地名词典》（1991 年版）载：姜坊。

清代，属济南府新城县属厚生乡。民国 3 年（1914），新城县易名，属桓台县。民国 22 年（1933），属桓台县第二区。民国 33 年（1944），属清河行政公署桓台县第二区。民国 37 年（1948）3 月，属渤海第三专员公署桓台县二区。1952 年，属淄博专区桓台县二区。1958 年 9 月，属桓台县第六卫星人民公社。同年 11 月，撤销桓台县建制，属淄博专署博兴县。1962 年，属惠民专区桓台县唐山区。1966 年 7 月属果里人民公社。1983 年 10 月，属淄博市桓台县果里乡。1984 年 4 月，撤社设乡，属果里乡。1994 年 6 月撤乡设镇，属果里镇。

聚落呈矩形块状，主街东西走向。村庄面积 56.6 公顷，居民 445 户，1628 人，皆为汉族。设姜坊村民委员会，有 7 个村民小组。耕地 56.6 公顷，以农业为主，机井电灌，主产小麦、玉米。人均收入 17854 元。建有卫生室、文化大院、农家书屋、健身广场。水电配送。广播电视网和互联网畅通。设农历二、七集日。通 51 路、164 路公交车。

前鲁庄
Qiánlǔ Zhuāng

位于县城南 8.5 千米，距果里镇政府 3 千米处，张北路西侧。东邻山东工业职业学院，南依高新区甘家庄，西临涝淄河，北接后鲁庄。

元朝末年，鲁姓居此，名鲁家庄。清道光二十六年（1846）《伊氏谱系》载："吾族之来新邑也，在洪武年间（1368—1398），自枣强迁于山东济南府新城县东，距城三十里许，有村曰：鲁家庄。"明初，尹姓迁此定居。清康熙三十二年（1693），济南府新城县东八和字约鲁家庄。民国前期，由于人丁兴旺，形成南北两个村，因该村居南，故名前鲁庄。《桓台县地名词典》（1991 年版）载：前鲁庄。

清代，属济南府新城县厚生乡。民国 3 年（1914），新城县易名，属桓台县。民国 22 年（1933），属桓台县第二区。民国 33 年（1944），属清河行政公署桓台县第二区。民国 37 年（1948）3 月，属渤海第三专员公署桓台县二区。1952 年，属淄博专区桓台县二区。1958 年 9 月，属桓台县第六卫星人民公社。同年 11 月，撤销桓台县建制，属淄博专署博兴县。1961 年 9 月，恢复桓台县建制。1962 年，属惠民专署桓台县唐山区。1966 年 7 月，属果里人民公社。1983 年 10 月，属淄博市桓台县果里乡。1984 年 4 月，撤社设乡，属果里乡。1994 年 6 月撤乡设镇，属果里镇。

聚落呈方形块状，主街东西走向。村庄面积 16.2 公顷，居民 352 户，1143 人，皆为汉族。

设前鲁村民委员会，有3个村民小组。耕地2.1公顷，以农业为主，机井电灌，主产小麦、玉米。人均收入17854元。建有幼儿园、卫生室、文化大院、农家书屋、健身活动广场。水电配送。广播电视网和互联网畅通。设农历一、六集日。

后鲁庄
Hòulǔ Zhuāng

位于县城南8千米，距果里镇政府2.5千米处。东临张北路（803省道），南依前鲁庄，西连南伊家，北接东果里。

元朝末年，鲁姓居此，名鲁家庄。清道光二十六年（1846）《伊氏谱系》载："吾族之来新邑也，在洪武年间（1368—1398），自枣强迁于山东济南府新城县东，距城三十里许，有村曰：鲁家庄。"明初，尹姓迁此定居。清康熙三十二年（1693），济南府新城县东八和字约鲁家庄。民国前期，由于人丁兴旺，形成南北两个村，因该村居北，故名后鲁庄。《桓台县地名词典》（1991年版）载：后鲁庄。

清代，属济南府新城县厚生乡。民国3年（1914），新城县易名，属桓台县。民国22年（1933），属桓台县第二区。民国33年（1944），属清河行政公署桓台县第二区。民国37年（1948）3月，属渤海第三专员公署桓台县二区。1952年，属淄博专区桓台县二区。1958年9月，属桓台县第六卫星人民公社。同年11月，撤销桓台县建制，属淄博专署博兴县。1961年9月，恢复桓台县建制。1962年，属惠民专署桓台县唐山区。1966年7月属果里人民公社。1983年10月，属淄博市桓台县果里乡。1984年4月，撤社设乡，属果里乡。1994年6月，撤乡设镇，属果里镇。

聚落呈方形块状，主街东西走向。村庄面积20.4公顷，居民285户，861人，皆为汉族。设后鲁村民委员会，有3个村民小组。以工业商业为主，兼有个体工商经营。人均收入17854元。建有卫生室、文化大院、农家书屋、健身活动广场。水电配送。广播电视网和互联网畅通。为"省级文明村"。

境内有后鲁遗址。

后鲁庄

南伊家庄
Nányījiā Zhuāng

位于县城南8.3千米，距果里镇政府2千米处。东邻后鲁庄，西连高新区朱家庄，南依高新区甘家庄，北接西果里。

明洪武二年，伊姓迁此立村，名伊家庄。《孙氏世谱》载："始祖原籍冀州人也，自明初徙居新邑之东南伊家庄。"在此之前，早有伊姓居此，以姓命村伊家庄。清康熙三十二年（1693），济南府新城县东八和字约伊家庄。为区别同名庄，1982年改名南伊家。《桓台县地名词典》（1991年版）载：南伊家庄。

清代，属济南府新城县厚生乡。民国3年（1914），新城县易名，属桓台县。民国22年（1933），属桓台县第二区。

民国33年（1944），属清河行政公署桓台县第二区。民国37年（1948）3月，属渤海第三专员公署桓台县二区。1952年，属淄博专区桓台县二区。1958年9月，属桓台县第六卫星人民公社。同年11月，撤销桓台县建制，属淄博专署博兴县。1961年9月，恢复桓台县建制。1962年，属惠民专署桓台县唐山区。1966年7月，属果里人民公社。1983年10月，属淄博市桓台县果里乡。1984年4月，撤社设乡，属果里乡。1994年6月，撤乡设镇，属果里镇。

聚落呈方形块状，主街南北走向。村庄面积9.9公顷，居民310户，636人，皆为汉族。设伊家村民委员会，有5个村民小组。耕地16.3公顷，以农业为主，兼有个体工商经营，主产小麦、玉米。人均收入20000元。建有卫生室、幼儿园、文化大院、农家书屋、健身活动广场。水电配送。广播电视网和互联网畅通。通251路、185路公交车。

2010年，奠基动工，实施旧村改造，2013年11月乔迁入住。因居住区内绿化率高并有水系，取名"绿水星河小区"。此处距镇政府驻地1.5千米。东临涝淄河，西至柳泉北路，南依高新区甘家庄，北接西果里。小区面积20公顷，建筑面积30万平方米，容积率1.43，绿地率60%。由4栋17层高层、4栋小高层、1栋17层社区一体化综合楼组成。配套设施齐全。入住201户，629人。周边有学校、诊所、超市、集市等。由伊家村民委员会统一管理。

陈斜
Chénxié

位于县城西南7.5千米，距果里镇政府3千米处。东邻急公新村，南依罗斜，西临东猪龙河，北接徐斜。

明正统年间（1436—1449），陈姓迁此立村。《陈氏世谱》载："吾祖於明初迁居新城县北乡，去城十八里陈家桥。"因村西有郑潢沟（东猪龙河）故名陈家斜沟。清康熙三十二年（1693）《新城县志》载：南七雨字约陈家斜沟。1982年简称陈斜。《桓台县地名词典》（1991年版）载：陈斜。

清代，属济南府新城县厚生乡。民国3年（1914），新城县易名，属桓台县。民国22年（1933），属桓台县第二区。民国33年（1944），属清河行政公署桓台县第二区。民国37年（1948）3月，属渤海第三专员公署桓台县二区。1952年，属淄博专区桓台县二区。1958年9月，属桓台县第六卫星人民公社。同年11月，撤销桓台县建制，属淄博专署博兴县。1961年9月，恢复桓台县建制。1962年，属惠民专署桓台县唐山区。1966年7月属果里人民公社。1983年10月，属淄博市桓台县果里乡。1984年4月，撤社设乡，属果里乡。1994年6月，撤乡设镇，属果里镇。

聚落呈矩形块状，主街南北走向。村庄面积7.4公顷，居民171户，453人，皆为汉族。设陈斜村民委员会，有2个村民小组。耕地43.4公顷，以农业为主，机井电灌，主产小麦、玉米。人均收入17854元。建有卫生室、文化大院、农家书屋、健身活动广场。水电配送。广播电视网和互联网畅通。

急公官庄
Jígōngguān Zhuāng

位于县城南6.7千米，距果里镇政府4千米处。东邻西义和、西果里，南靠果周路，西至华山路、与陈斜隔路相望，北接鸿嘉星城。

明初已有人在此定居，据《高氏世谱》载："始祖明初迁居新邑。"此为西果里的一部分。民国34年（1945）在村东出土一石碑，碑上载有"济公官庄"之字样，以此定村名。民国23

急公官庄

年（1934）《新修新城县志》载：第二区大同乡急公官庄。1982年简称急公。《桓台县地名词典》（1991年版）载：急公官庄。

清代，属济南府新城县厚生乡。民国3年（1914），新城县易名，属桓台县。民国22年（1933），属桓台县第二区。民国33年（1944），属清河行政公署桓台县第二区。民国37年（1948）3月，属渤海第三专员公署桓台县二区。1952年，属淄博专区桓台县二区。1958年9月，属桓台县第六卫星人民公社。同年11月，撤销桓台县建制，属淄博专署博兴县。1961年9月，恢复桓台县建制。1962年，属惠民专署桓台县唐山区。1966年7月，属果里人民公社。1983年10月，属淄博市桓台县果里乡。1984年4月，撤社设乡，属果里乡。1994年6月，撤乡设镇，属果里镇。

村庄面积5.8公顷，居民186户，592人，皆为汉族。设急公村民委员会，有3个村民小组。耕地34.8公顷，以农业为主，种植苗圃。人均收入17854元。建有果里中学、卫生室、文化大院、健身活动广场。水电配送。广播电视网和互联网畅通。

果里中学在此。

侯庄
Hóuzhuāng

位于县城东南7千米，距果里镇政府7.5千米处。东邻临淄区北龙王庄，南依傅山，西连老官庄，北接东傅。

明洪武四年（1371），侯姓迁此立村。名侯家庄。《侯氏世谱》载：“始祖自明洪武四年，上枣强县徙居于山东济南府长山县东鄙，距城六十里侯家庄。”清嘉庆辛酉年（1801）《重修长山县志》载：侯家庄。1958年始简称侯庄。《桓台县地名词典》（1991年版）载：侯庄。

清康熙三十二年（1693），属长山县。清嘉庆六年（1801）济南府长山县守字约侯家庄。民国17年（1928），属长山县九区。民国37年（1948）3月，属渤海第三专员公署桓台县五区。1952年，属淄博专区桓台县五区。1958年9月，属桓台县第三卫星人民公社。同年11月，撤销桓台县建制，属淄博专署博兴县索镇人民公社。1962年，属惠民专署桓台县索镇区。1966年7月，撤区并社，属侯庄人民公社。1983年10月，属淄博市桓台县侯庄乡。1984年4月，撤社改乡、镇，属侯庄乡（乡政府驻吴磨新村）。1994年6月，撤乡设镇，属侯庄镇。2001年3月，侯庄镇撤销，属果里镇。

聚落呈矩形块状，主街道“十”字形。村庄面积114.3公顷，居民1192户，3569人，皆为汉族。设侯庄村民委员会，有12个村民小组。耕地167.7公顷，以农业为主，机井电灌，主产小麦、玉米。人均收入17854元。建有幼儿园、小学、卫生室、文化大院、农家书屋、健身活动广场。水电配送。广播电视网和互联网畅通。设农历二、七集日。通605路公交车。

此地地下有铁、铜、钴、硫、煤等矿种。

凤鸣庄
Fèngmíng Zhuāng

位于县城南4.3千米，距果里镇政府驻地东北3千米处，淄东铁路西侧。东靠淄东铁路，南依大龙庄，西靠张北路，北靠寿济路。

据传，该处元朝已有村，据《马氏世谱》，马姓于明朝后期迁此定居。清康熙三十二年（1693）《新城县志》载："东八和字约永乐庄。"清嘉庆辛酉年（1801）《重修长山县志》载村名凤凰庄。清光绪三十年（1904）新城县东八约辖凤鸣庄。皆指此村庄。《桓台县地名词典》（1991年版）载：凤鸣庄。

清代，属济南府新城县利用、厚生乡。民国3年（1914），新城县易名，属桓台县。民国22年（1933），属桓台县第二区。民国33年（1944），属清河行政公署桓台县第二区。民国37年（1948）3月，属渤海第三专员公署桓台县五区。1952年，属淄博专区桓台县五区。1958年9月，属桓台县第三卫星人民公社。同年11月，撤销桓台县建制，属淄博专署博兴县索镇人民公社。1962年，属惠民专署桓台县索镇区。1966年，撤区并社，属侯庄人民公社。1983年10月，属淄博市桓台县侯庄乡。1984年，改属侯庄乡。1994年6月，撤乡设镇，属侯庄镇。2001年3月，侯庄镇撤销，属果里镇。

聚落呈方形块状，主街道"十"字形。村庄面积19.3公顷，居民266户，801人，皆为汉族。设凤鸣村民委员会，有2个村民小组。耕地52.8公顷，以农业为主，机井电灌，建有淄博润邦生态农业专业合作社，以花卉、苗木、多肉植物、太阳能发电为主。人均收入20000元。建有卫生室、文化大院、农家书屋、健身活动广场、孤残儿童爱心教育基地。水电配送。广播电视网和互联网畅通。

境内有凤鸣遗址。

凤鸣庄

马王庄
Mǎwáng Zhuāng

位于县城南3.7千米，距果里镇政府3千米处。东靠淄东铁路，南靠侯庄路，西连凤鸣庄，北临乌河。

春秋战国时期，此地为齐国养马之处，以此命村名为马庄。清嘉庆六年（1801），王姓从杨桥迁此定居，改名为马王庄。《桓台县地名词典》（1991年版）载：马王庄。

清嘉庆六年（1801）济南府长山县守字约马王庄。民国17年（1928）属长山县九区。民国37年（1948）3月，属渤海第三专员公署桓台县五区。1952年，属淄博专区桓台县五区。1958年9月，属桓台县第三卫星人民公社。同年11月，撤销桓台县建制，属淄博专署博兴县索镇人民公社。1962年，属惠民专署桓台县索镇区。1966年撤区并社，属侯庄人民公社。1983年10月，属淄博市桓台县侯庄乡。1984年改属侯庄乡。1994年6月，撤乡设镇，属侯庄镇。2001 年 3 月，侯庄镇撤销，属果里镇。

聚落呈矩形块状，主街东西走向。村庄面积 9.5 公顷，居民 168 户，470 人，皆为汉族。设马王村民委员会，有 3 个村民小组。耕地 65.2 公顷，以农业为主，机井电灌，主产小麦、玉米。人均收入 17854 元。建有卫生室、文化大院、健身活动广场。水电配送。广播电视网和互联网畅通。

吴家磨
Wújiāmó

位于县城东南 3 千米，距果里镇政府 4 千米处。东邻南王庄，西靠淄东铁路，南依杨桥，北接鲁中煤炭物流中心。乌河横向流经村居。

明初，吴姓立村，名吴家磨。《桓台吴氏族谱》载：“吾之祖明初由临淄徙于桓台城东三十五里而乡水之阳——因籍河水以度磨，遂以磨而得名。清康熙三十二年（1693）《新城县志》载：东十教字约吴家磨。1958 年始简称吴磨。《桓台县地名词典》（1991 年版）载：吴家磨。

清代，属济南府新城县利用、厚生乡。民国 3 年（1914），新城县易名，属桓台县。民国 22 年（1933），属桓台县第三区。民国 33 年（1944），属清河行政公署桓台县第三区。民国 37 年（1948）3 月，属渤海第三专员公署桓台县三区。1952 年，属淄博专区桓台县三区。1958 年 9 月，属桓台县第三卫星人民公社。同年 11 月，撤销桓台县建制，属淄博专署博兴县索镇人民公社。1962 年，属惠民专署桓台县索镇区。1966 年，撤区并社，属侯庄人民公社。1983 年 10 月，属淄博市桓台县侯庄乡。1984 年，改属侯庄乡。1994 年 6 月，撤乡设镇，属侯庄镇。2001 年 3 月，侯庄镇撤销，属果里镇。

聚落呈方形，主街呈“井”字形。村庄面积 35.7 公顷（含吴磨新村），居民 784 户，1975 人，皆为汉族。设吴磨村民委员会，有 10 村民小组。耕地 108.8 公顷，以农业为主，机井电灌，主产小麦、玉米。人均收入 17854 元。建有幼儿园、侯庄中学、卫生室、文化大院、农家书屋、健身活动广场。水电配送。广播电视网和互联网畅通。设农历五、十集日。通 605 路公交车。

境内有吴家磨东、西两处遗址。

吴磨新村
Wúmǒxīncūn

位于县城东南 5 千米，距果里镇政府 4 千米。东南邻侯庄，南依老官庄，西靠淄东铁路，北接西傅村。

聚落呈方形块状，主街东西走向。1971 年建村。此处是吴磨村的部分耕地，因离村较远，耕种不便，1971 年部分村民迁此定居，称“吴磨七队”。1982 年定名“吴磨新村”。属吴磨村民委员会。1983 年 10 月，属淄博市桓台县侯庄乡。1986 年桓台县地名图标有：吴磨新村。

吴磨新村

《桓台县地名词典》（1991 年版）载：吴磨新村。居住 80 户，398 人，人均收入 17854 元，耕地已储备。通 605 路县内客车。

杨 桥
Yángqiáo

位于县城东南 3.3 千米，距果里镇政府 5 千米处。东邻西傅，西靠淄东铁路，南依马王，北接吴家磨。

明朝中叶，杨姓迁此立村。《杨氏世谱》载："曾祖自故明永乐年间由直隶枣强徙居（长山县）三里庄。八世杨惠生迁于阎家庄和高苑、杨家庄等三处，尚无居住，又观杨家桥风气特能发达，故居于此。"因村近乌河桥名为杨家桥。清嘉庆六年（1801）《重修长山县志》载：杨家桥。1958 年始称杨桥。《桓台县地名词典》（1991 年版）载：杨桥。

民国 17 年（1928）属长山九区。民国 37 年（1948）3 月，属渤海第三专员公署桓台县五区。1952 年，属淄博专区桓台县五区。1958 年 9 月，属卫星第三人民公社。同年 11 月，撤销桓台县建制，属淄博专署博兴县索镇人民公社。1962 年，属惠民专署桓台县索镇区。1966 年撤区并社，属侯庄人民公社。1983 年 10 月，属淄博市桓台县侯庄乡。1984 年改属侯庄乡。1994 年 6 月，撤乡设镇，属侯庄镇。2001 年 3 月，侯庄镇撤销，属果里镇。

杨桥

聚落呈矩形块状，主街东西走向。村庄面积 20.8 公顷，居民 207 户，684 人，皆为汉族。设杨桥村民委员会，有 3 个村民小组。耕地 68 公顷，以农业为主，机井电灌，主产小麦、玉米。人均收入 17854 元。建有卫生室、文化大院、农家书屋、健身活动广场。水电配送。广播电视网和互联网畅通。

该村为清道光乙未（1835）科武举、道光辛丑（1841）科进士、钦典榜眼及第王振隆故里。

东傅村
Dōngfù Cūn

位于县城东南 4.5 千米，距果里镇政府驻地东北 4 千米处。东邻西沙河，南依侯庄，西连面窝，北临乌河，与玉皇阁隔河相望。

据传，春秋战国时期，此处为齐国一草料（麦麸）囤积处，后为村，名曰"麸村"。为与西麸村相区别，后演变为东傅村。清嘉庆辛酉年（1801）《重修长山县志》载：东傅家。《桓台县地名词典》（1991 年版）载：东傅村。

清康熙三十二年（1693）属长山县。清嘉庆六年（1801）济南府长山县守字约东傅家。民国 17 年（1928）属长山九区。民国 37 年（1948）3 月，属渤海第三专员公署桓台县五区。1952 年，属淄博专区桓台县五区。1958 年 9 月，属桓台县第三卫星人民公社。同年 11 月，撤销桓台县建制，属淄博专署博兴县索镇人民公社。1962 年，属惠民专署桓台县索镇区。1966 年撤区并社，属侯庄人民公社。1983 年 10 月，属淄博市桓台县侯庄乡。1984 年，改属侯庄乡。1994 年 6 月，撤乡设镇，属侯庄镇。2001 年 3 月，侯庄镇撤销，属果里镇。

聚落呈方形块状，主街南北走向。村庄面积 31 公顷，居民 425 户，1200 人，皆为汉族。设东傅村民委员会，有 4 个村民小组。耕地 94.5 公顷，以农业为主，机井电灌，主产小麦、玉米、棉花、蔬菜。人均收入 17854 元。建有小学、卫生室、文化大院、健身活动广场、奶牛场。水电配送。广播电视网和互联网畅通。设农历三、八集日。企业有建宏工贸公司。

境内有东傅遗址。

西傅村
Xīfù Cūn

位于县城东南 3.5 千米，距果里镇政府驻地东北 8 千米处。东邻面窝，南依吴磨新村，西连杨桥，北临乌河。

据传，春秋战国时期，此处为齐国一草料（麦麸）囤积处，后为村，名曰“麸村”。为与东麸村相区别，后演变为西傅村。清嘉庆辛酉年（1801）《重修长山县志》载：西傅村。《桓台县地名词典》（1991 年版）载：西傅村。

清康熙三十二年（1693）属长山县。清嘉庆六年（1801）济南府长山县守字约西傅家。民国 17 年（1928）属长山九区。民国 37 年（1948）3 月，属渤海第三专员公署桓台县五区。1952 年，属淄博专区桓台县五区。1958 年 9 月，属桓台县第三卫星人民公社。同年 11 月，撤销桓台县建制，属淄博专署博兴县索镇人民公社。1962 年，属惠民专署桓台县索镇区。1966 年撤区并社，属侯庄人民公社。1983 年 10 月，属淄博市桓台县侯庄乡。1984 年改属侯庄乡。1994 年 6 月，撤乡设镇，属侯庄镇。2001 年 3 月，侯庄镇撤销，属果里镇。

聚落呈矩形，主街东西走向。村庄面积 31.1 公顷，居民 360 户，1150 人，皆为汉族。设西傅村民委员会，有 5 个村民小组。耕地 159.3 公顷，以农业为主，机井电灌，主产小麦、玉米。人均收入 17854 元。建有卫生室、文化大院、农家书屋、健身活动广场。水电配送。广播电视网和互联网畅通。通 605 路公交车。

面窝
Miànwō

位于县城东南 3.8 千米，距果里镇政府 7.3 千米处。东邻东傅村，西连西傅村，南依吴磨新村，北临乌河、与南王庄隔河相望。

据传，春秋战国时期，此处为齐国屯粮处。后为村，名曰：“面窝”。《桓台县地名词典》（1991 年版）载：面窝。

清康熙三十二年（1693）属长山县。清嘉庆六年（1801）济南府长山县守字约面窝。民国 17 年（1928）属长山九区。民国 37 年（1948）3 月，属渤海第三专员公署桓台县五区。1952 年，属淄博专区桓台县五区。1958 年 9 月，属桓台县第三卫星人民公社。同年 11 月，撤销桓台县建制，属淄博专署博兴县索镇人民公社。1962 年，属惠民专署桓台县索镇区。1966 年撤区并社，属侯庄人民公社。1983 年 10 月，属淄博市桓台县侯庄乡。1984 年改属侯庄乡。1994 年 6 月，撤乡设镇，属侯庄镇。2001 年 3 月，侯庄镇撤销，属果里镇。

聚落呈方形块状，主街东西走向。村庄面积 7.8 公顷，居民 181 户，480 人，皆为汉族。设面窝村民委员会，有 5 个村民小组。耕地 42 公顷，以农业为主，机井电灌，主产小麦、玉米。人均收入 17854 元。建有卫生室、文化大院、农家书屋、健身活动广场。水电配送。广播电视网和互联网畅通。

境内有面窝遗址。

南王庄
Nánwáng Zhuāng

位于县城东南3.5千米，距果里镇政府13千米处，处乌河之阳。东邻玉皇阁，南临乌河，西连吴家磨，北接索镇孟家庄。

该处原为新城王家的庄园。后王启颛、王启颖等兄弟三人迁此立村，名王家庄。民国22年（1933）《重修新城县志》载：“王启颛，康熙五十年副临朐教谕。”据此，清初建村。清光绪三十年村名为“南王家庄”。1962年，简称南王。《桓台县地名词典》（1991年版）载：南王庄。

清代，属济南府新城县利用、厚生乡。民国3年（1914），新城县易名，属桓台县。民国22年（1933），属桓台县第三区。民国33年（1944），属清河行政公署桓台县第三区。民国37年（1948）3月，属渤海第三专员公署桓台县三区。1952年，属淄博专区桓台县三区。1958年9月，属桓台县第三卫星人民公社。同年11月，撤销桓台县建制，属淄博专署博兴县索镇人民公社。1962年，属惠民专署桓台县索镇区。1966年撤区并社，属侯庄人民公社。1983年10月，属淄博市桓台县侯庄乡。1984年改属侯庄乡。1994年6月，撤乡设镇，属侯庄镇。2001年3月，侯庄镇撤销，属果里镇。

南王庄

聚落呈矩形，主街东西走向。村庄面积7.1公顷，居民151户，430人，皆为汉族。设南王村民委员会，有2个村民小组。耕地49.4公顷，以农业为主，机井电灌，主产小麦、玉米。人均收入17854元。建有卫生室、文化大院、农家书屋、健身活动广场。水电配送。广播电视网和互联网畅通。

玉皇阁
Yùhuánggé

位于县城西东南4.3千米，距果里镇政府9千米处。处乌河之阳。东邻东沙河，南临乌河、与东傅村隔河相望，西连南王庄，北接索镇孟家庄。

明初，刘姓自枣强迁此立村，名刘家庄。明嘉靖七年（1528），在乌河岸边修建一玉皇庙，遂于万历年间（1573—1620）改村名为玉皇阁。清康熙三十二年（1693），济南府新城县东十数字约玉皇阁。《曹氏世谱》载：“索镇得公冀州之枣强人也，明初奉旨迁曹氏兄弟叔侄共三十八人，蜇居山东诸郡，十世祖刘生，文海迁玉皇阁。1966年改村名为红卫。1982年复名玉皇阁。《桓台县地名词典》（1991年版）载：玉皇阁。

清代，属济南府新城县利用、厚生乡。民国3年（1914），新城县易名，属桓台县。民国22年（1933），属桓台县第三区。民国33年（1944），属清河行政公署桓台县第三区。民国37年（1948）3月，属

玉皇阁

渤海第三专员公署桓台县三区。1952 年，属淄博专区桓台县三区。1958 年 9 月，属桓台县第三卫星人民公社。同年 11 月，撤销桓台县建制，属淄博专署博兴县索镇人民公社。1962 年，属惠民专署索镇区。1966 年撤区并社，属侯庄人民公社。1983 年 10 月，属淄博市桓台县侯庄乡。1984 年改属侯庄乡。1994 年 6 月，撤乡设镇，属侯庄镇。2001 年 3 月，侯庄镇撤销，属果里镇。

聚落呈方形块状，主街道“十”字形。村庄面积 16.9 公顷，居民 400 户，1086 人，皆为汉族。设玉皇阁村民委员会，有 4 个村民小组。耕地 117.3 公顷，以农业为主，机井电灌，主产小麦、玉米。人均收入 17854 元。建有幼儿园、卫生室、文化大院、农家书屋、健身活动广场。水电配送。广播电视网和互联网畅通。

该地为中共中央政治局原委员、全国人大常委会第六届常务委员会委员长彭真祖籍。

老官庄
Lǎoguān Zhuāng

位于县城东南 6.7 千米，距果里镇政府 3 千米处。东邻侯庄，南依张店高新区，西靠淄东铁路，北接吴磨新村。

《伊氏世谱》载：“明初迁新城——七世迁居老官庄。”《苗氏世谱》载：“吾族居祢水之东花园庄，明季徙居南官庄。”此处原是一片荒草洼地，属新城县衙官地。明朝中期诸姓迁此垦耕，村名：官庄。清朝初期，为与村西官庄区别，改名老官庄。清康熙三十二年（1693），济南府新城县东八和字约老官庄。1983 年分设官东、官中、官西三个行政村，设 3 个村民委员会。《桓台县地名词典》（1991 年版）载：老官庄。

清代，属济南府新城县利用、厚生乡。民国 3 年（1914），新城县易名，属桓台县。民国 22 年（1933），属桓台县第二区。民国 33 年（1944），属清河行政公署桓台县第二区。民国 37 年（1948）3 月，属渤海第三专员公署桓台县五区。1952 年，属淄博专区桓台县五区。1958 年 9 月，属桓台县第三卫星人民公社。同年 11 月，撤销桓台县建制，属淄博专署博兴县索镇人民公社。1962 年，属惠民专署桓台县索镇区。1966 年撤区并社，属侯庄人民公社。1983 年 10 月，属淄博市桓台县侯庄乡。1984 年改属侯庄乡。1994 年 6 月，撤乡设镇，属侯庄镇。2001 年 3 月，侯庄镇撤销，属果里镇。

聚落呈矩形，主街东西走向。村庄面积 59 公顷，居民 1628 户，4252 人，耕地 159.1 公顷，以农业为主，机井电灌，主产小麦、玉米。人均收入 17854 元。建有幼儿园。通 605 路公交车。

官东，聚落呈矩形，主街东西走向。村庄面积 15.6 公顷。居民 445 户，1120 人，皆为汉族。设官东村民委员会，有 4 个村民小组。耕地 84.3 公顷，以农业为主，机井电灌，主产小麦、玉米。人均收入 17854 元。建有卫生室、文化大院、健身活动广场。水电配送。广播电视网和互联网畅通。

官中

官中，聚落呈矩形，主街东西走向。村庄面积23.2公顷，居民573户，1068人，皆为汉族。设官中村民委员会，有5个村民小组。耕地53.6公顷，以农业为主，兼有个体工商经营。主产小麦、玉米。人均收入17854元。建有幼儿园、卫生室、文化大院、农家书屋、健身活动广场。水电配送。广播电视网和互联网畅通。

官西，聚落呈矩形块状，主街东西走向。村庄面积20.5公顷，居民610户，1524人，皆为汉族。设官西村民委员会，划分5个村民小组。耕地21.2公顷，以农业为主，机井电灌，主产小麦、玉米。人均收入17854元。建有卫生室、文化大院、健身活动广场。水电配送。广播电视网和互联网畅通。

东沙河
Dōngshāhé

位于县城东南5.5千米，距果里镇政府8千米处，乌河南岸。东邻临淄区六天务，西南依西沙河，北临乌河。

明初立村。《张氏世谱》载："始祖——明初——迁居新城县东熊李庄——三世居邑东偏时水曲，卜兆于沙沟河庄。"周、鲁、于三姓于清初徙居该村。因靠沙沟河居住而得名。清康熙三十二年（1693），济南府新城县东十教字约沙沟庄。清嘉庆六年（1801）《重修长山县志》载：沙沟河庄。中华人民共和国成立后，以沙沟河为界，分为东、西两个自然村。该村在东，为"东沙沟河庄"。1982年定名东沙河。《桓台县地名词典》（1991年版）载：东沙河。

清代，属济南府新城县利用、厚生乡。民国3年（1914），新城县易名，属桓台县。1928年属长山九区、五区。民国22年（1933），属桓台县第三区。民国37年（1948）3月，属渤海第三专员公署桓台县五区。1952年，属淄博专区桓台县五区。1958年9月，属桓台县第三卫星人民公社。同年11月，撤销桓台县建制，属淄博专署博兴县索镇人民公社。1962年，属惠民专署桓台县索镇区。1966年撤区并社，属侯庄人民公社。1983年10月，属淄博市桓台县侯庄乡。1984年改属侯庄乡。1994年6月，撤乡设镇，属侯庄镇。2001年3月，侯庄镇撤销，属果里镇。

聚落呈方形，主街东西走向。村庄面积28.8公顷，居民634户，1977人，皆为汉族。设东沙河村民委员会，有10个村民小组。耕地129.2公顷，以农业为主，机井电灌，主产小麦、玉米。人均收入17854元。建有幼儿园、卫生室、文化大院、农家书屋、健身活动广场，水电配送，广播电视网和互联网畅通。设农历一、六集日。

1939年8月1日，中共清河地委机关报《群众报》在该村创刊。有皇姑庵遗址。

西沙河
Xīshāhé

位于县城东南5.8千米，距果里镇政府6千米处，处乌河南岸。东邻东沙河，南依皇姑庵遗址，与侯庄相望，西连东傅村，北临乌河。

明初立村。《张氏世谱》载："始祖——明初迁居新城县东熊李庄，三世居邑东偏时水曲，卜兆于沙沟河庄。"周、鲁、于三姓于清初徙居该村。因靠沙沟河居住而得名。清康熙三十二年（1693），济南府新城县东十教字约沙沟庄。清嘉庆辛酉年（1801）《重修长山县志》载：沙沟河庄。中华人民共和国成立后，以沙沟河为界，分为东、西两个自然村。该村在西，为"西沙沟河庄"。1982年定名西沙河。《桓台县地名词典》（1991年版）载：西沙河。

民国17年（1928）属长山九区。民国37年（1948）3月，属渤海第三专员公署桓台县五区。1952年，属淄博专区桓台县五区。1958年9月，属桓台县第三卫星人民公社。同年11月，撤销桓台县建制，属淄博专署博兴县索镇人民公社。1962年，属惠民专署桓台县索镇区。1966年撤区并社，属侯庄人民公社。1983年10月，属淄博市桓台县侯庄人民公社。1984年改属侯庄乡。1994年6月，撤乡设镇，属侯庄镇。2001年3月，侯庄镇撤销，属果里镇。

聚落呈矩形集居，主街南北走向。村庄面积20.3公顷，居民418户，1096人，皆为汉族。设西沙河村民委员会，有4个村民小组。耕地93.9公顷，以农业为主，机井电灌，主产小麦、玉米。人均收入17854元。建有卫生室、文化大院、农家书屋、健身活动广场。水电配送。广播电视网和互联网畅通。

大龙庄
Dàlóng Zhuāng

位于县城南4.8千米，距果里镇政府1.7千米处，淄东铁路西侧。侯庄路横贯村中。东靠淄东铁路，南接淄博市北外环，西连小龙庄，北接凤鸣庄。

据传，村西南原有一龙凤阁以庙命村名：龙凤庄。明初立村。因村依龙凤阁，取名龙凤庄。《张氏世谱》载："晋国名臣有解张者，其后为张氏，嗣是而名流硕。彦代不乏其人，至明初有德全公者，自江苏海州迁居于鲁省薄台县之窑湾庄。"后有"分支"迁新城县大龙庄。清初形成两个村。因该村位于庙东，取名大龙庄。清康熙三十二年（1693）《新城县志》载："东八和字约大龙庄。"1958年人民公社化时建大队，按方位分为"龙东""龙南""龙北"3个行政村，设3个村民委员会。《桓台县地名词典》（1991年版）载：大龙庄。

清代，属济南府新城县利用、厚生乡。民国3年（1914），新城县易名，属桓台县。民国22年（1933），属桓台县第二区。民国33年（1944），属清河行政公署桓台县第二区。民国37年（1948）3月，属渤海第三专员公署桓台县五区。1952年，属淄博专区桓台县五区。1958年9月，属桓台县第三卫星人民公社。同年11月，撤销桓台县建制，属淄博专署博兴县索镇人民公社。1962年，属惠民专署桓台县索镇区。1966年撤区并社，属侯庄人民公社。1983年10月，属淄博市桓台县侯庄人民公社。1984年改属侯庄乡。1994年6月，撤乡设镇，属侯庄镇。2001年3月，侯庄镇撤销，属果里镇。

聚落呈方形块状，主街东西走向。村庄面积64.1公顷，居民1018户，3283人，耕地103.2公顷，以农业为主，主产小麦、玉米。人均收入17854元。建有果里镇中心幼儿园、小学。

龙东，聚落呈方形块状，主街东西走向。村庄面积8.8公顷，居民215户，700人，皆为汉族。设龙东村民委员会，有3个村民小组。耕地12.1公顷，以农业为主，机井电灌，主产小麦、玉米。人均收入 17854 元。建有卫生室、文化大院、农家书屋、健身活动广场。水电配送。广播电视网和互联网畅通。

龙南，聚落呈方形块状，主街东西走向。村庄面积 28.9 公顷，居民 519 户，1580 人，皆为汉族。设龙南村民委员会，有 4 村民小组。耕地 32.3 公顷，以农业为主，机井电灌，主产小麦、玉米。人均收入 17854 元。建有幼儿园、小学、卫生所、文化大院、健身活动广场。水电配送。广播电视网和互联网畅通。设农历一、六集日。有龙南遗址。

龙北，聚落呈方形块状，主街东西走向。村庄面积 26.4 公顷，居民 384 户，1003 人，皆为汉族。设龙北村民委员会，有 5 个村民小组。耕地 58.8 公顷，以农业为主，机井电灌，主产小麦、玉米。人均收入 17854 元。建有卫生室、文化大院、农家书屋、健身活动广场。水电配送。广播电视网和互联网畅通。通 51 路公交车。

小龙庄
Xiǎolóng Zhuāng

位于县城南 4.8 千米，距果里镇政府 1.5 千米。侯庄路横穿村居。东邻大龙庄，南靠北外环，西靠张北路，北接凤鸣庄。

据传，村西南原有一龙凤阁以庙命村名：龙凤庄。到清初，以庙为界，形成两个自然村，庙东改为大龙庄，该村居庙西，改为小龙庄。清康熙三十二年（1693），济南府新城县东八和字约小龙庄。1945 年 8 月，渤海军区决定将中国人民解放军特级战斗英雄李志业生前所在村，命名为“志业村”。1958 年改为西龙，1982 年复名“小龙庄”。《桓台县地名词典》（1991 年版）载：小龙庄。

清代，属济南府新城县利用、厚生乡。民国 3 年（1914），新城县易名，属桓台县。民国 22 年（1933），属桓台县第二区。民国 33 年（1944），属清河行政公署桓台县第二区。民国 37 年（1948）3 月，属渤海第三专员公署桓台县五区。1952 年，属淄博专区桓台县五区。1958 年 9 月，属桓台县第三卫星人民公社。同年 11 月，撤销桓台县建制，属淄博专署博兴县索镇人民公社。1962 年，属惠民专署桓台县索镇区。1966 年撤区并社，属侯庄人民公社。1983 年 10 月，属淄博市桓台县侯庄人民公社。1984 年改属侯庄乡。1994 年 6 月，撤乡设镇，属侯庄镇。2001 年 3 月，侯庄镇撤销，属果里镇。

聚落呈方形块状，主街东西走向。村庄面积 21.7 公顷，居民 392 户，1163 人，皆为汉族。设西龙村民委员会，有 4 个村民小组。耕地 25 公顷，以农业为主，机井电灌，主产小麦、玉米。人均收入 17854 元。建有淄博德扬经典外语学校、卫生室、文化大院、农家书屋、健身活动广场。水电配送。广播电视网和互联网畅通。

小龙庄为中国人民解放军特级战斗英雄李志业烈士故里。

三龙庄
Sānlóng Zhuāng

位于县城东南 8 千米，距果里镇政府 7 千米处，村南与张店区卫固镇接壤，村东、北与临淄区搭界。东邻临淄区，西连侯庄，南依张店区卫固镇，北接临淄区北龙王庄。

据传，战国时期，村中有一人官职为“灵王”，故村名曰灵王庄。明朝有董、李、卞三姓迁此分别立村为：董家龙王庄、李家龙王庄、卞家龙王庄。龙王是灵王的变音。清嘉庆六年（1801），济南府长山县守字约龙王庄。中华人民共和国成立后，三村合一，名三龙庄。《桓

三龙庄

台县地名词典》（1991 年版）载：三龙庄。

民国 17 年（1928）属长山九区。民国 37 年（1948）3 月，属渤海第三专员公署桓台县五区。1952 年，属淄博专区桓台县五区。1958 年 9 月，属桓台县卫星第三人民公社。同年 11 月，撤销桓台县建制，属淄博专署博兴县索镇人民公社。1962 年，属惠民专署桓台县索镇区。1966 年撤区并社，属侯庄人民公社。1983 年 10 月，属淄博市桓台县侯庄人民公社。1984 年改属侯庄乡。1994 年 6 月，撤乡设镇，属侯庄镇。2001 年 3 月，侯庄镇撤销，属果里镇。

聚落呈矩形块状，主街南北走向。村庄面积 33 公顷，居民 663 户，1887 人，皆为汉族。设三龙村民委员会，有 3 个村民小组。耕地 153.3 公顷，以农业为主，机井电灌，主产小麦、玉米、矿粉、白酒、化肥。人均收入 17854 元。建有卫生室、文化大院、农家书屋、健身活动广场、体育场。水电配送。广播电视网和互联网畅通。通 605 路公交车。

民国 27 年（1938）农历九月十九日，廖容标司令员领导的抗日武装，在该村进行了一次打击日本侵略军的战斗。

周家庄
Zhōujiā Zhuāng

位于县城西南 12 千米，距果里镇政府 8 千米处。东靠周荆路，南依阎家庄，西连康心路，北接万家庄。

明万历年间（1573—1620），周姓从本县昝家庄迁此立村，名周家庄。《周氏世谱》载："吾氏祖讳岐于明洪武初年（1368）由枣强迁新城崔楼昝家庄，万历年（1573—1620）间徙居周家庄。清康熙三十二年（1693），济南府新城县南四成字约周家庄。《桓台县地名词典》（1991 年版）载：周家庄。

清代，属济南府新城县永宁乡。民国 3 年（1914），新城县易名，属桓台县。民国 22 年（1933），属桓台县第一区。民国 33 年（1944），属清河行政公署桓台县第一区。民国 37 年（1948）3 月，属渤海第三专员公署桓台县一区。1952 年，属淄博专区桓台县一区。1958 年 9 月，属桓台县第八卫星人民公社。同年 11 月，撤销桓台县建制，属淄博专署博兴县桓城人民公社。1962 年，属惠民专署桓台县桓城区。1966 年 7 月，撤区并社。属周家人民公社。1983 年 10 月，属淄博市桓台县周家人民公社。1984 年 4 月，社改乡、镇，属周家乡。1994 年 5 月，乡改镇，属周家镇。2010 年 11 月，周家镇撤销，属果里镇。

聚落呈方形块状，主街道"十"字形。村庄面积 22.2 公顷，居民 312 户，912 人，皆为汉族。设周家村民委员会，有 4 个村民小组。耕地 118.5 公顷，以农业为主，机井电灌，主产小麦、玉米。人均收入 17854 元。建有卫生室、文化大院、农家书屋、健身活动广场。通 606 路、162 路、175 路、198 路公交车。

境内有周家遗址。

辛兴庄

Xīnxīng Zhuāng

位于县城西南 12.5 千米，距果里镇政府 13 千米处。东邻小刘家庄，南依永富庄，西靠康心路，北临大寨沟。

据传，辛姓迁此立村。为求兴旺发达，取名辛兴庄。清康熙三十二年（1693）《新城县志》载：南四成字约辛兴庄。《桓台县地名词典》（1991 年版）载：辛兴庄。

清代，属济南府新城县永宁乡。民国 3 年（1914），新城县易名，属桓台县。民国 22 年（1933），属桓台县第一区。民国 33 年（1944），属清河行政公署桓台县第一区。民国 37 年（1948）3 月，属渤海第三专员公署桓台县一区。1952 年，属淄博专区桓台县一区。1958 年 9 月，属桓台县卫星第八人民公社。同年 11 月，撤销桓台县建制，属淄博专署博兴县桓城人民公社。1962 年，属惠民专署桓台县周家人民公社。1983 年 10 月，属淄博市桓台县桓城区。1984 年 4 月社改乡，属周家乡。1994 年 5 月，乡改镇，属周家镇。2010 年 11 月，周家镇撤销，属果里镇。

聚落呈矩形块状，主街东西走向。村庄面积 10.4 公顷，居民 155 户，425 人，皆为汉族。设辛兴村民委员会，有 3 个村民小组。耕地 37.2 公顷，以农业为主，机井电灌，主产小麦、玉米。人均收入 17854 元。建有卫生室、文化大院、健身活动广场、铁通信号塔。水电配送。广播电视网和互联网畅通。民办企业有玛钢厂、新兴机械厂、塑料厂。

境内有辛兴遗址。

永富庄

Yǒngfù Zhuāng

位于县城西南 12.2 千米，距果里镇政府 12 千米处。东邻万家庄，南依周家庄，西连新城镇四里庄，北接辛兴庄。

明永乐元年（1403），孙姓从小徐家迁此立村。村民期望日后越过越富，取名永富庄。清康熙三十二年（1693）《新城县志》载：“南四成字约永富庄。”《桓台县地名词典》（1991 年版）载：永富庄。

清代，属济南府新城县永宁乡。民国 3 年（1914），新城县易名，属桓台县。民国 22 年（1933），属桓台县第一区。民国 33 年（1944），属清河行政公署桓台县第一区。民国 37 年（1948）3 月，属渤海第三专员公署桓台县一区。1952 年，属淄博专区桓台县一区。1958 年 9 月，属桓台县卫星第八人民公社。同年 11 月，撤销桓台县建制，属淄博专署博兴县桓城人民公社。1962 年，属惠民专署桓台县桓城区。1983 年 10 月，属淄博市桓台县周家人民公社。1984 年 4 月，社改乡，属周家乡。1994 年 5 月，乡改镇，属周家镇。2010 年 11 月，周家镇撤销，属果里镇。

聚落呈矩形块状，主街东西走向。村庄面积 12.8 公顷，居民 210 户，739 人，皆为汉族。

永富庄

设永富村民委员会，有4个村民小组。耕地82.2公顷，以农业为主，机井电灌，主产小麦、玉米。人均收入17854元。建有卫生室、文化大院、农家书屋、健身活动广场。水电配送。广播电视网和互联网畅通。

荣家庄
Róngjiā Zhuāng

位于县城西南11千米，距果里镇政府14千米处。东靠周荆路，南依小刘家庄，西连辛兴庄，北临大寨沟。

史载，该村为后燕（401—407）慕容熙后苻娀娥、苻训英故里。清乾隆十六年（1751）《荣氏世谱》载："吾族系直隶枣强，永乐间，始祖讳成偕弟徙居新城崔楼店，遂世居焉，七世又自崔楼店徙居东南二里许苻后里，族众繁衍，故改名荣家庄。"据考，荣姓于明嘉靖年间（1522—1566）在此定居。明天启四年（1624）《新城县志》载：厚生乡荣家庄。《桓台县地名词典》（1991年版）载：荣家庄。

明代，属新城县厚生乡。清代，属济南府新城县永宁乡。民国3年（1914），新城县易名，属桓台县。民国22年（1933），属桓台县第一区。民国33年（1944），属清河行政公署桓台县第一区。民国37年（1948）3月，属渤海第三专员公署桓台县一区。1952年，属淄博专区桓台县一区。1958年9月，属桓台县第八卫星人民公社。同年11月，撤销桓台县建制，属淄博专署博兴县桓城人民公社。1961年9月，恢复桓台县建制。1962年，属惠民专署桓台县桓城区。1983年10月，属淄博市桓台县周家人民公社。1984年4月社改乡，属周家乡。1994年5月，乡改镇，属周家镇。2010年11月，周家镇撤销，属果里镇。

聚落呈方形块状，主街东西走向。村庄面积（含小刘庄）43.8公顷，居民730户，2310人，皆为汉族。设荣家村民委员会，有9个村民小组。耕地156.6公顷，以农业为主，机井电灌，主产小麦、玉米。人均收入17854元。建有卫生室、文化大院、农家书屋、健身活动广场、戏台。水电配送。广播电视网和互联网畅通。设农历一、六集日。通606路县内客车。企业有个体小商店、食品厂，外驻企业农村信用社营业点。通602路、162路、198路公交车。

有荣家遗址。

小刘家庄
Xiǎoliújiā Zhuāng

位于县城西南11.2千米，距果里镇政府15千米处。东靠周荆路，南依孔家庄，西连辛兴庄，北接荣家庄。

据考，刘姓于明初迁此立村，故名。清康熙三十二年（1693）《新城县志》载：南五桑字约刘家庄。中华人民共和国成立后，为区别其他刘家庄，1952年改为小刘家庄。1986年桓台县地名图标有：小刘家。《桓台县地名词典》（1991年版）载：小刘家庄。

清代，属济南府新城县永宁乡。民国3年（1914），新城县易名，属桓台县。民国22年（1933），属桓台县第一区。民国33年（1944），属清河行政公署桓台县第一区。民国37年（1948）3月，属渤海第三专员公署桓台县一区。1952年，属淄博专区桓台县一区。1958年9月，属桓台县第八卫星人民公社。同年11月，撤销桓台县建制，属淄博专署博兴县。1961年9月，恢复桓台县建制。1962年，属惠民专署桓台县桓城区。1983年10月，属淄博市桓台县周家人民公社。1984年4月，社改乡，属周家乡。1994年5月，乡改镇，属周家镇。2010 年 11 月，周家镇撤销，属果里镇。

聚落呈矩形块状，主街东西走向。居民 50 户，160 人，均系汉族，设 1 个村民小组，属荣家村民委员会管辖。耕地 10.7 公顷，以农业为主，机井电灌，主产小麦、玉米。人均收入 17854 元。水电配送。广播电视网和互联网畅通。

万家庄
Wànjiā Zhuāng

位于县城西南 11.6 千米，距果里镇政府 13 千米处。东邻孔家庄，南依周家庄，西连永富庄，北接小刘家庄。

此为战国时期，孟子的学生万璋之故里，故名万家庄。《万氏族谱》载："万事之分姓始于战国，其先晋有公族毕万氏之后，因以为姓焉。厥后有万璋者，师事孟轲，轲即役与公孙丑辈。作孟子七篇，大有功於圣门，是以配享孔庙，世世奉为祀典。章卒於齐地，新邑东图冢墓，巍然长、新二邑。志书有据，而吾万氏村落去此甚近。肄籍又甚古。自元建新邑，而黉宫残碑显有可稽，即未有新邑之前，村旁古寺，唐朝石幢，先讳又历历可考。以故二千载后，至今犹传万子故里。且以理论之章，有功圣门血食，万事不应乏后，则万氏为章之苗裔无疑也。"清康熙三十二年（1693）《新城县志》载：南四成字约万家庄。《桓台县地名词典》（1991 年版）载：万家庄。

明代，属新城县永宁乡。清代，属济南府新城县永宁乡。民国 3 年（1914），新城县易名，属桓台县。民国 22 年（1933），属桓台县第一区。民国 33 年（1944），属清河行政公署桓台县第一区。民国 37 年（1948）3 月，属渤海第三专员公署桓台县一区。1952 年，属淄博专区桓台县一区。1958 年 9 月，属桓台县第八卫星人民公社。同年 11 月，撤销桓台县建制，属淄博专署博兴县。1961 年 9 月，恢复桓台县建制，属惠民专署桓台县桓城区。1983 年 10 月，属淄博市桓台县周家人民公社。1984 年 4 月社改乡，属周家乡。1994 年 5 月乡改镇，属周家镇。2010 年 11 月，周家镇撤销，属果里镇。

聚落呈方形块状，主街东西走向。村庄面积 21.5 公顷，居民 260 户，798 人，皆为汉族。设万家村民委员会，有 3 个村民小组。耕地 89.6 公顷，以农业为主，机井电灌，主产小麦、玉米。人均收入 17854 元。建有卫生室、文化大院、农家书屋、健身活动广场。水电配送。广播电视网和互联网畅通。民办企业有恒超新型节能材料厂、鸿润汽车配件有限公司、汇德聚氨酯有限公司。通 606 路公交车。

境内有万家遗址。

万家庄

孔家庄
Kǒngjiā Zhuāng

位于县城西南 11.1 千米，距果里镇政府 10 千米处。东邻唐山镇，南靠果周路，西连万家庄，北接小刘家庄。

元初，孔思淋避战乱徙居于此，名孔家庄。民国 26 年（1937）《孔子世家谱》载：“孔子五十四代孙孔思淋，元初避乱徙居新城东南孔家庄。”清康熙三十二年（1693）《新城县志》载：南四成字约孔家庄。《桓台县地名词典》（1991 年版）载：孔家庄。

清代，属济南府新城县永宁乡。民国 3 年（1914），新城县易名，属桓台县。民国 22 年（1933），属桓台县第一区。民国 33 年（1944），属清河行政公署桓台县第一区。民国 37 年（1948）3 月，属渤海第三专员公署桓台县一区。1952 年，属淄博专区桓台县一区。1958 年 9 月，属桓台县第八卫星人民公社。同年 11 月，撤销桓台县建制，属淄博专署博兴县桓城人民公社。1961 年 9 月，恢复桓台县建制。1962 年，属惠民专署桓台县桓城区。1983 年 10 月，属淄博市桓台县周家人民公社。1984 年 4 月，社改乡，属周家乡。1994 年 5 月，乡改镇，属周家镇。2010 年 11 月，周家镇撤销，属果里镇。

聚落呈方形块状，主街南北走向。村庄面积 10.9 公顷，居民 216 户，590 人，其中少数民族 1 人，设孔家村民委员会，有 3 个村民小组。耕地 47.7 公顷，以农业为主，机井电灌，主产小麦、玉米。人均收入 17854 元。建有卫生室、文化大院、农家书屋、健身活动广场。水电配送。广播电视网和互联网畅通。企业有绿环木业有限公司、印刷厂（鲁中晨报分厂）。通 606 路公交车。

境内有孔家遗址。

李王庄
Lǐwáng Zhuāng

位于县城西南 13.8 千米，距果里镇政府 10 千米处。东邻苇河，南依沈家庄，西连邹平县长韩庄，北接新城镇四里庄。

明初，李姓迁此立村，名李家庄。后王姓从绍兴迁此定居，于清初改村名为李王庄。《李氏世谱》载：“吾祖自古苑县二头庄迁居新城县南关者兄弟四人，四讳景辛，子孙绳绳，既以为始祖焉。现已传二十五世。”《绍兴庄蒿科王氏家族图谱》载：四世判徙居李庄，即此村。清康熙三十二年（1693）《新城县志》载：南二化字约李王庄。《桓台县地名词典》（1991 年版）载：李王庄。

明代，属新城县永宁乡。清代，属济南府新城县永宁乡。民国 3 年（1914），新城县易名，属桓台县。民国 22 年（1933），属桓台县第一区。民国 33 年（1944），属清河行政公署桓台县第一区。民国 37 年（1948）3 月，属渤海第三专员公署桓台县一区。1952 年，属淄博专区桓台县一区。1958 年 9 月，属桓台县第八卫星人民公社。同年 11 月，撤销桓台县建制，属淄博专署博兴县桓城人民公社。1961 年 9 月，恢复桓台县建制。1962 年，属惠民专署桓台县桓城区。1983 年 10 月，属淄博市桓台县周家人民公社。1984 年 4 月，社改乡，属周家乡。1994 年 5 月，乡改镇，属周家镇。2010 年 11 月，周家镇撤销，属果里镇。

聚落呈方形集居，主街东西走向。村庄面积 50 公顷，居民 518 户，1560 人，皆为汉族。设李王村民委员会，有 5 个村民小组。耕地 102.4 公顷，以农业为主，机井电灌，主产小麦、玉米。人均收入 17854 元。建有幼儿园、小学、卫生室、文化大院、农家书屋、健身活动广场、超市。水电配送。广播电视网和互联网畅通。民办企业有玛钢厂、机械厂、养殖场。通 606 路、175 路公交车。

苇 河
Wěihé

位于县城西南 12.7 千米，距果里镇政府 10 千米处。东邻阎家庄，南靠果周路，西连李王庄，北接周家庄。

明初建村。因村处龙须沟旁，河内苇草丛生，取名苇子河。清康熙三十二年（1693）《新城县志》载：南四成字约苇子河。1982 年始称苇河。《桓台县地名词典》（1991 年版）载：苇河。

清代，属济南府新城县永宁乡。民国 3 年（1914），新城县易名，属桓台县。民国 22 年（1933），属桓台县第一区。民国 33 年（1944），属清河行政公署桓台县第一区。民国 37 年（1948）3 月，属渤海第三专员公署桓台县一区。1952 年，属淄博专区桓台县一区。1958 年 9 月，属桓台县第八卫星人民公社。同年 11 月，撤销桓台县建制，属淄博专署博兴县桓城人民公社。1961 年 9 月，恢复桓台县建制。1962 年，属惠民专署桓台县桓城区。1966 年 7 月，撤区并社，属周家人民公社。1983 年 10 月，属淄博市桓台县周家人民公社。1984 年 4 月，社改乡，属周家乡，乡政府驻此地。1994 年 5 月，乡改镇，属周家镇。2010 年 11 月，周家镇撤销，属果里镇。

聚落呈方形块状，主街南北走向。村庄面积 21.6 公顷，居民 287 户，870 人，皆为汉族。设苇河村民委员会，有 3 个村民小组，隶属果里镇政府管辖。耕地 64.2 公顷，以农业为主，机井电灌，主产小麦、玉米。人均收入 17854 元。建有卫生室、文化大院、健身活动广场、商店。水电配送。广播电视网和互联网畅通。企业有仕杰工贸有限公司、淄博科普电气有限公司、淄博日东混凝土有限公司。通 606 路公交车。

苇河为陆军第六十七军高炮团政治委员王立江（1991 年因公牺牲）故里。

境内有苇河遗址。

阎家庄
Yánjiā Zhuāng

位于县城西南 12.2 千米，距果里镇政府 14 千米处。东靠周荆路，南靠果周路，西连苇河，北接周家庄。

明洪武年间，阎姓迁此立村，名阎家屋子，后改名为阎家庄。据《周氏世谱》《成氏世谱》考，周、成二姓分别于明嘉靖、万历年间（1522—1620）在此定居。民国 11 年（1922）《成氏世谱》载：“明初移居新城县之东四十里处索镇之花园，十一世衍柞迁于阎家庄。”清康熙三十二年（1693）《新城县志》载：南四成字约阎家庄。民国 23 年（1934）《新修桓台县志》载：阎苇乡阎家庄。《桓台县地名词典》（1991 年版）载：阎家庄。

阎家庄

清代，属济南府新城县永宁乡。民国3年（1914），新城县易名，属桓台县。民国22年（1933），属桓台县第一区。民国33年（1944），属清河行政公署桓台县第一区。民国37年（1948）3月，属渤海第三专员公署桓台县一区。1952年，属淄博专区桓台县一区。1958年9月，属桓台县第八卫星人民公社。同年11月，撤销桓台县建制，属淄博专署博兴县桓城人民公社。1961年9月，恢复桓台县建制。1962年，属惠民专署桓台县桓城区。撤区并社。1983年10月，属淄博市桓台县周家人民公社。1984年4月，社改乡，属周家乡。1994年5月，乡改镇，属周家镇。2010年11月，周家镇撤销，属果里镇。

聚落呈方形集居，主街东西走向。村庄面积50.6公顷，居民505户，1560人，皆为汉族。设阎家村民委员会，有9个村民小组。耕地116.2公顷，以农业为主，机井电灌，主产小麦、玉米。人均收入17854元。建有幼儿园、周家小学、中学、卫生院、文化大院、农家书屋、健身活动广场。水电配送。广播电视网和互联网畅通。设农历二、七集日。通606路、162路公交车。

绍兴庄
Shàoxīng Zhuāng

位于县城西南15.3千米，距果里镇政府15千米处。东邻南红庙，南依麻家庄，西连邹平县田家庄，北接绍兴庄。

宋代建村，名仁和寨。元末战乱，寨毁人亡，村民重建家园。为使人丁兴旺，取名绍兴庄。清康熙三十二年（1693），济南府新城县南二化字约绍兴庄。民国18年（1929）《绍兴庄蒿科王氏家谱图表》载：“我王氏自有宋来居邑于之东南……”

明天启四年（1624）《新城县志》载：“永宁乡绍兴庄。”1958年人民公社化时建大队，因驻绍兴庄南部，取名“绍南大队”；驻北部，取名为“绍北大队”。现仍以绍南、绍北为名，设两个村民委员会。《桓台县地名词典》（1991年版）载：绍兴庄。

明代，属新城县永宁乡。清代，属济南府新城县永宁乡。民国3年（1914），新城县易名，属桓台县。民国22年（1933），属桓台县第一区。民国33年（1944），属清河行政公署桓台县第一区。民国37年（1948）3月，属渤海第三专员公署桓台县一区。1952年，属淄博专区桓台县一区。1958年9月，属桓台县第八卫星人民公社。同年11月，撤销桓台县建制，属淄博专署博兴县。1961年9月，恢复桓台县建制。1962年，属惠民专署桓台县桓城区。1983年10月，属淄博市桓台县周家人民公社。1984年4月社改乡，属周家乡。1994年5月乡改镇，属周家镇。2010年11月，周家镇撤销，属果里镇。

聚落呈方形集居，主街东西走向。村庄面积36.2公顷，居民455户，1568人，耕地268公顷，以农业为主，机井电灌，主产小麦、玉米。人均收入17854元。建有卫生室、小学、文化大院、健身活动广场、老年娱乐场所。水电配送。广播电视网和互联网畅通。设农历五、十集日。

绍南，聚落呈方形块状，主街东西走向。村庄面积16.7公顷，居民240户，816人，除拉祜族3人外，其他均为汉族。设绍南村民委员会，有6个村民小组。耕地130.6公顷，以农业为主，机井电灌，主产小麦、玉米。2014年产值650万元，集体收入15万元，人均收入17854元。建有卫生室、文化大院、健身活动广场、老年娱乐场所。水电配送。广播电视网和互联网畅通。设农历五、十集日。有绍南遗址。

绍北，聚落呈方形块状，主街东西走向。村庄面积19.5公顷，居民215户，752人，皆为汉族。设绍北村民委员会，有4个村民小组。耕地137.4公顷，以农业为主，机井电灌，主产小麦、玉米。人均收入 17854 元。建有卫生室、文化大院、农家书屋、健身活动广场。水电配送。广播电视网和互联网畅通。

沈家庄
Shěnjiā Zhuāng

沈家庄

位于县城西南 13.6 千米，距果里镇政府 11 千米处。东邻景楼，南依南红庙，西连绍兴庄，北接李王庄。

明嘉靖年间（1522—1566），沈姓从新城迁此立村，名沈家庄。《沈氏世谱》载："吾始祖讳浩然公，原籍直隶枣强县。明洪武二年（1369）直隶大姓奉旨迁山东，公胞弟六人，公居新城。八世显祖徙居沈家庄。"清康熙三十二年（1693）《新城县志》载：南三生字约沈家庄。《桓台县地名词典》（1991 年版）载：沈家庄。

清代，属济南府新城县永宁乡。民国 3 年（1914），新城县易名，属桓台县。民国 22 年（1933），属桓台县第一区。民国 33 年（1944），属清河行政公署桓台县第一区。民国 37 年（1948）3 月，属渤海第三专员公署桓台县一区。1952 年，属淄博专区桓台县一区。1958 年 9 月，属桓台县第八卫星人民公社。同年 11 月，撤销桓台县建制，属淄博专署博兴县。1961 年 9 月，恢复桓台县建制。1962 年，属惠民专署桓台县桓城区。1983 年 10 月，属淄博市桓台县周家人民公社。1984 年 4 月，社改乡，属周家乡。1994 年 5 月，乡改镇，属周家镇。2010 年 11 月，周家镇撤销，属果里镇。

聚落呈矩形，主街东西走向。村庄面积 26.5 公顷，居民 286 户，903 人，皆为汉族。设沈家村民委员会，有 5 个村民小组。耕地 103 公顷，以农业为主，机井电灌，主产小麦、玉米、苗木、花卉，兼有建筑业、运输业、化工、电气等。人均收入 19000 元。建有中学、卫生室、文化大院、农家书屋、健身活动广场。水电配送。广播电视网和互联网畅通。通 606 路公交车。

境内有沈家西遗址。

南红庙
Nánhóngmiào

位于县城西南 14.2 千米，距果里镇政府 12 千米处。东邻景楼，南依郝家园，西连绍兴庄，北接沈家庄。

明末立村，遂建庙，墙涂红色，取村名红庙。《王氏族谱》载："八世祖士岳，崇祯十五年（1642）避难从新城移居红庙庄。"此地原系新城王家之庄园。清康熙三十二年（1693）《新城县志》载：南三生字约红庙庄。1922 年，改称南红庙。《桓台县地名词典》（1991 年版）载：南红庙。

清代，属济南府新城县永宁乡。民国 3 年（1914），新城县易名，属桓台县。民国 22 年（1933），属桓台县第一区。民国 33 年（1944），属清河行政公署桓台县第一区。民国 37 年（1948）3 月，属渤海第三专员公署桓台县一区。1952 年，属淄博专区桓台县一区。1958 年 9 月，属桓台

南红庙

县第八卫星人民公社。同年11月，撤销桓台县建制，属淄博专署博兴县。1961年9月，恢复桓台县建制。1962年，属惠民专署桓台县桓城区。1983年10月，属淄博市桓台县周家人民公社。1984年4月，社改乡，属周家乡。1994年5月，乡改镇，属周家镇。2010年11月，周家镇撤销，属果里镇。

聚落呈矩形块状，主街东西走向。村庄面积9.7公顷，居民161户，464人，皆为汉族。设红庙村民委员会，有3个村民小组。耕地81.1公顷，以农业为主，机井电灌，主产小麦、玉米。人均收入17854元。建有卫生室、文化大院、健身活动广场。水电配送。广播电视网和互联网畅通。通606路公交车。

景楼
Jǐnglóu

位于县城西南13.5千米，距果里镇政府12千米处。东邻店子，南依楼里庄，西连南红庙，北接苇河。

明末，耿姓迁此定居，并建一楼阁，名耿家楼。清康熙三十二年（1693）《新城县志》载：南三生字约耿家楼。清末耿姓将家产交给外甥（景姓）继承，遂改村名景家楼。民国19年（1930）桓台县第一区楼郝乡辖景家楼。后简称景楼。《桓台县地名词典》（1991年版）载：景楼。

清代，属济南府新城县永宁乡。民国3年（1914），新城县易名，属桓台县。民国22年（1933），属桓台县第一区。民国33年（1944），属清河行政公署桓台县第一区。民国37年（1948）3月，属渤海第三专员公署桓台县一区。1952年，属淄博专区桓台县一区。1958年9月，属桓台县第八卫星人民公社。同年11月，撤销桓台县建制，属淄博专署博兴县。1961年9月，恢复桓台县建制。1962年，属惠民专署桓台县桓城区。1983年10月，属淄博市桓台县周家人民公社。1984年4月，社改乡，属周家乡。1994年5月，乡改镇，属周家镇。2010年11月，周家镇撤销，属果里镇。

聚落呈方形块状，主街南北走向。村庄面积6公顷，居民91户，289人，皆为汉族。设景楼村民委员会。耕地19.9公顷，以农业为主，机井电灌，主产小麦、玉米。人均收入17854元。建有卫生室、文化大院、农家书屋、健身活动广场。水电配送。广播电视网和互联网畅通。通606路公交车。

境内有景楼遗址。

郝家园
Hǎojiāyuán

位于县城西南14.3千米，距果里镇政府15千米处。东邻楼里庄，南依康家庄，西连麻家庄，北接南红庙。

明朝中期，郝姓从长山县迁此立村，名郝家庄。后村民种植菜园，闻名乡里，人称郝家园。

由此，清光绪年间（1875—1908），改村名郝家园。《岳氏世谱》载：“始祖原籍直隶枣强县人。明洪武四年（1371），奉旨迁居新城东鄙之索镇——五世延梅移居郝家庄。”清康熙三十二年（1693）《新城县志》载：“南三生字约郝家庄。”清光绪三十年（1904）村名郝家园。《桓台县地名词典》（1991年版）载：郝家园。

清代，属济南府新城县永宁乡。民国3年（1914），新城县易名，属桓台县。民国22年（1933），属桓台县第一区。民国33年（1944），属清河行政公署桓台县第一区。民国37年（1948）3月，属渤海第三专员公署桓台县一区。1952年，属淄博专区桓台县一区。1958年9月，属桓台县第八卫星人民公社。同年11月，撤销桓台县建制，属淄博专署博兴县。1961年9月，恢复桓台县建制。1962年，属惠民专署桓台县桓城区。1983年10月，属淄博市桓台县周家人民公社。1984年4月，社改乡，属周家乡。1994年5月，乡改镇，属周家镇。2010年11月，周家镇撤销，属果里镇。

聚落呈矩形块状，主街东西走向。村庄面积14.1公顷，居民238户，712人，皆为汉族。设郝园村民委员会，有4个村民小组。耕地125.5公顷，以农业为主，机井电灌，主产小麦、玉米。人均收入17854元。建有卫生室、文化大院、农家书屋、健身活动广场。水电配送。广播电视网和互联网畅通。设农历四、九集日。通606路公交车。

境内有郝家园遗址。

楼里庄
Lóulǐ Zhuāng

楼里庄

位于县城西南13.4千米，距果里镇政府10千米处。东邻东郭庄，西南连郝家园，北接店子。

明朝中叶，王千溪从绍兴庄迁此立村，以王千溪人名命名王千溪家庄。清初，因村处杨楼、景楼之间，取名楼里庄。《刘氏世谱》载：“始祖讳敖，随兄於洪武二年（1369）由枣强之刘家庄迁於泷水之东北隅——刘家庄。七世必秀徙居楼里庄。”清康熙三十二年（1693）《新城县志》载：南三生字约楼里庄。《桓台县地名词典》（1991年版）载：楼里庄。

清代，属新城县永宁乡。民国3年（1914），新城县易名，属桓台县。民国22年（1933），属桓台县第一区。民国33年（1944），属清河行政公署桓台县第一区。民国37年（1948）3月，属渤海第三专员公署桓台县一区。1952年，属淄博专区桓台县一区。1958年9月，属桓台县第八卫星人民公社。同年11月，撤销桓台县建制，属淄博专署博兴县。1961年9月，恢复桓台县建制。1962年，属惠民专署桓台县桓城区。1983年10月，属淄博市桓台县周家人民公社。1984年4月，社改乡，属周家乡。1994年5月，乡改镇，属周家镇。2010年11月，周家镇撤销，属果里镇。

聚落呈矩形块状，主街南北走向。村庄面

积 26.6 公顷，居民 370 户，1202 人，皆为汉族。设楼里村民委员会，有 5 个村民小组。耕地 138.7 公顷，以农业为主，机井电灌，主产小麦、玉米、蔬菜。人均收入 17854 元。设有卫生室、文化大院、农家书屋、健身活动广场。水电配送。广播电视网和互联网畅通。通 606 路公交车。

境内有楼里遗址。

店子
Diànzǐ

位于县城西南 12.4 千米，距果里镇政府 8 千米处。张田路南侧。东邻夏家庄，南依东郭庄，西连景楼，北接阎家庄。

据传，北宋年间，此处系交通要道，有一王姓老人在此开店，人称王老人店子。后以此取村名王老人庄。清康熙三十二年（1693）《新城县志》载：南四成字约王老人庄。清光绪年间（1875—1908），改为店子庄。《新城县后志》载：南四约辖店子庄。后简称店子。《桓台县地名词典》（1991 年版）载：店子。

清代，属济南府新城县永宁乡。民国 3 年（1914），新城县易名，属桓台县。民国 22 年（1933），属桓台县第一区。民国 33 年（1944），属清河行政公署桓台县第一区。民国 37 年（1948）3 月，属渤海第三专员公署桓台县一区。1952 年，属淄博专区桓台县一区。1958 年 9 月，属桓台县卫星第八人民公社。11 月，撤销桓台县建制，属淄博专署博兴县。1961 年 9 月，恢复桓台县建制。1962 年，属惠民专署桓台县桓城区。1983 年 10 月，属淄博市桓台县周家人民公社。1984 年 4 月，社改乡，属周家乡。1994 年 5 月，乡改镇，属周家镇。2010 年 11 月，周家镇撤销，属果里镇。

聚落呈方形块状，主街东西走向。村庄面积 3.6 公顷，居民 46 户，132 人，皆为汉族。设店子村民委员会。耕地 14.1 公顷，以农业为主，机井电灌，主产小麦、玉米。人均收入 17854 元。建有健身活动广场。水电配送。广播电视网和互联网畅通。

夏家庄
Xiàjiā Zhuāng

位于县城西南 12 千米，距果里镇政府 10 千米处，张田路北侧。东邻淄博高新区阎高，南依淄博高新区郭家庄，西连店子，北接皮革厂、果周路。

明初，朗姓由枣强迁此立村，名郎家庄。清初，郎姓人口不旺，人称“下郎庄”。后演变为夏家庄。清康熙三十二年（1693）《新城县志》载：南四成字约夏家庄。《桓台县地名词典》（1991 年版）载：夏家庄。

清代，属济南府新城县永宁乡。民国 3 年（1914），新城县易名，属桓台县。民国 22 年（1933），属桓台县第一区。民国 33 年（1944），属清河行政公署桓台县第一区。民国 37 年（1948）3 月，属渤海第三专员公署桓台县一区。1952 年，属淄博专区桓台县一区。1958 年 9 月，属桓台县卫星第八人民公社。同年 11 月，撤销桓台县建制，属淄博专署博兴县。1961 年 9 月，恢复桓台县建制。1962 年，属惠民专署桓台县桓城区。1983 年 10 月，属淄博市桓台县周家人民公社。1984 年 4 月，社改乡，属周家乡。1994 年 5 月，乡改镇，属周家镇。2010 年 11 月，周家镇撤销，属果里镇。

聚落呈方形块状，主街东西走向。村庄面积 16.7 公顷，居民 195 户，586 人，皆为汉族。设夏家村民委员会，有 4 个村民小组。耕地 47.1 公顷，以农业为主，机井电灌，主产小麦、玉米。人均收入 17854 元。建有卫生室、文化大院、农家书屋、健身活动广场。水电配送。广播电视网和互联网畅通。通162路公交车。

麻家屋
Májiāwū

位于县城西南15.9千米，距果里镇政府15千米处。东邻郝家园，南依东黄庄，西连周村区邓家庄，北接绍兴庄。

清康熙年间，麻姓从邹平县麻寨迁此立村，名麻家屋。民国22年（1933）《重修新城县志》载：桓台县第一区镇南乡麻家屋子。《桓台县地名词典》（1991年版）载：麻家屋。

清代，属济南府新城县永宁乡。民国3年（1914），新城县易名，属桓台县。民国22年（1933），属桓台县第一区。民国33年（1944），属清河行政公署桓台县第一区。民国37年(1948) 3月，属渤海第三专员公署桓台县一区。1952年，属淄博专区桓台县一区。1958年9月，属桓台县卫星第八人民公社。同年11月，撤销桓台县建制，属淄博专署博兴县。1961年9月，恢复桓台县建制。1962年，属惠民专署桓台县桓城区。1983年10月，属淄博市桓台县周家人民公社。1984年4月，社改乡，属周家乡，1994年5月，由乡改镇，属周家镇。2010年11月，周家镇并入果里镇。

聚落呈方形块状，主街南北走向。村庄面积11.7公顷，居民144户，452人，皆为汉族。设麻家村民委员会，有3个村民小组。耕地55.6公顷，以农业为主，机井电灌，主产小麦、玉米。人均收入17854元。建有卫生室、文化大院、农家书屋、健身活动广场。水电配送。广播电视网和互联网畅通。民办企业有雷华金属有限公司、巨举铝业有限公司、盛春苗木花卉专业合作社。通606路公交车。

麻家屋

东黄庄
Dōnghuáng Zhuāng

位于县城西南16千米，距果里镇政府17千米处。东邻康家庄，南接张店区，西连周村区北黄庄，北靠麻家屋。

明初，黄姓迁此立村，名黄家庄。《王氏世谱》载："吾始祖讳贵公，原籍青州府诸城县初家村人，明初避白马军乱移新城之曹村——十世祖从新城迁居黄家庄。"清康熙三十二年（1693）《新城县志》载：南三生字约黄家庄。清光绪年间，易名：东黄庄。清末《新城县后志》载：东黄庄。曾一度名大黄庄。民国23年《重修桓台县志》载：大黄庄。1982年复名东黄庄。《桓台县地名词典》（1991年版）载：东黄庄。

清代，属济南府新城县永宁乡。民国3年（1914），新城县易名，属桓台县。民国22年（1933），属桓台县第一区。民国33年（1944），属清河行政公署桓台县第一区。民国37年（1948）3月，属渤海第三专员公署桓台县一区。1952年，属淄博专区桓台县一区。1958年9月，属桓台县卫星第八人民公社。同年11月，撤销桓台县建制，属淄博专署博兴县。1961年9月，恢复桓台县建制。1962年，属惠民专署桓台县桓城区。1983年10月，属淄博市桓台县周家人民公社。1984年4月，社改乡，属周家乡。1994年5月，乡改镇，属周家镇。2010年11月，周家镇撤销，属果里镇。

聚落呈矩形集居，主街东西走向。村庄面积16.5公顷，居民191户，630人，除满族3人外，其他均为汉族。设东黄村民委员会，有4个村民小组。耕地94.6公顷，以农业为主，机井电灌，主产小麦、玉米。人均收入17854元。建有卫生室、文化大院、农家书屋、健身活动广场。水电配送。广播电视网和互联网畅通。

境内有东黄遗址。

康家庄
Kāngjiā Zhuāng

位于县城西南15.6千米，距果里镇政府16千米处。东靠西十三路，南依太平庄，西连东黄庄，北接郝家园。

清初，王姓从新城迁此定居。在此之前，已有康姓居住，村名康家庄。《王氏世谱》载："吾始祖讳贵公，明初迁新城之曹村，——十世迁居康家庄。"清康熙三十二年（1693），济南府新城县南三生字约康家。清光绪三十年（1904）新城县南三约辖康家庄。《桓台县地名词典》（1991年版）载：康家庄。

清代，属济南府新城县永宁乡。民国3年（1914），新城县易名，属桓台县。民国22年（1933），属桓台县第一区。民国33年（1944），属清河行政公署桓台县第一区。民国37年（1948）3月，属渤海第三专员公署桓台县一区。1952年，属淄博专区桓台县一区。1958年9月，属桓台县卫星第八人民公社。同年11月，撤销桓台县建制，属淄博专署博兴县。1961年9月，恢复桓台县建制。1962年，属惠民专署桓台县桓城区。1983年10月，属淄博市桓台县周家人民公社。1984年4月，社改乡，属周家乡。1994年5月，乡改镇，属周家镇。2010年11月，周家镇撤销，属果里镇。

聚落呈方形块状，主街东西走向。村庄面积28.5公顷，居民297户，890人，皆为汉族。设康家村民委员会，有4个村民小组。耕地73公顷，以农业为主，机井电灌，主产小麦、玉米，建有有机原生态蔬菜、水果大棚。人均收入17854元。建有幼儿园、卫生室、文化大院、农家书屋、敬老院、健身活动广场。水电配送。广播电视网和互联网畅通。通606路公交车。

境内有康家遗址。

康家庄

太平庄
Tàipíng Zhuāng

位于县城西南15.5千米，距果里镇政府15千米处，东、南、西三方与张店区接壤，北接康家庄、郝家园。

明初建村，村民要求安泰和平，故取

太平庄

名太平庄。清康熙三十二年（1693）《新城县志》载：南三生字约太平庄。清朝后期，村民多垦耕官府之地，俗称“官地”。故村名亦改为太平官庄。《新城县后志》载：南三生字约辖太平官庄。中华人民共和国成立后，简称太平庄。《桓台县地名词典》（1991年版）载：太平庄。

清代，属济南府新城县永宁乡。民国3年（1914），新城县易名，属桓台县。民国22年（1933），属桓台县第一区。民国33年（1944），属清河行政公署桓台县第一区。民国37年（1948）3月，属渤海第三专员公署桓台县一区。1952年，属淄博专区桓台县一区。1958年9月，属桓台县卫星第八人民公社。同年11月，撤销桓台县建制，属淄博专署博兴县。1961年9月，恢复桓台县建制。1962年，属惠民专署桓台县桓城区。1983年10月，属淄博市桓台县周家人民公社。1984年4月社改乡，属周家乡。1994年5月乡改镇，属周家镇。2010年11月，周家镇撤销，属果里镇。

聚落呈方形块状，主街东西走向。村庄面积17.1公顷，居民298户，964人，皆为汉族。设太平村民委员会，有4个村民小组。耕地45.8公顷，以农业为主，机井电灌，主产小麦、玉米、大豆。人均收入17854元。建有卫生室、文化大院、农家书屋、健身活动广场。水电配送。广播电视网和互联网畅通。通606路公交车。

鸿嘉社区居民委员会
Hóngjiā Shèqū Jūmínwěiyuánhuì

位于县城西南5.5千米，距果里镇政府1.8千米处。果里大道与黄山路交会处、红莲湖南侧。东起黄山路，西接徐斜、练家庄，南起果里大道，北至淮海路。

因办公地址设在鸿嘉星城内，而命名。2013年4月23日成立。下设治安保卫委员会、公共卫生委员会、计划生育委员会。辖鸿嘉星城住宅区。

该住宅区有观澜御府、陶然雅舍、西湖别院、西湖兰庭、观澜甲第5个组团组成。总占地面积约147公顷，总建筑面积约135万平方米，容积率为0.81，绿化率43%，绿化面积约51万平方米。辖区包括别墅121栋，联排别墅55栋，五层楼33栋，高层50栋，商铺18栋，250万

鸿嘉住宅区

平方米自然生态渔洋湖，11000 平方米山东最高档次级健身中心，63000 平方米五星级酒店，6600 平方米疗养式社区健康中心，7 栋超越五星级酒店的豪华会所。物业有山东瀚嘉物业有限公司管理。容纳总户数 4006 户，现住 1100 户，3075 人。设一个社区居民委员会。该社区居民以商业为主，人均收入 33700 元。社区内设有幼儿园、桓台二小南校区、盛圆健身俱乐部、商店、餐饮业等。水电配送。广播电视网和互联网畅通。通 251 路、185 路、610 路公交车。

齐韵韶苑

齐韵韶苑
Qíyùnsháoyuàn

位于县城西南 8.5 千米，距果里镇政府 2.5 千米处。东靠柳泉北路，南依山东德森机电科技有限公司，西至淄博市颐园老年公寓，北靠珠江路。

该居民点以齐文化为底蕴，于 2014 年 3 月 5 日而命名。

聚落形态为块状，占地面积 20 公顷，总建筑面积 53 万平方米，绿地率 40%，容积率 2.02。由 22 栋高层，4 栋小高层，26 栋多层住宅楼组成。设计居民 2200 户，当期住户 242 户，260 人，皆为汉族。小区拥有 15000 平方米的社区商业、文体活动中心、农家书屋、幼儿园、健身活动场所、金融、邮政、电视、网络等生活配套服务。通 251 路、185 路公交车。

园丁佳园
Yuándīngjiāyuán

位于桓台县果里镇果周路 220 号，距镇政府驻地 0.66 千米处。东起黄山路，西至华山路、南靠 205 国道，北靠淮海路。

2005 年，由果里中学开发建设教师宿舍楼。希望住得像花园一样，取名园丁佳园。2007 年 1 月 15 日，由县民政局批复命名。

聚落形态为块状，占地面积 13 公顷，建筑面积 20000 平方米，绿化率 38%，容积率 1.38。公共设施配套齐全。水电配送。广播电视网和互联网畅通。居民 133 户，900 人，皆为汉族。周边有学校、诊所、超市、集市等，由果里中学统一管理。

荆家镇

2012 年获市“科学关爱和谐示范乡镇”；2014 年获“全市平安建设先进集体”；2016 年获“全市四德工程先进集体”。

因镇政府驻地位于荆家村而得名。

荆家镇人民政府

位于东经 117° 97′ ～118° 06′，北纬 37° 03′ ～37° 06′。地处桓台县北部。东与起凤镇为邻，南接田庄镇，西与马桥镇接壤，北隔小清河与高青、博兴县相望。人民政府驻荆四村。

清属新城县（今桓台县）正德乡，民国属四区、岔河区。1955 年为陈庄区。1958 年 9 月，为卫星第十二人民公社。1966 年 5 月，为荆家人民公社。1984 年 4 月，撤社设镇。辖 29 个村民委员会。

辖区总人口 4.63 万人，其中非农业人口 0.199 万人。人口出生率 11.3‰，死亡率 9.5‰，自然增长率 1.8‰，有少数民族 12 个，29 人。

辖区东西最长度为 9.12 千米，南北最大距离 9.87 千米，总面积 5558 公顷。其中陆地 5226 公顷，占 93.7‰；水域 332 公顷，占 6.3%。人口密度为每平方千米 834 人。

境内地貌特征为西高东低，南高北洼，西南向东北缓冲，最高海拔 7.3 米，最低海拔 6.5 米。东南部为锦秋湖，东北部为马踏湖，属山前洪冲与黄泛冲积的叠交地带。

境内河道孝妇河属小清河水系，小清河横枕北部。孝妇河经由高王、荆家村西北折转东北至伊家村注入马踏湖。排洪能力 50 ～ 60 平方米 / 秒。

境内已探明地下矿藏有石油、石膏和天然气等，主要集中在西北部。

全镇生产总值 297600 万元，固定资产投资 98780 万元，实现财政总收入 321 万元，居民存款余额 55588 万元。农民人均纯收入 10480 元，人均住房建筑面积 40.1 平方米。

农林牧渔实现总产值 30150 万元；粮食总产 6.1 万吨，棉花总产 470 吨，水果总产 0.06 万吨，蔬菜总产 3.9 万吨；肉类总产 1380 吨，禽蛋总产 460 吨，奶类总产 59.8 吨，水产品总产 560 吨；全年造林 175 公顷，林木覆盖率达 38%；全镇农机总动力 1.56 万千瓦。

完成工业固定资产投资 95000 万元，新上一次性固定资产投资 100 万元以上项目 9 个；有规模以上工业企业 13 家；实现销售收入 9.2 亿元，利税 8535 万元，利润 5607 万元。

1992 年境内连村公路实现柏油化，1995 年实现村村通客车。滨莱高速公路过境，境内长 6.25 千米。有县级公路 2 条，总长 20 千米。荆家客运站日均发送客车 174 辆次，日客运量 2027 人。境内拥有汽车 768 辆。全镇固定电话用户 4879 户，移动电话 19870 户。

有小学 5 所，在校生 1300 人；普通初中 3 所，在校生 1260 人；体育锻炼场所 28 处，公共图书室 19 处，文化娱乐场所 41 处。有卫生院、所 24 处，卫生技术人员 150 人，其中执业医师 22 人，注册护士 13 人。

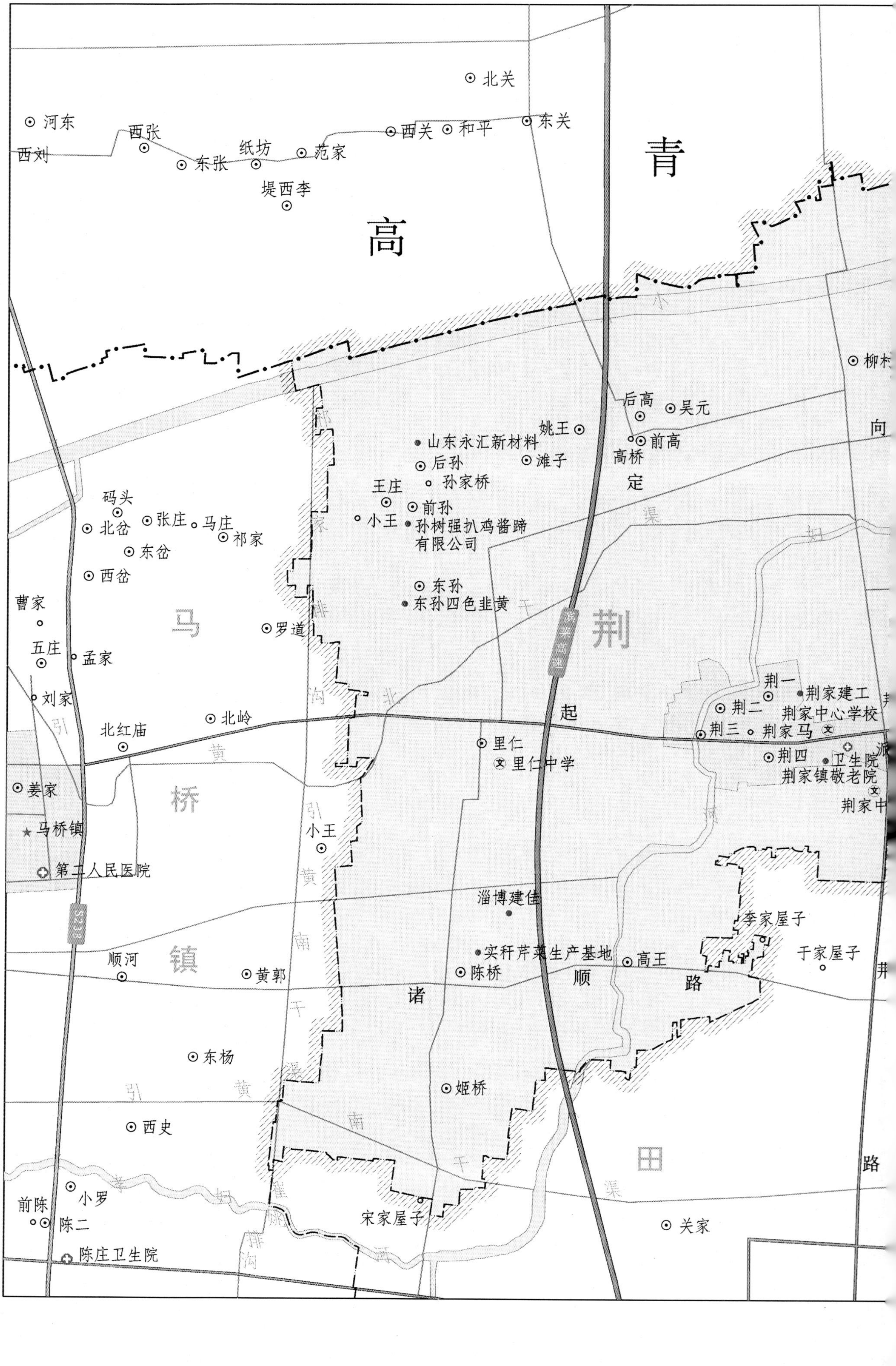

北关
河东
西张
西关
和平
东关
西刘
东张
纸坊
范家
堤西李
青
高
小
柳村
后高
吴元
姚王
前高
向
山东永汇新材料
后孙
滩子
高桥
孙家桥
定
王庄
前孙
渠
码头
小王
孙树强扒鸡酱蹄
有限公司
北岔
张庄
马庄
祁家
妇
东岔
西岔
东孙
曹家
东孙四色韭黄
干
马
罗道
滨莱高速
荆
五庄
孟家
排
家
荆一
荆家建工
刘家
沟
北
起
荆二
荆家中心学校
引
北岭
荆三
荆家马
北红庙
里仁
黄
荆四
卫生院
里仁中学
荆家镇敬老院
姜家
桥
荆家中
河
马桥镇
引
小王
第二人民医院
黄
淄博建佳
李家屋子
S238
南
实秆芹菜生产基地
于家屋子
顺河
镇
黄郭
高王
陈桥
诸
顺
路
干
东杨
渠
姬桥
引
黄
南
西史
干
田
路
渠
孝
妇
小罗
前陈
陈二
宋家屋子
关家
排
沟
河
陈庄卫生院

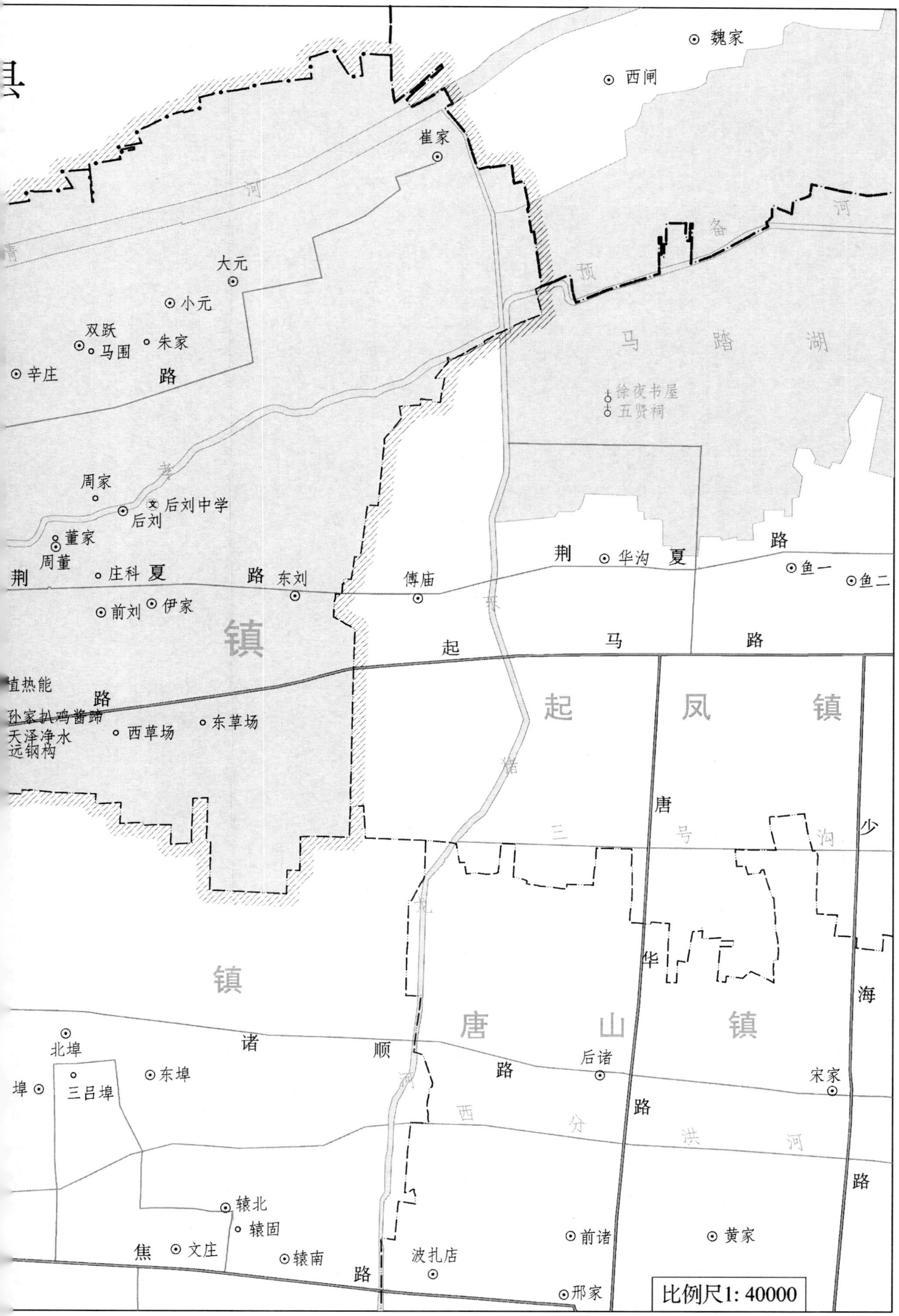
魏家
西闸
崔家
河
大元
小元
双跃
马围
朱家
辛庄
路
备
河
预
马 路 湖
徐夜书屋
五贤祠
周家
后刘中学
后刘
董家
周董
荆
庄科
夏
路
东刘
前刘
伊家
镇
傅庙
荆
华沟
夏
路
鱼一
鱼二
起 马 路
植热能
路
孙家扒鸡酱蹄
天泽净水
远钢构
西草场
东草场
起 凤 镇
唐
三 号 沟
少
华
海
镇
唐 山 镇
北埠
诸
顺
路
后诸
宋家
埠
三吕埠
东埠
路
西 分 洪 河
路
辕北
辕固
焦
文庄
辕南
路
波扎店
前诸
黄家
邢家
比例尺1: 40000

荆家庄
Jīngjiā Zhuāng

位于县城西北15千米，孝妇河东侧。荆家镇人民政府驻地。东靠荆田路，南依高王庄，西连里仁庄，北接吴园。孝妇河、起马路流、经此地。

宋宣和年间（1119—1125）荆姓居此，名张机辅，后改荆姓为名，即荆家庄。《荆氏续修族谱》载：“吾乡有聚族，旧号坡北荆，世居张机铺，壤接慕容成。明初上十世，宋金方战争。住此不他徙，誓守祖先茔。清康熙三十二年（1693）《新城县志》载：北七安字约荆家。1958年，人民公社化时，按顺序排名为荆一、荆二、荆三、荆四4个大队。后以此设立4个村民委员会。《桓台县地名词典》（1991年版）载：荆家庄。

清代，属济南府新城县正德乡。民国3年（1914），新城县易名，属桓台县。民国22年（1933），属桓台县第四区。民国33年（1944），属清河行政公署桓台县第四区。民国37年（1948）3月，属渤海第三专员公署桓台县四区。1952年，属淄博专区桓台县四区。1958年9月，属桓台县第十二卫星人民公社。同年11月，撤销桓台县建制，属淄博专署博兴县高王人民公社。1961年9月，恢复桓台县建制。1962年，属惠民专署桓台县高王区。1966年5月，撤区并社，属荆家人民公社。1983年10月，属淄博市桓台县荆家人民公社。1984年4月，撤社改乡、镇，属荆家镇。

设农历一、六集日。通602路、162路、217路公交车。

聚落呈方形块状，主街东西走向。居民1995户，7556人，均系汉族，耕地579.2公顷。以农业为主，机井电灌，主产小麦、玉米，其次棉花、蔬菜、苇草。2014年人均收入10480元。

荆一，聚落呈方形，主街东西走向。村庄面积4000平方米，居民567户，2024人，皆为汉族。设荆一村民委员会，有10个村民小组。耕地200.5公顷，以农业为主，机井电灌，主产小麦、玉米。人均收入10480元。建有卫生室、文化大院、农家书屋、健身活动广场。水电配送。广播电视网和互联网畅通。

荆二，聚落呈方形，主街东西走向。村庄面积3000平方米，居民398户，1336人，皆为汉族。设荆二村民委员会，有5个村民小组，隶属荆家镇政府管辖。耕地87公顷，以农业为主，机井电灌，主产小麦、玉米。人均收入10480元。建有卫生室、文化大院、农家书屋、老年活动中心、健身活动广场。水电配送。广播电视网和互联网畅通。

荆三，聚落呈方形，主街东西走向。村庄面积8000平方米，居民670户，2320人，皆为汉族。设荆三村民委员会，有10个村民小组。耕地146.4公顷，以农业为主，主产小麦、玉米。人均收入10480元。建有卫生室、文化大院、健身活动广场。水电配送。广播电视网和互联网畅通。境内有荆三遗址。

荆四，聚落呈方形，主街东西走向。村庄面积2.3公顷，居民540户，1876人，皆为汉族。设荆四村民委员会，有7个村民小组。耕地145.4公顷，以农业为主，机井电灌，主产小麦、玉米。人均收入10480元。建有荆家镇中心幼儿园、小学、中学、卫生室、文化大院、农家书屋、健身活动广场、邻镇卫生院。水电配送。广播电视网和互联网畅通。

1983 年 10 月，属淄博市桓台县荆家人民公社。1984 年 4 月，撤社改乡、镇，属荆家镇。

聚落呈方形块状，主街东西走向。村庄面积 12 公顷，居民 263 户，840 人，皆为汉族。设王庄村民委员会，有 3 个村民小组。耕地 59.3 公顷，以农业为主，机井电灌，主产小麦、玉米。人均收入 10480 元。建有卫生室、文化大院、农家书屋、健身活动广场。水电配送。广播电视网和互联网畅通。通 604 路公交车。

荆四村

王家庄
Wángjiā Zhuāng

位于县城西北 18.6 千米，距荆家镇政府 3.8 千米处。东邻后孙，南依前孙，西连马桥镇，北临小清河。

据传，陈姓始祖原籍在高苑县做教谕，后迁此定居，村名陈家庄。《王氏祖墓碑》载：“始祖王卯，原籍直隶枣强人也，于明洪武二年（1369）迁徙山东省高苑县西关，又移居陈王庄。”现已传到二十世。据考，明初已有此村。清光绪三十年（1904）新城县西七约辖王家庄。《桓台县地名词典》（1991 年版）载：王家庄。

清代，属济南府新城县正德乡。民国 3 年（1914），新城县易名，属桓台县。民国 22 年（1933），属高苑县。民国 37 年（1948）4 月，属渤海行署高青县。1956 年秋，属淄博专区桓台县四区。1958 年 9 月，属桓台县第十二卫星人民公社。同年 11 月，撤销桓台县建制，属淄博专署博兴县高王人民公社。1961 年 9 月，恢复桓台县建制。1962 年，属惠民专署桓台县高王区。1966 年 5 月，撤区并社，属荆家人民公社。

小王庄
Xiǎowáng Zhuāng

位于县城西北 18.5 千米，距荆家镇镇府 3.3 千米处，小清河之阴。东临孝妇河，东南依东孙庄，西连马桥镇祁家庄，北接王家庄。

清光绪二十四年（1898）洪水成灾，王太云、王太志之父，从王家庄移居于此筑室定居，村名小王庄。《桓台县地名词典》（1991 年版）载：小王庄。

清代，属济南府新城县正德乡。民国 3 年（1914），新城县易名，属桓台县。民国 22 年（1933），属桓台县第四区。民国 33 年（1944），属清河行政公署高苑县。民国 37 年（1948）4 月，属渤海行署高青县。1956 年秋，属淄博专区桓台县四区。1958 年 9 月，属桓台县第十二卫星人民公社。同年 11 月，撤销桓台县建制，属淄博专署博兴县高王人民公社。1961 年 9 月，恢复桓台县建制，属惠民专署桓台县高王区、荆家人民公社。1966 年 5 月，撤区并社，属荆家人民公社。1983 年 10 月，属淄博市桓台县荆家人民公社。1984 年 4 月，撤社改乡、镇，属荆家镇。有 1 个村民小组，由王庄村民委员会管辖。

聚落呈块状，村庄面积 1 公顷，居民 11 户，

50人，耕地1.3公顷，以农业为主，主产小麦、玉米。人均收入10480元。水电配送。广播电视网和互联网畅通。

孙家桥
Sūnjiāqiáo

位于县城西北18.2千米，距荆家镇政府2.8千米处。东邻滩子庄，西连王家庄，南依东孙庄，北临小清河。

据考，明万历年间（1573—1620）建村。此处原有大片枣树，人称枣行店子。孙姓迁此，在村东建一桥，遂改名孙家桥。《孙氏世谱》载："吾始祖才兴、才旺兄弟二人，于明洪武四年（1371），由河北省枣强县拨迁于山东省新城县正德乡。才兴居东孙。七世祖移居于此。"清康熙三十二年（1693）《新城县志》载：西八谦字约孙家桥。1958年，人民公社化时建大队，按居住桥南、桥北之分，取名"前孙大队""后孙大队"。后以"前孙村""后孙村"为名，设立2个村民委员会。《桓台县地名词典》（1991年版）载：孙家桥。

清代，属济南府新城县正德乡。民国3年（1914），新城县易名，属桓台县。民国22年（1933），属桓台县第四区。民国33年（1944），属清河行政公署桓台县第四区。民国37年（1948）4月，属渤海行署高青县。1956年秋，属淄博专区桓台县四区。1958年9月，属桓台县卫星第十二人民公社。同年11月，撤销桓台县建制，属淄博专署博兴县高王人民公社。1961年9月，恢复桓台县建制。1962年，属惠民专署桓台县高王区。1966年5月，撤区并社，属荆家人民公社。1983年10月，属淄博市桓台县荆家人民公社。1984年4月，撤社改乡、镇，属荆家镇。

聚落呈矩形块状，主街南北走向。面积25.8公顷，居民420户，1556人，耕地107.4公顷，以农业为主，主产小麦、玉米、棉花、苇草。设学校。

前孙，聚落呈矩形，主街南北走向。村庄面积8.3公顷，居民130户，546人，皆为汉族。设前孙村民委员会，有2个村民小组。耕地40.1公顷，以农业为主，机井电灌，主产小麦、玉米。人均收入10480元。建有文化大院、农家书屋、健身活动广场。水电配送。广播电视网和互联网畅通。个体企业有孙树强扒鸡酱蹄有限公司。1998年获"鲁菜精品大展优等奖"、2003年获国家级"无公害产品"。

后孙，聚落呈矩形，主街南北走向。村庄面积17.5公顷，居民290户，1010人，皆为汉族。设后孙村民委员会，有4个村民小组。耕地67.3公顷，以农业为主，机井电灌，主产小麦、玉米。人均收入10480元。建有联办小学、卫生室、文化大院、健身活动广场。水电配送。广播电视网和互联网畅通。民办企业有桓台县永汇化工有限公司、桓台天齐磨料磨具制造有限公司等。通604路公交车。

滩子庄
Tānzǐ Zhuāng

位于县城西北17.8千米，距荆家镇政府3.1千米处。东邻姚王庄，南靠定向路，西连孙家桥，北临小清河。

据考，明崇祯年间（1628—1644）建村。附近村庄几户村民居此，以打渔为生，因村处小清河南岸滩地，故得名：滩子庄。清康熙三十二年（1693）《新城县志》载：西八谦字约滩子桥。《桓台县地名词典》（1991年版）载：滩子庄。

清代，属济南府新城县正德乡。民国3年（1914），新城县易名，属桓台县。民国22年（1933），属桓台县第四区。民国33年（1944），

滩子庄

属清河行政公署桓台县第四区。民国37年（1948）4月，属渤海行署高青县。1956年秋，属淄博专区桓台县四区。1958年9月，属桓台县卫星第十二人民公社。同年11月，撤销桓台县建制，属淄博专署博兴县高王人民公社。1961年9月，恢复桓台县建制。1962年，属惠民专署桓台县高王区。1966年5月，撤区并社，属荆家人民公社。1983年10月，属淄博市桓台县荆家人民公社。1984年4月，撤社改乡、镇，属荆家镇。

聚落呈方形，主街南北走向。村庄面积16.7公顷，居民326户，1050人，皆为汉族。设滩子村民委员会，有2个村民小组。耕地62.5公顷，以农业为主，机井电灌，主产小麦、玉米。人均收入10480元。建有卫生室、文化大院、农家书屋、健身活动广场。水电配送。广播电视网和互联网畅通。通604路公交车。

姚王庄
Yáowáng Zhuāng

位于县城西北17.8千米，距荆家镇政府3.2千米处。东邻高桥，南靠定向路，西连滩子庄，北临小清河。

据考，明初已有此村。由姚、王二姓居此，故名“姚王庄”。《桓台县地名词典》（1991年版）载：姚王庄。

清代，属济南府新城县正德乡。民国3年（1914），新城县易名，属桓台县。民国22年（1933），属高苑县。民国37年（1948）4月，属渤海行署高青县。1956年秋，属淄博专区桓台县四区。1958年9月，属桓台县第十二卫星人民公社。同年11月，撤销桓台县建制，属淄博专署博兴县高王人民公社。1961年9月，恢复桓台县建制。1962年，属惠民专署桓台县高王区。1966年5月，撤区并社，属荆家人民公社。1983年10月，属淄博市桓台县荆家人民公社。1984年4月，撤社改乡、镇，属荆家镇。

聚落呈方形块状，主街东西走向。村庄面积3.2公顷，居民75户，270人，皆为汉族。设姚王村民委员会，有1个村民小组。耕地24公顷，以农业为主，机井电灌，主产小麦、玉米。人均收入10480元。建有文化大院、农家书屋、健身活动广场。水电配送。广播电视网和互联网畅通。

高 桥
Gāoqiáo

位于县城西北17.6千米，距荆家镇政府2.8千米处。东邻吴园，南依荆家庄，西连姚王庄，北临小清河。

据《续修荆氏族谱·跋》考：十四世心可于明初迁此立村。因村原处小清河上高苑桥旁，村名高苑桥。清康熙三十二年（1693）《新城县志》载：西八谦字约高苑桥。1952年简称高桥。1958年公社化时建大队，按住高桥南部、北部之分，取名“前高”“后高”。《桓台县地名词典》

（1991 年版）载：高桥。

清代，属济南府新城县正德乡。民国 3 年（1914），新城县易名，属桓台县。民国 22 年（1933），属桓台县第四区。民国 33 年（1944），属清河行政公署桓台县第四区。民国 37 年（1948）4 月，属渤海行署高青县。1956 年秋，属淄博专区桓台县四区。1958 年 9 月，属桓台县第十二卫星人民公社。同年 11 月，撤销桓台县建制，属淄博专署博兴县高王人民公社。1961 年 9 月，恢复桓台县建制。1962 年，属惠民专署桓台县高王区。1966 年 5 月，撤区并社，属荆家人民公社。1983 年 10 月，属淄博市桓台县荆家人民公社。1984 年 4 月，撤社改乡、镇，属荆家镇。

村庄面积 25.7 公顷，居民 439 户，1537 人，耕地 71.8 公顷，以农业为主，机井电灌，主产小麦、玉米。

前高，聚落呈矩形块状，主街南北走向。村庄面积 21.3 公顷，居民 360 户，1265 人，皆为汉族。设前高村民委员会，有 3 个村民小组。耕地 60.8 公顷，以农业为主，主产小麦、玉米。人均收入 9000 元。建有幼儿园、卫生室、文化大院、农家书屋、健身广场。水电配送。广播电视网和互联网畅通。通 604 路公交车。

后高，聚落呈矩形，主街南北走向。村庄面积 4.4 公顷，居民 79 户，272 人，皆为汉族。设后高村民委员会。耕地 11 公顷，以农业为主，机井电灌，主产小麦、玉米。人均收入 10480 元。建有文化大院、农家书屋、健身活动广场。水电配送。广播电视网和互联网畅通。

前高

吴园
Wúyuán

位于县城西北 17.3 千米，距荆家镇政府 2.8 千米处。东邻王明桥，西南连前高，北临小清河。

明洪武二年（1369），高苑县吴姓在此建一花园，约在洪武十年（1377）吴姓从高苑县迁此定居，村名吴家园。清康熙三十二年（1693）济南府新城县西八谦字约吴园。中华人民共和国成立后简称吴园。《桓台县地名词典》（1991 年版）载：吴园。

清代，属济南府新城县正德乡。民国 3 年（1914），新城县易名，桓台县。民国 22 年（1933），属高苑县。民国 37 年（1948）4 月，属渤海行署高青县。1956 年秋，属桓台县四区。1958 年 9 月，属桓台县第十二卫星人民公社。同年 11 月，撤销桓台县建制，属淄博专署博兴县高王人民公社。1961 年 9 月，恢复桓台县建制。1962 年，属惠民专署桓台县高王区。1966 年 5 月，撤区并社，属荆家人民公社。1983 年 10 月，属淄博市桓台县荆家人民公社。1984 年 4 月，撤社改乡、镇，属荆家镇。

聚落呈方形块状，主街东西走向。村庄面积 11.5 公顷，居民 239 户，806 人，皆为汉族。设吴元村民委员会，有 4 个村民小组。耕地 91.9 公顷，以农业为主，机井电灌，主产小麦、玉米。人均收入 10480 元。建有文化大院、健身活动广场。水电配送。广播电视网和互联网畅通。通 604 路公交车。

柳 村
Liǔ Cūn

位于县城西北 16.6 千米，距荆家镇政府 3.5 千米处。东邻王明桥，南靠定向路，西连吴园，北临护庄堰。

据传，此处原系焦桥袁家的一处庄园。张、王二姓于清初从太平庄移居于此，因村旁柳树成行，故名柳村。清康熙三十二年（1693）《新城县志》载：西九让字约柳村。《桓台县地名词典》（1991 年版）载：柳村。

清代，属济南府新城县正德乡。民国 3 年（1914），新城县易名，属桓台县。民国 22 年（1933），属高苑县。民国 37 年（1948）4 月，属渤海行署高青县。1956 年秋，属淄博专区桓台县四区。1958 年 9 月，属桓台县第十二卫星人民公社。同年 11 月，撤销桓台县建制，属淄博专署博兴县高王人民公社。1961 年 9 月，恢复桓台县建制。1962 年，属惠民专署桓台县高王区。1966 年 5 月，撤区并社，属荆家人民公社。1983 年 10 月，属淄博市桓台县荆家人民公社。1984 年 4 月，撤社改乡、镇，属荆家镇。

聚落呈方形块状，主街东西走向。村庄面积 7.5 公顷，居民 140 户，420 人，皆为汉族。设柳村村民委员会，有 1 个村民小组。耕地 29.8 公顷，以农业为主，机井电灌，主产小麦、玉米。人均收入 10480 元。建有文化大院、农家书屋、健身活动广场。水电配送。广播电视网和互联网畅通。通 604 路公交车。

王明桥
Wángmíngqiáo

位于县城西北 16.1 千米，距荆家镇政府 3.3 千米处。东邻辛庄，南靠定向路，西连柳村，北临护庄堰。

据传，五代时期就有村庄。村旁河上有一座桥。赵匡胤微时，曾夜宿于桥下，盼望天明，宋代村民以此而命村名：望明桥。明朝前期，董、刘二姓迁此定居，改名董刘庄。清初王姓为该村之望族，又易名为王明桥。清宣统年间（1909—1911），《董氏世谱》载：“始祖讳瑝，洪武二年（1369），徙居新城正德乡东贾庄。四世移居王明桥。”清康熙三十二年（1693），济南府新城县西九让字约王明桥。清光绪三十年（1904）新城县西九约辖王鸣桥。民国 19 年（1930）桓台县第四区（驻荆家）明德乡辖王明桥。1952 年后简称“王明”。《桓台县地名词典》（1991 年版）载：王明桥。

清代，属济南府新城县正德乡。民国 3 年（1914），新城县易名，属桓台县。民国 22 年

王明桥

（1933），属桓台县第四区。民国 33 年（1944），属清河行政公署桓台县第四区。民国 37 年（1948）4 月，属渤海行署高青县。1956 年秋，属淄博专区桓台县四区。1958 年 9 月，属桓台县第十二卫星人民公社。同年 11 月，撤销桓台县建制，属淄博专署博兴县高王人民公社。1961 年 9 月，恢复桓台县建制。1962 年，属惠民专署桓台县高王区。1966 年 5 月，撤区并社，属荆家人民公社。1983 年 10 月，属淄博市桓台县荆家人民公社。1984 年 4 月，撤社改乡、镇，属荆家镇。

聚落呈矩形块状，主街东西走向。村庄面积 22.7 公顷，居民 472 户，1609 人，皆为汉族。设王明村民委员会，有 4 个村民小组。耕地 156.4 公顷，以农业为主，机井电灌，主产小麦、玉米。人均收入 11000 元。建有卫生室、幼儿园、文化大院、农家书屋、健身活动广场。水电配送。广播电视网和互联网畅通。设农历五、十集日。通 604 路公交车。

东孙庄
Dōngsūn Zhuāng

位于县城北 17.5 千米，距荆家镇政府 2.8 千米处。东邻荆家庄，南依里仁庄，西连马桥镇罗道，北接前孙庄。

明天启四年（1624）《新城县志》载：利用乡名冢上村。《孙氏世谱》载：“吾始祖才兴、才旺兄弟二人，于明洪武四年（1371），由河北省枣强县播迁于山东省新城县正德乡。才兴居东孙。”清康熙三十二年（1693）《新城县志》载：西八谦字约东塚庄。清光绪三十年（1904）正德乡西八约辖孙家庄。民国 19 年（1930）村名东孙。《桓台县地名词典》（1991 年版）载：东孙庄。

清代，属济南府新城县正德乡。民国 3 年（1914），新城县易名，属桓台县。民国 22 年（1933），属桓台县第四区。民国 33 年（1944），属清河行政公署桓台县第四区。民国 37 年（1948）3 月，属渤海第三专员公署桓台县四区。1952 年，属淄博专区桓台县四区。1958 年 9 月，属桓台县第十二卫星人民公社。同年 11 月，撤销桓台县建制，属淄博专署博兴县高王人民公社。1961 年 9 月，恢复桓台县建制。1962 年，属惠民专署桓台县高王区。1966 年 5 月，撤区并社，属荆家人民公社。1983 年 10 月，属淄博市桓台县荆家人民公社。1984 年 4 月，撤社改乡、镇，属荆家镇。

聚落呈矩形块状，主街东西走向。村庄面积 40.7 公顷，居民 768 户，2650 人，皆为汉族。设东孙村民委员会，有 10 个村民小组。耕地 209.8 公顷，以农业为主，机井电灌，小麦、玉米。人均收入 10480 元。建有卫生室、文化大院、农家书屋、健身活动广场。水电配送。广播电视网和互联网畅通。通 604 路县内客车。

为桓台“建筑之乡”主要发源地之一。冬季培植四色韭黄属世代相传的特色种植业。2007 年 11 月，成立“绿海四色韭黄农民专业合作社”，使四色韭黄生产达到了历史新高度。2010 年，

东孙庄

“荆家牌”四色韭黄注册商标，被国家工商行政管理总局商标局核定为“地理标志证明商标”。通 604 路公交车。

里仁庄
Lǐrén Zhuāng

位于县城西北 16.6 千米，距荆家镇政府 2.3 千米处。东邻荆家庄，南依陈桥，西连马桥镇北岭，北接东孙巨。

据传，明初单姓迁此立村。因村西南有一条河，为挡河水曾修筑一坝，得名：坝头庄。明天启四年（1624）《新城县志》载：利用乡坝头庄。后因此名不雅，众人共议，取《四书》中“里仁为美“之句，改名为里仁庄。清光绪三十年（1904）新城县西八约辖里仁庄。《桓台县地名词典》（1991 年版）载：里仁庄。

清代，属济南府新城县正德乡。民国 3 年（1914），新城县易名，属桓台县。民国 22 年（1933），属桓台县第四区。民国 33 年（1944），属清河行政公署桓台县第四区。民国 37 年（1948）3 月，属渤海第三专员公署桓台县四区。1952 年，属淄博专区桓台县四区。1958 年 9 月，属桓台县卫星第十二人民公社。同年 11 月，撤销桓台县建制，属淄博专署博兴县高王人民公社。1961 年 9 月，恢复桓台县建制。1962 年，属惠民专署桓台县高王区。1966 年 5 月，撤区并社，属荆家人民公社。1983 年 10 月，属淄博市桓台县荆家人民公社。1984 年 4 月，撤社改乡、镇，属荆家镇。

聚落呈矩形块状，主街东西走向。村庄面积 45.1 公顷，居民 1066 户，3060 人，皆为汉族。设里仁村民委员会，有 4 个村民小组。耕地 182.1 公顷，以农业为主，机井电灌，主产小麦、玉米、蔬菜。人均收入 10480 元。建有幼儿园、中学、卫生室、文化大院、农家书屋、健身活动广场。水电配送。广播电视网和互联网畅通。设农历四、九集日。

起马路横穿村居。通 602 路、162 路公交车。

里仁庄

陈桥
Chénqiáo

位于县城西北 15.5 千米，距荆家镇政府 3.2 千米处，孝妇河西岸。东邻高王，南依姬桥，西连马桥镇黄郭庄，北接里仁庄。

清同治三年《陈氏世谱》载：“吾祖明初由直隶枣强迁居山东新城县北乡去城十八里陈家桥。”“陈村名陈家桥者，其居临潢沟东岸，修桥以便往来，故名。”清康熙三十二年（1693）《新城县志》载：北三雍字约陈家桥。1949 年始简称陈桥。《桓台县地名词典》（1991 年版）载：陈桥。

清代，属济南府新城县正德乡。民国 3 年（1914），新城县易名，属桓台县。民国 22 年（1933），属桓台县第四区。民国 33 年（1944），属清河行政公署桓台县第四区。民国 37 年（1948）3 月，属渤海第三专员公署桓台县四区。1952 年，属淄博专区桓台县四区。1958 年 9 月，属桓台县第十二卫星人民公社。同年 11 月，撤销桓台县建制，属淄博专署博兴县高王人民公社。1961 年 9 月，恢复桓台县建制。1962 年，属惠民专署桓台县高王区。1966 年 5 月，撤区卫生所、并社，属荆家人民公社。1983 年 10 月，属淄博市桓台县荆家人民公社。1984 年 4 月，撤社改乡、镇，属荆家镇。

聚落呈方形块状，主街东西走向。村庄面积 57 公顷，居民 1142 户，3869 人，皆为汉族。设陈桥村民委员会，有 15 个村民小组。耕地 231.9 公顷，以农业为主，机井电灌，主产小麦、玉米。蔬菜以种植芹菜、青蒜、黄瓜为主。人均收入 10480 元。建有小学、卫生室、文化大院、农家书屋、健身活动广场。水电配送。广播电视网和互联网畅通。设农历二、七集日。通 603 路公交车。

高王庄
Gāowáng Zhuāng

位于县城西北 14.5 千米，距荆家镇政府 2.2 千米处。孝妇河纵向穿村而过。东靠周荆路，南依田庄镇关家庄，西靠滨博高速，北接荆家庄。

据考，清康熙年间（1662—1722）建村。王姓从新城迁此，因此处湖区高埠之上，故名“高王庄”。清光绪三十年（1904）新城县北三约辖高王庄。《桓台县地名词典》（1991 年版）载：高王庄。

清代，属济南府新城县正德乡。民国 3 年（1914），新城县易名，属桓台县。民国 22 年（1933），属桓台县第四区。民国 33 年（1944），属清河行政公署桓台县第四区。民国 37 年（1948）3 月，属渤海第三专员公署桓台县四区。1952 年，属淄博专区桓台县四区。1958 年 9 月，属

高王庄

桓台县第十二卫星人民公社。同年 11 月，撤销桓台县建制，属淄博专署博兴县高王人民公社。1961 年 9 月，恢复桓台县建制。1962 年，属惠民专署桓台县高王区。1966 年 5 月，撤区并社，属荆家人民公社。1983 年 10 月，属淄博市桓台县荆家人民公社。1984 年 4 月，撤社改乡、镇，属荆家镇。

聚落呈方形块状，主街东西走向。村庄面积 46.6 公顷，居民 1020 户，3218 人，皆为汉族。设高王村民委员会，有 5 个村民小组。耕地 216.7 公顷，以农业为主，机井电灌，主产小麦、玉米。人均收入 10480 元。建有卫生室、文化大院、老年活动中心、健身活动广场。水电配送。广播电视网和互联网畅通。通 603 路、217 路公交车。

李家屋子
Lǐjiāwūzi

位于县城西北 14 千米，距荆家镇镇府 1.6 千米处，荆（家）田（庄）公路西侧。东邻于家屋子，南依三吕埠，西连高王，北接荆家庄。

此处原是田庄镇胡家庄胡姓的苇田。清末于铺李清湖迁此居住，人称李家屋子。《桓台

县地名词典》（1991 年版）载：李家屋子。

清代，属济南府新城县正德乡。民国 3 年（1914），新城县易名，属桓台县。民国 22 年（1933），属桓台县第四区。民国 33 年（1944），属清河行政公署桓台县第四区。民国 37 年（1948）3 月，属渤海第三专员公署桓台县六区。1952 年，属淄博专区桓台县六区。1958 年 9 月，属桓台县第十二卫星人民公社。同年 11 月，撤销桓台县建制，属淄博专署博兴县高王人民公社。1961 年 9 月，恢复桓台县建制。1962 年，属惠民专署桓台县高王区。1966 年 5 月，撤区并社，属荆家人民公社。1983 年 10 月，属淄博市桓台县荆家人民公社。1984 年 4 月，撤社改乡、镇，属荆家镇。

村庄面积 2 公顷，居民 33 户，72 人。有 1 个村民小组，属高王村民委员会管辖。耕地 2.7 公顷，以农业为主，机井电灌，主产小麦、玉米。人均收入 10480 元。水电配送。广播电视网和互联网畅通。

姬桥
Jīqiáo

位于县城西北 15.1 千米，距荆家镇政府 3.8 千米处。东邻田庄镇宗王庄，南依田庄镇傅桥，西连马桥镇西史，北接陈桥。

据传，明初姬、王二姓迁此，并在郑潢沟上修建一桥，名姬家桥。《王氏续修世谱》载：“吾祖讳瑞池，字昆明，自明初由直隶枣强县徙居山东济南府新城县北姬桥著籍焉。”清康熙三十二年（1693）《新城县志》载：北三雍字约姬家桥。中华人民共和国成立后，简称“姬桥”。《桓台县地名词典》（1991 年版）载：姬桥。

清代，属济南府新城县正德乡。民国 3 年（1914），新城县易名，属桓台县。民国 22 年（1933），属桓台县第四区。民国 33 年（1944），属清河行政公署桓台县第四区。民国 37 年（1948）3 月，属渤海第三专员公署桓台县四区。1952 年，属淄博专区桓台县四区。1958 年 9 月，属桓台县第十二卫星人民公社。同年 11 月，撤销桓台县建制，属淄博专署博兴县高王人民公社。1961 年 9 月，恢复桓台县建制。1962 年，属惠民专署桓台县高王区。1966 年 5 月，撤区并社，属荆家人民公社。1983 年 10 月，属淄博市桓台县荆家人民公社。1984 年 4 月，撤社改乡、镇，属荆家镇。

聚落呈方形块状，主街东西走向。村庄面积 29.9 公顷，居民 738 户，2690 人，皆为汉族。设姬桥村民委员会，有 13 个村民小组。耕地 201.2 公顷，以农业为主，机井电灌，主产小麦、玉米、蔬菜（芹菜）。人均收入 10480 元。建有幼儿园、卫生室、文化大院、农家书屋、健身活动广场 。水电配送。广播电视网和互联网畅通。通 603 路公交车。

2007 年“姬桥牌”实杆芹菜在国家工商总局注册，与东孙的“四色韭黄”并称“荆家双宝”。

大园庄
Dàyuán Zhuāng

位于县城索镇西北 15.8 千米，距荆家镇政府 5.3 千米处。东邻崔家庄，南靠崔付路，西连小园庄，北临小清河。

明初，伊氏立村。以种菜为生，因而取名伊家园。明天启四年（1624）《新城县志》载：利用乡伊家园。《伊氏族谱》载：“伊氏始祖，于明洪武年间（1368—1398），由直隶枣强迁山东新城伊家园。”清康熙三十二年（1693），济南府新城县西九让字约伊家园。民国 22 年《重修新城县志》载名大园庄。《桓台县地名词典》

大园庄

（1991 年版）载：大园庄。

明代，属新城县利用乡。清代，属济南府新城县正德乡。民国 3 年（1914），新城县易名，属桓台县。民国 22 年（1933），属桓台县第四区。民国 33 年（1944），属清河行政公署桓台县第四区。民国 37 年（1948）4 月，属渤海行署高青县。1956 年秋，属淄博专区桓台县四区。1958 年 9 月，属桓台县卫星第十二人民公社。同年 11 月，撤销桓台县建制，属淄博专署博兴县高王人民公社。1961 年 9 月，恢复桓台县建制。1962 年，属惠民专署桓台县高王区。1966 年 5 月，撤区并社，属荆家人民公社。1983 年 10 月，属淄博市桓台县荆家人民公社。1984 年 4 月，撤社改乡、镇，属荆家镇。

聚落呈方形，主街东西走向。村庄面积 31.9 公顷，居民 642 户，2125 人，皆为汉族。设大元村民委员会，有 8 个村民小组。耕地 223.1 公顷，以农业为主，机井电灌，主产小麦、玉米。人均收入 10480 元。建有联办小学、卫生诊所、文化大院、农家书屋、健身活动广场。水电配送。广播电视网和互联网畅通。设农历一、六集日。个体企业有周元食品公司。通 604 路公交车。

小园庄
Xiǎoyuán Zhuāng

位于县城索镇西北 16.1 千米，距荆家镇政府 4.6 千米处。东邻大园庄，南依后刘庄，西连双跃村，北临小清河。

民国 12 年（1923），村民从大元庄迁此定居。取名：小园庄。民国 23 年（1934）《新修桓台县志》载：“第四区大园乡小园庄。”《桓台县地名词典》（1991 年版）载：小园庄。

民国 22 年（1933），属桓台县第四区。民国 33 年（1944），属清河行政公署桓台县第四区。民国 37 年（1948）4 月，属渤海行署高青县。1956 年秋，属淄博专区桓台县四区。1958 年 9 月，属桓台县第十二卫星人民公社。同年 11 月，撤销桓台县建制，属淄博专署博兴县高王人民公社。1961 年 9 月，恢复桓台县建制。1962 年，属惠民专署桓台县高王区。1966 年 5 月，撤区并社，属荆家人民公社。1983 年 10 月，属淄博

小园庄

市桓台县荆家人民公社。1984年4月，撤社改乡、镇，属荆家镇。

聚落呈方形块状，主街东西走向。村庄面积14.1公顷，居民270户，938人，皆为汉族。设小元村民委员会，划分3个村民小组。耕地81公顷，以农业为主，机井电灌，主产小麦、玉米。人均收入12121元。建有卫生室、文化大院、农家书屋、健身广场、小型超市。水电配送。广播电视网和互联网畅通。通604路公交车。

崔家庄
Cuījiā Zhuāng

位于县城西北16千米，距荆家镇镇府7.3千米处。东临马踏湖，南依傅庙，西连大园庄，北临小清河。

据传，明初崔姓由河北省枣强县迁此立村，名崔家庄。清康熙三十二年（1693）《新城县志》载："西九让字约崔家庄。"《桓台县地名词典》（1991年版）载：崔家庄。

清代，属济南府新城县正德乡。民国3年（1914），新城县易名，属桓台县。民国22年（1933），属桓台县第四区。民国33年（1944），属清河行政公署桓台县第四区。民国37年（1948）4月，属渤海行署高青县。1956年秋，属淄博专区桓台县四区。1958年9月，属桓台县第十二卫星人民公社。同年11月，撤销桓台县建制，属淄博专署博兴县高王人民公社。1961年9月，恢复桓台县建制。1962年，属惠民专署桓台县高王区。1966年5月，撤区并社，属荆家人民公社。1983年10月，属淄博市桓台县荆家人民公社。1984年4月，撤社改乡、镇，属荆家镇。

聚落呈方形块状，主街东西走向。村庄面积33.5公顷，居民705户，2432人，皆为汉族。设崔家村民委员会，有6个村民小组。耕地178.8公顷，以农业为主，机井电灌，主产小麦玉米、棉花、蔬菜。人均收入10480元。建有幼儿园、卫生室、文化大院、农家书屋、健身活动广场。水电配送。广播电视网和互联网畅通。通604路公交车。

辛庄
Xīn Zhuāng

位于县城西北16千米，距荆家镇政府3.6千米处。东邻马围庄，南依周家庄，西连王明，北临小清河。

据考，明弘治年间（1488—1505）已有此村。姚姓迁此立村，名姚家新庄。《王氏世谱》载："始祖于明洪武二年（1369），由河北直隶枣强迁居邹平县青杨店，六世徙居姚家辛庄。"清康熙三十二年(1693)《新城县志》载：西九让字约辛庄。1930年桓台县第四区明德乡辖东辛庄。为与索镇东辛相区别，1982年改名为辛庄。《桓台县地名词典》（1991年版）载：辛庄。

清代，属济南府新城县正德乡。民国3年（1914），新城县易名，属桓台县。民国22年（1933），属桓台县第四区。民国33年（1944），属清河行政公署桓台县第四区。民国37年（1948）4月，属渤海行署高青县。1956年秋，属淄博专区桓台县四区。1958年9月，属桓台县第十二卫星人民公社。同年11月，撤销桓台县建制，属淄博专署博兴县高王人民公社。1961年9月，恢复桓台县建制。1962年，属惠民专署桓台县高王区。1966年5月，撤区并社，属荆家人民公社。1983年10月，属淄博市桓台县荆家人民公社。1984年4月，撤社改乡、镇，属荆家镇。

聚落呈方形块状，主街东西走向。村庄面积9公顷，居民180户，820人，皆为汉族。设辛庄村民委员会，有3个村民小组。耕地49.4公顷，以农业为主，机井电灌，主产小麦、玉米。人均收入12321元。建有卫生室、文化大院、农家书屋、健身活动广场、小型超市。水电配送。广播电视网和互联网畅通。通604路公交车。

马围庄
Mǎwéi Zhuāng

位于县城西北16.1千米，距荆家镇政府驻地3.8千米处。东邻朱家庄，西连辛庄，南依周家庄，北临小清河。

原是马姓之地。明末曲姓来此定居，取名马家庄子。清道光年间临淄徐家圈状元徐华清到湖区游览，于此打猎，为志此事，改名马围。清康熙三十二年（1693），《新城县志》载：西九让字约马围。《桓台县地名词典》（1991年版）载：马围庄。

清代，属济南府新城县正德乡。民国3年（1914），新城县易名桓台县。民国22年（1933），属高苑县。民国37年（1948）4月，属渤海行署高青县。1956年秋，属淄博专区桓台县四区。1958年9月，属桓台县第十二卫星人民公社。同年11月，撤销桓台县建制，属淄博专署博兴县高王人民公社。1961年9月，恢复桓台县建制。1962年，属惠民专署桓台县高王区。1966年5月，撤区并社，属荆家人民公社。1983年10月，属淄博市桓台县荆家人民公社。1984年4月，撤社改乡、镇，属荆家镇。

聚落呈块状，村庄面积2公顷，居民134户，429人，皆为汉族。设双跃村民委员会，划分2个村民小组。耕地44公顷，以农业为主，机井电灌，主产小麦、玉米。人均收入12121元。建有文化大院、农家书屋、健身活动广场。水电配送。广播电视网和互联网畅通。通604路公交车。

双跃于1958年人民公社化时，由马围庄、朱家庄2个自然村组成。为使两村尽快富裕起来，取村名为“双跃大队”。社改乡镇后，设双跃村民委员会。

朱家庄
Zhūjiā Zhuāng

位于县城西北16千米，距荆家镇政府驻地东北4.2千米处。东邻马踏湖，南临孝妇河，西连马围庄，北临小清河。聚落呈矩形，主街东西走向。

《朱氏族谱》载：朱姓于明万历八年（1580）迁此。初名徐家庄，后改名为朱家庄。清康熙三十二年（1693）《新城县志》载：西九让字约朱家。《桓台县地名词典》（1991年版）载：朱家庄。

清代，属济南府新城县正德乡。民国3年（1914），新城县易名，属桓台县。民国22年（1933），属桓台县第四区。民国33年（1944），属清河行政公署桓台县第四区。民国37年（1948）4月，属渤海行署高青县。1956年秋，属淄博专区桓台县四区。1958年9月，属桓台县第十二卫星人民公社。同年11月，撤销桓台县建制，属淄博专署博兴县高王人民公社。1961年9月，恢复桓台县建制。1962年，属惠民专署桓台县高王区。1966年5月，撤区并社，属荆家人民公社。1983年10月，属淄博市桓台县荆家人民公社。1984年4月，撤社改乡、镇，属荆家镇。

聚落呈块状，村庄面积6公顷，居民34户，123人，皆为汉族。设双跃村民委员会，有1个村民小组。耕地11.4公顷，以农业为主，机井电灌，主产小麦、玉米。人均收入12121元。建有文化大院、农家书屋、健身活动广场。水电配送。广播电视网和互联网畅通。通604路公交车。

双跃于1958年人民公社化时，由马围庄、朱家庄2个自然村组成。为使两村尽快富裕起来，取村名为“双跃大队”。社改乡镇后，设双跃村民委员会。

前刘庄
Qiánliú Zhuāng

位于县城西北 14 千米，距荆家镇政府驻地 2.8 千米处。东邻伊家庄，南依西草场，西连荆家庄，北接庄科、后刘庄。

明洪武二年（1369），始祖刘英由河北枣强迁此立村，名刘家庄。清初，以村中东西沟为界，形成两个自然村。因该村居沟南，取名大刘庄。清康熙三十二年（1693）《新城县志》载："西九让字约大刘庄、后刘庄。"民国 19 年（1930）桓台县第四区（驻荆家）刘家乡辖前刘庄、后刘庄。《桓台县地名词典》（1991 年版）载：前刘庄。

清代，属济南府新城县正德乡。民国 3 年（1914），新城县易名，属桓台县。民国 22 年（1933），属桓台县第四区。民国 33 年（1944），属清河行政公署桓台县第四区。民国 37 年（1948）3 月，属渤海第三专员公署桓台县八区。1952 年，属淄博专区桓台县八区。1958 年 9 月，属桓台县第十二卫星人民公社。同年 11 月，撤销桓台县建制，属淄博专署博兴县高王人民公社。1961 年 9 月，恢复桓台县建制。1962 年，属惠民专署桓台县高王区。1966 年 5 月，撤区并社，属荆家人民公社。1983 年 10 月，属淄博市桓台县荆家人民公社。1984 年 4 月，撤社改乡、镇，属荆家镇。

聚落呈方矩形块状，主街南北走向。村庄面积 22.9 公顷，居民 385 户，1241 人，皆为汉族。设前刘村民委员会，有 6 个村民小组。耕地 131.1 公顷，以农业为主，机井电灌，主产小麦、玉米、蔬菜。人均收入 10480 元。建有幼儿园、卫生室、文化大院、健身活动广场。沿街有超市、商店 30 余家。水电配送。广播电视网和互联网畅通。设农历三、八集日。通 602 路公交车。

境内有前刘遗址。

前刘庄

西草场
Xīcǎochǎng

位于县城西北 13.3 千米，距荆家镇镇府 2.3 千米处，夏庄至红庙公路南侧。东邻东草场，南依田庄镇地界，西连荆家庄，北接东草场。

据传，很久以前此处往南是水地，苇草丛生，北有金鸡岭，每到收苇草季节，运草船只至此卸草存放，故名草场。清康熙年间，杨姓迁此定居，以草场为村名。该村已传十二世。民国 19 年（1930）桓台县第四区刘家乡辖草场。1962 年分为两个自然村。按方位故名为西草场。1991 年出版的《桓台县地名词典》载：西草场。

清代，属济南府新城县正德乡。民国 3 年（1914），新城县易名，属桓台县。民国 22 年（1933），属桓台县第四区。民国 33 年（1944），属清河行政公署桓台县第四区。民国 37 年（1948）3 月，属渤海第三专员公署桓台县八区。1952 年，属淄博专区桓台县八区。1958 年 9 月，属桓台县第十二卫星人民公社。同年 11 月，撤销桓台县建制，属淄博专署博兴县高王人民公社。1961 年 9 月，恢复桓台县建制。1962 年，属惠民专署桓台县高王区。1966 年 5 月，撤区并社，属荆家人民公社。1983 年 10 月，属淄博市桓台县荆家人民公社。1984 年 4 月，撤社改乡、镇，属荆家镇。由前刘村民委员会管辖。

聚落呈方形。村庄面积 1 公顷，居民 24 户，105 人，有 1 个村民小组。耕地 8 公顷，以农业为主，机井电灌，主产小麦、玉米、蔬菜。人均收入 10480 元。水电配送。广播电视网和互联网畅通。

境内有西草场遗址。

后刘庄
Hòuliú Zhuāng

位于县城西北 14.3 千米，距荆家镇政府 3 千米处。东邻伊家，南依前刘庄，西连周家庄、董家庄，北临孝妇河。

明洪武二年（1369），始祖刘英由河北枣强迁此立村，名刘家庄。清初，以村中东西沟为界，形成两个自然村。因该村居沟北，取名后刘庄。清康熙三十二年（1693）《新城县志》载："西九让字约大刘庄、后刘庄。"1930 年桓台县第四区（驻荆家）刘家乡辖前刘庄、后刘庄。《桓台县地名词典》（1991 年版）载：后刘庄。

清代，属济南府新城县正德乡。民国 3 年（1914），新城县易名，属桓台县。民国 22 年（1933），属桓台县第四区。民国 33 年（1944），属清河行政公署桓台县第四区。民国 37 年（1948）3 月，属渤海第三专员公署桓台县八区。1952 年，属淄博专区桓台县八区。1958 年 9 月，属桓台县第十二卫星人民公社。同年 11 月，撤销

后刘庄

桓台县建制，属淄博专署博兴县高王人民公社。1961 年 9 月，恢复桓台县建制。1962 年，属惠民专署桓台县高王区。1966 年 5 月，撤区并社，属荆家人民公社。1983 年 10 月，属淄博市桓台县荆家人民公社。1984 年 4 月，撤社改乡、镇，属荆家镇。

聚落呈方形块状，主街南北走向。村庄面积 42 公顷，居民 776 户，2597 人，皆为汉族。设后刘村民委员会，有 8 个村民小组。耕地 222.9 公顷，以农业为主，机井电灌，主产小麦、玉米。人均收入 10480 元。建有卫生室、幼儿园、中学、后刘影剧院、文化娱乐活动中心、农家书屋、健身广场。水电配送。广播电视网和互联网畅通。

境内有后刘遗址。

周家庄
Zhōujiā Zhuāng

位于桓台县城索镇西北 14.6 千米，荆家镇政府驻地东北 2 千米处。东邻后刘庄，南依董家庄，西、北临孝妇河。

据《周氏世谱》考，周甲于明万历年间

（1573—1620）迁此立村，初名周家大庙，后改名周家庄。清康熙三十二年（1693）《新城县志》载：西九让字约周家庄。《桓台县地名词典》（1991年版）载：周家庄。

清代，属济南府新城县正德乡。民国3年（1914），新城县易名，属桓台县。民国22年（1933），属桓台县第四区。民国33年（1944），属清河行政公署桓台县第四区。民国37年（1948）3月，属渤海第三专员公署桓台县八区。1952年，属淄博专区桓台县八区。1958年9月，属桓台县第十二卫星人民公社。同年11月，撤销桓台县建制，属淄博专署博兴县高王人民公社。1961年9月，恢复桓台县建制。1962年，属惠民专署桓台县高王区。1966年5月，撤区并社，属荆家人民公社。1983年10月，属淄博市桓台县荆家人民公社。1984年4月，撤社改乡、镇，属荆家镇。

聚落呈块状，村庄面积18公顷，居民241户，836人，皆为汉族。设周董村民委员会，有1个村民小组。耕地92公顷，以农业为主，机井电灌，主产小麦、玉米、蔬菜。人均收入12121元。建有幼儿园、卫生室、文化大院、健身活动广场。水电配送。广播电视网和互联网畅通。通602路公交车。

周董现为周家庄、董家庄两个自然村的合称。

周董村

董家庄
Dǒngjiā Zhuāng

位于县城西北14.5千米，距荆家镇政府2千米处。东邻后刘庄，南依庄科，西临孝妇河，北接周家庄。

清宣统庚戌《董氏世谱》载：“始祖讳瑝，明洪武二年（1369）徙居新城正德乡东贾庄，二世守本移居董家庄。”清康熙三十二年（1693）《新城县志》载：西九让字约董家庄。《桓台县地名词典》（1991年版）载：董家庄。

清代，属济南府新城县正德乡。民国3年（1914），新城县易名，属桓台县。民国22年（1933），属桓台县第四区。民国33年（1944），属清河行政公署桓台县第四区。民国37年（1948）3月，属渤海第三专员公署桓台县八区。1952年，属淄博专区桓台县八区。1958年9月，属桓台县第十二卫星人民公社。同年11月，撤销桓台县建制，属淄博专署博兴县高王人民公社。1961年9月，恢复桓台县建制。1962年，属惠民专署桓台县高王区。1966年5月，撤区并社，属荆家人民公社。1983年10月，属淄博市桓台县荆家人民公社。1984年4月，撤社改乡、镇，属荆家镇。

聚落呈块状，村庄面积11公顷，居民170户，580人，皆为汉族。设周董村民委员会，有1个村民小组。耕地63.8公顷，以农业为主，机井电灌，主产小麦、玉米、蔬菜。人均收入12121元。建有幼儿园、卫生室、文化大院、农家书屋、健身活动广场。水电配送。广播电视网和互联网畅通。通602路公交车 。

周董现为周家庄、董家庄两个自然村

的合称。

庄科
Zhuāngkē

位于县城西北14.2千米，距荆家镇镇府2.9千米处，孝妇河南岸。东邻伊家庄，南依前刘庄，西连董家庄，北接后刘庄。与周董、前刘、后刘连村。

张姓于明洪武二年（1369），从直隶枣强迁居红庙，三世移居北岭，又越二世从北岭卜居于此，村名张新庄。因辗转几庄，外人呼为庄客（不能久居之意），后以“客”字不佳，改为科（中科举之意）因此得名庄科。据考，明正德年间（1506—1521）建村。清康熙三十二年（1693）《新城县志》载：西九让字约庄科。《桓台县地名词典》（1991年版）载：庄科。

清代，属济南府新城县正德乡。民国3年（1914），新城县易名，属桓台县。民国22年（1933），属桓台县第四区。民国33年（1944），属清河行政公署桓台县第四区。民国37年（1948）3月，属渤海第三专员公署桓台县八区。1952年，属淄博专区桓台县八区。1958年9月，属桓台县卫星第十二人民公社。同年11月，撤销桓台县建制，属淄博专署博兴县高王人民公社。1961年9月，恢复桓台县建制。1962年，属惠民专署桓台县高王区。1966年5月，撤区并社，属荆家人民公社。1983年10月，属淄博市桓台县荆家人民公社。1984年4月，撤社改乡、镇，属荆家镇。

聚落呈块状，村庄面积8.5公顷，居民110户，320人，由周董村民委员会管辖。耕地35.2公顷，以农业为主，机井电灌，主产小麦、玉米。人均收入12121元。水电配送。广播电视网和互联网畅通。

伊家庄
Yījiā Zhuāng

位于县城西北13.8千米，距荆家镇政府3千米处。东邻东刘庄，南依东草场，西连前刘庄，北靠定向路、后刘庄。

明正德年间（1506—1521），以姓氏而得名尹家庄。《伊氏族谱》载：“伊氏始祖——于洪武年间，由直隶枣强迁山东新城——伊家园。四世迁居伊家庄。清康熙三十二年（1693）《新城县志》载：西九让字约伊家庄。《桓台县地名词典》（1991年版）载：伊家庄。

清代，属济南府新城县正德乡。民国3年（1914），新城县易名，属桓台县。民国22年（1933），属桓台县第四区。民国33年（1944），属清河行政公署桓台县第四区。民国37年（1948）3月，属渤海第三专员公署桓台县八区。1952年，属淄博专区桓台县八区。1958年9月，属桓台县第十二卫星人民公社。同年11月，撤销桓台县建制，属淄博专署博兴县高王人民公社。1961年9月，恢复桓台县建制。1962年，属惠民专署桓台县高王区。1966年5月，撤区并社，

伊家庄

属荆家人民公社。1983 年 10 月，属淄博市桓台县荆家人民公社。1984 年 4 月，撤社改乡、镇，属荆家镇。

聚落呈矩形块状，主街东西走向。村庄面积 28.8 公顷，居民 336 户，1507 人，皆为汉族。设伊家村民委员会，有 5 个村民小组。耕地 167.7 公顷，以农业为主，机井电灌，主产小麦、玉米。人均收入 10480 元。建有幼儿园、小学、卫生室、文化大院、农家书屋、健身活动广场。水电配送。广播电视网和互联网畅通。通 602 路公交车。

境内有伊家东、北两处遗址。

东草场
Dōngcǎochǎng

位于桓台县城索镇西北 13.2 千米，荆家镇镇府驻地 3.2 千米处，夏（庄）红庙公路南侧。东邻起凤镇地界，南依伊家园子，西连西草场，北接伊家庄。

据传，很久以前此处往南是水地，苇草丛生，北有金鸡岭，每到收苇草季节，运草船只至此卸草存放，故名草场。清康熙年间（1662—1722），杨姓迁此定居，以草场为村名。该村已传十二世。民国 19 年（1930）桓台县第四区刘家乡辖草场。1962 年分为两个自然村。按方位故名为东草场。《桓台县地名词典》（1991 年版）载：东草场。

清代，属济南府新城县正德乡。民国 3 年（1914），新城县易名，属桓台县。民国 22 年（1933），属桓台县第四区。民国 33 年（1944），属清河行政公署桓台县第四区。民国 37 年（1948）3 月，属渤海第三专员公署桓台县八区。1952 年，属淄博专区桓台县八区。1958 年 9 月，属桓台县第十二卫星人民公社。同年 11 月，撤销桓台县建制，属淄博专署博兴县高王人民公社。1961 年 9 月，恢复桓台县建制。1962 年，属惠民专署桓台县高王区。1966 年 5 月，撤区并社，属荆家人民公社。1984 年 4 月，撤社改乡、镇，属荆家镇。由伊家村民委员会管辖。

聚落呈矩形块状。村庄面积 5 公顷，居民 150 户，300 人。耕地 28 公顷，以农业为主，机井电灌，主产小麦、玉米等。人均收入 10480 元。水电配送。广播电视网和互联网畅通。

东刘庄
Dōngliú Zhuāng

位于县城西北 13.1 千米，距荆家镇政府 4.2 千米处。东邻起凤镇傅庙，南依田庄镇，西连伊家庄，北临孝妇河。

明初刘姓立村，因西有刘家庄，取名东刘庄。清光绪八年（1882）《刘氏世谱》载：“吾刘氏自明洪武初年（1368），由直隶枣强县迁居新城东刘庄。”清康熙三十二年（1693）《新城县志》载：西十公字约东刘庄。《桓台县地名词典》（1991 年版）载：东刘庄。

清代，属济南府新城县正德乡。民国 3 年

东刘庄

（1914），新城县易名，属桓台县。民国22年（1933），属桓台县第四区。民国33年（1944），属清河行政公署桓台县第四区。民国37年（1948）3月，属渤海第三专员公署桓台县八区。1952年，属淄博专区桓台县八区。1958年9月，属桓台县第十二卫星人民公社。同年11月，撤销桓台县建制，属淄博专署博兴县高王人民公社。1961年9月，恢复桓台县建制。1962年，属惠民专署桓台县高王区。1966年5月，撤区并社，属荆家人民公社。1983年10月，属淄博市桓台县荆家人民公社。1984年4月，撤社改乡、镇，属荆家镇。

聚落呈方形，主街东西走向。村庄面积33.5公顷，居民497户，1802人，皆为汉族。设东刘村民委员会，有18个村民小组。耕地179公顷，以农业为主，机井电灌，主产小麦、玉米。人均收入10480元。建有卫生室、幼儿园、文化大院、农家书屋、健身活动广场。水电配送。广播电视网和互联网畅通。通602路公交车。

境内有东刘遗址。

起凤镇

山东省百强乡镇、省级文明镇、中国乡镇之星，山东省宜居小镇和文化特色镇。具有“北国江南”“齐韵水乡”之称的国家级湿地公园——马踏湖座落在该镇的北部。

起凤镇人民政府

因镇政府驻地位于“起凤桥”而得名。

位于东经118° 02′ 08″～118° 09′ 09″，北纬37° 01′ 10″。地处桓台县东北部，东接博兴县，南部与索镇街道办事处、唐山镇接壤，西连荆家镇，北靠博兴县。人民政府驻夏二村，距县城12.5千米。

春秋属齐地，1228年属新城县，民国时期属桓台县三区。1955年9月，由滨湖区改为起凤区。1966年，称起凤人民公社。1984年4月，改称镇。辖24个村民委员会。全镇总人口60208人，其中非农业人口1850人。人口出生率11‰，死亡率3.7‰，自然增长率7.4‰。有少数民族9个，21人。辖区东西最大距离9.8千米，南北最大距离8.6千米，总面积6774公顷。其中陆地5553公顷，占81.98%，水域1221公顷，占18.02%。人口密度为每平方千米872人。

境内南高北洼，属山前洪冲积与黄泛冲击的叠交地带。以馑饥岭为界，岭北为马踏湖，南为锦秋湖，属水陆相间地貌。境内已探明地下矿藏有石油、石膏和天然气等，主要集中在西北部。

主要河流为东猪龙河、乌河、分洪河、预备河4条。河流总长度45千米。境内最大河流乌河自乌南村南入境，由西南向东北，流经乌南村、乌东村、乌北村、辛泉村、西三村、起北村、夏一、夏二、夏三、夏四、夏五、夏六、夏七村入预备河。东猪龙河自华沟村南入境，由南而北，流经华沟村、傅庙村入小清河。

全镇生产总值52亿元，固定资产投资13.8亿元，实现财政收入3810万元，居民存款余额7.8亿元。

人均住房面积42平方米；农民人均纯收入17524元，生活消费支出4350元；农村养老保险参保人数34953人。

耕地面积3.3万亩，人均0.55亩；苇田面积1.7万亩，藕田面积0.4万亩。农林牧渔类实现总产值37858万元；粮食总产3388.73吨，棉花总产11万吨，蔬菜总产1014吨；肉类总产255吨，禽蛋总产217吨，水产总产112吨；全年造林23公顷，林木覆盖率达到29.1%；全镇农机总动力9.3万千瓦。

境内有宫荆路、少海路、唐华路3条公路干线交汇，通车总里程108千米。拥有汽车4500辆，村村通客车。全镇固定电话用户7800户，移动电话32680部。

有小学6所，在校生2031人；普通初中2所；在校生2079人；体育锻炼场所35处，公共图书室36处，文化娱乐场所35处。有卫生院、所30处，卫生技术人员262人，其中执业医师67人，注册护士58人。

马踏湖湿地保护区是自然浅平湖泊湿地，为国家湿地公园和省级地质公园。主要旅游景点有五贤祠、马踏湖生态蓄水工程、马踏湖近自然人工湿地等，保护区面积达10平方公里。全年接待游客80万人次，旅游收入1.2亿元。

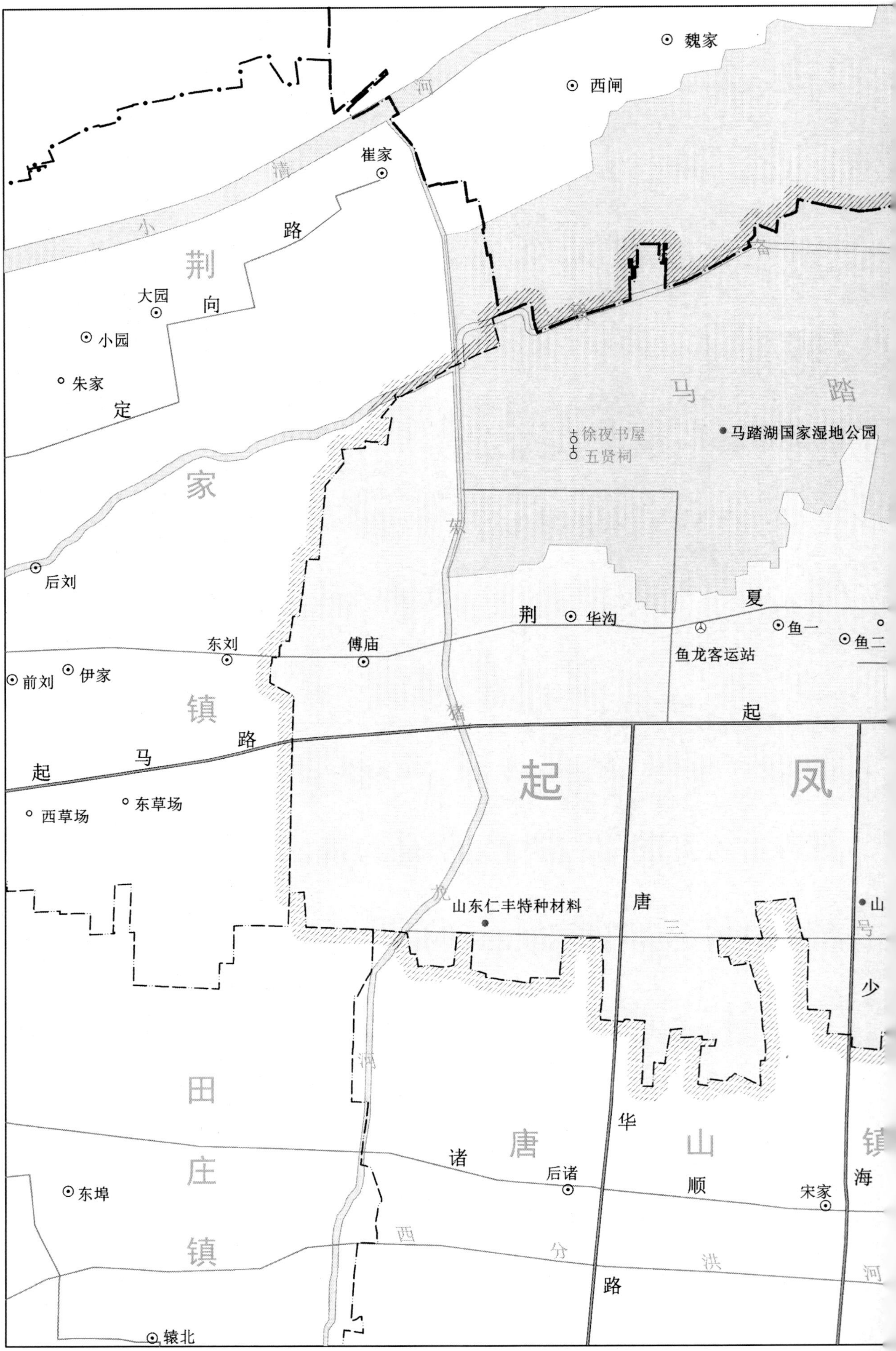

魏家
西闸
小清河
崔家
荆家镇
路
向
定
大园
小园
朱家
后刘
马踏湖国家湿地公园
徐夜书屋
五贤祠
东猪龙河
荆
华沟
夏
鱼一
鱼二
鱼龙客运站
东刘
傅庙
前刘
伊家
起马路
西草场
东草场
起凤镇
山东仁丰特种材料
唐
田庄镇
诸
唐山镇
华
顺
后诸
宋家
海
东埠
西分洪河
路
辘北

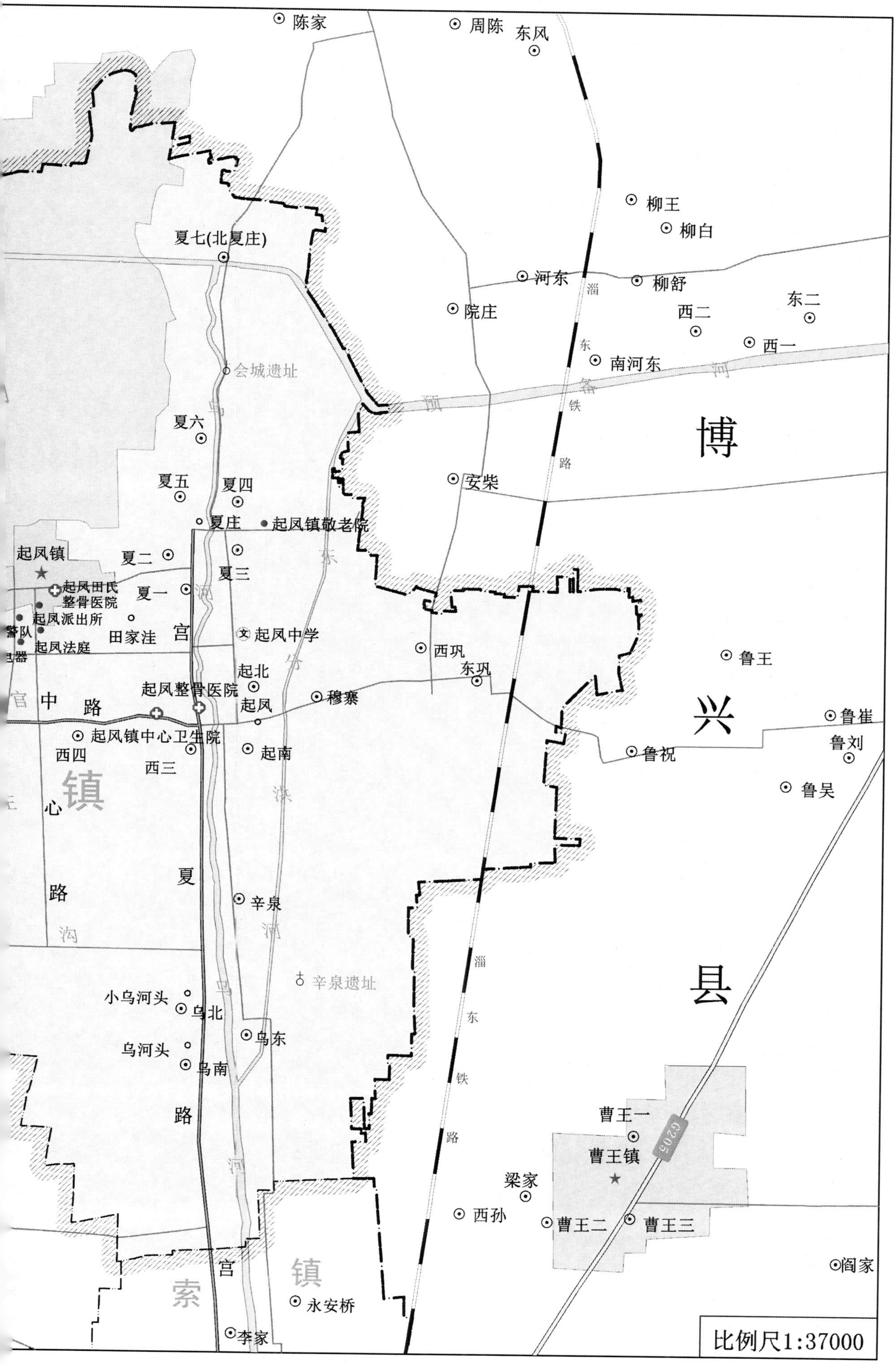

陈家
周陈
东风
柳王
柳白
夏七(北夏庄)
河东
柳舒
东二
院庄
西二
西一
南河东
会城遗址
博
夏六
安柴
夏五
夏四
夏庄
起风镇敬老院
起风镇
夏二
夏三
起风田氏整骨医院
夏一
起风派出所
起风中学
田家洼
起风法庭
西巩
鲁王
东巩
起北
起风整骨医院
穆寨
起风
兴
鲁崔
起风镇中心卫生院
西四
西三
起南
鲁祝
鲁刘
鲁吴
镇
辛泉
辛泉遗址
县
小乌河头
乌北
乌东
乌河头
乌南
曹王一
曹王镇
G205
梁家
西孙
曹王二
曹王三
阎家
索
宫
镇
永安桥
李家
淄东铁路
比例尺1:37000

起凤桥

Qǐfèngqiáo

位于县城东北 11 千米，距起凤镇政府 2.5 千米处，马踏湖东南侧。乌河、宫荆路流经、贯穿村中。东邻穆寨，南依乌河头庄，西连鱼龙湾，北接夏庄。

明初依桥立村，因桥映水中，酷似耙头，故名扒头桥。《魏氏世谱》载："明洪武二年（1369），由枣强搬迁扒头桥。"明后期，黄姓迁河西岸立村，称"隐居村"。《黄氏世谱》载："先祖原籍直隶冀州枣强县司窦屯，自明洪武四年（1371）徙居山东济南府新城县黄沟庄——八世祖朱选从黄沟庄迁居隐居村。"清康熙三十二年（1693）《新城县志》载：北九盈字约扒头桥。光绪三十年（1904）北九约辖隐居村、扒头桥。民国初年（1912），此地有凤凰起落，更名"起凤桥"。后简称起凤。1958 年人民公社化时，起凤按方位分建四个大队，按驻起凤东南部、东北部、西南部、西北部，依次以"起南""起北""西三""西四"建大队。现以"起南""起北""西三""西四"为名，设 4 个村民委员会。《桓台县地名词典》（1991 年版）载：起凤桥。

春秋属齐地。明代，属新城县利用乡。清代，属济南府新城县利用乡。民国 3 年（1914），新城县易名，属桓台县。民国 22 年（1933），属桓台县第三区。民国 33 年（1944），属清河行政公署桓台县第三区。民国 37 年（1948）3 月，属渤海第三专员公署桓台县八区。1952 年，属淄博专区桓台县八区。1958 年 8 月，属桓台县第一卫星人民公社；同年 11 月，撤销桓台县建制，属淄博专署博兴县湖滨人民公社。1961 年 9 月，恢复桓台县建制。1962 年，属惠民专署桓台县起凤区起凤人民公社。1966 年 7 月，撤区并社，属起凤人民公社。1983 年 10 月，属淄博市桓台县起凤人民公社。1984 年 4 月，社改乡、镇，属起凤镇。

聚落呈矩形块状，主街道"十"字形。面积为 27.1 公顷。设有起凤小学、起凤中学、农历四、九大集。民办企业有祐安消防科技有限公司、天盾防腐设备有限公司、红雨服装有限公司、加油站、商店等。通 164 路公共汽车。

起南，距镇政府驻地 2.5 千米。聚落呈矩形块状，主街道"十"字形。村庄面积 4.4 公顷，居民 505 户，1630 人，皆为汉族。设起南村民委员会，有 5 个村民小组。耕地 56.8 公顷，以农业为主，机井电灌，主产小麦、玉米。人均收入 17524 元。建有起凤中学、卫生室、文化大院、农家书屋、健身活动广场。水电配送。广播电视网和互联网畅通。

起北，距镇政府驻地 2.5 千米。聚落呈矩形块状，主街道"十"字形。村庄面积 3 公顷，居民 639 户，1935 人，皆为汉族。设起北村民委员会，有 5 个村民小组，耕地 8 公顷，以农业为主，机井电灌，主产小麦、玉米。人均收入 17524 元。建有起凤小学、起凤中学、卫生室、

起南

文化大院、农家书屋、老年活动中心、健身活动广场。水电配送。广播电视网和互联网畅通。

西三，距镇政府驻地2千米。聚落呈矩形块状，主街道“十”字形。村庄面积15.1公顷，居居520户，1789人，除1人为蒙古族外，其他皆为汉族。设西三村民委员会，有10个村民小组。耕地94.3公顷，以农业为主，机井电灌，主产小麦、玉米。人均收入17524元。建有幼儿园、卫生室、文化大院、农家书屋、健身活动广场、整骨医院。水电配送。广播电视网和互联网畅通。

西四，距镇政府2.1千米。聚落呈矩形块状，主街道“十”字形。村庄面积4.8公顷，居民350户，1180人，皆为汉族。设西四村民委员会，有4个村民小组。耕地81公顷，以农业为主，机井电灌，主产小麦、玉米。人均收入17524元。建有卫生室、文化大院、农家书屋、老年活动室、健身活动场所。水电配送。广播电视网和互联网畅通。

傅庙
Fùmiào

位于县城西北13千米，距起凤镇政府5千米处。马踏湖西南岸，荆夏公路横穿村中。东临东猪龙河，南接田庄镇地界，西连荆家镇东刘庄，北临马踏湖。

元朝立村。原为李家庄，张氏村。后因两村之间有一庙，并连接为一村，取吉祥之意，定名“富庙”。后演变为傅家庙。《张氏世谱》载：“吾始祖讳均，原籍直隶枣强，元季徙山东之新城傅家庙。”1982年，简化为傅庙。《桓台县地名词典》（1991年版）载：傅庙。

春秋属齐地。清代，属济南府新城县正德乡。民国3年（1914），新城县易名，属桓台县。民国22年（1933），属桓台县第三区。民国33年（1944），属清河行政公署桓台县第三区。民国37年（1948）3月，属渤海第三专员公署桓台县八区。1952年，属淄博专区桓台县八区。1958年8月，属桓台县第一卫星人民公社。同年11月，撤销桓台县建制，属淄博专署博兴县湖滨人民公社。1961年9月，恢复桓台县建制。1962年，属惠民专署桓台县高王区。1966年7月，撤区并社，属起凤人民公社。1983年10月，属淄博市桓台县起凤人民公社。1984年4月，社改乡、镇，属起凤镇。

聚落呈方形块状，主街东西走向。村庄面积54.8公顷，居民750户，2760人，除有极少数佤族、满族女子外，其他皆为汉族。设傅庙村民委员会，有17个村民小组。耕地252.6公顷，芦苇、藕田改造田1100余亩，以农业为主，机井电灌，主产小麦、玉米，芦苇及渔业养殖。人均收入17524元。建有幼儿园、卫生室、文化大院、农家书屋、健身活动广场。水电配送。广播电视网和互联网畅通。有小型个体企业14家，工商户38家。其中有桓台县淦运塑料编织厂、桓台县广汇塑编有限公司、淄博江华服装有限公司、桓台县马踏湖胶合板厂等。通602路公交车。

华沟
Huágōu

位于县城西北12.3千米，距起凤镇政府4千米处。马踏湖、锦秋湖之间，东猪龙河东岸，唐华路、荆夏公路纵横交会此处。东邻鱼龙湾庄，南临锦秋湖，西连傅庙，北临马踏湖。

战国时期村庄，初名鲁连陂。清末《新城县乡土志》载：“鲁仲连，齐人，治东北三十五里华沟庄北湖，号鲁仲连陂。明初，黄姓迁此，改名黄沟庄。《黄氏世谱》载：“先祖原籍直隶冀州枣强县司窦屯。自明洪武四年（1371），徙居山东济南府新城县黄沟庄。”后因村中多沟，雨天路滑难行，更名华沟庄。曾名花沟庄。明天启四年（1624）《新城县志》载：利用乡滑沟庄。民国初年（1912），演变为华沟庄。《桓台县地名词典》（1991年版）载：华沟。

春秋属齐地。明代，属新城县利用乡。清代，属济南府新城县利用乡。民国3年（1914），新城县易名，属桓台县。民国22年（1933），属桓台县第四区。民国33年（1944），属清河行政公署桓台县第四区。民国37年（1948）3月，属渤海第三专员公署桓台县八区。1952年，属淄博专区桓台县八区。1958年8月，属桓台县第一卫星人民公社。同年11月，撤销桓台县建制，属淄博专署博兴县湖滨人民公社。1961年9月，恢复桓台县建制。1962年，属惠民专署桓台县起凤区华沟人民公社。1966年7月，属起凤人民公社。1983年10月，属淄博市桓台县起凤人民公社。1984年4月，社改镇，属起凤镇。

聚落呈矩形块状，主街东西走向。村庄面积133.2公顷，居民2394户，8093人，皆为汉族。设华沟村民委员会，有27个村民小组。耕地353.5公顷，以农业、旅游业为主，主产小麦、玉米、白莲藕。人均收入17524元。建有幼儿园、华沟小学、卫生室、华沟银屑病专科医院、文化大院、农家书屋、健身广场。水电配送。广播电视网和互联网畅通。设农历五、十集日。有山东仁丰特种材料股份有限公司、山东盛华建工有限公司、淄博义伟农业股份有限公司等十几家个体及股份制企业。

名胜古迹：五贤祠、鲁连遗清（鲁连井）、鲁仲连蹈海处、颜阖墓、冰山遗址、颜子钓鱼台、徐夜书屋、渔洋轩。通602路、604路公交车。

华沟为“山东省旅游特色村”。

鱼龙湾庄
Yúlóngwān Zhuāng

位于县城北11.7千米，距起凤镇政府1.5千米处。马踏湖南岸，锦秋湖以北，荆夏公路横穿村中。属桓台县第一大村。东邻起凤镇府，南临马踏湖，西连华沟，北临马踏湖。

明初已有村，名郭鲁桥。《巩氏世谱》载：“始祖巩政，于明洪武二年（1369）由直隶枣强播迁于山东省济南府新城县鱼龙窟。”《郭氏世谱》所载定居时间略同。清初，因村中有一个很深的洞，洞内有很多大鱼，并传说藏有“龙”，故改称“鱼龙窟”。清后期，又改名为鱼龙湾庄。清康熙三十二年（1693）《新城县志》载：“鱼龙湾在锦秋湖中，水漩涡不定，传是龙窟。天将雨，往往见龙挂雨。罢，还归于此。”故名“鱼龙湾”。后演化为鱼龙。《桓台县地名词典》（1991年版）载：鱼龙湾庄。

春秋属齐地。清代，属济南府新城县正德乡。民国3年（1914），新城县易名，属桓台县。民国22年（1933），属桓台县第三区。民国33年（1944），属清河行政公署桓台县第三区。民国37年（1948）3月，属渤海第三专员公署桓台县八区。1952年，属淄博专区桓台县八区。1958年8月，属桓台县第一卫星人民公社。同年11月，撤销桓台县建制，属淄博专署博兴县湖滨人民公社。1961年9月，恢复桓台县建制。1962年，属惠民专署桓台县起凤区鱼龙人民公社。1966年5月，属起凤人民公社。1983年10月，属淄博市桓台县起凤人民公社。1984年4月，社改镇，属起凤镇。

1958年人民公社化时，按顺序排为“鱼龙一大队”“鱼龙二大队”“鱼龙三大队”“鱼龙四大队”。现以“鱼一村”“鱼二村”“鱼三村”“鱼四村”为名，分设4个村民委员会。

聚落呈矩形块状，主街东西走向，面积126.1公顷。设有鱼龙中学、鱼龙第一小学、第二小学，鱼龙早市。外驻及民办企业有起凤邮电支局、中国农业银行股份有限公司桓台起凤分理处、泰宝防伪技术产品有限公司、大方电气有限公司、加油站等。设农历三、八集日，通164路公交车。

鱼三村

鱼一，距镇政府驻地3千米。聚落呈矩形块状，主街东西走向。村庄面积73.7公顷，居民1532户，5009人，皆为汉族。设鱼一村民委员会，划分8个村民小组。耕地172公顷，以农业为主，机井电灌，主产小麦、玉米。特产有芦苇、莲藕、鱼虾、金丝鸭蛋。人均收入17524元。建有鱼龙第一小学、卫生所、文化大院、农家书屋、健身活动广场、老年活动中心。水电配送。广播电视网和互联网畅通。名胜有：仙鱼洞、卧龙巷。

鱼二，距镇政府驻地3千米。聚落呈矩形块状，主街东西走向。村庄面积43.8公顷，居民967户，3478人，除1人为名拉祜族外，其他皆为汉族。设鱼二村民委员会，划分12个村民小组。耕地165.5公顷，苇田1200亩，以农业为主，机井电灌，主产小麦、玉米，特产有芦苇、莲藕、鱼虾、金丝鸭蛋。人均收入17524元。建有起凤镇中心幼儿园、卫生室、文化大院、农家书屋、健身活动广场、老年活动中心。水电配送。广播电视网和互联网畅通。

鱼三，距镇政府驻地2千米。聚落呈矩形块状，主街东西走向。村庄面积4.8公顷，居民998户，3428人，皆为汉族。设鱼三村民委员会，有划分8个村民小组。耕地144.3公顷，苇田50.8公顷，水面23.3公顷，以农业为主，机井电灌，主产小麦、玉米，特产有芦苇、莲藕、鱼虾、金丝鸭蛋。人均收入17524元。建有卫生室、文化大院、健身活动广场。水电配送。广播电视网和互联网畅通，建有晚市。民办企业有四合院饭店、印刷厂，鸭鹅孵化场。

鱼四，距镇政府驻地1千米。聚落呈矩形块状，主街东西走向。村庄面积3.8公顷，居民1370户，4520人，设鱼四村民委员会，划分9个村民小组。耕地48.4公顷，苇田2300亩，以农业为主，兼建筑业、养殖业，主产小麦、玉米、芦苇、莲藕、鱼虾、金丝鸭蛋。个体企业有商店5家、饭店25家、农业合作社2个。人均收入17524元。建有幼儿园、鱼龙第二小学、鱼龙中学、卫生室、文化大院、农家书屋、健身活动广场。水电配送。广播电视网和互联网畅通。

田家洼
Tiánjiāwā

位于县城北11.5千米，距起凤镇政府1.6千米处。东靠宫荆路，南临马踏湖，西连鱼龙湾庄，北靠荆夏路。

巩士清于清光绪五年（1879）自鱼龙湾迁此，因此处田家洼，故名。《桓台县地名词典》（1991年版）载：田家洼。

春秋属齐地。清代，属济南府新城县。民国3年（1914），新城县易名，属桓台县。民国22年（1933），属桓台县第三区。民国33年（1944），属清河行政公署桓台县第三区。民国37年（1948）3月，属渤海第三专员公署桓台县八区。1952年，属淄博专区桓台县八区。1958年8月，属桓台县第一卫星人民公社。同年11月，撤销桓台县建制，属淄博专署博兴县湖滨人民公社。1961年9月，恢复桓台县建制。1962年，属惠民专署桓台县起凤区鱼龙人民公社。1966年7月，属起凤人民公社。1983年10月，属淄博市桓台县起凤人民公社。1984年4月，社改镇，属起凤镇鱼三村民委员会。

聚落呈方形块状，居民13户，52人，耕地2.7公顷，苇田1.5公顷，以农业为主，机井电灌，主产小麦、玉米，特产有芦苇、莲藕、鱼虾、金丝鸭蛋。人均收入17524元。水电配送。广播电视网和互联网畅通。

夏庄
Xià Zhuāng

位于县城北12千米，距起凤镇政府1千米，马踏湖东南方，乌河贯穿村中。属县内第二大村。东邻博兴县安柴庄，南依起凤桥，西连鱼龙湾庄，北接北夏庄。

此为西周会城夏里。汉初，隐士夏黄公曾隐居于此，后称夏黄公，后又演变为夏家庄。自明朝简称夏庄。清成聿炌《桓台览胜》载：“夏家庄为夏黄庄，即夏黄公故里。”“夏黄公，齐人，汉初隐士，姓崔名广，隐居夏里，故号夏黄公。”据此，汉初已有村庄。明天启四年（1624）《新城县志》载：利用乡夏庄。《田氏支谱》载：“始祖田保，于明洪武二年（1369），由直隶冀州枣强播迁乐安县王岗（今广饶），又移迁于新城县夏家庄。”据传，此村由夏、黄两姓立村，故名“夏黄庄”。后黄姓失传，改为“夏庄”。明朝嘉靖年间（1522—1566），田姓由寿光县王岗村迁此定居，后夏姓失传，仍演用“夏庄”为村名。村东为西周时期（前11世纪—前770）会城遗址。《桓台县地名词典》（1991年版）载：夏庄。

春秋属齐地。明代，属新城县利用乡。清代，属济南府新城县正德乡。民国3年（1914），新城县易名，属桓台县。民国22年（1933），属桓台县第三区。民国33年（1944），属清河行政公署桓台县第三区。民国37年（1948）3月，属渤海第三专员公署桓台县八区。1952年，属淄博专区桓台县八区。1958年8月，属桓台县第一卫星人民公社。同年11月，撤销桓台县建制，属淄博专署博兴县湖滨人民公社。1961年9月，恢复桓台县建制。1962年，属惠民专署桓台县起凤区夏庄人民公社。1966年7月，属起凤人民公社。1983年10月，属淄博市桓台县起凤人民公社。1984年4月，社改镇，属起凤镇。

1958年人民公社化时，夏庄自南向北按数排列，分列6个大队，分别为“夏庄一大队”“夏庄二大队”“夏庄三大队”“夏庄四大队”“夏庄五大队”“夏庄六大队”。现以“夏一村”“夏二村”“夏三村”“夏四村”“夏五村”“夏六村”为名，设6个村民委员会。

聚落沿乌河两岸南北向延伸，主要街道“十”字形块状。村庄面积94.3公顷，居民3454户，11790人。建有华正荷藕产业研究所。民办企业有向阳磨料磨具有限公司。设有夏庄小学、农历二、七为集日。通 164 路公交车。

夏一，距镇政府 1 千米。村庄面积 2.6 公顷，聚落呈块状。居民 491 户，1693 人，皆为汉族。设夏一村民委员会，有 4 个村民小组。耕地 49.9 公顷，水田 337 亩，以农业为主，机井电灌，主产小麦、玉米、白莲藕、芦苇。人均收入 17524 元。建有卫生室、整骨医院、车站、文化大院、农家书屋、健身活动广场。水电配送。广播电视网和互联网畅通。

夏五村

夏二，距镇政府 2 千米。村庄面积 17 公顷，聚落呈块状。居民 508 户，1724 人，皆为汉族。设夏二村民委员会，有 4 个村民小组，隶属起凤镇政府管辖。耕地 6.9 公顷，以农业为主，机井电灌，主产小麦、玉米。人均收入 17524 元，建有卫生室、文化大院、农家书屋、健身活动广场。水电配送。广播电视网和互联网畅通。

夏三，距镇政府 2.5 千米。村庄面积 31.7 公顷，聚落呈块状。居民 662 户，2192 人，皆为汉族。设夏三村民委员会，有 4 个村民小组。耕地 53.5 公顷，以农业为主，机井电灌，主产小麦、玉米、芦苇。人均收入 17524 元。建有夏庄小学、卫生室、文化大院、农家书屋、健身广场，起凤镇敬老院建于此处。水电配送。广播电视网和互联网畅通。

夏四，距镇政府 3 千米。村庄面积 20.2 公顷，居民 573 户，1979 人，除回族、拉祜族、蒙古族各 1 人外，其他皆为汉族。设夏四村民委员会，有 4 个村民小组。耕地 92.2 公顷，苇田 341 亩，鱼池 22 亩，以农业为主，兼建筑业、交通运输业，主产小麦、玉米，芦苇、水产。人均收入 17524 元。建有夏庄幼儿园、卫生室、文化大院、健身活动广场。水电配送。广播电视网和互联网畅通。

夏五，距镇政府 1.5 千米。村庄面积 1 公顷，聚落呈块状。居民 660 户，2260 人，皆为汉族。设夏五村民委员会，有 4 个村民小组。耕地 22.8 公顷，苇田 430 亩，藕田 130 亩，以农业为主，兼建筑业，主产小麦、玉米、芦苇、莲藕。人均收入 17524 元。建有夏庄小学、卫生室、文化大院、农家书屋、健身活动广场。水电配送。广播电视网和互联网畅通。

夏六，距镇政府 3 千米。村庄面积 22.8 公顷，聚落呈块状。居民 560 户，1942 人，皆为汉族。设夏六村民委员会，有 4 个村民小组，隶属起凤镇政府管辖。耕地 46.7 公顷，苇田 620 以农业为主，机井电灌，主产小麦、玉米、芦苇。人均收入 17524 元。建有卫生室、文化大院、农家书屋、健身活动广场。水电配送。广播电视网和互联网畅通。

北夏庄
Běixià Zhuāng

位于县城北 14.2 千米，距起凤镇政府 3.5

千米，在乌河、预备河交汇处。历史上素称“鱼米之乡”。东与博兴县接壤，南依夏庄，西、北临马踏湖。

清朝中叶，张姓迁此立村，名“张家屋子”。曾名张家庄，北洼。民国22年（1933）《重修新城县志》载：“夏庄北龙湾口南建有石闸，名曰：翟公闸。系清乾隆年间（1736—1795），县知事翟粼倡修。控制水位，改湖荒为藕田、稻田。”清朝有张、许、刘姓迁此居住，称张家屋子、许家屋子、刘家屋子。后定村名张家屋子，又名“北坝”。民国19年（1930）桓台县第三区夏庄乡。民国33年（1944）村名张家庄。因此处地势低洼，1960年村名北洼。因该村居民多从夏庄迁来，处夏庄北，又易名北夏庄。《桓台县地名词典》（1991年版）载：北夏庄。

春秋属齐地。清代，属济南府新城县正德乡。民国3年（1914），新城县易名，属桓台县。民国22年（1933），属桓台县第三区。民国33年（1944），属清河行政公署桓台县第三区。民国37年（1948）3月，属渤海第三专员公署桓台县八区。1952年，属淄博专区桓台县八区。1958年8月，属桓台县第一卫星人民公社。同年11月，撤销桓台县建制，属淄博专署博兴县湖滨人民公社。1961年9月，恢复桓台县建制。1962年，属惠民专署桓台县起凤区夏庄人民公社。1983年10月，属淄博市桓台县起凤人民公社。1984年4月，社改镇，属起凤镇。

聚落呈矩形块状，主街南北走向。村庄面积17.5公顷，居民565户，1813人，皆为汉族。设夏七村民委员会，有6个村民小组。耕地79公顷，以农业为主，机井电灌，主产小麦、玉米、特产有芦苇、莲藕、鱼虾、金丝鸭蛋。人均收入17524元。建有卫生室、文化大院、农家书屋、健身活动广场。水电配送。广播电视网和互联网畅通。

东巩庄
Dōnggǒng Zhuāng

位于县城东北11.5千米，距起凤镇政府3.5千米处。东临淄东铁路，与博兴县接壤，南依博兴县地界，西连西巩庄，北接博兴县安柴庄。

明初，巩姓迁此定居，名巩旺庄。清光绪三十三年（1907）《巩氏世谱》载：“始祖德章，原籍直隶真定府枣强县人也。明初与亲属同徙新城，卜居巩旺庄。”明初中叶，王姓迁此定居，以巩、王二姓命村名“巩王庄”。又据，光绪十三年（1887）《王氏世谱》载：“六世王丹亭于明朝中期徙居此地，遂以巩、王二姓命名为巩王庄”。清末已形成大、小两个自然村，大巩王庄在东，后称“东巩王庄”。清康熙三十二年（1693）《新城县志》载：北九盈字约巩王庄。1958年始称“东巩庄”。《桓台县地名词典》（1991年版）载：东巩庄。

春秋属齐地。清代，属济南府新城县利用乡。

东巩庄

民国3年（1914），新城县易名，属桓台县。民国22年（1933），属桓台县第三区。民国33年（1944），属清河行政公署桓台县第三区。民国37年（1948）3月，属渤海第三专员公署桓台县八区。1952年，属淄博专区桓台县八区。1958年8月，属桓台县第一卫星人民公社。同年11月，撤销桓台县建制，属淄博专署博兴县湖滨人民公社。1961年9月，恢复桓台县建制。1962年，属惠民专署桓台县起凤区起凤人民公社。1961年，属博兴县湖滨人民公社。1961，属桓台县起凤区。1966年7月，属起凤人民公社。1983年10月，属淄博市桓台县起凤人民公社。1984年4月，社改镇，属起凤镇。

聚落呈方形块状，主街东西走向。村庄面积29.2公顷，居民545户，1826人，皆为汉族。设东巩村民委员会，有7个村民小组。耕地167公顷，以农业为主，机井电灌，主产小麦、玉米。人均收入17524元。建有福娃幼儿园、卫生室、文化大院、健身活动广场。水电配送。广播电视网和互联网畅通。

境内有东巩遗址。

西巩庄
X̄gǒng Zhuāng

位于县城东北12千米，距起凤镇政府5千米处。东邻东巩庄，南依起凤桥，西连穆寨，北接博兴县安柴庄。

明初，巩姓迁此定居，名巩旺庄。清光绪三十三年（1907）《巩氏世谱》载："始祖德章，原籍直隶真定府枣强县人也。明初与亲属同徙新城，卜居巩旺庄。"明初中叶，王姓迁此定居，以巩、王二姓命村名"巩王庄"。又

西巩庄

据，光绪十三年（1887）《王氏世谱》载："六世王丹亭于明朝中期徙居此地，遂以巩、王二姓命名为巩王庄"。清末已形成大、小两个自然村，小巩王庄在西，后称"西巩王庄"。清康熙三十二年（1693）《新城县志》载：北九盈字约巩王庄。1958年始称"西巩庄"。《桓台县地名词典》（1991年版）载：西巩庄。

春秋属齐地。清代，属济南府新城县利用乡。民国3年（1914），新城县易名，属桓台县。民国22年（1933），属桓台县第三区。民国33年（1944），属清河行政公署桓台县第三区。民国37年（1948）3月，属渤海第三专员公署桓台县八区。1952年，属淄博专区桓台县八区。1958年8月，属桓台县第一卫星人民公社。同年11月，撤销桓台县建制，属淄博专署博兴县湖滨人民公社。1961年9月，恢复桓台县建制。1962年，属惠民专署桓台县起凤区起凤人民公社。1966年7月，属起凤人民公社。1983年10月，属淄博市桓台县起凤人民公社。1984年4月，社改镇，属起凤镇。

聚落呈矩形块状，主街东西走向。村庄面积17公顷，居民362户，1057人，皆为汉族。

设西巩村民委员会，有3个村民小组。耕地55.6公顷，以农业为主，机井电灌，主产小麦、玉米。人均收入17524元。建有卫生室、文化大院、农家书屋、健身活动广场。水电配送。广播电视网和互联网畅通。

境内有西巩遗址。

穆寨
Mùzhài

位于县城东北11千米，距起凤镇政府4千米处。东邻东巩庄，西、南依起凤桥，北接西巩庄。预备河流经此处。

明初，穆姓立村，以姓得名穆家寨。《穆氏世谱》载：“明洪武二年，自枣强迁居博邑之南（石）门庄。二世祖移居此地，一居东寨，一居西寨。”后二寨合并村名为穆家寨。清康熙三十二年（1693），济南府新城县北九盈字约穆家寨。清光绪三十年（1904）新城县北九约辖穆家寨。中华人民共和国成立后简称穆寨。《桓台县地名词典》（1991年版）载：穆寨。

春秋属齐地。清代，属济南府新城县利用乡。民国3年（1914），新城县易名，属桓台县。民国22年（1933），属桓台县第三区。民国33年（1944），属清河行政公署桓台县第三区。民国37年（1948）3月，属渤海第三专员公署桓台县八区。1952年，属淄博专区桓台县八区。1958年8月，属第一卫星人民公社。同年11月，撤销桓台县建制，属淄博专署博兴县湖滨人民公社。1961年9月，恢复桓台县建制。1962年，属惠民专署桓台县起凤区。1966年7月，属起凤人民公社。1983年10月，属淄博市桓台县起凤人民公社。1984年4月，社改镇，属起凤镇。

聚落呈方形，主街东西走向。村庄面积28.1公顷，居民541户，2032人，皆为汉族。设穆寨村民委员会，有3个村民小组。耕地100.2公顷，以农业为主，机井电灌，主产小麦、玉米。人均收入17524元。建有幼儿园、卫生室、文化大院、农家书屋、健身活动广场。水电配送。广播电视网和互联网畅通。

境内有穆家寨遗址。

辛泉庄
Xīnquán Zhuāng

位于县城东北9.3千米，距起凤镇政府4千米处，乌河东岸。东靠淄东铁路、与博兴县接壤，西靠宫荆路，南依乌河头，北接起凤桥。

明洪武二十八年（1396）立村。明宣德辛亥年（1431）大旱，村民于村南月河掘井，泉涌水清，昼夜川流不息，抗灾解难，村民兴高采烈，并以此而命村名：新泉庄。清初，乌河东岸近

辛泉庄

村有三棵大柳树。清康熙年间，《胡氏世谱》载：“始祖胡勉，明洪武二年由枣强迁居山东新城北胡家庄。八世利江由姜庙迁居辛泉庄。”清光绪三十年（1904）新城县北九约辖新泉庄。后演变为辛泉。《桓台县地名词典》（1991年版）载：辛泉庄。

春秋属齐地。清代，属济南府新城县利用乡。民国3年（1914），新城县易名，属桓台县。民国22年（1933），属桓台县第三区。民国33年（1944），属清河行政公署桓台县第三区。民国37年（1948）3月，属渤海第三专员公署桓台县八区。1952年，属淄博专区桓台县八区。1958年8月，属桓台县第一卫星人民公社。同年11月，撤销桓台县建制，属淄博专署博兴县湖滨人民公社。1961年9月，恢复桓台县建制。1962年，属惠民专署桓台县起凤区。1966年7月，属起凤人民公社。1983年10月，属淄博市桓台县起凤人民公社。1984年4月，社改镇，属起凤镇。

聚落呈矩形块状，主街南北走向。村庄面积36.3公顷，居民430户，1448人，除极少土家族、蒙古族外，其他皆为汉族。设辛泉村民委员会，有9个村民小组。耕地87公顷，以农业为主，机井电灌，主产小麦、玉米。人均收入17524元。建有卫生室、文化大院、农家书屋、健身活动广场。水电配送。广播电视网和互联网畅通。民办企业有采暖炉设备生产企业、振华轧钢厂。通164路公交车。

境内有辛泉遗址。

乌河头庄
Wūhétóu Zhuāng

位于县城北8.3千米，距起凤镇政府4千米处，乌河、宫荆路纵向路流、经村居。东靠淄东铁路、与博兴县曹王镇接壤，南依索镇李家庄，西连唐山镇演马庄，北接辛泉庄、起凤桥。

元朝，郭姓居此，名郭家庄。明朝后期，因湖区扩大，乌河之水从此处注入锦秋湖，（现统称马踏湖），由此更名乌河头。《孙氏世谱》载：“始祖讳旺，字兴邦，于明洪武二年（1369），由直隶真定府枣强县分迁居於新城县东北乡，距城四十里左右之乌河头。”民间曾有“先有郭家庄，后为乌河头”之说。明天启四年（1624）《新城县志》载：“利用乡乌河头。”清康熙三十二年（1693）济南府新城县行政区划北九盈字约乌河头。《桓台县地名词典》（1991年版）载：乌河头庄。

聚落呈矩形块状，主街南北走向。春秋属齐地。明代，属新城县利用乡。清代，属济南府新城县利用乡。民国3年（1914），新城县易名，属桓台县。民国22年（1933），属桓台县第三区。民国33年（1944），属清河行政公署桓台县第三区。民国37年（1948）3月，属渤海第三专员公署桓台县八区。1952年，属淄博专区桓台县八区。1958年8月，属桓台县第一卫星人民公社。同年11月，撤销桓台县建制，属淄博专署博兴县湖滨人民公社。1961年9月，恢复桓台县建制。1962年，属惠民专署桓台县起凤区起凤人民公社。按乌河头东部、北部、南部，划分为“乌东”“乌北”“乌南”3个生产大队。1966年7月，属起凤人民公社。1983年10月，属淄博市桓台县起凤人民公社。1984年4月，社改镇，属起凤镇。现以“乌东”“乌北”“乌南”为名，设3个村民委员会。村庄面积108.4公顷，居民1678户，5017人，以农业为主，主产小麦、玉米、蔬菜等农作物。建有乌河小学。

曾是著名的“花炮之乡”。烟花爆竹制作

乌东

有上百年历史，2000 年，终止烟花爆竹制作业。民办企业有华茂建村机械有限公司、兴华特钢有限公司、安久实验室设备有限公司、昌河机械有限公司、海景服装水洗有限公司、砂轮厂有限公司、永宝电气有限公司、星铸工贸有限公司、成兴服装有限公司。通 164 路公交车。

乌东，距镇政府 3.8 千米。聚落呈方形块状，村庄面积 19.5 公顷，居民 481 户，1689 人，皆为汉族。设乌东村民委员会，有 7 个村民小组。耕地 123.8 公顷，以农业为主，机井电灌，主产小麦、玉米。人均收入 17524 元。建有卫生室、文化大院、农家书屋、健身活动广场。水电配送。广播电视网和互联网畅通。沿街有饭店、商店。2014 年被定为美丽乡村示范村。

乌北，距镇政府 3.8 千米。村庄面积 43.9 公顷，居民 480 户，1761 人，皆为汉族。设乌北村民委员会，有 9 个村民小组。耕地 116.3 公顷，以农业为主，机井电灌，主产小麦、玉米。人均收入 17524 元。建有卫生分院、文化大院、宣教广场、文体中心、健身活动场所。水电配送。广播电视网和互联网畅通。成立有富民白莲藕农民专业合作社。沿街有饭店、商店。

乌南，距镇政府 4.5 千米。村庄面积 43 公顷，居民 649 户，1317 人，皆为汉族。设乌南村民委员会，有 14 个村民小组。耕地 131.9 公顷，以农业为主，机井电灌，主产小麦、玉米。人均收入 18530 元。建有乌河幼儿园、乌河小学、卫生室、文化大院、健身活动广场。水电配送。广播电视网和互联网畅通。沿街有饭店、商店。

小乌河头
Xiǎowūhétóu

位于县城北 9.6 千米，距起凤镇政府 4.5 千米处。东邻辛泉庄，西临马踏湖，南依乌河头庄，北接起凤桥。

清乾隆年间（1736—1795），孙氏兄弟二人从乌河头迁此定居。后形成村落，村名：小乌河头。1986 年桓台县地名图标有：小乌河头。《桓台县地名词典》（1991 年版）载：小乌河头。

春秋属齐地。清代，属济南府新城县利用乡。民国 3 年（1914），新城县易名，属桓台县。民国 22 年（1933），属桓台县第三区。民国 33 年（1944），属清河行政公署桓台县第三区。民国 37 年（1948）3 月，属渤海第三专员公署桓台县八区。1952 年，属淄博专区桓台县八区。1958 年 8 月，属桓台县第一卫星人民公社。同年 11 月，撤销桓台县建制，属淄博专署博兴县湖滨人民公社。1961 年 9 月，恢复桓台县建制。

乌北（小乌河头）

1962年，属惠民专署桓台县起凤区。1966年7月，属起凤人民公社。1983年10月，属淄博市桓台县起凤人民公社。1984年4月，社改镇，属起凤镇。

聚落呈方形块状，主街南北走向。村庄面积2公顷，居民68户，250人，皆为汉族，设1个村民小组，由乌北村民委员会管辖。耕地9.3公顷，以农业为主，机井电灌，主产小麦、玉米。人均收入17524元。设有文化大院、农家书屋、健身活动广场。水电配送。广播电视网和互联网畅通。

唐山镇

全国创建文明村镇先进单位，中国乡镇之星，齐鲁乡镇之星，全省农村综合实力百强镇。

因镇政府驻唐山村而得名。位于东经118°16′～118°60′，北纬36°58′～37°2′，地处桓台县中部，东邻城区，南接果里镇，西靠新城镇，北依起凤镇，人民政府驻地唐四村，距县城4.8千米。

唐山镇人民政府

新中国成立初期，属桓台一、三、六区所辖。1958年，为第七卫星人民公社，后为博兴县唐山人民公社。1961年桓台、博兴分县后，改为唐山区。1966年撤区并社为唐山人民公社。1984年4月，改社为唐山镇。2010年11月6日，撤销邢家镇，其18个村并入唐山镇，辖50个村。

辖区总人口6.2425万人，其中非农业人口1707人，人口出生率13‰，死亡率8‰，自然增长率5‰。有少数民族10个，36人。

辖区东西最大距离8.4千米，南北最大距离16.7千米，总面积7110公顷。其中陆地面积7080公顷，占99.6%；水域30公顷，占0.4%。人口密度每平方千米842人。

全镇地形南高北低，地势由西南向东北缓倾，西南部最高，海拔21米；东北部最低，海拔12米。南部为鲁中山区冲积平原，北部为黄泛冲积平原。

主要河道有东猪龙河、胜利河、大寨沟等。境内最大河流为东猪龙河，从张店区朱家庄至唐山镇，流经境内于堤、石店、宋店、唐一、唐二、贾家、前七、后七、东营、波扎店、后诸村，长13.1千米。大寨沟横贯唐山境内南部，流经于堤村、徐店村、薛庙村、古城村、西马村，全长7千米。

全镇生产总值110.5亿元。全社会完成固定资产投资527891万元，实现财政收入47201万元，居民存款余额28.4983万元。

农林牧渔业实现总产值36882万元，农业增加值550万元；粮食总产2.4675万吨，棉花总产68.349吨，油料总产1.528吨，水果总产0.325万吨，蔬菜总产0.82万吨；肉类总产934.2吨，禽蛋总产3284.5吨，奶类总产1938吨，水产品总产3.245吨；全年造林1.325公顷，林木覆盖率达到38.6%；全镇农机总动力55624万千瓦。

完成工业生产性固定资产投资460643万元；新上一次性固定资产投资100万元以上项目15个；实现工业增加值112133万元；有规模以上工业企业43家，实现增加值1009104万元；实现产品销售收入490.78亿元。

境内有寿济路、柳泉路、唐华路等3条公路干线交汇，南距济青高速公路12千米，西距滨博高速8千米。耿焦路、少海路、工业路贯穿境内，道路交通便利。2014年末，有邮政网点2个，投递线路单程总长169.6千米，投递点

292个。电信企业4家；固定电话10352户，移动电话36848部。

拥有独立科研与技术开发机构6个，其中国家级重点实验室1个，工程技术研究中心5家。全镇有小学4所，在校生1518人；普通初中2所，在校生1654人；有体育锻炼场所51处，公共图书室51处。有文化艺术团体3个，会员39人，艺术团体4个，演职人员56人；影剧院2座，座位1400个；综合文化馆1个，建筑面积1300平方米；公共图书馆（室）51个，建筑面积1300平方米，藏书30000册。1973年7月开通唐山镇有线广播站，到乡镇6千米，镇到村20950米。有卫生院、所47处，卫生技术人员116人，其中执业医师57人，注册护士32人。

获省首届“书香之乡（镇、街道）”“山东省文明乡镇”荣誉称号。

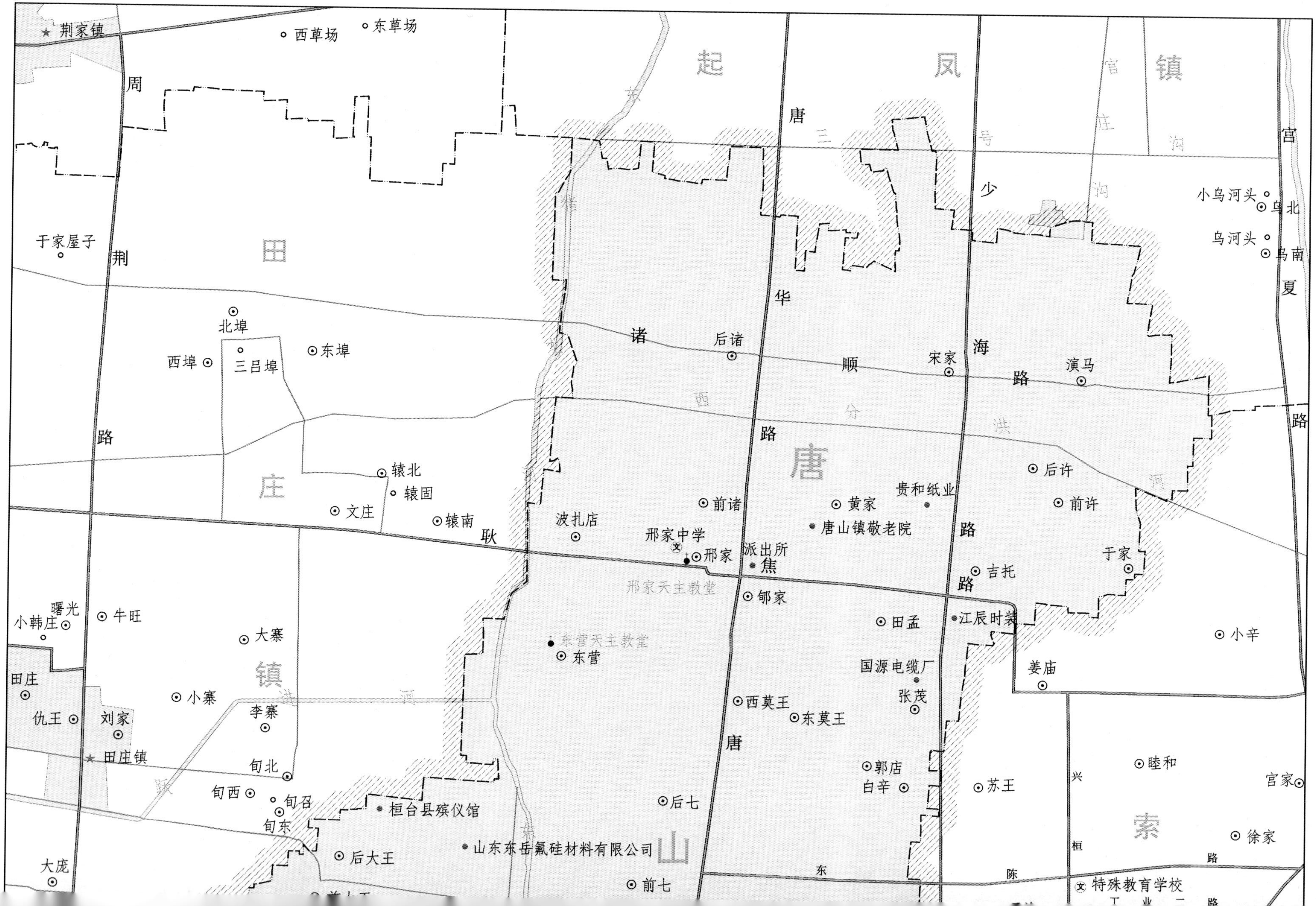

荆家镇
西草场
东草场
起
凤
镇
宫
周
唐
少
小乌河头
乌北
乌河头
乌南
于家屋子
荆
田
夏
北埠
华
诸
后诸
海
西埠
三吕埠
东埠
顺
宋家
演马
路
路
路
唐
后许
辕北
辕固
庄
前诸
黄家
贵和纸业
前许
文庄
辕南
耿
波扎店
唐山镇敬老院
路
邢家中学
邢家
派出所
焦
于家
吉托
路
邢家天主教堂
郇家
小韩庄
曙光
牛旺
田孟
江辰时装
小辛
大寨
东营天主教堂
东营
镇
国源电缆厂
姜庙
田庄
小寨
西莫王
东莫王
张茂
仇王
刘家
李寨
田庄镇
唐
郭店
睦和
旬北
兴
宫家
白辛
苏王
旬西
旬召
后七
桓台县殡仪馆
旬东
索
徐家
后大王
山东东岳氟硅材料有限公司
山
大庞
前七
特殊教育学校

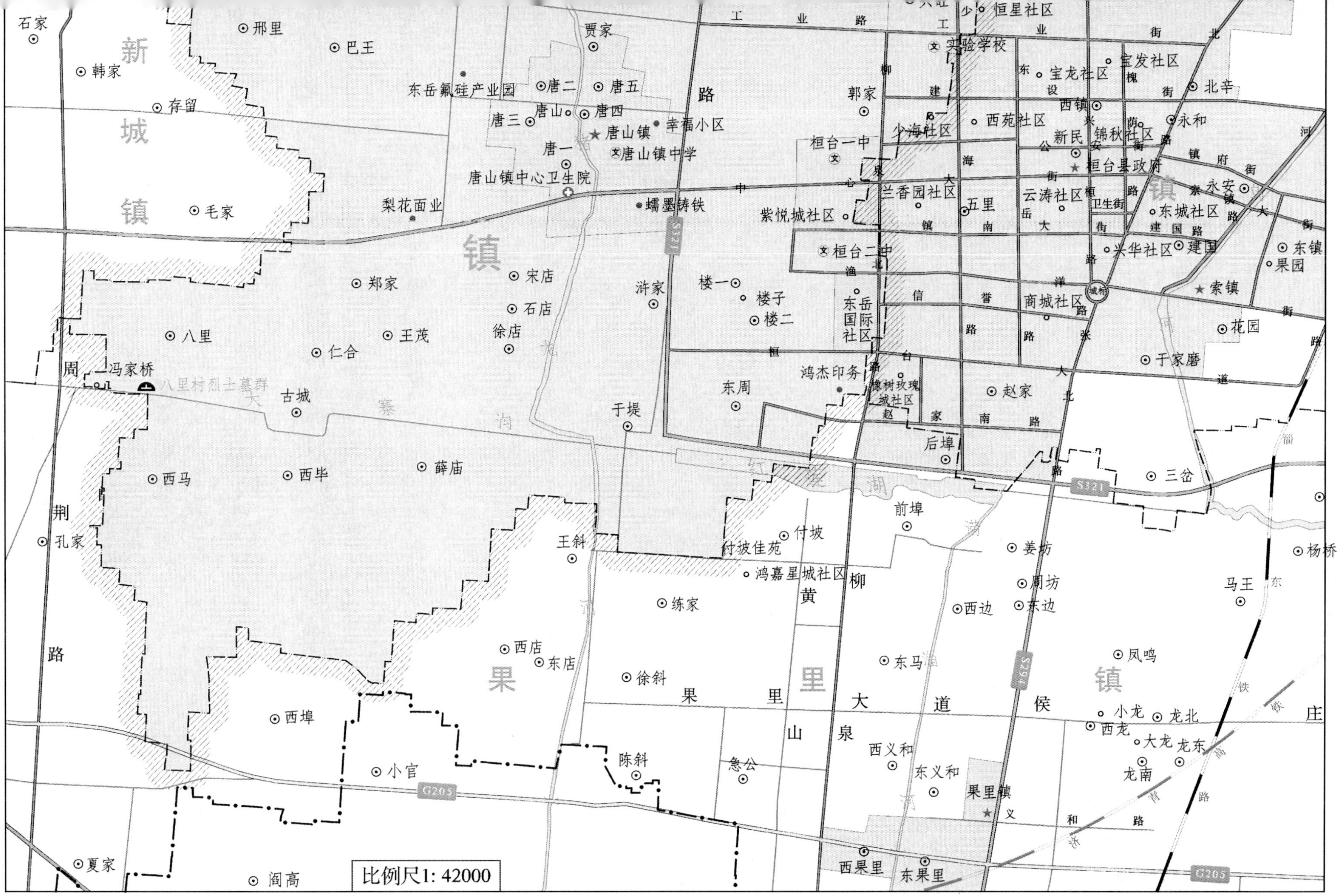

石家
邢里
巴王
韩家
存留
毛家
新
城
镇
贾家
东岳氟硅产业园
唐二
唐五
唐三
唐山
唐四
唐山镇
幸福小区
唐一
唐山镇中学
唐山镇中心卫生院
梨花面业
蠕墨铸铁
镇
郑家
宋店
石店
徐店
王茂
八里
仁合
冯家桥
周
八里村烈士墓群
古城
西马
西毕
薛庙
荆
路
孔家
浒家
于堤
楼一
楼子
楼二
东周
恒星社区
实验学校
宝发社区
宝龙社区
北辛
郭家
西镇
西苑社区
永和
少海社区
新民
锦秋社区
桓台一中
桓台县政府
兰香园社区
五里
云涛社区
永安
紫悦城社区
东城社区
桓台二中
兴华社区
建国
东镇
果园
东岳国际社区
商城社区
索镇
花园
鸿杰印务
于家磨
橡树玫瑰城社区
赵家
后埠
三岔
前埠
付坡
付坡佳苑
姜坊
鸿嘉星城社区
周坊
东边
西边
马王
杨桥
练家
西店
东店
徐斜
东马
凤鸣
果
果里
里
大道
侯
镇
庄
小龙
龙北
西龙
大龙
龙东
龙南
山
泉
西义和
东义和
果里镇
陈斜
急公
西埠
小官
夏家
阎高
西果里
东果里
S321
S294
G205
比例尺1: 42000

唐山
Tángshān

位于县城西6千米。唐山镇政府所在地。东猪龙河北岸。东邻于家庄，南靠寿济路，西连缫丝厂，北接贾家庄。

东周时期村落，原名唐藏店，又名唐三。《新城乡土志》载："唐三，旧有古刹，唐三藏禅师藏经处。"故名唐藏店。明天启四年（1624）《新城县志》载：唐藏镇。清康熙三十二年（1693）《新城县志》东五仁字约东唐三、西唐三、前唐三、后唐三。清光绪三十年（1904）新城县东五约唐山。即四村合一，定名唐山。《桓台县地名词典》（1991年版）载：唐山。

民国22年（1933）《重修新城县志》载："唐山在城东十八里，土埠也，村以山名，上有古冢。"古冢为东周时期文化遗址。近年来，曾先后出土土灰陶罐、陶斝盘、陶鬲盘、青铜盉、古钱币等，被鉴定为东周前遗物。1984年定为市级重点文物保护单位。

明代，属新城县唐藏镇。清代，属济南府新城县厚生乡。民国3年（1914），新城县易名，属桓台县。民国22年（1933），属桓台县第一区。民国33年（1944），属清河行政公署桓台县第一区。民国37年（1948）3月，属渤海第三专员公署桓台县六区。1952年，属淄博专区桓台县六区。1958年9月，属桓台县第七卫星人民公社，后为博兴县唐山人民公社。同年11月，撤销桓台县建制，属淄博专署博兴县。1961年9月，恢复桓台县建制。1962年，属惠民专署桓台县唐山区。1966年，撤区并社，属唐山人民公社。1983年10月，属淄博市桓台县唐山人民公社。1984年4月，属唐山镇。经县政府批准，按顺序取名设"唐一""唐二""唐三"3个行政村，于1982年启用。

聚落呈方形集居块状，主街道棋盘形，面积14.5公顷。设农历二、七大集。通601路、605路、606路、607路公交车。

名胜古迹：唐山古冢。为周代文化遗址，有汉墓多处，为市级文物保护单位。

唐山为明云南布政使徐准（1541—1614）故里。

唐一，村庄面积6.9公顷，居民827户，2535人，设唐一村民委员会，有12个村民小组。耕地124.6公顷，以农业为主，机井电灌，主产小麦、玉米。人均收入17288元。建有卫生室、唐山镇中学、文化大院、健身活动广场、老年活动中心。水电配送。广播电视网和互联网畅通。

唐二，村庄面积7.4公顷，居民436户，1645人，皆为汉族。设唐二村民委员会，有7个村民小组。耕地61.2公顷，以农业为主，机井电灌，主产树木。人均收入17288元。村内有唐山镇中学、卫生室、文化大院、农家书屋、健身活动广场、敬老院、供暖站。水电配送。广播电视网和互联网畅通。

唐三，村庄面积1500平方米，居民240户，

唐三村

786 人，皆为汉族。设唐三村民委员会，有 4 个村民小组。耕地 21.7 公顷，以农业为主，机井电灌，主产小麦、玉米。人均收入 17288 元。建有卫生室、文化大院、农家书屋、健身广场。水电配送。广播电视网和互联网畅通。

于家庄
Yújiā Zhuāng

位于县城西 5.6 千米，唐山镇政府东侧。东靠唐华路，南邻唐山中学，西连唐山，北接邢家庄。

《于氏世谱•世系图》载：“一世——元至正中徙新城——堤子庄。十二世五桂迁此，立村于家庄。”据考，清初建村。清康熙三十二年（1693）济南府新城县东五仁字约于家庄。清光绪三十年（1904）新城县东五约辖于家。1958 年改名生建村。1966 年又改名东风村。1982 年恢复于家。《桓台县地名词典》（1991 年版）载：于家庄。

清代，属济南府新城县厚生乡。民国 3 年（1914），新城县易名，属桓台县。民国 22 年（1933），属桓台县第一区。民国 33 年（1944），属清河行政公署桓台县第一区。民国 37 年（1948）3 月，属渤海第三专员公署桓台县六区。1952 年，属淄博专区桓台县六区。1958 年 9 月，属桓台县第七卫星人民公社，同年 11 月，撤销桓台县建制，属淄博专署博兴县。1961 年 9 月，恢复桓台县建制。1962 年，属惠民专署桓台县属唐山区。1966 年，撤区并社，属唐山人民公社。1983 年 10 月，属淄博市桓台县唐山人民公社。1984 年 4 月，属唐山镇。

聚落呈方形块状，主街东西走向。村庄面积 2700 平方米，居民 192 户，697 人，除满族 1 人外，其他为汉族。设唐四村民委员会，有 3 个村民小组。耕地 29.5 公顷，以农业为主，机井电灌，主产小麦、玉米。人均收入 17288 元。建有唐山镇中心幼儿园、卫生室、文化大院、农家书屋、健身活动广场。水电配送。广播电视网和互联网畅通。

镇政府机关驻地。

邢家庄
Xíngjiā Zhuāng

位于县城西 5.5 千米，距唐山镇政府 0.5 千米处，东靠唐华路，南依于家庄，西临东猪龙河，北接贾家庄。

元朝，邢姓立村，名邢家庄。《邢氏世谱》载：“始祖自元季，由直隶枣强县，徙居山东济南府新城县东二十里唐藏店邢家庄。”清康熙三十二年（1693）济南府新城县东五仁字约邢家庄。1958 年人民公社化时建大队，故名“邢家大队”，后因此地与唐山村相连，经县政府批准，更名为“唐五”，于 1982 年 5 月启用。《桓台县地名词典》（1991 年版）载：邢家庄。

清代，属济南府新城县厚生乡。民国 3 年（1914），新城县易名，属桓台县。民国 22 年（1933），属桓台县第一区。民国 33 年（1944），属清河行政公署桓台县第一区。民国 37 年（1948）3 月，属渤海第三专员公署桓台县六区。1952 年，属淄博专区桓台县六区。1958 年 9 月，属桓台县第七卫星人民公社。同年 11 月，撤销桓台县建制，属淄博专署博兴县。1961 年 9 月，恢复桓台县建制。1962 年，属惠民专署桓台县属唐山区。1966 年，撤区并社，属唐山人民公社。1983 年 10 月，属淄博市桓台县唐山人民公社。1984 年 4 月，属唐山镇。

聚落呈方形块状，主街道“丁”字形。村庄面积 1.5 公顷，居民 192 户，665 人，设唐五村民委员会，划分 4 个村民小组。耕地 45 公顷，以农业为主，机井电灌，主产小麦、玉米。人均收入 17288 元。建有卫生室、文化大院、农家书屋、健身活动广场。水电配送。广播电视网和互联网畅通。民办企业有顺鸣制造有限公司、震恺工贸有限公司、国轩机械有限公司、金昱机械厂。

西莫王庄
Xīmòwáng Zhuāng

位于县城西 5.8 千米，距唐山镇政府 4 千米处。东邻东莫王，南依后七里庄，西连东营，北接郇家庄。

明末立村。《张氏世谱》载："张氏元季徙居楼村，十一世张壬从楼村迁此定居。为求吉利，初名凤凰庄。后因村东有一大村名莫王庄，改称小莫王庄。后因莫王庄东改名东莫王庄，该村又改名西莫王庄。清末（1851—1911）《新城县后志》载：北六约辖西莫王庄。《桓台县地名词典》（1991 年版）载：西莫王庄。

清代，属济南府新城县。民国 3 年（1914），新城县易名，属桓台县。民国 22 年（1933），属桓台县第三区。民国 33 年（1944），属清河行政公署桓台县第三区。民国 37 年（1948）3 月，属渤海第三专员公署桓台县三区。1952 年，属淄博专区桓台县三区。1958 年 9 月，属桓台县第七卫星人民公社，后为博兴县唐山人民公社。同年 11 月，撤销桓台县建制，属淄博专署博兴县。1961 年 9 月，恢复桓台县建制。1962 年，属惠民专署桓台县属唐山区。1966 年，撤区并社，属唐山人民公社。1983 年 10 月，属淄博市桓台县唐山人民公社。1984 年 4 月，属唐山镇。

聚落呈方形块状，主街东西走向。村庄面积 7.3 公顷，居民 156 户，524 人，皆为汉族。设西莫王村民委员会，有 2 个村民小组。耕地 37.8 公顷，以农业为主，机井电灌，主产小麦、玉米。人均收入 17288 元。建有卫生室、文化大院、农家书屋、健身活动广场。水电配送。广播电视网和互联网畅通。

前七里庄
Qiánqīlǐ Zhuāng

位于县城西 5.5 千米，距唐山镇政府 2.5 千米处，唐华路西侧。东邻大有庄，南依贾家庄，西临东猪龙河，北接后七里庄。

明洪武年间（1368—1398）立村。村内先后建有七座楼房，故取名七楼庄。后演化为七里庄。《许氏世谱》载："许氏之祖於明洪武年间迁居新邑傅家庙，后因水患，不几世徙居前七里庄，故改名前七里庄。清康熙三十二年（1693）《新城县志》载"北六穆字约前七里庄。"1982 年简化为前七。《桓台县地名词典》（1991 年版）载：前七里庄。

明代，属新城县厚生乡。清代，属济南府新城县。民国 3 年（1914），新城县易名，属桓台县。民国 22 年（1933），属桓台县第三区。民国 33 年（1944），属清河行政公署桓

前七里庄

台县第三区。民国 37 年（1948）3 月，属渤海第三专员公署桓台县三区。1952 年，属淄博专区桓台县三区。1958 年 9 月，属桓台县第七卫星人民公社。同年 11 月，撤销桓台县建制，属淄博专署博兴县。1961 年 9 月，恢复桓台县建制。1962 年，属惠民专署桓台县属唐山区。1966 年，撤区并社，属唐山人民公社。1983 年 10 月，属淄博市桓台县唐山人民公社。1984 年 4 月，属唐山镇。

聚落呈方形块状，主街道“十”字形。村庄面积 34.3 公顷，居民 697 户，2272 人，皆为汉族。设前七村民委员会，有 8 个村民小组。耕地 122.4 公顷，以农业为主，机井电灌，主产小麦、玉米、蔬菜。人均收入 17288 元。建有卫生室、文化大院、农家书屋、健身活动广场。水电配送。广播电视网和互联网畅通。通 602 路、603 路公交车。

后七里庄

后七里庄
Hòuqīlǐ Zhuāng

位于县城西 5.8 千米，距唐山镇政府 2.5 千米处，唐华路西侧。东邻郭店，南依前七里庄，西临东猪龙河，北接西莫王庄。

明初立村。据传，先居者希望有更多的人来此定居，故取名客留庄。清道光二十三年（1843）《张氏世谱》载：“始祖俭，字廉公者，于成化元年（1465）遇岁饥荒，率三子徙居新城东北乡离城十八里后七里庄。”清康熙三十二年（1693）《新城县志》载：“北六穆字约后七里庄。《桓台县地名词典》（1991 年版）载：后七里庄。

明代，属新城县厚生乡。清代，属济南府新城县。民国 3 年（1914），新城县易名，属桓台县。民国 22 年（1933），属桓台县第三区。民国 33 年（1944），属清河行政公署桓台县第三区。民国 37 年（1948）3 月，属渤海第三专员公署桓台县三区。1952 年，属淄博专区桓台县三区。1958 年 9 月，属桓台县第七卫星人民公社，后为博兴县唐山人民公社。同年 11 月，撤销桓台县建制，属淄博专署博兴县。1961 年 9 月，恢复桓台县建制。1962 年，属惠民专署桓台县属唐山区。1966 年，撤区并社，属唐山人民公社。1983 年 10 月，属淄博市桓台县唐山人民公社。1984 年 4 月，属唐山镇。

聚落呈矩形块状，主街东西走向。村庄面积 43.5 公顷，居民 776 户，2550 人，皆为汉族。设后七村民委员会，有 9 个村民小组。耕地 163.8 公顷，以农业为主，机井电灌，主产小麦、玉米、蔬菜、棉花、大豆。人均收入 17288 元。建有幼儿园、卫生室、文化大院、农家书屋、健身活动广场、便民超市。水电配送。广播电视网和互联网畅通。设农历三、八集日。通 602 路、603 路公交车。

后七里庄为八路军山东纵队供给部部长张冠英（1910—1939）烈士故乡。

前大王庄
Qiándàwáng Zhuāng

位于县城西北8.1千米，距唐山镇政府2千米处。东邻东岳厂区，南依东巴王庄、邢里庄，西连田庄镇大庞庄，北接后大王庄。

元朝立村，因村近大王冢，名大王庄。《张氏世谱》载："张氏始祖元季来此新邑东北之大王庄。"明天启四年（1624）《新城县志》载：厚生乡大王庄。民国19年（1930）分为两个自然村。该村位南，故名前大王庄。民国22年（1933）《重修新城县志》载：第一区前王乡辖前大王庄。《桓台县地名词典》（1991年版）载：前大王庄。

明代，属新城县厚生乡。清代，属济南府新城县。民国3年（1914），新城县易名，属桓台县。民国22年（1933），属桓台县第一区。民国33年（1944），属清河行政公署桓台县第一区。民国37年（1948）3月，属渤海第三专员公署桓台县六区。1952年，属淄博专区桓台县六区。1958年9月，属桓台县第七卫星人民公社，后为博兴县唐山人民公社。同年11月，撤销桓台县建制，属淄博专署博兴县。1961年9月，恢复桓台县建制。1962年，属惠民专署桓台县属唐山区。1966年，撤区并社，属唐山人民公社。1983年10月，属淄博市桓台县唐山人民公社。1984年4月，属唐山镇。

聚落呈矩形带状，主街道"十"字形。村庄面积25公顷，居民408户，1442人，皆为汉族。设前大村民委员会，有8个村民小组。耕地104.6公顷，以农业为主，机井电灌，主产小麦、玉米。人均收入20000元。建有卫生室、文化大院、农家书屋、健身活动广场。水电配送。广播电视网和互联网畅通。通605路公交车。

前大王庄为清朝中期诗人、学者和教育家张象津（1738—1824）故里。

后大王庄
Hòudàwáng Zhuāng

位于县城西北8.2千米，距唐山镇政府2千米处。东邻东岳厂区，南依前大王庄，西连田庄镇大庞庄，北接田庄镇旬召。

元朝立村，因村近大王冢，名大王庄。《张氏世谱》载："张氏始祖元季来此新邑东北之大王庄。"明天启四年（1624）《新城县志》载：厚生乡大王庄。民国19年（1930）分为两个自然村。该村位北，故名后大王庄。民国22年（1933）《重修新城县志》载：第一区后王乡辖后大王庄。《桓台县地名词典》（1991年版）载：后大王庄。

明代，属新城县厚生乡。清代，属济南府新城县。民国3年（1914），新城县易名，属桓台县。民国22年（1933），属桓台县第一区。民国33年（1944），属清河行政公署桓台县第一区。民国37年（1948）3月，属渤海第三专员公署桓台县六区。1952年，属淄博专区桓台县六区。1958年9月，属桓台县第七卫星人民公社。同年11月，撤销桓台县建制，属淄博专署博兴县唐山人民公社。1961年9月，恢复桓台县建制。1962年，属惠民专署桓台县属唐山区。1966年，撤区并社，属唐山人民公社。1983年10月，属淄博市桓台县唐山人民公社。1984年4月，属唐山镇。

聚落呈方形块状，主街道"十"字形。村庄面积25.1公顷，居民385户，1384人，皆为汉族。设后大村民委员会，有7个村民小组。耕地50.7公顷，以农业为主，机井电灌，主产小麦、玉米。人均收入17288元。建有卫生室、文化大院、农家书屋、健身活动场所。水电配送。广播电视网和互联网畅通。通607路公交车。

境内有后大王东、北两处遗址。

邢里庄
Xínglǐ Zhuāng

位于县城西 8.7 千米，距唐山镇政府 3 千米处。东邻东巴王庄，南与毛家庄相望，西连田庄镇韩家庄，北接旬召。

明初，熊姓立村，名熊里庄。清道光十八年（1838）《张氏世谱》载："始祖讳元，字善卿，原籍直隶枣强人，于明初兄弟同时迁居新城城东熊里庄。"清康熙三十二年（1693）《新城县志》载：北五淳字约熊里庄。民国 19 年（1930）桓台县第一区（驻崔楼）巴里乡辖邢里庄。《桓台县地名词典》（1991 年版）载：邢里庄。

清代，属济南府新城县利用乡。民国 3 年（1914），新城县易名，属桓台县。民国 22 年（1933），属桓台县第一区。民国 33 年（1944），属清河行政公署桓台县第一区。民国 37 年（1948）3 月，属渤海第三专员公署桓台县六区。1952 年，属淄博专区桓台县六区。1958 年 9 月，属桓台县第七卫星人民公社。同年 11 月，撤销桓台县建制，属淄博专署博兴县唐山人民公社。1961 年 9 月，恢复桓台县建制。1962 年，属惠民专署桓台县属唐山区。1966 年，撤区并社，属唐山人民公社。1983 年 10 月，属淄博市桓台县唐山人民公社。1984 年 4 月，属唐山镇。

聚落呈方形块状，主街道"丁"字形。村庄面积 11.9 公顷，居民 183 户，683 人，皆为汉族。设邢里村民委员会，有 4 个村民小组。耕地 55 公顷，以农业为主，机井电灌，主产小麦、玉米、大豆。人均收入 17288 元。建有卫生室、文化大院、农家书屋、健身活动广场。水电配送。广播电视网和互联网畅通。

境内有邢里遗址。

王茂庄
Wángmào Zhuāng

位于县城西 7.5 千米，距唐山镇政府 2.5 千米处。东邻徐店、石店，南临大寨沟，西连人和庄，北接郑家庄。

据传，明初初期，王茂迁此立村，故名王茂庄。清康熙三十二年（1693），新城县东四宽字约王茂。民国 11 年（1922）《周氏世谱》载："周氏始祖——于洪武初年（1368），由枣强迁桓台，——七世移居王茂庄。"《桓台县地名词典》（1991 年版）载：王茂庄。

清代，属济南府新城县厚生乡。民国 3 年（1914），新城县易名，属桓台县。民国 22 年（1933），属桓台县第一区。民国 33 年（1944），属清河行政公署桓台县第一区。民国 37 年（1948）3 月，属渤海第三专员公署桓台县一区。1952 年，属淄博专区桓台县一区。1958 年 9 月，属桓台县第七卫星人民公社。同年 11 月，撤销桓台县建制，属淄博专署博兴县。1961 年 9 月，恢复桓台县建制。1962 年，属惠民专署桓台县属唐山区。1966 年，撤区并社，属唐山人民公社。1983 年 10 月，属淄博市桓台县唐山人民公社。1984 年 4 月，属唐山镇。

聚落呈方形块状，主街道"十"字形。村庄面积 14.8 公顷，居民 267 户，888 人，皆为汉族。设王茂村民委员会，有 3 个村民小组。耕地 50 公顷，以农业为主，机井电灌，主产小麦、玉米。人均收入 17288 元。建有卫生室、文化大院、农家书屋、健身活动广场。水电配送。广播电视网和互联网畅通。

大有庄
Dàyǒu Zhuāng

位于县城西北 4 千米，距唐山镇政府 2.5 千米处。东邻兴旺庄，南依郭家庄，西靠唐华路，北接郭店。

明末（1620—1644）立村。因有一谷姓村民饲养一头大牛，远近闻名，人称“大牛庄”。后改为大有庄。《谷氏世谱》载：“始祖于明洪武十四年（1381），自河北枣强谷家道口迁谷家园。一七世祖光明，由红庙迁居大有庄。”清各版《新城县志》均载：大有庄。清光绪三十年（1904）新城县东七约辖大有庄。《桓台县地名词典》（1991 年版）载：大有庄。

清代，属济南府新城县。民国 3 年（1914），属桓台县。民国 22 年（1933），属桓台县第三区。民国 33 年（1944），属清河行政公署桓台县第三区。民国 37 年（1948）3 月，属渤海第三专员公署桓台县三区。1952 年，属淄博专区桓台县三区。1958 年 9 月，属桓台县第七卫星人民公社，后为博兴县唐山人民公社。同年 11 月，撤销桓台县建制，属淄博专署博兴县。1961 年 9 月，恢复桓台县建制。1962 年，属惠民专署桓台县属唐山区。1966 年，撤区并社，属唐山人民公社。1983 年 10 月，属淄博市桓台县唐山人民公社。1984 年 4 月，属唐山镇。

聚落呈矩形，主街东西走向。村庄面积 25.1 公顷，居民 363 户，1132 人，皆为汉族。设大有村民委员会，有 8 个村民小组。耕地 83.8 公顷，以农业为主，机井电灌，主产小麦、玉米。人均收入 17288 元。建有卫生室、文化大院、农家书屋、健身活动广场。水电配送。广播电视网和互联网畅通。

兴旺庄
Xīngwàng Zhuāng

位于县城西 3.5 千米，距唐山镇政府 2.5 千米处。东邻索镇王沟庄，南依郭家庄，西连大有庄，北接白辛庄。

明初（1368—1425），段、王二姓立村，名段王庄。《见氏世谱》载：“始祖葆真居此。”已传到二十二世。《岳氏世谱》载“始祖于明洪武四年（1371）迁索镇，五世岳延竹迁段王庄。清康熙三十二年（1693）《新城县志》载：“东五仁字约段王庄。”据传，清朝有一官吏路过此地，闻村名音意不佳，遂改名兴王庄。后演变为兴旺庄。清光绪三十年（1904）新城县东五约辖兴王庄。民国 19 年（1930）桓台县第三区（驻索镇）大有乡辖兴旺庄。《桓台县地名词典》（1991 年版）载：兴旺庄。

清代，属济南府新城县厚生乡。民国 3 年（1914），新城县易名，属桓台县。民国 22 年（1933），属桓台县第三区。民国 33 年（1944），属清河行政公署桓台县第三区。民国 37 年（1948）3 月，属渤海第三专员公署桓台县三区。1952 年，

兴旺花园

属淄博专区桓台县三区。1958 年 9 月，属桓台县第七卫星人民公社。同年 11 月，撤销桓台县建制，属淄博专署博兴县。1961 年 9 月，恢复桓台县建制。1962 年，属惠民专署桓台县属唐山区。1966 年，撤区并社，属唐山人民公社。1983 年 10 月，属淄博市桓台县唐山人民公社。1984 年 4 月，属唐山镇。

聚落呈方形块状，主街东西走向。村庄面积 49.8 公顷，居民 330 户，1209 人，皆为汉族。设兴旺村民委员会（位于工业街 2518 号），有 6 个村民小组。耕地 58.1 公顷，以农业为主，机井电灌，主产小麦、玉米。人均收入 17288 元。建有办公楼、幼儿园、卫生室、文化大院、便民超市、健身活动广场。水电配送。广播电视网和互联网畅通。

2010 年，实施旧村改造，在村庄东侧建兴旺花园小区。占地 15 公顷，建楼房 26 栋，建筑面积 79200 平方米。旧村已基本拆除。

楼子庄
Lóuzi Zhuāng

位于县城西 4.2 千米，距唐山镇政府 3 千米处。东与索镇搭界，南依东周家，西连浒家庄，北靠寿济路路。

元朝（1271—1368）立村。因村东北有座三官庙，建筑高大，其状似楼，以此取名楼子庄。明天启四年（1624）《新城县志》载：厚生乡楼子庄。清康熙三十二年（1693）新城东七养字约楼子庄。《张氏世谱》载“始祖均祖，在枣强与来祖为族兄弟，元季同来新城，来祖居楼村——”1958 年人民公社化时建大队，楼子分建“东升”和“晨光”两个大队。后经县政府批准，按数列顺序更名为“楼一”“楼二”，于 1982 年启用。《桓台县地名词典》（1991 年版）载：楼子庄。

明代，属新城县厚生乡。清代，属济南府新城县。民国 3 年（1914），新城县易名，属桓台县。民国 22 年（1933），属桓台县第三区。民国 33 年（1944），属清河行政公署桓台县第三区。民国 37 年（1948）3 月，属渤海第三专员公署桓台县三区。1952 年，属淄博专区桓台县三区。1958 年 9 月，属桓台县第七卫星人民公社。同年 11 月，撤销桓台县建制，属淄博专署博兴县唐山人民公社。1961 年 9 月，恢复桓台县建制。1962 年，属惠民专署桓台县属唐山区。1966 年，撤区并社，属唐山公社。1983 年 10 月，属淄博市桓台县唐山人民公社。1984 年 4 月，属唐山镇。

聚落呈矩形块状，主街东西走向。面积 49.7 公顷。设有农历五、十集日。境内有楼子遗址。通 602 路、603 路、605 路、606 路、607 路公交车。

楼一，村庄面积 34 公顷，居民 619 户，1880 人，皆为汉族。设楼一村民委员会，有 6 个村民小组。耕地 111.2 公顷，以农业为主，机井电灌，主产小麦、玉米。人均收入 17288 元。建有办公楼、幼儿园、卫生室、文化大院、农家书屋、健身广场。水电配送。广播电视网和互联网畅通。

楼二，村庄面积 15.7 公顷，居民 334 户，1107 人，皆为汉族。设楼二村民委员会，有 4 个村民小组。耕地 46.1 公顷，以农业为主，机井电灌，主产小麦、玉米及部分经济树木。在起凤镇鱼龙湾庄北有苇田 110 亩。人均收入 17288 元。建有卫生室、文化大院、健身活动广场、商店。水电配送。广播电视网和互联网畅通。

于堤
Yúdī

位于县城西南 7 千米，距唐山镇政府 4 千米处。东邻东周家，西连徐店，南临大寨沟，北接浒家庄。

元大德二年（1298）赵姓迁此立村，名赵家庄。元至正二年（1342）于姓迁此定居。因村近河堤，取名堤子庄。《于氏世谱》载："始祖讳仲德始为登州府文登县诸生家斥山，元至正中徙大姓，偕弟仲渊公——卜居城（新城）东十八里堤子庄居焉。"明成化年间，易名于家堤。清康熙三十二年（1693），济南府新城县东七养字约于家堤。1958 年居此于堤。《桓台县地名词典》（1991 年版）载：于堤。

清代，属济南府新城县。民国 3 年（1914），新城县易名，属桓台县。民国 22 年（1933），属桓台县第三区。民国 33 年（1944），属清河行政公署桓台县第三区。民国 37 年（1948）3 月，属渤海第三专员公署桓台县三区。1952 年，属淄博专区桓台县三区。1958 年 9 月属卫星第六人民公社，后为博兴县唐山人民公社。同年 11 月，撤销桓台县建制，属淄博专署博兴县。1961 年 9 月，恢复桓台县建制。1962 年，属惠民专署桓台县属唐山区。1966 年，撤区并社，属唐山人民公社。1983 年 10 月，属淄博市桓台县唐山人民公社。1984 年 4 月，属唐山镇。

聚落呈梯形块状，主街东西走向。村庄面积 40.1 公顷，居民 608 户，2308 人，皆为汉族。设于堤村民委员会，有 6 个村民小组。耕地 161.8 公顷，以农业为主，机井电灌，主产小麦、玉米。人均收入 17288 元。建有卫生室、文化大院、农家书屋、健身活动广场。水电配送。广播电视网和互联网畅通。

有于堤遗址、张元帅墓。张元帅，名张贵，字国宝。曾任山东东路马副元帅，般阳节度使。1214 年，蒙古军进军中都，张贵率部占领长山县驿台（今齐桓公戏马台），为保护百姓团聚，得到百姓信任和拥护。

于堤

贾家庄
Jiǎjiā Zhuāng

位于县城西 5.7 千米，距唐山镇政府驻地北 0.5 千米处。东靠唐华路，南依邢家庄，西连唐山，北接前七里庄。

明初（1368），贾姓在此立村，名贾庄。清康熙三十二年（1693）《新城县志》载："东五仁字约贾庄。"《桓台县地名词典》（1991 年版）载：贾家庄。

清代，属济南府新城县厚生乡。民国 3 年（1914），新城县易名，属桓台县。民国 22 年（1933），属桓台县第一区。民国 33 年（1944），属清河行政公署桓台县第三区。民国 37 年（1948）3 月，属渤海第三专员公署桓台县六区。1952 年，属淄博专区桓台县六区。1958 年 9 月，属桓台县第七卫星人民公社。同年 11 月，属博兴县唐山人民公社。1961 年 9 月，属惠民专署桓台县唐山区。1966 年，撤区并社，属唐山人民公社。1983 年 10 月，属淄博市桓台县唐山人民公社。1984 年 4 月，属唐山镇。

聚落呈矩形块状，主街东西走向。村

贾家

庄面积 6.2 公顷，居民 128 户，473 人，皆为汉族。设贾家村民委员会，有 4 个村民小组。耕地 22.7 公顷，以农业为主，机井电灌，主产小麦、玉米。人均收入 17288 元。建有卫生室、文化大院、农家书屋、健身活动广场。

郑家庄
Zhèngjiā Zhuāng

位于县城西 7.6 千米，距唐山镇政府 2 千米处。东邻宋店，西连新城镇毛家庄，南依王茂庄，北靠寿济路。

明初（1368）已有此村，名郑家庄。《宗氏世谱》载："吾始祖讳巩，于明洪武二年（1369），自直隶枣强县迁新邑宗家庄，九世心悟、心裁，移居郑家庄。"清康熙三十二年（1693）《新城县志》载：东四宽字约郑家庄。《桓台县地名词典》（1991 年版）载：郑家庄。

清代，属济南府新城县厚生乡。民国 3 年（1914），新城县易名，属桓台县。民国 22 年（1933），属桓台县第一区。民国 33 年（1944），属清河行政公署桓台县第一区。民国 37 年（1948）3 月，属渤海第三专员公署桓台县一区。1952 年，属淄博专区桓台县一区。1958 年 9 月，属桓台县第七卫星人民公社。同年 11 月，撤销桓台县建制，属淄博专署博兴县。1961 年 9 月，恢复桓台县建制。1962 年，属惠民专署桓台县属唐山区。1966 年，撤区并社，属唐山人民公社。1983 年 10 月，属淄博市桓台县唐山人民公社。1984 年 4 月，属唐山镇。

郑家

聚落呈方形块状，主街东西走向。村庄面积 22.2 公顷，居民 278 户，910 人，皆为汉族。设郑家村民委员会，有 4 个村民小组。耕地 87.5 公顷，以农业为主，机井电灌，主产小麦、玉米。人均收入 17288 元。建有卫生室、文化大院、农家书屋、健身活动广场。水电配送。广播电视网和互联网畅通。

宋店
Sòngdiàn

位于县城西 6.3 千米，距唐山镇政府 1.5 千米处。东临东猪龙河，西连郑家庄，

宋店

南依石店，北靠寿济路。

明初（1368），宋姓迁此，依交通大道定居，以开客店为生，故名宋家店。清康熙三十二年（1693）《新城县志》载：东五仁字约宋家店。1982年始称宋店。《桓台县地名词典》（1991年版）载：宋店。

清代，属济南府新城县厚生乡。民国3年（1914），新城县易名，属桓台县。民国22年（1933），属桓台县第一区。民国33年（1944），属清河行政公署桓台县第一区。民国37年（1948）3月，属渤海第三专员公署桓台县一区。1952年，属淄博专区桓台县一区。1958年9月，属桓台县第七卫星人民公社。同年11月，撤销桓台县建制，属淄博专署博兴县。1961年9月，恢复桓台县建制。1962年，属惠民专署桓台县属唐山区。1966年，撤区并社，属唐山人民公社。1983年10月，属淄博市桓台县唐山人民公社。1984年4月，属唐山镇。

聚落呈方形块状，主街东西走向。村庄面积16公顷，居民287户，927人，皆为汉族。设宋店村民委员会，有4个村民小组。耕地55公顷，以农业为主，兼有园林业，机井电灌，主产小麦、玉米。人均收入17288元。建有卫生室、文化大院、农家书屋、健身活动广场。水电配送。广播电视网和互联网畅通。

石店
Shídiàn

位于县城西6.3千米，距唐山镇政府1.8千米。东临东猪龙河，南依徐店，西连王茂庄，北接宋店。

据传，明初（1368）此处是交通要道，石姓迁此立村，以开店为生，取名石家店。清代各版《新城县志》均载：“石家店”。后简称石店。《桓台县地名词典》（1991年版）载：石店。

清代，属济南府新城县。民国3年（1914），新城县易名，属桓台县。民国22年（1933），属桓台县第一区。民国33年（1944），属清河行政公署桓台县第一区。民国37年（1948）3月，属渤海第三专员公署桓台县一区。1952年，属淄博专区桓台县一区。1958年9月，属桓台县第七卫星人民公社。同年11月，撤销桓台县建

石店

制，属淄博专署博兴县。1961 年 9 月，恢复桓台县建制。1962 年，属惠民专署桓台县属唐山区。1966 年，撤区并社，属唐山人民公社。1983 年 10 月，属淄博市桓台县唐山人民公社。1984 年 4 月，属唐山镇。

聚落呈方形块状，主街东西走向。村庄面积 5.7 公顷，居民 90 户，283 人，皆为汉族。设石店村民委员会，有 1 个村民小组。耕地 25.8 公顷，以农业为主，机井电灌，主产小麦、玉米。人均收入 17288 元。建有卫生室、文化大院、农家书屋、健身活动广场。水电配送。广播电视网和互联网畅通。

徐店
Xúdiàn

位于县城西南 6.5 千米，距唐山镇政府 2.5 千米处，东猪龙河西岸。东临东猪龙河，南临大寨沟，西连王茂庄，北接石店。

此地处交通要道，明初（1368），徐姓在此开店定居，名徐家店。《徐氏世谱》载："吾始祖兄弟三人，由直隶枣强于明洪武年间（1368—1398），迁居石店济南府新城县，一居小徐家，一居徐店，一徐家圈。"后简称"徐店"。《桓台县地名词典》（1991 年版）载：徐店。

清代，属济南府新城县厚生乡。民国 3 年（1914），新城县易名，属桓台县。民国 22 年（1933），属桓台县第一区。民国 33 年（1944），属清河行政公署桓台县第一区。民国 37 年（1948）3 月，属渤海第三专员公署桓台县一区。1952 年，属淄博专区桓台县一区。1958 年 9 月，属桓台县第七卫星人民公社。同年 11 月，撤销桓台县建制，属淄博专署博兴县唐山人民公社。1961 年 9 月，恢复桓台县建制。1962 年，属惠民专署桓台县属唐山区。1966 年撤区并社属唐山人民公社。1983 年 10 月，属淄博市桓台县唐山人民公社。1984 年 4 月，属唐山镇。

聚落呈方形块状，主街道"丁"字形。村庄面积 29.4 公顷，居民 501 户，1617 人，皆为汉族。设徐店村民委员会，有 8 个村民小组。耕地 129.1 公顷，以农业为主，机井电灌，主产小麦、玉米，兼有民营企业。人均收入 17288 元。建有卫生室、文化大院、农家书屋、健身活动广场。水电配送。广播电视网和互联网畅通。设有农历一、六集日。

徐店

东巴王庄
Dōngbāwáng Zhuāng

位于县城西 7.8 千米，距唐山镇政府 1.5 千米处。东邻唐山，南靠寿济路，西连邢里庄，北接前大王庄。

明初（1368），巴、王二姓迁此立村，名巴王庄。清康熙三十二年（1693）《新城县志》载：北五淳字约巴王庄。为与村西巴王庄相区别，民国 22 年（1933）《重修新城县志》载：桓台县第一区巴里乡东巴王庄。《桓台县地名词典》（1991 年版）载：东巴王庄。

清代，属济南府新城县厚生乡。民国3年（1914），新城县易名，属桓台县。民国22年（1933），属桓台县第一区。民国33年（1944），属清河行政公署桓台县第一区。民国37年（1948）3月，属渤海第三专员公署桓台县六区。1952年，属淄博专区桓台县六区。1958年9月，属桓台县第七卫星人民公社。同年11月，撤销桓台县建制，属淄博专署博兴县唐山人民公社。1961年9月，恢复桓台县建制。1962年，属惠民专署桓台县属唐山区。1966年，撤区并社，属唐山人民公社。1983年10月，属淄博市桓台县唐山人民公社。1984年4月，属唐山镇。

聚落呈矩形块状，主街东西走向。村庄面积21.8公顷，居民360户，1680人，皆为汉族。设东巴王村民委员会，有5个村民小组。耕地118.6公顷，以农业为主，机井电灌，主产小麦、玉米。人均收入17288元。建有卫生室、文化大院、农家书屋、健身活动广场。水电配送。广播电视网和互联网畅通。通605路公交车。

八里庄
Bālǐ Zhuāng

位于县城西9.2千米，距唐山镇政府4千米处。东邻人和庄，南临大寨沟、冯家桥，西连新城镇新王庄，北接新城镇毛家庄。

明初（1369），路、张二姓居此，以姓取村名路张庄。《王氏世谱》载："吾始祖于明洪武二年（1369）徙居山东临淄孙鲁庄，七世一祯居八里庙。"清康熙三十二年（1693）《新城县志》载：南五条字约八里庙。后简称"八里"。《桓台县地名词典》（1991年版）载：八里庄。

清代，属济南府新城县永宁乡。民国3年（1914），新城县易名，属桓台县。民国22年（1933），属桓台县第一区。民国33年（1944），属清河行政公署桓台县第一区。民国37年（1948）3月，属渤海第三专员公署桓台县一区。1952年，属淄博专区桓台县一区。1958年9月，属桓台县第七卫星人民公社。同年11月，撤销桓台县建制，属淄博专署博兴县。1961年9月，恢复桓台县建制。1962年，属惠民专署桓台县属唐山区。1966年，撤区并社，属唐山人民公社。1983年10月，属淄博市桓台县唐山人民公社。1984年4月，属唐山镇。

八里

聚落呈方形块状，主街东西走向。村庄面积14.6公顷，居民294户，858人，皆为汉族。设八里村民委员会，有4个村民小组。耕地92.3公顷，以农业为主，机井电灌，主产小麦、玉米。人均收入17288元。建有卫生室、文化大院、农家书屋、健身活动广场、民居记忆馆。水电配送。广播电视网和互联网畅通。

境内有八里遗址及解放战争烈士墓群。

冯家桥
Féngjiāqiáo

位于县城西10千米，距唐山镇政府4.7千米处，大寨沟北岸。东邻古城，西至新城镇崔楼庄，南靠大寨沟，北接八里庄。

据传，此处原是新城冯姓的庄子。《县志》载："冯家桥清乾隆六年荣重光等修。"《夏氏族谱》载："七世祖从长山大有庄迁居冯家桥，现已传到十六世。"据考，清乾隆年间(1736—1795)建村，以桥得名。清光绪三十年（1904）新城县南五约辖冯家桥。《桓台县地名词典》（1991 年版）载：冯家桥。

仁和

清代，属济南府新城县永宁乡。民国 3 年（1914），新城县易名，属桓台县。民国 22 年（1933），属桓台县第一区。民国 33 年（1944），属清河行政公署桓台县第一区。民国 37 年（1948）3 月，属渤海第三专员公署桓台县一区。1952 年，属淄博专区桓台县一区。1958 年 9 月，属桓台县第七卫星人民公社。同年 11 月，撤销桓台县建制，属淄博专署博兴县。1961 年 9 月，恢复桓台县建制。1962 年，属惠民专署桓台县属唐山区。1966 年，撤区并社，属唐山人民公社。1983 年 10 月，属淄博市桓台县唐山人民公社。1984 年 4 月，属唐山镇。

聚落呈块状，村主面积 1 公顷，居民 15 户，58 人，皆为汉族。属八里村民委员会。耕地 3.5 公顷，以农业为主，机井电灌，主产小麦、玉米。人均收入 17288 元。水电配送。广播电视网和互联网畅通。

人和庄
Rénhé Zhuāng

位于县城西 8 千米，距唐山镇政府 3 千米处。东邻王茂庄，南依古城，西连八里庄，北接郑家庄。

明初（1368），窦姓迁此立村，名窦家庄。《窦氏世谱》载："吾始祖于明初由直隶枣强迁此定居，立村窦家庄。"清康熙三十二年（1693）《新城县志》载：东四宽字约窦家庄。清光绪七年（1881），因村上人经常打官司，新城县官认为是"窦"字所致，故按吉祥嘉言改名为人和庄。光绪三十年（1904）为窦家庄、人和庄两个村名。民国 19 年（1930）桓台县第一区（驻崔楼）三合乡辖人和庄。《桓台县地名词典》（1991 年版）载：人和庄。现行政村名：仁合。

清代，属济南府新城县厚生乡。民国 3 年（1914），新城县易名，属桓台县。民国 22 年（1933），属桓台县第一区。民国 33 年（1944），属清河行政公署桓台县第一区。民国 37 年（1948）3 月，属渤海第三专员公署桓台县一区。1952 年，属淄博专区桓台县一区。1958 年 9 月，属桓台县第七卫星人民公社。同年 11 月，撤销桓台县建制，属淄博专署博兴县。1961 年 9 月，恢复桓台县建制。1962 年，属惠民专署桓台县属唐山区。1966 年，撤区并社，属唐山人民公社。1983 年 10 月，属淄博市桓台县唐山人民公社。1984 年 4 月，属唐山镇。

聚落呈矩形块状，主街道"十"字形。村庄面积 5.5 公顷，居民 110 户，310 人，皆为汉族。

设仁和村民委员会，有2个村民小组。耕地19.9公顷，以农业为主，机井电灌，主产小麦、玉米。人均收入17288元。建有卫生室、文化大院、农家书屋、健身活动广场。水电配送。广播电视网和互联网畅通。

境内有人和遗址。

薛庙
Xuēmiào

薛庙

位于县城西南7.5千米，距唐山镇政府3.5千米处。东邻于堤，西连西毕庄，南依果里镇王斜，北临大寨沟。

明初，薛姓迁此依庙定居，名薛家庙。清嘉庆六年（1801）《任氏世谱.序》载："始祖兄弟三人於明洪武四年自枣强迁新城——一居薛家庙。"清康熙三十二年（1693）《新城县志》载：东四宽字约薛家庙。后简称薛庙。《桓台县地名词典》（1991年版）载：薛庙。

清代，属济南府新城县厚生乡。民国3年（1914），新城县易名，属桓台县。民国22年（1933），属桓台县第一区。民国33年（1944），属清河行政公署桓台县第一区。民国37年（1948）3月，属渤海第三专员公署桓台县一区。1952年，属淄博专区桓台县一区。1958年9月，属桓台县第七卫星人民公社，后为博兴县唐山人民公社。同年11月，撤销桓台县建制，属淄博专署博兴县。1961年9月，恢复桓台县建制。1962年，属惠民专署桓台县属唐山区。1966年，撤区并社，属唐山人民公社。1983年10月，属淄博市桓台县唐山人民公社。1984年4月，属唐山镇。

聚落呈矩形块状，主街南北走向。村庄面积27.1公顷，居民480户，1446人，皆为汉族。设薛庙村民委员会，有5个村民小组。耕地171.5公顷，以农业为主，机井电灌，主产小麦、玉米。人均收入17288元。建有幼儿园、小学、卫生室、文化大院、农家书屋、健身活动广场。水电配送。广播电视网和互联网畅通。

2002年8月，接收重庆市开县渠口镇平浪村三峡移民4户，17人。

境内有薛庙遗址。

浒家庄
Hǔjiā Zhuāng

位于县城西5千米，距唐山镇政府2千米处。东邻楼子庄，南依于堤，西连石店，北靠寿济路。

明朝中期立村。《于氏世谱》载："始祖于元至正年间（1341—1368）迁居堤子庄。其五世于凤迁此定居。"因地处郑潢沟（今东猪龙河）边，取名浒家庄。清康熙三十二年（1693）《新城县志》载：东四宽字约虎家庄。清光绪三十年（1904）新城县东六约辖浒家庄。《桓台县地名词典》（1991年版）载：浒家庄。

清代，属济南府新城县。民国3年（1914），新城县易名，属桓台县。民国22年（1933），属桓台县第三区。民国33年（1944），属清河行政公署桓台县第三区。民国37年（1948）

3 月，属渤海第三专员公署桓台县三区。1952 年，属淄博专区桓台县三区。1958 年 9 月，属桓台县第七卫星人民公社。同年 11 月，撤销桓台县建制，属淄博专署博兴县。1961 年 9 月，恢复桓台县建制。1962 年，属惠民专署桓台县属唐山区。1966 年，撤区并社，属唐山人民公社。1983 年 10 月，属淄博市桓台县唐山人民公社。1984 年 4 月，属唐山镇。

聚落呈方形块状，主街东西走向。村庄面积 5.3 公顷，居民 100 户，344 人，皆为汉族。设浒家村民委员会，有 1 个村民小组。耕地 27.5 公顷，以农业为主，机井电灌，主产小麦、玉米。人均收入 17288 元。建有卫生室、文化大院、农家书屋、健身广场。水电配送。广播电视网和互联网畅通。

东周家庄
Dōngzhōujiā Zhuāng

位于县城西南 4.5 千米，距唐山镇政府 4 千米处。东临红莲湖，南临大寨沟，西连于堤，北接楼子庄。

明初，周姓迁此立村，名周家庄。《周氏祖茔墓碑》载：“周姓始祖于明初自中期迁居山东，始居寿光，续迁索镇，离此西八里有别墅，遂往家焉。”清康熙三十二年（1693）《新城县志》载：东七养字约周家庄。1982 年改名东周家。《桓台县地名词典》（1991 年版）载：东周家庄。

清代，属济南府新城县。民国 3 年（1914），新城县易名，属桓台县。民国 22 年（1933），属桓台县第三区。民国 33 年（1944），属清河行政公署桓台县第三区。民国 37 年（1948）3 月，属渤海第三专员公署桓台县三区。1952 年，属淄博专区桓台县三区。1958 年 9 月，属桓台县第七卫星人民公社。同年 11 月，撤销桓台县建制，属淄博专署博兴县。1961 年 9 月，恢复桓台县建制。1962 年，属惠民专署桓台县属唐山区。1966 年，撤区并社，属唐山人民公社。1983 年 10 月，属淄博市桓台县唐山人民公社。1984 年 4 月，属唐山镇。

聚落呈方形块状，主街道“丁”字形。村庄面积 14.3 公顷，居民 289 户，1010 人，皆为汉族。设东周村民委员会，有 7 个村民小组，隶属唐山镇政府管辖。耕地 43.5 公顷，以农业为主，机井电灌，主产小麦、玉米。人均收入 17288 元。建有卫生室、文化大院、农家书屋、健身活动广场。水电配送。广播电视网和互联网畅通。民办企业有淄博卓远氟碳科技有限公司、小型面粉厂。

境内有东周西南、西北两处遗址。

郭家庄
Guōjiā Zhuāng

位于县城西 3 千米，距唐山镇政府 3 千米处。东靠柳泉北路、少海花园，西靠唐华路，南依桓台一中，北接兴旺庄。

清乾隆年间（1736—1795）立村，因原为郭姓庄子，定名郭家庄。《张秀德墓碑》载：“清乾隆四十二年（1777），张姓徙居此村。”清康熙三十二年（1693），济南府新城县东九乐字约郭家。民国 23 年（1934）《重修新城县志》载：第三区（驻索镇）大有乡郭家庄。《桓台县地名词典》（1991 年版）载：郭家庄。

清代，属济南府新城县。民国 3 年（1914），新城县易名，属桓台县。民国 22 年（1933），属桓台县第三区。民国 33 年（1944），属清河行政公署桓台县第三区。民国 37 年（1948）3 月，属渤海第三专员公署桓台县三区。1952 年，属淄博专区桓台县三区。1958 年 9 月，属桓台县第七卫星人民公社，后为博兴县唐山人民公社。同年 11 月，撤销桓台县建制，属淄博专署博兴县。1961 年 9 月，恢复桓台县建制。1962 年，属惠民专署桓台县属唐山区。1966 年，撤区并社，属唐山人民公社。1983 年 10 月，属淄博市桓台县唐山人民公社。1984 年 4 月，属唐山镇。

聚落呈方形块状，主街道“丁”字形。村庄面积 54.5 公顷，居民 338 户，1200 人，皆为汉族。设郭家村民委员会，有 6 个村民小组。耕地 32.6 公顷，以农业为主，机井电灌，主产小麦、玉米。人均收入 17288 元。建有卫生室、文化大院、健身广场。水电配送。广播电视网和互联网畅通。

有郭家遗址。

西毕庄
Xībì Zhuāng

位于县城西 8.6 千米，距唐山镇政府驻地西南 4 千米处，大寨沟南侧。东邻薛庙，南依果里镇西张埠，西连西马庄，北接古城。

明万历年间（1573—1620），毕姓迁此立村，名毕家庄。《毕氏世谱》载：“——大明洪武十四年（1381），迁新邑东三十五里，建村为毕家茅托。其九世毕秀卜居毕家庄。”（毕秀，字华岩，清顺治戊戌进士。）清康熙三十二年（1693）《新城县志》载：东四宽字约毕家庄。民国 22 年（1933）《重修新城县志》载：“桓台县第一区比城乡辖毕家庄。”新中国成立后，为与索镇毕家庄相区别，改称西毕庄。《桓台县地名词典》（1991 年版）载：西毕庄。

清代，属济南府新城县永宁乡。民国 3 年（1914），新城县易名，属桓台县。民国 22 年（1933），属桓台县第一区。民国 33 年（1944），属清河行政公署桓台县第一区。民国 37 年（1948）3 月，属渤海第三专员公署桓台县一区。1952 年，属淄博专区桓台县一区。1958 年 9 月，属桓台县第七卫星人民公社，同年 11 月，撤销桓台县建制，属淄博专署博兴县。1961 年 9 月，恢复桓台县建制。1962 年，属惠民专署桓台县属唐山区。1966 年，撤区并社，属唐山人民公社。1983 年 10 月，属淄博市桓台县唐山人民公社。1984 年 4 月，属唐山镇。

聚落呈方形块状，主街东西走向。村庄面积 30.4 公顷，居民 657 户，1969 人，皆为汉族。设西毕村民委员会，有 9 个村民小组。耕地 223.3 公顷，以农业为主，机井电灌，主产小麦、玉米。人均收入 17288 元。建有卫生室、文化大院、农家书屋、健身活动广场、超市、民办锦凤吕剧团。水电配送。广播电视网和互联网畅通。设农历五、十集日。

境内有西毕遗址。

西毕

古城
Gǔchéng

位于县城西南 8.3 千米，距唐山镇政府 4 千米处。大寨沟北侧。东临东猪龙河，南临大寨沟、西毕庄，西连冯家桥，北接人和庄。

此为商朝之重要城池，大臣箕子曾到

此，以此得名“箕游城”。春秋齐桓公之孙，因犯法而被放逐于此，故又名“隔孙城”。为汉高苑县之城东。清代始称古城。《山东通志》载：“高苑城在新城县东十二里，今名格孙城，又名箕游城。”清康熙三十二年（1693）济南府新城县东四宽字约古城。《重修新城县志》载：“格孙城，今古城。”《桓台县地名词典》（1991年版）载：古城。

清代，属济南府新城县永宁乡。民国3年（1914），新城县易名，属桓台县。民国22年（1933），属桓台县第一区。民国33年（1944），属清河行政公署桓台县第一区。民国37年（1948）3月，属渤海第三专员公署桓台县一区。1952年，属淄博专区桓台县一区。1958年9月，属桓台县第七卫星人民公社。同年11月，撤销桓台县建制，属淄博专署博兴县。1961年9月，恢复桓台县建制。1962年，属惠民专署桓台县属唐山区。1966年，撤区并社，属唐山人民公社。1983年10月，属淄博市桓台县唐山人民公社。1984年4月，属唐山镇。

聚落呈方形块状，主街道“十”字形。村庄面积14.8公顷，居民278户，892人，皆为汉族。设古城村民委员会，有4个村民小组。耕地89.9公顷，以农业为主，机井电灌，主产小麦、玉米、蔬菜。人均收入17288元。建有卫生室、文化大院、农家书屋、健身活动广场、便民超市、饭店。水电配送。广播电视网和互联网畅通。设农历三、八集日。

古城

著名人物：沈渊，明朝万历年间（1573—1620）翰林院大学士，官至太史。

名胜古迹：古城遗址。此为春秋时期的格孙城，又名箕游城。汉为高苑县东城。隋建鬲县城。为市级文物保护单位。

清初诗坛领袖王渔洋曾到此，作《过古城》一诗：“格孙城外远烟迷，瘦马凌竞上大堤。茅屋几人输井税，田家终岁把锄犁。残碑剥落横苔藓，古道萦回长蒺藜。陵谷销沉尽如此，一声村落夕阳鸡。”

境内有古城遗址。

西马庄
Xīmǎ Zhuāng

位于县西南9.7千米，距唐山镇政府5千米处。东接西毕庄，南邻果里镇西张埠，西连新城镇小刘家庄，北临大寨沟。

明崇祯年间（1628—1644）立村。因村近马家沟，故取名马家庄。《荣氏世谱》载：“吾始祖讳成，永乐年间（1403—1424）由直隶枣强迁居于新城之崔楼庄，九世祖汴公迁居于西马庄。”清康熙三十二年（1693）济南府新城县南五桑字约马家庄。民国22年（1933）《重修新城县志》载：“桓台县第一区（驻崔楼）马家乡辖马家庄。”为区别其他马家庄，按坐落方位，1982年改名西马。《桓台县地名词典》（1991年版）载：西马庄。

清代，属济南府新城县。民国3年（1914），新城县易名，属桓台县。民国

22年(1933),属桓台县第一区。民国33年(1944),属清河行政公署桓台县第一区。民国37年(1948)3月,属渤海第三专员公署桓台县一区。1952年,属淄博专区桓台县一区。1958年9月,属桓台县第七卫星人民公社。同年11月,撤销桓台县建制,属淄博专署博兴县。1961年9月,恢复桓台县建制。1962年,属惠民专署桓台县唐山区。1966年,撤区并社,属唐山人民公社。1983年10月,属淄博市桓台县唐山人民公社。1984年4月,属唐山镇。

聚落呈方形块状,主街道“十”字形。村庄面积33.9公顷,居民627户,1875人,皆为汉族。设西马村民委员会,有10个村民小组。耕地187.5公顷,以农业为主,机井电灌,主产小麦、玉米,兼有私营企业。人均收入17288元。建有唐山卫生院分院、文化大院、农家书屋、健身活动广场、商店、超市。水电配送。广播电视网和互联网畅通。

2002年8月,接收重庆市开县渠口镇平浪村三峡移民7户27人。

境内有西马遗址。

邢家庄(原邢家镇)
Xíngjiā Zhuāng (Yuán Xíngjiā Zhèn)

位于县城西北6千米,距唐山镇政府6千米处,唐华路西侧。东靠唐华路,南依东营,西连波扎店,北接前诸葛庄。

元末建村。道光十五年(1835)《邢氏世谱》载:“余邢氏始祖原籍直隶真定府枣强县人。自元季迁至山东济南府新城县一次子居北邢家庄。”清康熙三十二年(1693)《新城县志》载:北六穆字约邢家庄。《桓台县地名词典》(1991年版)载:邢家庄。

清代,属济南府新城县利用乡。民国3年(1914),新城县易名,属桓台县。民国22年(1933),属桓台县第三区。民国33年(1944),属清河行政公署桓台县第三区。民国37年(1948)3月,属渤海第三专员公署桓台县八区。1952年,属淄博专区桓台县八区。1958年9月,属桓台县第九卫星人民公社。同年11月,属田庄人民公社。同时,撤销桓台县建制,属淄博专署博兴县。1961年9月,恢复桓台县建制。1962年,属惠民专署桓台县属田庄区。1966年7月,撤区并社,属邢家人民公社。1983年10月,属淄博市桓台县邢家人民公社。1984年4月,社改乡,属邢家乡。1995年9月,乡改镇,属邢家镇。2010年11月,邢家镇撤并,属唐山镇。

聚落呈矩形块状,主街东西走向。村庄面积1.3公顷,居民130户,519人,皆为汉族。设邢家村民委员会,无村民小组。耕地32.6公顷,以农业为主,机井电灌,主产小麦、玉米。人均收入17288元。建有邢家中学、卫生室、文化大院、健身活动广场。水电配送。广播电视网和互联网畅通。通602路、603路公交车。

前诸葛庄
Qiánzhūgé Zhuāng

位于县城西北7千米,距唐山镇政府7千米处。东靠唐华路、黄家庄,南依邢家庄,西连波扎店,北接后诸葛庄。

明洪武年间(1368—1398),赵、严二姓从原诸葛庄(今后诸葛庄)迁此立村。因处诸葛庄以南,故名南诸葛庄。清康熙三十二年(1693)《新城县志》载:“北七安字约南诸葛庄。”清末《新城县后志》载:“北七约辖前诸葛庄。”《桓台县地名词典》(1991年版)载:前诸葛庄。

明代,属新城县厚生乡。清代,属济南府新城县利用乡。民国3年(1914),新城县易名,属桓台县。民国22年(1933),属桓台县第三区。民国33年(1944),属清河行政公署桓台县第三区。民国 37 年（1948）3 月，属渤海第三专员公署桓台县八区。1952 年，属淄博专区桓台县八区。9 月，属桓台县第九卫星人民公社。同年 11 月，撤销桓台县建制，属淄博专署博兴县。1961 年 9 月，恢复桓台县建制。1962 年，属惠民专署桓台县属田庄区。1966 年 7 月，撤区并社，属邢家人民公社。1983 年 10 月，属淄博市桓台县邢家人民公社。1984 年 4 月，社改乡，属邢家乡。1995 年 9 月，乡改镇，属邢家镇。2010 年 11 月，邢家镇撤并，属唐山镇。

聚落呈矩形块状，主街东西走向。村庄面积 30 公顷，居民 320 户，1174 人，皆为汉族。设前诸村民委员会，有 4 个村民小组。耕地 116.8 公顷，以农业为主，河水灌溉，主产小麦、玉米。人均收入 17288 元。建有卫生室、文化大院、农家书屋、健身活动广场。水电配送。广播电视网和互联网畅通。设有农历一、六集日。通 602 路公交车。

后诸葛庄
Hòuzhūgé Zhuāng

位于县城西北 8.8 千米，距唐山镇政府 8 千米处。东靠唐华路，南依前诸葛庄，西临东猪龙河，北临锦秋湖。

东汉末年，此为马踏湖畔之码头，诸葛亮隐居隆中时，尝游齐，曾到此地游览湖区风光，后村民在村西头建一诸葛庙，以示纪念。又因村中有卧龙岗，蟠龙桥，故名诸葛庄。明天启四年（1624）《新城县志》载：厚生乡诸葛庄。明初，村南又建成一村，明末改名北诸葛庄。清康熙三十二年（1693）《新城县志》载：北七安字约北诸葛庄。清末改为后诸葛庄。《桓台县地名词典》（1991 年版）载：后诸葛庄。

明代，属新城县厚生乡。清代，属济南府新城县利用乡。民国 3 年（1914），新城县易名，属桓台县。民国 22 年（1933），属桓台县第三区。民国 33 年（1944），属清河行政公署桓台县第三区。民国 37 年（1948）3 月，属渤海第三专员公署桓台县八区。1952 年，属淄博专区桓台县八区。1958 年 9 月，属桓台县第九卫星人民公社。同年 11 月，撤销桓台县建制，属淄博专署博兴县。1961 年 9 月，恢复桓台县建制。1962 年，属惠民专署桓台县田庄区。1966 年 7 月，撤区并社，属邢家人民公社。1983 年 10 月，属淄博市桓台县邢家人民公社。1984 年 4 月，社改乡，属邢家乡。1995 年 9 月，乡改镇，属邢家镇。2010 年 11 月，邢家镇撤并，属唐山镇。

聚落呈方形块状，主街东西走向。村庄面积 33.6 公顷，居民 640 户，2080 人，皆为汉族。设后诸村民委员会，有 4 个村民小组。耕地 250.4 公顷，以农业为主，河水灌溉，主产小麦、玉米。人均收入 17288 元。建有卫生室、文化大院、农家书屋、健身活动广场。水电配送。广播电视网和互联网畅通。设有农历四、九集日。通 602 路公交车。

2004 年 9 月，接收重庆市开县渠口镇平浪

后诸葛

村三峡移民5户，21人。

境内有后诸葛遗址及蟠龙桥。

前许庄
Qiánxǔ Zhuāng

位于县城西北6.3千米，距唐山镇政府10千米处。东邻索镇李家庄，南依于家庄，西连黄家庄，北接后许庄。

明永乐年间（1403—1424），许、王二姓立村，故名。《王氏世谱》载：“考我王氏之族，自明洪武二年（1369），由直隶枣强徙居山东济南府新城县东北十里小陈庄。三世宏亮迁许王庄。”清康熙三十二年（1693）《新城县志》载：北九盈字约许王庄。后形成两个自然村，该村居南，民国22年（1933）改名前许王庄。中华人民共和国成立后，简称前许庄。《桓台县地名词典》（1991年版）载：前许庄。

清代，属济南府新城县利用乡。民国3年（1914），新城县易名，属桓台县。民国22年（1933），属桓台县第三区。民国33年（1944），属清河行政公署桓台县第三区。民国37年（1948）3月，属渤海第三专员公署桓台县八区。1952年，属淄博专区桓台县八区。1958年9月，属桓台县第九卫星人民公社。同年11月，属田庄人民公社。同时，撤销桓台县建制，属淄博专署博兴县。1961年9月，恢复桓台县建制。1962年，属惠民专署桓台县属起凤区。1966年7月撤区并社，属邢家人民公社。1983年10月，属淄博市桓台县邢家人民公社。1984年4月，社改乡，属邢家乡。1995年9月，乡改镇，属邢家镇。2010年11月，邢家镇撤并，属唐山镇。

聚落呈方形块状，主街道“十”字形。村庄面积6.9公顷，居民140户，415人，皆为汉族。设前许村民委员会，有3个村民小组。耕地29.2公顷，以农业为主，机井电灌，主产小麦、玉米。人均收入17288元。建有文化大院、农家书屋、健身活动广场。水电配送。广播电视网和互联网畅通。

后许庄
Hòuxǔ Zhuāng

位于县城西北6.5千米，距唐山镇政府9千米处。东邻索镇李家庄，南依前许庄，西连黄家庄，北接宋家庄。

明永乐年间（1403—1424），许、王二姓立村，故名。《王氏世谱》载：“考我王氏之族，自明洪武二年（1369），由直隶枣强徙居山东济南府新城县东北十里小陈庄。三世宏亮迁许王庄。”清康熙三十二年（1693）《新城县志》载：北九盈字约许王庄。后形成两个自然村，该村居北，民国22年（1933）改名后许王庄。中华人民共和国成立后，简称后许庄。《桓台县地名词典》（1991年版）载：后许庄。

清代，属济南府新城县利用乡。民国3年（1914），新城县易名，属桓台县。民国22年（1933），属桓台县第三区。民国33年

后许庄

（1944），属清河行政公署桓台县第三区。民国 37 年（1948）3 月，属渤海第三专员公署桓台县八区。1952 年，属淄博专区桓台县八区。1958 年 9 月，属桓台县第九卫星人民公社。同年 11 月，属田庄人民公社。同时，撤销桓台县建制，属淄博专署博兴县。1961 年 9 月，恢复桓台县建制。1962 年，属惠民专署桓台县属起凤区。1966 年 7 月撤区并社，属邢家人民公社。1983 年 10 月，属淄博市桓台县邢家人民公社。1984 年 4 月，社改乡，属邢家乡。1995 年 9 月，乡改镇，属邢家镇。2010 年 11 月，邢家镇撤并，属唐山镇。

聚落呈矩形块状，主街道“十”字形。村庄面积 14.3 公顷，居民 217 户，593 人，皆为汉族。设后许村民委员会，有 6 个村民小组。耕地 66.4 公顷，以农业为主，机井电灌，主产小麦、玉米。人均收入 17288 元。建有卫生室、文化大院、农家书屋、健身活动广场。水电配送。广播电视网和互联网畅通。民办企业有桓台明海新型砖厂、淄博金泽钢构有限公司、淄博金泰德电气有限公司、桓台安和鑫商贸有限公司。

境内有后许遗址。

宋家庄
Sòngjiā Zhuāng

位于县城西北 7.7 千米，距唐山镇政府 10 千米处。东邻演马庄，南依后许庄，西靠唐华路、与后诸葛庄隔路相望，北临马踏湖。

明嘉庆年间（1522—1566），宋姓立村。因宋姓迁此定居盖屋时，挖出了太平铜钱，故名太平庄。《宋氏世谱》载“始祖于明洪武二年（1369）迁居锦秋庄。”七世祖克足，克子二人（东楠、东权）自滑沟移居太平庄。清康熙三十二年（1693）新城县北八阜字约太平庄。民国 22 年（1933）更名宋家庄。《桓台县地名词典》（1991 年版）载：宋家庄。

清代，属济南府新城县利用乡。民国 3 年（1914），新城县易名，属桓台县。民国 22 年（1933），属桓台县第三区。民国 33 年（1944），属清河行政公署桓台县第三区。民国 37 年（1948）3 月，属渤海第三专员公署桓台县八区。1952 年，属淄博专区桓台县八区。1958 年 9 月，属桓台县第九卫星人民公社。同年 11 月，撤销桓台县建制，属淄博专署博兴县。1961 年 9 月，恢复桓台县建制。1962 年，属惠民专署桓台县属起凤区。1966 年 7 月撤区并社，属邢家人民公社。1983 年 10 月，属淄博市桓台县邢家人民公社。1984 年 4 月，社改乡，属邢家乡。1995 年 9 月，乡改镇，属邢家镇。2010 年 11 月，邢家镇撤并，属唐山镇。

聚落呈方形块状，主街东西走向。村庄面积 38.7 公顷，该村居民 566 户，1980 人，皆为汉族。设宋家村民委员会，有 12 个村民小组。耕地 189 公顷，以农业为主，机井电灌，主产小麦、玉米。人均收入 17288 元。建有唐山镇第二小学、卫生室、文化大院、农家书屋、健身活动场所。

宋家庄

水电配送。广播电视网和互联网畅通。

黄家庄
Huángjiā Zhuāng

位于县城西北6.7千米，距唐山镇政府6千米处。东邻贵和电厂，南依田孟庄，西靠唐华路、与前诸葛庄隔路相望，东北邻宋家庄。

明成化年间（1465—1487），黄姓立村，故名。《黄氏世谱》载：“余族自大明洪武二年（1369），由直隶枣强迁山东济南府新城县东北乡辕固里。”五世祖讳明德，字鉴堂，徙居黄家庄。清康熙三十二年（1693）新城县北八阜字约黄家庄。《桓台县地名词典》（1991年版）载：黄家庄。

明代，属新城县厚生乡。清代，属济南府新城县利用乡。民国3年（1914），新城县易名，属桓台县。民国22年（1933），属桓台县第三区。民国33年（1944），属清河行政公署桓台县第三区。民国37年（1948）3月，属渤海第三专员公署桓台县八区。1952年，属淄博专区桓台县八区。1958年9月，属桓台县第九卫星人民公社。同年11月，撤销桓台县建制，属淄博专署博兴县。1961年9月，恢复桓台县建制。1962年，属惠民专署桓台县属田庄区。1966年7月撤区并社，属邢家公社。1983年10月，属淄博市桓台县邢家人民公社。1984年4月，社改乡，属邢家乡。1995年9月，乡改镇，属邢家镇。2010年11月，邢家镇撤并，属唐山镇。

聚落呈矩形块状，主街东西走向。村庄面积30.8公顷，居民367户，1171人，皆为汉族。设黄家村民委员会，有4个村民小组。耕地101.3公顷，以农业为主，机井电灌，主产小麦、玉米。人均收入17288元。村庄已实施旧村改造，村民全部住上楼房。建有唐山镇实验幼儿园、唐山镇第一小学、卫生室、文化大院、敬老院、超市、供暖机组、健身活动广场。水电配送。广播电视网和互联网畅通。

2004年9月，接收重庆市开县渠口镇桃坪村三峡移民5户，19人。

黄家庄

田孟庄
Tiánmèng Zhuāng

位于县城西北5.5千米，距唐山镇政府6千米处。东邻吉托，南依张茂庄，西连郇家庄，北接黄家庄。

明朝中期立村。《孟子世家流寓桓台县支谱》载：洪武十四年（1381）始迁山东济南府新城东南，南十约尚庄。六十二代孙闻道公，由棘托庄移居庄西南建村名曰：病孟家庄。后称孟家庄。《田氏世谱》载：“明洪武二年（1369），迁居于新城县东北，筑室于兹。三世后，子孙振振绳绳而田庄之名起焉。六世迁居孟家庄。”清康熙三十二年（1693）《新城县志》载：北八阜字约孟家庄。民国19年（1930），以村中主要姓氏田、孟，改名田孟庄。《桓台县地名词典》（1991年版）载：田孟庄。

清代，属济南府新城县利用乡。民国3年（1914），新城县易名，属桓台县。民国22年（1933），属桓台县第三区。民国33年（1944），属清河行政公署桓台县第三区。民国37年（1948）3月，属渤海第三专员公署桓台县三区。1952年，属淄博专区桓台县三区。1958年9月，属桓台县第九卫星人民公社。同年11月，撤销桓台县建制，属淄博专署博兴县。1961年9月，恢复桓台县建制。1962年，属惠民专署桓台县属田庄区。1966年7月撤区并社，属邢家公社。1983年10月，属淄博市桓台县邢家人民公社。1984年4月，社改乡，属邢家乡。1995年9月，乡改镇，属邢家镇。2010年11月，邢家镇撤并，属唐山镇。

聚落呈方形块状，主街东西走向。村庄面积23.9公顷，居民431户，1730人，皆为汉族。设一田孟村民委员会，有7个村民小组。耕地125.7公顷，以农业为主，机井电灌，主产小麦、玉米。人均收入17288元。建有卫生室、文化大院、农家书屋、健身活动广场。水电配送。广播电视网和互联网畅通。

郇家庄
Huánjiā Zhuāng

位于县城西北5.5千米，距唐山镇政府10千米处。唐华路纵穿村居。东邻田孟庄，南依西莫王庄，西连邢家庄，北接邢家庄。

明末郇姓立村，故名。清康熙三十二年（1693）《新城县志》载：北六穆字约郇家庄。《桓台县地名词典》（1991年版）载：郇家庄。

清代，属济南府新城县利用乡。民国3年（1914），新城县易名，属桓台县。民国22年（1933），属桓台县第三区。民国33年（1944），属清河行政公署桓台县第三区。民国37年（1948）3月，属渤海第三专员公署桓台县三区。1952年，属淄博专区桓台县三区。1958年9月，属桓台县第九卫星人民公社。同年11月，撤销桓台县建制，属淄博专署博兴县。1961年9月，恢复桓台县建制。1962年，属惠民专署桓台县属田庄区。1966年7月撤区并社，属邢家人民公社。1983年10月，属淄博市桓台县邢家人民公社。1984年4月，社改乡，属邢家乡。1995年9月，乡改镇，属邢家镇。2010年11月，邢家镇撤并，属唐山镇。

聚落呈矩形块状，主街南北走向。村庄面积6.2公顷，居民185户，612人，皆为汉族。设郇家村民委员会，有2个村民小组。耕地49.2公顷，以农业为主，机井电灌，主产小麦、玉米。人均收入17288元。建有卫生室、文化大院、健身活动广场。

张茂庄
Zhāngmào Zhuāng

位于县城西北4千米，距唐山镇政府7千米处。东邻索镇姜庙，南依郭店、白辛，西连东莫王庄，北接田孟庄。

明初，张茂迁此立村。以人名命村名：张茂庄。清康熙三十二年（1693）《新城县志》载：“北八阜字约张茂庄。”《桓台县地名词典》（1991年版）载：张茂庄。

清代，属济南府新城县利用乡。民国3年（1914），新城县易名，属桓台县。民国22年（1933），属桓台县第三区。民国33年（1944），属清河行政公署桓台县第三区。民国37年（1948）3月，属渤海第三专员公署桓台县三区。1952年，属淄博专区桓台县三区。1958年9月，属桓台县第九卫星人民公社。同年11月，属田庄人民公社。同时，撤销桓台县建制，属淄博专署博兴县。1961年9月，恢复桓台县建制。1962年，

张茂庄

属惠民专署桓台县属田庄区。1966 年 7 月撤区并社，属邢家人民公社。1983 年 10 月，属淄博市桓台县邢家人民公社。1984 年 4 月，社改乡，属邢家乡。1995 年 9 月，乡改镇，属邢家镇。2010 年 11 月，邢家镇撤并，属唐山镇。

聚落呈方形，主街东西走向。村庄面积 6 公顷，居民 87 户，273 人，皆为汉族。设张茅村民委员会，有 1 个村民小组。耕地 14.7 公顷，以农业为主，机井电灌，主产小麦、玉米。人均收入 17288 元。建有文化大院、农家书屋、健身活动广场。水电配送。广播电视网和互联网畅通。辖区内有山东国源电缆厂。

有张茂遗址。

波扎店
Bōzhā Diàn

位于县城西北 8 千米，距唐山镇政府 4 千米处。东猪龙河东岸。东邻邢家庄，南依东营，西临东猪龙河，与田庄镇辕固庄隔河相望，北临马踏湖。

五代时期（907—950）已有此村。据传，宋太祖赵匡胤微时，路过此处，蒺藜丛生，赤脚踏过无痛感。自曰：“不扎殿下”。后人以此命村，俗呼：波扎店。《刘氏世谱》载：“余族原籍直隶枣强人也。明洪武二年，迁山东新城县东北波扎店。”清康熙三十二年（1693）《新城县志》载“北七安字约波扎店。”《桓台县地名词典》（1991 年版）载：波扎店。

清代，属济南府新城县利用乡。民国 3 年（1914），新城县易名，属桓台县。民国 22 年（1933），属桓台县第三区。民国 33 年（1944），属清河行政公署桓台县第三区。民国 37 年（1948）3 月，属渤海第三专员公署桓台县八区。1952 年，属淄博专区桓台县八区。1958 年 9 月，属桓台县第九卫星人民公社。同年 11 月，撤销桓台县建制，属淄博专署博兴县。1961 年 9 月，恢复桓台县建制。1962 年，属惠民专署桓台县属田庄区。1966 年 7 月撤区并社，属邢家人民公社。1983 年 10 月，属淄博市桓台县邢家人民公社。1984 年 4 月，社改乡，属邢家乡。1995 年 9 月，乡改镇，属邢家镇。2010 年 11 月，邢家镇撤并，属唐山镇。

聚落呈方形块状，主街东西走向。村庄面积 20.5 公顷，居民 384 户，1035 人，皆为汉族。设波扎店村民委员会，有 4 个村民小组。耕地 158.9 公顷，以农业为主，机井电灌，主产小麦、玉米。人均收入 18000 元。建有卫生室、文化大院、农家书屋、健身活动广场。水电配送。广播电视网和互联网畅通。通 603 路公交车。

东营
Dōngyíng

位于县城西北 7.5 千米，距唐山镇政府 8 千

东营

社改乡，属邢家乡。1995年9月，乡改镇，属邢家镇。2010年11月，邢家镇撤并，属唐山镇。

聚落呈方形块状，主街道“十”字形。村庄面积47.1公顷，居民789户，2352人，皆为汉族。设东营村民委员会，有10个村民小组。耕地190公顷，以农业为主，机井电灌，主产小麦、玉米。人均收入17288元。建有卫生室、文化大院、农家书屋、健身活动广场。水电配送。广播电视网和互联网畅通。设有农历五、十集日。

东营的宗氏镰刀，素享盛名。

米处。东靠唐华路，南依轮胎厂，西临东猪龙河、与田庄镇大寨隔河相望，北接波扎店。

此地系春秋时期（前770—476）齐桓公国兵处，故名营子庄。明天启四年（1624）《新城县志》载：“利用乡营子庄。”清康熙三十二年（1693）《新城县志》载：北六穆字约营里庄。清光绪年间（1875—1908），此处位新城县城以东，改名为东营。《新城县后志》载：“北六约辖东营。”《桓台县地名词典》（1991年版）载：东营。

明代，属新城县利用乡。清代，属济南府新城县利用乡。民国3年（1914），新城县易名，属桓台县。民国22年（1933），属桓台县第三区。民国33年（1944），属清河行政公署桓台县第三区。民国37年（1948）3月，属渤海第三专员公署桓台县三区。1952年，属淄博专区桓台县三区。1958年9月，属桓台县第九卫星人民公社。同年11月，撤销桓台县建制，属淄博专署博兴县。1961年9月，恢复桓台县建制。1962年，属惠民专署桓台县属田庄区。1966年7月撤区并社，属邢家人民公社。1983年10月，属淄博市桓台县邢家人民公社。1984年4月，

东莫王庄

Dōngmòwáng Zhuāng

位于县城西北4千米，距唐山镇政府3.5千米处。东邻张茂庄，南依郭店，西连东莫王庄，北接郇家庄。

明洪武二年（1369），莫、王二姓自河北枣强迁此立村，以姓氏命村名莫王庄。《刘氏世谱》载：“始祖于明洪武二年（1369），徙居大刘庄，四世祖转迁于莫王庄。”清康熙三十二年（1693）《新城县志》载：北六穆字约莫王庄。因处西莫王以东，清末《新城县后志》载：“北六约辖东莫王庄。”《桓台县地名词典》（1991年版）载：东莫王庄。

清代，属济南府新城县利用乡。民国3年（1914），新城县易名，属桓台县。民国22年（1933），属桓台县第三区。民国33年（1944），属清河行政公署桓台县第三区。民国37年（1948）3月，属渤海第三专员公署桓台县三区。1952年，属淄博专区桓台县三区。1958年9月，属桓台县第九卫星人民公社。同年11月，属田庄人民公社。同时，撤销桓台县建制，属淄博专署博

兴县。1961年9月，恢复桓台县建制，属惠民专署桓台县属田庄区。1966年7月撤区并社，属邢家人民公社。1983年10月，属淄博市桓台县邢家人民公社。1984年4月，社改乡，属邢家乡。1995年9月，乡改镇，属邢家镇。2010年11月，邢家镇撤并，属唐山镇。

聚落呈方形块状，主街东西走向。村庄面积10.8公顷，居民205户，765人，其中拉祜族1人，设东莫王村民委员会，有2个村民小组。耕地56.5公顷，以农业为主，机井电灌，主产小麦、玉米。人均收入17288元。建有卫生室、文化大院、农家书屋、健身活动广场、老年活动室。水电配送。广播电视网和互联网畅通。

郭店
Guōdiàn

位于县城西北3.8千米，距唐山镇政府5千米处。东邻白辛庄，南依大有庄，西靠唐华路，北接东莫王庄。

据传，北宋崇宁大观年间（1102—1110）有郭姓在此开店，故名。明洪武二年（1369），刘姓由河北枣强迁此定居。明天启四年（1624），《新城县志》载：利用乡郭店。清康熙三十二年（1693）《新城县志》载："北六穆字约郭店。"《桓台县地名词典》（1991年版）载：郭店。

清代，属济南府新城县利用乡。民国3年（1914），新城县易名，属桓台县。民国22年（1933），属桓台县第三区。民国33年（1944），属清河行政公署桓台县第三区。民国37年（1948）3月，属渤海第三专员公署桓台县三区。1952年，属淄博专区桓台县三区。1958年9月，属桓台县第九卫星人民公社。同年11月，撤销桓台县建制，属淄博专署博兴县。1961年9月，恢复桓台县建制。1962年，属惠民专署桓台县属田庄区。1966年7月，撤区并社，属邢家人民公社。1983年10月，属淄博市桓台县邢家人民公社。1984年4月，社改乡，属邢家乡。1995年9月，乡改镇，属邢家镇。2010年11月，邢家镇撤并，属唐山镇。

聚落呈矩形块状，主街东西走向。村庄面积14.7公顷，居民267户958人，皆为汉族。设郭店村民委员会，有4个村民小组。耕地78.4公顷，以农业为主，机井电灌，主产小麦、玉米。人均收入17288元。建有卫生室、文化大院、农家书屋、健身活动广场。水电配送。广播电视网和互联网畅通。

白辛庄
Báixīn Zhuāng

位于县城西北3.5千米，距唐山镇政府5千米处。东邻索镇苏王庄，西连郭店，南依兴旺庄，北接张茂庄。

元初立村。因村南有一沙岭，取名沙岭庄。明初，白姓迁此定居。个改名新庄，又因村东有洪庙，故改名洪庙子新庄。清康熙三十二年（1693）新城县东九乐字约辛庄。清末因白姓为该村旺族，遂改村名白辛庄。清光绪三十年（1904）新城县东九约新庄。民国19年（1930）桓台县第三区五权乡辖北白辛庄。《桓台县地名词典》（1991年版）载：白辛庄。

清代，属济南府新城县利用乡。民国3年（1914），新城县易名，属桓台县。民国22年（1933），属桓台县第三区。民国33年（1944），属清河行政公署桓台县第三区。民国37年（1948）3月，属渤海第三专员公署桓台县三区。1952年，属淄博专区桓台县三区。1958年9月，属桓台县第九卫星人民公社。同年 11 月，属田庄人民公社。同时，撤销桓台县建制，属淄博专署博兴县。1961 年 9 月，恢复桓台县建制。1962 年，属惠民专署桓台县属田庄区。1966 年 7 月撤区并社，属邢家人民公社。1983 年 10 月，属淄博市桓台县邢家人民公社。1984 年 4 月，社改乡，属邢家乡。1995 年 9 月，乡改镇，属邢家镇。2010 年 11 月，邢家镇撤并，属唐山镇。

聚落呈方形块状，主街南北走向。村庄面积 4.8 公顷，居民 101 户，302 人，皆为汉族。设白辛村民委员会，有 1 个村民小组。耕地 25.6 公顷，以农业为主，机井电灌，主产小麦、玉米。人均收入 17288 元。建有文化大院、农家书屋、健身活动广场。水电配送。广播电视网和互联网畅通。

演马庄

演马庄
Yǎnmǎ Zhuāng

位于县城西北 7.3 千米，距唐山镇政府 13 千米处。东靠宫荆路，南临西分洪河、与后许庄隔河相望，西连宋家庄，北临马踏湖。

春秋时期立村。因村依齐国驻军练马场，故得名演马庄。《黄氏世谱》载：“始祖讳龙，字叔农公，自明洪武四年，徙居山东新城县黄沟庄。”“越一世佑亭公转迁于演马庄。”清康熙三十二年（1693）《新城县志》载：北九盈字约言马庄。清光绪三十年（1904）新城县北九约辖演马庄。《桓台县地名词典》（1991 年版）载：演马庄。

清代，属济南府新城县利用乡。民国 3 年（1914），新城县易名，属桓台县。民国 22 年（1933），属桓台县第三区。民国 33 年（1944），属清河行政公署桓台县第三区。民国 37 年（1948）3 月，属渤海第三专员公署桓台县八区。1952 年，属淄博专区桓台县八区。1958 年 9 月，属桓台县第九卫星人民公社。同年 11 月，撤销桓台县建制，属淄博专署博兴县。1961 年 9 月，恢复桓台县建制。1962 年，属桓台县属惠民专署起凤区。1966 年 7 月撤区并社，属邢家人民公社。1983 年 10 月，属淄博市桓台县邢家人民公社。1984 年 4 月，社改乡，属邢家乡。1995 年 9 月，乡改镇，属邢家镇。2010 年 11 月，邢家镇撤并，属唐山镇。

聚落呈方形块状，主街东西走向。村庄面积 37.1 公顷，居民 808 户，2764 人，皆为汉族。设演马村民委员会，有 7 个村民小组。耕地 249.1 公顷，以农业为主，河水、机井电灌，主产小麦、玉米。人均收入 17288 元。建有幼儿园、卫生室、文化大院、农家书屋、健身活动广场。水电配送。广播电视网和互联网畅通。

《桓台县地名志》（1986 年 12 月版）所载自然村——官庄，于 1987 年并入该庄，成历史地名。

有宋氏民居，近百年历史。

吉 托
Jítuō

位于县城西北 6 千米，距唐山镇政府 5 千米处。东邻于家庄，南依索镇姜庙，西连田孟庄，北接后许庄。

此为春秋时期棘邑城。齐景公时，贵族子山食邑，因河边河中多棘棵，明朝时村名棘托庄。明天启四年（1624）《新城县志》载：厚生乡棘托庄。《李氏世谱》载："原籍蓟州，明初徙居新城县棘托庄。"又载："吾始祖兄弟三人，明初由直隶枣强县徙居新城——之棘托庄。"清康熙三十二年（1693）济南府新城县北八阜字约棘托。1962 年演变为吉托庄。《桓台县地名词典》（1991 年版）载：吉托。

明代，属新城县厚生乡。清代，属济南府新城县利用乡。民国 3 年（1914），新城县易名，属桓台县。民国 22 年（1933），属桓台县第三区。民国 33 年（1944），属清河行政公署桓台县第三区。民国 37 年（1948）3 月，属渤海第三专员公署桓台县八区。1952 年，属淄博专区桓台县八区。1958 年 9 月，属桓台县第九卫星人民公社。同年 11 月，撤销桓台县建制，属淄博专署博兴县。1961 年 9 月，恢复桓台县建制。1962 年，属惠民专署桓台县属起凤区。1966 年 7 月撤区并社，属邢家人民公社。1983 年 10 月，属淄博市桓台县邢家人民公社。1984 年 4 月，社改乡，属邢家乡。1995 年 9 月，乡改镇，属邢家镇。2010 年 11 月，邢家镇撤并，属唐山镇。

聚落呈矩形集居，主街南北走向。村庄面积 20.4 公顷，居民 370 户，1230 人，皆为汉族。设吉托村民委员会，有 4 个村民小组。耕地 67 公顷，以农业为主，机井电灌，主产小麦、玉米。人均收入 17288 元。建有卫生室、文化大院、农家书屋、健身活动广场。水电配送。广播电视网和互联网畅通。设有农历三、八集日。

吉托为对越自卫反击战一等功臣李贤荣烈士的故里。

于家庄（属邢家镇）
Yújiā Zhuāng（Shǔ Xíngjiā Zhèn）

位于县城西北 7.7 千米，距唐山镇政府驻地 10 千米处。东邻索镇小辛庄，南依索镇睦和庄，西连吉托，北接前许庄。

清雍正年间（1723—1735）建村。李姓从本邑李王庄迁此，为索镇于姓看庄子（庄园），故名于家庄。清光绪三十年（1904）新城县北八约辖于家庄。《桓台县地名词典》（1991 年版）载：于家庄

清代，属济南府新城县利用乡。民国 3 年（1914），新城县易名，属桓台县。民国 22 年（1933），属桓台县第三区。民国 33 年（1944），属清河行政公署桓台县第三区。民国 37 年（1948）3 月，属渤海第三专员公署桓台县八区。1952 年，属淄博专区桓台县八区。1958 年 9 月，属桓台县第九卫星人民公社。同年 11 月，撤销桓台县建制，属淄博专署博兴县。1961 年 9 月，恢复桓台县建制。1962 年，属惠民专署桓台县属起凤区。1961 年 5 月撤社，属田庄区。1966 年 7 月撤区并社，属邢家公社。1983 年 10 月，属淄博市桓台县邢家人民公社。1984 年 4 月，社改乡，属邢家乡。1995 年 9 月，乡改镇，属邢家镇。2010 年 11 月，邢家镇撤并，属唐山镇。

聚落呈方形块状，主街东西走向。村庄面积 2.5 公顷，居民 56 户，191 人，皆为汉族。设于家村民委员会。耕地 9.6 公顷，以农业为主，机井电灌，主产小麦、玉米。人均收入 17288 元，

建有文化大院、农家书屋、健身活动广场，水电配送。广播电视网和互联网畅通。

有于家遗址。

幸福小区
Xìngfú Xiǎoqū

位于桓台县唐山镇东部，距镇政府0.246千米处。东靠唐华路，南至乡间路，西连唐山镇镇府，北靠友谊路。

2005年6月30日，由淄博万鑫房地产开发有限公司开发建设，2006年6月建成。希望住户邻里和睦，幸福美满，取名幸福小区。

幸福小区

该小区聚落形态为块状。占地面积3.6公顷，建设密度为32.4%，容积率为1.32，绿地率为35.1%，由9幢多层住宅楼构成。入住152户，480人，皆为汉族。有自来水、煤气、暖气、宽带、有线等公用设施。交通、就医、购物便利。水电配送。广播电视网和互联网畅通。由万鑫集团管理。

田庄镇

因镇人民政府驻田庄村而得名。位于东经117°97′～117°99′，北纬36°98′～37°00′。地处县境中部，东接唐山镇，南依新城镇，西邻马桥镇，北靠荆家镇。人民政府驻田庄，距县城12千米。

田庄镇人民政府

清代属利用乡，1928年为一区，1947年称田庄区，1950年为高楼区（六区），1956年11月撤区，分为田庄、大旬、胡家、傅桥、辕文5乡。1958年3月合并为田庄、傅桥2个乡，9月改为卫星第十人民公社，再分为田庄、傅桥人民公社，12月易名田庄人民公社。1961-1965年为田庄区，1966年7月撤区并社，1970年10月改称田庄人民公社。1984年4月改为镇。辖30个村民委员会。

辖区总人口49017人，城镇常住人口2200人，城镇化率4.5%，流动人口1700人，少数民族人口48人。

辖区东西最大距离9.12千米，南北最大距离8千米，总面积5132公顷。人口密度为每平方千米955人。

境内地势南高北低，略呈方形，由西南向东北缓倾。南部以大小庞之间的“小庞遗址”最高，海拔15米。北部湖洼海拔9米。地处泰沂山区冲击平原与黄泛冲击平原交接地带。南部是县境内最大的东西缓岗，面积793.3公顷。中部是微斜平地。北部属湖区洼地，土壤分褐土、黑土、潮土三大类。

境内河流属小清河系。引清济湖南干渠位于境内中部，东西流向，境内长7.197千米，东端在辕南村，经涵洞穿东猪龙河底而过，西端在于铺村南经涵洞穿孝妇河底而过。跃进河位于境内南部，东西流向，河道长7.881千米。孝妇河位于境内西北部，略呈东南西北向，河道长2.121千米。

全镇生产总值110.5亿元，固定资产投资52.8亿元，实现财政收入4.7亿元。居民存款余额28.5亿元。

农林牧渔业总产值36882万元。粮食总产6.4675万吨，棉花总产68.349吨，油料总产1.528吨，水果总产0.325万吨，蔬菜总产0.82万吨，肉类总产934.3吨，禽蛋总产3284.5吨，奶类总产1938吨，水产品总产3.245吨；全年造林1.325公顷，林木覆盖率达到38.6%；全镇农机总动力55624万千瓦。

2014年完成生产性固定资产投资78380万元；新上一次性固定资产投资100万元以上工业项目11个；实现工业增加值317250万元；有规模以上企业18家；实现销售收入41.77亿元，利税33850万元，利润30120万元。

境内有荆田路、滨博高速公路贯穿南北。两路车直通县城索镇，一路车直通张店，到济南、青岛、东营、滨州等省内均有直达客车。全镇公路通车里程69.82公里，拥有汽车3100辆，村村通汽车。

邮政网点1个，投递线路单程总长度166.6千米，投递点212个。电信企业4家，固定电话用户0.85万户，移动电话用户2.9万户，宽带接入用户0.3万户。

有小学4所，在校生1375人；普通初中1所，在校生1721人；有体育锻炼场所39处，公共图书室17处，文化娱乐场所39处。有卫生院所29处，卫生技术人员84人，其中执业医师43人，注册护士20人。

全镇居民人均可支配收入17010元，消费支出10945元。人均住房面积30平方米，农民人均纯收入14755元。

先后获得山东省首届“书香之乡（镇、街道）、山东省文明乡镇等荣誉称号。

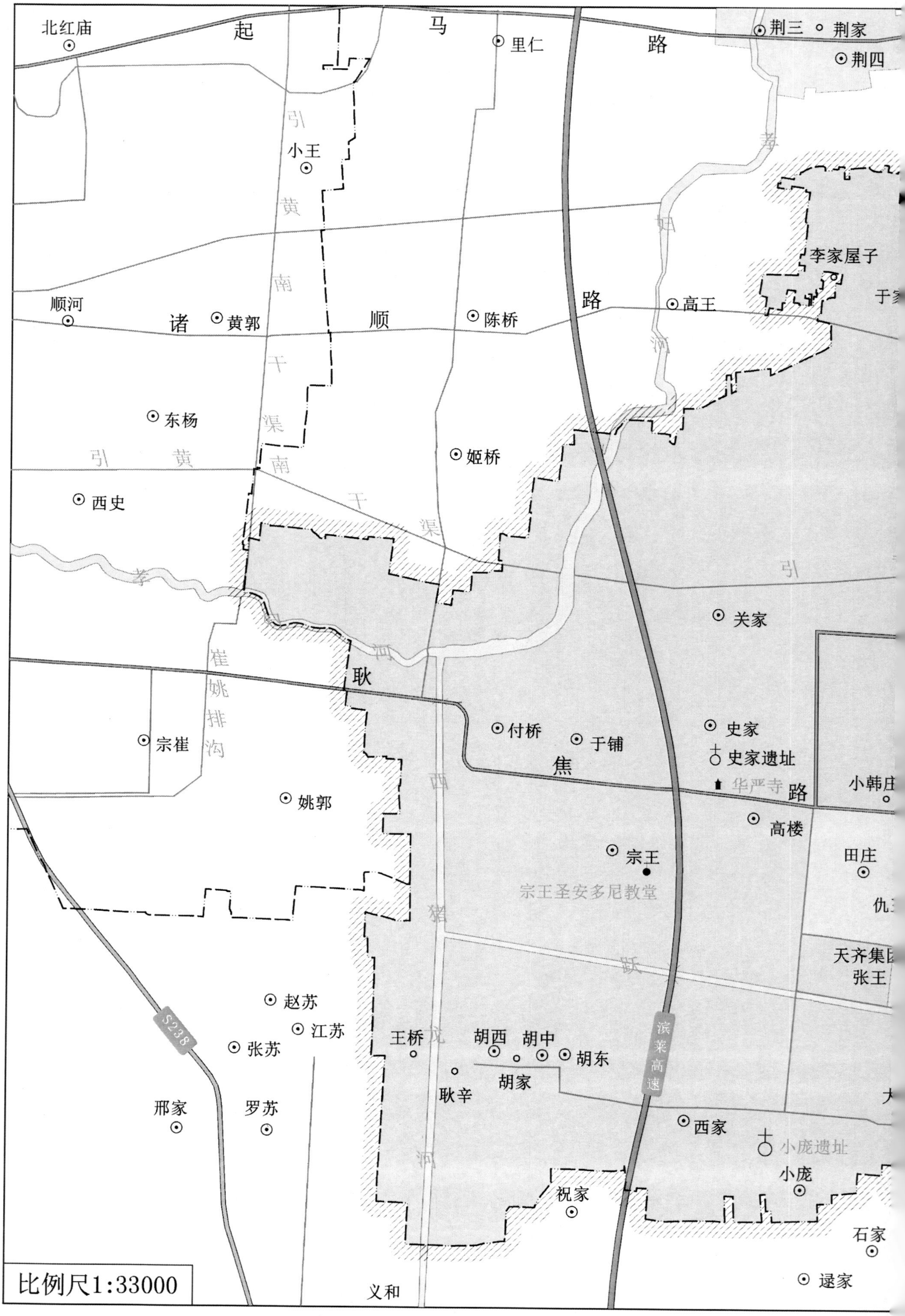
北红庙
起
马
路
里仁
荆三
荆家
荆四
引
小王
黄
孝
妇
李家屋子
顺河
诸
黄郭
顺
陈桥
路
高王
于家
南
干
渠
河
东杨
引
黄
南
姬桥
西史
干
渠
孝
引
关家
妇
河
耿
崔
姚
排
沟
宗崔
付桥
于铺
史家
史家遗址
焦
华严寺
路
小韩庄
姚郭
西
高楼
宗王
田庄
宗王圣安多尼教堂
猪
跃
天齐集团
张王
赵苏
S238
江苏
滨莱高速
王桥
胡西
胡中
张苏
胡东
耿辛
胡家
邢家
罗苏
西家
小庞遗址
河
小庞
祝家
石家
义和
逯家
比例尺1:33000

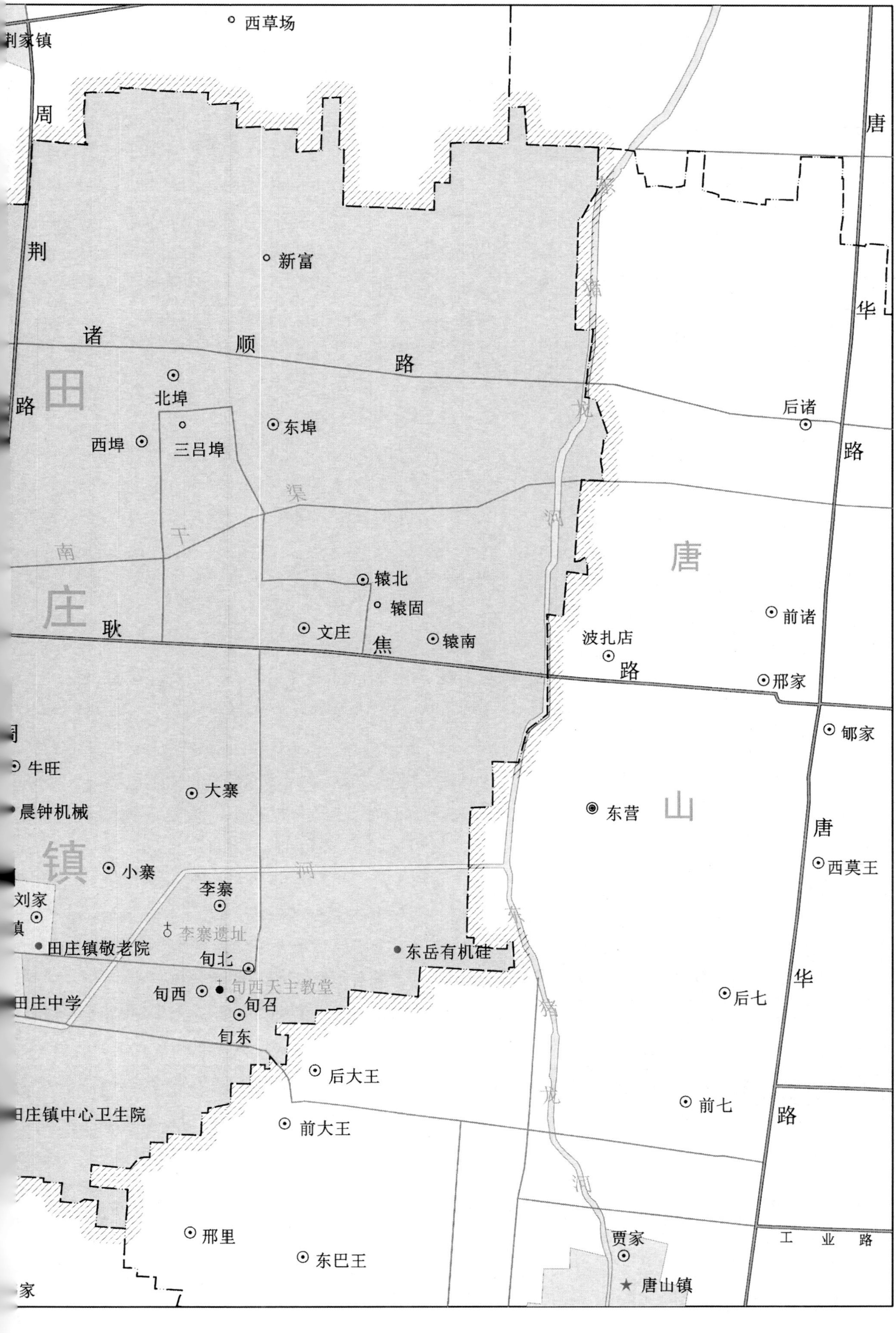

西草场
家镇
周
荆
路
诸顺路
田
庄
镇
新富
北埠
东埠
西埠
三吕埠
南干渠
镶北
镶固
文庄
耿焦路
镶南
东猪龙河
唐
山
后诸
前诸
波扎店
邢家
郇家
东营
唐
华
路
西莫王
牛旺
晨钟机械
大寨
小寨
李寨
李寨遗址
刘家
田庄镇敬老院
东岳有机硅
旬北
旬西
旬西天主教堂
旬召
旬东
庄中学
后大王
前大王
后七
前七
庄镇中心卫生院
邢里
东巴王
贾家
唐山镇
工业路
家

田庄
Tiánzhuāng

位于县城西北11.1千米，田庄镇人民政府驻地仇王北侧。东靠周荆路，与刘家庄隔路相望，南依仇王庄，西连宗王庄，北接小韩庄。周荆路纵穿村居。

明洪武二年（1369），田姓从青州乐安县清朝立村，名田家庄。据《田氏世谱》载："始祖讳思礼，初为青州乐安人，于明洪武二年迁居于新城县东北，察其地风气醇厚，四隅山势起伏，西南之水绕流，前后如带，洵胜区哉，曰时曰止，筑室于此。三世后子孙振振绳绳，而田庄之名起焉。"明天启四年（1624）《新城县志》载：利用乡田家庄。清康熙三十二年（1693），济南府新城县北四熙字约田家庄。1962年简称"田庄"。《桓台县地名词典》（1991年版）载：田庄。

明代，属新城县利用乡。清代，属济南府新城县利用乡。民国3年（1914），新城县易名，属桓台县。民国22年（1933），属桓台县第一区。民国33年（1944），属清河行政公署桓台县第一区。民国37年（1948）3月，属渤海第三专员公署桓台县六区。1952年，属淄博专区桓台县六区。1958年9月，属桓台县第十卫星人民公社。同年11月，撤销桓台县建制，属淄博专署博兴县。1961年9月，恢复桓台县建制。1962年，属惠民专署桓台县属田庄区。1966年7月，撤区并社。1970年10月，改属田庄人民公社。1983年10月，属淄博市桓台县田庄人民公社。1984年4月，属田庄镇。

聚落呈方形块状，主街东西走向。村庄面积156公顷，居民802户，2658人，皆为汉族。设田庄村民委员会，有11村民小组。耕地42.5公顷，以农业为主，机井电灌，主产小麦、玉米。人均收入16800元。建有幼儿园、卫生室、文化大院、健身活动广场。水电配送。广播电视网和互联网畅通。设有农历四、九集日，为桓台县四大集市之一。沿街商业门店众多。通603路县内客车。

曙光原和田庄历史上同属一个自然村。1961年5月，田家庄十字街以北整个北面和西北面区域内的住户与小韩庄组成曙光大队。1984年社改镇，属行政村，称曙光村民委员会，并辖小韩庄。村庄面积29公顷，居民379户，1440人，皆为汉族。耕地121.8公顷，以农业为主，机井电灌，主产小麦、玉米。人均收入14755元。建有田庄镇中心幼儿园、中心小学、卫生室、文化大院、农家书屋、健身活动广场、便民超市。水电配送。广播电视网和互联网畅通。通603路、162路、198路、217路公交车。

曙光

张王庄
Zhāngwáng Zhuāng

位于县城西北10.8千米，距田庄镇政府0.5千米处。东靠周荆路，南依大庞庄，西临西猪龙河，北接仇王庄。周荆路纵穿村居。

元朝，张姓居此，名张家庄。清康熙三十二年（1693）《新城县志》载：北四熙字约张家庄。清朝中期，王姓徙居此村，改名张王庄。《桓台县地名词典》（1991年版）载：张王庄。

清代，属济南府新城县利用乡。民国3年（1914），新城县易名，属桓台县。民国22年（1933），属桓台县第一区。民国33年（1944），属清河行政公署桓台县第一区。民国37年（1948）3月，属渤海第三专员公署桓台县六区。1952年，属淄博专区桓台县六区。1958年9月，属桓台县第十卫星人民公社。同年11月，属田庄人民公社。同时，撤销桓台县建制，属淄博专署博兴县。1961年9月，恢复桓台县建制。1962年，属惠民专署桓台县田庄区。1966年7月，撤区并社。1970年10月，改属田庄人民公社。1983年10月，属淄博市桓台县田庄人民公社。1984年4月，属田庄镇。

聚落呈矩形，主街东西走向。村庄面积1公顷，居民101户，367人，皆为汉族。设张王村民委员会，有1个村民小组。耕地6.8公顷，以农业为主，机井电灌，主产小麦、玉米。人均收入15000元。建有卫生室、田庄初中、文化大院、农家书屋、健身活动广场。水电配送。广播电视网和互联网畅通。通607路、162路公交车。

张王庄

小韩庄
Xiǎohán Zhuāng

位于县城西北11.3千米，距田庄镇政府1千米处。东北邻牛王，南依田庄，西连高楼，北与荆家镇相望。

明初，韩姓从山西洪洞县迁此定居，名小韩庄。《韩氏世谱》载："吾始祖德封公，山西洪洞县人。因避兵乱逃于直隶，寄居枣强。及至大明定鼎后，闻山东、河南大难已过，野无人迹，于是与兄弟亲友共议，不远千里而来，共卜为业。但有王朝政令，兄弟不准一处同居。自此山东、河南而分散，但与邻庄亲友二三烟户，择于锦秋之阳，花山之阴，新城之下，薛家岭庄邻庄果园村，在此集居，其后子孙繁衍，因姓为庄曰："韩家庄"。清康熙三十二年（1693）《新城县志》载："北四熙字约韩家庄"。为区别于大庞村南的韩家庄，清朝后期改名小韩家庄。后称小韩庄。《桓台县地名词典》（1991年版）载：小韩庄。

清代，属济南府新城县利用乡。民国3年（1914），新城县易名，属桓台县。民国22年（1933），属桓台县第一区。民国33年（1944），属清河行政公署桓台县第一区。民国37年（1948）3月，属渤海第三专员公署桓台县六区。1952年，属淄博专区桓台县六区。1958年9月，属桓台县第十卫星人民公社。同年11月，撤销桓台县建制，属淄博专署博兴县。1961年9月，恢复桓台县建制。1962年，属惠民专署桓台县属田庄区。1966年7月，撤区并社。1970年10月，改属田庄人民公社。1983年10月，属淄博市桓台县田庄人民公社。1984年4月，属田庄镇。

聚落呈方形，主街东西走向。村庄面积3公顷，居民121户，420人，皆为汉族。有2个村民小组，属曙光村民委员会管辖。耕地8公顷，以农业为主，机井电灌，主产小麦、玉米。人均收入14755元。建有幼儿园、卫生室、文化大院、农家书屋、健身活动广场、便民超市。水电配送。广播电视网和互联网畅通。个体有草柳编、工艺品、采暖炉、木材加工、广告设计等。

旬召庄
Xúnzhāo Zhuāng

位于县城西北9千米，距田庄镇政府1.7千米处。东南邻唐山镇后大王庄，西连张王庄，北接李寨。东外环路和南外环路交汇于此。

明初，孙、赵二姓迁此立村名“孙赵庄”。后孙姓迁郇家，从此“孙赵庄”便以郇字前半边和赵字同音的“召”字成“旬召庄”。明天启四年（1624）《新城县志》载：利用乡旬召庄。清康熙三十二年（1693），属济南府新城县北五淳字约旬召庄。1958年人民公社化时建大队，按驻方位，故名“旬东”“旬西”“旬北”。现仍以此名，设立行政村。《桓台县地名词典》（1991年版）载：旬召庄。

明代，属新城县旬召镇。清代，属济南府新城县利用乡。民国3年（1914），新城县易名，属桓台县。民国22年（1933），属桓台县第一区。民国33年（1944），属清河行政公署桓台县第一区。民国37年（1948）3月，属渤海第三专员公署桓台县六区。1952年，属淄博专区桓台县六区。1958年9月，属桓台县第十卫星人民公社。同年11月，撤销桓台县建制，属淄博专署博兴县。1961年9月，恢复桓台县建制。1962年，属桓台县惠民专署桓台县田庄区。1966年7月，撤区并社。1970年10月，改属田庄人民公社。1983年10月，属淄博市桓台县田庄人民公社。1984年4月，属田庄镇辖。

聚落呈矩形块状，主街东西走向。村庄面积64公顷，居民626户，2166人，皆为汉族。耕地124.5公顷。以农业为主，机井电灌，主产小麦、玉米。设有农历一、六集日。通607路县内客车。有旬召北遗址、旬召石造像。

旬东，村庄面积13.5公顷，居民212户，698人，皆为汉族。设旬东村民委员会，有4个村民小组。耕地54.5公顷，以农业为主，主产小麦、玉米。人均收入16800元。建有文化大院、农家书屋、健身活动广场。水电配送。广播电视网和互联网畅通。民办企业有服装厂、机械厂。有旬召石造像。

旬西，村庄面积7.6公顷，居民148户，556人，皆为汉族。设旬西村民委员会，有3个村民小组。耕地35.1公顷，以农业为主，机井电灌，主产小麦、玉米。人均收入16800元。建有卫生室、文化大院、农家书屋、健身活动广场。水电配送。广播电视网和互联网畅通。有天主教堂。

旬北，村庄面积42.9公顷，居民266户，912人，皆为汉族。设旬北村民委员会，有4个村民小组。耕地34.9公顷，以农业为主，机井电灌，主产小麦、玉米。人均收入16800元。建有卫生室、文化大院、农家书屋、健身活动广场、便民商店。水电配送。广播电视网和互联网畅通。设一、六集日。民办企业有机械厂、炉具厂。

2002年8月接收重庆市开县渠口镇平浪村三峡移民3户，12人。

李寨
Lǐzhài

位于县城西北 9.2 千米，距田庄镇政府 1 千米处。东临东猪龙河，南依旬召庄，西连刘家庄，北接大寨。

明洪武四年（1371），李宏基从淄川迁此立村，名李家寨。《新邑梅岭李家寨李氏世谱》载："始祖宏苛——东北乡沟里庄。"清康熙三十二年（1693）《新城县志》载：北五淳字约李家寨。光绪三十年（1904）新城县北五约沟里。1982 年复名李寨。《桓台县地名词典》（1991 年版）载：李寨。

清代，属济南府新城县利用乡。民国 3 年（1914），新城县易名，属桓台县。民国 22 年（1933），属桓台县第一区。民国 33 年（1944），属清河行政公署桓台县第一区。民国 37 年（1948）3 月，属渤海第三专员公署桓台县六区。1952 年，属淄博专区桓台县六区。1958 年 9 月，属桓台县第十卫星人民公社，后又分为田庄、傅桥人民公社，同年 11 月属田庄人民公社。同时，撤销桓台县建制，属淄博专署博兴县。1961 年 9 月，恢复桓台县建制。1962 年，属惠民专署桓台县田庄区。1966 年 7 月，撤区并社。1970 年 10 月，改属田庄人民公社。1983 年 10 月，属淄博市桓台县田庄人民公社。1984 年 4 月，属田庄镇。

聚落呈矩形块状，主街道"十"字形。村庄面积 31.4 公顷，居民 520 户，1716 人，皆为汉族。设李寨村民委员会，有 10 个村民小组。耕地 80.8 公顷，以农业为主，机井电灌，主产小麦、玉米。人均收入 16800 元。建有幼儿园、卫生室、文化大院、农家书屋、健身活动广场。水电配送。广播电视网和互联网畅通。设农历三、八集日。民办企业有化工厂、炉具厂、彩瓷厂。

境内有李寨遗址。

李寨

大寨
Dàzhài

位于县城西北 9.7 千米，距田庄镇政府 1 千米处。东临东猪龙河，南依李寨，西连小韩庄，北接文庄。

明洪武二年（1369），吕氏从枣强迁此立村，名吕家寨。《吕氏世谱》载："始祖讳宾兴，明洪武二年（1369），由直隶枣强县迁山东新城县东北，卜居寨村。"明天启四年，《新城县志》载：利用乡大寨。《桓台县地名词典》（1991 年版）载：大寨。

明代，属新城县利用乡。清代，属济南府新城县利用乡。民国 3 年（1914），新城县易名，属桓台县。民国 22 年（1933），属桓台县第一区。民国 33 年（1944），属清河行政公署桓台县第一区。民国 37 年（1948）3 月，属渤海第三专员公署桓台县六区。1952 年，属淄博专区桓台县六区。1958 年 9 月，属桓台县第十卫星人民公社。同年 11 月撤销桓台县建制，属淄博专署博兴县。1961 年 9 月，恢复桓台县建制。1962年，属惠民专署桓台县田庄区。1966年7月，撤区并社。1970年10月，改属田庄人民公社。1983年10月，属淄博市桓台县田庄人民公社。1984年4月，属田庄镇。

聚落呈矩形，主街东西走向。村庄面积47.7公顷，居民750户，2886人，皆为汉族。设大寨村民委员会，有10个村民小组。耕地187.1公顷，以农业为主，机井电灌，主产小麦、玉米。人均收入16800元。建有小学、卫生室、文化大院、农家书屋、健身活动广场、便民商店。水电配送。广播电视网和互联网畅通。通607路县内客车。民办企业有建材厂、炉具厂、木皮厂、塑料厂等。

境内有大寨遗址、马耀楠烈士牺牲纪念地。

小寨
Xiǎozhài

位于县城西北10.1千米，距田庄镇政府0.5千米处。东、北邻李寨、大寨，西、南连刘家庄。

明洪武二年（1369），李姓从淄川小韩庄迁此立村，名小寨。明天启四年（1624）《新城县志》载：利用乡小寨。《桓台县地名词典》（1991年版）载：小寨。

明代，属新城县利用乡。清代，属济南府新城县利用乡。民国3年（1914），新城县易名，属桓台县。民国22年（1933），属桓台县第一区。民国33年（1944），属清河行政公署桓台县第一区。民国37年（1948）3月，属渤海第三专员公署桓台县六区。1952年，属淄博专区桓台县六区。1958年9月，属桓台县第十卫星人民公社。同年11月，撤销桓台县建制，属淄博专署博兴县。1961年9月，恢复桓台县建制。1962年，属惠民专署桓台县田庄区。1966年7月，撤区并社。1970年10月改属田庄人民公社。1983年10月，属淄博市桓台县田庄人民公社。1984年4月，属田庄镇。

聚落呈方形块状，主街东西走向。村庄面积17.2公顷，居民325户，980人，皆为汉族。设小寨村民委员会，有4个村民小组。耕地69.4公顷，以农业为主，机井电灌，主产小麦、玉米。人均收入16800元。建有卫生室、文化大院、农家书屋、健身活动广场、便民商店。水电配送。广播电视网和互联网畅通。通607路县内客车。有民办机械厂等。

境内有小寨遗址、古槐树。

西家庄
Xījiā Zhuāng

位于县城西北12千米，距田庄镇政府2.5千米处。东邻大庞庄，南依小庞庄，西连胡家庄，北接张王庄。

明初，西姓居此，名西家庄。明天启四年（1624）《新城县志》载：利用乡西家庄。清康熙三十二年（1693）济南府新城县北三雍字约西家庄。清道光十二年（1832）《孙氏世谱》载："始祖讳谦，自前明由冀州枣强东关，迁居新

西家庄

城西家庄。”《桓台县地名词典》（1991年版）载：西家庄。

明代，属新城县利用乡。清代，属新城县利用乡。民国3年（1914），新城县易名，属桓台县。民国22年（1933），属桓台县第一区。民国33年（1944），属清河行政公署桓台县第一区。民国37年（1948）3月，属渤海第三专员公署桓台县六区。1952年，属淄博专区桓台县六区。1958年9月，属桓台县第十卫星人民公社。同年11月，撤销桓台县建制，属淄博专署博兴县。1961年9月，恢复桓台县建制。1962年，属惠民专署桓台县田庄区。1966年7月，撤区并社。1970年10月，改属田庄人民公社。1983年10月，属淄博市桓台县田庄人民公社。1984年4月，属田庄镇。

聚落呈方形块状，主街东西走向。村庄面积13.3公顷，居民178户，528人，皆为汉族。设西家村民委员会，有4个村民小组。耕地55.9公顷，以农业为主，机井电灌，主产小麦、玉米。人均收入16800元。建有卫生室、文化大院、农家书屋、健身活动广场。水电配送。广播电视网和互联网畅通。通607路公交车。有6家民办企业。

境内有西家遗址。

胡家庄
Hújiā Zhuāng

位于县城西北13.2千米，距田庄镇政府4千米处。东邻西家庄，南依新城镇祝家庄，西连耿辛庄，北接宗王庄。

明洪武二年（1369）胡勉从枣强迁此立村，名胡家庄。清乾隆年间（1763—1795）《胡氏世谱》载：“始祖胡勉，由直隶枣强迁居山东新城北——自立一村曰：胡家庄。”清康熙三十二年（1693）《新城县志》载：北二平字约胡家庄。1958年人民公社化时建大队，按居住方位，故以“胡东”“胡中”“胡西”为名，设立行政村。1991年出版的《桓台县地名词典》载：胡家庄。

清代，属济南府新城县利用乡。民国3年（1914），新城县易名，属桓台县。民国22年（1933），属桓台县第一区。民国33年（1944），属清河行政公署桓台县第一区。民国37年（1948）3月，属渤海第三专员公署桓台县六区。1952年，属淄博专区桓台县六区。1958年9月，属桓台县第十卫星人民公社，后又分为田庄、傅桥公社，同年11月，撤销桓台县建制，属淄博专署博兴县。1961年9月，恢复桓台县建制。1962年，属惠民专署桓台县田庄区。1966年7月撤区并社，1970年10月，改属田庄人民公社。1983年10月，属淄博市桓台县田庄人民公社。1984年4月属田庄镇。

聚落呈矩形块状，主街东西走向。村庄面积51.6公顷，居民906户，2938人皆为汉族。设农历一、六集日。通607路公交车。

胡家庄为民国政府（1938）华北游击纵队第十三支队第十二梯队司令胡凤林烈士故里。

胡东，村庄面积15.7公顷，村民288户，960人，皆为汉族。设胡东村民委员会，有6个村民小组。耕地83.6公顷，以农业为主，机井电灌，主产小麦、玉米。人均收入16800元。建有文化大院、农家书屋、健身活动广场、便民商店。水电配送。广播电视网和互联网畅通。

胡中，村庄面积10.6公顷，居民188户，618人，皆为汉族。设胡中村民委员会，有4个村民小组。耕地40.8公顷，以农业为主，机井电灌，主产小麦、玉米。人均收入14755元。建有胡家幼儿园、卫生室、文化大院、农家书屋、健身活动广场、便民商店。水电配送。广播电视网和互联网畅通。胡家集。私营企业。

胡西，村庄面积22公顷，居民323户，985人，皆为汉族。设胡西村民委员会，有5个村民小组。

耕地114.2公顷，以农业为主，机井电灌，主产小麦、玉米，有2家私营企业。人均收入15000元。建有卫生室、文化大院、农家书屋、健身活动广场、便民商店。水电配送。广播电视网和互联网畅通。建有胡家扬水站。个体企业有圣洁容器、方正电器、博创机械。通607路公交车。

王桥
Wángqiáo

位于县城西北14.1千米，距田庄镇政府4.5千米处。东临西猪龙河、与耿辛隔河相望，南与新城镇搭界，西连新城镇江苏，北接傅桥。

据考，明初已有此村。元末明初王姓因避兵乱，匿蒿棵中而得生存，故名“蒿棵王”。后村东西猪龙河上建一桥，村名改为王家桥。清康熙三十二年（1693）《新城县志》载：北二平字约王家桥。《桓台县地名词典》（1991年版）载：王桥。

清代，属济南府新城县利用乡。民国3年（1914），新城县易名，属桓台县。民国22年（1933），属桓台县第一区。民国33年（1944），属清河行政公署桓台县第一区。民国37年（1948）3月，属渤海第三专员公署桓台县六区。1952年，属淄博专区桓台县六区。1958年9月，属桓台县第十卫星人民公社。同年11月，撤销桓台县建制。属淄博专署博兴县。1961年9月，恢复桓台县建制。1962年，属惠民专署桓台县田庄区。1966年7月，撤区并社。1970年10月，改属田庄公社。1983年10月，属淄博市桓台县田庄人民公社。1984年4月，属田庄镇。

聚落呈方形，主街东西走向。村庄面积1.3公顷，居民66户，210人，皆为汉族。有1个村民小组，属胡西村民委员会管辖。耕地17.5公顷，以农业为主，机井电灌，主产小麦、玉米。人均收入15000元。水电配送。广播电视网和互联网畅通。

耿辛庄
Gěngxīn Zhuāng

位于县城西北13.7千米，距田庄镇政府4.5千米处，西猪龙河东岸。东邻胡家庄，南与新城镇搭界，西连王桥，北接傅桥。

据考，明末建村。《重修新城县志•人物志》载：“耿庭柏，明万历壬辰进士，卒于官。”葬于此。有耿、蔺二姓在此定居为其看坟，名为耿新庄，俗名耿家坟。清光绪三十年（1904），新城县北二约辖耿新桥。民国19年（1930），桓台县第一区（驻崔楼）胡家乡辖耿辛庄。《桓台县地名词典》（1991年版）载：耿辛庄。

清代，属济南府新城县利用乡。民国3年（1914），新城县易名，属桓台县。民国22年（1933），属桓台县第一区。民国33年（1944），属清河行政公署桓台县第一区。民国37年（1948）3月，属渤海第三专员公署桓台县六区。1952年，属淄博专区桓台县六区。1958年9月，属桓台县第十卫星人民公社，后又分为田庄、傅桥人民公社，同年11月，属田庄人民公社。同时，撤销桓台县建制，属淄博专署博兴县。1961年9月，恢复桓台县建制。1962年，属惠民专署桓台县田庄区。1966年7月，撤区并社。1970年10月，改属田庄人民公社。1983年10月，属淄博市桓台县田庄人民公社。1984年4月，属田庄镇。

聚落呈方形块状，主街东西走向。村庄面积2公顷，居民41户，165人，皆为汉族。属胡西村民委员会。耕地13.7公顷，以农业为主，机井电灌，主产小麦、玉米。人均收入15000元。水电配送。广播电视网和互联网畅通。

大庞庄
Dàpáng Zhuāng

位于县城西北 10.5 千米，距田庄镇政府 1 千米处。东靠周荆路，南依石家庄，西连西家庄，北接张王庄。

明初，庞姓从枣强迁此立村，村民期盼村庄兴旺发达，后仳为庞郭庄。《庞氏世谱》载："本公兄弟四人——立村号庞郭庄。"清康熙三十二年（1693）《新城县志》载：东三恕字约东庞郭庄。民国 23 年（1934）《新修新城县志》载大庞郭庄。1962 年简称大庞。《桓台县地名词典》（1991 年版）载：大庞庄。

清代，属济南府新城县利用乡。民国 3 年（1914），新城县易名，属桓台县。民国 22 年（1933），属桓台县第一区。民国 33 年（1944），属清河行政公署桓台县第一区。民国 37 年（1948）3 月，属渤海第三专员公署桓台县六区。1952 年，属淄博专区桓台县六区。1958 年 9 月，属桓台县第十卫星人民公社。同年 11 月，撤销桓台县建制，属淄博专署博兴县。1961 年 9 月，恢复桓台县建制。1962 年，属惠民专署桓台县田庄区。1966 年 7 月，撤区并社。1970 年 10 月，改属田庄人民公社。1983 年 10 月，属淄博市桓台县田庄人民公社。1984 年 4 月，属田庄镇。

聚落呈方形块状，主街东西走向。村庄面积 2.7 公顷，居民 220 户，808 人，皆为汉族。设大庞村民委员会，有 4 个村民小组。耕地 63.4 公顷，农业为主，机井电灌，主产小麦、玉米。人均收入 16449 元。建有曙光幼儿园、县司法局特教学校、卫生室、文化大院、农家书屋、健身活动广场。水电配送。广播电视网和互联网畅通。邻镇卫生院。通 607 路公交车。村内有个体私营企业数 10 家。

境内有省级文物保护单位——庞家遗址。大庞庄为"省级文明村"。

大庞庄

小庞庄
Xiǎopáng Zhuāng

位于县城西北方 11.1 千米，距田庄镇政府 2 千米处。东靠周荆路，西连新城镇祝家庄，南依西逯家庄，北接西家庄。

明初，庞绅从庞旺庄移居于此，名西庞旺庄。清初，为西庞郭庄。《庞氏世谱》载："二世祖讳绅公——移居西庞郭庄。"清康熙三十二年（1693）《新城县志》载：东三恕字约庞郭庄。民国初，易名小庞郭庄。民国 23 年（1934）《重修新城县志》载：桓台县第一区（驻崔楼）西庞乡辖小庞郭庄。1962 年简称小庞。《桓台县地名词典》（1991 年版）载：小庞庄。

清代，属济南府新城县利用乡。民国 3 年（1914），新城县易名，属桓台县。民国 22 年（1933），属桓台县第一区。民国 33 年（1944），属清河行政公署桓台县第一区。民国37年（1948）3月，属渤海第三专员公署桓台县六区。1952年，属淄博专区桓台县六区。1958年9月，属桓台县第十卫星人民公社，后又分为田庄、傅桥人民公社，同年11月撤销桓台县建制，属淄博专署博兴县。1961年9月，恢复桓台县建制。1962年，属惠民专署桓台县田庄区。1966年7月，撤区并社。1970年10月，改属田庄人民公社。1983年10月，属淄博市桓台县田庄人民公社。1984年4月，属田庄镇。

聚落呈矩形，主街东西走向。村庄面积12.3公顷，居民210户，712人，皆为汉族。设小庞村民委员会，有4个村民小组。耕地50公顷，以农业为主，机井电灌，主产小麦、玉米。人均收入16449元。建有卫生室、文化大院、农家书屋、健身活动广场、便民商店。水电配送。广播电视网和互联网畅通。有私营企业。通607路公交车。

境内有省级重点文物保护单位——小庞遗址，属前二千五百年龙山文化遗址。

辕固庄
Yuángù Zhuāng

位于县城西北9.3千米，距田庄镇政府3.5千米。东邻唐山镇波扎店，南靠耿焦路，西、北连文庄。东猪龙河南干区流经此地。

据考，为汉时村庄。为西汉景帝时诗博士辕固（又名辕固生）之故乡。后人以其名而命村名：辕固生，以示纪念。明天启四年（1624）《新城县志》载：利用乡辕固庄。清康熙三十二年（1693）《新城县志》载："汉辕固，景帝时人，治东北二十里辕固庄。"清光绪三十年（1904）新城县利用乡北十约辖辕固庄。《新城县后志》载：北七约辖辕固庄。1958年公社化时建大队，按居住方位，故名"辕南""辕北"。并以此名设立行政村。《桓台县地名词典》（1991年版）载：辕固庄。

明代，属新城县利用乡。清代，属济南府新城县利用。民国3年（1914），新城县易名，属桓台县。民国22年（1933），属桓台县第一区。民国33年（1944），属清河行政公署桓台县第一区。民国37年（1948）3月，属渤海第三专员公署桓台县六区。1952年，属淄博专区桓台县六区。1958年9月，属桓台县第十卫星人民公社。同年11月，撤销桓台县建制，属淄博专署博兴县。1961年9月，恢复桓台县建制。1962年，属惠民专署桓台县田庄区。1966年7月，撤区并社。1970年10月，改属田庄人民公社。1983年10月，属淄博市桓台县田庄人民公社。1984年4月，属田庄镇。

聚落呈矩形块状，主街东西走向。村庄面积58.7公顷，居民1080户，3566人，皆为汉族。耕地463.3公顷。以农业为主，机井电灌，主产小麦、玉米。人均收入690元。通603路公交车。

著名人物——辕固。境内有辕南遗址。

辕南，村庄面积28.5公顷，居民588户，1890人。皆为汉族。设辕南村民委员会，有15个村民小组。耕地90.2公顷，以农业为主，机井电灌，主产小麦、玉米。人均收入16800元。建有卫生室、文化大院、农家书屋、健身活动广场、便民商店。水电配送。广播电视网和互联网畅通。

辕北，村庄面积30.2公顷，居民492户，1676人，皆为汉族。设辕北村民委员会，有10个村民小组。耕地373.1公顷，以农业为主，机井电灌，主产小麦、玉米。人均收入16800元。建有辕文小学、卫生室、文化大院、农家书屋、健身活动广场。水电配送。广播电视网和互联网畅通。设农历二、七集日。

名胜古迹：辕固祠堂。

三吕埠
Sānlǚbù

东埠

位于县城西北 11.2 千米，距田庄镇政府 4 千米处。东临东猪龙河，南临分洪河，与文庄隔河相望，西靠周荆路，北接荆家镇西草场。

此处原为锦秋湖畔的三个土埠。湖内绿头鸭常在此栖息，入城绿鸭埠。后埠为吕氏所有，改称“吕家埠”。明天启四年（1624）《新城县志》载：利用乡吕家埠。明初，魏、宋、赵等姓迁此，以吕家埠为名。清康熙三十二年（1693）济南府新城县北七安字约吕家埠。华沟《宋氏世谱》载：“始祖——一居吕家埠。”清光绪年间（1875—1908）形成三个自然村，名东吕埠、西吕埠、北吕埠。中华人民共和国成立后，三村连成一片，名三吕埠。1958 年人民公社化时建大队，因驻沿埠的东、西、北方位，故名“东埠”“西埠”“北埠”。并以此名设立行政村。《桓台县地名词典》（1991 年版）载：三吕埠。

明代，属新城县利用乡。清代，属济南府新城县利用乡。民国 3 年（1914），新城县易名，属桓台县。民国 22 年（1933），属桓台县第一区。民国 33 年（1944），属清河行政公署桓台县第一区。民国 37 年（1948）3 月，属渤海第三专员公署桓台县六区。1952 年，属淄博专区桓台县六区。1958 年 9 月，属桓台县第十卫星人民公社，后又分为田庄、傅桥人民公社。同年 11 月属田庄人民公社。同时，撤销桓台县建制，属淄博专署博兴县。1961 年 9 月，恢复桓台县建制。1962 年，属惠民专署桓台县田庄区。1966 年 7 月，撤区并社。1970 年 10 月，改属田庄人民公社。1983 年 10 月，属淄博市桓台县田庄人民公社。1984 年 4 月，属田庄镇。

聚落呈方形，主街东西走向。村庄面积 88.4 公顷。村民 1734 户，5861 人，耕地 576 公顷。设有农历五、十集日。通 603 路、217 路公交车。有高吕埠遗址，为省级重点文物保护单位。

东埠，村庄面积 35.9 公顷，村民 688 户，2326 人，皆为汉族。设东埠村民委员会，有 12 个村民小组。耕地 178.9 公顷，以农业为主，机井电灌，主产小麦、玉米。人均收入 16800 元。建有卫生室、文化大院、农家书屋、健身活动广场。水电配送。广播电视网和互联网畅通。

西埠，村庄面积 35.4 公顷，村民 320 户，1036 人，皆为汉族。设西埠村民委员会，有 14 个村民小组。耕地 280.8 公顷，以农业为主，机井电灌，主产小麦、玉米。人均收入 16800 元。建有小学、卫生室、文化大院、农家书屋、健身活动广场。水电配送。广播电视网和互联网畅通。通 162 路公交车。

2002 年 8 月，接收重庆市开县渠口镇平浪村三峡移民 4 户，18 人。

北埠，村庄面积 16.1 公顷，居民 726 户，2499 人，皆为汉族。设北埠村民委员会，有 9 个村民小组。耕地 95.6 公顷，以农业为主，机井电灌，主产小麦、玉米。人均收入 16800 元。

建有幼儿园、卫生室、文化大院、农家书屋、健身活动广场、便民商店。水电配送。广播电视网和互联网畅通。

新富庄
Xīnfù Zhuāng

位于县城西北 11.1 千米，距田庄镇政府 6 千米处。东临东猪龙河，南依三吕埠，西连于家屋子，北接荆家镇伊家园子。

此处原是东埠的耕地，因离东埠较远，收种不便，于 1975 年，迁部分村名在此居住，称“东埠十一队”。1982 年定名新富，即新立村富裕之意。《桓台县地名词典》（1991 年版）载：新富庄。

聚落呈方形块状。面积 1 公顷，居民 27 户，103 人。皆为汉族。有 1 个村民小组，属东埠村民委员会管辖。耕地 11.7 公顷，以农业为主，机井电灌，主产小麦、玉米。人均收入 16800 元。水电配送。广播电视网和互联网畅通。

文 庄
Wén Zhuāng

文庄

位于县城西北 9.7 千米，距田庄镇政府 5 千米处。东邻辕固庄，南依大寨，西连关家庄，北接三吕埠。东猪龙河、耿焦路经此。

元末（1351—1361），文姓迁此立村，名文家庄。清康熙三十二年（1693）济南府新城县北七安字约文家庄。清光绪三十年（1904）新城县北七约辖文家庄。1954 年《文氏世谱》载：“始祖奠居新城县东北锦秋湖阴，文家庄。”《桓台县地名词典》（1991 年版）载：文庄。

清代，属济南府新城县利用乡。民国 3 年（1914），新城县易名，属桓台县。民国 22 年（1933），属桓台县第一区。民国 33 年（1944），属清河行政公署桓台县第一区。民国 37 年（1948）3 月，属渤海第三专员公署桓台县六区。1952 年，属淄博专区桓台县六区。1958 年 9 月，属桓台县第十卫星人民公社，后又分为田庄、傅桥人民公社，同年 11 月撤销桓台县建制，属淄博专署博兴县。1961 年 9 月，恢复桓台县建制。1962 年，属惠民专署桓台县田庄区。1966 年 7 月，撤区并社。1970 年 10 月，改属田庄人民公社。1983 年 10 月，属淄博市桓台县田庄人民公社。1984 年 4 月，属田庄镇。

聚落呈矩形块状，主街东西走向。村庄面积 34.7 公顷，居民 486 户，1732 人，皆为汉族。设文庄村民委员会，有 10 个村民小组。耕地 142 公顷，以农业为主，机井电灌，主产小麦、玉米。人均收入 16800 元。建有幼儿园、卫生室、文化大院、农家书屋、健身活动广场。水电配送。广播电视网和互联网畅通。

2002 年 8 月，接收重庆市开县渠口镇平浪村三峡移民 5 户，20 人。

宗王庄
Zōngwáng Zhuāng

位于县城西北 13 千米，距田庄镇政府 2 千米处。东邻田庄，南依胡家庄，西临西猪龙河，北接于铺。

《宗氏世谱》载："吾宗氏于前明洪武二年（1369），由直隶枣强迁山东济南府新城县东北乡，名其居曰：宗家庄。是为祖庄，即今之宗王庄。"明天启四年（1624）《新城县志》载：利用乡宗家庄。明末王姓迁此，改村名宗王庄。清康熙三十二年（1693）《新城县志》载：北三雍字约宗王庄、西宗王庄。清光绪三十年（1904）合为一庄，名宗王庄。《桓台县地名词典》（1991 年版）载：宗王庄。

明代，属新城县利用乡。清代，属济南府新城县利用乡。民国 3 年（1914），新城县易名，属桓台县。民国 22 年（1933），属桓台县第一区。民国 33 年（1944），属清河行政公署桓台县第一区。民国 37 年（1948）3 月，属渤海第三专员公署桓台县六区。1952 年，属淄博专区桓台县六区。1958 年 9 月，属桓台县第十卫星人民公社。同年 11 月，撤销桓台县建制，属淄博专署博兴县。1961 年 9 月，恢复桓台县建制。1962 年，属惠民专署桓台县田庄区。1966 年 7 月，撤区并社。1970 年 10 月，改属田庄人民公社。1983 年 10 月，属淄博市桓台县田庄人民公社。1984 年 4 月，属田庄镇。

聚落呈方形，主街东西走向。村庄面积 56 公顷，居民 1050 户，3568 人，皆为汉族。设宗王村民委员会，有 23 个村民小组。耕地 151.9 公顷，以农业为主，机井电灌，主产小麦、玉米。人均收入 14755 元。建有幼儿园、卫生室、文化大院、农家书屋、健身活动广场、便民商店。水电配送。广播电视网和互联网畅通。设有农历五、十集日。

著名人物：宗怀德（曾任中国天主教爱国会主席）、王柏三。宗王天主教堂建于清朝，至今保存完好。2014 年被列为市级文物保护单位。

境内有宗王遗址。

宗王庄

史家庄
Shǐjiā Zhuāng

位于县城西北 12.7 千米，距田庄镇政府 2.5 千米处。东邻牛王庄，南依高楼，西连于铺，北接关家庄。耿焦路途径村居。

明洪武二年（1369），史姓从枣强迁此立村，名史家庄。《史氏世谱》载："始祖长公、季公、皆失讳，相传兄弟三人，于明洪武二年自枣强迁来。一居笼水北西史庄，一居笼水南东史庄。"清康熙三十二年（1693）《新城县志》载：北三雍字约史家庄。《桓台县地名词典》（1991 年版）载：史家庄。

清代，属济南府新城县利用乡。民国 3 年（1914），新城县易名，属桓台县。

民国22年（1933），属桓台县第四区。民国33年（1944），属清河行政公署桓台县第四区。民国37年（1948）3月，属渤海第三专员公署桓台县六区。1952年，属淄博专区桓台县六区。1958年9月，属桓台县第十卫星人民公社。同年11月，撤销桓台县建制，属淄博专署博兴县。1961年9月，恢复桓台县建制。1962年，属惠民专署桓台县田庄区。1966年7月，撤区并社。1970年10月，改属田庄人民公社。1983年10月，属淄博市桓台县田庄人民公社。1984年4月，属田庄镇。

聚落呈方形块状，主街东西走向。村庄面积26.4公顷，居民478户，1486人，皆为汉族。设史家村民委员会，有4个村民小组。耕地88.7公顷，以农业为主，机井电灌，主产小麦、玉米。人均收入14755元。建有幼儿园、卫生室、文化大院、农家书屋、健身活动广场。水电配送。广播电视网和互联网畅通。有农行、农信等外驻单位。

名胜古迹：省级文物保护单位——史家商朝遗址。

于铺
Yúpū

位于县城西北13.5千米，距田庄镇政府2.5千米处。东邻史家庄，南靠东陈路，西连傅桥，北临分洪河。孝妇河、猪龙河、耿焦路流、经此地。

此处原为高楼于姓之庄园。明初，赵、许等姓迁此立村，名于家庄。明天启四年（1624）《新城县志》载：“利用乡于家庄。”清康熙三十二年（1693）《新城县志》载：北三雍字约于家铺。明清前期，十里为一铺，因距新城十里，又名十里铺。清初改名于家铺。1982年简称于铺。《桓台县地名词典》（1991年版）载：于铺。

清代，属济南府新城县利用乡。民国3年（1914），新城县易名，属桓台县。民国22年（1933），属桓台县第四区。民国33年（1944），属清河行政公署桓台县第四区。民国37年（1948）3月，属渤海第三专员公署桓台县六区。1952年，属淄博专区桓台县六区。1958年9月，属桓台县第十卫星人民公社。同年11月，撤销桓台县建制，属淄博专署博兴县。1961年9月，恢复桓台县建制。1962年，属惠民专署桓台县田庄区。1966年7月，撤区并社。1970年10月，改属田庄人民公社。1983年10月，属淄博市桓台县田庄人民公社。1984年4月，属田庄镇。

聚落呈方形块状，主街东西走向。村庄面积20.8公顷，居民315户，1088人，皆为汉族。设于铺村民委员会，有4个村民小组。耕地109.6公顷，以农业为主，机井电灌，主产小麦、玉米。人均收入14755元。建有卫生室、文化大院、农家书屋、健身活动广场、便民商店。水电配送。广播电视网和互联网畅通。通603路、217路公交车。

关家庄
Guānjiā Zhuāng

位于县城西北13千米，距田庄镇政府2.6千米处。东靠周荆路，南依史家庄，西临孝妇河，北接荆家镇高王庄。

《关氏世谱》载：“始祖于明初自枣强迁居新城县东北关家庄。”清康熙三十二年（1693）《新城县志》载：北三雍字约关家庄。《桓台县地名词典》（1991年版）载：关家庄。

清代，属济南府新城县利用乡。民国3年（1914），新城县易名，属桓台县。民国22年（1933），属桓台县第四区。民国33年（1944），属清河行政公署桓台县第四区。民国37年（1948）3月，属渤海第三专员公署桓台县六区。1952年，

关家

属淄博专区桓台县六区。1958 年 9 月，属桓台县第十卫星人民公社。同年 11 月，撤销桓台县建制，属淄博专署博兴县。1961 年 9 月，恢复桓台县建制。1962 年，属惠民专署桓台县田庄区。1966 年 7 月，撤区并社。1970 年 10 月，改属田庄人民公社。1983 年 10 月，属淄博市桓台县田庄人民公社。1984 年 4 月，属田庄镇。

聚落呈方形块状，主街东西走向。村庄面积 40.9 公顷，该村居民 880 户，2896 人，皆为汉族。设关家村民委员会，有 17 个村民小组。耕地 419.2 公顷，以农业为主，机井电灌，主产小麦、玉米。人均收入 14755 元。建有幼儿园、卫生室、文化大院、农家书屋、健身活动广场、便民商店。水电配送。广播电视网和互联网畅通。通 162 路、217 路公交车。

境内有关家南、北两处遗址。

高楼
Gāolóu

位于县城西北 12.2 千米，距田庄镇政府 1.6 千米处。东邻小韩庄，南临跃进河，西临西猪龙河，北接史家庄。耿焦路途经此地。

《于氏世谱》载：元末，于姓从文登县迁此立村，因村西有华严寺，建筑高大似楼房，以此命村名：高楼。明天启四年（1624）《新城县志》载：高楼镇。清康熙三十二年（1693）《新城县志》载：北四熙字约东高楼、西高楼。清光绪三十年（1904）新城县北四约辖高楼。《桓台县地名词典》（1991 年版）载：高楼。

明代，属新城县高楼镇。清代，属济南府新城县利用乡。民国 3 年（1914），新城县易名，属桓台县。1914 年 4 月，属桓台县。民国 22 年（1933），属桓台县第一区。民国 33 年（1944），属清河行政公署桓台县第一区。民国 37 年（1948）3 月，属渤海第三专员公署桓台县六区。1952 年，属淄博专区桓台县六区。1958 年 9 月，属桓台县第十卫星人民公社，后又分为田庄、傅桥人民公社，同年 11 月，撤销桓台县建制，属淄博专署博兴县。1961 年 9 月，恢复桓台县建制。1962 年，属惠民专署桓台县田庄区。1966 年 7 月，撤区并社。1970 年 10 月，改属田庄人民公社。1983 年 10 月，

高楼

属淄博市桓台县田庄人民公社。1984 年 4 月，属田庄镇。

聚落呈方形块状，主街东西走向。村庄面积 1.5 公顷，居民 1192 户，4430 人，皆为汉族。设高楼村民委员会，有 26 个村民小组。耕地 122.8 公顷，以农业为主，机井电灌，主产小麦、玉米。人均收入 14755 元。建有办公楼、幼儿园、田庄中学、卫生室、文化大院、农家书屋、健身活动广场。水电配送。广播电视网和互联网畅通。设有农历二、七集日。通 603 路、217 路公交车。

名胜古迹：华严寺。境内有高楼东、南两处遗址。

于家屋子
Yújiāwūzi

位于县城西北 13 千米，距田庄镇政府 4.5 千米处。东邻新富庄，西连荆家镇李家屋子，南临诸顺河，北接荆家镇地界。

于其恩一家四人，于清朝末年由高楼店移居于此。称“于家屋子”。《桓台县地名词典》（1991 年版）载：于家屋子。

清代，属济南府新城县利用乡。民国 3 年（1914），新城县易名，属桓台县。民国 22 年（1933），属桓台县第一区。民国 33 年（1944），属清河行政公署桓台县第一区。民国 37 年（1948）3 月，属渤海第三专员公署桓台县六区。1952 年，属淄博专区桓台县六区。1958 年 9 月，属桓台县第十卫星人民公社。同年 11 月，撤销桓台县建制，属淄博专署博兴县。1961 年 9 月，恢复桓台县建制。1962 年，属惠民专署桓台县田庄区。1966 年 7 月，撤区并社。1970 年 10 月，改属田庄人民公社。1983 年 10 月，属淄博市桓台县田庄人民公社。1984 年 4 月，属田庄镇。

聚落呈矩形块状，主街东西走向。居民 64 户，200 人，皆为汉族。有 1 个村民小组，属高楼村民委员会管辖。耕地 8.4 公顷，以农业为主，机井电灌，主产小麦、玉米。人均收入 14755 元。水电配送。广播电视网和互联网畅通。

傅桥
Fùqiáo

位于县城西北 14.1 千米，距田庄镇政府 3 千米处。东邻于铺，南靠东辰路，西临西猪龙河，北临孝妇河。西猪龙河、孝妇河、耿焦路流经此地。

据考，明正统年间（1436—1499）建村。初居时在村西河上建一小桥，因而得名傅家桥。《傅氏世谱》载：“始祖讳宝，字国贤，自前明洪武二年，由直隶枣强迁山左占籍新城潘孟店，寄居未久，遂徙高楼店。四世祖讳锋谔庵公，移居傅家桥。清康熙三十二年（1693）《新城县志》载：北三雍字约傅家桥。1974 年简称傅桥。《桓台县地名词典》（1991 年版）载：傅桥。

清代，属济南府新城县利用乡。民国 3 年（1914），新城县易名，属桓台县。民国 22 年（1933），属桓台县第四区。民国 33 年（1944），属清河行政公署桓台县第四区。民国 37 年（1948）3 月，属渤海第三专员公署桓台县六区。1952 年，属淄博专区桓台县六区。1958 年 9 月，属桓台县第十卫星人民公社。同年 11 月，撤销桓台县建制，属淄博专署博兴县。1961 年 9 月，恢复桓台县建制。1962 年，属惠民专署桓台县田庄区。1966 年 7 月，撤区并社。1970 年 10 月，改属田庄人民公社。1983 年 10 月，属淄博市桓台县田庄人民公社。1984 年 4 月，属田庄镇。

聚落呈方形块状，主街东西走向。村庄面积 30 公顷，居民 476 户，1766 人，皆为汉族。设傅桥村民委员会，有 7 个村民小组。耕地 137.6 公顷，以农业为主，机井电灌，主产小麦、玉米。人均收入 14755 元。建有幼儿园、卫生室、文化大院、农家书屋、健身活动广场。水电配送。广播电视网和互联网畅通。设有农历三、八集日。通 603 路公交车。

原辖自然村宋家屋子，位于田庄西北 4.8 千米，孝妇河北岸。于清乾隆年间（1736—1795），由宋姓迁此定居。《桓台县地名词典》（1991 年版）载：宋家屋子。2000 年，因地处不便，已整体迁入傅桥村内。作为自然村的“宋家屋子”，已消失无存。

名胜古迹：傅桥遗址（新石器时代至汉德古遗址）。

仇王庄
Qiúwáng Zhuāng

位于桓台县城索镇西北 11 千米，田庄镇政府驻地。东邻刘家庄，西连宗王庄，南依张王庄，北接田庄。跃进河流经此地。

明洪武年间（1368—1398），仇姓迁此立村，名仇明庄。《仇氏世谱》载：“余族自明洪武年间，由原籍枣强县迁山东新城县东北，筑室於兹。后子孙繁衍，自立一村曰：仇家庄。”据《王氏族谱》载：“考我王氏之族，系明洪武二年（1369）由直隶枣强徙居省道济南府新城东北小陈庄，至今五百余年，访族家所住之处，所传之名仇王庄。”清康熙三十二年（1693）《新城县志》载：北四熙字约仇家庄。清光绪三十年（1904）村名仇王庄。《桓台县地名词典》（1991 年版）载：仇王庄。

清代，属济南府新城县利用乡。民国 3 年（1914），新城县易名，属桓台县。民国 22 年（1933），属桓台县第一区。民国 33 年（1944），属清河行政公署桓台县第一区。民国 37 年（1948）3 月，属渤海第三专员公署桓台县六区。1952 年，属淄博专区桓台县六区。1958 年 9 月，属桓台县第十卫星人民公社，同年 11 月，撤销桓台县建制，属淄博专署博兴县。1961 年 9 月，恢复桓台县建制。1962 年，属惠民专署桓台县田庄区。1966 年 7 月，撤区并社。1970 年 10 月，改属田庄人民公社。1983 年 10 月，属淄博市桓台县田庄人民公社。1984 年 4 月，属田庄镇。

聚落呈方形块状，主街东西走向。村庄面积 5 公顷，居民 208 户，682 人，皆为汉族。设仇王村民委员会，划分 4 个村民小组。耕地 35.1 公顷，以农业为主，机井电灌，主产小麦、玉米。人均收入 16800 元。建有卫生室、文化大院、农家书屋、健身活动广场。水电配送。广播电视网和互联网畅通。

牛王庄
Niúwáng Zhuāng

位于县城西北 11 千米，距田庄镇政府 1.5 千米处。南干渠流经此地。东邻大寨，西连小韩庄，南依刘家庄，北接三吕埠。

此村曹、王二姓定居最早，以姓氏命名为曹王庄。后曹姓失传，牛姓迁此，将曹王庄改为牛旺庄。《牛氏重修世谱》载：“始祖牛德，世居直隶枣强，明洪武初，迁居山东新邑北之曹王庄。后称牛旺庄，又庄东筑室移居，年久成聚为牛家庄。”后两庄合一为牛王庄。清康熙三十二年（1693）《新城县志》载：北四熙字约牛王庄、牛家庄。清光绪三十年（1904）新城县北四约辖牛王庄。《桓台县地名词典》（1991 年版）载：牛王庄。

清代，属济南府新城县利用乡。民国 3 年（1914），新城县易名，属桓台县。民国 22 年（1933），属桓台县第一区。民国 33 年（1944），属清河行政公署桓台县第一区。民国 37 年（1948）3 月，属渤海第三专员公署桓台县六区。1952 年，属淄博专区桓台县六区。1958 年 9 月，属桓台县第十卫星人民公社。同年11月，撤销桓台县建制，属淄博专署博兴县。1961年9月，恢复桓台县建制。1962年，属惠民专署桓台县田庄区。1966年7月，撤区并社。1970年10月，改属田庄人民公社。1983年10月，属淄博市桓台县田庄人民公社。1984年4月，属田庄镇。

聚落呈方形，主街东西走向。村庄面积4.2公顷，居民767户，2668人，皆为汉族。设牛旺村民委员会，有14个村民小组。耕地211.1公顷，以农业为主，机井电灌，主产小麦、玉米。人均收入14755元。建有幼儿园、卫生室、文化大院、农家书屋、健身活动广场。水电配送。广播电视网和互联网畅通，有10家民办企业。通603路、162路、217路公交车。

境内有牛王遗址。

历史事件：民国28年（1939）7月22日，马耀楠、杨国夫领导的清河区八路军三支队在该村与日军进行了一场激战，称“牛王庄战斗”，马耀楠司令在战斗中壮烈牺牲。

刘家庄
Liújiā Zhuāng

位于县城西北10.3千米，距田庄镇政府1.5千米处。东邻大寨，南靠东辰路，西连仇王庄，北接牛王庄。跃进河、猪龙河流经此地。

清乾隆己未年（1739）《新城刘氏世谱》“始祖讳敖，随兄于明洪武二年（1369）由枣强之刘家村，迁于新邑浞水之东北隅，因其地势垫隘，又迁于浞水之南，后族繁衍，亦名其地曰：刘家庄。”清光绪三十年（1904）新城县北四约辖刘家庄。《桓台县地名词典》（1991年版）载：刘家庄。

清代，属济南府新城县利用乡。民国3年（1914），新城县易名，属桓台县。民国22年（1933），属桓台县第一区。民国33年（1944），属清河行政公署桓台县第一区。民国37年（1948）3月，属渤海第三专员公署桓台县六区。1952年，属淄博专区桓台县六区。1958年9月，属桓台县第十卫星人民公社。同年11月，撤销桓台县建制，属淄博专署博兴县。1961年9月，恢复桓台县建制。1962年，属惠民专署桓台县田庄区。1966年7月，撤区并社。1970年10月，改属田庄人民公社。1983年10月，属淄博市桓台县田庄人民公社。1984年4月，属田庄镇。

聚落呈矩形块状，主街东西走向。村庄面积1000平方米，面积211户，777人，皆为汉族。设刘家村民委员会，有4个村民小组。耕地48.5公顷，以农业为主，机井电灌，主产小麦、玉米。人均收入14755元。建有卫生室、文化大院、农家书屋、健身活动广场。水电配送。广播电视网和互联网畅通。

境内有刘家遗址。

新城镇

因镇政府驻地为古新城县治得名。位于东经117° 54′ 08″～117° 59′ 40″，北纬36° 55′ 20″～36° 57′ 23″。地处县境西部，东与唐山镇相邻，南依果里镇，西与邹平县接壤，北与马桥、田庄两镇毗邻，人民政府驻寿济路186号，距县城15千米。辖40个村民委员会，41个自然村。

新城镇人民政府

公元1228年，始割长山县东部、高苑南部、临淄县西部建新城县。1914年1月，易名耏水县；4月，因境内有齐桓公戏马台而改名为桓台县。1950年4月县城迁至索镇。1958年12月称桓城公社。1982年4月更名为新城公社。1984年5月改为新城镇。

全镇总人口3.7412万人，其中非农业人口0.1143万人。人口出生率6.4‰，死亡率6.9‰，自然增长率-0.50‰，有少数民族13个，52人。

辖区东西最大距离10.5千米，南北最长距离8.3千米，总面积4414公顷，人口密度为每平方千米806人。

地处泰沂山麓黄泛平原的叠交地带，地势南高北低，地形为平原，境内最高海拔21.6米，最低海拔8.8米。境内河道属小清河水系，最大的河流为西猪龙河，从南至北流经境内城南、花园、城东、昝家4村，长4千米。

全镇生产总值43亿元，固定资产投资17亿元，实现财政总收入2562万元，居民存款65000万元。居民人均可支配收入16528元，消费性支出14311元；人均住房面积45平方米；农民人均纯收入15936元，农村参保人数27520人。

耕地面积2520公顷，人均1.1亩。农林牧渔业总产值16420万元；粮食总产4.39万吨，棉花总产1123吨。油料总产63.2吨，水果总产1.49万吨，蔬菜总产7.62万吨；肉类总产1964吨，禽蛋总产882吨，奶类总产1437吨，水产品总产33.8吨；全年造林97公顷，林木覆盖率达43.5%；全镇农机总动力8.9万千瓦。

工业固定资产投资56120万元，新上100万元以上工业项目10个；有规模以上企业30家，实现产品销售收入43.1亿元，利税4.7亿元，利润3.6亿元。

境内有省道高淄路、寿济路和滨博3条主要干线。全镇公路通车里程213.5公里。拥有汽车8200辆，村村通汽车。固定电话用户5300户，移动电话用户38000户。

有小学4所，在校生1452人；普通初中1所，在校生1361人；体育锻炼场所32处，公共图书室21处，文化娱乐场所40处。卫生院、所36处，卫生技术人员122人，其中执业医师122人，注册护士22人。

主要旅游景点有忠勤祠、米脂祠、四世宫保坊、王渔洋故居等。2014年，接待国内外游客19万人次。

2008年10月，被国家住建部命名为“中国历史文化名镇”；2010年获得“山东省旅游强镇”称号。

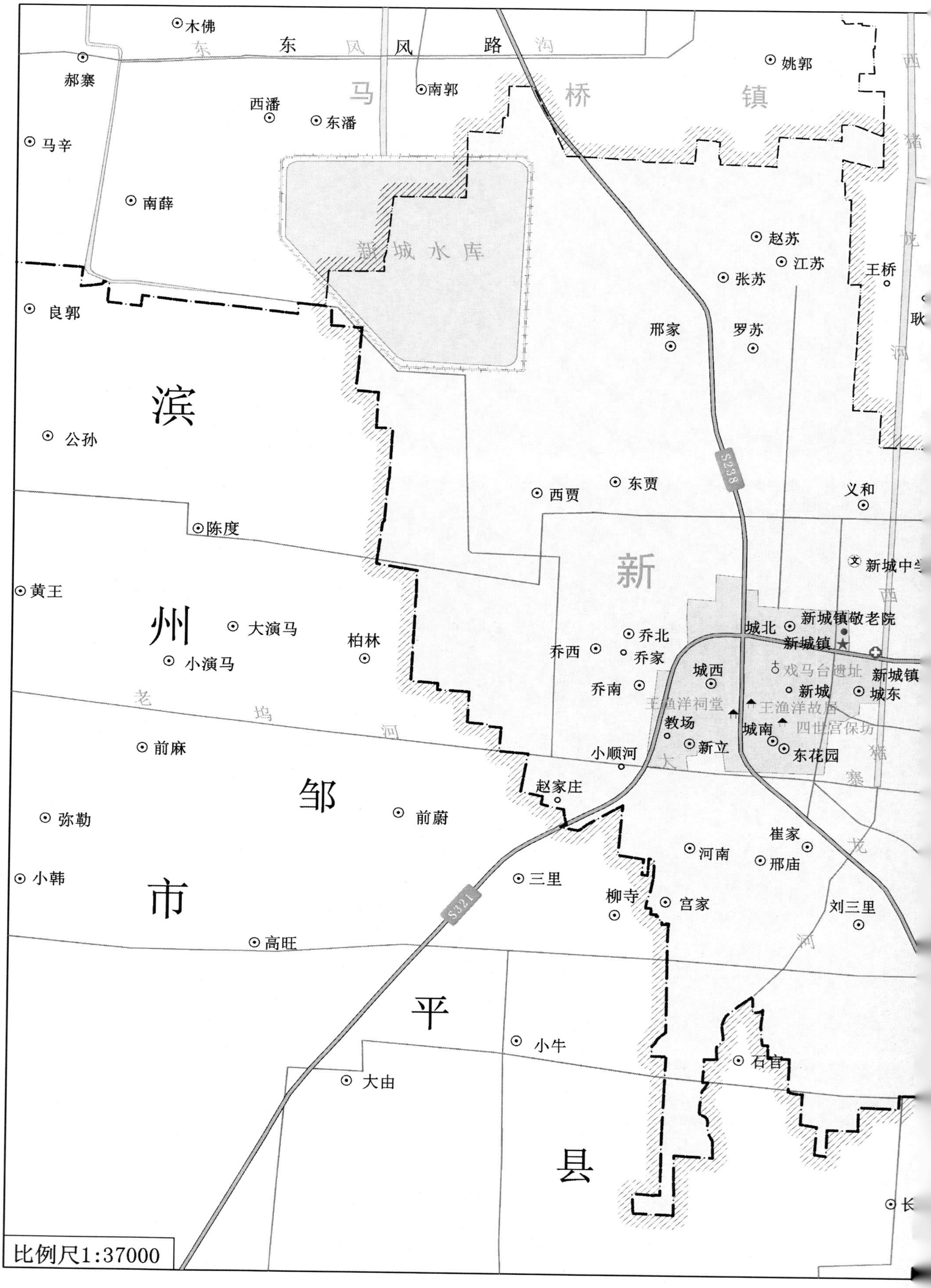

木佛
东风路沟
郝寨
马桥镇
姚郭
南郭
西潘
东潘
马辛
南薛
新城水库
赵苏
江苏
张苏
王桥
良郭
邢家
罗苏
滨州市
公孙
东贾
西贾
义和
陈度
S238
新
新城中学
黄王
新城镇敬老院
城北
新城镇
大演马
柏林
乔北
乔西
乔家
小演马
城西
戏马台遗址
新城镇
乔南
新城
城东
老坞河
王渔洋祠堂
王渔洋故居
四世宫保坊
教场
城南
前麻
新立
东花园
小顺河
邹平县
赵家庄
前蔚
弥勒
崔家
河南
邢庙
小韩
三里
S321
柳寺
宫家
刘三里
高旺
平
小牛
石官
大由
县
比例尺1:37000

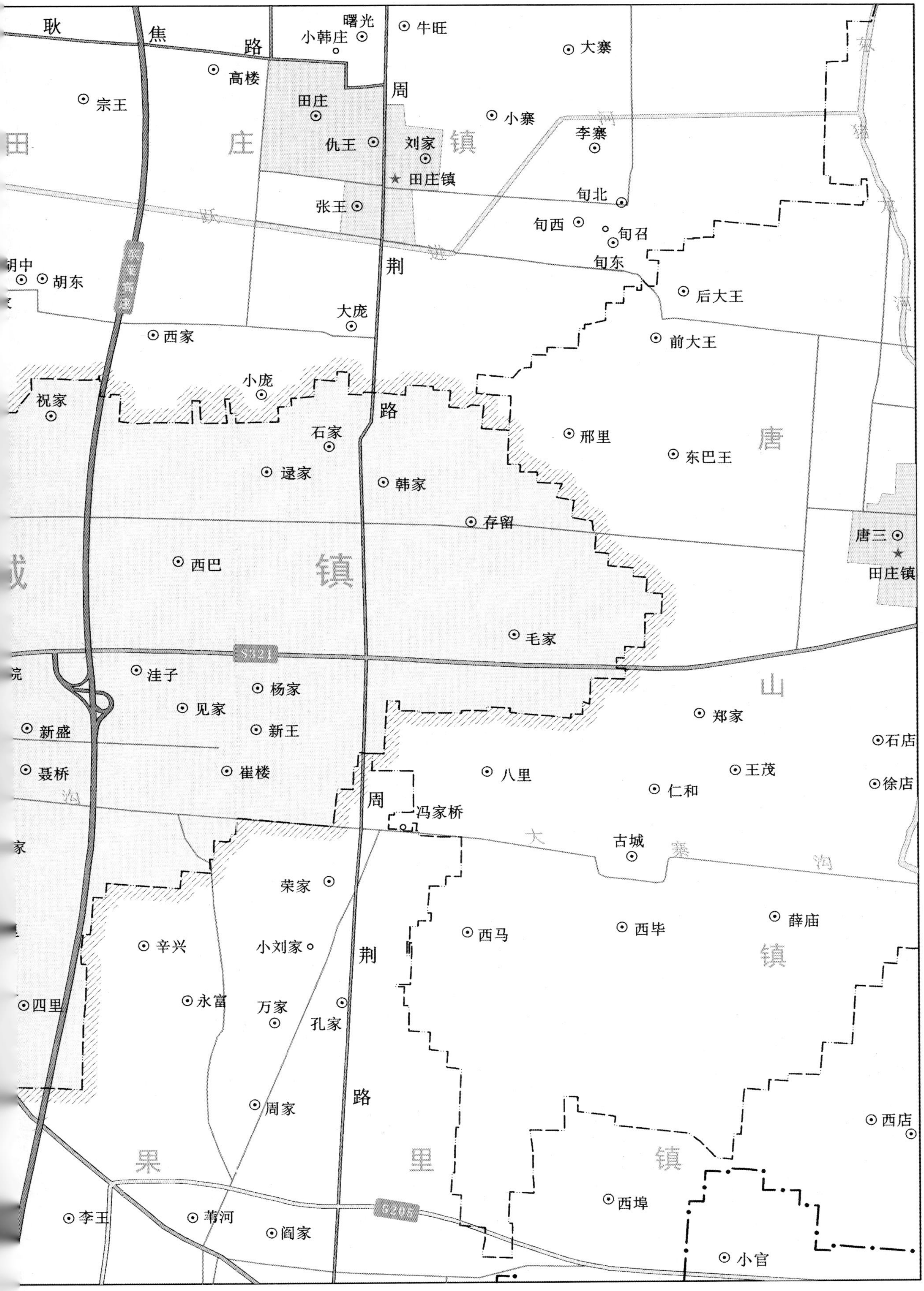

耿焦路
曙光
小韩庄
牛旺
大寨
高楼
宗王
田庄
周
小寨
李寨
田
庄
仇王
刘家
镇
田庄镇
旬北
张王
旬西
旬召
旬东
滨莱高速
胡中
胡东
荆
后大王
大庞
西家
前大王
小庞
祝家
路
石家
邢里
东巴王
唐
逯家
韩家
存留
唐三
田庄镇
西巴
镇
毛家
S321
洼子
杨家
山
见家
郑家
新盛
新王
石店
聂桥
崔楼
八里
王茂
徐店
仁和
周
冯家桥
古城
大寨沟
荣家
薛庙
西马
西毕
辛兴
小刘家
荆
镇
四里
永富
万家
孔家
路
周家
西店
果
里
镇
西埠
李王
苇河
阎家
G205
小官

新城
Xīnchéng

位于县城西14.6千米，新城镇人民政府驻地。张田路、寿济路交会于此。东临西猪龙河，南依祠堂，西连乔家庄，北接新义和。

此处原为春秋时期，齐国之一苑囿。齐桓公常从临淄来此游观，射猎，并建高台戏马（系马），故名戏马台，又名桓台，后名驿台。元为长山县驿台镇。南宋嘉定七年（1214）山东东路兵马副元帅张贵绕台筑城，名新城。南宋绍定元年（1228）于此置新城县，属县衙驻地。1982年春，复名新城。《桓台县地名词典》（1991年版）载：新城。

1228年，属新城县。清代，属济南府新城县。民国3年（1914），新城县易名，属桓台县。民国22年（1933），属桓台县第一区。民国33年（1944），属清河行政公署桓台县第一区。民国37年（1948）3月，属渤海第三专员公署桓台县一区。1952年，属淄博专区桓台县一区。1958年9月，属第八卫星人民公社。建大队时，按新城驻地方位，故得名"东关""西关""南关""北关"。后又以"城东""城西""城南""城北"为名，设4个行政村。同年11月，撤销桓台县建制，属淄博专署博兴县桓城区桓城人民公社。1961年9月，属惠民专署桓台县桓城区。1966年9月，属桓台县桓城人民公社。1982年1月，复名新城，属新城人民公社。1983年10月，属淄博市桓台县新城人民公社。1984年4月，社改镇，属新城镇。设城北、城东、城南、城西4个村民委员会。村庄面积10.4公顷，住户1081户，3508人。

设有农历三、八大集，为县内四大集市之一。设有幼儿园、卫生室、学校。通601路、175路、217路公交车。

新城为明末兵部尚书王象乾，清初著名诗人王渔洋（士禛）故里，全国九三学社常务副主席孙承佩故乡。古迹有齐桓公系马台、四世宫保坊、忠勤祠、渔洋祠、王渔洋故里景区等。

城东，新城镇人民政府驻地。距镇政府0.5千米。东与新盛、聂桥相望，南依东花园，西连城西，北接城北。西猪龙河自村东南北流淌，寿济路从村居东西穿过。

村庄面积1公顷，居民309户，1027人，皆为汉族。设城东村民委员会，有6个村民小组。耕地44公顷，以农业为主，机井电灌，主产小麦、玉米。新城集市所在地，村域内沿街商铺达150家。人均收入15936元。建有新时代幼儿园、卫生室、文化大院（文昌苑）、农家书屋、健身活动场所。水电配送。广播电视网和互联网畅通。外驻农信营业厅、镇卫生院。民办企业有金波树脂有限公司、惠凯建筑安全防护用品厂、涂料加工厂、铸造厂、配电盘厂、包装桶加工厂、钢材制作加工厂等。名胜古迹：耿家大院。

城西，距新城镇府驻地西南1.3千米。东邻城东，南依城南村，西连乔南、乔北、新立村，北接城北。张田路南北穿村而过，寿济路从村北东西通过。

村庄面积1.8公顷，居民196户，676人，以汉族居多，回族1人、朝鲜族1人。设城西村民委员会，有3村民小组。耕地2公顷，以农业为主，机井电灌，主产小麦、玉米。工商业以五金批发和零售为主。人均收入16057元。新城集市所在地，设有淄博五金市场。建有卫生室、文化大院、农家书屋、健身场所、民间庄户剧团。水电配送。广播电视网和互联网畅通。

城南，距新城镇政府1千米。东邻城东村、东花园，南依邢庙，西连城西、新立村，北接城北。张田路从村内南北穿过，大寨沟（梧河）在村南首横穿东西。

村庄面积7.5公顷，居民311户，955人，皆为汉族。设城南村民委员会，有4个村民小组。耕地65.8公顷，以农业为主，机井电灌，主产小麦、玉米。人均收入15936元。建有新城镇中心幼儿园、卫生室、文化大院、农家书屋、健身活动广场。镇教委驻此。名胜古迹：四世宫保砖坊。

城北，距新城镇政府0.5千米。东与城东相连，南依城南，西连城西，北接罗苏。张田路、寿济路交会于此。

村庄面积1300平方米，居民265户，850人，皆为汉族。设城北村民委员会，有4个村民小组。耕地56.8公顷，以农业为主，机井电灌，主产小麦、玉米。人均收入15936元。建有幼儿园、新城中学、卫生室、文化大院、农家书屋、健身活动广场。水电配送。广播电视网和互联网畅通，外驻有新城农行，建有小商品批发市场，沿街商铺众多。民办企业有新波化工有限公司、天山化工有限公司、亿佳缘纸业有限公司、齐农面业等。

古迹有北极庙（北极台），坐落于村中心大街北端。徐夜故居、米脂祠。

小崔家庄
Xiǎocuījiā Zhuāng

位于县城西14.5千米，距新城镇政府1.4千米处。东临西猪龙河，与小徐家庄隔河相望，南临西猪龙河，与邹平县搭界，西连邢庙，北接东花园。

民国22年（1933）《重修新城县志》载："毕亨明成化乙未年（1475）进士，由吏部主事，历官工部尚书。其墓在城（新城）东三里许。"毕亨死后，崔姓为其看坟，人称毕家坟。清康熙三十二年（1693）《新城县志》载：南二化字约毕家坟。光绪三十年（1904）新城县南二约毕家坟。民国19年（1930）改称崔家庄。《重修新城县志》载：崔家庄。1982年，更名小崔家。《桓台县地名词典》（1991年版）载：小崔家庄。

清代，属济南府新城县。民国3年（1914），新城县易名，属桓台县。民国22年（1933），属桓台县第一区。民国33年（1944），属清河行政公署桓台县第一区。民国37年（1948）3月，属渤海第三专员公署桓台县一区。1952年，属淄博专区桓台县一区。1958年9月，属桓台县第八卫星人民公社。同年11月，撤销桓台县建制，属淄博专署博兴县桓城区。1961年9月，属惠民专署桓台县桓城区。1966年9月，属桓城人民公社。1982年4月，属新城人民公社。1983年10月，属淄博市桓台县新城人民公社。1984年4月，社改镇，属新城镇。

聚落呈方形块状，主街东西走向。村庄面积4.7公顷，居民81户，247人，皆为汉族。设崔家村民委员会。耕地20.7公顷，以农业为主，机井电灌，主产小麦、玉米。人均收入15936万元。建有卫生室、文化大院、农家书屋、健身活动广场。水电配送。广播电视网和互联网畅通。

崔楼
Cuīlóu

位于县城西11.3千米，距新城镇政府3.3千米处。东邻唐山镇冯家桥，南临大寨沟，与果里镇荣家庄相望，西连聂桥，北接新王。

唐贞观十三年（639）在此建立洪福寺，地内有佛楼一座。崔姓迁此依寺定居，取名崔楼。1933年《重修新城县志。金石志》载："唐开元九年洪福寺陀罗尼经幢。山东（左）金石志云：石幢正书前刻经文，后题施主姓名，中一行有开元九年岁次辛酉，知为唐代所立。"《周氏世谱》载："我周氏始祖讳岵，字西山，偕弟讳岐，字瞻如，明洪武初年由枣强迁新城崔楼镇居焉。"明天启四年（1624）《新城县志》载：

崔楼镇。清康熙三十二年（1693）《新城县志》载：南五桑字约崔楼庄。《桓台县地名词典》（1991年版）载：崔楼。

明代，属新城县崔楼镇。清代，属济南府新城县。民国3年（1914），新城县易名，属桓台县。民国22年（1933），属桓台县第一区。民国33年（1944），属清河行政公署桓台县第一区。民国37年（1948）3月，属渤海第三专员公署桓台县一区。1952年，属淄博专区桓台县一区。1958年9月，属桓台县第八卫星人民公社。11月，撤销桓台县建制，属淄博专署博兴县。1961年9月，属惠民专署桓台县桓城区洼子人民公社。1966年，属桓城人民公社。1982年4月，属新城人民公社。1983年10月，属淄博市桓台县新城人民公社。1984年4月，社改镇，属新城镇。

聚落呈方形块状，主街道"丁"字形。村庄面积22.4公顷，居民380户，1261人，皆为汉族。设崔楼村民委员会，有8个村民小组。耕地103.2公顷，以农业为主，机井电灌，主产小麦、玉米。人均收入15936元。建有幼儿园、卫生室、文化大院、农家书屋、健身活动广场、垂钓中心、休闲公园。水电配送。广播电视网和互联网畅通。民办企业有桓台新城橡胶防腐阀门厂、桓台县瑞祥塑编厂、山东金德化工有限公司、崔楼村纸盒厂、崔楼木器厂等。境内有崔楼遗址。

崔楼为1979年对越自卫还击作战烈士张可兴（原步兵第九十六团一营排长）故里。

崔楼

存留庄
Cúnliú Zhuāng

位于县城西9.5千米，距新城镇政府5.2千米处。东与唐山镇搭界，南依毛家庄，西靠周荆路，与西巴王庄相望，北接韩家庄。

《傅氏世谱》载：明崇祯年间（1628—1644），傅姓迁此，初名韩家庄屋子。据传，清雍正八年（1730）夏季闹水灾，四周村庄均被淹没，唯有此村地势较高，未被大水淹没，故得名存留。清光绪三十年（1904）新城县东三约存留庄。《桓台县地名词典》（1991年版）载：存留庄。

清代，属济南府新城县。民国3年（1914），新城县易名，属桓台县。民国22年（1933），属桓台县第一区。民国33年（1944），属清河行政公署桓台县第一区。民国37年（1948）3月，属渤海第三专员公署桓台县六区。1952年，属淄博专区桓台县六区。1958年9月，属桓台县第八卫星人民公社。同年11月，撤销桓台县建制，属淄博专署博兴县。1961年9月，属惠民专署桓台县桓城区洼子人民公社。1966年9月，属桓城人民公社。1982年4月，属新城人民公社。1983年10月，属淄博市桓台县新城人民公社。1984年4月，社改镇，属新城镇。

聚落呈方形块状，主街东西走向。村庄面积12.5公顷，居民252户，828人，皆为汉族。设存留村民委员会，有5个村民小组。耕地73.1公顷，以农业为主，机井电灌，主产小麦、玉米。人均收入15936元。建有卫生室、文化大院、农家书屋、健身活动广场。水电配送。广播电视网和互联网畅通。

境内有存留南、北两处遗址。

东花园
Dōnghuāyuán

位于县城西北14.2千米，距新城镇政府1千米处。东邻聂桥，南依小崔家，西连祠堂，北接新城城南。大寨沟（梧河）从村南自西向东流过，猪龙河从村东由南向北流淌，两河在村东南交汇，形成三岔湾。

《新修桓台县志·疆域》（1934）载："东园，通志云在城外东南半里，明太师王象乾别业，内有承茂堂、集云堂、忘秋亭，今废。"据考，明万历年间，林姓迁此定居。因此处系新城王家花园（东园），取名花园庄。因该处位于新城以东，民国19年（1930）改为东花园。《桓台县地名词典》（1991年版）载：东花园。

清代，属济南府新城县。民国3年（1914），新城县易名，属桓台县。民国22年（1933），属桓台县第一区。民国33年（1944），属清河行政公署桓台县第一区。民国37年（1948）3月，属渤海第三专员公署桓台县一区。1952年，属淄博专区桓台县一区。民国22年（1933）《重修新城县志》桓台县全景图载有东花园。1958年9月，属桓台县第八卫星人民公社。同年11月，撤销桓台县建制，属淄博专署博兴县桓城人民公社。1961年9月，属惠民专署桓台县桓城区城关人民公社。1966年9月，属桓城公社。1982年4月，属新城人民公社。1983年10月，属淄博市桓台县新城人民公社。1984年4月，社改镇，属新城镇。

聚落呈矩形块状，主街南北走向。村庄面积14.7公顷，居民107户，333人，皆为汉族。设东花园村民委员会，有2村民小组。耕地20.7公顷，以农业为主，机井电灌，主产小麦、玉米。人均收入15936元。建有卫生室、文化大院、农家书屋、健身活动广场。水电配送。广播电视网和互联网畅通。通公共汽车。民办企业有木器厂、拔丝制钉、预制厂。

名胜古迹：有忠勤祠东祠一处。东花园被山东省命名为第二批传统村落。

东花园

东贾庄
Dōngjiǎ Zhuāng

位于县城西15.8千米，距新城镇政府2.3千米处。东靠张田路，南依乔家庄，西连西贾庄，北接北邢家庄。

元朝，贾姓居此名贾家庄。明天启四年（1624）《新城县志》载："正德乡辖贾家庄。"《董氏世谱》载："始祖讳瑝，字玉庵，原籍直隶枣强王善友村，明洪武二年（1369），徙居新城县正德乡东贾庄。"清初，因此处西贾庄一东，故名东贾庄。明天启四年（1624）《新城县志》载：正德乡辖贾家庄。清康熙三十二年（1693）《新城县志》载：西二簪字约东贾庄。《桓台县地名词典》（1991年版）载：东贾庄。

清代，属济南府新城县。民国3年（1914），新城县易名，属桓台县。民国22年（1933），属桓台县第一区。民国33年（1944），属清河行政公署桓台县第一区。民国37年（1948）3月，属渤海第三专员公署桓台县六区。1952年，属淄博专区桓台县六区。1958年9月，属桓台县第八卫星人民公社。同年11月，撤销桓台县建制，属淄博专署博兴县。1961年9月，属惠民专署桓台县桓城区城关人民公社。1966年9月，属桓城人民公社。1982年4月，属新城人民公社。1983年10月，属淄博市桓台县新城人民公社。1984年4月，社改镇，属新城镇。

聚落呈方形块状，主街东西走向。村庄面积4.6公顷，居民92户，255人，皆为汉族。设东贾村民委员会。耕地35.6公顷，以农业为主，机井电灌，主产小麦、玉米。人均收入15936元。建有卫生室、文化大院、农家书屋、健身活动广场。水电配送。广播电视网和互联网畅通。民办企业有智泰加工厂。

境内有贾庄遗址。

西贾庄
Xījiǎ Zhuāng

位于县城西16.5千米，距新城镇政府2.8千米处，东邻东贾庄，南靠乔家庄，西临大寨沟、与邹平县搭界，北接新城水库、与北邢家庄相望。

元朝，贾姓居此。因处贾家庄之西，故名西贾庄。清康熙五十七年（1718）《贺氏家谱》载：始祖自冀州枣强于明洪武二年迁居新城县城西北西贾家庄。在此之前有贾姓居此，又处贾家之西，故名西贾庄。民国17年《贺姓世谱》载：“始祖自冀州枣强於明洪武二年迁居新城县西北贾庄。”明天启四年（1624）《新城县志》载：正德乡辖西贾庄。清康熙三十二年（1693）《新城县志》载：西二簪字约辖西贾庄。《桓台县地名词典》（1991年版）载：西贾庄。

清代，属济南府新城县。民国3年（1914），新城县易名，属桓台县。民国22年（1933），属桓台县第一区。民国33年（1944），属清河行政公署桓台县第一区。民国37年（1948）3月，属渤海第三专员公署桓台县六区。1952年，属淄博专区桓台县六区。1958年9月，属桓台县第八卫星人民公社。同年11月，撤销桓台县建制，属淄博专署博兴县。1961年9月，属惠民专署桓台县桓城区邢家人民公社。1966年9月，属桓城人民公社。1982年4月，属新城人民公社。1983年10月，属淄博市桓台县新城人民公社。1984年4月，社改镇，属新城镇。

境内聚落呈矩形块状，主街道“十”字形。村庄面积33.4公顷，居民601户，1739人，皆为汉族。设西贾村民委员会，有12个村民小组。耕地214.8公顷，以农业为主，机井电灌，主产小麦、玉米、山药。人均收入15936元。建有幼儿园、卫生室、文化大院、农家书屋、健身活动广场。水电配送。广播电视网和互联网畅通。通601路、175路217路公共汽车，设西贾路口站。

境内有贾庄遗址。新城镇细毛山药主产地之一。

耿三里庄
Gěngsānlǐ Zhuāng

位于县城西13.6千米，距新城镇政府2.5千米处。东邻果里镇辛兴庄，南靠张田路，与四里庄相望，西连刘三里庄，北接小徐家庄。

据《新城王氏世谱》《耿氏世谱》考：明万历年间，王、耿二姓，从新城迁此定居。因距县城新城三里路，故取名三里庄。清康熙

耿三里庄

三十二年（1693）属新城县永宁乡南二化字约三里庄。清朝后期，因西有另一个三里庄，故改名东三里庄。光绪三十年（1904）新城县南二约辖东三里庄。建国前，耿姓为该村为旺族，1947年改名为耿三里庄。《桓台县地名词典》（1991年版）载：耿三里庄。

清代，属济南府新城县。民国3年（1914），新城县易名，属桓台县。民国22年（1933），属桓台县第一区。民国33年（1944），属清河行政公署桓台县第一区。民国37年（1948）3月，属渤海第三专员公署桓台县一区。1952年，属淄博专区桓台县一区。1958年9月，属桓台县第八卫星人民公社。同年11月，撤销桓台县建制，属淄博专署博兴县。1961年9月，属惠民专署桓台县桓城区城关人民公社。1966年9月，属桓城人民公社。1982年4月，属新城人民公社。1983年10月，属淄博市桓台县新城人民公社。1984年4月，撤社，属新城镇。

聚落呈方形块状，主街东西走向。村庄面积15.6公顷，居民220户，609人，皆为汉族。设耿三里村民委员会，有4个村民小组。耕地54.1公顷，以农业为主，机井电灌，主产小麦、玉米。人均收入15936元。建有卫生室、文化大院、农家书屋、健身活动广场。水电配送。广播电视网和互联网畅通。民办企业有桓台县橡胶机械公司、创业机械公司、计算机设备厂、木器家具厂等。通175路公交车。

名胜古迹：耿三里造像、观音堂为市级重点文物保护单位。

宫家庄
Gōngjiā Zhuāng

位于县城西南15.6千米，距新城镇政府2千米处。东邻邢庙，西、南与邹平县搭界，北接河南庄。

《宫氏世谱》载：“宫氏于明洪武年间，由直隶枣强徙居山东济南府新城县南，因姓名村曰：宫家庄。”清康熙三十二年（1693）《新城县志》载：南二化字约宫家庄。《桓台县地名词典》（1991年版）载：宫家庄。

清代，属济南府新城县。民国3年（1914），新城县易名，属桓台县。民国22年（1933），属桓台县第一区。民国33年（1944），属清河行政公署桓台县第一区。民国37年（1948）3月，属渤海第三专员公署桓台县一区。1952年，属淄博专区桓台县一区。1958年9月，属桓台县第八卫星人民公社。同年11月，撤销桓台县建制，

宫家庄

属淄博专署博兴县。1961 年 9 月，属惠民专署桓台县桓城区城关人民公社。1966 年 9 月，属桓城人民公社。1982 年 4 月，属新城人民公社。1983 年 10 月，属淄博市桓台县新城人民公社。1983 年 10 月，属淄博市桓台县新城人民公社。1984 年 4 月，社改镇，属新城镇。

聚落呈方形块状，主街南北走向。村庄面积 8.4 公顷，居民 164 户，401 人，皆为汉族。设宫家村民委员会，有 2 个村民小组。耕地 93.7 公顷，以农业为主，机井电灌，主产小麦、玉米、山药。人均收入 15854 元。建有卫生室、文化大院、农家书屋、健身活动广场。水电配送。广播电视网和互联网畅通。民办企业有淄博森盛环保科技有限公司。

该地盛产的“细毛山药”是当地的一大土特产品。它茎块为棍棒状，表皮为褐黄色，生有根毛，具有排布均匀、毛细皮薄、表面光滑、肉质洁白细嫩的特点，绕藤达 3 米以上，叶为互生心脏形。种植已数百年，早在明末清初就已成为朝廷贡品。1997 年被评为“淄博名牌蔬菜”，1999 年又被评为“山东名牌蔬菜”。2004 年细毛山药种植区被国家标准化管理委员会批准为国家级农业标准化示范区。

境内有宫家遗址。

韩家庄
Hánjiā Zhuāng

韩家庄

位于县城西 10 千米，距新城镇政府 5 千米处。东南邻存留庄，西靠周荆路，与西逯家庄相望，北接石家庄、田庄镇大庞庄。

《韩氏世谱》载：“始祖直隶枣强，明洪武年间（1368—1398），徙居山东济南府新城县，卜居邑之东八里许，因姓命村名曰：韩家庄。”天启四年（1624）属厚生乡。清康熙三十二年（1693）《新城县志》载：东三恕字约韩家庄。《桓台县地名词典》（1991 年版）载：韩家庄。

清代，属济南府新城县利用乡。民国 3 年（1914），新城县易名，属桓台县。民国 22 年（1933），属桓台县第一区。民国 33 年（1944），属清河行政公署桓台县第一区。民国 37 年（1948）3 月，属渤海第三专员公署桓台县六区。1952 年，属淄博专区桓台县六区。1958 年 9 月，属第八卫星人民公社。同年 11 月，撤销桓台县建制，属淄博专署博兴县。1961 年 9 月，属惠民专署桓台县桓城区洼子人民公社。1966 年 9 月，属桓城人民公社。1982 年 4 月，属新城人民公社。1983 年 10 月，属淄博市桓台县新城人民公社。1984 年 4 月，社改镇，属新城镇。

聚落呈方形块状，主街东西走向。村庄面积 25 公顷，居民 427 户，1327 人，除 1 名佤族外，其他皆为汉族。设韩家村民委员会，划分 7 个村民小组。耕地 108.5 公顷，以农业为主，机井电灌，主产小麦、玉米。人均收入 15936 元。建有小学、卫生室、文化大院、农家书屋、健身活动广场。水电配送。广播电视网和互联网畅通。通公共汽车。民办企业有桓台县渔洋酿造厂等。通 162 路、198 路公交车。

河南庄
Hénán Zhuāng

位于县城西 15.3 千米，距新城镇政府 1.5 千米处。东邻邢庙庄，南依宫家庄，西与邹平县搭界，北临大寨沟。

明初立村。清乾隆五十年（1785）《重修李氏世谱》载："始祖居仁，明初自直隶枣强县徙居山东济南府新城县河南庄。"因村在老梧河以南故名。清康熙三十二年（1693）《新城县志》载：南二化字约河南庄。《桓台县地名词典》（1991 年版）载：河南庄。

清代，属济南府新城县永宁乡。民国 3 年（1914），新城县易名，属桓台县。民国 22 年（1933），属桓台县第一区。民国 33 年（1944），属清河行政公署桓台县第一区。民国 37 年（1948）3 月，属渤海第三专员公署桓台县一区。1952 年，属淄博专区桓台县一区。1958 年 9 月，属桓台县第八卫星人民公社。同年 11 月，撤销桓台县建制，属淄博专署博兴县。1961 年 9 月，属惠民专署桓台县桓城区。1966 年 9 月，属桓城人民公社。1982 年 4 月，属新城人民公社。1983 年 10 月，属淄博市桓台县新城人民公社。1984 年 4 月，社改镇，属新城镇。

聚落呈方形块状，主街道"丁"字形。村庄面积 11.4 公顷，居民 209 户，600 人，皆为汉族。设河南村民委员会，有 4 个村民小组。耕地 35.6 公顷，以农业为主，机井电灌，主产小麦、玉米，山药。人均收入 15936 元。建有卫生室、文化大院、农家书屋、健身活动广场。水电配送。广播电视网和互联网畅通。

见家庄
Jiànjiā Zhuāng

位于县城西 11.6 千米，距新城镇政府 3 千米处。东邻新王庄，南至大寨沟，西连新盛庄，北接洼子庄。寿济路从村北东西穿过。

据传，元朝见姓迁此立村，故名。《新城县志》载：东二忠字约辖见家庄。《桓台县地名词典》（1991 年版）载：见家庄。

明天启四年（1624），属新城县厚生乡。清代，属济南府新城县厚生乡。民国 3 年（1914），新城县易名，属桓台县。民国 22 年（1933），属桓台县第一区。民国 33 年（1944），属清河行政公署桓台县第一区。民国 37 年（1948）3 月，属渤海第三专员公署桓台县一区。1952 年，属淄博专区桓台县一区。1958 年 9 月，属桓台县第八卫星人民公社。同年 11 月，撤销桓台县建制，属淄博专署博兴县。1961 年 9 月，属惠民专署桓台县桓城区洼子人民公社。1966 年 9 月，

见家庄

属桓城人民公社。1982年4月，属新城人民公社。1983年10月，属淄博市桓台县新城人民公社。1984年4月，社改镇，属新城镇。

聚落呈方形块状，主街道“十”字形。村庄面积13.9公顷，居民209户，666人，蒙古族2人，其他为汉族。设见家村民委员会，有3村民小组。耕地44.6公顷，以农业为主，机井电灌，主产小麦、玉米。人均收入15936元。建有幼儿园、卫生室、文化大院、农家书屋、健身活动广场。水电配送。广播电视网和互联网畅通。

江苏
Jiāngsū

位于县城西15千米，距新城镇政府3千米处。东邻田庄镇王桥，南依罗苏，西连赵苏，北与马桥镇搭界。

明初，姜姓在此立村，名姜家庄。清康熙三十二年（1693）《新城县志》载：北二平字约姜家庄。光绪三十年（1904）新城县北二约辖姜家苏王庄。建国后，姜演变为江。1962年始称“江苏”。《桓台县地名词典》（1991年版）载：江苏。

清代，属济南府新城县利用乡。民国3年（1914），新城县易名，属桓台县。民国22年（1933），属桓台县第一区。民国33年（1944），属清河行政公署桓台县第一区。民国37年（1948）3月，属渤海第三专员公署桓台县六区。1952年，属淄博专区桓台县六区。1958年9月，属桓台县第八卫星人民公社。同年11月，撤销桓台县建制，属淄博专署博兴县。1961年9月，属惠民专署桓台县桓城区邢家人民公社。1966年9月，属桓城人民公社。1982年4月，属新城人民公社。1983年10月，属淄博市桓台县新城人民公社。1984年4月，社改镇，属新城镇。

聚落呈矩形块状，主街东西走向。村庄面积11.3公顷，居民197户，646人，有苗族3人。其他为汉族。设江苏村民委员会，有4个村民小组。耕地55.4公顷，以农业为主，机井电灌，主产小麦、玉米。人均收入15936元。建有卫生室、文化大院、农家书屋、健身活动广场。水电配送。广播电视网和互联网畅通。民办企业有淄博华庭木门厂等。

刘三里庄
Liúsānlǐ Zhuāng

位于县城西14.1千米，距新城镇政府3千米处。东邻耿三里，南与邹平县搭界，西临西猪龙河，北靠张田路。

明洪武年间，刘姓迁此立村。因距新城县（齐桓公戏马台）三里路，取名三里庄。《刘氏世谱》载：“始祖原籍直隶枣强县，於明洪武年间，徙居山东济南府新城县，首居大龚庄，后又迁居三里庄。”清康熙三十二年（1693）《新城县志》载：南二化字约三里庄。因处东三里庄，清朝后期改称西三里庄。《桓台县地名词典》（1991

刘三里

年版）载：刘三里庄。

清代，属济南府新城县。民国3年（1914），新城县易名，属桓台县。民国22年（1933），属桓台县第一区。民国33年（1944），属清河行政公署桓台县第一区。民国37年（1948）3月，属渤海第三专员公署桓台县一区。1952年，属淄博专区桓台县一区。1958年9月，属桓台县第八卫星人民公社。同年11月，撤销桓台县建制，属淄博专署博兴县。1961年9月，属惠民专署桓台县桓城区。1966年9月，属桓城人民公社。1982年4月，属新城人民公社。1983年10月，属淄博市桓台县新城人民公社。1984年4月，社改镇，属新城镇。

聚落呈方形块状，主街南北走向。村庄面积32.8公顷，居民493户，1611人，皆为汉族。设刘三里村民委员会，有5个村民小组。耕地142.1公顷，以农业为主，机井电灌，主产小麦、玉米。人均收入15936元。建有幼儿园、卫生室、文化大院、农家书屋、健身活动广场。水电配送。广播电视网和互联网畅通。工商业户有15家。

著名人物：武工队队长王贻金，1946年牺牲。

西逯家庄
Xīlùjiā Zhuāng

位于县城西11千米，距新城镇政府4.4千米处。东邻韩家庄，南依西巴王庄，西连祝家庄，北接田庄镇小庞庄。

据传，明代前逯姓迁此定居，名逯家庄。《赵氏祖茔墓碑》载："始祖赵真于明洪武二年迁於逯家庄。"明天启四年（1624），属新城县厚生乡。清康熙三十二年（1693）《新城县志》载：东三恕字约逯家庄。1982年，为区别同名庄，更名西逯家。《桓台县地名词典》（1991年版）载：西逯家庄。

清代，属济南府新城县厚生乡。民国3年（1914），新城县易名，属桓台县。民国22年（1933），属桓台县第一区。民国33年（1944），属清河行政公署桓台县第一区。民国37年（1948）3月，属渤海第三专员公署桓台县一区。1952年，属淄博专区桓台县一区。1958年9月，属桓台县第八卫星人民公社。同年11月，撤销桓台县建制，属淄博专署博兴县。1961年9月，属惠民专署桓台县桓城区。1966年9月，属桓城人民公社。1982年4月，属新城人民公社。1983年10月，属淄博市桓台县新城人民公社。1983年10月，属淄博市桓台县新城人民公社。1984年4月，社改镇，属新城镇。

聚落呈矩形块状，主街南北走向。村庄面积25.5公顷，居民433户，1328人，皆为汉族。设西逯家村民委员会，有4个村民小组。耕地125.6公顷，以农业为主，机井电灌，主产小麦、玉米。人均收入15936元。建有幼儿园、卫生室、文化大院、农家书屋、健身活动广场。水电配送。广播电视网和互联网畅通。华北集约农业生态系统试验站在此。

境内有西逯家遗址。

罗苏
Luósū

位于县城西14.8千米，距新城镇政府3千米处。东临西猪龙河，南依新义和庄，西连北邢家庄，北接张苏。

元朝，苏姓居此。为日后兴旺发达，取名苏旺庄。明万历庚申年（1620）罗姓移居于此。清光绪年间（1875—1908），形成三个自然村，以罗、张、赵三大姓命村，该村以罗姓为多，故名罗家苏王庄。清康熙三十二年（1693）《新城县志》载：北二平约苏王庄。光绪三十年（1904）新城县北二约辖罗家苏王庄。1962年简称罗苏。《桓台县地名词典》（1991年版）载：

罗苏。

清代，属济南府新城县利用乡。民国 3 年（1914），新城县易名，属桓台县。民国 22 年（1933），属桓台县第一区。民国 33 年（1944），属清河行政公署桓台县第一区。民国 37 年（1948）3 月，属渤海第三专员公署桓台县六区。1952 年，属淄博专区桓台县六区。1958 年 9 月，属第八卫星人民公社。同年 11 月，撤销桓台县建制，属淄博专署博兴县。1961 年 9 月，属桓台县桓城区邢家人民公社。1966 年 9 月，属桓城人民公社。1982 年 4 月，属新城人民公社。1983 年 10 月，属淄博市桓台县新城人民公社。1984 年 4 月，社改镇，属新城镇。

聚落呈方形块状，主街东西走向。村庄面积 17 公顷，居民 255 户，760 人，皆为汉族。设罗苏村民委员会，有 5 个村民小组。耕地 68.7 公顷，以农业为主，机井电灌，主产小麦、玉米。人均收入 15936 元。建有幼儿园、卫生室、文化大院、农家书屋、健身活动广场。水电配送。广播电视网和互联网畅通。民办企业有山东万森木业有限公司、亿佳园制业有限公司昊安联宇污水处理厂等。

毛家庄
Máojiā Zhuāng

位于县城西 9 千米，距新城镇政府 5.5 千米处。东与唐山镇搭界，南靠寿济路、与唐山镇八里庄相望，西靠周荆路，北接存留庄。

宋代，毛姓迁此定居，名毛屯庄。《毛氏族谱》载：“吾村毛氏占籍在新城县之前，自元、明以至大清，阅六百余年，聚族於斯于是，处处于是，庐族于是，言言于是。”明天启四年（1624）《新城县志》载：厚生乡毛屯庄。清康熙三十二年（1693）《新城县志》载：东三恕字约毛家庄、前毛庄、后毛庄、东毛庄、小毛庄。后五庄合一，定名毛家庄。光绪三十年（1904）新城县东三约辖毛家庄。《桓台县地名词典》（1991 年版）载：毛家庄。

明代，属新城县厚生乡。清代，属济南府新城县厚生乡。民国 3 年（1914），新城县易名，属桓台县。民国 22 年（1933），属桓台县第一区。民国 33 年（1944），属清河行政公署桓台县第一区。民国 37 年（1948）3 月，属渤海第三专员公署桓台县六区。1952 年，属淄博专区桓台县六区。1958 年 9 月，属桓台县第八卫星人民公社。同年 11 月，撤销桓台县建制，属淄博专署博兴县。1961 年 9 月，属惠民专署桓台县桓城区洼子人民公社。1966 年 9 月，属桓城人民公社。1982 年 4 月，属新城人民公社。1983 年 10 月，属淄博市桓台县新城人民公社。1984 年 4 月，社改镇，属新城镇。

聚落呈方形块状，主街东西走向。村庄面积 42.3 公顷，居民 640 户，2264 人，皆为汉族。设毛家村民委员会，有 11 个村民小组。耕地 123.9 公顷，以农业为主，机井电灌，主产小麦、玉米。人均收入 15936 元。建有幼儿园、卫生室、文化大院、农家书屋、健身活动广场。水电配送。广播电视网和互联网畅通。设农历五、十大集。屠宰市场。通 601 路公交车。民办企业有：润发汽修厂、永泰电器厂、淄博太奇农业有限公司等。

境内有毛家遗址，为市级文物保护单位。

聂桥
Nièqiáo

位于县城西 12.8 千米，距新城镇政府 2 千米处。东邻崔楼，南至大寨沟，西临西猪龙河，与东花园隔河相望，北接新盛庄。

据传，元朝时期有人居此，因位县城（新城）以东，取名东庄。明初，聂姓人家在村南河上

聂桥

建一石桥，故改名聂家桥。明天启四年（1624）《新城县志》载：厚生乡辖聂家桥。《邢氏支谱》载："始祖夫讳，原籍临沂县八里庄。因明季阵亡，始祖母携二子迁新城之东花园，后卜居聂桥。"清康熙三十二年（1693）《新城县志》载：东二忠字约聂家桥。1933年《重修新城县志》载：聂辛乡聂家桥。1952年简称聂桥。《桓台县地名词典》（1991年版）载：聂桥。

明代，属新城县厚生乡。清代，属济南府新城县厚生乡。民国3年（1914），新城县易名，属桓台县民国22年（1933），属桓台县第一区。民国33年（1944），属清河行政公署桓台县第一区。民国37年（1948）3月，属渤海第三专员公署桓台县一区。1952年，属淄博专区桓台县一区。1958年9月，属桓台县第八卫星人民公社。同年11月，撤销桓台县建制，属淄博专署博兴县。1961年9月，属惠民专署桓台县桓城区洼子公社。1966年9月，属桓城人民公社。1982年4月，属新城人民公社。1983年10月，属淄博市桓台县新城人民公社。1984年4月，社改镇，属新城镇。

聚落呈矩形，主街东西走向。村庄面积18.8公顷，居民340户，1071人，皆为汉族。设聂桥村民委员会，有4个村民小组。耕地74.9公顷，以农业为主，机井电灌，主产小麦、玉米。人均收入15936元。建有卫生室、文化大院、农家书屋、健身活动广场。水电配送。广播电视网和互联网畅通。民办企业有山东环益环保科技有限公司、采暖炉厂等。

乔家庄
Qiáojiā Zhuāng

位于县城西15.8千米，距新城镇政府1千米。东邻新城，西至大寨沟，南依顺河庄，北接东贾庄。

宋代，乔、王、康姓分别立村，名乔家庄、王家庄、康家庄。清乾隆五十四年（1789），《王氏世谱》载："予先世本祥州人也，自我始祖徙居新城之郭家庄定居焉，犹未立县城之时也。数传而后，子孙繁衍，复迁居郭外乔家庄。盖已数十世于矣。"到明代三村连为一个村，以乔姓为盛族，故名乔家庄。天启四年（1624）《新城县志》载：乔家庄。清康熙三十二年（1693）《新城县志》载：西二簪字约乔家庄。《桓台县地名词典》（1991年版）载：乔家庄。

明洪武元年（1368），属新城县正德乡。清代，属济南府新城县。民国3年（1914），新城县易名，属桓台县。民国22年（1933），属桓台县第一区。民国33年（1944），属清河行政公署桓台县第一区。民国37年（1948）3月，属渤海第三专员公署桓台县一区。1952年，属淄博专区桓台县一区。1957年由初级社发展成为高级社，因庄内有个湾，中间有座石桥，叫"双月桥"按居方位分为"乔南""乔北""乔西"三个大队。1958年9月，属第八卫星人民公社。同年11月，撤销桓台县建制，属淄博专署博兴县。1961年9月，属惠民专署桓台县桓城区洼子人民公社。

1966年9月，属桓城人民公社。1982年4月，属新城人民公社。1983年10月，属淄博市桓台县新城人民公社。1984年4月，社改镇，属新城镇。

聚落呈矩形块状，主街东西走向。面积32.6公顷，居民595户，1801人，皆为汉族。耕地186.8公顷，以农业为主，机井电灌，主产小麦、玉米。

乔南，距新城镇政府1千米处。东邻城西，南依新立村，西与邹平县搭界，北接乔北。村庄面积12公顷，居民221户，668人，皆为汉族。设乔南村民委员会，有3个村民小组。耕地65.5公顷，以农业为主，主产小麦、玉米。人均收入15936元。建有新城镇卫生院第一分院、文化大院、农家书屋、健身活动广场。水电配送。广播电视网和互联网畅通。企业有铝制品厂等。

乔西，距新城镇政府西1千米处。东邻乔北，南依乔南，西与邹平县搭界，北接西贾庄。村庄面积9.5公顷，居民162户，461人，皆为汉族。设乔西村民委员会，有3个村民小组。耕地68.4公顷，以农业为主，机井电灌，主产小麦、玉米。人均收入15936元。建有文化大院、农家书屋、健身活动广场。水电配送。广播电视网和互联网畅通。

乔北，距新城镇政府驻地西1千米处。东邻城西，南依乔南，西连乔西，北接东贾庄。村庄面积11.1公顷，居民212户，672人，皆为汉族。设乔北村民委员会，有3个村民小组。耕地52.9公顷，以农业为主，机井电灌，主产小麦、玉米。人均收入15936元。建有卫生室、文化大院、农家书屋、健身活动广场。水电配送。广播电视网和互联网畅通。

境内有乔南遗址。

石家庄
Shíjiā Zhuāng

位于县城西10.6千米，距新城镇政府4千米处。东靠周荆路，南依韩家庄，西连西逯家庄，北接田庄镇小庞庄。

明洪武二年（1369），石姓从枣强迁此定居。《石氏族谱》载：“始祖石磊于明洪武二年，由原籍直隶枣强迁新城东北，人丁繁衍遂立一村曰：石家庄。”继后赵、张、宗、李、王、杨投亲靠友迁此定居。明天启四年（1624），属厚生乡。清康熙三十二年（1693）《新城县志》载：东三恕字约石家庄。《桓台县地名词典》（1991年版）载：石家庄。

清代，属济南府新城县厚生乡。民国元年（1912）属济南道新城县。民国3年（1914），新城县易名，属桓台县。民国22年（1933），属桓台县第一区。民国33年（1944），属清河行政公署桓台县第一区。民国37年（1948）3月，属渤海第三专员公署桓台县一区。1952年，属淄博专区桓台县一区。1958年9月，属第八卫星人民公社。同年11月，撤销桓台县建制，属淄博专署博兴县。1961年9月，属惠民专署桓台县桓城区洼子人民公社。1966年9月，属桓城人民公社。1982年4月，属新城人民公社。1983年10月，属淄博市桓台县新城人民公社。1984年4月，社改镇，属新城镇。

聚落呈方形块状，主街东西走向。村庄面积10.5公顷，居民174户，533人，皆为汉族。设石家村民委员会。耕地22.4公顷，以农业为主，机井电灌，主产小麦、玉米。人均收入 15936 元。建有卫生室、文化大院、农家书屋、健身活动广场。水电配送。广播电视网和互联网畅通。民办企业有防水建材厂、溶剂厂。

四里庄
Sìlǐ Zhuāng

四里庄

位于县城西 13.2 千米，距新城镇政府 2 千米处。东靠滨博高速公路、与永富庄相望，南依果里镇李王庄，西靠张田路，北接耿三里庄。

元末，于化祥从于家堤迁此立村。因距县城（新城）四里路，故取名四里庄。《于氏世谱》载：“始祖讳仲德，始为登州府文登县诸生家斥山。元至正徙大姓，偕弟仲渊来新城——卜城东十八里堤子庄居焉。二世祖化祥公居四里庄。”清康熙三十二年（1693）《新城县志》载：南二化字约四里庄。《桓台县地名词典》（1991 年版）载：四里庄。

清代，属济南府新城县永宁乡。民国元年（1912）属济南道新城县。民国 3 年（1914），新城县易名，属桓台县。民国 22 年（1933），属桓台县第一区。民国 33 年（1944），属清河行政公署桓台县第一区。民国 37 年（1948）3 月，属渤海第三专员公署桓台县一区。1952 年，属淄博专区桓台县一区。1958 年 9 月，属桓台县第八卫星人民公社。同年 11 月，撤销桓台县建制，属淄博专署博兴县。1961 年 9 月，属惠民专署桓台县桓城区城关人民公社。1966 年 9 月，属桓城人民公社。1982 年 4 月，属新城人民公社。1983 年 10 月，属淄博市桓台县新城人民公社。1984 年 4 月，社改镇，属新城镇。

聚落呈矩形块状，主街东西走向。村庄面积 10.9 公顷，居民 150 户，436 人，皆为汉族。设四里村民委员会，有 4 个村民小组。耕地 50.2 公顷，以农业为主，机井电灌，主产小麦、玉米。人均收入 15936 元。建有智慧社区、超市、卫生室、文化大院、农家书屋、健身活动广场。水电配送。广播电视网和互联网畅通。民办企业有镇港电气公司等。

2009—2014 年为“省级文明村”。

洼子庄
Wāzǐ Zhuāng

位于县城西 12 千米，距新城镇政府 2 千米处。东邻新杨庄，南依见家庄，西连新盛庄，北靠寿济路，与西巴王庄隔路相望。

明朝已有村，原名焦家庄。明末，王姓从新城迁此定居。新城《王氏世谱》载：始祖于明初从诸城迁新城，十世兆城迁洼子庄。清康熙三十二年（1693）《新城县志》载：东二忠字约辖焦家庄。清末，以村址地势凹，改名洼子庄。光绪三十年（1904）新城东二约辖洼子庄。《桓台县地名词典》（1991 年版）载：洼子庄。

洼子庄

明天启四年(1624),属新城县厚生乡。清代,属济南府新城县厚生乡。民国元年(1912)属济南道新城县。民国3年(1914),新城县易名,属桓台县。民国22年(1933),属桓台县第一区。民国33年(1944),属清河行政公署桓台县第一区。民国37年(1948)3月,属渤海第三专员公署桓台县一区。1952年,属淄博专区桓台县一区。1958年9月,属桓台县第八卫星人民公社。同年11月,撤销桓台县建制,属淄博专署博兴县。1961年9月,恢复桓台县建制,属惠民专署桓台县桓城区洼子人民公社。1982年4月,属新城人民公社。1983年10月,属淄博市桓台县新城人民公社。1984年4月,社改镇,属新城镇。

聚落呈方形,主街道"十"字形。村庄面积9.8公顷,居民174户,510人,皆为汉族。设洼子村民委员会,划分3个村民小组。耕地37.8公顷,以农业为主,机井电灌,主产小麦、玉米。人均收入15936元。企业有化工厂,个体工商户10余家。建有卫生室、文化大院、农家书屋、健身活动广场。水电配送。广播电视网和互联网畅通。通601路公共汽车。

西巴王庄
Xībāwáng Zhuāng

位于县城西11.6千米,距新城镇政府3.3千米处。东靠周荆路,南依洼子庄,西连昝家庄,北接西逯家庄。

明初,巴姓居此,名巴家庄。明天启四年(1624)《新城县志》载:厚生乡辖巴王庄。清康熙三十二年(1693)《新城县志》载:"东二忠字约巴家庄。清乾隆七年《王氏支谱》载:"王其茂、王其早、王其瑶兄弟三人移居巴王庄。"民国19年(1930),为区别于本县唐山镇巴王庄,改名西巴王庄。清末《新城县后志》载:"东二约辖巴王庄。"《桓台县地名词典》(1991年版)载:西巴王庄。

清代,属济南府新城县厚生乡。民国3年(1914),新城县易名,属桓台县。民国22年(1933),属桓台县第一区。民国33年(1944),

西巴王庄

属清河行政公署桓台县第一区。民国37年（1948）3月，属渤海第三专员公署桓台县一区。1952年，属淄博专区桓台县一区。1958年9月，属第八卫星人民公社。同年11月，撤销桓台县建制，属淄博专署博兴县。1961年9月，属惠民专署桓台县桓城区洼子人民公社。1966年9月，属桓城人民公社。1982年4月，属新城人民公社。1983年10月，属淄博市桓台县新城人民公社。1984年4月，社改镇，属新城镇。

聚落呈方形，主街东西走向。村庄面积10.6公顷，居民172户，597人，皆为汉族。设西巴村民委员会，有2个村民小组。耕地41.3公顷，以农业为主，机井电灌，主产小麦、玉米。人均收入15936元。企业有淄博国烁工贸有限公司、桓台县连峰化工物资有限公司等。建有卫生室、文化大院、农家书屋、健身活动广场。水电配送。广播电视网和互联网畅通。

境内有西巴王遗址。

祠堂庄
Cítáng Zhuāng

位于县城西14.1千米，距新城镇政府0.8千米处。东靠张田路，南依大寨沟（老梧河），西连教场，北接新城。

据考，明万历年间（1573—1620）建村，以祠堂命村名。《重修新城县志金石志忠勤祠记》载“王氏子孙义别立祠于邑城西隅，额乃忠勤，示不忘本，且彰君赐云，祠以万历戊子经始己丑落成。”《桓台县地名词典》（1991年版）载：祠堂庄。

清代，属济南府新城县。民国3年（1914），新城县易名，属桓台县。民国22年（1933），属桓台县第一区。民国33年（1944），属清河行政公署桓台县第一区。民国37年（1948）3月，属渤海第三专员公署桓台县一区。1952年，属淄博专区桓台县一区。1958年9月，属桓台县第八卫星人民公社。11月，撤销桓台县建制，属淄博专署博兴县。1961年9月，属惠民专署桓台县桓城区。1982年更名属新城人民公社。1983年10月，属淄博市桓台县新城人民公社。1984年4月，社改镇，属新城镇。

聚落呈方形，主街东西走向，村庄面积1公顷，居民67户，200人，皆为汉族。有1个村民小组，属新立村民委员会管辖。耕地14公顷，以农业为主，机井电灌，主产小麦、玉米。人均收入15936元。水电配送。广播电视网和互联网畅通。

名胜古迹有忠勤祠，又名王家祠堂。王士禛纪念馆设在此地。

教场
Jiàochǎng

位于县城西15.2千米，距新城镇政府1千米处。东邻祠堂庄，南临大寨沟（老梧河），西靠寿济路，北接新城。

据《赵氏世谱》考，赵姓于明万历年间（1573—1620）迁此建村。此处原是清朝以前的旧衙兵勇练武场。在村南角有一练武台，庄名由此而来。历史沿革同祠堂庄。《桓台县地名词典》（1991年版）载：教场。

清代，属济南府新城县。民国3年（1914），新城县易名，属桓台县。民国22年（1933），属桓台县第一区。民国33年（1944），属清河行政公署桓台县第一区。民国37年（1948）3月，属渤海第三专员公署桓台县一区。1952年，属淄博专区桓台县一区。1958年9月，属第八卫星人民公社。同年11月，撤销桓台县建制，属淄博专署博兴县。1961年9月，属桓台县桓城区。1982年，属新城人民公社。1984年4月，社改镇，属新城镇。

聚落呈方形块状，主街东西走向。村庄面积1公顷，居民122户，365人，皆为汉族。有2个村民小组，属新立村民委员会管辖。耕地26公顷，以农业为主，机井电灌，主产小麦、玉米。人均收入15936元。建有卫生室、文化大院、农家书屋、健身活动广场。水电配送。广播电视网和互联网畅通。有五金市场。

顺河庄
Shùnhé Zhuāng

位于县城西15.7千米，距新城镇政府1.3千米处。东邻教场，西临大寨沟（老梧河），北接乔家庄。

据考，清初建村。因村靠老梧河，村名顺河庄。《桓台县地名词典》（1991年版）载：顺河庄。

清代，属新城县。民国3年（1914），新城县易名，属桓台县。民国22年（1933），属桓台县第一区。民国33年（1944），属清河行政公署桓台县第一区。民国37年（1948）3月，属渤海第三专员公署桓台县一区。1952年，属淄博专区桓台县一区。1958年9月，属桓台县第八卫星人民公社。同年11月，撤销桓台县建制，属淄博专署博兴县桓城人民公社。1961年9月，恢复桓台县建制。1962年，属惠民专署桓台县桓城区。1982年，更名属新城人民公社。1983年10月，属淄博市桓台县新城人民公社。1984年4月，社改镇，属新城镇。

聚落呈矩形，主街东西走向，村庄面积1.8公顷，居民16户，45人，皆为汉族。属新立村民委员会管辖。耕地3公顷，以农业为主，机井电灌，主产小麦、玉米。人均收入15936元。水电配送。广播电视网和互联网畅通。

赵家庄
Zhàojiā Zhuāng

位于县城西16.3千米，距新城镇政府2.1千米处。东邻河南庄，南与邹平县搭界，西连邹平县郭家庄，北接大寨沟（老梧河）。

据《赵氏世谱》考，明万历年间（1573—1620），赵姓迁此定居。因此处为古官兵教场，村西南原有一点将台。明嘉靖年间（1522—1566），赵姓在此为王姓看坟，而后形成村落。因靠老梧河，故取名顺河庄。清光绪年间（1875—1908），赵姓从顺河庄迁此立村，名赵家庄。《桓台县地名词典》（1991年版）载：赵家庄。

清代，属济南府新城县。民国3年（1914），新城县易名，属桓台县。民国22年（1933），属桓台县第一区。民国33年（1944），属清河行政公署桓台县第一区。民国37年（1948）3月，属渤海第三专员公署桓台县一区。1952年，属淄博专区桓台县一区。1958年9月，属桓台县第八卫星人民公社。同年11月，撤销桓台县建制，属淄博专署博兴县。1961年9月，恢复桓台县建制。1962年，属惠民专

新立村

署桓台县桓城区。1982年更名属新城人民公社。1984年4月，社改镇，属新城镇。

聚落呈矩形块状，主街南北走向，村庄面积1公顷，居民34户，120人，皆为汉族。有1个村民小组，属新立村民委员会管辖。耕地7.4公顷，以农业为主，机井电灌，主产小麦、玉米。人均收入15936元。水电配送。广播电视网和互联网畅通。

新盛庄
Xīnshèng Zhuāng

位于县城西12.8千米，距新城镇政府2千米处。东邻见家庄，南依聂桥庄，西临西猪龙河、与新城隔河相望，北靠寿济路、与昝家庄隔路相望。

该处原为耿姓庄园。明初迁居此地，初名新庄。清康熙三十七年，《耿氏世谱世谱》载：耿姓明初迁新庄。后“新”演化为“辛”。清康熙三十二年（1693）《新城县志》载：东二忠字约新庄。清末，《新城县后志》载：东二约辖辛庄。为区别马桥乡、荆家镇辛庄，1982年改名新盛庄。《桓台县地名词典》（1991年版）载：新盛庄。

清代，属济南府新城县。民国3年（1914），新城县易名，属桓台县。民国22年（1933），属桓台县第一区。民国33年（1944），属清河行政公署桓台县第一区。1948年3月，属渤海第三专员公署桓台县一区。1952年，属淄博专区桓台县一区。1958年9月，属桓台县第八卫星人民公社。同年11月，撤销桓台县建制，属淄博专署博兴县。1961年9月，恢复桓台县建制。1962年，属惠民专署桓台县桓城区。1966年9月，属惠民地区桓台县桓城人民公社。1982年4月，更名属新城人民公社。1983年10月，属淄博市桓台县新城人民公社。1984年4月，社改镇，属新城镇。

聚落呈矩形，主街南北走向。村庄面积5.2公顷，居民71户，207人，设新盛村民委员会。耕地21.6公顷，以农业为主，机井电灌，主产小麦、玉米。人均收入15936元。建有卫生室、文化大院、农家书屋、健身活动广场。水电配送。广播电视网和互联网畅通。民办企业有映瑞建设工程公司、淄鑫制桶厂、昌泰化工厂、盛兴垫片厂、盒制板厂、洪波化工厂等。

新盛庄

新王庄
Xīnwáng Zhuāng

位于县城西11.1千米，距新城镇政府3.5千米处。东靠周荆路、南依崔楼庄，西连见家庄，北接杨家庄。寿济路、周荆路在此交会。

明初，有一王姓人家来此定居，遂名为王家庄。后有岳姓迁此。清康熙三十二年（1693）《新城县志》载：南五桑字约王家庄。为区别同名庄，1982年，改名新

新王庄

王庄。《桓台县地名词典》（1991年版）载：新王庄。

清代，属济南府新城县。民国3年（1914），新城县易名，属桓台县。民国22年（1933），属桓台县第一区。民国33年（1944），属清河行政公署桓台县第一区。民国37年（1948）3月，属渤海第三专员公署桓台县一区。1952年，属淄博专区桓台县一区。1958年9月，属桓台县第八卫星人民公社。同年11月，撤销桓台县建制，属淄博专署博兴县。1961年9月，恢复桓台县建制。1962年，属惠民专署桓台县桓城区洼子人民公社。1966年9月，属桓台县桓城人民公社。1982年4月，更名属新城人民公社。1983年10月，属淄博市桓台县新城人民公社。1984年4月，社改镇，属新城镇。

聚落呈矩形块状，主街东西走向。村庄面积19.8公顷，居民229户，756人，纳西族1人，其他皆为汉族。设新王村民委员会，有4个村民小组。耕地47.5公顷，以农业为主，机井电灌，主产小麦、玉米。2014年人均收入15936元。建有卫生室、文化大院、农家书屋、健身活动广场。水电配送。广播电视网和互联网畅通。通601路公共汽车，设王家店站牌。民办企业有化工厂、取暖炉制造厂等。

北邢家庄
Běixíngjiā Zhuāng

位于县城西15.8千米，距新城镇政府1千米处。东邻罗苏，南依东贾庄，西临淄博引黄水库，北接张苏。

元初，邢姓立村，故名邢家庄。明洪武元年（1368），有姜、周、李三姓相继从外地迁入。洪武二年（1369）伊氏从山西洪洞迁入。《伊氏世谱》载："始祖伊翔，原籍冀州枣强县人，于明洪武二年，迁山东新城之北邢家庄。"明天启四年（1624）《新城县志》载：正德乡邢家庄。清康熙三十二年（1693）《新城县志》载：西二簪字约邢家庄。为区别其他邢家庄，1982年，改名北邢家。《桓台县地名词典》（1991年版）载：北邢家庄。

明代，属新城县正德乡。清代，属济南府新城县。民国3年（1914），新城县易名，属桓台县。民国22年（1933），属桓台县第一区。民国33年（1944），属清河行政公署桓台县第一区。民国37年（1948）3月，属渤海第三专员公署桓台县六区。1952年，淄博专署桓台县六区。1958年9月，属桓台县第八卫星人民公社。同年11月，撤销桓台县建制，属淄博专署博兴县。1961年9月，恢复桓台县建制，属惠民专署桓台县桓城区邢家人民公社。1966年，属桓城人民公社。1982年4月，属惠民专署桓台县新城人民公社。1983年10月，属淄博市桓台县新城人民公社。1984年4月，社改镇，属淄博市桓台县新城镇。

村庄面积73.7公顷，居民1036户，3139人，皆为汉族。设北邢家村民委员会，划分12个村民小组。耕地 210.8 公顷，以农业为主，机井电灌，主产小麦、玉米。人均收入 15936 元。建有村委办公楼、邢家小学、卫生室、文化大院、农家书屋、健身活动广场。水电配送。广播电视网和互联网畅通。设农历一、六集日，通 601 路、175 路、217 路公交车。民办企业有国缘酒业、淄博贸新化工有限公司。

历史人物：伊辟（1623—1681），字卢源，号翁庵，清康熙时重臣。

邢庙
Xíngmiào

位于县城西 14.8 千米，距新城镇政府 1 千米处。东邻小崔家庄，南与邹平县搭界，西连河南庄，北接祠堂庄。

《芳氏世谱》载“宋初始祖被陷，弃原籍张青庄置于此庙中。”后以庙施主姓命村名为邢家庙。清康熙三十二年（1693）《新城县志》载：南二化字约邢家庙。《桓台县地名词典》（1991 年版）载：邢庙。

清代，属济南府新城县。民国 3 年（1914），新城县易名，属桓台县。民国 22 年（1933），属桓台县第一区。民国 33 年（1944），属清河行政公署桓台县第一区。民国 37 年（1948）3 月，属渤海第三专员公署桓台县一区。1952 年，属淄博专区桓台县一区。同年，庄名改为邢庙。1958 年 9 月，属桓台县第八卫星人民公社。同年 11 月，撤销桓台县建制，属淄博专署博兴县桓城人民公社。1961 年 9 月，恢复桓台县建制。1962 年，属惠民专署桓台县桓城区。1966 年，属桓城人民公社。1982 年 4 月，属桓台县新城人民公社。1983 年 10 月，属淄博市桓台县新城人民公社。1984 年 4 月，社改镇，属淄博市桓台县新城镇。

聚落呈矩形块状，主街东西走向。村庄面积 13.4 公顷，居民 224 户，741 人，拉祜族 4 人，其他为汉族。设邢庙村民委员会，有 5 个村民小组。耕地 66.9 公顷，以农业为主，机井电灌，主产小麦、玉米、山药。人均收入 15936 元。建有卫生室、文化大院、农家书屋、健身广场。水电配送。广播电视网和互联网畅通。民办企业有山东泰沃科技有限公司、桓台县金海化工有限公司、桓台橡胶磨具厂、安装公司。

小徐家庄
Xiǎoxújiā Zhuāng

位于县城西 13.5 千米，距新城镇政府 1.8 千米处。东与果里镇搭界，南依耿三里，西临西猪龙河，北接聂桥。猪龙河、韩信沟、老梧河交汇，在村西北形成三岔湾。

明洪武二年（1369），徐姓迁此立村，名徐家庄。清康熙三十二年（1693）《新城县志》载：东二忠字约辖徐家庄。光绪三十年（1904）新城县东二约徐家庄。《桓台县地名词典》（1991 年版）载：小徐家庄。

清代，属济南府新城县。民国 3 年（1914），新城县易名，属桓台县。民国 22 年（1933）属桓台县第一区。民国 33 年（1944），属清河行政公署桓台县第一区。民国 37 年（1948），属渤海第三专区公署桓台县一区。1952 年，属淄博专署桓台县一区。1958 年 9 月，属桓台县第八卫星人民公社。同年 11 月，撤销桓台县建制，属淄博专署博兴县桓城人民公社。1961 年 9 月，恢复桓台县建制。1962 年，属惠民专署桓台县桓城区。1966 年，属桓城公社。1982 年 4 月，属桓台县新城公社。为区别其他徐家庄，1982 年改名小徐家。1983 年 10 月，属淄博市桓台县新城人民公社。1984 年 4 月，社改镇，属淄博市桓台县新城镇。现以“徐家”为行政村名。

聚落呈矩形块状，主街东西走向。村庄面

积 6.7 公顷，居民 118 户，358 人，皆为汉族。设小徐家村民委员会，有 2 个村民小组。耕地 22.7 公顷，以农业为主，机井电灌，主产小麦、玉米。人均收入 15936 元。建有卫生室、文化大院、农家书屋、健身活动广场。水电配送。广播电视网和互联网畅通。村内有铁业经销户 5 家，小施工队 3 家，小作坊 5 家。淄博净水厂在此地建立。

境内有小徐家遗址。

新杨庄
Xīnyáng Zhuāng

位于县城西 11.1 千米，距新城镇政府 3.5 千米处。东靠周荆路，西连见家庄，南依新王庄，北靠寿济路、与西巴王庄隔路相望。

明初耿姓建村，因靠杨家沟定居，名杨家庄。清康熙三十二年（1693）《新城县志》载：南五桑字约杨家庄。《桓台县地名词典》（1991 年版）载：新杨庄。

1228 年，属新城县。清代，属济南府新城县。民国 3 年（1914），新城县易名，属桓台县。民国 22 年（1933），属桓台县第一区。民国 33 年（1944），属清河行政公署桓台县第一区。民国 37 年（1948）3 月，属渤海第三专员公署桓台县一区。1952 年，属淄博专区桓台县一区。1958 年 9 月，属桓台县第八卫星人民公社。同年 11 月，撤销桓台县建制，属淄博专署博兴县桓城人民公社。1961 年 9 月，恢复桓台县建制。1962 年，属惠民专桓署台县桓城区洼子人民公社。1966 年，属桓城公社。1982 年 4 月，属惠民专署桓台县新城人民公社。为与索镇杨家庄相区别，改名新杨。1983 年 10 月，属淄博市桓台县新城人民公社。1984 年 4 月，社改镇，属淄博市桓台县新城镇。现以“杨家”为行政村名。

聚落呈方形块状，主街东西走向。村庄面积 10.8 公顷，居民 172 户，590 人，除拉祜族 1 人，白族 1 人外，其他为汉族。设新杨村民委员会，划分 4 个村民小组。耕地 32.8 公顷，以农业为主，机井电灌，主产小麦、玉米。人均收入 15936 元。建有卫生室、文化大院、农家书屋、健身活动广场。水电配送。广播电视网和互联网畅通。通 601 路公共汽车。民办企业有化学试剂厂、纸盒厂等。

新义和
Xīnyìhé

位于县城西 14 千米，距新城镇政府 1 千米处。东临西猪龙河，南依新城镇中学，西靠张田路，北与田庄镇搭界。

明万历年间，岳姓由新城迁此立村，继有多姓迁此定居。村民期望各姓之间，和睦共处，共议村名义和庄。明天启四年（1624），《新城县志》载：利用乡辖易合庄。清康熙三十二年（1693）《新城县志》载：东二忠字约易合庄。光绪三十年（1904）改为义和庄。《桓台县地名词典》（1991 年版）载：新义和。

清代，属济南府新城县厚生乡。民国 3 年（1914），新城县易名，属桓台县。民国 22 年（1933），属桓台县第一区。民国 33 年（1944），属清河行政公署桓台县第一区。民国 37 年（1948）3 月，属渤海第三专员公署桓台县六区。1952 年，属淄博专署桓台县六区。1958 年 9 月，属惠民专区桓台县第八卫星人民公社。同年 11 月，撤销桓台县建制，属淄博专署博兴县桓城人民公社。1961 年 9 月，恢复桓台县建制。1962 年，属惠民专署桓台县桓城区城关人民公社。1966 年，属桓城公社。1982 年 4 月，属惠民专署桓台县新城人民公社。为区别其他徐家庄，1982 年改名小徐家。1983 年 10 月，属淄博市桓台县新城人民公社。为与耿桥乡义和庄相区别，

1982年改称新义和。1984年4月，社改镇，属淄博市桓台县新城镇。

聚落呈方形，三街东西走向。村庄面积5.6公顷，居民112户，327人，皆为汉族。设义和村民委员会。耕地32.3公顷，以农业为主，机井电灌，主产小麦、玉米。人均收入15936元。建有卫生室、文化大院、农家书屋、健身活动广场。水电配送。广播电视网和互联网畅通。

昝家庄
Zǎnjiā Zhuāng

位于县城西13.2千米，距新城镇政府1.5千米处。东靠周荆路、与毛家庄隔路相望，南至寿济路，西连新城，北接祝家庄。

明初，昝姓居此，名昝家庄。民国20年《周氏谱系图•谱序》载："我周氏始祖讳岵，字西山，偕弟讳岐，字瞻如，明洪武初年由枣强迁新城崔楼镇居焉。嗣岐祖者卜居昝家庄——"明天启四年（1624）《新城县志》载：厚生乡昝家庄。清康熙三十二年（1693），《新城县志》载：东二忠字约辖昝家庄。《桓台县地名词典》（1991年版）载：昝家庄。

明代，属新城县厚生乡。清代，属济南府新城县厚生乡。民国3年（1914），新城县易名，属桓台县。民国22年（1933）属桓台县第一区。民国33年（1944），属清河行政公署桓台县第一区。1948年，属渤海第三专员公署桓台县六区。1952年，属淄博专署桓台县六区。1958年9月，属桓台县第八卫星人民公社。同年11月，撤销桓台县建制，属淄博专署博兴县桓城人民公社。1961年9月，恢复桓台县建制。1962年，属惠民专署桓台县桓城区城关人民公社。1966年，属桓城人民公社。1982年4月，属惠民专署桓台县新城人民公社。1983年10月，属淄博市桓台县新城人民公社。1984年4月，社改镇，属淄博市桓台县新城镇。

聚落呈方形，主街道"丁"字形。村庄面积58.5公顷，居民1057户，3164人，皆为汉族。设昝家村民委员会，有9个村民小组。耕地207.9公顷，以农业为主，机井电灌，主产小麦、玉米。人均收入15936元。建有村委办公楼、小学、卫生室、文化大院、农家书屋、健身场所。水电配送。广播电视网和互联网畅通。通601路公共汽车。民办企业有淄博锦彩制桶有限公司、传玺电器有限公司、白铁加工厂等。

张苏
Zhāngsū

位于县城西15.2千米，距新城镇政府3千米处。东邻江苏，南依罗苏，西连北邢家庄，北接赵苏、江苏。

元朝苏姓居此，取振兴之意，名为苏旺庄。民国20年（1931）《张氏世谱》载："吾张氏原籍直隶枣强河州，自始祖南猷公以教谕（嘉靖三十四年任新城教谕），寄居新邑，与母弟微猷公卜居新城北苏王庄。"后演变为苏王庄。

张苏

清康熙三十二年（1693）《新城县志》载：北二平字约苏王庄。清朝后期分为三个自然村，以赵、张、罗三大姓命村名，该村以张姓为主，改名张家苏王庄。光绪三十年（1904）新城县北二约辖张家苏王庄。1958年，遂简称张苏。《桓台县地名词典》（1991年版）载：张苏。

清代，属济南府新城县利用乡。民国3年（1914），新城县易名，属桓台县。民国22年（1933）属桓台县第一区。民国33年（1944），属清河行政公署桓台县第一区。民国37年（1948）3月，属渤海第三专员公署桓台县六区。1952年，属淄博专署桓台县六区。1958年9月，属第八卫星人民公社。同年11月，撤销桓台县建制，属淄博专署博兴县桓城人民公社。1961年9月，恢复桓台县建制。1962年，属惠民专署桓台县桓城区邢家人民公社。1962年始，简称张苏。1966年，属桓城人民公社。1982年4月，属惠民专署桓台县新城人民公社。1983年10月，属淄博市桓台县新城人民公社。1984年4月，社改镇，属淄博市桓台县新城镇。

聚落呈矩形，主街东西走向。村庄面积10公顷，居民169户，467人，皆为汉族。设张苏村民委员会，有6个村民小组。耕地21.6公顷，以农业为主，机井电灌，主产小麦、玉米。人均收入15936元。建有幼儿园、卫生室、文化大院、农家书屋、健身活动广场。水电配送。广播电视网和互联网畅通。民办企业有万家园木门等。

赵苏
Zhàosū

位于县城西15.2千米，距新城镇政府3千米处。东邻江苏，南依张苏，西靠张田路，北接马桥镇姚郭庄。

元朝苏姓居此，取兴旺之意，命村名苏旺庄。后演变为苏王庄。《赵氏世谱》载：“吾始祖讳锐、甫季公，于明洪武二年（1369），迁之新城庐居逯家庄焉。七世赵住徙居苏旺庄。”清康熙三十二年（1693）《新城县志》载：北二平字约苏王庄。光绪三十年（1904）新城县北二约辖赵家苏王庄。《桓台县地名词典》（1991年版）载：赵苏。

明代，属新城县利用乡。清代，属济南府新城县利用乡。民国3年（1914），新城县易名，属桓台县。民国22年（1933）属桓台县第一区。民国33年（1944），属清河行政公署桓台县第一区。民国37年（1948），属渤海第三专员公署桓台县六区。1952年，属淄博专署桓台县六区。1958年9月，桓台县第八卫星人民公社，遂简称张苏。同年11月，撤销桓台县建制，属淄博专署博兴县桓城人民公社。1961年9月，恢复桓台县建制。1962年，属惠民专属桓台县桓城区邢家人民公社。1962年始，简称张苏。1966年，属桓城人民公社。1982年4月，属惠民专署桓台县新城人民公社。1983年10月，属淄博市桓台县新城人民公社。1984年4月，社改镇，属淄博市桓台县新城镇。

清朝后期分为三个自然村，以赵、张、罗三大姓命村，该村以赵姓为主，取名赵家苏旺庄。

聚落呈矩形，主街南北走向。村庄面积11.9公顷，居民190户，589人，皆为汉族。设赵苏村民委员会，有2个村民小组。耕地84.2公顷，以农业为主，机井电灌，主产小麦、玉米。人均收入15936元。建有卫生室、文化大院、农家书屋、健身活动广场。水电配送。广播电视网和互联网畅通。

有赵苏遗址。

祝家庄
Zhùjiā Zhuāng

位于县城西12.8千米，距新城镇政府3千米处。东靠滨莱高速、与西逯家庄隔路相望，南依昝家庄，西临西猪龙河，北接田庄镇胡家庄。

元初，祝姓迁此定居，名曰：祝家氏。据《胡氏世谱》考，胡姓于明嘉靖年间（1522—1566）来此定居。之前，已有祝姓居此，村名祝家庄。明天启四年（1624）《新城县志》载：厚生乡东二约辖祝家庄。清康熙三十二年（1693）《新城县志》载：东二忠字约祝家庄。光绪三十年（1904）新城县北二约辖祝家庄。《桓台县地名词典》（1991年版）载：祝家庄。

明代，属新城县利用乡。清代，属济南府新城县利用乡。民国3年（1914），新城县易名，属桓台县。民国22年（1933），属桓台县第一区。民国33年（1944），属清河行政公署桓台县第一区。民国37年（1948）3月，属渤海第三专员公署桓台县六区。1952年，属淄博专区桓台县六区。1958年9月，属桓台县第八卫星人民公社。同年11月，撤销桓台县建制，属淄博专署博兴县桓城人民公社。1961年9月，恢复桓台县建制。1962年，属惠民专署桓台县桓城区洼子人民公社。1966年，属桓城人民公社。1982年4月，属惠民专署桓台县新城人民公社。1983年10月，属淄博市桓台县新城人民公社。1984年4月，社改镇，属淄博市桓台县新城镇。

聚落呈方形，主街东西走向。村庄面积12公顷，居民220户，687人，皆为汉族。设祝家村民委员会，有4个村民小组。耕地36.4公顷，以农业为主，机井电灌，主产小麦、玉米。人均收入15600元。建有卫生室、文化大院、农家书屋、健身活动广场。水电配送。广播电视网和互联网畅通。

境内有祝家遗址。

马桥镇

全国文明镇、全国重点镇、全国环境优美乡镇、全国发展改革试点城镇。因镇政府驻地马桥村而得名。

马桥镇人民政府

位于东经117° 49′～117° 59′，北纬36° 54′～37° 04′，地处桓台县城西北方，东临荆家镇、田庄镇，南接新城镇，西与邹平县相连，北越小清河与高青县接壤。人民政府驻地马桥村。

1228年属新城县，1914年4月，新城县改桓台县。民国十九年（1930），属桓台县四区。1931—1937年属岔河镇。1946年为岔河区（驻陈家庄）。1950年5月改为第四区。1956年12月为北营乡、马桥乡、木佛乡、北岭乡。1958年9月为第十一卫星人民公社（驻陈庄）。同年10月，桓台县并入博兴县，11月第十一卫星人民公社改为陈庄人民公社，1961年5月4日，陈庄人民公社改称陈庄区。1961年9月，桓（台）博（兴）分治，恢复桓台县。1966年7月，为马桥人民公社、陈庄人民公社。1984年4月，为马桥乡、陈庄乡。1991年10月，为马桥镇、陈庄乡。1994年12月陈庄乡改为陈庄镇。2011年陈庄镇并入马桥镇。共辖52个村民委员会。

全镇总人口5.3万人，其中非农业人口0.3万人。人口出生率11.32‰，死亡率6.97‰，自然增长率4.35‰。有少数民族16个，62人。

辖区东西最大距离9.89千米，南北最大距离10.2千米，总面积7912公顷，其中陆地7412公顷，占93.5%；水域500公顷，占6.5%。人口密度每平方千米667人。

地势西高东低，由西南向东北缓倾。全镇南窄北宽，属山前洪冲积层和黄泛冲积层平原。境内最高海拔13.2米，最低海拔8.5米。

境内小清河长为9.03千米。流经辛庄、北一、西孙、前金、后金、五庄、码头、北岔、张庄、祁家10个村；孝妇河流经辛桥、木佛、后薛、陈庄、小罗、西史6个村，境内总长9.6千米；杏花河，流经辛庄、北营、西孙、前金、后金、五庄6个村，境内6.3千米；胜利河流经三马、北营、西孙、前金村黑水湾流入小清河，境内3.8千米；人字河，南接孝妇河，从木佛闸向北流经南营、西圈、北营、辛庄村流入小清河，境内5.05千米。境内还有引黄济淄河、引黄济青河、大寨沟、东风沟、崔姚排沟、四级河网等沟渠。

境内已探明地下矿藏有石油，矿区面积55平方千米。储量0.3亿吨，可采量0.1亿吨。现有油井36眼，年产量12万吨。

全镇生产总值106亿元，固定资产投资63亿元，实现财政收入3.5亿元，居民存款余额17436万元。农民人均纯收入15936元，人均住房建筑面积45平方米。

耕地面积2520公顷，人均0.84亩。2014年，农林牧渔业总产值27300万元；粮食总产5.83万吨，棉花总产10.12吨，油料总产11吨，蔬菜总产0.6万吨；肉类总产3436.2吨，禽蛋总产1027.6吨，奶类总产2552吨；全年造林19.5公顷，林木覆盖率39.7%；全镇农机总动力1.5万千瓦。

2014年，完成工业固定资产投资517432万元；新上一次性固定资产投资100万元以上项目57个，有规模以上工业企业20家，实现产品销售收入564亿元，利税15.2亿元，利润7.8亿元。

全镇公路通车里程213.5千米，村村通汽车，拥有汽车8200辆；邮政网点2个，投递线路单程总长215. 8千米。固定电话用户5300户，移动电话用户38000户。

有小学3所，在校生2133人，普通初中2所，在校生1987人；有体育锻炼场所60处，公共图书室32处，文化娱乐场所53处。有卫生院、所46处，卫生技术人员111人，其中执业医师49人，注册护士22人，助理医师15人。

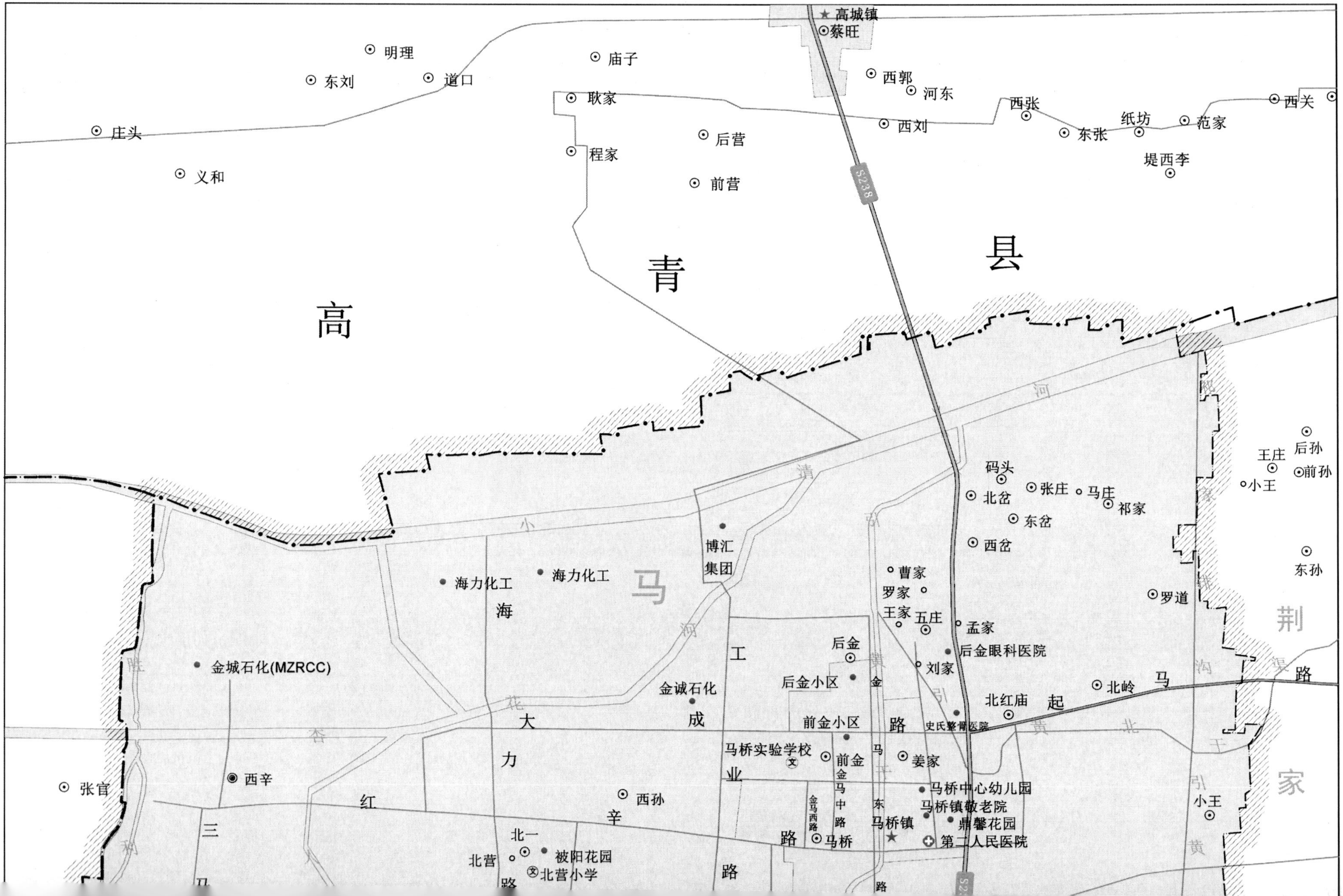

高青县
高城镇
蔡旺
明理
庙子
东刘
道口
耿家
庄头
程家
后营
前营
义和
西郭
河东
西刘
西张
东张
纸坊
范家
西关
堤西李
S238
王庄
后孙
前孙
小王
东孙
码头
北岔
张庄
马庄
祁家
东岔
西岔
罗道
博汇
集团
海力化工
海力化工
曹家
罗家
王家
五庄
孟家
后金眼科医院
刘家
北岭
北红庙
史氏整骨医院
后金
后金小区
金诚石化
金城石化(MZRCC)
前金小区
马桥实验学校
前金
姜家
马桥中心幼儿园
马桥镇敬老院
鼎馨花园
马桥镇
第二人民医院
马桥
金马西路
马中路
西孙
西辛
张官
北一
北营
被阳花园
北营小学
荆
家
马
海
大
力
红
三
辛
工
业
成
路
起
马

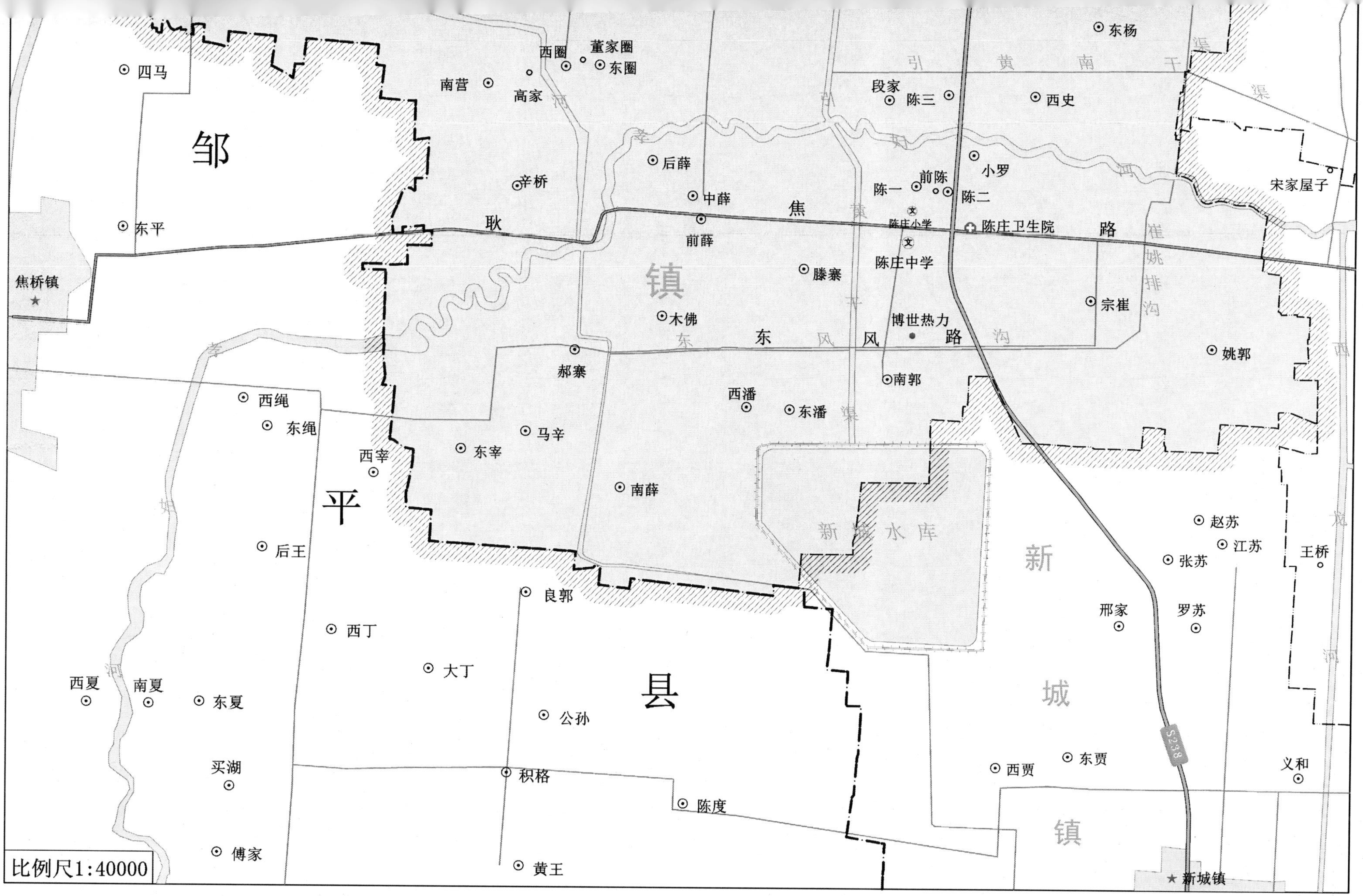

四马
东平
焦桥镇
邹
南营
高家
西圈
董家圈
东圈
辛桥
耿
后薛
中薛
前薛
焦
镇
木佛
郝寨
东
段家
陈三
小罗
前陈
陈一
陈二
陈庄小学
陈庄卫生院
陈庄中学
滕寨
博世热力
东风路
南郭
西潘
东潘
马辛
东辛
西辛
南薛
东杨
西史
引黄南干渠
宋家屋子
路
崔姚排沟
宗崔
姚郭
新城水库
西绳
东绳
平
县
后王
良郭
西丁
大丁
公孙
西夏
南夏
东夏
买湖
傅家
积格
陈度
黄王
新
城
镇
赵苏
江苏
张苏
王桥
邢家
罗苏
S238
西贾
东贾
义和
新城镇

比例尺1:40000

马车桥
Mǎchēqiáo

位于县城西北20千米，距马桥镇政府0.5千米处。为马桥镇人民政府驻地。东邻姜家，南依康杨庄，西连西孙庄，北接前金庄。红辛路横向穿过。

春秋时期立村，名郭家屋子。前517年，孔子由齐国都临淄返鲁时经此。陷车马于村旁之狄水河中，马驾车而过。后人在此建桥。傅卸侍《桓台轶事》云：“孔子去齐，适狄水，作歌曰：狄之水兮，风扬波，舟楫颠倒更相加，归来归兮胡为斯。遂由西南返鲁，至此，陷左阜水，以马驾车而过，后人建桥，名曰：马车桥。清康熙三十二年（1693）《新城县志》载：正德乡西七友字约马居桥。光绪三十年（1904）新城县西七约辖马车桥。后简称马桥。《桓台县地名词典》（1991年版）载：马车桥。

清代，属济南府新城县正德乡。民国3年（1914），新城县易名，属桓台县。民国22年（1933），属桓台县第四区。民国33年（1944），属清河行政公署桓台县第四区。民国37年（1948）3月，属渤海第三专员公署桓台县四区。1952年，属淄博专区桓台县四区。1958年9月，属桓台县第十一卫星人民公社。同年11月，撤销桓台县建制，属淄博专署博兴县陈庄人民公社。1961年9月，属惠民专属桓台县陈庄区马桥人民公社。1966年7月，属马桥人民公社。1983年10月，属淄博市桓台县马桥人民公社。1984年4月，社改乡，属马桥乡。1991年10月，乡改镇，属马桥镇。

聚落呈矩形块状。村庄面积23.8公顷，已实施旧村改造，建有马桥社区。居民526户，1709人，除蒙古族1人、壮族1人外，其他为汉族。设马桥村民委员会，有5个村民小组。耕地60.2公顷，以农业、工商业为主。人均收入24669元。建有村委办公楼、物业办公楼、幼儿园、实验学校、卫生室、老年公寓、植物园、文化大院、农家书屋、电子阅览室、远程教育接收站、健身活动广场、公园。水电配送。广播电视网和互联网畅通。民办企业有众瑞建工有限公司、宗华综合商场、红地毯婚庆用品经营部。设有农历五、十大集，通601路、175路公交车，设马桥路口站。

被省委宣传部、省文化厅授予“省十佳农村文化广场”称号。

前金庄
Qiánjīn Zhuāng

位于县城西北21千米，距马桥镇政府1千米处。东临引黄河干渠，南依马车桥，西临杏花沟，与西孙庄相望，北接后金庄。

《金氏世谱》载：“始祖兄弟三人，于明洪武二年，奉命由原籍直隶枣强县，徙居山东济南府——友亮居新城县北二十五里，子孙繁衍自立一村曰：金家庄。清初形成两个村。清康熙三十二年（1693）《新城县志》载：西七友字约前金家庄、后金家庄。民国23年（1934）《新修桓台县志》载：第四区金家乡金家庄。中华人民共和国成立后又分为前金、后金两个庄。《桓台县地名词典》（1991年版）载：前金庄。

清代，属济南府新城县正德乡。民国3年（1914），新城县易名，属桓台县。民国22年（1933），属桓台县第四区。民国33年（1944），属清河行政公署桓台县第四区。民国37年（1948）3月，属渤海第三专员公署桓台县四区。1952年，属淄博专区桓台县四区。1958年9月，属桓台县第十一卫星人民公社。同年11月，撤销桓台县建制，属淄博专署博兴县陈庄人民公社。1961年9月，属惠民专属桓台县陈庄区金家人民公

前金小区

社。1966 年 7 月，撤区并社，属马桥人民公社。1983 年 10 月，属淄博市桓台县马桥人民公社。1984 年 4 月，由社改乡，属马桥乡。1991 年 10 月乡，乡改镇，属马桥镇。

聚落呈矩形块状，主街道南北走向。村庄面积 4.1 公顷，居民 689 户，2361 人，皆为汉族。设前金村民委员会，有 12 个村民小组。耕地 13.6 公顷，以农业为主，机井电灌，主产小麦、玉米。人均收入 21000 元。建有马桥镇中心幼儿园、马桥实验小学、马桥实验学校、马桥中心校、卫生室、文化大院、农家书屋、健身活动广场。水电配送。广播电视网和互联网畅通。民办企业有和昊吊装工程有限公司、联华超市分店。通 601 路公交车。

2002 年实施旧村改造，以村庄名称，开发建设“前金小区”。聚落呈块状，面积 6.2 公顷，由多层住宅楼组成，居民户数 522 户，1648 人。

后金庄
Hòujīn Zhuāng

位于县城西北 21.2 千米，距马桥镇政府 1 千米处。东邻刘家庄，南依前金庄，西临杏花沟，北接王家庄。

《金氏世谱》载：“始祖兄弟三人，於明洪武二年，奉命有原籍直隶枣强县，徙居山东济南府——友亮居新城县北二十五里，子孙繁衍自立一村曰：金家庄。清初形成两个村。清康熙三十二年（1693）《新城县志》载：西七友字约前金家庄、后金家庄。民国 23 年（1934）《新修桓台县志》载：第四区金家乡金家庄。中华人民共和国成立后又分为前金、后金两个庄。《桓台县地名词典》（1991 年版）载：后金庄。

清代，属济南府新城县正德乡。民国 3 年（1914），新城县易名，属桓台县。民国 22 年（1933），属桓台县第四区。民国 33 年（1944），属清河行政公署桓台县第四区。民国 37 年（1948）3 月，属渤海第三专员公署桓台县四区。1952 年，属淄博专区桓台县四区。1958 年 9 月，属桓台县第十一卫星人民公社。同年 11 月，撤销桓台县建制，属淄博专署博兴县陈庄人民公社。1961 年 9 月，属惠民专属桓台县陈庄区金家人民公社。1966 年 7 月，撤区并社，属马桥人民公社。

后金庄

1983年10月，属淄博市桓台县马桥人民公社。1984年4月，由社改乡，属马桥乡。1991年10月，乡改镇，属马桥镇。

聚落呈块状。村庄面积22公顷，居民839户，2920人，皆为汉族。设后金村民委员会，有12个村民小组。耕地295.9公顷，以林业为主，机井电灌。人均收入21000元。

2002年实施旧村拆迁复垦，以村庄名称，开发建设“后金小区”，2010年底全部完成。建住宅楼48幢，老年公寓房85户，建筑面积18万平方米。建有卫生室、老年活动中心和大型文体活动室，设有门球场、篮球场、棋牌室、乒乓球室、图书室、电子阅览室、书画展览室及各种健身器械。水电配送。广播电视网和互联网畅通。民办企业有思必得化工有限公司、金家工贸有限公司、和法利商贸有限公司、后金滑石粉厂。通601路公交车。

2009年荣获“全国民主法治示范村”称号；2012年荣获“全国群众体育文化村”称号。

曹家庄
Cáojiā Zhuāng

位于县城西北20.8千米，距马桥镇政府2.4千米。东靠张田路，南依刘家庄，西临杏花沟，北临小清河。

明初，曹姓立村。传说古代有一神牛卧此，以此取名卧牛庄。《曹氏祖茔墓碑》载：“始祖兄弟三人——原籍直隶枣强人，于明洪武年间（1368—1398），奉命迁山东新城县卧牛庄”。清初，以姓氏改名曹家庄。清康熙三十二年（1693）《新城县志》载：西七友字约曹家庄。《桓台县地名词典》（1991年版）载：曹家庄。

民国3年（1914），新城县易名，属桓台县。民国22年（1933），属桓台县第四区。民国33年（1944），属清河行政公署桓台县第四区。民国37年（1948）3月，属渤海第三专员公署桓台县四区。1952年，属淄博专区桓台县四区。1961年9月，属惠民专署桓台县陈庄区。1966年7月，撤区并社，属陈庄人民公社。1983年10月，属淄博市桓台县马桥人民公社。1984年4月，由社改乡，属马桥乡。1991年10月，乡改镇，属马桥镇。

聚落呈块状，村庄面积10公顷，居民132户，400人，皆为汉族。有2个村民小组，属五庄村民委员会管辖。耕地27.6公顷，以农业为主，机井电灌，主产小麦、玉米、棉花。人均收入20551元。

“五庄”是曹家庄、王家庄、刘家庄、罗家庄、孟家庄的简称。聚落东西长，南北短。村庄总面积47.1公顷，居民672户，2276人，耕地154.6公顷。有9个村民小组，设五庄村民委员会。1956年，互助合作化时，五个村庄的初级农业社合成一个高级农业社，名为“健康社”。1958年9月，成立人民公社时，“健康社”属桓台县第十一卫星人民公社五庄大队。自此，五庄成为一个村级行政单位。现建有“五庄生活区”（公寓楼30幢，老年公寓楼入住104户）。建有幼儿园、卫生室、文化大院、健身活动广场。水电配送。广播电视网和互联网畅通。通602路公交车。

王家庄
Wángjiā Zhuāng

位于县城西北20千米，距马桥镇政府1.8千米处。东邻罗家庄，南依刘家庄，西临杏花沟，北接曹家庄。

曾名：牛角庄。据传，古代有一神牛卧于此地，经常露出两角，王姓迁此立村曰：牛角庄。

后改为王家庄。清道光戊申年（1848）《新城罗王合谱》载：罗王两姓同宗传世已久，明初自直隶之枣强县，迁于山东，占籍新城之正德乡，子孙各成一聚，罗之聚曰：南罗道、北罗道，王之聚曰：王家。清康熙三十二年（1683）《新城县志》西七友字约牛角庄。光绪三十年（1904）新城县西七约辖王家庄。《桓台县地名词典》（1991 年版）载：王家庄。

民国 3 年（1914），新城县易名，属桓台县。民国 22 年（1933），属桓台县第四区。民国 33 年（1944），属清河行政公署桓台县第四区。民国 37 年（1948）3 月，属渤海第三专员公署桓台县四区。1952 年，属淄博专区桓台县四区。1961 年 9 月，属惠民专属桓台县陈庄区。1966 年 7 月，撤区并社，属陈庄人民公社。1983 年 10 月，属淄博市桓台县马桥人民公社。1984 年 4 月，由社改乡，属马桥乡。1991 年 10 月，乡改镇，属马桥镇。

聚落呈块状，村庄面积 12 公顷，居民 180 户，580 人，皆为汉族。有 2 个村民小组，属五庄村民委员会管辖。耕地 37.8 公顷，以农业为主，机井电灌，主产小麦、玉米、棉花。人均收入 20551 元。

刘家庄
Liújiā Zhuāng

位于县城西北 20.5 千米，距马桥镇政府 2 千米处。东靠张田路，南依姜家庄，西连后金庄，北接王家庄、罗家庄。

据传，刘姓原籍直隶枣强，明洪武年间（1368—1398）迁山东新城北刘家圈。因原孝妇河绕村半周，故名。清康熙三十二年（1683）《新城县志》西七友字约刘家圈。1958 年简称刘家。《桓台县地名词典》（1991 年版）载：刘家庄。

民国 3 年（1914），新城县易名，属桓台县。民国 22 年（1933），属桓台县第四区。民国 33 年（1944），属清河行政公署桓台县第四区。民国 37 年（1948）3 月，属渤海第三专员公署桓台县四区。1952 年，属淄博专区桓台县四区。1961 年 9 月，属桓台县陈庄区金家人民公社。1966 年 7 月，撤区并社，属马桥人民公社。1983 年 10 月，属淄博市桓台县马桥人民公社。1984 年 4 月，由社改乡，属马桥乡。1991 年 10 月，乡改镇，属马桥镇。

聚落呈块状，村庄面积 10 公顷，居民 160 户，550 人，皆为汉族。有 2 个村民小组，属五庄村民委员会管辖。耕地 37 公顷，以农业为主，机井电灌，主产小麦、玉米、棉花。人均收入 20551 元。

罗家庄
Luójiā Zhuāng

位于县城西北 20.5 千米，距马桥镇政府 2.3 千米处。张田路西侧。东邻孟家庄，南依刘家庄，西连王家庄，北接岔河庄。

据考，明嘉靖年间（1522—1566）建村。《罗氏世谱》载："一世祖想原，於明永乐初迁居新城县东关，六世祖罗豹移居北罗家庄。"清康熙三十二年（1693）《新城县志》载：西七友字约罗家庄。《桓台县地名词典》（1991 年版）载：罗家庄。

民国 3 年（1914），新城县易名，属桓台县。民国 22 年（1933），属桓台县第四区。民国 33 年（1944），属清河行政公署桓台县第四区。民国 37 年（1948）3 月，属渤海第三专员公署桓台县四区。1952 年，属淄博专区桓台县四区。1961 年 9 月，属惠民专属桓台县陈庄区。1966 年 7 月，撤区并社，属陈庄人民公社。1983 年

10月，属淄博市桓台县马桥人民公社。1984年4月，由社改乡，属马桥乡。1991年10月，乡改镇，属马桥镇。

聚落呈块状，村庄面积5.1公顷，居民60户，260人，除白族1人外，其他为汉族。有1个村民小组，设五庄村民委员会。耕地18.2公顷，以农业为主，机井电灌，主产小麦、玉米、棉花。人均收入20551元。

孟家庄
Mèngjiā Zhuāng

位于县城西北20.2千米，距马桥镇政府2.3千米处。东邻罗道，南依北红庙，西连罗家庄，北接岔河庄。

据考，明永乐年间（1403—1424）建村。此处原是孟家的一处庄子（即庄园），王姓于明洪武年间（1368—1398）由枣强徙居城北苏王庄。三世移居于此，给孟家看庄子，村名孟家庄子。清康熙三十二年（1693）《新城县志》载：西七友字约孟家庄。《桓台县地名词典》（1991年版）载：孟家庄。

民国3年（1914），新城县易名，属桓台县。民国22年（1933），属桓台县第四区。民国33年（1944），属清河行政公署桓台县第四区。民国37年（1948）3月，属渤海第三专员公署桓台县四区。1952年，属淄博专区桓台县四区。1961年9月，属惠民专属桓台县陈庄区。1966年7月，撤区并社，属陈庄人民公社。1984年4月，由社改乡，属马桥乡。1991年10月，乡改镇，属马桥镇。

聚落呈块状，村庄面积10公顷，居民140户，486人，皆为汉族。设五庄村民委员会，有9个村民小组。隶属马桥镇政府管辖。耕地34公顷，以农业为主，机井电灌，主产小麦、玉米、棉花。人均收入20551元。

岔河庄
Chàhé Zhuāng

位于县城西北20.5千米，距马桥镇政府3千米处。张田路东侧，小清河南岸。东邻张庄，南依孟家庄，西靠张田路，北接码头庄。

明洪武二年（1369），马姓立村。据民国23年《重修新城县志》载：“岔河之说是有南来孝妇河一道并入小清河而成。”按上述记载得知，是以地理特点命名为“岔河村”，简称岔河。《马氏墓碑》载：马氏於明洪武二年迁居岔河庄。明天启四年（1624）《新城县志》载：岔河庄。清康熙三十二年（1693）济南府新城县西七友字约岔河庄。1958年人民公社化时建大队，按居住方位，划分为“北岔”“东岔”“西岔”三个行政村。现以“东岔村”“西岔村”“北岔村”为名，设3个村民委员会，隶属马桥镇政府管辖。1991年出版的《桓台县地名词典》载：岔河庄。

明代，属新城县利用乡。清代，属济南府新城县正德乡。民国3年（1914），新城县易名，属桓台县。民国22年（1933），属桓台县第四区。民国33年（1944），属高苑县。民国37年（1948）3月，属渤海第三专员公署桓台县四区。1952年，属淄博专区桓台县四区。1958年9月，属桓台县第十一卫星人民公社。同年11月，撤销桓台县建制，属淄博专署博兴县陈庄人民公社。1961年9月，属惠民专属桓台县陈庄区。1966年7月，撤区并社，属马桥人民公社。1983年10月，属淄博市桓台县马桥人民公社。1984年4月，由社改乡，属马桥乡。1991年10月，乡改镇，属马桥镇。

聚落呈矩形，主街南北走向。村庄面积34.4公顷，居民317户，357人，皆为汉族。耕地105.5公顷，以农业为主，机井电灌，主产小麦、玉米等。总产值117万元，人均收入20551元。

建有小学。企业有清河化工销售站、家家美木制品经营部、永达铝塑门窗有限公司。设农历二、七集日。通602路公交车。

2010年被确定为整村迁建单位。旧村内不再建新民宅，村民大都迁往正德小区、鼎馨小区、泰和小区农民公寓楼。

东岔，距镇政府驻地3千米。村庄面积13公顷，居民187户，595人，皆为汉族。设东岔村民委员会，有2个村民小组。耕地20.2公顷，以农业为主，机井电灌，主产小麦、玉米。人均收入20551元。建有卫生室、文化大院、农家书屋、健身活动广场。水电配送。广播电视网和互联网畅通。

西岔，距镇政府驻地3千米。村庄面积13.6公顷，居民179户，560人，皆为汉族。设西岔村民委员会，有1个村民小组。耕地53.3公顷，以农业为主，机井电灌，主产小麦、玉米。人均收入20551元。建有清河幼儿园、卫生室、文化大院、农家书屋、健身活动广场。水电配送。广播电视网和互联网畅通。

北岔，距镇政府驻地4千米。村庄面积7.8公顷，居民79户，248人，皆为汉族。设北岔村民委员会，有1个村民小组。耕地32公顷，以农业为主，机井电灌，主产小麦、玉米、水果。人均收入20551元。建有文化大院、农家书屋、健身活动广场。水电配送。广播电视网和互联网畅通。

新坐标农业开发公司“冰葡萄”获省级绿色食品称号。

码头庄
Mǎtóu Zhuāng

位于桓台县城索镇西北20.7千米，马桥镇政府驻地东北4千米处，小清河南侧。东邻张庄，南依岔河庄，西靠张田路，北临小清河。

清康熙三十二年（1693）济南府新城县西七友字约马头。清光绪年间（1875—1908），张姓迁此定居。因近小清河南岸码头，故名。《桓台县地名词典》（1991年版）载：码头庄。

清代，属济南府新城县正德乡。民国3年（1914），新城县易名，属桓台县。民国22年（1933），属桓台县第四区。民国33年（1944），属高苑县。民国37年（1948）4月，属渤海行署高青县。1956年秋，属淄博专区桓台县四区。1958年9月，属桓台县第十一卫星人民公社。同年11月，撤销桓台县建制，属淄博专署博兴县陈庄人民公社。1961年9月，属惠民专属桓台县陈庄区。1966年7月，撤区并社，属马桥人民公社。1983年10月，属淄博市桓台县马桥人民公社。1984年4月，由社改乡，属马桥乡。1991年10月，乡改镇，属马桥镇。

聚落呈矩形块状，主街道东西走向。村庄面积3公顷，居民45户，130人，皆为汉族。设码头村民委员会，有1个村民小组。耕地2.2公顷，以农业为主，机井电灌，主产小麦、玉米。人均收入20551元。建有卫生室、文化大院、农家书屋、健身广场。水电配送。广播电视网和互联网畅通。

2010年，被确定为整体迁建村，部分住户已迁入正德小区。

张庄
Zhāng Zhuāng

位于县城西北20.2千米，距马桥镇政府4千米处，小清河南侧。东邻马庄，南依岔河庄，西连岔河庄，北接码头庄。

据传，明洪武年间（1368—1398），山东战乱后，张姓由山西迁来立村，以姓氏命名为“张庄”。《张氏世谱》载：“清康熙末年，始祖从直隶桑老树村，徙居山东新邑北小清河南岸，筑室於此，自立一村曰：小张家庄。”清康熙三十二年（1693），济南府新城县西七友字约张庄。1949年简称张庄。《桓台县地名词典》（1991年版）载：张庄。

清代，属于新城县正德乡。民国3年（1914），新城县易名，属桓台县。民国22年（1933），属桓台县第四区。民国33年（1944），属高苑县。民国37年（1948）4月，属渤海行署高青县。1956年秋，属淄博专区桓台县四区。1958年9月，属桓台县第十一卫星人民公社。同年11月，撤销桓台县建制，属淄博专署博兴县陈庄人民公社。1961年9月，属惠民专属桓台县陈庄区。1966年7月，撤区并社，属陈庄公社。1983年10月，属淄博市桓台县马桥人民公社。1984年4月，由社改乡，属马桥乡。1991年10月，乡改镇，属马桥镇。

聚落呈方形块状，主街道“十”字形。村庄面积7.2公顷，居民154户，478人，皆为汉族。设张庄村民委员会，有1个村民小组。耕地19.2公顷，以农业为主，机井电灌，主产小麦、玉米。人均收入20551元。建有卫生室、文化大院、农家书屋、健身活动广场。水电配送。广播电视网和互联网畅通。

2010年，被确定为整体迁建村。部分住户已迁入正德小区、鼎馨西区。

祁家庄
Qíjiā Zhuāng

位于桓台县城索镇西北19.7千米，马桥镇政府驻地东北5千米处。小清河南侧。东邻小王庄，南依罗道，西连马庄，北临小清河。

明初（1368—1425）已有此村，名小祁家庄。清康熙年间（1662—1722），张之林从高苑县大张家迁此立村。清康熙三十二年（1693），济南府新城县西七友字约小祁家庄。1952年，改称祁家庄。《桓台县地名词典》（1991年版）载：祁家庄。

清代，属济南府新城县正德乡。民国3年（1914），新城县易名，属桓台县。民国22年（1933），属桓台县第四区。民国33年（1944），属高苑县。民国37年（1948）4月，属渤海行署高青县。1956年秋，属淄博专区桓台县四区。1958年9月，属桓台县第十二卫星人民公社。同年11月，撤销桓台县建制，属淄博专署博兴县高王人民公社。1961年9月，属惠民专属桓台县高王区孙桥人民公社。1966年7月，撤区并社，属马桥人民公社。1983年10月，属淄博市桓台县马桥人民公社。1984年4月，由社改乡，属马桥乡。1991年10月，乡改镇，属马桥镇。

聚落呈矩形块状，主街道东西走向。村庄面积25.8公顷，居民545户，1813人，除水族2人外，其他为汉族。设祁家村民委员会，划分5个村民小组。耕地171.6公顷，以农业为主，机井电灌，主产小麦、玉米。人均收入23800元。建有卫生室、文化大院、农家书屋、健身活动广场。水电配送。广播电视网和互联网畅通。成立有祁家蔬菜农民专业合作社、鑫宏瑞电子

祁家庄

有限公司。通602路公交车。

2008年，实施旧村改造，在泰和花园建成公寓28幢，并建有老年公寓。

2013年被淄博市农业局分别命名为“市级蔬菜标准园”“淄博市农民专业合作社示范社”，2014年11月，祁家芹菜荣获国家农业部地理产品标志保护认证。

马 庄
Mǎ Zhuāng

位于县城西北20千米，距马桥镇政府3.6千米处，小清河南侧。东邻祁家庄，南依罗道，西连张庄，北临小清河。

据《许氏世谱》考，许姓于明末迁此定居。因近小清河码头，村名码头庄。清康熙三十二年（1693），济南府新城县西七友字约马庄。后演变为马头庄。1952年始称马庄。《桓台县地名词典》（1991年版）载：马庄。

清代，属济南府新城县正德乡。民国3年（1914），新城县易名，属桓台县。民国22年（1933），属桓台县第四区。民国33年（1944），属高苑县。民国37年（1948）4月，属渤海行署高青县。1956年秋，属淄博专区桓台县四区。1958年9月，属桓台县第十一卫星人民公社。同年11月，撤销桓台县建制，属淄博专署博兴县陈庄人民公社。1961年9月，属惠民专属桓台县高王区。1966年7月，撤区并社，属陈庄人民公社。1983年10月，属淄博市桓台县马桥人民公社。1984年4月，由社改乡，属马桥乡。1991年10月，乡改镇，属马桥镇。

聚落呈矩形，主街道东西走向。村庄面积4公顷，居民96户，340人，皆为汉族。有1个村民小组，属祁家村民委员会。耕地19.7公顷，以农业为主，机井电灌，主产小麦、玉米、棉花。人均收入23800元。水电配送。广播电视网和互联网畅通。

北岭庄
Běilǐng Zhuāng

位于县城西北19千米，距马桥镇政府3千米处。张田路东侧。东邻荆家镇里仁庄，南依小王庄，西连北红庙，北接罗道。

民国22年（1933）《重修新城县志·方域志》载：“北垣（即北杏），城北二十里北岭庄，相传为春秋时北杏地。”是齐桓公九合诸侯初盟之地。后称北垣。《山东通志》卷三十四新城县“北垌在（新城）县北，相传即春秋时北杏。清康熙三十二年（1693）《新城县志》载：西七友字约垌上庄、西垌庄。清光绪三十年（1904）新城县西七约辖：北岭庄。《桓台县地名词典》（1991年版）载：北岭庄。

清代，属济南府新城县正德乡。民国3年（1914），新城县易名，属桓台县。民国22年（1933），属桓台县第四区。民国33年（1944），属清河行政公署桓台县第四区。民国37年（1948）3月，属渤海第三专员公署桓台县四区。1952年，属淄博专区桓台县四区。1958年9月，属桓台县第十二卫星人民公社。同年11月，撤销桓台县建制，属淄博专署博兴县高王人民公社。1961年9月，属惠民专属桓台县高王区里仁人民公社。1966年7月，撤区并社，属马桥人民公社。1983年10月，属淄博市桓台县马桥人民公社。1984年4月，由社改乡，属马桥乡。1991年10月，乡改镇，属马桥镇。

聚落呈矩形，主街道南北走向。村庄面积10公顷，居民587户，1971人，除苗族、彝族各1人外，其他为汉族。设北岭村民委员会，有6个村民小组。耕地161.5公顷，以农业为主，机井电灌，主产小麦、玉米。人均收入20551元。建有卫生室、文化大院、农家书屋、健身活动广场。水电配送。广播电视网和互联网畅通。设农历三、八集日。企业有盛泰工贸有限公司、鑫利胶合板厂。

2010年，被确定为整体迁建村。新村居位于马桥镇中心社区的鼎馨花园，占地面积6.7公顷。部分住户已迁入鼎馨花园北区。有北岭遗址。

姜家庄
Jiāngjiā Zhuāng

位于县城西北19.7千米，距马桥镇政府0.5千米处。东邻北红庙，南依顺河庄，西连马车桥，北接李家庄。

明洪武二年（1369），姜姓兄弟二人从枣强县清初立村，名姜家屋子。清康熙三十二年（1693）《新城县志》载：西七友字约姜家庄。《桓台县地名词典》（1991年版）载：姜家庄。

清代，属济南府新城县正德乡。民国3年（1914），新城县易名，属桓台县。民国22年（1933），属桓台县第四区。民国33年（1944），属清河行政公署桓台县第四区。民国37年（1948）3月，属渤海第三专员公署桓台县四区。1952年，属淄博专区桓台县四区。1958年9月，属桓台县第十一卫星人民公社。同年11月，撤销桓台县建制，属淄博专署博兴县陈庄人民公社。1961年9月，属惠民专属桓台县陈庄区马桥人民公社。1966年7月，撤区并社，属马桥人民公社。1983年10月，属淄博市桓台县马桥人民公社。1984年4月，由社改乡，属马桥乡。1991年10月，乡改镇，属马桥镇。

聚落呈方形，主街道东西走向。村庄面积37.2公顷，居民213户，675人，除白族1人外，其他为汉族。设姜家村民委员会，有1个村民小组。耕地23.1公顷，以农业为主，机井电灌，主产苗木、蔬菜。人均收入21000元。建有幼儿园、学校、卫生室、邮局、银行、文化大院、农家书屋、健身活动广场等。水电配送。广播电视网和互联网畅通。

姜家

北红庙
Běihóngmiào

位于县城西北19.5千米，距马桥镇政府1千米处，张田路西侧。东邻北岭庄，南依顺河庄，西连姜家庄，北接孟家庄。238省道与起马路在此交汇。

明洪武年间（1368—1398）立村。后建一庙，墙涂红色，因而得名红庙。《张氏世谱》载：“明初邑地之民疏，洪武年间（1368—1398），分枣强县居民以实兹土，而吾始祖与焉。居邑北二十里近湖之地曰：红庙。初无村，卜居始有村，村无庙，创建而为庙，庙壁涂色以朱，远近人呼曰：红庙，因此村名为红庙。”清康熙三十二年（1693），济南府新城县西七友字约红庙。1982年，为区别同名村，易名北红庙。《桓台县地名词典》（1991年版）载：北红庙。

清代，属济南府新城县正德乡。民国3年（1914），新城县易名，属桓台县。

民国 22 年（1933），属桓台县第四区。民国 33 年（1944），属清河行政公署桓台县第四区。民国 37 年（1948）3 月，属渤海第三专员公署桓台县四区。1952 年，属淄博专区桓台县四区。1958 年 9 月，属桓台县第十一卫星人民公社。同年 11 月，撤销桓台县建制，属淄博专署博兴县陈庄人民公社。1961 年 9 月，属惠民专属桓台县陈庄区黄郭人民公社。1966 年 7 月，撤区并社，属马桥公社。1983 年 10 月，属淄博市桓台县马桥人民公社。1984 年 4 月，由社改乡，属马桥乡。1991 年 10 月，乡改镇，属马桥镇。

聚落呈矩形块状，主街道东西走向。村庄面积 12.1 公顷，居民 110 户，405 人，皆为汉族。设北红庙村民委员会，有 2 个村民小组。耕地 27.4 公顷，以农业为主，机井电灌，主产小麦、玉米。人均收入 21000 元。建有卫生室、文化大院、农家书屋、新风演唱团、游乐中心、健身活动广场、商业门店、农村劳务市场。水电配送。广播电视网和互联网畅通。民办企业有腾博橡塑有限公司、大明化工厂、鑫科农场、红庙预制厂、通宝纸制品厂。通 601 路公共汽车。

2006 年北红庙实施旧村改造，与北岭庄合建小区，被命名为“鼎馨花园”。聚落呈块状，由多层住宅楼组成。

北红庙

罗道

Luódào

位于县城西北 19 千米，距马桥镇政府 4 千米处。东邻东孙庄，南依北岭庄，西连孟家庄，北接祁家庄。

明初（1368—1425），罗姓立村。因此处属交通大道之要冲，故名。清道光戊申年（1848）《新城罗王合谱》载：“罗、王两姓同宗传世已久，明初自直隶之枣强县，迁于山东，占籍新城之正德乡。子孙各成一聚，罗之聚曰：南罗道，北罗道。王之聚曰：王家。”清康熙三十二年（1693）《新城县志》载：西七友字约罗道庄。1930 年桓台县第四区（驻荆家）北岭乡辖罗道。《桓台县地名词典》（1991 年版）载：罗道。

清代，属济南府新城县正德乡。民国 3 年（1914），新城县易名，属桓台县。民国 22 年（1933），属桓台县第四区。民国 33 年（1944），属清河行政公署桓台县第四区。民国 37 年（1948）3 月，属渤海第三专员公署桓台县四区。1952 年，属淄博专区桓台县四区。1958 年 9 月，属桓台县第十二卫星人民公社。同年 11 月，撤销桓台县建制，属淄博专署博兴县高王人民公社。1961 年 9 月，属惠民专属桓台县高王区里仁人民公社。1966 年 7 月，撤区并社，属马桥公社。1983 年 10 月，属淄博市桓台县马桥人民公社。1984 年 4 月，由社改乡，属马桥乡。1991 年 10 月，乡改镇，属马桥镇。

聚落呈方形块状，主街道东西走向。村庄面积 16.1 公顷，居民 237 户，836 人，设罗道村民委员会，有 4 个村民小组。耕地 53.2 公顷，以农业为主，机井电灌，主产小麦、玉米。人均收入 20551 元。建有卫生室、文化大院、农家书屋、健身活动广场。水电配送。广播电视网和互联网畅通。通602路公交车。

2011年，村庄已实施旧村改造，部分住户迁入泰和花园农民公寓楼。

董家圈
Dǒngjiāquān

位于县城西北21.6千米，距马桥镇政府3千米处。东邻段家，南依后薛庄、辛桥，西连高家庄，北接小庄。

明洪武年间（1368—1398），董姓从山西迁此立村。因村内有三个土埠，取名三星庄。清初，因河沟绕村，故改名董家圈。清康熙三十二年（1693）《新城县志》载："西五俭字约董家圈。"1956年，以村中河沟为界，分为两个行政村。居河沟东者，改名为"东圈"，居河沟西者，改名为"西圈"。现以"东圈村""西圈村"为名，设两个行政村，隶属马桥镇政府管辖。《桓台县地名词典》（1991年版）载：董家圈。

明代，属新城县正德乡。清代，属济南府新城县正德乡。民国3年（1914），新城县易名，属桓台县。民国22年（1933），属桓台县第四区。民国33年（1944），属清河行政公署桓台县第四区。民国37年（1948）3月，属渤海第三专员公署桓台县四区。1952年，属淄博专区桓台县四区。1958年9月，属桓台县第十一卫星人民公社。同年11月，撤销桓台县建制，属淄博专署博兴县陈庄人民公社。1961年9月，属惠民专属桓台县陈庄区马桥人民公社。1966年7月至1984年3月，属马桥人民公社。1983年10月，属淄博市桓台县马桥人民公社。1984年4月，由社改乡，属马桥乡。1991年10月，乡改镇，属马桥镇。

聚落呈方形块状，主街道东西走向。面积17.9公顷，居民296户，977人，皆为汉族。设东圈居民委员会，有8个村民小组。耕地120.1公顷，以农业为主，机井电灌，主产小麦、玉米。人均收入20551元。建有卫生室、文化大院、农家书屋、健身活动广场。水电配送。广播电视网和互联网畅通。民办企业有富华机械有限公司。设有小学。2010年，被确定为整体迁建村庄。

高家庄
Gāojiā Zhuāng

位于县城西北21.7千米，距马桥镇政府3.4千米处。东与董家圈相连，南依辛桥，西连南营，北接北营。

据考，高姓，元朝已在此定居，成姓于清嘉庆年间（1796—1820）迁此。清光绪十三年（1904）新城县西五约辖高家庄。《桓台县地名词典》（1991年版）载：高家庄。

清代，属济南府新城县正德乡。民国3年（1914），新城县易名，属桓台县。民国22年（1933），属桓台县第四区。民国33年（1944），属清河行政公署桓台县第四区。民国37年（1948）3月，属渤海第三专员公署桓台县四区。1952年，属淄博专区桓台县四区。1958年9月，属桓台县第十一卫星人民公社。同年11月，撤销桓台县建制，属淄博专署博兴县陈庄人民公社。1961年9月，属惠民专属桓台县陈庄区。1966年7月，撤区并社，属陈庄人民公社。1983年10月，属淄博市桓台县马桥人民公社。1984年4月，由社改乡，属马桥乡。1991年10月，乡改镇，属马桥镇。

聚落呈方形，主街道东西走向。村庄面积11.7公顷，居民306户，695人，皆为汉族。设西圈村民委员会。有3个村民小组。耕地53公顷，以农业为主，机井电灌，主产小麦、玉米。

人均收入 20551 元。建有文化大院、农家书屋、健身活动广场。水电配送。广播电视网和互联网畅通。

南营
Nányíng

位于县城西北 23 千米，距马桥镇政府 6 千米处。东邻高家庄，南依辛桥，西连邹平县西营，北接北营。

五代时期（907—960），宋太祖赵匡胤曾领兵到此安营扎寨，此处为南营，后以此命村名为南营庄。《叩氏世谱》载："始祖失讳，原籍山西平阳府洪洞县，明初始迁居于新邑正德乡之南营庄。"明天启四年（1624）《新城县志》载：南营庄。《桓台县地名词典》（1991 年版）载：南营。

明代，属新城县正德乡。清代，属济南府新城县正德乡。民国 3 年（1914），新城县易名，属桓台县。民国 22 年（1933），属桓台县第四区。民国 33 年（1944），属清河行政公署桓台县第四区。民国 37 年（1948）3 月，属渤海第三专员公署桓台县四区。1952 年，属淄博专区桓台县四区。1958 年 9 月，属桓台县第十一卫星人民公社。同年 11 月，撤销桓台县建制，属淄博专署博兴县陈庄人民公社。1961 年 9 月，属惠民专属桓台县陈庄区马桥人民公社。1966 年 7 月，属马桥公社。1983 年 10 月，属淄博市桓台县马桥人民公社。1984 年 4 月，由社改乡，属马桥乡。1991 年 10 月，乡改镇，属马桥镇。

南营

聚落呈方形，主街道东西走向。村庄面积 8.3 公顷，居民 123 户，400 人，皆为汉族。设南营村民委员会，有 2 个村民小组。耕地 51.7 公顷，以农业为主，机井电灌，主产小麦、玉米。人均收入 20551 元。建有文化大院、农家书屋、健身活动广场。水电配送。广播电视网和互联网畅通。民办企业有忠明陶瓷有限公司、翰昶机械设备有限公司、宗木板加工厂。

2010 年，村庄被确定为整体迁建村。已拆 40 户，占全村总户数的 31%。

北营
Běiyíng

位于县城西北 22.7 千米，距马桥镇政府 3 千米处。东邻西孙庄、康杨庄，南依高家庄、董家圈，西连金城石化，北临杏花沟、小清河。

此为汉被阳县城古址。据传，宋太祖赵匡胤带兵在此作战，曾扎中、南、北三座营寨，后人在其北寨旧址立村，故称北营。据考，五代时（907—960）已有此村。明天启四年（1624）《新城县志》载：北营村。《郑氏族谱》载："始祖母携二子，弃高密县，徙居新邑之北郭相窑（现村址西约以千米处，已废）二世祖郑新、郑彬又徙居於北营。"《杨氏世谱》载："曾祖自故明永乐年间由直隶枣强徙居三里庄（即长山三里庄）。五世杨仲德迁居新邑北北营。”清康熙三十二年（1693）《新城县志》载：西六孝字约北营郑庄、北营杨庄、北营张庄。清光绪三十年（1904）三村合一，村名北营。1966年，四清期间，将其分为“新建”“新生”“新杨”三个大队。根据国发〔1979〕305号文件规定，经县人民政府批准，将“新建”“新生”“新杨”3个大队，按数列顺序更名为“北一”“北二”“北三”3个行政村，于1982年5月13日启用。现以“北一村”“北二村”“北三村”为名，设立行政村，隶属马桥镇政府管辖。《桓台县地名词典》（1991年版）载：北营。

明、清时，属济南府新城县正德乡。民国3年（1914），新城县易名，属桓台县。民国22年（1933），属桓台县第四区。民国33年（1944），属清河行政公署桓台县第四区。民国37年（1948）3月，属渤海第三专员公署桓台县四区。1952年，属淄博专区桓台县四区。1958年9月，属第十一卫星人民公社。同年11月，撤销桓台县建制，属淄博专署博兴县陈庄人民公社。1961年9月，属惠民专属桓台县陈庄区北营人民公社。1966年7月，撤区并社，属马桥人民公社。1983年10月，属淄博市桓台县马桥人民公社。1984年4月，由社改乡，属马桥乡。1991年10月，乡改镇，属马桥镇。

聚落呈方形块状，主街道东西走向。村庄面积72.2公顷。建有北营幼儿园、小学、文化大院、联华超市分店、健身广场。民办企业有万隆宫灯厂。设农历四、九为集日。通601路公交车。有北营遗址。

北营一村，距镇政府3千米。村庄面积35.2公顷，居民555户，1940人，皆为汉族。设北营一村民委员会，划分8个村民小组。耕地186.8公顷，种植速生林。主要产业为工商业。人均收入22000元。村民大都从事二、三产业，物流、餐饮、商贸、加工等。建有幼儿园、小学、卫生室、文化大院、农家书屋、敬老院、礼堂、社区广场。水电配送。广播电视网和互联网畅通。

2005年实施旧村改造。投资9000余万元，建成28栋居民住宅楼，23套沿街营业房，建筑面积12万平方米，入住530户，入住率达96%。获“山东省绿化社区”荣誉称号。旧村改造完成后，可腾空复垦土地近700亩。

北营二村，距镇政府3千米。村庄面积16.7公顷，居民425户，1386人，皆为汉族。设北营二村民委员会，划分8个村民小组。耕地115.4公顷，以农业为主，机井电灌，主产小麦、玉米。人均收入21000元。旧村居以基本拆迁，新村居为多层建筑。建有卫生室、农家书屋、老年公寓，健身广场。水电配送。广播电视网和互联网畅通。

北营三村，距镇政府3千米。村庄面积20.3公顷，居民349户，1198人，皆为汉族。设北营三村民委员会，有6个村民小组。耕地183.9公顷，以农业为主，机井电灌，主产小麦、玉米。人均收入21000元。建有卫生室、敬老院、农家书屋。

2005年实施旧村改造，2010年完成。依据古代“被阳古城”传说而命名为“被阳花园”。面积0.15平方千米，居民公寓楼20幢，安置居民534户，居住人口3120人。建有卫生室。

康杨庄
Kāngyáng Zhuāng

位于县城西北21千米，距马桥镇政府1千米处。东邻马车桥，南依小庄，西连北营，北接西孙庄。

明朝前期（1368—1425），杨姓迁此立村。《杨氏世谱》载：“始祖兄弟三人，于明洪武年间（1368—1398），由直隶枣强迁山东——四世田族迁新城县北，自立一村曰：杨家庄。”后康氏迁此聚居名：康杨庄。清康熙三十二年（1693）

康杨庄

《新城县志》载：西五俭字约康家庄、杨家庄。清光绪三十年（1904）新城县西五约辖杨家庄。民国 23 年（1934）《新修桓台县志》载：第四区康杨乡康杨庄。《桓台县地名词典》（1991 年版）载：康杨庄。

清代，属济南府新城县正德乡。民国 3 年（1914），新城县易名，属桓台县。民国 22 年（1933），属桓台县第四区。民国 33 年（1944），属清河行政公署桓台县第四区。民国 37 年（1948）3 月，属渤海第三专员公署桓台县四区。1952 年，属淄博专区桓台县四区。1958 年 9 月，属桓台县第十一卫星人民公社。同年 11 月，撤销桓台县建制，属博兴县陈庄人民公社。1961 年 9 月，属惠民专属桓台县陈庄区马桥人民公社。1966 年 7 月，撤区并社，属马桥人民公社。1983 年 10 月，属淄博市桓台县马桥人民公社。1984 年 4 月，由社改乡，属马桥乡。1991 年 10 月，乡改镇，属马桥镇。

聚落呈方形块状，主街道东西走向。村庄面积 25 公顷，居民 380 户，1279 人，除佤族 1 人外，其他为汉族。设康杨村民委员会，有 4 个村民小组。耕地 92.5 公顷，以农业为主，机井电灌，主产小麦、玉米、苗木、蔬菜，建有隆景园林苗木合作社。人均收入 20551 元。建有卫生室、老年公寓、文化大院、农家书屋、健身活动广场。水电配送。广播电视网和互联网畅通。通 601 路、175 路公交车。

2006 年实施旧村改造，新建康杨生活区。已建成楼房 13 幢，可容纳 400 户村民居住。老年公寓 1 幢，可容纳 64 户老年人居住。腾空复垦土地 200 余亩，并实行承包，种植农作物。

小 庄
Xiǎo Zhuāng

位于县城西北 20.8 千米，距马桥镇政府 2 千米处。东邻康杨庄，南依后薛庄，西连董家圈，北接康杨庄。

清初（1644—1735）立村。此处原系长山县苑城旬召庄张姓庄园，取名小庄。清康熙三十二年（1693）《新城县志》载：西五俭字约小庄。《桓台县地名词典》（1991 年版）载：小庄。

小庄

清代，属济南府新城县正德乡。民国 3 年（1914），新城县易名，属桓台县。民国 22 年（1933），属桓台县第四区。民国 33 年（1944），属清河行政公署桓台县第四区。民国 37 年（1948）3 月，属渤海第三专员公署桓台县四区。1952 年，属淄博专区桓台县四区。1958 年 9 月，属桓台县第十一卫星人民公社。同年 11 月，撤销桓台县建制，属淄博专署博兴县陈庄人民公社。1961 年 9 月，属惠民专属桓台县陈庄区马桥人民公社。1966 年 7 月，撤区并社，属马桥人民公社。1983 年 10 月，属淄博市桓台县马桥人民公社。1984 年 4 月，由社改乡，属马桥乡。1991 年 10 月，乡改镇，属马桥镇。

聚落呈块状，村庄面积 10.3 公顷，居民 127 户，480 人，皆为汉族。设小庄村民委员会，有 2 个村民小组。耕地 55 公顷，以农业为主，机井电灌，主产小麦、玉米。人均收入 20551 元。建有文化大院、农家书屋、健身活动广场。水电配送。广播电视网和互联网畅通。

2010 年，村庄实施旧村改造，村民入住正德生活区。旧宅基地已陆续复垦为农田。

西孙庄
Xīsūn Zhuāng

位于县城西北 22 千米，距马桥镇政府 2.5 千米处。东邻马车桥，南依康杨庄，西连北营，北临杏花沟，东北方与前金庄相望。

《孙氏世谱》载：“始祖于前明洪武四年（1371）自直隶枣强迁居正德乡，改王逯家庄为孙家庄。”清康熙三十二年（1693）《新城县志》载：西五俭字约孙家庄。民国 23 年（1934）《新修桓台县志》载：第四区（驻荆家）西孙乡西孙庄。《桓台县地名词典》（1991 年版）载：西孙庄。

清代，属济南府新城县正德乡。民国 3 年（1914），新城县易名，属桓台县。民国 22 年（1933），属桓台县第四区。民国 33 年（1944），属清河行政公署桓台县第四区。民国 37 年（1948）3 月，属渤海第三专员公署桓台县四区。1952 年，属淄博专区桓台县四区。1958 年 9 月，属桓台县第十一卫星人民公社。同年 11 月，撤销桓台县建制，属淄博专署博兴县陈庄人民公社。1961 年 9 月，属惠民专属桓台县陈庄区马桥人民公社。1966 年 7 月，撤区并社，属马桥人民公社。1983 年 10 月，属淄博市桓台县马桥人民公社。1984 年 4 月，由社改乡，属马桥乡。1991 年 10 月，乡改镇，属马桥镇。

聚落呈方形块状，主街道南北走向。村庄面积 27 公顷，居民 726 户，2498 人，彝族 1 人，其他为汉族。设西孙村民委员会，有 10 个村民小组。耕地 130.8 公顷，以农业为主，机井电灌，主产小麦、玉米，另有 30 多户从事养殖业。人均收入 20551 元。建有幼儿园、卫生室、老年公寓、文化大院、农家书屋、健身活动广场。水电配送。广播电视网和互联网畅通。民办企业有兴亿家楼梯有限公司、富达包装有限公司。通 601 路公交车。

西孙庄

2009年实施旧村改造，建有西孙生活区，村民住上了楼房。

西辛庄
Xīxīn Zhuāng

西辛庄

位于县城西北25.4千米，距马桥镇政府5千米处，东邻金城石化，南依冯马，西与邹平县搭界，北临杏花沟、小清河。

据《辛庄村碑》载：元朝已有此村，名郭项庄，又名郭项窑。元末时村毁，村民迁至原村址以北一个稍高的埠子上重建家园，得名为"新庄"。后演变为辛庄。清康熙三十二年（1693）《新城县志》载：西六孝字约辖新庄。1982年，为区别荆家镇的辛庄，易名为西辛庄。《桓台县地名词典》（1991年版）载：西辛庄。

清代，属济南府新城县正德乡。民国3年（1914），新城县易名，属桓台县。民国22年（1933），属桓台县第四区。民国33年（1944），属清河行政公署桓台县第四区。民国37年（1948）3月，属渤海第三专员公署桓台县四区。1952年，属淄博专区桓台县四区。1958年9月，属桓台县第十一卫星人民公社。同年11月，撤销桓台县建制，属淄博专署博兴县。1960年9月—1962年4月，属邹平县焦桥人民公社。1962年5月，属桓台县陈庄区北营人民公社。1966年7月，撤区并社，属马桥人民公社。1983年10月，属淄博市桓台县马桥人民公社。1984年4月，由社改乡，属马桥乡。1991年10月，乡改镇，属马桥镇。

聚落呈方形，主街道东西走向。村庄面积40.2公顷，居民442户，1653人，除白族2人、佤族1人外，其他为汉族。设辛庄村民委员会，有7个村民小组。耕地258.7公顷，以农业为主，机井电灌，主产小麦、玉米。人均收入25600元。建有办公楼、幼儿园、卫生室、老年公寓、文化大院、农家书屋、健身活动广场。水电配送。广播电视网和互联网畅通。民办企业有辛庄工贸有限公司、雷利工贸有限公司、金三角耐火材料厂、天说橡胶有限公司、护铁神化工有限公司。通601路公交车。

村庄已实施旧村改造，建成农民公寓25幢，90%农户住进楼区。

境内有西辛东南、西两处遗址。

齐马
Qímǎ

位于县城西北25千米，距马桥镇政府驻地5.5千米处，东邻金城石化，南依邹平县焦桥四马村，西与邹平县搭界，北接胡马。

据《齐氏祖茔碑》记载：始祖自明洪武四年（1371）由直隶枣强迁居于此。因地处清沙湖畔码头附近，取名齐家码头。清康熙三十二年（1693）《新城县志》载：西六孝字约马头庄。民国23年（1934）《新修桓台县志》载：第四区五马乡五码头庄。后分为5个自然村，该村为齐家码头。民国36年（1947）始称齐马。《桓台县地名词典》（1991年版）载：齐马。

清代，属济南府新城县正德乡。民国3年（1914），新城县易名，属桓台县。民国22年（1933），属桓台县第四区。民国33年（1944），属清河行政公署桓台县第四区。民国37年(1948)3月，属渤海第三专员公署桓台县四区。1952年，属淄博专区桓台县四区。1958年9月，属桓台县第十一卫星人民公社。同年11月，撤销桓台县建制，属博兴县。1960年9月，属邹平县焦桥人民公社。1962年5月，属桓台县陈庄区北营人民公社。1966年7月，撤区并社，属马桥人民公社。1983年10月，属淄博市桓台县马桥人民公社。1984年4月，由社改乡，属马桥乡。1991年10月，乡改镇，属马桥镇。

聚落呈方形，主街道东西走向。村庄面积6.3公顷，居民107户，392人，皆为汉族。设齐马村民委员会，有4个村民小组。耕地43.8公顷，以农业为主，机井电灌，主产小麦、玉米。人均收入20551元。建有文化大院、农家书屋、健身活动广场、老年公寓。水电配送。广播电视网和互联网畅通。

2010年，被确定为整体迁建村，部分住户已迁入三马生活区。建有三马卫生室。

胡马
Húmǎ

位于县城西北25千米，距马桥镇政府6.5千米处。东邻北营，南依齐马，西连王坊，北接冯马。

据传，此处原是清沙湖畔南岸的一个码头。清初（1644—1735），赵姓从新城迁此定居，村名赵家码头。后有胡姓从高苑县胡家庙迁此，人丁兴旺，于清朝后期，改名胡家码头。清康熙三十二年（1693）《新城县志》载：西六孝字约马头庄。民国23年（1934）《新修桓台县志》载：第四区五马乡五码头庄。后分为5个自然村，该村为胡家码头。民国36年（1947）始称胡马。《桓台县地名词典》（1991年版）载：胡马。

清代，属济南府新城县正德乡。民国3年（1914），新城县易名，属桓台县。民国22年（1933），属桓台县第四区。民国33年（1944），属清河行政公署桓台县第四区。民国37年(1948)3月，属渤海第三专员公署桓台县四区。1952年，属淄博专区桓台县四区。1958年9月，属桓台县第十一卫星人民公社。同年11月，撤销桓台县制，属博兴县陈庄人民公社。1960年9月，属邹平县焦桥人民公社。1962年5月，属桓台县陈庄区北营人民公社。1966年7月，撤区并社，属马桥人民公社。1983年10月，属淄博市桓台县马桥人民公社。1984年4月，由社改乡，属马桥乡。1991年10月，乡改镇，属马桥镇。

聚落呈矩形块状，主街道南北走向。村庄面积6.7公顷，居民54户，193人，皆为汉族。设胡马村民委员会，有1个村民小组。耕地38.7公顷，以农业为主，机井电灌，主产小麦、玉米。人均收入20551元。建有文化大院、农家书屋、健身活动广场、老年公寓，水电配送，广播电视网和互联网畅通。

2010年．村庄实施旧村改造，村民陆续迁往金城生活区的农民公寓。

冯马
Féngmǎ

位于县城西北25.3千米，距马桥镇政府5.5千米处。东邻金城石化，南依胡马，西连王坊，北接西辛庄。

据传，此处原是清沙湖畔的一个码头，明末(1620—1644)，孙姓迁此立村，取名孙家码头。

冯马

耕地 79.4 公顷，以农业为主，机井电灌，主产小麦、玉米。人均收入 20551 元。建有文化大院、农家书屋、健身广场、老年公寓。水电配送。广播电视网和互联网畅通。民办企业有森海木器包装厂、冯马三益奶牛场。

2010 年，被确定为整体迁建村。现已搬迁 121 户，占全村总户的 68%。

清初（1644—1735），冯姓迁此定居，人丁兴旺，改村名为冯家码头。清康熙三十二年（1693）《新城县志》载：西六孝字约马头庄。民国 36 年（1947）始，简称冯马。《桓台县地名词典》（1991 年版）载：冯马。

清代，属济南府新城县正德乡。民国 3 年（1914），新城县易名，属桓台县。民国 22 年（1933），属桓台县第四区。民国 33 年（1944），属清河行政公署桓台县第四区。民国 37 年（1948）3 月，属渤海第三专员公署桓台县四区。1952 年，属淄博专区桓台县四区。1958 年 9 月，属桓台县第十一卫星人民公社。同年 11 月，撤销桓台县建制，属淄博专署博兴县。1961 年 9 月，属惠民专属桓台县桓城区。1960 年春，属邹平县焦桥人民公社。1962 年 5 月，属桓台县陈庄区北营人民公社。1966 年 7 月，撤区并社，属马桥人民公社。1983 年 10 月，属淄博市桓台县马桥人民公社。1984 年 4 月，由社改乡，属马桥乡。1991 年 10 月，乡改镇，属马桥镇。

聚落呈矩形块状，主街道东西走向。村庄面积 15 公顷（含王坊），居民 116 户，414 人，皆为汉族。设冯马村民委员会，有 4 个村民小组。

王 坊
Wángfáng

位于县城西北 25.3 千米，距马桥镇政府 6 千米处。东邻金城石化，南依胡马，西与邹平县搭界，北接冯马。

据考，清初杨姓建村，村名杨家坊子。后王姓从辛庄迁此，改名王家坊子。《桓台县地名词典》（1991 年版）载：王坊。

清代，属济南府新城县正德乡。民国 3 年（1914），新城县易名，属桓台县。民国 22 年（1933），属桓台县第四区。民国 33 年（1944），属清河行政公署桓台县第四区。民国 37 年（1948）3 月，属渤海第三专员公署桓台县四区。1952 年，属淄博专区桓台县四区。1958 年 9 月，属桓台县第十一卫星人民公社。同年 11 月，撤销桓台县建制，属淄博专署博兴县。1961 年 9 月，属惠民专属桓台县陈庄区。1966 年 7 月，撤区并社，属陈庄人民公社。1983 年 10 月，属淄博市桓台县马桥人民公社。1984 年 4 月，由社改乡，属马桥乡。1991 年 10 月，乡改镇，属马桥镇。

聚落呈方形块状，主街道东西走向。居民 43 户，136 人，皆为汉族。属冯马村民委员会管辖。耕地 15 公顷，以农业为主，机井电灌，主产小麦、玉米、棉花。人均收入 20551 元。

2010 年，被确定为整体迁建村，部分住户已迁入三马生活区。建有三马卫生室。

前陈庄
Qiánchén Zhuāng

位于县城西北18千米，距马桥镇政府4千米处，张田路西侧，孝妇河自西向东从村中穿过。东邻小罗庄，南依南郭，西连中薛庄，北接后陈庄。

明洪武初年，陈古用立村，名陈家庄。《陈何世谱》载："吾始祖陈古用，自明洪武初（1368），由直隶枣强县徙居山东济南府新城县之北陈家庄。"清初，形成两个自然村，以陈、何二姓命村名，因该村居河南部，故取名前陈何庄。清康熙三十二年（1693），济南府新城县西三缨字约前陈何庄。光绪年间，改为前陈庄。1958年公社化时，建大队，因本队驻前陈庄南部、北部，故名前南、前北大队，后因大队名称与驻地自然村名称不统一，经县人民政府批准，按序列顺序更为陈一、陈二大队。于1982年启用。现以"陈一村""陈二村"为行政村，隶属马桥镇政府管辖。《桓台县地名志》（1991年版）载：前陈庄。

明代，属新城县利用乡。清代，属济南府新城县正德乡。民国3年（1914），新城县易名，属桓台县。民国22年（1933），属桓台县第四区。民国33年（1944），属清河行政公署桓台县第四区。民国37年（1948）3月，属渤海第三专员公署桓台县四区。1952年，属淄博专区桓台县四区。1958年9月，属桓台县第十一卫星人民公社。同年11月，撤销桓台县建制，属淄博专署博兴县。1961年9月，属惠民专属桓台县陈庄区陈庄人民公社。1966年7月，撤区并社，属陈庄人民公社。1983年10月，属淄博市桓台县陈庄人民公社。1984年4月，由社改乡、镇，属陈庄乡。1994年12月，乡改镇，属陈庄镇。2011年，陈庄镇撤并，属马桥镇。

聚落呈方形块状，主街道南北走向。面积26.9公顷，居民622户，1923人。耕地120.2公顷。设有农历二、七大集。通601路、175路、217路公交车。

陈一，距马桥镇政府4千米。村庄面积18公顷，居民248户，781人，皆为汉族。设陈一村民委员会，有4个村民小组。耕地46.3公顷，以农业为主，机井电灌，主产小麦、玉米，人均收入18500元。建有陈庄小学、中学、文化大院、农家书屋、卫生室、健身活动广场。水电配送。广播电视网和互联网畅通。企业有林达木片厂。

陈二，距马桥镇政府3千米。村庄面积8.9公顷，居民374户，1142人，皆为汉族。设陈二村民委员会，有6个村民小组。耕地73.9公顷，以农业为主，机井电灌，主产小麦、玉米。人均收入20551元。建有陈庄幼儿园、小学、中学、卫生室、文化大院、农家书屋、健身活动广场。水电配送。广播电视网和互联网畅通。民办企业有科源新型建材厂、亨和木业有限公司、禹文印务有限公司。

陈二

著名人物：何世基，清雍正年间（1723—1735）吏部侍郎、直隶总督。

后陈庄
Hòuchén Zhuāng

位于县城西北18千米，距马桥镇政府2.5千米处，张田路西侧，孝妇河自西向东从村中穿过。东邻西史庄，南依前陈庄，西连段家庄，北接顺河庄。

明洪武初年，陈古用立村，名陈家庄。《陈何世谱》载："吾始祖陈古用，自明洪武初，由直隶枣强县徙居山东济南府新城县之北陈家庄。"清初，形成两个自然村，以陈、何二姓命村名，因该村居河北部，故取名后陈何庄。清康熙三十二年（1693），济南府新城县西三缨字约后陈何庄。光绪年间，改为后陈庄。1958年人民公社化时，建大队，因本队驻北部，称后陈大队，后经县人民政府批准，按序列顺序改为陈三大队。于1982年启用。现以"陈三村"为名，设立行政村。《桓台县地名词典》（1991年版）载：后陈庄。

明代，属新城县利用乡。清代，属济南府新城县王德乡。民国3年（1914），新城县易名，属桓台县。民国22年（1933），属桓台县第四区。民国33年（1944），属清河行政公署桓台县第四区。民国37年（1948）3月，属渤海第三专员公署桓台县四区。1952年，属淄博专区桓台县四区。1958年9月，属桓台县第十一卫星人民公社。同年11月，撤销桓台县建制，属淄博专署博兴县。1961年9月，属惠民专属桓台县陈庄区陈庄人民公社。1966年7月，撤区并社，属陈庄人民公社。1983年10月，属淄博市桓台县陈庄人民公社。1984年4月，由社改乡，属陈庄乡。1994年12月，乡改镇，属陈庄镇。2011年，陈庄镇撤并，属马桥镇。

聚落呈方形块状，主街道南北走向。村庄面积10.7公顷，居民268户，855人，皆为汉族。设陈三村民委员会，有4个村民小组。耕地71.2公顷，以农业为主，机井电灌，主产小麦、玉米。人均收入20551元。建有卫生室、文化大院、农家书屋、健身活动广场。水电配送。广播电视网和互联网畅通。通601路、175路、217路公交车。民办企业有晨恒混凝土有限公司、恒邦运输服务有限公司、德隆包装织品有限公司、阳春空调设备有限公司、沃凯包装有限公司、宏润木门有限公司、嘉盈木业有限公司、华康饮料厂、纸箱厂、注塑厂等。

黄郭庄
Huángguō Zhuāng

位于县城西北17.5千米，距马桥镇政府2千米处。东邻荆家镇陈桥，南依东杨庄，西连顺河庄，北接小王庄。

明洪武四年（1371），黄姓从枣强县司窦屯迁黄沟庄，数载后转徙此地立村。《黄氏世谱》载："吾族黄氏自明洪武四年，由直隶枣强之司窦屯徙居山东新城县之黄沟庄。越数载徙黄郭庄。"继有郭姓到此定居，以黄、郭二姓命村名：黄郭庄。清康熙三十二年（1693）《新城县志》载：北二平字约黄郭庄。《桓台县地名词典》（1991年版）载：黄郭庄。

清代，属济南府新城县利用乡。民国3年（1914），新城县易名，属桓台县。民国22年（1933），属桓台县第四区。民国33年（1944），属清河行政公署桓台县第四区。民国37年（1948）3月，属渤海第三专员公署桓台县四区。1952年，属淄博专区桓台县四区。1958年9月，属桓台县第十一卫星人民公社，同年11月，撤销桓台县建制，属淄博专署博兴县。1961年9月，属惠民专属桓台县陈庄区黄郭人民公社。1966年

7月，撤区并社，属陈庄人民公社。1983年10月，属淄博市桓台县陈庄人民公社。1984年4月，由社改乡，属陈庄乡。1994年12月，乡改镇，属陈庄镇。2011年，陈庄镇撤并，属马桥镇。

聚落呈矩形块状，主街道东西走向。村庄面积40.3公顷，居民763户，2502人，皆为汉族。设黄郭村民委员会，有8个村民小组。耕地242.1公顷，以农业为主，机井电灌，主产小麦、玉米。人均收入20551元。建有幼儿园、卫生室、文化大院、农家书屋、健身活动广场。水电配送。广播电视网和互联网畅通。设农历一、六集日。

姚郭庄
Yáoguō Zhuāng

位于县城西北15.8千米。距马桥镇政府驻地10千米处。东临西猪龙河，南依新城镇赵苏，西连宗崔庄，北接东陈路。

元代（1271—1368）村庄。元代常迁春进兵山东时，路进此地，四周地洼水深，无法进庄，故绕行而过，后人以此意命村名：“绕过庄”。后讹呼为姚郭庄。清康熙三十二年（1693）《新城县志》载：北二平字约姚郭庄。《桓台县地名词典》（1991年版）载：姚郭庄。

清代，属济南府新城县利用乡。民国3年（1914），新城县易名，属桓台县。民国22年（1933），属桓台县第四区。民国33年（1944），属清河行政公署桓台县第四区。民国37年（1948）3月，属渤海第三专员公署桓台县六区。1952年，属淄博专区桓台县六区。1958年9月，属桓台县第十一卫星人民公社。同年11月，撤销桓台县建制，属淄博专署博兴县。1961年9月，属惠民专属桓台县陈庄区黄郭人民公社。1966年5月，属傅桥人民公社。1970年10月，属陈庄人民公社。1983年10月，属淄博市桓台县陈庄人民公社。1984年4月，由社改乡、镇，属陈庄乡。1994年12月，乡改镇，属陈庄镇。2011年，陈庄镇撤并，属马桥镇。

聚落呈矩形带状，主街道东西走向。村庄面积31.9公顷，居民701户，2378人，除拉祜族1人外，其他为汉族。设姚郭村民委员会，有7个村民小组。耕地251.7公顷，以农业为主，机井电灌，主产小麦、玉米、大蒜。人均收入20551元。建有幼儿园、卫生室、文化大院、农家书屋、健身活动广场、集贸市场。水电配送。广播电视网和互联网畅通。通217路公交车。

此地种植大蒜历史悠久。所产大蒜以大八瓣为主，口味纯正，以辣带清香和耐储存等特点驰名省内外，畅销四面八方。

境内有姚郭遗址。

小王庄
Xiǎowáng Zhuāng

位于县城西北17.5千米，距马桥镇政府2千米处，南干渠东侧。东临孝妇河，南依黄郭庄，西靠张田路，北靠起马路。

小王庄

清乾隆年间（1736—1795），李姓迁此定居。因此处原为新城王家的庄子，故名王家庄。民国23年（1934）《新修桓台县志》载：第四区（驻荆家）黄郭乡王家庄。1952年，为与马桥乡王庄相区别，改名小王庄。《桓台县地名词典》（1991年版）载：小王庄。

清代，属济南府新城县利用乡。民国3年（1914），新城县易名，属桓台县。民国22年（1933），属桓台县第四区。民国33年（1944），属清河行政公署桓台县第四区。民国37年（1948）3月，属渤海第三专员公署桓台县四区。1952年，属淄博专区桓台县四区。1958年9月，属桓台县第十一卫星人民公社，11月，撤销桓台县建制，属淄博专署博兴县。1961年9月，属惠民专属桓台县陈庄区黄郭人民公社。1966年7月，属陈庄人民公社。1983年10月，属淄博市桓台县陈庄人民公社。1984年4月，由社改乡，属陈庄乡。1994年12月，乡改镇，属陈庄镇。2011年，陈庄镇撤并，属马桥镇。

聚落呈方形块状，主街道东西走向。村庄面积5.4公顷，居民109户，393人，皆为汉族。设小王村民委员会，有4个村民小组。耕地33.3公顷，以农业为主，机井电灌，主产小麦、玉米。人均收入20551元。建有卫生室、文化大院、农家书屋、健身活动广场、便民商店。水电配送。广播电视网和互联网畅通。有个体养殖业。

东杨庄
Dōngyáng Zhuāng

位于县城西北18千米，距马桥镇政府3千米处。东邻荆家镇姬桥，南依西史庄，西靠张田路，北接黄郭庄。

明洪武年间（1368—1398），杨姓从枣强迁此立村，名杨家庄。《杨氏世谱》载："余祖原籍直隶枣强县人，于明洪武年间，兄弟三人奉旨迁山东，一居淄川县马尚庄，一居本邑杨村。"清康熙三十二年（1693）《新城县志》载：西三缨字约杨家庄。清乾隆年间（1736—1795），李姓迁此定居。因此处原为新城王家的庄子，故名王家庄。民国23年（1934）《新修桓台县志》载：第四区（驻荆家）黄郭乡王家庄。民国初期，为区别同名庄，改名小杨家庄。1952年又改名东杨庄。《桓台县地名词典》（1991年版）载：东杨庄。

清代，属济南府新城县正德乡。民国3年（1914），新城县易名，属桓台县。民国22年（1933），属桓台县第四区。民国33年（1944），属清河行政公署桓台县第四区。民国37年（1948）3月，属渤海第三专员公署桓台县四区。1952年，属淄博专区桓台县四区。1958年9月，属桓台县第十一卫星人民公社。同年11月，撤销桓台县建制，属淄博专署博兴县。1961年9月，属惠民专属桓台县陈庄区黄郭人民公社。1966年7月，撤区并社，属陈庄人民公社。1983年10月，属淄博市桓台县陈庄人民公社。1984年4月，由社改乡，属陈庄乡。1994年12月，乡改镇，属陈庄镇。2011年，陈庄镇撤并，属马桥镇。

东杨庄

聚落呈方形块状，主街道东西走向。村庄面积6.7公顷，居民139户，459人，除彝族1人外，其他为汉族。设东杨村民委员会，有2个村民小组。耕地39.9公顷，以农业为主，机井电灌，主产小麦、玉米。人均收入20551元。建有卫生室、文化大院、农家书屋、健身活动广场。水电配送。广播电视网和互联网畅通。

宗崔庄
Zōngcuī Zhuāng

位于县城西北17千米，距马桥镇政府2.5千米处。东邻姚郭庄，南依新城镇赵苏，西连万家园木质防火有限公司，北接东陈路。

明朝前期，崔姓迁此立村，名崔家庄。《崔氏世谱》载："余族自在明洪武二年（1369），由直隶枣强县迁山东济南府新城县东北乡辕固里。四世祖讳利吉，字效义，徙居崔家庄。明中叶，宗姓迁此立村，名宗家庄。"清康熙三十二年（1693）《新城县志》载：西三缨字约崔家庄、宗家庄。1930年二村合一，属桓台县第四区（驻荆家）宗崔乡，定名：宗崔庄。《桓台县地名词典》（1991年版）载：宗崔庄。

明代，属新城县利用乡。清代，属济南府新城县正德乡。民国3年（1914），新城县易名，属桓台县。民国22年（1933），属桓台县第四区。民国33年（1944），属清河行政公署桓台县第四区。民国37年（1948）3月，属渤海第三专员公署桓台县六区。1952年，属淄博专区桓台县六区。1958年9月，属桓台县第十一卫星人民公社。同年11月，撤销桓台县建制，属淄博专署博兴县。1961年9月，属惠民专属桓台县陈庄区黄郭人民公社。1966年7月，撤区并社，属陈庄人民公社。1983年10月，属淄博市桓台县陈庄人民公社。1984年4月，由社改乡，属陈庄乡。1994年12月，乡改镇，属陈庄镇。2011年，陈庄镇撤并，属马桥镇。

聚落呈矩形散状，主街道东西走向。村庄面积22公顷，居民328户，1171人，皆为汉族。设宗崔村民委员会，有6个村民小组。耕地160.3公顷，以农业为主，机井电灌，主产小麦、玉米，特色种植有山药、大蒜、葡萄。人均收入20551元。建有卫生室、文化大院、农家书屋、健身活动广场。水电配送。广播电视网和互联网畅通。民办企业有鲁博涂料厂。

此地所产大蒜，为当地品牌土特产。

西史庄
Xīshǐ Zhuāng

位于县城西北18千米，距马桥镇政府2千米处。东邻荆家镇姬桥，南依小罗庄，西靠张田路，北接东杨庄、顺河庄。

明洪武二年（1369），史姓从枣强迁此立村，名西史家庄。《史氏世谱》载："始祖兄弟三人，于明洪武二年，自枣强迁来，一居笼水之北西史家庄。"清康熙三十二年（1693）《新城县志》载：西三缨字约史家庄。民国初，改称西史庄。《桓台县地名词典》（1991年版）载：西史庄。

清代，属济南府新城县正德乡。民国3年（1914），新城县易名，属桓台县。民国22年（1933），属桓台县第四区。民国33年（1944），属清河行政公署桓台县第四区。民国37年（1948）3月，属渤海第三专员公署桓台县四区。1952年，属淄博专区桓台县四区。1958年9月，属桓台县第十一卫星人民公社，同年11月，撤销桓台县建制，属淄博专署博兴县。1961年9月，属惠民专属桓台县陈庄区黄郭人民公社。1966年7月，撤区并社，属陈庄人民公社。1983年10月，属淄博市桓台县陈庄人民公社。1984年4月，由社改乡，属陈庄乡。1994年12月，乡改镇，属陈庄镇。2011年，陈庄镇撤并，属马桥镇。

聚落呈方形散状，主街道东西走向。村庄面积5300平方米，居民578户，1919人，皆为汉族。设西史村民委员会，有15个村民小组。耕地148.3公顷，以农业为主，机井电灌，主产小麦、玉米。人均收入20551元。建有卫生室、文化大院、农家书屋、健身活动广场。水电配送。广播电视网和互联网畅通。民办企业有雪霸制冷设备科技有限公司、孝女赐露饮用水厂。

著名人物：史修真。名胜古迹：修真祠，属淄博市非物质文化遗产。

小罗庄

Xiǎoluó Zhuāng

位于县城索镇18千米，距马桥镇政府4.5千米处。东邻田庄镇宋家屋子，南靠东辰路，西连前陈庄，北临孝妇河。

明嘉靖年间（1522—1566），罗姓迁此立村，名罗家庄。《罗氏廿谱》载："一世祖想原，明永乐初（1403）迁新城东关，六世祖罗潢移居南罗家庄。"清康熙三十二年（1693）《新城县志》载：西三缨字约罗家庄。清末《新城县后志》载：西三约辖罗家庄。1930年，桓台县第四区（驻荆家）陈庄乡辖小罗庄。《桓台县地名词典》（1991年版）载：小罗庄。

清代，属济南府新城县正德乡。民国3年（1914），新城县易名，属桓台县。民国22年（1933），属桓台县第四区。民国33年（1944），属清河行政公署桓台县第四区。民国37年（1948）3月，属渤海第三专员公署桓台县四区。1952年，属淄博专区桓台县四区。1958年9月，属桓台县第十一卫星人民公社。同年11月，撤销桓台县建制，属淄博专署博兴县。1961年9月，属惠民专属桓台县陈庄区陈庄人民公社。1966年7月，撤区并社，属陈庄人民公社。1983年10月，属淄博市桓台县陈庄人民公社。1984年4月，由社改乡，属陈庄乡。1994年12月，乡改镇，属陈庄镇。2011年，陈庄镇撤并，属马桥镇。

聚落呈矩形块状，主街道东西走向。村庄面积13.5公顷，居民192户，568人，皆为汉族。设罗家村民委员会。耕地35.7公顷，以农业为主，机井电灌，主产小麦、玉米。人均收入20551元。建有卫生室、文化大院、健身广场。水电配送。广播电视网和互联网畅通。

顺河庄

Shùnhé Zhuāng

位于县城西北18.5千米，距马桥镇政府3千米处，张田路东侧。东邻黄郭庄，南依西史庄，西靠309省道，北临支九沟。

此处原系何姓之村子。何姓于康熙年间（1662—1722），从陈庄迁此立村。因村靠河岸，故名顺河庄。清光绪三十年（1904）新城县西三约辖顺河庄。《桓台县地名词典》（1991年版）载：顺河庄。

清代，属济南府新城县正德乡。民国3年（1914），新城县易名，属桓台县。民国22年（1933），属桓台县第四区。民国33年（1944），属清河行政公署桓台县第四区。民国37年（1948）3月，属渤海第三专员公署桓台县四区。1952年，属淄博专区桓台县四区。1958年9月，属桓台县第十一卫星人民公社。11月，撤销桓台县建制，属淄博专署博兴县。1961年9月，属惠民专属桓台县陈庄区黄郭人民公社。1966年7月，撤区并社，属陈庄人民公社。1983年10月，属淄博市桓台县陈庄人民公社。1984年4月，由社改乡，属陈庄乡。1994年12月，乡改镇，属陈庄镇。2011年。陈庄镇撤并，属马桥镇。

聚落呈方形块状，主街道"十"字形。村庄面积10公顷，居民161户，504人，除傣族2人外，其他为汉族。设顺河村民委员会，有6

个村民小组。耕地41.5公顷，以农业为主，机井电灌，主产小麦、玉米。人均收入20551元。建有卫生室、文化大院、农家书屋、健身活动广场、体育场所。水电配送。广播电视网和互联网畅通。通601路、175路公交车。民办企业有金宇建材厂、粉皮作坊。

段家庄
Duànjiā Zhuāng

位于县城西北19千米，距马桥镇政府2.5千米处，与后陈连村。东邻后陈庄，南临孝妇河，西连后薛庄，北靠马桥外环路。

元末赵姓居此，名赵家庄。后赵姓失传。明洪武二年（1369），段姓徙居此地定居。《段氏世谱》载："始祖自明洪武二年，由直隶枣强县迁居新城之北十五里赵家庄。"清康熙三十二年（1693）《新城县志》载：西三缨字约赵家庄。《桓台县地名词典》（1991年版）载：段家庄。

清代，属济南府新城县正德乡。民国3年（1914），新城县易名，属桓台县。民国22年（1933），属桓台县第四区。民国33年（1944），属清河行政公署桓台县第四区。民国37年（1948）3月，属渤海第三专员公署桓台县四区。1952年，属淄博专区桓台县四区。1958年9月，属桓台县第十一卫星人民公社。同年11月，撤销桓台县建制，属淄博专署博兴县。1961年9月，属惠民专属桓台县陈庄区黄郭人民公社。1966年7月，撤区并社，属陈庄人民公社。1983年10月，属淄博市桓台县陈庄人民公社。1984年4月，由社改乡，属陈庄乡。1994年12月，乡改镇，属陈庄镇。2011年，陈庄镇撤并，属马桥镇。

聚落呈方形块状，主街道东西走向。村庄面积4公顷，居民273户，906人，壮族1人，其他为汉族。设段家村民委员会，有4个村民小组。耕地86公顷，以农业为主，机井电灌，主产小麦、玉米。人均收入18400元。有卫生室、文化大院、健身活动广场。水电配送。广播电视网和互联网畅通。民办企业有沙发厂、电器厂等。

境内有段家遗址。

段家庄

滕寨
Téngzhài

位于县城西北19千米，距马桥镇政府驻地5千米处。东靠张田路，南依东潘庄，西连木佛、前薛庄，北临孝妇河。

明洪武年间（1368—1398），罗、丁二姓居此，名罗丁寨。明末（1620—1644），罗、丁二姓另迁他地，村名改称寨子庄。清康熙三十二年（1693）《新城县志》载：西四勤字辖寨子庄。清道光年间，滕姓为旺族，改村名为滕家寨。清光绪三十年（1904）新城县西四约辖滕家寨。1982年始称滕寨。《桓台县地名词典》（1991年版）载：滕寨。

明末，属济南府新城县利用乡。清代，

属新城县正德乡。民国3年（1914），新城县易名，属桓台县。民国22年（1933），属桓台县第四区。民国33年（1944），属清河行政公署桓台县第四区。民国37年（1948）3月，属渤海第三专员公署桓台县四区。1952年，属淄博专区桓台县四区。1958年9月，属桓台县第十一卫星人民公社。同年11月，撤销桓台县建制，属淄博专署博兴县。1961年9月，属惠民专属桓台县陈庄区陈庄人民公社。1966年7月，撤区并社，属陈庄人民公社。1983年10月，属淄博市桓台县陈庄人民公社。1984年4月，由社改乡，属陈庄乡。1994年12月，乡改镇，属陈庄镇。2011年，陈庄镇撤并，属马桥镇。

聚落呈方形带状，主街道东西走向。村庄面积18.5公顷，居民236户，785人，除傣族1人外，其他为汉族。设滕寨村民委员会，有4个村民小组。耕地74.7公顷，以农业为主，机井电灌，主产小麦、玉米。人均收入20551元。建有卫生室、文化大院、农家书屋、健身广场。水电配送。广播电视网和互联网畅通。民办企业有腾寨塑编厂、华轻印染机械厂、豪都家具厂、铭珠木材加工厂、辉宇电器厂、早春耀宇电器开关厂、绿健肥牛有限公司。

滕寨

境内有滕寨遗址。

前薛庄

Qiánxuē Zhuāng

位于县城西北20千米，距马桥镇政府4千米处。田焦路经此。东邻滕寨，南依木佛，西连中薛庄，北接中薛庄。

明洪武二年（1369），尹姓兄弟四人由山西迁到山东，大哥落居四宝山，二哥落居周村，三弟、四弟于此地立村。因感兄弟骨肉分离之悲，取村名为“尹家悲血庄”。后以同音改称尹家北薛庄。《尹氏墓碑》载：“始祖自明洪武二年，由直隶枣强迁山东新城以北二十余里北薛庄。”明中叶，董、李二姓迁此定居，分别自称：李家北薛庄、董家北薛庄。但对外统称北薛庄。清康熙三十二年（1693）《新城县志》载：西五俭字约北薛庄。民国初，分为前、中、后三个村。因该村居南，故称前北薛庄。1930年桓台县第四区（驻荆家）陈庄乡辖前北薛庄。1952年始称前薛。《桓台县地名词典》（1991年版）载：前薛庄。

清代，属济南府新城县正德乡。民国3年（1914），新城县易名，属桓台县。民国22年（1933），属桓台县第四区。民国33年（1944），属清河行政公署桓台县第四区。民国37年（1948）3月，属渤海第三专员公署桓台县四区。1952年，属淄博专区桓台县四区。1958年9月，属桓台县第十一卫星人民公社。同年11月，撤销桓台县建制，属淄博专署博兴县。1961年9月，属惠民专属桓台县陈庄区陈庄人民公社。1966年7月，撤区并社，属陈庄人民公社。1983年10月，属淄博市桓台县陈庄人民公社。1984年4月，由社改乡，属陈庄乡。1994年12月，乡改镇，属陈庄镇。2011年，陈庄镇撤并，属马桥镇。

聚落呈方形带状，主街道东西走向。村庄面积11.4公顷，居民228户，738人，皆为汉族。设前薛村民委员会，有4个村民小组。耕地56.7公顷，以农业为主，机井电灌，主产小麦、玉米。人均收入20551元。建有卫生室、文化大院、农家书屋、健身活动广场。水电配送。广播电视网和互联网畅通。民办企业有前薛印刷厂、隶学农机厂。

中薛庄
Zhōngxuē Zhuāng

位于县城西北20.5千米，距马桥镇政府4.5千米处。东邻前薛，南依前薛庄、木佛，西临孝妇河，与辛桥隔河相望，北接后薛庄。

明洪武二年（1369），尹姓兄弟四人由山西迁到山东，大哥落居四宝山，二哥落居周村，三弟、四弟于此地立村。因感兄弟骨肉分离之悲，取村名为“尹家悲血庄”。后以同音改称尹家北薛庄。《尹氏墓碑》载：“始祖自明洪武二年（1369），由直隶枣强迁山东新城以北二十余里北薛庄。”明中叶，董、李二姓迁此定居，分别自称：李家北薛庄、董家北薛庄。但对外统称北薛庄。清康熙三十二年（1693）《新城县志》载：西五俭字约北薛庄。民国初，分为前、中、后三个村。因该村居中，故称中北薛庄。《桓台县地名词典》（1991年版）载：中薛庄。

清代，属济南府新城县正德乡。民国3年（1914），新城县易名，属桓台县。民国22年（1933），属桓台县第四区。民国33年（1944），属清河行政公署桓台县第四区。民国37年（1948）3月，属渤海第三专员公署桓台县四区。1952年，属淄博专区桓台县四区。1958年9月，属桓台县第十一卫星人民公社。同年11月，撤销桓台县建制，属淄博专署博兴县。1961年9月，属惠民专属桓台县陈庄区。1966年7月，撤区并社，属陈庄人民公社。1983年10月，属淄博市桓台县陈庄人民公社。1984年4月，由社改乡，属陈庄乡。1994年12月，乡改镇，属陈庄镇。2011年，陈庄镇撤并，属马桥镇。

聚落呈矩形块状，主街道南北走向。村庄面积6.2公顷，居民103户，315人，皆为汉族。设中薛村民委员会，有1个村民小组。耕地45.3公顷，以农业为主，机井电灌，主产小麦、玉米、山药。人均收入20551元。建有卫生室、文化大院、老年活动室、健身活动广场。水电配送。广播电视网和互联网畅通。

南薛庄
Nánxuē Zhuāng

位于县城西北20千米，距马桥镇政府驻地西南8千米处。南界邹平县境。东靠张田路，南与邹平县搭界，西连马辛庄，北接西潘庄。

明初（1368—1425），薛姓迁此立村，名薛家庄。清初（1644—1735），因该村位于北薛庄以南，改称南薛庄。清道光十五年（1835）《薛氏世谱》载：“薛氏于明初自枣强县迁于新城县西北南薛庄。”又载“一世祖远漠，住新城西北，去城二十里之南薛庄。”清康熙三十二年（1693）《新城县志》载：西四勤字约南薛庄。《桓台县地名词典》（1991年版）载：南薛庄。

清代，属济南府新城县正德乡。民国3年（1914），新城县易名，属桓台县。民国22年（1933），属桓台县第四区。民国33年（1944），属清河行政公署桓台县第四区。民国37年（1948）3月，属渤海第三专员公署桓台县四区。1952年，属淄博专区桓台县四区。1958年9月，属桓台县第十一卫星人民公社。同年11月，撤销桓台

南薛庄

县建制，属淄博专署博兴县。1961年9月，属惠民专属桓台县陈庄区木佛人民公社。1966年7月，撤区并社，属陈庄人民公社。1983年10月，属淄博市桓台县陈庄人民公社。1984年4月，由社改乡，属陈庄乡。1994年12月，乡改镇，属陈庄镇。2011年，陈庄镇撤并，属马桥镇。

聚落呈方形块状，主街道东西走向。村庄面积16.9公顷，居民258户，817人，除拉祜族1人外，其他为汉族。设南薛村民委员会，有4个村民小组。耕地138公顷，以农业为主，机井电灌，主产小麦、玉米。人均收入20551元。建有卫生室、文化大院、农家书屋、健身活动广场。水电配送。广播电视网和互联网畅通。

后薛庄

Hòuxuē Zhuāng

位于县城西北20.8千米，距马桥镇政府4.6千米处。孝妇河南侧。东、南邻中薛庄，西连辛桥，北临孝妇河。

明洪武二年，尹姓兄弟四人由山西迁到山东，大哥落居四宝山，二哥落居周村，三弟、四弟于此地立村。因感兄弟骨肉分离之悲，取村名为“尹家悲血庄”。后以同音改称尹家北薛庄。《尹氏墓碑》载：“始祖自明洪武二年，由直隶枣强迁山东新城以北二十余里北薛庄。”明中叶，董、李二姓迁此定居，分别自称：李家北薛庄、董家北薛庄。但对外统称北薛庄。清康熙三十二年（1693）《新城县志》载：西五俭字约北薛庄。民国初，分为前、中、后三个村。因该村居北，故称后北薛庄。1930年桓台县第四区（驻荆家）三薛乡辖后北薛庄。1952年始称后薛。《桓台县地名词典》（1991年版）载：后薛庄。

清代，属济南府新城县正德乡。民国3年（1914），新城县易名，属桓台县。民国22年（1933），属桓台县第四区。民国33年（1944），属清河行政公署桓台县第四区。民国37年（1948）3月，属渤海第三专员公署桓台县四区。1952年，属淄博专区桓台县四区。1958年9月，属桓台县第十一卫星人民公社。同年11月，撤销桓台县建制，属淄博专署博兴县。1961年9月，属惠民专属桓台县陈庄区。1966年7月，撤区并社，属陈庄人民公社。1983年10月，属淄博市桓台县陈庄人民公社。1984年4月，由社改乡，属陈庄乡。1994年12月，乡改镇，属陈庄镇。2011年，陈庄镇撤并，属马桥镇。

聚落呈方形块状，主街道东西走向。村庄面积5.2公顷，居民96户，329人，皆为汉族。设后薛村民委员会，有1个村民小组。耕地20.9公顷，以农业为主，机井电灌，主产小麦、玉米。人均收入20551元。建有卫生室、文化大院、健身活动广场。水电配送。广播电视网和互联网畅通。个体企业有尹强木片厂。

境内有后薛遗址。

辛 桥
Xīnqiáo

位于县城西北22千米，距马桥镇政府7千米处。东临孝妇河，南依郝寨，西连邹平县西营，北接南营。

明朝（1368—1644）立村。因村近新建之孝妇河桥，故名新桥庄。明天启四年（1624）《新城县志》载：新桥镇。清康熙三十二年（1693）《新城县志》载：西五俭字约辛桥庄。1934年《新修桓台县志》载：第四区（驻荆家）辛桥乡辛桥庄。《桓台县地名词典》（1991年版）载：辛桥。

清代，属济南府新城县正德乡。民国3年（1914），新城县易名，属桓台县。民国22年（1933），属桓台县第四区。民国33年（1944），属清河行政公署桓台县第四区。民国37年（1948）3月，属渤海第三专员公署桓台县四区。1952年，属淄博专区桓台县四区。1958年9月，属桓台县第十一卫星人民公社，同年11月，撤销桓台县建制，属淄博专署博兴县。1961年9月，属惠民专属桓台县陈庄区。1966年7月，撤区并社，属陈庄人民公社。1983年10月，属淄博市桓台县陈庄人民公社。1984年4月，由社改乡，属陈庄乡。1994年12月乡改镇，属陈庄镇。2011年，陈庄镇撤并，属马桥镇。

聚落呈块状，村庄面积21公顷，居民312户，958人，除佤族1人外，其他为汉族。设辛桥村民委员会，有4个村民小组。耕地133.8公顷，以农业为主，机井电灌，主产小麦、玉米。人均收入20551元。建有卫生室、文化大院、农家书屋、健身活动广场。水电配送。广播电视网和互联网畅通。设农历三、八集日。个体企业有峰华木片厂。

东宰村
Dōngzǎi Cūn

位于县城西北21千米，距马桥镇政府12千米处。东邻马辛，西至邹平县西宰，南邻邹平县大丁庄，北临孝妇河，东北邻郝寨。

明朝初年（1368—1425），孙姓迁此立村。《孙氏世谱》载：“索镇景升，原籍直隶枣强县人，于明初奉命迁山东新城县西北乡宰相村。”因村南有汉代宰相坟，故名宰相村。清初，称宰村庄。清康熙三十二年（1693）《新城县志》载：西四勤字约宰村庄。民国初，形成两个自然村，该村位东，故名东宰村。《桓台县地名词典》（1991年版）载：东宰村。

清代，属济南府新城县正德乡。民国3年（1914），新城县易名，属桓台县。民国22年（1933），属桓台县第四区。民国33年（1944），属清河行政公署桓台县第四区。民国37年（1948）3月，属渤海第三专员公署桓台县四区。1952年，属淄博专区桓台县四区。1958年9月，属桓台县第十一卫星人民公社。同年11月，撤销桓台县建制，属淄博专署博兴县。1961年9月，属惠民专属桓台县陈庄区木佛人民公社。1966年7月，属桓台县陈庄人民公社。1983年10月，属淄博市桓台县陈庄人民公社。1984年4月，由社改乡，属陈庄乡。1994年12月，乡改镇，属陈庄镇。2011年，陈庄镇撤并，属马桥镇。

聚落呈矩形块状，主街道东西走向。村庄面积27.4公顷，居民402户，1236人，除彝族1人外，其他为汉族。设宰相村民委员会，有1个村民小组。耕地198.7公顷，以农业为主，机井电灌，主产小麦、玉米。人均收入20551元。建有卫生室、文化大院、农家书屋、健身活动广场。水电配送。广播电视网和互联网畅通。设农历四、九集日。个体企业有木器加工厂。

境内有东宰西、南两处遗址。

木佛
Mùfó

位于县城西北20千米，距马桥镇政府驻地西南6千米处。东邻腾寨，南依西潘庄，西连郝寨，北接前薛庄。

元代立村。《汪氏世谱》载："索镇原籍枣强人，明洪武四年（1371），奉旨迁山东形成之西北十五里之苍兴庄。"明初，村民求苍天保佑，兴旺发达，取名苍兴庄。清初，改称苍上庄。村北有一兴旺庄，明万历三十五年（1607），村中建一佛堂，堂中有"西天如来佛""哼哈二将""四大天王"，佛像全身系木头雕成。以此又得名：木佛堂。又名：大柳初寺。清康熙三十二年（1693）《新城县志》载：西四勤字约苍上庄、兴旺庄。清光绪三十年（1904）新城县西四约辖木佛堂、苍兴庄。1948年前后，苍上庄、木佛堂两庄连成一片，后又合而为一，定名木佛堂。1982年始称木佛。《桓台县地名词典》（1991年版）载：木佛。

清代，属济南府新城县正德乡。民国3年（1914），新城县易名，属桓台县。民国22年（1933），属桓台县第四区。民国33年（1944），属清河行政公署桓台县第四区。民国37年（1948）3月，属渤海第三专员公署桓台县四区。1952年，属淄博专区桓台县四区。1958年9月，属桓台县第十一卫星人民公社。同年11月，撤销桓台县建制，属淄博专署博兴县。1961年9月，属惠民专属桓台县陈庄区木佛人民公社。1966年7月，撤区并社，属陈主人民公社。1983年10月，属淄博市桓台县陈庄人民公社。1984年4月，由社改乡，属陈庄乡。1994年12月，乡改镇，属陈庄镇。2011年，陈庄镇撤并，属马桥镇。

聚落呈矩形块状，主街道东西走向。村庄面积18.4公顷，居民245户，785人，除彝族1人外，其他为汉族。设木佛村民委员会，有6个村民小组。耕地93.4公顷，以农业为主，机井电灌，主产小麦、玉米。人均收入20551元。建有幼儿园、卫生室、文化大院、农家书屋、健身活动广场。水电配送。广播电视网和互联网畅通。设农历一、六集日。民办企业有毕氏家具有限公司、玲宝工贸公司、高磊木片加工厂及肉牛、鸡养殖场。

东潘庄
Dōngpān Zhuāng

位于县城西北19千米，距马桥镇政府6.5千米处。东邻南郭庄，南临新城水库，西连西潘庄，北接腾寨。

明初（1368—1425）立村。此处处交通要道，潘、孟二姓在此开店为生，名潘孟店。明初，高姓迁此定居。《高氏世谱》载："余族原籍枣强人，明初徙居山东济南府新城县之西北潘孟店。"清光绪年间（1875—1908），形成东西两个村。该庄居东，故名东潘孟。1982年定名东潘庄。《桓台县地名词典》（1991年版）载：东潘庄。

明代，属新城县利用乡。清代，属济南府新城县正德乡。民国3年（1914），新城县易名，属桓台县。民国22年（1933），属桓台县第四区。民国33年（1944），属清河行政公署桓台县第四区。民国37年（1948）3月，属渤海第三专员公署桓台县四区。1952年，属淄博专区桓台县四区。1958年9月，属桓台县第十一卫星人民公社。同年11月，撤销桓台县建制，属淄博专署博兴县。1961年9月，属惠民专属桓台县陈庄区木佛人民公社。1966年7月，撤区并社，属陈庄人民公社。1983年10月，属淄博市桓台县陈庄人民公社。1984年4月，由社改乡，属陈庄乡。1994年12月，乡改镇，属陈庄镇。2011年，陈庄镇撤并，属马桥镇。

聚落呈方形块状，主街道东西走向。村庄面积5.9公顷，居民92户，292人，皆为汉族。设东潘村民委员会，有1个村民小组。耕地23公顷，以农业为主，机井电灌，主产小麦、玉米。人均收入20551元。建有卫生室、文化大院、农家书屋、健身活动广场。水电配送。广播电视网和互联网畅通。民办企业有高辉钢砂厂、天泰电子厂、兴业包装有限公司、高辉钢砂加工点。

境内有东潘遗址。

西潘庄
Xīpān Zhuāng

位于县城西北19.5千米，距马桥镇政府9千米处。东邻东潘庄，南靠南薛庄，西连郝寨，北接滕寨。

明初（1368—1425）立村。此处处交通要道，潘、孟二姓在此开店为生，名潘孟店。明初，高姓迁此定居。《高氏世谱》载："余族原籍枣强人，明初徙居山东济南府新城县之西北潘孟店。"清光绪年间（1875—1908），形成东西两个村庄。该庄居西，故名西潘孟。1982年定名西潘庄。《桓台县地名词典》（1991年版）载：西潘庄。

明代，属新城县利用乡。清代，属济南府新城县正德乡。民国3年（1914），新城县易名，属桓台县。民国22年（1933），属桓台县第四区。民国33年（1944），属清河行政公署桓台县第四区。民国37年（1948）3月，属渤海第三专员公署桓台县四区。1952年，属淄博专区桓台县四区。1958年9月，属桓台县第十一卫星人民公社。同年11月，撤销桓台县建制，属淄博专署博兴县。1961年9月，属惠民专属桓台县陈庄区木佛人民公社。1966年7月，撤区并社，属陈庄人民公社。1983年10月，属淄博市桓台县陈庄人民公社。1984年4月，由社改乡，属陈庄乡。1994年12月，乡改镇，属陈庄镇。2011年，陈庄镇撤并，属马桥镇。

聚落呈田字形块状，主街道东西走向。村庄面积15.9公顷，居民304户，1018人，除拉祜族1人外，其他为汉族。设西潘村民委员会，有4个村民小组。耕地69.1公顷，以农业为主，机井电灌，主产小麦、玉米。人均收入20551元。建有卫生室、文化大院、农家书屋、健身活动广场。水电配送。广播电视网和互联网畅通。民办企业有木林森门业有限公司、辉禄塑料制品加工厂。

境内有西潘北、西两处遗址。

南郭庄
Nánguō Zhuāng

位于县城西北18千米，距马桥镇政府5千米处。东靠张田路，南临淄博引黄水库，西连东潘庄，北接前陈庄。

明朝建文元年（1399），郭姓迁此立村，名郭家庄。清康熙三十二年（1693）《新城县志》载："西三缨字约郭家庄。"光绪年间（1875—1908），为区别同名庄，改名南郭庄。清末《新城县后志》载："西三约辖南郭庄。"《桓台县地名词典》（1991年版）载：南郭庄。

清代，属济南府新城县正德乡。民国3年（1914），新城县易名，属桓台县。民国22年（1933），属桓台县第四区。民国33年（1944），属清河行政公署桓台县第四区。民国37年（1948）3月，属渤海第三专员公署桓台县四区。1952年，属淄博专区桓台县四区。1958年9月，属桓台

南郭庄

县第十一卫星人民公社。同年 11 月，撤销桓台县建制，属淄博专署博兴县。1961 年 9 月，属惠民专属桓台县陈庄区陈庄人民公社。1966 年 7 月，撤区并社，属陈庄人民公社。1983 年 10 月，属淄博市桓台县陈庄人民公社。1984 年 4 月，由社改乡，属陈庄乡。1994 年 12 月，乡改镇，属陈庄镇。2011 年，陈庄镇撤并，属马桥镇。

聚落呈方形块状，主街道东西走向。村庄面积 14.7 公顷，居民 193 户，640 人，除佤族、哈尼族各 1 人外，其他皆为汉族。设南郭村民委员会，有 4 个村民小组。耕地 57 公顷，以农业为主，机井电灌，主产小麦、玉米，建有蔬菜大棚。人均收入 20551 元。建有卫生室、文化大院、农家书屋、健身活动广场。水电配送。广播电视网和互联网畅通。民办企业有凯旋门业有限公司、浩亮消防设备有限公司、振华瓶盖厂、孙同华木材加工、郭传林木模板厂。

境内有南郭遗址。

马辛庄
Mǎxīn Zhuāng

位于县城西北 21 平方千米，距马桥镇政府 5 千米处。东邻西潘庄，南临大寨沟，与邹平县梁郭庄接壤，西连东辛村，北接郝寨。

明朝，郝姓迁此立村，名新庄。又名郝新庄。后马姓为村之旺族。改称马辛庄。清康熙三十二年（1693）《新城县志》载：“西四勤字约辖新庄。”清末，《新城县后志》载：“西四约辖马辛庄。”《桓台县地名词典》（1991 年版）载：马辛庄。

清代，属济南府新城县正德乡。民国 3 年（1914），新城县易名，属桓台县。民国 22 年（1933），属桓台县第四区。民国 33 年（1944），属清河行政公署桓台县第四区。民国 37 年（1948）3 月，属渤海第三专员公署桓台县四区。1952 年，属淄博专区桓台县四区。1958 年 9 月，属桓台县第十一卫星人民公社。同年 11 月，撤销桓台县建制，属淄博专署博兴县。1961 年 9 月，属惠民专属桓台县陈庄区木佛人民公社。1966 年 7 月，撤区并社，属陈庄人民公社。1983 年 10 月，属淄博市桓台县陈庄人民公社。1984 年 4 月，由社改乡，属陈庄乡。1994 年 12 月，乡改镇，属陈庄镇。2011 年陈庄镇撤并，属马桥镇。

聚落呈方形，主街道东西走向。村庄面积 5.1 公顷，居民 89 户，303 人，皆为汉族。设马辛村民委员会。耕地 42.9 公顷，以农业为主，机井电灌，主产小麦、玉米。人均收入 20551 元。建有卫生室、文化大院、农家书屋、健身活动广场。水电配送。广播电视网和互联网畅通。设农历三、八集日。

有马辛遗址。

郝寨
Hǎozhài

位于县城西北 21 千米，距马桥镇政府 5 千米处。东临东风沟、与木佛相望，南依马辛庄，

郝寨

西临孝妇河、与邹平县接壤，北临孝妇河、木辛闸。

清初立村。此处原系郝姓庄园，名郝家庄。清康熙三十二年《新城县志》载："西四勤字约郝家庄。"光绪三十年（1904）新城县西四约辖郝家寨。中华人民共和国成立后称"郝寨"。《桓台县地名词典》（1991年版）载：郝寨。

清代，属济南府新城县正德乡。民国3年（1914），新城县易名，属桓台县。民国22年（1933），属桓台县第四区。民国33年（1944），属清河行政公署桓台县第四区。民国37年（1948）3月，属渤海第三专员公署桓台县四区。1952年，属淄博专区桓台县四区。1958年9月，属桓台县第十一卫星人民公社。同年11月，撤销桓台县建制，属淄博专署博兴县。1961年9月，属惠民专属桓台县陈庄区木佛人民公社。1966年7月，撤区并社，属陈庄人民公社。1983年10月，属淄博市桓台县陈庄人民公社。1984年4月，由社改乡，属陈庄乡。1994年12月，乡改镇，属陈庄镇。2011年，陈庄镇撤并，属马桥镇。

聚落呈方形块状，主街道东西走向。村庄面积5公顷，居民75户，254人，皆为汉族。设郝寨村民委员会。耕地40.5公顷，以农业为主，机井电灌，主产小麦、玉米。人均收入20551元。建有文化大院、农家书屋、健身活动广场。水电配送。广播电视网和互联网畅通。

境内有郝寨遗址。

第八章

城区道路、街巷名

张北路

Zhāngběi Lù

位于县城区东部，道路走向为南北，因其原址为南至张店、北到北镇的土路，1982 年桓台县人民政府命名为张北路。起点为南外环，终点是王徐路，长度为 5.67 千米，宽度为 30 ～ 45 米。相交道路有南外环、桓台大道、渔洋街、中心大街、建设街、工业街、王徐路等，路面性质为沥青路，道路等级为主干道。沿途有信誉楼、温州批发城、阳光花园等。始建时间为 1960 年，建成时间为 2013 年。

张北路

兴桓路

Xīnghuán Lù

位于县城区中部，道路走向为南北，因南段为商业区，北段为工业区，中段有县党政机关，故名兴桓路。起点城标广场，终点王徐路，长度为 3.4 千米，宽度为 32 ～ 33 米。相交道路有渔洋街、中心大街、建设街、工业街、王徐路等。路面性质为沥青路，道路等级为主干道。沿途有实验小学、环保局、桓台县中医院等。始建时间为 1988 年，建成时间为 1989 年。

兴桓路

桓台大道

Huántái Dàdào

位于县城区南部，道路走向为东西，因是新建城区交通要道故名。起点铁西路，终点唐华路，长度为 5.66 千米，宽度为 43 米。相交道路有乌河建国桥、顺河路、张北路、东岳路、少海路、柳泉北路、唐华路等。路面性质为沥青路，道路等级为主干道。沿途有绿圣林度假村、桓台骨伤医院、桓台县医院、文体中心、东岳国际等。始建时间为 2006 年，建成时间为 2013 年。

桓台大道

少海路
Shàohǎi Lù

位于县城区东部，道路走向为南北，所在（跨）行政区处少海街道境内故名。起点为桓台大道，终点为起马路，长度为 12.42 千米，宽度为 16 米，相交道路有起马路、桓台大道、耿焦路等。路面性质为柏油路，道路等级为主干道。沿途有桓台县实验学校、泰宝集团等。始建时间为 2001 年，建成时间为 2014 年。

少海路

柳泉北路
Liǔquánběi Lù

位于县城区中西部，道路走向为南北，因位于柳泉路北段，故名柳泉北路。起点工业街，终点石化路，长度为7.4千米，宽度为16～43米。相交道路有寿济路、果里大道、果周路、石化路、工业路。路面性质为混凝土，道路等级为主干道。沿途有红莲湖公园、县妇幼保健医院、少海公园、县实验学校等。始建时间为 2004 年，建成时间为 2005 年。

柳泉北路

东岳路
Dōngyuè Lù

位于县城区中部，道路走向为南北，取东岳泰山之意命名。起点桓台大道，终点工业街，长度为 2.98 千米，宽度为 33 ～ 34 米。相交道路有桓台大道、渔洋街、中心大街、建设街、工业街等。路面性质为沥青路，道路等级为主干道。沿途有桓台县医院、羿景嘉园等。始建时间 1999 年，通车时间 2011 年。

东岳路

信誉路
Xìnyù Lù

位于县城区南部，道路走向为东西，因途经信誉楼，故以“信誉”命名。起点张北路，终点柳泉北路，长度为1.9千米，宽度为12～13米。相交道路有张北路、东岳路、少海路、柳泉北路等。路面性质为沥青路，道路等级为次干道。沿途有桓台县第二小学、羿景嘉园等。始建时间为2005年，通车时间为2013年。

信誉路

铁西路
Tiěxī Lù

位于县城区东部，道路走向为南北，因处火车站西而得名。2002年在原东外环路的基础上，由马家村向北延伸至803省道。起点桓台大道东延，终点803省道。长度为4.9千米，宽度为14米。相交道路有桓台大道、渔洋街、索镇大街、镇府街、寿济路、建设街、803省道等。路面性质为沥青路，道路等级为次干道。沿途有桓台县盐务局、面粉厂宿舍等。始建时间为1961年，建成时间为1962年。

铁西路

槐荫路
Huáiyīn Lù

位于县城区中部偏东，南北走向，该路原为可耕地，1960年后，在城镇建设中形成。因路边槐树成荫，名槐荫路。又因县公、检、司法机关驻此路，1982年命名为政法路，后改名新一路，1986年6月复名槐荫路。起点镇南大街，终点工业街，长度为1.75千米，宽度为10米。相交道路有镇南大街、中心大街、建设街、工业街等。路面性质为砼路，道路等级为支路。

槐荫路

沿途有公安小区、桓台县第一小学等。始建时间为 1968 年，建成时间为 1982 年。

顺河路
Shùnhé Lù

位于县城区东部，乌河西岸，道路走向为南北，因其位于乌河一侧，故名顺河路。起点渔洋街，终点建设街，长度为 2.26 千米，宽度为 12 米。相交道路有渔洋街、中心大街、建设街等。路面性质为沥青路，道路等级为支路。沿途有建国村托老所、索镇供销大楼、基督教会等。始建时间为 1981 年，建成时间为 1983 年。

顺河路

工业二路
Gōngyè'èr Lù

位于县城区北部，道路走向为东西，因是县开发区的第二条道路而得名。起点兴桓路，终点 803 省道，长度为 1.85 千米，宽度 14 米。相交道路有兴桓路、槐荫路、张北路等。路面性质为沥青路，道路等级为次干道。沿途有山东巨王管业有限公司、淄博方正印务有限公司等。始建时间为 2006 年，建成时间为 2006 年。

工业二路

公安街
Gōng'ān Jiē

位于县城区中部，道路走向为东西。该街是 1970 年后形成的街道，因其途经公安局而得名。起点张北路，终点东岳路，长度为 1.31 千米，宽度为 9 ～ 11 米。相交道路有张北路、兴桓路、东岳路。路面性质为沥青路，道路等级为支路。沿途有公安局、农机局、机关第二生活区等。始建时间为 1970 年，建成时间为 1982 年。

公安街

云涛街
Yúntāo Jiē

位于县城区东部，道路走向为南北。因靠近云涛古迹而得名。起点为渔洋街，终点为镇府路，长度为1.1千米，宽度16米。相交道路有渔洋街、索镇大街、镇府街等。路面性质为沥青路，道路等级为次干道。沿途有桓台东方武校、东镇小区等。始建时间为1970年，建成时间为1993年。

云涛街

学生通道
Xuéshēng Tōngdào

位于桓台县城区西部，为方便桓台一中学生行走而得名。道路走向为东西，所在（跨）行政区为少海街道。起点东岳路，终点柳泉北路，长度为1.22千米，宽度8.5米。相交道路有东岳路、少海路、柳泉北路等。路面性质为沥青，道路等级为支路。沿途有少海花园、西苑小区等。始建时间为2000年，建成时间为2013年。

学生通道

卫生街
Wèishēng Jiē

在镇南大街北。东起张北路，西至兴桓路，路长0.41千米，宽12米。沥青路面。沿路有桓台县人民医院、县防疫站、县妇幼保健站、县计划生育委员会、县军队离休退休干部休养所等单位。该路于1985年形成，因卫生系统各单位集中驻此而得名。1986年6月，经县政府批准命名为卫生街。1996年3月至2004年9月，县医院、防疫站、妇幼保健站、桓台县结核防治所、县计生委、军干所相继搬迁，只剩桓台

卫生街

县医院旧址。

北辛大街
Běixīn Dàjiē

位于乌河西，北辛庄中部，南北走向。南起镇北大街，北至镇北二路。长730米，宽8米。沥青路面，为居民区。明朝苗、周、徐、张等姓相继迁此定居，形成村落取名北新庄，后演变为北辛庄。该街为村内主要街道，故名。

炉神庙胡同
Lúshénmiào Hútóng

又名西安一巷，位于索镇西镇村南北主街。北起镇北大街，南至索镇大街，西为世纪中学，东为中心胡同（又名西安二巷）。长200米，宽12米，南北走向，为西镇村居民区。此处原为于姓义地。清乾隆年间（1736—1795）于丹符（字崇敕），在此修建炉神庙，后逐渐形成街巷，1982年命名炉神庙胡同。

炉神庙胡同

中心胡同
Zhōngxīn Hútóng

又名西安二巷，位于索镇西镇村炉神庙胡同东，处乌河西。南起索镇大街，北至镇北大街。长200米，宽15米，南北走向，为西镇村居民区。清初徐姓迁此居住，逐渐形成街巷。因处索镇大街以北，永和街以西，居民区中间，故名中心胡同。

永和街
YǒnghéJiē

处乌河西。南起索镇大街，北至镇北大街。长300米，宽14米，南北走向，为永和村主街道，该街原为古关道，曾名北头街（因处圩头顶子以北）。北首为原索镇北门—永和门，上有玄武阁，亦名北阁子。1982年命名永和街。

永安街
Yǒng'ān Jiē

处乌河西，为索镇永安村南北主街。因处索镇城墙北首永安门得名。南起索镇大街，北至镇北大街。长200米，宽15米，为永安村居民区。该处曾名东沟街，柴火市。1982年定名为永安街。

关帝庙街
Guāndìmiào Jiē

位于索镇东辛庄中部。南起索镇大街，北至镇北大街，长150米，宽5米。南北走向，为东辛村居民区。清宣统年间（1909—1911），东镇高姓移居于此，逐渐形成街巷，因街内有关帝庙，故名。

向阳街
Xiàngyáng Jiē

位于索镇一联中西侧，北与炉神庙胡同相对。北起索镇大街，南至镇南大街。长 300 米，宽 15 米。南北走向，为西镇、建国村居民区。北首属西镇村民委员会，南端属建国村民委员会。该街原名黄家胡同。据传，明朝黄姓迁此居住，故名。清咸丰年间（1851—1861），黄氏兄弟涉嫌捻军，被四合寨首所杀。因处“大寺完小”，1950 年命名为文化路。1965 年“四清”中改名向阳街。

狮子街
Shīzi Jiē

位于乌河西，处于索镇新民村北首。北起索镇大街圩头顶子，南至镇南大街。长 550 米，宽 7 米。南北走向，为新民村居民区。此街原为索镇南北交通要道，因中段有石狮一樽（又名斯天吼），故名狮子街。

大寺胡同
Dàsì Hútóng

位于乌河西，索镇一联中南侧。西起向阳街，东至狮子街。长 150 米，宽 4.5 米，南北走向，为建国村居民区。据考，明朝薛氏迁此定居，后张氏相继迁此居住，形成街巷。因紧靠大圣寺（现索镇一联中），故名。

开发区中路
Kāifāqūzhōng Lù

位于县城区中北部，道路走向为东西，因处工业一路与工业二路之间，故名为开发区中路。起点兴桓路，止点张北路，长度为 1.5 千米，宽度为 14 米。相交道路有兴桓路、张北路等，路面性质为沥青路，道路等级为次干道。沿途有山东巨明木业有限公司、桓台县电气控制设备厂等。始建时间为 2006 年，建成时间为 2006 年。

开发区中路

赵家南路
Zhàojiānán Lù

位于县城区南部，道路走向为东西，因位于赵家村南侧故名。起点张北路，终点柳泉北路，长度为 1.74 千米。宽度为 14 ～ 24 米。相交道路有张北路、少海路、柳泉北路等。路面性质为沥青路，道路等级为次干道。沿途有赵家小区、城南学校等。始建时间为 2007 年，建成时间为 2013 年。

赵家南路

赵家西路
Zhàojiāxī Lù

位于县城区南部，处于索镇赵家村西，道路走向为南北，因位于赵家村西侧故名。起点赵家南路，终点桓台大道，长度 0.61 千米。宽度 29 米。相交道路有赵家南路、桓台大道等。路面性质为沥青路，道路等级为次干道。沿途有赵家小区。始建时间为 2005 年，建成时间为 2012 年。

赵家西路

中心大街
Zhōngxīn Dàjiē

位于县城中部，道路走向为东西，因处城区中心故名。起点张北路，终点唐华路，长度 4.2 千米。宽度为 16 ～ 37 米。相交道路张北路、兴桓路、东岳路、少海路、柳泉北路、唐华路等，路面性质为沥青路，道路等级为主干道。沿途有桓台商厦、邮政局、人武部、县人大、县政协、县委、县政府、博物馆、惠仟佳、少海公园、桓台第一中学。始建时间为 2004 年，建成时间为 2013 年。

中心大街

建设街
Jiànshè Jiē

位于县城区北部，道路走向为东西，因经建设银行故名。起点柳泉北路，终点淄东铁路，长度为 6.06 千米。宽度为 20 ～ 24 米。相交道路有铁西路、乌河马家大桥、顺河路、张北路、兴桓路、东岳路、少海路、柳泉北路等。路面性质为沥青路，道路等级为主干道。沿途有桓台实验中学、桓台县地税局、西苑小区等。始

建设街

建时间为 2004 年，建成时间为 2013 年 9 月。

镇南大街
Zhènnán Dàjiē

位于县城区南部，道路走向为东西，因该街系城区南部主要街道，1982 年命名为镇南大街。起点顺河路，终点紫悦城，长度为 3.38 千米。宽度为 18 ～ 19 米。相交道路有顺河路、张北路、

镇南大街

兴桓路、东岳路、少海路、柳泉北路等。路面性质为沥青路，道路等级为主干道。沿途有桓台县第二小学、紫悦城等。始建时间为 1982 年，建成时间为 2003 年。

渔洋街
Yúyáng Jiē

位于县城区中部，道路走向为东西，因途经渔洋中学故名。起点顺河路，终点桓台二中，长度为 3.45 千米。宽度为 27 ～ 29 米。相交道路有顺河路、张北路、兴桓路、东岳路、少海路、柳泉北路等。路面性质为沥青路，道路等级为主干道。沿途有城标广场、县财政局、县审计局等。始建时间为 2005 年，建成时间为 2012 年。

渔洋街

索镇大街
Suǒzhèn Dàjiē

位于县城区东部，道路走向为东西，20 世纪 70 年代以前索镇政府及县政府职能部门沿路两侧设立，因是政治经济文化中心故名。西起百货大楼，东止铁西路，长度为 1.85 千米。宽度为 10 米。相交道路有云涛街、跨越乌河、铁

西路等。路面性质为沥青路，道路等级为次干道。沿途有桓台县世纪中学、桓台县索镇东镇小学等。始建时间为1977年，建成时间为2003年。

索镇大街

镇府大街
Zhènfǔ Dàjiē

位于县城区东部，道路走向为东西，因途经原索镇镇府故名。起点顺河路，终点张北路，长度为0.99千米。宽度为13米。相交道路有顺河路、张北路等。路面性质为沥青路，道路等级为支路。沿途有桓台县世纪中学、永和新村、西镇村、北辛村、永安村、索镇卫生院等。始建时间为2005年，建成时间为2005年。

工业街
Gōngyè Jiē

位于县城区北部，道路走向为东西，因处县工业经济开发区故名。起点张北路，终点唐华路，长度为4.5千米。宽度为24米。相交道路有兴桓路、东岳路、少海路、唐华路等。路面性质为柏油路，道路等级为次干道。沿途有县气象局、兴旺花园小区等。始建时间为1996年1月，建成时间为1996年10月。

工业街

第九章

事业、国有、民营企业名

（一）事业单位

中共桓台县委党校
Zhōnggòng Huántáixiànwěidǎngxiào

位于县城东南、渔洋街1695号，张北路以东，距县政府1.5千米。

为事业单位。1948年10月创建，初称“县学”，位于索镇东岸北首。1949年上半年迁至桓城教场，后又迁至索镇乌河东岸北首的花纱布公司。1952年6月，迁至索镇北辛庄油坊内。1956年9月，改称“党训班”，定址为索镇东镇村的高家宅。1958年10月，桓台县并入博兴县，至1961年8月，党校迁至博兴县。1961年9月，恢复桓台县制，党校迁回原址（索镇东镇高家宅）。同月，党训班改称“中共桓台县委党校”，简称“县委党校”。1992年7月，新校奠基。1994年新校交付使用。1997年，投资31.5万元建成微机室。2002年，建立了中共中央党校桓台远程教育网络。

该校占地面积1公顷，建筑面积3000平方米。内设办公室、总务处、干部业余教育处、教务处、教学研究5个职能处室。主要负责党员干部教育培训、教学科研等工作。2014年举办培训班6期，培训学员895人。

与之相连的主要道路有渔洋街、张北路。

桓台县行政服务中心
Huántái Xiàn Xíngzhèngfúwùzhōngxīn

位于县城张北路1850号，桓台城标转盘东北角，县政府东南1.5千米。属索镇街道办事处辖区。

2004年成立，属事业单位，编制7人。

占地面积1000平方米，建筑面积12000平方米。内设办公室、业务室。主要承担全县范围内各职能部门对行政许可审批事项实行集中

中共桓台县委党校

桓台县行政服务中心

受理和办理等工作。为市级文明单位。

与之相连的主要街道有渔洋街、张北路。

桓台县规划局
Huántái Xiàn Guīhuàjú

位于县城桓台大道2998号，县政府南3.6千米处。县文体中心A座五层。属少海街道办事处辖区。

原名桓台县城乡建委规划管理处。2006年8月更名为桓台县规划局。负责全县城乡规划工作，为正科级事业单位，编制20人。

办公场所面积356平方米。内设办公室、用地规划科、工程规划科、市政科、竣工验收科、行政许可科6个职能科室，主要负责编制城市总体规划及各项专业规划并报批；城市与村镇规划的组织、实施与管理；审核颁发各类规划建设许可证等工作。

2013年获全市城乡规划管理工作先进单位，2014年被表彰为市级“文明单位”。

与之相连的主要道路有桓台大道、柳泉北路、信誉路。

桓台县建筑管理局
Huántái Xiàn Jiànzhùguǎnlǐjú

位于县城兴桓路177号，转盘北0.1千米处。属少海街道办事处辖区。

1987年12月20日成立，为正科级事业单位，与桓台县建筑总公司一个班子两块牌子，归口城乡建委。1993年8月26日撤局，设建管处。1995年5月29日撤处，恢复桓台县建筑管理局。2003年8月11日，定为全额事业单位。编制19人，2014年实有20人。

办公场所（租赁）面积400平方米。设办公室、行业发展科（行政许可科）、信访科3个科室，辖建筑施工安全监督站和济南、东营、淄博、滨州4个驻外办事机构。主要负责对全县施工企业和施工队伍的资质及经营行为进行行业管理、监督、服务等工作。

桓台县建筑管理局

1985年3月5日，中共中央政治局委员、全国人大常委会委员长彭真视察桓台。县委书记徐学汉在向彭真汇报工作时，介绍了桓台建筑业的悠久历史和发展情况。彭真听后欣然应允，为桓台县题词“建筑之乡”。2014年，全县建筑业获“鲁班奖”1项、“国优工程”奖3项、创“泰山杯”12项。

与之相连的主要道路有兴桓路、渔洋街。

桓台县房产管理局
Huántái Xiàn Fángchǎnguǎnlǐjú

位于县城兴桓路800号，县政府东偏南0.2千米处，与桓台县住房和城乡建设局同址。属少海街道办事处辖区。

1988年4月成立。原名：桓台县房地产管理局。1993年8月，更名为桓台县房地产管理处。1997年8月，更名为桓台县房产管理局。局机关编制15人，为事业单位。下设住房保障中心、房地产交易中心、房屋征收管理办公室、物业管理办公室、房产饮食服务公司、房屋管理所等机构。

办公场所面积 679.4 平方米。主要负责有关房地产工作政策、法规的贯彻落实；对全县房产实行行业管理；研究拟订县房产管理规章、制度等工作。

曾获省级文明单位、作风效能建设先进单位、依法行政先进单位。

与之相连的主要道路有兴桓路、中心大街。

桓台县农业机械管理局
Huántái Xiàn Nóngyèjīxièguǎnlǐjú

位于县城公安街 399 号，县政府东 0.3 千米处。

1972 年 2 月成立。1993 年，更名为桓台县农业机械化管理中心。1995 年 5 月，恢复桓台县农业机械管理局。属事业单位。编制 36 人，2014 年实有 30 人。

占地面积 2000 平方米，建筑面积 2412 平方米。内设办公室、组织人事科、产业发展计划科、监督管理科（挂科教质量科牌子）、行政许可科，辖农业机械安全监理站、农业机械化学校、农业机械化研究所 3 个副科级事业单位。主要负责规划指导农业机械化生产、农机化服务体系建设、农机安全监理、引进推广新机具、新技术、农机销售、维修网点规划、培育农机服务市场等工作。

2006 年，建成“中国玉米收获机械化第一县”。2007 年，被农业部确定为首批“全国农机化示范区”。2008 年，被表彰为“全省农机安全‘十县百乡千村万户’示范活动示范县”。2011 年 4 月，被表彰为“全省农业机械化工作先进县”。2012 年，被农业部表彰为“全国农机安全监理‘为民服务创先争优’示范窗口”。2013 年 12 月，被省农机局评为“全省农机安全十百千万示范县”。2014 年，被省委、省政府授予“全省人民满意的公务员集体”、市级“文明单位”。

与之相连的主要道路有公安街、槐荫路、中心大街。

桓台县种子管理站
Huántái Xiàn Zhǒngzǐguǎnlǐzhàn

位于县城槐荫路 488 号，距县政府东偏南 0.16 千米处。与桓台县农业局同址。

1956 年 8 月成立，为副科级全额事业单位。

办公场所面积 30 平方米。主要负责全县农作物种子的生产和质量管理，引进、试验、示范推广农作物新品种，编制种子和推广计划，组织农作物田间现场鉴定，种子生产、经营许可证的核发及管理等工作。工作人员 8 人。服务对象为 20 万农民及 100 余家种子门店。

与之相连的主要道路有槐荫路、中心大街。

桓台县粮食局
Huántái Xiàn Liángshíjú

位于县城中心大街 333 号，县人武部西邻。

1992 年 6 月，县粮食局组建粮油总公司。1993 年，撤局保留公司。1995 年 5 月，恢复县粮食局，与公司一个机构两块牌子。1998 年 12 月，调整、成立桓台县粮食收储管理中心，为正科级自收自支事业单位。2002 年 8 月，为正科级事业单位。2006 年 8 月，撤销县粮食收储管理中心，统称“县粮食局”。2008 年 6 月，批准为参照公务员管理的正科级事业单位。编制 18 人，2014 年实有 20 人。

占地面积 2000 平方米，建筑面积 2200 平方米。设有办公室、产业发展科、财务科、粮食稽查大队、粮食质量监测站。主要负责全县粮食流通管理和县级储备粮油管理，粮食市场的宏观调控，培育和发展粮油市场，指导全县粮油市场的建设与管理；承办粮食收购和批准准入资格的审查认定；保障粮食供应；指导、协调粮油仓储体系建设和监管；粮油财务会计、统计，国有资产监管等工作。

2006年3月，被表彰为“全国粮食系统先进集体”。2012年为市级文明单位。2013年12月，被省粮食局评为“全省粮食系统产业指导考核先进集体”。

与之相连的主要道路有槐荫路、兴桓路。

山东省桓台水利建筑安装工程总公司

Shāndōng Shěng Huántái Shuǐlìjiànzhù'ānzhuānggōngchéngzǒnggōngsī

位于县城兴桓路333号。距县政府南1000米处。

1992年6月，根据1992年6月4日桓台县计划委员会《关于对桓台县水利水产局关于“桓台县水利建筑安装工程总队”改名为“山东省桓台水利建筑安装工程总公司”的请示报告的批复》成立。属事业单位。编制43人。

占地面积4000平方米，建筑面积3100平方米。主要负责水利水电工程、建筑安装、公路工程施工等工作。

为水利部企业信用AA企业、山东省水利厅“水利安全标准化二级单位”。

与之相连的主要道路有镇南大街、渔洋街。

山东桓台东岳氟硅材料产业园区管理委员会

Shāndōng Huántái Dōngyuèfúguīcáiliàochǎnyèyuánqūguǎnlǐwěiyuánhuì

位于桓台县唐山镇中心大街4号(政府机关办公大楼内)。

因所在行政区域及工作职能而得名。2006年8月成立，简称东岳产业园。为县政府正县级事业单位，编制30人，其中行政10人，全额事业20人。

设党政办公室、规划建设局、经济发展局、财政局、社会事业和农村工作局、招商局6个正科机构。主要负责代县政府综合管理园区的行政事务；拟定园区整体发展规划；园区项目申报工作；园区内土地规划，基础设施建设等。

东岳氟硅材料产业园区始建于1987年，位于唐山镇。规划面积300公顷，是亚洲氟化工高分子材料和绿色环保制冷剂生产基地。2006年8月，经国家发改委、山东省人民政府批准设立的专业化园区。是全国第一个氟硅高新技术产业园区。2014年，被省经济和信息化委员会评为“山东省循环经济示范园区”，省政府列为向国务院推荐升级为国家级开发区的8家省级开发区之一。是年，规模以上企业23家，职工8120人。实现工业总产值529亿元，完成固定资产投资52亿元。销售收入490.78亿元，利润10亿元，纳税9.8亿元。

与之相连的主要道路有寿济路、唐华路。

山东桓台东岳氟硅材料产业园区管理委员会

桓台东岳氟硅材料产业园区
Huántái Dōngyuèfúguīcáiliào chǎnyè Yuánqū

位于桓台县西部，坐落于唐山镇境内。东邻唐华路，南至寿济路，西接园区大道，北至寿平铁路。类型为开发区，级别为省级，规划（开发建设）范围是北至起马路，南至寿济路，东至唐华路，西至周荆路，设立时间为2006年8月，面积为63平方千米，其中规划面积5.65平方千米，建成区面积14.6平方千米。2006年8月，成立桓台东岳氟硅材料产业园区。因依托东岳集团形成而得名。名称沿用至今，区划隶属于唐山镇。主要产业有制造业、电力、燃气和化工、建筑业等。主要企业与产品类别为山东东岳集团，氟材料、高分子聚合物；山东万鑫轮胎有限公司，橡胶制品；山东梨花面业有限公司，农业产品；山东智汇蠕墨新材料科技股份公司，锻铸件及通用零部件、建筑工程机械；山东宝源化工股份有限公司，有机化学品。与之相连的主要道路和交通线有寿济路、唐华路。

山东省桓台经济开发区
Shāndōng Shěng Huántái Jīngjìkāifāqū

位于桓台县果里镇。东至桓台临淄县界，南抵桓台和淄博高新区交界处，西至涝淄河，北到果里大道。类型为开发区，级别为省级。成立时间为1992年12月，面积137平方千米，规划面积2.25平方千米，建成面积73平方千米。1992年12月，经山东省政府批准，设立桓台经济开发区。因所在行政区及其工作职能而得名。自成立之日起名称沿用至今；2005年7月开发区整体南迁至果里镇，与果里镇实行区镇合一、一体化运作。主要产业有石油化工、机械制造、现代物流、高档建材等。主要企业与产品类别有汇丰石化，科勒卫浴，中汇物流，所在（跨）行政区为果里镇。桓台开发区地理位置优越，交通通讯便捷，配套设施完善，投资政策优惠，连续五年被省政府评为省级先进开发区。区内按照“特区”模式进行管理和服务，实行封闭式管理，对区内企业实行“一个窗口对外，一个漏斗收费”，未经开发区管委会批准，不准任何单位、部门进区检查或收费，为进区企业营造了良好的生产和生活环境。为方便投资者，桓台开发区提供从洽谈咨询、立项审批、土地征用、规划建设到开工投产等一站式服务。重点发展以汽车零部件为主的机械加工业；以展示、仓储、配送为主的物流业及休闲娱乐等现代服务业；改造提升石油化工产业。

桓台县生态与可持续发展实验站
Huántái Xiàn Shēngtàiyǔkěchíxù fāzhǎnshíyànzhàn

位于县城西部、工业街5800号，工业街与唐华路交会处东北角，县政府西北4.8千米处。东邻顺通驾考场地，西与唐山土地管理所隔（唐华路）路相望。

2007年8月成立，为副科级全额事业单位，编制4人。

占地面积3.2公顷，建筑面积3500平方米。主要负责研究治理农业面源污染技术的研发、引进、科研成果推广应用、协调实验用地镇村关系等工作。服务对象中国农业大学学生。

该实验站已建成土壤、植物分析、微生物、信息系统等10个实验室，具备农田温室气体采集、分析、自动科研气象站、GPST系统，可进行农田生态系统的土壤、植物营养、肥料、生态、环境等多学科科学实验。

桓台县生态与可持续发展实验站

与之相连的主要道路有工业街、唐华路。

桓台县中小企业局
Huántái Xiàn Zhōngxiǎoqǐyèjú

位于县城中心大街729号，县政府对面，与桓台县国土资源局同址办公。

1984年成立。为正科级行政序列局，核定编制22名。2002年8月10日，更名为中小企业办公室，挂乡镇企业局牌子，为正科级全额事业单位。2003年8月5日恢复桓台县中小企业局，为民营经济主管部门。编制18人。

占地面积2000平方米，建筑面积500平方米。内设办公室、规划发展科、民营经济管理科、科技管理科、个体私营经济管理办公室、中小企业服务中心6个科室。主要负责全县中小企业和个体私营经济的规划、指导、监督、协调与服务等工作。

与之相连的主要道路有中心大街、兴桓路。

桓台县供销合作社联合社
Huántái Xiàn Gōngxiāohézuòshè liánhéshè

位于县城东岳路111号，县政府南2.5千米处。

1949年5月，县政府实业科设置合作指导股，负责组建和指导全县的农村合作社。同年9月17日，成立桓台县合作推进社。1950年6月更名为桓台县合作总社。1951年易名为山东省桓台县供销合作社联合社。1958年1月，县供销社与商业局合并为县商业局。同年11月，桓台、博兴两县合并，属博兴县商业局。1961年9月，桓台与博兴分县时，恢复县供销社。1970年9月，供销社、商业局、工商局合并，称“县商业局”。1975年9月1日，恢复桓台县供销合作社联合社。属全额事业单位。编制10人。

内设办公室、组织人事科、财务审计科、经济发展科、合作指导科，主要为“三农”服务。负责全县供销社的发展规划并实施，对重要农业生产资料、农产品、再生资源回收利用，并负责烟花爆竹经营的管理、农村综合服务体系建设、全县农民专业合作社发展指导与管理等工作。2014年全县供销系统销售收入13.60亿元，利税900万元。

2009年，被省供销社表彰为“安全工作目标管理”竞赛活动先进单位。2010年，为全市供销社系统先进单位。2012年，被表彰为“全省供销合作社系统先进单位”“安全工作目标管理”“竞赛活动先进单位”。

与之相连的主要道路有桓台大道。

桓台县气象局
Huántái Xiàn Qìxiàngjú

位于县城少海路1501号，距县政府2千米处。

1982年成立，其前身为1958年8月1日成立的桓台县气象站。1963年1月1日，开展地面观测业务，站址位于索镇五里庄西南。1966年4月，更名为桓台县气象服务站。1968年2月，更名为桓台县气象站。1996年1月1日，迁至索镇唐索路南五里庄东侧。2003 年 10 月 1 日，迁至现址。属事业单位，编制 7 人。2014 年，在职职工 15 人。

占地面积 2 公顷，建筑面积 1300 平方米。设气象台、防雷中心、人工影响天气办公室。主要负责气象环境探测、气象预报预警、人工影响天气、防雷安全管理、气象普法执法等工作。

2002 年，获省级"业务集体优质奖"。2004 年，被表彰为市级"文明单位"。2006 年，被省人事厅、省气象局授予"全省气象服务先进集体"。2010 年全省气象部门局务公开"示范单位"。2012 年山东省防雷安全工作"先进组织单位"。

与之相连的主要道路有兴桓路、工业街。

桓台县水资源管理办公室
Huántái Xiàn Shuǐzīyuánguǎnlǐbàngōngshì

位于县城兴桓路 1267 号，距县政府 0.2 千米处。

1987 年 4 月成立。属事业单位，编制 18 人。2014 年实有 20 人。

建筑面积 1450 平方米。内设人秘科、水管科、节水科、稽征科、监察大队 5 个科室。主要负责全县水资源的开源审批、监测评价、保护监督、计划节约用水、水资源费征收等工作。

桓台县水资源管理办公室

被省水利厅命名为"山东省水资源管理规范化建设示范县"。

与之相连的主要道路有中心大街、公安街。

桓台县信息产业局
Huántái Xiàn Xìnxīchǎnyèjú

位于县城桓台大道 2998 号，县文体中心 A 座 5 楼，距县政府西南 3.6 千米处。

2007 年 11 月成立，原名桓台县信息产业办公室，隶属县经贸局为正科级内部机构。2008 年 10 月，更名为桓台县信息产业局，调整为县政府直属事业单位。2011 年 3 月，改为由县经济和信息化局归口管理，属事业单位，编制 5 人。

办公场所面积 80 平方米。主要负责全县社会信息资源开发利用、信息网络建设、信息服务市场监管、电子行业管理、推进信息技术、改造传统产业以及企业信息化改造项目的审核申报和管理等工作。

2010 年，被表彰为"2009 年度淄博市信息产业统计工作先进单位"。

与之相连的主要道路有柳泉北路、桓台大道。

淄博市公路管理局桓台分局
Zībó Shì Gōnglùguǎnlǐjú Huántáifēnjú

位于县城兴桓路 233 号，距县政府 0.72 千米。

2000 年 9 月成立，前身为 1953 年 7 月成立的桓台县公路站。1958 年 11 月并入博兴县，桓台管理站撤销。1961 年恢复桓台县建制后，由县交通局路政股分管公路业务。1962 年 7 月，重新成立桓台县公路站。1983 年 10 月，改属桓台县政府和淄博市公路管理局双重领导。1997 年，更名为桓台县公路管理局。属事业单位，编制 78 人。

占地面积 5000 平方米，建筑面积 2565.3 平方米。内设办公室、政工科、财务科、养护科、路政科、机安科、ETC（高速公路电子不停车收费服务点）7 个职能科室，下辖周家公路站，主要负责桓台县境内国道、省道的养护、路政管理。

连续多年保持“省级文明单位”“山东省特级档案室”和淄博市“青年文明号”荣誉。

与之相连的主要道路有兴桓路、镇南大街、渔洋街。

淄博市公安局交通警察支队桓台大队车辆管理所

Zībó Shì Gōng'ān Jú Jiāotōngjǐngcházhīduì huántáidàduìchēliàngguǎnlǐsuǒ

位于县城南部张北路以西、赵家庄以东。

1987 年成立。隶属淄博市公安局交通警察支队桓台大队。

占地面积 7000 平方米，建筑面积 2000 平方米，工作人员 33 人。主要负责机动车（除进口车、大中型客货车、危化品、教练车、出租车）注册登记、转移登记、变更登记、抵押、解押登记、注销登记、补换牌证、三轮汽车及摩托车注册和年检、六年内免检签证、油改气备案、机动车档案管理；驾驶人三轮汽车、摩托车驾驶证的申领、增驾，补换领驾驶证、机动车驾驶证注销、降级，C1 以上初学、增驾驾驶证科目一考试，三轮汽车及摩托车科目一、二、三级安全文明考试。驾驶人审验、满分驾驶员学习教育培训考试、互联网面签，驾驶人档案管理。

2014 年 2 月被评为“2013 年度全市优秀公安基层单位”。

与之相邻的主要道路有张北路、桓台大道。

桓台县油区工作办公室

Huántái Xiàn Yóuqūgōngzuòbàngōngshì

位于桓台县马桥镇红辛路 546 号。

1989 年 3 月成立，原名桓台县人民政府油区工作办公室，简称“县油区办”。1990 年 3 月，更名为桓台县油区工作办公室，建制级别为正科级。1999 年，升为副县级。属县政府直属事业单位。2014 年有干部职工 45 人。

占地面积 1 公顷，建筑面积 800 平方米。设办公室、政工科、财务科、工农科、工程科、安全生产管理办公室、公司办等 7 个职能科室。辖桓台县油区稽查大队、桓台县农业现代化示范园 2 个事业单位。主要负责石油天然气综合维护费征收；油田综合开发协调；县境内石油天然气管道（不含城镇燃气管道）安全监管等工作。

1994 年，被县委表彰为“社会治安综合治理先进单位”。1998 年，被市油区办表彰为“全市油区工作先进集体”。2001 年，被县委表彰为“1996—2000 年度全县普法依法治理先进集体”。2007 年，被市委表彰为“全市扶贫开发工作先进单位”。2014 年，被市红十字会表彰为“支援四川庐山赈灾募捐工作先进集体”。

桓台县油区工作办公室

与之相连的主要道路有张田路、红辛路。

马踏湖湿地保护区管理局
Mǎtàhúshīdìbǎohùqū Guǎnlǐjú

位于桓台县起凤镇荆夏路7号，镇政府办公区院内。

2009年9月16日成立。属副县级直属全额事业单位，编制28人。办公场所面积109平方米。下设办公室、湿地保护科、规划建设科、旅游管理科、执法大队5个科室。主要负责马踏湖湿地所在乡镇的协调、综合管理、保护、开发、利用等工作。

2011年3月，国家林业局批准山东马踏湖国家湿地公园试点建设。

与之相连的主要道路有荆夏路、齐马路、少海路、唐华路。

马踏湖湿地保护执法大队

桓台县少海公园管理办公室
Huántái Xiàn Shàohǎigōngyuán guǎnlǐbàngōngshì

位于县城中心大街2088号，距县政府西1千米处。

2004年成立。属事业单位。编制7人。

公园占地面积24.5公顷，办公场所建筑面积350平方米。主要负责少海公园的日常管理和维护等工作。

与之相连的主要道路有中心大街、少海路、柳泉北路。

桓台县少海公园管理办公室

桓台县红莲湖公园管理办公室
Huántái Xià Hóngliánhúgōngyuán guǎnlǐbàngōngshì

位于县城南端，柳泉北路4955号。距县政府4.5千米。

2011年3月30日成立。2014年由县住房和城乡建设局一楼迁至现址。属事业单位，编制4人。

公园占地面积117公顷。主要是依据公园总体规划进行建设开发；负责公园设施和景观的维护、游览与娱乐项目的实施、公园内山体、水体、树木花草及环境卫生的保护、安全管理等工作。

2011年12月，荣获“山东省人居环境范例奖”。2013年9月，被旅游局授予“国家AAA

级景区”。还被授予“山东省旅游摄影创作基地”“山东省水利风景区”。

与之相连的主要道路有柳泉北路、寿济路、唐华路。

桓台县畜牧兽医局
Huántái Xiàn Xùmùshòuyījú

位于县城建设街1827号，张北路以东，距县政府1.5千米，西邻淄博市公共汽车公司桓台分公司。

2008年6月，由县畜牧业局更名为桓台县畜牧兽医局。属全额事业单位。编制74人，2014年实有68人。

占地面积4000平方米，建筑面积1229平方米。设办公室、人事信访科、生产科教科、畜产品质量安全监管科，辖县动物卫生监督所（副科）、县动物预防防控中心（副科）和8个镇动物卫生监督分所（股级）。主要负责畜牧生产、重大动物疫病防控、畜产品质量安全监管等工作。

2012年，被评为“山东省无公害畜产品认证工作先进单位”。2014年5月，被表彰为“全省畜牧兽医工作先进集体”。

与之相连的主要道路有建设街、张北路。

桓台县畜牧兽医局

桓台县信息中心
Huántái Xiàn Xìnxīzhōngxīn

位于县城建设街2550号，与县工商、县物价局同址，距县政府1千米处。

2005年5月成立，其前身为1993年7月成立的桓台报社。1998年5月，《桓台报》更名为《桓台工作》。2005年11月，与《农村大众》合作出版《桓台专刊》。2007年1月，正式更名为《桓台大众》。属新闻出版类正科级事业单位，编制28人。

办公场所面积636平方米。内设总编室、专题新闻部、社会新闻部、综合新闻部、政务网管理中心和办公室6个部室。主要负责编辑出版《桓台大众》与《少海》报刊；承办和维护桓台人民政府网站；对上对外重点新闻宣传报道等业务。特色服务有桓台APP、桓台大众微博、微信。

为“市级文明单位”“省级文明单位”。2012年1月，孤儿救助爱心团队入选2011“感动淄博”年度人物。2014年3月，“桓台大众沙龙”获淄博市优秀网络宣传创新项目。

与之相连的主要道路有槐荫路、张北路。

桓台县广播电视局
Huántái Xiàn Guǎngbōdiànshìjú

位于县城兴桓路南段399号，县政府南1千米处。

1950年冬建立桓台县收音站。1956年5月11日，建立桓台县广播站并正式播音，户号为“桓台县广播站”。1976年定名为桓台县广播事业管理局。1984年4月，易名为桓台县广播电视管理站，同年7月，更名为桓台县广播电视管理局。1993年8月，改名为桓台县广播电视中心。1995年5月，恢复桓台县广播电视局名称。隶属县委宣传部管辖，属事业单位，编制40人。

占地面积3000平方米，建筑面积1976平方米。内设办公室、总编室、新闻中心、专题部、文传中心、广告部、播音员主持人指导中心，主要负责广播、播映新闻、电视节目、新媒体服务等工作。特色服务为新闻宣传、地域文化宣传、消费指南、大型活动录制等。

1970年，被授予“全省广播工作先进单位”；1990年，被市委、市政府记“建设淄博立志立功活动集体三等功”。2000年，获市级文明单位、市级“青年文明号”。2004年，获“全省安全播出优胜台”称号。

1995年10月，国家广播电影电视部原部长艾知生、山东省广播电视厅原厅长张海涛考察桓台县广播电视工作。

与之相连的主要道路有兴桓路、镇南大街。

桓台县广播电视局

桓台县档案局（馆）

Huántái Xiàn Dàng'ànjú（guǎn）

位于县城兴桓路1000号，中心大街与兴桓路交叉路口东北角。

1958年9月成立，原名桓台县档案馆。1980年3月成立桓台县档案局，与档案馆合署办公。1984年机构改革撤局留馆，8月建立档案科，实行科（馆）合一。1985年4月恢复档案局。1993年8月撤销档案局保留档案馆。1994年7月重新恢复档案局，实行局馆合一。规格正科级，归口县委办公室，属全额财政拨款事业单位。编制11人。

占地面积1000平方米，建筑面积880平方米。内设办公室、业务指导科（加挂行政许可科牌子）、档案管理科3个科室。主要负责全县区域档案事业发展、业务指导、行政执法、行政许可、档案保管利用工作。

为桓台县爱国主义教育基地和桓台县现行文件服务中心。2008年，被评为“国家二级档案馆”。

桓台县文化体育中心

Huántái Xiàn Wénhuàtǐyùzhōngxīn

位于县城西南桓台大道2998号，柳泉北路东侧，距县政府驻地3.6千米。

2007年7月成立。属全额事业单位，编制10人。

占地面积33.9公顷，建筑面积62204平方米。设办公室（挂应急科牌子）、财务科、文化事业科、物业管理科。主要负责管理图书馆楼、大剧院楼、影视城楼、体育馆及文化体育中心广场、全民健身休闲广场及地上附属物；拟定管理区域内文化体育事业及整体发展规划；区域内楼、馆、场基础设施的管理、维护；组织统筹区域内楼、馆、场等产业发展；制定管理区域内公共场所应对突发事件的应急方案和措施，并组织实施。

2009年9月，被国家体育总局授予“国家级全民健身广场”。2011年，被命名为“省级文明单位”。

与之相连的主要道路有桓台大道、柳泉北

路、信誉路、少海路。

桓台县文化馆
Huántái Xiàn Wénhuàguǎn

位于县城西南、桓台大道2998号，文体中心B座五楼。距县政府驻地3.6千米，柳泉北路东侧。

1951年5月1日成立，最初位于索镇乌河东路北。1958年迁至路南新华书店西邻，同年年底，桓台、博兴两县合并，改称“博兴文化馆”，迁至博兴城内。1960年3月1日，名称调整为“博兴县第一文化馆”。1961年9月，桓台、博兴两县分治，复名“桓台县文化馆”。1967年迁至张北路以西（今桓台商厦位置）。1995年迁至公安街5号（原人民银行旧址）。1998年10月9日，县图书馆、县文化馆合并，名为“桓台县文化图书馆”。2001年10月16日，分设县文化馆、县图书馆，恢复桓台县文化馆。2003年12月，暂迁至建筑商城5号楼3楼。2008年9月，迁至县文体中心B座5楼。隶属桓台县文化出版局。属事业单位，编制20人。

馆舍面积3170平方米。主要负责组织群众文化活动，辅导、培训文艺骨干，指导、创作文学艺术作品，繁荣群众文化生活及非物质文化遗产保护等工作。建有多功能厅、舞蹈排练厅、模特排练室、戏曲排练室、文艺理论教室、非物质文化遗产展厅等活动室。年举办各类活动达500场次。

桓台县文化馆

2008年5月，被命名为国家“一级文化馆”。并被省文化厅授予“开门办馆，以馆带团”开创公共文化新局面：“全省公共文化服务优秀实践奖”。还获“山东省非物质文化遗产普查工作先进集体”“山东省文化系统争先创优先进集体”“市级文明单位”。

与之相连的主要道路有桓台大道、柳泉北路、信誉路。

桓台县图书馆
Huántái Xiàn Túshūguǎn

位于县城西南、桓台大道2998号，县文体中心A座。距县政府驻地3.6千米处，柳泉北路东侧。

1978年8月26日成立。早在民国35年(1946)，设立在桓城（今新城）的“民众教育馆”就开展书刊阅览活动。1951年5月，县文化馆成立。设图书阅览室。1967年8月，随文化馆由乌河东新华书店西邻迁至张北路以西（今桓台商厦位置）。1995年5月28日，迁至公安街5号（原人民银行旧址）。1998年10月9日，与文化馆合并，更名为：桓台县文化图书馆。2001年10月16日，文化、图书分设，恢复桓台县图书馆。2008年9月，迁至县文体中心内。隶属桓台县文化出版局，属事业单位，编制11人。

馆舍面积6000平方米。设有办公室、图书流通部、业务辅导部、历史文献部。主要负责文献的收集、整理、典藏、借阅；图书馆服务；开展与读书相关的培训、展览、讲座等公益活动；全县基层图书流通服务等工作。2014年藏书25万册，年接待读者15万人次。

曾被省文化厅表彰为“先进单位”。1994年，首次获“国家二级图书馆”。2010年1月，晋升为国家“一级图书馆”。同年，为山东科技大学科普课题组首批校外科普教育实验基地。2013年4月，被山东省科学技术协会授予“科普教育实验基地”。同年5月，被市委、市政府命名为“市级文明单位”。

与之相连的主要道路有桓台大道、柳泉北路、信誉路。

桓台县图书馆

桓台博物馆
Huántái Bówùguǎn

位于县城中心大街796号，县政府西邻。

因所在行政区域及业务职能而得名。1998年3月，桓台博物馆成立。属事业单位，编制10人。

占地面积1.3公顷，建筑面积6000平方米，展出面积4000平方米。内设办公室、群工部、保卫部。主要负责收藏展览文物、弘扬民族文化。文物征集、保管、陈列、展览、研究以及考古发掘等工作。年接待海内外游客13万人次。

为“淄博市爱国主义教育基地”“淄博市关心下一代教育基地”“淄博市中小学社会实践教育基地”。2010年—2014年荣获“山东省科普教育基地”称号。

与之相连的主要道路有中心大街、兴桓路、东岳路。

王士禛纪念馆
Wángshìzhēn Jìniànguǎn

位于桓台县西部、新城镇新立村村民委员会附近，距镇政府驻地1.5千米。属新城镇辖区。

为纪念历史名人王士禛而得名。1987年8月成立，初名王士祯纪念馆，隶属于县文化局，后改名为王士禛纪念馆。2014年3月，整体划转，归属王渔洋文化研究保护中心。属事业单位。

占地面积1公顷，建筑面积2600平方米。内设群工部、保卫部。主要负责有关王渔洋文物的征集、保护、学术研究、对外宣传及旅游接待等工作。年接待参观人员35万人次。

1992年，被列为省级重点文物保护单位。1995年，被评定为“山东省优秀社会教育基地”。1998年，公布为首批“山东省爱国主义教育基地”。2013年12月，忠勤祠被山东省文物局评选为2012年度“山东省博物馆、纪念馆十大精品陈列”。2014年8月，王士禛故居被山东省文物局评选为2013年度“山东省博物馆、纪念馆十大精品陈列奖”。

王士禛纪念馆书画古玩服务中心

与之相连的主要道路有张田路、新立村主道。

王渔洋文化研究保护中心
Wángyúyáng Wénhuàyánjiū Bǎohùzhōngxīn

位于县城西南、桓台大道2998号，县文体中心B座。距县政府驻地3.6千米处，柳泉北路东侧。

2014年3月成立，为县政府直属副县级全额事业单位。下设办公室、文化研究科、规划保护科、景区管理科4个正科级科室，主要负责桓台古县城及王渔洋文化的研究、保护、开发和管理工作。编制15人。王士禛纪念馆、原王渔洋故里管理处和王渔洋文化学术研究中心整体划转到该中心，保留王士禛纪念馆的事业单位法人资格和王渔洋文化学术研究中心的牌子。

2014年8月，王渔洋故居在省内200多家博物馆和纪念馆的1400多个陈列展览中脱颖而出，被评为“山东省第二届十大精品陈列奖”。

与之相连的主要道路有桓台大道、柳泉北路、信誉路。

山东省工业职业学院
Shāndōng Shěng Gōngyèzhíyè Xuéyuàn

位于桓台县果里镇张北路69号。距果里镇政府驻地2千米。

1959年成立。始称“张店有色金属学校”。其后校名先后称：五零一厂工人大学（1966—1977）、山东有色金属学校（1980—1999）、山东省工业学校（1999—2003）。2003年5月，以山东省工业学校和山东冶金职工大学为基础，组建成立“山东工业职业学院”。2005年，由张店区南定镇搬迁至桓台县果里镇。

学校占地面积35公顷，建筑面积210000平方米。设5系1部，34个专业，主要实施高职及中职教育。教职员工372人，在校学生12003人。

2009年6月，被省国资委授予“文明单位”；2012年，被省教育厅列为“特色名校建设单位”。

与之相连的主要道路有张北路。

山东省工业职业学院

山东省桓台第一中学
Shāndōng Shěng Huántái Dìyī Zhōngxué

位于县城西、中心大街2850号。与柳泉北路交会处西北侧，距县政府2.5千米。

1952年10月在桓台城区大圣寺建校，原名“桓台中学”；1956年7月，更名山东省桓台县第一中学；1958年11月，因桓台与博兴合并更名山东省博兴第三中学。1969年12月，更名为桓台县索镇中学；1978年12月，又恢复山东省桓台县第一中学。事业单位。

学校占地面积22公顷，建筑面积56000平方米。主要负责实施高中段教育，促进基础教育健康发展等工作。教职员工425人，设91个教学班，在校学生5500人。

为山东省重点中学、山东省规范化学校、山东省探究教学重点研究基地、山东省绿色学校、省级“文明单位”、全国科普教育基地。2013 年 1 月，被公安部办公厅、教育部办公厅命名为“全国消防安全教育示范学校”。同年 11 月，被省林业厅评为“山东省模范绿化单位”，被省食药局、省教育厅评为“省级餐饮安全示范单位”。2014 年为“省级文明单位”。

与之相连的主要道路有中心大街、柳泉北路。

山东省桓台第一中学

山东省桓台第二中学
Shāndōng Shěng Huántáidì'èr Zhōngxué

位于县城西、渔洋街 5166 号，柳泉北路以西路北，东邻县妇幼保健医院。

1958 年成立，坐落田庄，始称“桓台四中”。其后五易校名，先后称为“博兴七中”“桓台三中”“田庄中学”“桓台三中”，1991 年 8 月，定名为现名，2008 年 8 月由田庄镇迁至桓台县城西部。

学校占地面积 18 公顷，建筑面积 65512.8 平方米。主要负责实施高中段教育，促进基础教育健康发展等工作。教职员工 310 人，设有 72 个教学班，在校学生 4584 人。

为全国创新教育示范学校。2001 年 1 月，被山东省教育厅授予“省级规范化学校”。2007 年 12 月，被山东省精神文明建设委员会授予省级文明单位。2010 年 7 月，被省教育厅授予山东省依法治校示范学校。2011 年 7 月，被国家体育总局授予“国家体育传统项目学校”。2013 年 2 月，获教育部“全国第四届小学生艺术展演一等奖”。2014 年，为“省级文明单位”。

与之相连的主要道路有渔洋街、柳泉北路。

山东省桓台第二中学

桓台县实验中学
Huántái Xiàn Shíyàn Zhōngxué

位于县城建设街 2533 号，槐荫路东侧，距县政府东 1.2 千米。

1980 年 10 月，成立桓台县城镇学校，1984 年 2 月，更名为桓台县实验学校。1986 年 3 月 11 日，改为桓台县城镇中学。1994 年 12 月 5 日，恢复现名。是一所全日制公办初级中学，属事业单位。

学校占地面积 2.2 公顷，建筑面积 16746.7 平方米。主要负责实施初中义务教育，促进基础教育发展等工作。教职员工 173 人，设有 50

个教学班，在校学生 2828 人。

1996 年 9 月，被省教委授予“山东省规范化学校”称号。2005 年 5 月，被山东省教学研究室、山东省基础教育评估授予“山东省教学工作示范学校”。2013 年 4 月，被省体育局、省教育厅、省财政厅评为“山东省学校体育设施向社会开放单位”，同年 5 月，被市委、市政府命名为“市级文明单位”。同年 12 月，被省教育厅命名为“山东省中小学教师校长实践培训基地”，获“省级文明单位”。

与之相连的主要道路有建设街、槐荫路。

桓台县实验中学

桓台县世纪中学
Huántái Xiàn Shìjì Zhōngxué

位于县城索镇大街 1476 号，张北路和索镇大街路口东 0.3 千米路北。

1999 年在历史名校——山东省桓台县第一中学旧址成立，2000 年，正式定名为桓台县世纪中学。属事业单位。

学校占地面积 4 公顷，建筑面积 28718 平方米。主要负责实施初中义务教育，促进基础教育发展等工作。教职员工 180 人，设有 56 个教学班，在校学生 3000 人。

先后获“全国语言文字规范化学校”“全国深化实施素质教育典型学校”“全国群众体育工作先进单位”“全国特色学校”“基于云架构数字化校园全国示范校”“中国文化名校”“全国青少年创新教育实验学校”“中华吟诵示范学校”“山东省规范化学校”“山东省教育示范学校”“山东省依法治校示范校”。并获“山东省中小学首批素质教育先进单位”“山东省艺术教育工作先进单位”“山东省电化教育示范学校”等多项荣誉。

与之相连的主要道路有索镇大街、张北路。

桓台县世纪中学

桓台县渔洋中学（县教师进修学校）
Huántái Xiàn Yúyáng Zhōngxué
(Xiàn Jiàoshī Jìnxiū Xuéxiào)

位于县城东南渔洋街 1819 号，桓台城标东侧，距县政府 1.3 千米。

始建于 1964 年 10 月，相继称桓台县林业中学、农业中学、五七大学、五七红校，1980 年命名为桓台县教师进修学校；1992 年 8 月，经淄博市人民政府批准成立桓台县成人中等专业学校，与桓台县教师进修学校一校两牌；

2000年8月经桓台县人民政府县长办公会研究决定，桓台县第一职业高中（综合高中）并入桓台县成人中专；2001年6月更名为桓台县渔洋中学，与县教师进修学校一个机构两块牌子。

学校占地面积3.7公顷，建筑面积24922.8平方米。设有46个教学班，主要负责实施高中学历教育，促进教育事业发展等工作。教职员工183人，在校学生2460人。

2007年3月，被中国高等教育学会等6家单位评为“中国西部教育顾问单位”。2005年12月，被山东省教育厅评为“省级规范化学校”。2011年7月，被山东省体育局、教育厅评为“省体育传统项目学校”。2012年4月，被命名为“市级文明单位”。

与之相连的主要道路有渔洋街、张北路。

桓台县渔洋中学

淄博建筑工程学校（桓台县职业中等专业学校）

Zībó Jiànzhùgōngchéng Xuéxiào（Huántái Xiàn Zhíyèzhōngděng Zhuānyè Xuéxiào）

位于县城建设街2252号，张北路和建设街交叉路口向西0.2千米路北。

1987年7月，县建管局成立山东省索镇建筑职工中等专业学校。1990年9月山东省人民政府下发文件，改名为桓台县职业中等专业学校，归桓台县教育体育局管理。2001年7月，原桓台县第二职业高中并入桓台县职业中专。2006年更名为淄博建筑工程学校（桓台县职业中等专业学校）。属事业单位。

学校占地面积9公顷，建筑面积57000平方米。主要负责实施中等职业教育，培养技能型人才与高素质劳动者。执行国家中等职业学校专业教育教学标准，提供各种中高级岗位培训和技能鉴定等工作。教职员工207人，设有58个教学班，在校学生3300人。

2005年，学校被评定为“国家级重点中等职业学校”。2009年，被表彰为“全国教育系统先进集体”。2011年8月，被批准为“国家中等职业教育改革发展示范学校”。2012年9月，获“山东省职业教育先进集体”。2013年3月，被省建筑工程管理局评为“山东省建筑业岗位培训教学先进集体”。还获得“山东省首届教学示范学校”“山东省教科研示范学校”“山东省中等职业教育十大创业明星学校”和“省级文明单位”等荣誉。

与之相连的主要道路有建设街、张北路。

淄博建筑工程学校

桓台县实验学校
Huántái Xiàn Shíyàn Xuéxiào

位于县城建设街4756号。东靠少海路，南邻少海花园，西靠柳泉北路，北接工业路。

2005年成立。2006年8月开始招生，是一所九年制公办学校。属事业单位。

学校占地面积2公顷，建筑面积64000平方米。主要负责实施九年一贯制义务段教育教学等工作。教职员工329人。设有120个教学班，在校学生6100人。

为山东省规范化学校。2010年，被评为全国学校艺术教育先进单位；2011年，被评为山东省教学示范学校、山东省体育传统项目（足球）学校。2011年12月，获“省级文明单位”称号。

与之相连的主要道路有建设街、柳泉北路。

桓台县城南学校
Huántái Xiàn Chéngnán Xuéxiào

位于县城少海路以西，赵家西路以东，赵家南路以北，县政府南2.6千米处。

2012年成立，是一所九年制公办学校。

学校占地面积10公顷，建筑面积56123平方米。主要负责县城区南部的中、小学义务教育，促进基础教育工作。现有22个教学班，教职员工61人，在校学生1200人。学校配备了数字化史地教室、书法教室、机器人教室、3D打印室等。

与之相连的主要道路有少海路、桓台大道。

桓台县实验小学
Huántái Xiàn Shíyàn Xiǎoxué

位于县城兴桓路708号。兴桓路和中心大街交叉口以南200米东侧。

1980年10月，成立桓台县城镇学校。招收小学和初中学生。1986年6月，初中和小学分离，更名为桓台县实验小学。1987年8月，迁至现校址。属事业单位。

学校占地面积1公顷，建筑面积5695平方米。主要负责实施小学义务教育，促进基础教育发展等工作。教职员工65人，设有20个教学班，在校学生1149人。

1993年，为山东省规范化学校。1994年，获全国计算机教育先进集体、省级文明单位。1996年，获山东省首批电化教育示范学校。2006年，获省教学示范学校、山东省少先队工作规范化学校、全国“雏鹰大队”。2012年，

桓台县城南学校

桓台县实验小学

为省依法治校示范学校；2014 年，再获“省级文明单位”称号。

与之相连的主要道路有兴桓路、中心大街、卫生街。

桓台县第一小学
Huántái Xiàn Dìyī Xiǎoxué

位于县城槐荫路 1546 号。距县政府以北 1 千米处。

1988 年建校，初名为“桓台县职工子弟小学”，以桓台县水泥厂为主的 32 家企业（县城建设路以北）联合办学。1990 年县委县政府将学校收归教育局管理，更名为“桓台县城镇小学”，并列入国办学校校舍改造范畴，于 1991 年通过了省政府组织的校舍改造验收。1997 年，更名为桓台县第一小学。属事业单位，隶属县教体局管辖。

学校占地面积 1 公顷，建筑面积 7500 平方米。主要负责实施小学义务教育，促进儿童品德、智力、体质全面发展等工作。设有 23 个教学班，教职员工 72 人，在校学生 1310 人。

2008 年，获“市级文明单位”称号。2009 年 12 月，为“山东省艺术教育示范学校”“山东省绿色学校”。2010 年 12 月，被教育部授予“全国教育科学十一五规划课题实验学校”称号。2012 年 5 月，被省教育厅授予“汉字书写特色学校”称号。同年 11 月，被省教育厅授予“教学示范学校”称号。

与之相连的主要道路有槐荫路、建设街、工业街。

桓台县第二小学
Huántái Xiàn Dì'èr Xiǎoxué

位于县城镇南大街 760 号。东岳路与镇南大街交会处东侧，东邻桓台县农村信用合作联社，西邻羿景嘉园，南靠镇南大街，北接居民点。属少海街道办事处辖区。

因所在行政区域及工作职能而得名。1994 年 9 月建成招生，定名为桓台县第二小学。属事业单位，隶属县教体局管辖。

学校占地面积 5 公顷，建筑面积 12423 平方米。主要负责实施小学义务教育，促进儿童品德、智力、体质全面发展等工作。教职员工 138 人，设 46 个教学班，在校学生 2200 人。

荣获省级规范化学校、中华优秀传统文化教育全国优秀示范学校、全国传统文化教育示范学校、全国国学教育示范学校、全国教科研先进单位、全国青少年足球特色学校等多项国

桓台县第一小学

桓台县第二小学

家及省市级荣誉称号。2013 年 5 月，被市委、市政府表彰为“市级文明单位”。2014 年 4 月，被省地震局、省教育厅、省科协命名为“山东省地震科普学校”。

与之相连的主要道路有镇南大街、东岳路。

桓台县实验幼儿园
Huántái Xiàn Shíyàn Yòu'éryuán

位于县城公安街1000号。县政府北0.2千米。

1993 年 6 月 1 日由桓台县机关幼儿园迁入现址，并更名为现名。属事业单位。

占地面积 1 公顷，建筑面积 6535 平方米。主要负责为学龄前儿童提供保育和教育服务等工作。教职员工 52 人。设有大、中、小 18 个班，在园儿童 600 人。

2013 年 12 月，被北京学前教育杂志社命名为“全国家园共育实验基地”。2010 年，被山东省教育厅确定为“山东省学前教育基地”。2014 年 6 月，被省体操运动管理中心表彰为“山东省幼儿体操比赛先进单位”。2014 年 4 月，获“市级文明单位”称号。

与之相连的主要道路有公安街、兴桓路。

桓台县实验幼儿园

桓台县特殊教育学校
Huántái Xiàn Tèshūjiàoyù Xuéxiào

位于县城北部、兴桓路 3278 号。兴桓路与王徐路交叉路口东南角，距县政府 2 千米。

1998 年 1 月成立，简称桓台特教。为九年一贯制培智学校。主要负责对县内智障儿童、少年进行文化知识传授，康复训练、自理自立能力培养，生理及心理缺陷补偿，以及基本行为规范的养成教育。学校占地面积 3 公顷，建筑面积 2500 平方米，教职员工 28 人。设有 7 个教学班，在校学生 72 人。

被评为“市级规范化学校”“淄博市特殊教育先进单位”。

与之相连的主要道路有兴桓路、王徐路。

桓台县特殊教育学校

桓台县爱国卫生运动委员会办公室
Huántái Xiàn Àiguówèishēng yùndòngwěiyuánhuì Bàngōngshì

位于县城槐荫路 110 号，距县政府 1 千米处。

与桓台县卫生局同址。

1957年12月成立，初名为爱国卫生办公室。1995年8月，更名为桓台县爱国卫生运动委员会办公室。属事业单位。

办公场所面积50平方米。主要负责贯彻执行爱国卫生工作的法律法规、方针、政策，统一部署全县的爱国卫生工作，开展全县城乡社会性公共卫生管理及经常性检查，协调有关部门和组织动员群众参与爱国卫生运动，负责除四害、农村改水改厕、全民健康教育、爱国卫生达标升级等工作。

与之相连的主要道路有张北路、卫生街、镇南大街。

桓台县疾病预防控制中心
Huántái Xiàn Jíbìngyùfáng kòngzhìzhōngxīn

位于县城建设街4074号，距县政府约1.5千米。

1961年9月成立，初名桓台县卫生防疫站。2003年1月，由卫生街迁入现址。2013年3月，更名为桓台县疾病预防控制中心。属差额事业单位。

占地面积1公顷，建筑面积4200平方米。主要负责疾病预防与控制、突发公共卫生事件应急处理、信息管理、健康危害因素监测、实验室检验；健康教育与健康促进；疾病预防与控制技术指导与应用理论研究等工作。

曾先后获“全省卫生防疫工作先进集体”“市级文明单位”“山东省群众满意接种单位”。

与之相连的主要道路有东岳路、少海路。

桓台县人民医院
Huántái Xiàn Rénmínyīyuàn

位于县城南、桓台大道2198号，距县政府2.6千米。

1948年3月成立。2009年，由卫生街搬到现址。是一所集医疗、科研、教学、急救、社区服务为一体的三级乙等医院，属事业单位。2007年12月，与山东大学齐鲁医院合作办医，成立“山东大学齐鲁医院桓台分院”并挂牌。

占地面积8公顷，建筑面积100000平方米。设开放床位1200张，在职职工1145人，其中高级卫生专业技术人员100人，中级卫生专业技术人员402人。设有65个专业科室，主要从事综合医疗服务等工作。特色服务有心内科、神经内科、中医针灸等。

曾获省级文明单位、省卫生系统先进单位、省百佳医院、省富民兴鲁劳动奖状等多项荣誉称号。2013年3月，获省卫生厅“全省综合医院中医工作示范单位”和省人社厅、省卫生厅“山

桓台县人民医院

东省卫生信用档案建设优秀单位”。2014年，再获“省级文明单位”称号。

与之相连的主要道路有东岳路、张北路、桓台大道。

桓台县中医院
Huántái Xiàn Zhōngyīyuàn

位于县城兴桓路北首1919号，距县政府1.5千米。

1990年12月建院，于1998年11月由张北路以东建设街东段搬迁至现址。属事业单位。

医院占地面积4公顷，建筑面积30000平方米。主要从事医疗卫生保健服务等工作，为国办二级乙等医院。设床位500张，医护人员400人，其中主治医师140人。

2001年1月获卫生部、联合国儿童基金会、世界卫生组织“爱婴医院”称号。

与之相连的主要道路有建设街、工业街。

桓台县妇幼保健院
Huántái Xiàn Fùyòubǎojiànyuàn

位于县城西部、渔洋街5066号，距县政府2.5千米。

1953年成立。属事业单位。

医院占地面积8公顷，建筑面积44500平方米。主要为妇女儿童身体健康提供医疗保健服务，如妇女保健、儿童保健、妇女病普查、遗传病普查、产前诊断与接生、高危孕产妇筛查，并设有孕妇学校。为二级甲等医院。设床位499张，医护人员500人，其中主治医师100人。

被省委、省政府授予“儿童少年工作先进集体”称号。2013年3月，获中华全国妇女联合会“全国农村妇女‘两癌’免费检查工作先进单位”。同年12月，院内微创妇科被确定为“国家内镜综合培训基地”。

与之相连的主要道路有柳泉北路、渔洋街。

桓台县结核病防治所（县肺病专科医院）
Huántái Xiàn Jiéhébìngfángzhìsuǒ
(Xiànfèibìngzhuānkē Yīyuàn)

位于县城张北路2477号，距县政府约1.1千米。

1978年成立，属事业单位。

占地面积300平方米，建筑面积1050平方米。主要从事结核病防治工作。设床位25张，医护人员28人，其中主治医师6人。

与之相连的主要道路有张北路、卫生街、槐荫路。

桓台县精神病医院（索镇耿桥卫生院）
Huántái Xiàn Jīngshénbìngyīyuàn
(Suǒzhèn Gěngqiáo Wèishēngyuàn)

位于县城北部、宫荆路989号。距县政府6千米处。

2002年4月成立，隶属索镇街道。

占地面积1公顷，建筑面积8765平方米。主要负责医疗与预防保健和心理咨询等服务工作。设床位100张，医护人员53人。

2010年12月，获“淄博市精神卫生工作先进单位”；2012年4月，获“十一五”全省残疾人康复工作先进单位。

与之相连的主要道路有宫荆路、耿焦路。

桓台县红十字会
Huántái Xiàn Hóngshízìhuì

位于县城槐荫路110号，距县政府1千米。与桓台县卫生局同址。

1984年成立，由县卫生局代管，2008年确定正科级全额事业单位，直属县政府领导。

办公场所面积50平方米。主要负责参与救灾、救助、救护培训活动，开展干细胞、器官、遗体角膜捐献动员宣传，志愿者服务，红十字青少年活动。

2013年，被淄博市红十字会授予“遗体（器官）捐献工作先进集体”“淄博市红十字志愿者服务工作先进集体”称号。2014年，被淄博市红十字会授予“大病救助工作先进集体”“全市红十字工作先进集体”“募捐工作先进集体”称号。

与之相连的主要道路有张北路、卫生街、镇南大街。

淄博市社会福利院
Zībó Shì Shèhuìfúlìyuàn

位于桓台县果里镇张北路66号。距果里镇政府驻地2.7千米处。

1948年10月始建，其名为博山流浪儿童教养所。历经7次更名，4次迁址。20世纪80年代前，先后改称淄博市生产教养所、淄博市残老教养院、淄博市社会救济院、淄博市博山区社会救济院。1979年2月更名为淄博市社会福利院。1989年11月，由博山区迁至桓台县果里镇现址。

该院占地面积8公顷，建筑面积35345.9平方米。设有办公室、总务科、保卫科、医务科、护理科、儿童院、老人院、复退院。编制61人。主要负责收养社会弃婴、孤儿、城镇户口的“三无”对象、收治复退军人、精神病患者。

2014年6月，被民政部表彰为“残疾孤儿手术康复明天计划”先进集体。同年，被中国社会工作协会评为“最佳养老机构”。

与之相邻的主要道路有张北路。

淄博市社会福利院

桓台县老干部活动中心
Huántái Xiàn Lǎogànbùhuódòngzhōngxīn

位于县城兴桓路711号，县政府南0.1千米处。

1989年成立，隶属老干局，全额事业单位。编制9人。

占地面积2公顷，建筑面积2200平方米。

桓台县老干部活动中心

主要负责全县老干部的老年教育、文体活动和干休所的管理工作。

2014 年 2 月，被省委、省政府表彰为“全省老干部工作先进集体”。

与之相连的主要道路有中心大街、卫生街、镇南大街。

桓台县殡仪管理所
Huántái Xiàn Bìnyíguǎnlǐsuǒ

桓台县殡仪管理所

位于桓台县唐山镇后大王村东侧。

始建 1972 年，1975 年建成，初名桓台县火葬厂。2002 年 8 月，更名为桓台县殡仪管理所。为副科级自收自支事业单位。

2007 年 11 月，开始在唐山镇前大王村东侧建设，2008 年 10 月投入使用。新址占地面积 3 公顷，建筑面积 5600 平方米。主要负责全县殡葬改革、管理业务；殡葬礼仪、遗体处置、火化、骨灰寄存等工作。工作人员 7 人。

2010 年，获“全省殡葬改革先进单位”称号。2012 年，获“全国殡葬改革先进单位”称号。

（二）国有、民营企业

金家油田
Jīnjiā Yóutián

位于桓台县西北部的马桥镇和荆家镇境内，处于渤海湾盆地济阳坳陷东营凹陷的西南边缘斜坡带上。所在（跨）行政区是马桥镇、荆家镇。构成范围是北起通 14 井，东部与博兴洼陷相连，南部与鲁西隆起相邻，西以通 37 井为界。驻地位于桓台县马桥镇。主要矿产及储量（吨、立方米）：金家油田探明含油面积 23.92 平方千米、石油地质储量 6923.98 万吨。1965 年，钻探发现金家油田。以该油田所在地原名称（金家公社），得名金家油田。1965 年 9 月，钻探通 17 井电测发现 25 米油气层，同年 12 月进行油气测试，获日产 5.7 吨的工业油流；名称沿用至今。金家油田是一个集油气勘探、开发、处理和集输为一体的大型油田。1965 年 7 月，部署钻探金家油田第一口探井——通 17 井获得工业油流，标志着金家油田的发现。1982 年至 1989 年，对金家油田进行大规模钻探，发现和探明金家油田通 17、金 10 等区块，建成了年产近 10 万吨的稠油整装油田——金家油田，连续五年保持原油年产量 10 万吨以上。与之相连的主要道路或交通线：高淄路和红辛路。

铁源矿区
Tiěyuán Kuàngqū

位于桓台县城东南方向，构成范围是东至村界，西至侯卫路，南至村界，北至盛翔焦化厂；驻地在侯庄村委东侧，所在（跨）行政区是果里镇。主要矿产为铁矿石，储量为262万吨。设立时间为1994年1月，面积为0.3平方千米。1994年1月，设立淄博铁源矿业有限公司。因所在行政区域和工作职能而得名。名称沿用至今，区划隶属于果里镇。所获荣誉有全国优秀矿山、全国五一劳动奖状等；主产品铁精粉曾被国家授予金质奖章称号，2000年被国家经贸部、中国企业发展研究中心授予质量、服务、信誉AAA级品牌。与之相连的主要道路或交通线有石化路、山深路等。山东金岭铁矿贯彻科学发展观精神，把发展矿业作为工作第一要务，围绕金岭铁矿的战略目标，树立新观念，抢抓新机遇，与时俱进，适时调整发展战略，使矿山实现了可持续发展的目标，在各方面的工作中都创造了新的业绩。与之相连的主要道路或交通线：直通235省道。

国网山东桓台县供电公司
Guówǎng Shāndōng HuántáiXiàn Gōngdiàngōngsī

位于县城兴桓路1133号。南邻县委县政府，西邻新民居委会，北靠公安街。

其前身为1965年2月成立的“桓台县农业供电所”，坐落于县人民委员会西南角的两间平房。1966年10月与县水利科合并，名为“桓台县水电科”。1967年7月，在西镇征地建18间平房，同年12月迁居（即今槐荫路20号）。1970年10月，水利、电业分离，恢复初名。1972年8月，改名为“桓台县革命委员会电业局”。1980年改称“桓台县电业局”。1984年5月，改称“桓台县电业公司”。1985年复名“桓台县电业局”。1992年8月，由槐荫路迁至现址。1993年8月，又改称“桓台县电业公司”。1995年5月，又恢复“桓台县电业局”名称，与桓台县电业公司为同一单位，同时挂两块牌子。2002年11月，更名“桓台县供电公司”。2013年7月，桓台县供电公司资产划转入山东电力集团公司，成为山东电力集团公司全资子公司。简称：“国网桓台县供电公司”。下设8个职能部室，3个业务实施机构，3个集体企业，11个供电所，属国有企业。员工382人。

占地面积9168平方米，建筑面积8290平方米。固定资产6104万元。主要负责供电、售电。2014年，县境内500千伏变电站1座，220千伏变电站3座，110千伏变电站6座，35千伏变电站13座，总容量101万千伏安，10千伏（含）以上输电线路1337.36千米，售电量15.36亿千瓦时。年度上缴利税额5231万元。

连续19年保持“省级文明单位”，并获“全国职工职业道德建设先进单位”“全国五一劳动奖状”“国家一流县供电企业”。2013年10月，被省国税局、省地税局授予“纳税信用AAA企业”。2014年，评为全省同行业对标综合标杆、

国网山东桓台县供电公司

业绩标杆单位。

周边主要道路有公安街、中心大街。

中国农业银行股份有限公司桓台县支行

Zhōngguó Nóngyèyínháng Gǔfèn yǒuxiàngōngsī Huántái Xiàn Zhīháng

位于县城区、中心大街673号，北邻县委县政府，东靠兴桓路。

1980年恢复建制，名为中国农业银行。2010年更名为中国农业银行股份有限公司桓台县支行，简称农行桓台县支行。

占地面积7695平方米，建筑面积3358.8平方米，固定资产33403万元。内设6个部门，辖17个营业网点。员工252人。主要依照有关法律、行政法规，从事金融业务。2014年各项存款、贷款余额分别为70.5亿元、60.4亿元，在县内农、工、中、建“四大行”中，实现各项存款和个人存款存量、增量以及对公存款总量五个第一。年度完成利税额1818万元，拨备后利润22837万元。

该行综合考评和内控综合评价保持全市农行系统一类行，连续27年保持省级文明单位称号，先后荣获全国青年文明号、全国创建文明行业工作先进单位、全国金融系统先进基层党组织、全国纪检监察系统先进集体、全国先进基层党组织、全国农行文明单位、全国农行服务“三农”先进集体等40余项省部级以上荣誉称号。

周围主要道路有中心大街、兴桓路。

中国农业银行股份有限公司桓台县支行

中国工商银行股份有限公司桓台支行

Zhōngguó Gōngshāngyínháng Gǔfèn yǒuxiàngōngsī Huántáizhīháng

位于县城区张北路1851号，城标以北张北路西侧。

1984年11月成立，2005年10月28日改制为中国工商银行股份有限公司桓台支行。属股份制有限公司。占地面积21.3公顷，建筑面积10800平方米，固定资产28335.61万元。设办公室、公司市场营销部、小企业融资中心、个人金融业务部、风险管理部、营业部6个职能部室和第一储蓄所、惠仟佳分理处、建设街支行、唐索路支行、马桥支行5个服务网点，员工105人。主要办理人民币存款、贷款、结算业务；办理票据承兑与贴现；代理发行金融债券、代理发行、代理兑付、销售政府债券；代理收付款业务；办理理财业务；办理银行卡业务；办理贵金属业务；办理外汇存款、汇款业务；办理代客外汇买卖业务、电话银行、网上银行、手机银行业务；经中国银行业监督管理委员会或其他享有行政许可权的机构核准或备案并经上级机构授权的业务。2014年实现利润21453万元，年上缴利税额2804.55万元。

先后被表彰为总行级“先进基层党组织”“文明建设先进单位”“优质服务营业网点”“内控管理先进单位”，并获“市级文明单位”称号。

周围主要道路有张北路、兴桓路、渔洋街。

桓台县农村信用合作联社

Huántái Xiàn Nóngcūnxìnyòng hézuòliánshè

位于县城区、镇南大街380号。距县政府0.7千米。

1996年1月20日成立。属股份合作制有限公司。

占地面积6796.9平方米，建筑面积10263.6平方米，注册资本62239万元，固定资产30958万元。设有合规部、理事会办公室、党委办公室、人事综合部、财务会计部、风险管理部、电子银行部等16个职能部室和63个营业网点，员工669人。主要从事吸收公众存款；发放短期、中期和长期贷款；办理国内结算；办理票据承兑和贴现；代理发行、代理兑付、承销政府债券；买卖政府债券、金融债券；参与货币市场、从事同业拆借；提供保管箱服务；代理收付款项及代理保险业务；经中国银行业监督管理机构批准的其他业务。2014年主营业务收入64926万元，年上缴利税额7537万元。

2010年，被命名为“省级文明单位”。

桓台县农村信用合作联社

周围主要道路有兴桓路、镇南大街。

中国建设银行股份有限公司桓台支行

Zhōngguó Jiànshèyínháng Gǔfèn yǒuxiàngōngsī Huántáizhīháng

位于县城区、建设街2888号，建设街与兴桓路路口东北角。

1985年7月2日成立。其前身是1978年10月成立的中国人民建设银行桓台县支行，1996年3月，更名为中国建设银行桓台县支行，2004年9月，股份制改建后启用中国建设银行股份有限公司桓台县支行。简称“建行桓台支行”。

占地面积4365平方米，建筑面积5038平方米，固定资产17312万元。内设两部两室3个分理处（包括对公业务部、个人业务部、办公室、营业室、少海路分理处、中心街分理处和东岳路分理处），员工90人。主要办理人民币储蓄存款、贷款、结算业务，办理结汇、售汇业务，及总行在中国人民银行批准的业务范围内授权的业务，外币储蓄等。年度完成利税13178万元。

主要经营领域包括公司银行业务、个人银行业务和资金业务，为客户提供多种产品和服务（如基本建设贷款、住房按揭贷款和银行卡业务等），在中国银行业居于市场领先地位。连续7年被省建行评为全省建行20强县（市）支行，先后被总行授予全国“模范职工之家”和“百佳理财中心”称号。2014年，获“省级文明单位”称号。

周围主要道路有兴桓路、建设街。

中国银行股份有限公司桓台支行

Zhōngguóyínháng Gǔfènyǒuxiàn gōngsī Huántáizhīháng

位于县城区、兴桓路456号，与桓台县农村信用社隔路相望。

1988年12月5日成立。属国有企业。

占地面积1936平方米，建筑面积1671平方米，注册资本1200万元，固定资产197万元。内设业务发展部、营业部和少海路支行，员工54人。主要依照有关法律、行政法规，从事批准的金融业务。2014年业务收入12068万元，年度完成利税额4740万元。

获全省系统内县级支行综合考评第一名。

周围主要道路有兴桓路、镇南大街。

中国银行股份有限公司桓台支行

中国农业发展银行桓台县支行

Zhōngguónóngyèfāzhǎnyínháng Huántái Xiàn Zhīháng

位于县城区、东岳路189号。

1996年12月成立。由兴桓路中段（人行院内）迁至现址。属国有农业政策性银行。

占地面积1662平方米，建筑面积945平方米，固定资产386万元。内设办公室、客户部、会计结算部3个部室，员工18人。主要依照有关法律、行政法规，从事批准的金融业务。2014年业务收入4579万元，年度完成利税额1456万元。

被省农发行评为先进单位。

周围主要道路有东岳路、兴桓路。

齐商银行股份有限公司桓台支行

Qíshāngyínháng Gǔfènyǒuxiàn gōngsī Huántáizhīháng

位于县城区、东岳路1251号。

2002年1月12日成立。属国有控股企业。

占地面积1103平方米，建筑面积10996平方米。内设办公室、会计结算部等部门，员工57人。主要依照有关法律、行政法规，从事批准的金融业务。2014年业务收入16738万元，年度纳税总额1211.71万元。

周围主要道路有渔洋街、镇南大街。

齐商银行股份有限公司桓台支行

中国邮政集团公司山东省桓台县分公司

Zhōngguó Yóuzhèngjítuángōngsī Shāndōng Shěng Huántái Xiàn Fēngōngsī

位于县城区、中心大街 166 号，东邻俪都精品街，西靠槐荫路。

1999 年 7 月 7 日成立。曾用名桓台县邮政局。属国有企业。

占地面积 5201.52 平方米，5349.8 平方米，注册资本 113 万元，固定资产 1115.42 万元。内设综合办公室、市场经营部、综合服务平台办公室 3 个职能部室，下设集邮营业部、函件广告营业部、发投营业部、零售营业部、电子商务营业部、分销营业部、金融营业部、保险理财营业部 8 个经营单位，辖新城、唐山、田庄、陈庄、马桥、荆家、起凤、邢家、耿桥、索镇、侯庄、果里、周家 13 处农村支局，中心大街、建设街、公园街 3 处城市支局，1 处山东工业职业学院支局。共有城乡投递段道 43 条，投递里程总长 2012.8 千米。从业人员 193 人，其中合同用工 58 人，劳务用工 95 人，非全日制用工 23 人，业务外包 17 人。员工 57 人。主要从事邮务类业务、代理金融类业务。2014 年，实现邮政业务收入 3196.2 万元万元，邮政储蓄余额达到 10.9 亿元，销售理财、保险、国债等理财产品 1.74 亿元。业务收入 3016.06 万元，年度完成利税额 498 万元。

荣获“省级消费者满意单位”称号。被淄博市政府评为“和谐企业”。

周围主要道路有中心大街、槐荫路、张北路。

中国电信股份有限公司桓台分公司

Zhōngguódiànxìn Gǔfènyǒuxiàn gōngsī Huántáifēngōngsī

位于县城区、中心大街 166 号。

2008 年 9 月 17 日成立。简称：桓台电信。属国有控股企业。

占地面积 530 平方米，建筑面积 530 平方米。内设综合部及 5 个支局：员工 49 人。主要从事移动电话、宽带接入、固话服务等工作。年度业务收入 2400 万元。

2008 年 10 月，被省消协评为“山东省消费者满意单位”。

周围主要道路有张北路、槐荫路。

中国电信股份有限公司桓台分公司

中国移动通信集团山东有限公司桓台分公司

Zhōngguóyídòngtōngxìnjítuán Shāndōng yǒuxiàngōngsī Huántáifēngōngsī

位于县城区、城标转盘东侧 1688 号。

2002 年 3 月 2 日成立。简称：桓台移动。

属国有企业。

占地面积 8000 平方米，建筑面积 700 平方米。内设综合部、业务运营部、集团客户服务中心、建设维护部、城区代理服务中心 5 个部室，下辖城区营业厅 3 处、乡镇营业部 7 处。员工 121 人。主要业务在市级分公司经营范围内开展经营活动。业务收入 1.5 亿元，年度完成利税额 7000 万元。

获淄博市消费者满意单位。

周围主要道路有张北路、渔洋街。

中国移动通信集团山东有限公司桓台分公司

中国联合网络通信有限公司桓台县分公司

Zhōngguóliánhéwǎngluòtōngxìn Yǒuxiàngōngsī Huántái Xiàn Fēngōngsī

位于县城区、张北路 1750 号，城标东侧，距县政府 1.2 千米。

2004 年 3 月 25 日成立，简称：桓台联通。属信息传输类企业。

占地面积 1.5 公顷，建筑面积 8360.3 平方米，固定资产 11255 万元。属台港澳分公司。设综合部、自有渠道中心、社会渠道中心、集团客户中心、财务部等部门，辖索镇、起凤、耿桥、荆家、马桥、新城、田庄、陈庄、唐山、邢家、果里、周家、侯庄 13 个营销片区，员工 174 人。主要从事通信业务，在市级分公司经营范围内开展经营活动。业务收入 9268.5 万元，年度上缴利税 316 万元。

获省级文明单位、富民强县劳动奖状、山东省消费者满意单位、山东省工人先锋号、山东联通巾帼文明岗、集团公司先进基层党组织、振兴淄博劳动奖状等荣誉。

周围主要道路有张北路、渔洋街。

中国联合网络通信有限公司桓台县分公司

中国人民财产保险股份有限公司桓台支公司

Zhōngguó Rénmíncáichǎnbǎoxiǎn Gǔfèn yǒuxiàngōngsī Huántáizhīgōngsī

位于县城区、建设街 3206 号，距县政府 0.9 千米。东邻县检察院，西连县教体局。

2003 年 9 月 11 日成立。公司简称“中国人保财险”。前身是 1949 年 10 月 20 日成立的中国人民保险公司，属中央直属企业。桓台支公司隶属于中国人民财产保险股份有限公司淄博市分公司。曾用名桓台人保财险。属国有控股企业。

占地面积4512平方米，建筑面积2607.8平方米，固定资产342万元。设经理室、办公室、营业一部、二部、三部、四部、营销一部、二部、出单中心桓台分部、理赔中心桓台分部10个部室，下设起凤、马桥、果里、新城、田庄5个营业服务部，共有员工67人。主要经营财产保险、机动车辆保险、货物运输保险、责任保险、信用保险、保证保险、人身意外伤害保险、短期健康保险等业务。2014年累计承担风险保障金额167.5亿元，利润1281万元，上缴税额720万元。

获“全国青年文明号”“金牌服务示范窗口单位”。

周围主要道路有建设街、兴桓路。

中国人民财产保险股份有限公司桓台支公司

桓台宾馆有限公司

Huántáibīnguǎn Yǒuxiàngōngsī

位于县城区、中心大街288号。距县政府0.3千米处。

1981年5月10成立。原为桓台县委县政府接待处。2002年，由山东东岳集团接管，2005年实施企业改制。属住宿和餐饮类企业。占地面积1.3公顷，建筑面积3万平方米，注册资本617万元，固定资产5716万元。内设财务等部室，员工288人。主要从事住宿、餐饮等经营。业务收入4339万元，年度完成利税额154万元。

周围主要道路有兴桓路、张北路。

桓台县万泉供水有限公司

Huántái Xiàn Wànquángōngshuǐ Yǒuxiàngōngsī

位于县城区、镇南大街218号。西靠兴桓路，距县政府0.8千米。

1981年3月成立。2002年12月，改制为桓台县万泉供水有限公司。属国有企业。

办公楼占地面积2451.2平方米，建筑面积1946.46平方米，注册资本445万元，固定资产2721万元。内设行管中心、供水公司、经贸公司、客服公司、工程公司5个分公司，共25个中层科室，水厂2座。有员工147人。主要从事城乡集中供水。年产值1479万元。

2014年，在保持“省级文明单位”“省级消费者满意单位”“‘万泉供水 情系万家’省级服务品牌”“淄博市劳动关系和谐企业”等荣誉的同时，还被确定为“山东省服务业标准化试点单位”。公司编撰《万泉供水诗词学会集》，收入诗词181首，获山东省“齐鲁诗教先进集体”。

桓台县万泉供水有限公司

周围主要道路有兴桓路、槐荫路、张北路。

桓台县春源热力有限公司
Huántái Xiàn Chūnyuánrèlì Yǒuxiàngōngsī

位于县城渔洋街商学路交会处，县计生局南邻。

1993年成立。始称桓台县热力公司，2001年9月，改制为桓台县春源热力有限公司，简称春源热力。属国有控股企业。

占地面积9200平方米，建筑面积3400平方米，注册资本600万元，固定资产6971万元。内设办公室、技术科、经营科、财务科4个科室，有职工245人。主要从事供热设施建设、换热站及管网检修等。2014年换热站数57个，供热面积达460万平方米，用户3.65万户。业务收入8757万元。

周围主要道路有渔洋街、镇南大街。

淄博津滨燃气有限公司
Zībó Jīnbīnránqì Yǒuxiàngōngsī

位于县城区兴桓路2533号，距县政府1.5千米。

1999年4月成立。始称淄博华燊燃气有限公司，是由滨海投资（天津）有限公司与桓台经济开发区劳动服务公司成立的一家合作企业。2010年12月，更名为淄博津滨燃气有限公司。

占地面积4696平方米，建筑面积1168平方米，注册资本2500万港元，固定资产1806万元。内设市场管理部、工程技术部、生产运行部、安全管理部、财务部、综合办公室，有职工51人。主要从事燃气设施建设、燃气供应、管网检修等。2014年有主管网长48113米，庭院管网197367米，城区管道天然气用户49500户。年产值5190万元，年度完成利税额318万元。

周围主要道路有兴桓路、工业街。

淄博津滨燃气有限公司

桓台县恒星城建综合开发有限公司
Huántái Xiàn Héngxīng Chéngjiàn zōnghékāifā Yǒuxiàngōngsī

位于县城区、兴桓路800号。东邻康乐巷，南依县实验小学，西临兴桓路，北临中心大街。

1988年5月成立，原名桓台县城乡建设综合开发公司。1999年10月改制，更名为桓台县恒星城建综合开发有限公司。属房地产开发、销售类企业。

占地面积8330平方米，建筑面积400平方米，注册资本2000万元，固定资产1014万元。设办公室、销售科、售后科、施工科、财务科，员工33人。主要从事房地产开发，购销建筑材料。年产值5000万元，年度完成利税278万元。

周围主要道路有卫生街、中心大街。

淄博银亿置业有限公司
Zībó Yínyìzhìyè Yǒuxiàngōngsī

位于县城区北部、工业街588号。东邻县消防大队，南临工业街，西邻县安监局，北接兴旺村。

2008年4月18日成立。属私营有限责任公司。

占地面积3206.9平方米，建筑面积1300平方米，注册资本3000万元，固定资产188万元。设办公室、财务部等部室，员工70人。主要从事房地产开发、销售，钢木材、装饰材料、塑料制品的销售等。年产值51000万元，年度完成利税4170万元。

为“淄博市纳税500强企业”“诚信房地产开发企业”“山东省三上企业统计工作规范化五星级单位”。

周围主要道路有工业街、东岳路、兴桓路。

桓台县富丽房地产开发有限公司
Huántái Xiàn Fùlì Fángdìchǎnkāifā Yǒuxiàngōngsī

位于县城张北路2708号。

2004年7月9日成立。属有限责任公司。

开发面积3800平方米，建筑面积89900平方米，注册资本2000万元，固定资产2000万元。下设办公室、财务部，员工21人。主要经营房地产开发、销售。年产值5000万元，年度完成利税额600万元。

周围主要道路有张北路。

淄博天煜置业有限公司
Zībó Tiānyùzhìyè Yǒuxiàngōngsī

位于县城中心大街2277号。东邻五里小区，南邻兰春园，西临柳泉北路，北靠少海公园。

2003年11月21日成立。属有限责任公司。

占地面积201.9平方米，建筑面积936平方米，注册资本5180万元，固定资产5180万元。设有办公室、技术部、设计部、财务部等科室，员工48人。主要从事房地产开发、经营、租赁、建筑安装等，年产值3亿元，年度完成利税2380万元。

获山东省房地产开发综合实力50强、山东省青年文明号、山东省文明诚信民营企业、山东省消费者满意单位、淄博市房地产开发综合实力20强、淄博市诚信房地产开发企业、淄博市房地产综合开发先进单位等荣誉。

周围主要道路有中心大街、柳泉北路。

淄博海圣房地产开发有限公司
Zībó Hǎishèng Fángdìchǎnkāifā Yǒuxiàngōngsī

位于县城区、少海路南首310号。东邻国税宿舍，南临桓台大道，西邻桓台县文体中心，北临信誉路。

2005年10月27日成立。属有限责任公司。

开发面积14.3公顷，建筑面积200000平方米，办公用房4800平方米，注册资本2000万元，固定资产232万元。设有办公室、财务部等科室，员工29人。主要从事房地产开发、经营等。年产值3000万元，年度完成利税额430万元。

2003年度被省评为建筑施工安全文明小区，淄博市房地产开发企业综合实力20强。2011年被评为淄博市依法纳税先进单位。

周围主要道路有桓台大道、信誉路。

山东鑫矩建工有限公司
Shāndōng Xīnjùjiàngōng Yǒuxiàngōngsī

位于县城区、工业街666号。

1982年3月成立。公司占地面积1385.4平方米，总资产2.68亿元，固定资产1.1亿元，注册资本10168万元，设有办公室、财务部、市场经营部、综合管理部、人力资源部、质量管理部、安全环保管理部、生产技术计划部及9个分公司，职工3600人。主要从事建筑施工。年产值15.168亿元，年度利税额3562万元。

2013荣获“第三批全国建筑业绿色施工示范工程”。2014年荣获山东省建筑工程质量“泰山杯”奖。

周边主要道路有工业街、张北路。

中央储备粮淄博直属库
Zhōngyāngchǔbèiliángzībó Zhíshǔkù

位于县城区、镇府街200号，距县政府2.5千米处。

1980年12月20日成立。1992年10月，被国家粮食储备局正式命名为“山东桓台国家粮食储备库”，2001年3月19日，国家计委等五部委联合下发了《关于划转部分粮库为中国储备粮管理总公司直属库的通知》（计综合〔2001〕361号），正式划转直属库，并更名为“中央储备粮桓台直属库”。2005年1月，经中储粮山东分公司批准更名为中央储备粮淄博直属库。属仓储类国有独资企业。

占地面积7.8公顷，建筑面积49752.5平方米。注册资本2668万元，固定资产6037万元。下设仓储管理科、综合人事科、业务经营科、财务会计科、高青分库等部门，员工56人，2014年实有职工63人。主要经营粮食收购，粮食、饲料、钢材、家电、日用百货、建筑材料、化肥批发零售等。年产值8267万元，年度上缴利税698万元。

2010年，被国家粮食局授予“全国粮油仓储规范化管理先进企业”。2006—2011年连续被山东分公司表彰为“仓储管理工作先进单位”“仓储精细化管理工作先进单位”。2013年，被中储粮总公司表彰为“中储粮总公司先进集体”。连续多年被评为“市级文明单位”“山东省粮食诚信企业”“中国农业发展银行黄金客户”。

周围主要道路有铁西路、镇府街。

山东省桓台县电影发行放映公司
Shāndōngshěng Huántáixiàn Diànyǐngfāxíngfàngyìng Gōngsī

位于县城区、桓台大道2998号，文体中心B座二楼，距县政府3.6千米处。

前身为1956年成立的桓台县电影放映队，坐落于索镇乌河西岸云涛古迹南250米处。1975年1月，更名为桓台县电影管理站，为自收自支事业单位。1983年1月，更名为山东省桓台县电影发行放映公司。属全民所有制企业。

公司设有行政办公室、财务科、业务办公室等科室，职工14人。主要负责实施农村公益电影放映工程，剧院、影视城的经营、维护。曾荣获“全国农村农林科教电影汇映月活动先进单位”“山东省第三届农业科教电影‘千片进村’活动先进集体”等荣誉。2007年，在全市率先实施农村电影“2131”工程。2013年6月，被中国电影家协会等部门联合确定为“公益电影主题系列文化活动暨‘百花放映情系基层’放映实施单位”。

周围主要道路有柳泉北路、少海路、信誉路。

山东新华书店集团有限公司桓台分公司

Shāndōng Xīnhuáshūdiànjítuán Yǒuxiàngōngsī Huántáifēngōngsī

位于县城区、索镇大街1639号。张北路以东，距县政府0.8千米，张北路以东。

前身是1947年5月成立的山东省渤海新华书店索镇三分店；1958年全国新华书店体制变更，改称为山东省桓台县新华书店；2012年，山东省新华书店改制，更名为山东新华书店集团有限公司桓台分公司，属国有股份制企业。

占地面积5927平方米，建筑面积4082平方米，注册资本61.4万元，固定资产392.5万元，内设综合办公室、人事财务科、业务科3个职能科室，下设教材科、中心门市部、红莲湖书店，员工32人。主要经营图书、图片、音像制品、文化用品等。年度营业收入2941.5万元。

周围主要道路有索镇大街、张北路。

淄博盈华置业有限公司惠仟佳购物广场

Zībó Yínghuázhìyè Yǒuxiàngōngsī Huìqiānjiāgòuwùguǎngchǎng

位于县城区中心大街1650号，县政府西1千米，东邻澳门风情园，西连少海公园。

2006年4月11日成立，简称惠仟佳，其谐音“惠千家”，寓意惠及千万家庭。

占地面积4公顷，建筑面积4万平方米，注册资本2200万元，固定资产1806万元，设办公室、财务、营销等部门，员工1300人，主要经营服装、一般商品批发、零售，食品销售，物流配送（限制类商品除外）等。2014年销售收入30105万元，年度利税额1060万元。

周围主要道路有少海路、东岳路、建设街。

山东巨明机械有限公司

Shāndōng Jùmíngjīxiè Yǒuxiàngōngsī

位于桓台县城北张北路253号。

1997年5月30日成立。其前身为1970年成立的地方国营企业——桓台县制锹厂。1992年5月，名为淄博制锹厂。1993年8月，改为山东淄博制锹厂股份有限公司。1997年5月，更名为淄博市巨明机械有限公司。2003年7月改为现名。2010年在果里镇建新办工厂区。

公司占地面积30公顷，建筑面积13861平方米，总资产4亿元，设有办公室、财务、生产、销售等部门，辖巨明车辆贸易有限公司（属果里镇辖区）。有职工680人。主要研发、制造、销售小麦机、玉米机、大豆杂粮机、水稻机、油菜机、青储机、拖拉机、花生机等自主创新系列产品80个品种。2014年，生产销售各种收割机1万台，销售收入53928万元，利润3600万元，纳税1248万元。

山东巨明机械有限公司

2012 年 11 月，“巨明”商标获“中国驰名商标”。巨明品牌荣获“2013 中国用户喜爱的农机品牌”“中国用户最喜爱的玉米收获机械十佳品牌”“全国用户满意农机品牌”。

周边主要道路有张北路、205 国道。

山东巨明车辆贸易有限公司

Shāndōng Jùmíngchēliàng màoyì Yǒuxiàngōngsī

位于桓台县城北张北路 253 号。属果里镇辖区。

因所在行政区域及产品类型而得名。2004 年 8 月 19 日成立。为有限责任公司。

公司占地面积 3 公顷，建筑面积 12000 平方米，注册资本 300 万元，设有办公室、财务、销售、采购等部门，有员工 18 人。主要销售工程机械、农业机械、汽车、钢材、轻钢结构、机动车检测、机动车资料查询、对比鉴定喷刷牌号等。年产值 24000 万元，年度完成利税额 580 万元。为市级重合同守信用单位。

周边主要道路有张北路、巨明路。

山东巨明车辆贸易有限公司

淄博大桓九宝恩皮革集团有限公司

Zībó Dàhuánjiǔbǎoēnpígé jítuán Yǒuxiàngōngsī

位于桓台县张北路 4546 号和 56 号。厂址在索镇街道办和果里镇两个辖区。

2000 年 8 月 21 日成立。取“桓”为“大”之意，“九”为数中之最大，“宝恩”取自“香港国际宝恩有限公司”而得名。属制造类三资企业。下设淄博宝恩家私有限公司、淄博宝恩皮具有限公司、淄博杰乐宝恩生物科技有限公司 3 家子公司。其前身为 1954 年建立的——桓台县制革厂，属集体所有制企业。从建厂到现名的沿革过程是：1954 年～ 1958 年，桓台县皮革手工业联合社；1958 年～ 1961 年，博兴县制革厂；1961 年～ 1963 年，桓台县制革厂；1963 年～ 1974 年，桓台县皮革社；1974 年～ 1988 年，桓台县皮革厂；1988 年～ 1993 年，桓台县制革总厂；1993 年～ 1999 年，东方皮革（集团）股份有限公司；2000 年～ 2006 年，淄博大桓九宝恩制革有限公司。

占地面积 7.4 公顷，建筑面积 21706.2 平方米，总资产 14.5 亿元，辖制革、家私、皮具、杰乐明胶、深圳、齐家、碧桥 7 个子公司，建有院士工作站、博士后科研工作站、省级企业技术中心、省级皮革工程技术研究中心、省级工业设计中心。员工 1206 人。主要生产销售皮革及皮革制品；与皮革及皮革制品生产相关的原材料、包装材料、机械设备和备品备件；明胶以与其相关的原材料的销售及进出口业务等。2014 年，主导产品沙发革产量 6173 万平方英尺，销售收入 134796 万元，纳税 3347 万元。

公司是中国制革专业委员会主席单位。为国家级工业化和信息化深度融合示范企业、山东省劳动关系和谐企业、淄博市纳税百强企业等。“宝恩”牌牛皮革获山东省名牌产品。

周围主要道路有张北路。

山东爱亿普环保科技有限公司
Shāndōng Àiyìpǔhuánbǎokējì Yǒuxiàngōngsī

位于桓台县城索镇东前毕庄。属索镇街道办事处辖区。

因所在行政区域及产品而得名。爱亿普来源于“air ewwpment protecte(大气环境保护)”首字母AEP简称，富含公司所从事行业，也有致力环保事业，热爱亿万普众之意。2013年1月30日成立。属有限责任公司。

占地面积7500平方米，建筑面积1200平方米，注册资本1500万元，固定资产1500万元。设有办公室、销售部、财务部，员工30人。主要生产SCR烟气脱硝脱二噁英催化剂，环保产品、环保装备工程设计、施工、维护，货物进出口等。年产值3600万元，年度完成利税额298万元。

淄博市创新500强企业、中国创新创业大赛山东省10强。

周围主要道路有205国道、寿济路。

山东鹏程特种陶瓷有限公司
Shāndōng Péngchéngtèzhǒng táocí Yǒuxiàngōngsī

位于桓台县索镇前毕庄，距索镇4千米处。

2009年成立。属有限责任公司。

占地面积9600平方米，建筑面积1500平方米，注册资本1500万元，固定资产1500万元。下设办公室、财务、销售等部门，员工79人。主要生产、销售导电陶瓷蒸发舟、氮化物陶瓷材料及其制品、硼化物陶瓷材料及其制品、高性能结构陶瓷材料及其制品、新型功能陶瓷材料及其制品，来料加工热压烧结及其制品、真空镀膜辅助材料。年产值3254万元，年度完成利税318万元。

为省高新技术企业、淄博创新500强企业、5S管理样板企业、国家功能陶瓷产业试点重点企业。

周围主要道路有205国道，寿济路。

山东云涛家纺有限公司
Shāndōng Yúntāojiāfǎng Yǒuxiàngōngsī

位于桓台县城北、少海路2122号。距索镇3.3千米处。

1994年成立。前身为1954年6月由益都盛铁厂、永久铁厂、同兴油坊、逯家庄炉房四家合并的同兴铁厂。1956年1月，与亚东铁厂、新建铁厂和惠民实业公司公私合营，名为公私合营索镇铁厂，厂址在索镇东北马家庄。1956年9月，迁至索镇槐荫路东、镇北大街北侧，名索镇铁厂。1958年，改名矿山机械厂。1960年，改名惠民地区轴承厂。1962年，与桓台县轴承厂合并，称桓台县拖拉机修配厂，1965年，改名桓台县农机修配厂。1981年，企业转产，更名为桓台县针织厂。1984年1月，更名桓台县毛巾厂，同年8月，更名淄博第五毛巾厂。1994年，更名为山东云涛家纺有限公司。2004年6月1日，由城区内迁至现址。属纺织类企业。

占地面积10.7公顷，建筑面积10000平方米，注册资本1000万元，固定资产1000万元。设财务、销售、生产等部门，员工1600人。主要加工、销售毛巾、浴巾、毛巾被、浴衣、服装、机绣制品、床上用品，货物进出口。年产量800

吨，产值5000万元，年度完成利税额500万元。

公司产品荣获“中国名牌”“山东名牌”，云涛商标荣获“山东省著名商标”。公司先后荣获“山东省制造业信息化示范企业”“山东省出口创汇先进企业”“山东省外向型百强企业”、中国保护消费者基金会授予的“消费者信得过单位”等荣誉称号。

周围主要道路有少海路、205国道。

山东云涛家纺有限公司

淄博聚荣实业集团有限公司
Zībó Jùróngshíyèjítuán Yǒuxiàngōngsī

位于桓台县城中心大街633号，距县政府0.2千米处。

因所在行政区域及取其董事长名字中取的“荣”（辈分）字加实体而得名。始创于1980年，初名索镇新民机械修配组，后更名为桓台县水电暖锅炉安装公司，又改为桓台县聚荣实业有限公司。2003年10月，定名淄博聚荣实业集团有限公司。属民营企业。

占地面积9.3公顷，建筑面积35000平方米，注册资本1118万元，固定资产10300万元。公司下设桓台县聚荣建材有限公司、桓台县聚荣门窗有限公司、桓台县聚荣建工有限公司、淄博聚荣房地产开发有限公司、山东聚荣置业有限公司、淄博天龙地基工程有限公司（香港合资）、聚荣宾馆等企业，员工1200人。主要经营建工、门窗、房地产开发等项目。2014年产值3.2亿元，年度完成利税额3500万元。

淄博聚荣实业集团有限公司

公司先后获得淄博市纳税先进单位、山东省青年文明号、省级双百佳文明诚信私营企业、山东省文明诚信民营企业等荣誉称号。1995年，在全省首家成立民营企业党支部。1996年，加入中国对外贸易促进委员会成为创始会员。

周围主要道路有中心大街、兴桓路、东岳路。

淄博气宇空调节能设备有限公司
Zībó Qìyǔkōngtiáojiénéng shèbèi Yǒuxiàngōngsī

位于桓台县城南部，张北路738号。

2005年3月30日成立。为有限责任公司。

占地面积2.5公顷，建筑面积15000平方米，注册资本1000万元，固定资产1000万元。员工30人。主要经营空气能量回收换热装置设备、新风换气机组、低温中央空调、温控器及温通空调生产、销售、安装，机械加工。年生产能力10万台套，年产值3000万元，年度完成利税额300万元。

获中国质量认证中心ISO19001-2015质量

淄博气宇空调节能设备有限公司

管理体系证书、实用新型专利、建筑工程节能认证证书、环境管理体系认证证书、质量健康安全管理体系认证证书。

周围主要道路有赵家南路、张北路。

桓台县烟草专卖局（营销部）
Huántái Xiàn Yāncǎozhuānmàijú (Yíngxiāobù)

位于县城区张北路2086号。距县政府1.2千米处。

1982年11月成立。其前身为1956年初建的桓台县烟草公司。1958年，改名索镇烤烟厂。1961年，改名桓台县供销社烟棉部。1964年，改名桓台县烟棉公司。1983年，烟、棉分开经营，12月划归淄博市烟草分公司，名为桓台县烟草支公司。1995年，名为东方烟草（集团）有限公司桓台分公司。2000年，名为山东淄博烟草有限公司桓台分公司。2004年更名为桓台县烟草专卖局（营销部）。属国有企业。

占地面积7170平方米，建筑面积5080平方米，员工70人。主要从事烟草营销、卷烟市场的打假打私，维护卷烟市场秩序等。2014年销售收入43494万元，年度完成利税额8672万元。

周围主要道路有镇南大街、渔洋街。

淄博信誉楼百货有限公司
Zībó Xìnyùlóubǎihuò Yǒuxiàngōngsī

位于县城区南、张北路1373号。距县政府1.5千米处。属索镇街道办事处辖区。

2004年12月1日注册成立。属批发零售类企业。隶属黄骅总部信誉楼百货集团有限公司。

占地面积2.1公顷，建筑面积39215.7平方米，注册资本1000万元。设综合办公室、财务、市场经营等部门，员工1000余人。主要经营百货、食品、服装、图书、音像制品、文化用品等。营业收入39016万元，年度完成利税额2457万元。

周围主要道路有张北路、信誉街。

淄博信誉楼百货有限公司

山东东洋泰工艺品有限公司
Shāndōng Dōngyángtàigōngyìpǐn Yǒuxiàngōngsī

位于县城东外环、火车站北0.5千米处。

2004年12月3日成立。属有限责任公司，中外合资企业。

占地面积2.6公顷，建筑面积8000平方米，注册资本500万元，固定资产700万元，下设宋家等3家分公司，员工400人。主要经营柳（木）、草藤、苇、纸绳制工艺品及宠物用品、玩具、纺织品、皮革制品、陶瓷制品加工等。2014年实现销售收入14744万元，利润120万元，纳税145万元。

公司先后通过ISO9001：2008、ISO14001：2004及SA8000及社会责任管理体系认证，为首批市级工业设计中心，被市政府评为2014年度农业产业化市级重点龙头企业。

周围主要道路有铁西路、淄东铁路。

山东毕氏生态农业有限公司
Shāndōng Bìshìshēngtàinóngyè Yǒuxiàngōngsī

位于桓台县城东外环、寿济路765号，距索镇东3千米。

2006年3月9日成立。属批发零售类企业。

占地面积152公顷，建筑面积2280平方米，注册资本5090万元，设财务、销售等部门，员工100人。主要经营养殖品、农产品等。年产值1亿余元，年度完成利税额2560万元。

为淄博市龙头企业、淄博市都市农业示范园、淄博市绿色协会示范基地。

周围主要道路有寿济路。

山东汇丰石化集团有限公司
Shāndōng Huìfēngshíhuàjítuán Yǒuxiàngōngsī

位于桓台县果里镇石化南路88号，距镇政府东南1千米处。

成立于1992年，原名桓台县实验厂。2002年，更名为淄博汇丰石油化工有限公司；2010年，更名为山东汇丰化工有限公司；2011年，更名山东汇丰石化集团有限公司。是一家以生产高品质汽油、柴油、液化石油气、丙烯、硫磺为主导产品的现代化石油化工企业集团。

占地面积133.2公顷，建筑面积800000平方米，固定资产280000万元，总投资110亿元。设有党群办，安全部，集团办，调度室，员工1800人。主要生产、销售汽油、柴油、液化石油气、丙烯、丙烷石油焦硫磺等产品。年综合加工能力1300万吨。2014年，职工2020人，生产汽油86.78万吨、柴油167.67万吨、液化气33.78万吨，销售收入246亿元，利润1.8亿元，纳税1亿元。

连续10年跻身“中国化工行业500强”。2014年，位列第36位，并获“淄博市功勋企业”“富民兴鲁劳动奖状”等荣誉称号。

周围主要道路有淄东铁路、205国道、张北路。

山东汇丰石化集团有限公司

淄博德信联邦化学工业有限公司
Zībó Déxìnliánbānghuàxué gōngyè Yǒuxiàngōngsī

位于桓台县果里镇东南方向，石化北路3号。

2005 年 4 月 22 日成立，为有限责任公司。

公司占地面积 6.8 公顷，建筑面积 16000 平方米，注册资本 3570 万元，固定资产 15000 万元。设有办公室、财务、销售等部门，员工 220 人。主要生产、销售聚醚多元醇及聚氨酯新材料：聚醚多元醇年产量 14.5 万吨，水性树脂、聚氨酯软硬泡组合聚醚、环氧乙烷、氢氧化钾、正磷酸、丙烯等化工产品。2014 年，公司完成工业总产值 18.1 亿元，产品销售收入 15.6 亿元，纳税 1148 万元。

获山东省名牌产品、淄博市诚信企业。

周围主要道路有 205 国道、803 省道。

淄博海益精细化工有限公司
Zībó Hǎiyìjīngxìhuàgōng Yǒuxiàngōngsī

位于桓台县果里镇东南方向 1 千米处。

2004 年 11 月 12 日成立，为有限责任公司。

占地面积 4 公顷，建筑面积 27000 平方米，注册资本 8000 万元，固定资产 9000 万元。设有办公室、安全部、销售科、财务等部门，员工 77 人。主要生产、脱丙液化气、丙烯、甲基叔丁基醚、顺丁西二酸酐、液化石油气，货物及技术进出口。年产值 12000 万元，年度完成利税额 9500 万元。

周围主要道路有张北路、石化路。

淄博海益精细化工有限公司

山东公路重交沥青有限公司
Shāndōng Gōnglùzhòngjiāo lìqīng Yǒuxiàngōngsī

位于桓台县果里镇东南方向 1 千米处。

2004 年 9 月 28 日成立。为有限责任公司。

占地面积 6.2 公顷，建筑面积 47000 平方米，注册资本 10000 万元，固定资产 120000 万元。设有调度室、安全科。员工 37 人。主要加工、销售沥青、燃料油、蜡油、渣油、润滑油基础油、柴油、石脑油。年产值 102000 万元，年度完成利税额 8200 万元。

周围主要道路有张北路（803 省道）、石化路。

山东凯胜电子股份有限公司
Shāndōng Kǎishèngdiànzǐgǔfèn Yǒuxiàngōngsī

位于桓台县果里镇太极路 51 号。

2008 年 9 月 2 日成立。为股份有限公司。

占地面积 6000 平方米，建筑面积 2400 平方米，注册资本 5000 万元，固定资产 5000 万元。设有办公室、财务、销售、采购等部门，员工 60 人。主要生产、销售集成电路卡芯与模块、计算机软硬件，技术开发、服务，集成电路及相关产品的设计、研究、开发与利用，承接 IC 卡应用工程，货物、技术进出口。年产值 8000 万元，年度完成利税额 1500 万元。

周围主要道路有张北路（803 省道）、泰山路。

山东盟诚集团有限公司
Shāndōng Méngchéngjítuán Yǒuxiàngōngsī

位于桓台县果里镇泰山路 30 号。

2008 年成立。为有限责任公司。

占地面积 20 公顷，建筑面积 100000 平方米，固定资产 33323 万元。设有办公室、财务、销售、采购等部门，员工 659 人。主要生产、销售漆包线、配电箱、电力变压器等。年产值 374817 万元，年度完成利税额 10925 万元。

周围主要道路或交通线有张北路（803 省道）、泰山路。

山东华泰轴承有限公司
Shāndōng Huátàizhóuchéng Yǒuxiàngōngsī

位于桓台县果里镇太极路 39 号。属果里镇辖区。

“华泰”寓意企业像泰山一样屹立于中华。1998 年 7 月 1 日成立，为有限责任公司。

占地面积 4.5 公顷，建筑面积 18000 平方米，注册资本 7008 万元，固定资产 6000 万元。设有办公室、财务、销售公司等部门，员工 200 人。主要加工、锻造、销售轴承、轴承配件、轴承毛坯、工程类毛坯、汽车零配件，加工、维修机械，购销机电产品，货物进出口。年产值 43442 万元，年度完成利税额 4824 万元。

周围主要道路有张北路（803 省道）、泰山路。

山东华瑞道路材料技术有限公司
Shāndōng Huáruìdàolù cáiliàojìshù Yǒuxiàngōngsī

位于桓台县果里镇东南，石化路 15 号。

“华瑞”取中华祥瑞之意。2000 年 1 月 20 日成立。为有限责任公司。

占地面积 7.4 公顷，建筑面积 3500 平方米，注册资本 10000 万元，固定资产 10000 万元。设有办公室、财务部、销售部、加工厂等部门，员工 50 人。主要生产加工沥青产品、防水和环保材料、商品混凝土等建筑材料及材料施工设备，经营沥青、妥尔油、基础油、石油焦、燃料油等，钢材、钢绞线、水泥、砂石料的储存及批发。年产值 30000 万元，年度完成利税额 1000 万元。

周围主要道路有张北路（803 省道）、石化路。

山东华瑞道路材料技术有限公司

山东博丰利众化工有限公司
Shāndōng Bófēnglìzhònghuàgōng Yǒuxiàngōngsī

位于桓台县果里镇经济开发区（济青高速公路北侧），东靠淄东铁路线，南依济青高速公路、西临 803 省道。

“博丰利众”寓意企业博大、利于广大群众。为有限责任公司。

占地面积 2.8 公顷，建筑面积 12000 平方米，注册资本 5000 万元，固定资产 10579 万元。设有安全科、生产分厂、技术科、供销公司、保卫科、物流公司、财务科、行政科，员工 190 人。主要生产、销售复合肥料、复混肥料、盐酸、硫酸、磷酸、氟化铝、氟化氢、氟石膏、冰晶石等。年产值 34440 万元，年度完成利税额 7669 万元。

“氟特优”牌氟化铝，“鲁植”牌复合肥被市技术监督部门评为“质量信得过产品”和“消费者满意产品”。“鲁植”牌复合肥获得“山东省名牌产品”“山东省著名商标”等荣誉称号。

周边主要道路有张北路、济青高速公路。

山东博丰利众化工有限公司

淄博科丰化工有限公司
Zībó Kēfēnghuàgōng Yǒuxiàngōngsī

位于桓台县果里镇经济开发区（济青高速公路北侧），东临淄东铁路线，南临济青高速公路，西临 803 省道。属果里镇辖区。

因所在行政区域加嘉言及产品类型而得名。2003 年 2 月 17 日成立。为有限责任公司。

占地面积 2.8 公顷，建筑面积 12000 平方米，注册资本 1098 万元，固定资产 10579 万元。设有安全科、生产分厂、技术科、供销公司、保卫科、物流公司、财务科、行政科，员工 190 人。主要生产、销售硫酸。年产值 2825 万元，年度完成利税 1337 万元。

周边主要道路有张北路、济青高速公路。

淄博太极工业搪瓷有限公司
Zībó Tàijígōngyètángcí Yǒuxiàngōngsī

位于桓台县果里工业园泰山路 100 号。

1995 年 4 月 28 日成立，为责任有限公司。

淄博太极工业搪瓷有限公司

占地面积 17 公顷，建筑面积 110000 平方米注册，资本 4100 万元，固定资产 4100 万元。设有办公室、制造车间，员工 300 人。主要制造、销售工业搪瓷、化工设备、化工产品、建筑材料、陶瓷产品等。年产值 30000 万元，年度完成利税额 2000 万元。

周围主要道路有太极路、泰山路、聚荣东路。

淄博建龙化工有限公司
Zībó Jiànlónghuàgōng Yǒuxiàngōngsī

位于桓台县果里镇建龙路 100 号。

“建龙”，寓意企业腾飞如龙。2002 年 1 月 1 日成立，为有限责任公司。

占地面积 4.7 公顷，建筑面积 9869 平方米，注册资本 2000 万元，固定资产 9072.5 万元。设有行政、管理、财务、生产、技术、工程、采购、销售等部门，员工 175 人。主要生产、销售硫酸等化工产品，利用余热发电，货物进出口等。年产值 46945 万元，年度完成利税额 9869 万元。

获市科学技术进步奖、尊师重教先进单位、节能降耗先进企业、重合同守信用企业等荣誉。

周围主要道路有 803 省道、205 国道。

山东长江粮油仓储机械有限公司
Shāndōng Chángjiāngliángyóu cāngchǔjīxiè Yǒuxiàngōngsī

位于桓台县果里镇北、侯庄路 6373 号，距镇政府驻地 1.5 千米处。

建于 1992 年。1999 年 12 月，由粮食局三产企业改制为民营股份制企业。

占地面积 7 公顷，建筑面积 36000 平方米，注册资本 6000 万元，固定资产 4000 万元，员工 389 人。主要生产、销售粮油机械设备、粮食通风设备、粮食储存设备、环流熏蒸设备、粮情检测设备、烘干设备环保设备等产品。年销售收入 3 亿元，年度完成利税 3000 万元。

公司在同行业中，率先通过了 IS9001、ISO14001、GB/T28001 质量、环境和健康安全管理三体系认证。获国家级“守合同重信用企业”“全国科技创新型企业”“中国十佳粮机品牌”“国家科技技术奖”“山东省粮办工业三十佳”“市长质量奖”等荣誉。建有“华夏粮仓博物苑”。

周围主要道路有张北路、果里大道、侯庄路。

淄博建龙化工有限公司

桓台县长江国粮机械有限公司

山东万宝鑫精密管业有限公司
Shāndōng Wànbǎoxīnjīngmì guǎnyè Yǒuxiàngōngsī

位于桓台县果里镇泰山路 30 号。

2010 年 7 月 12 日成立，为有限责任公司。

占地面积 20 公顷，建筑面积 100000 平方米，固定资产 33323 万元，员工 659 人。主要生产 钢管。年产值 374817 万元，年度完成利税额 10925 万元。

周围主要道路有张北路、泰山路。

山东长丰机械设备制造有限公司
Shāndōng Chángfēngjīxièshèbèi zhìzào Yǒuxiàngōngsī

位于桓台县果里镇南部，张北路 150 号，距镇政府驻地 2.5 千米处。

“长丰”寓意企业长久丰盛发展。2007 年 1 月 30 日成立。为有限责任公司。

占地面积 5.2 公顷，建筑面积 13553 平方米，注册资本 2100 万元，固定资产 6870 万元。设办公室，制造车间，员工 35 人。主要从事机械设备、钢模板制造等。年产值 20820 万元，年度完成利税额 1308 万元。

周围主要道路有泰山路、春光路、太极路。

山东华伟银凯建材有限公司
Shāndōng Huáwěiyínkǎijiàncái Yǒuxiàngōngsī

位于桓台县果里镇政府东南部、和济路 8 号。1986 年成立。为股份制企业。

占地面积 2.3 公顷，建筑面积 4234 平方米，注册资本 5025 万元，固定资产 3500 万元。设有营销部、安环办、财务部、技术部、科研所、行政人事部，员工 96 人。主要生产、销售混凝土外加剂。年产值 18000 万元，年度完成利税额 1796 万元。

设有山东名牌院士工作站。

周围主要道路有泰山路、和济路。

山东华伟银凯建材有限公司

山东世通公路建设有限公司
Shāndōng Shìtōnggōnglùjiànshè Yǒuxiàngōngsī

位于桓台县果里镇泰山路 278 号，距离镇政府 1 千米处。

1999 年 12 月 13 日成立。为有限责任公司。

占地面积 6 公顷，建筑面积 8078 平方米，注册资本 31500 万元，固定资产 13420 万元。设办公室、财务、销售等部门，员工 300 人。主要经营公路工程、市政工程及其相关工程建设的施工管理。年产值 35068 万元，年度完成利税 525 万元。

周围主要道路或交通线侯庄路、义和路。

山东世通公路建设有限公司

淄博雷法耐火材料有限公司
Zībó Léifǎnàihuǒcáiliào Yǒuxiàngōngsī

位于桓台县果里镇义和路 30 号。

2006 年 9 月 22 日成立。为有限责任公司。

公司占地面积 13 公顷，建筑面积 123389 平方米，注册资本 12000 万元，固定资产 1200 万元。设有办公室、财务、销售部门，员工 140 人。主要生产、销售氧化铝耐火材料和其他耐火材料，各类耐火材料及其模具、原材料、包装材料、机械设备和备件，提供相关研发和技术服务等。2014 年，有职工 145 人，主产耐火砖 33907 吨、耐火水泥 244 吨，工业总产值 1.41 亿元，销售收入 1.36 亿元，利润 1738 亿元，纳税 1390 万元。

周围主要道路有张北路、石化路。

淄博雷法耐火材料有限公司

淄博华联盛建陶有限公司
Zībó Huáliánshèngjiàntáo Yǒuxiàngōngsī

位于桓台县果里镇工业园泰山路 48 号。

2003 年 5 月 27 日成立。为有限责任公司。

占地面积 8.6 公顷，建筑面积 52000 平方米，注册资本 598 万元，固定资产 4600 万元。设办公室、财务、销售等部门，员工 210 人。主要生产、销售墙地砖、包装制品。年产值 7200 万元，年度完成利税 260 万元。

周围主要道路张北路、和济路。

淄博华联盛建陶有限公司

淄博海顺锌业有限公司
Zībó Hǎishùnxīnyè Yǒuxiàngōngsī

位于桓台县果里镇工业园泰山路东。

2005 年 8 月 2 日成立。为有限责任公司。

占地面积 35 公顷，建筑面积 12000 平方米，注册资本 1000 万元，固定资产 800 万元。设办公室、财务、销售等部门，员工 18 人。主要生产、销售氧化锌。年产值 3900 万元，年度完成利税额 100 万元。为全市守合同、重信用企业。

周围主要道路张北路、泰山路。

淄博海顺锌业有限公司

桓台县鸿润汽车配件有限公司

Huántái Xiàn Hóngrùnqìchē pèijiàn Yǒuxiàngōngsī

位于桓台县果里镇周荆路南段 2 千米路西。

2002 年 5 月 20 日成立。为有限责任公司。

占地面积 3333.3 平方米，建筑面积 2200 平方米，注册资本 1000 万元，固定资产 445 万元。设办公室、财务部、安全生产部、技术开发部、物资供销部、信息化部等部门，员工 32 人。主要制造、销售汽车配件、半轴套管、陶瓷阀门、陶瓷缸套、陶瓷复合材料、活性炭、固液催化剂、五金、建材、塑料制品。年产值 2600 万元，年度完成利税额 150 万元。为农引山东省乡行“AA”信用企业，市清协企业信用官方协会“诚信示范单位”。

周围主要道路有周荆路、寿济路。

桓台县鸿润汽车配件有限公司

山东德信皮业有限公司

Shāndōng Déxìnpíyè Yǒuxiàngōngsī

位于桓台县果里镇西部闫家庄 6 组 118 号，距镇政府驻地 7.7 千米处。

2003 年 6 月 30 日成立。为有限责任公司。

占地面积 13.6 公顷，建筑面积 53402 平方米，注册资本 3500 万元，固定资产 7618 万元。设有办公室，财务，销售部。员工 1000 人。主要生产、销售皮革及其制品等。年产成品皮革 140 万张，2014 年，有职工 1050 人，销售收入 89051 万元，利润 5643 万元，纳税 2900 万元。

为中国皮革协会副理事长单位、山东省皮革协会副理事长单位。并获中国皮革协会 AAA 级企业、淄博市百强企业、淄博市创新成长型企业称号。

山东德信皮业有限公司

周围主要道路有205国道、238省道。

淄博鑫基模板科技有限公司
Zībó Xīnjīmóbǎnkējì Yǒuxiàngōngsī

位于桓台县果里镇交警队北邻。

“鑫”象征多金，寓意公司兴旺发达。2009年2月10日成立。为有限责任公司。

占地面积4662平方米，建筑面积1998平方米，注册资本1000万元，固定资产1000万元。设业务部、财务部、生产部。员工37人。主要研发、生产、销售钢模板、金属构件、电气设备。年产值3679万元，年度完成利税750万元。

2010年通过了ISO9001质量管理体系认证，2011年被山东省工商行政管理局授予“守合同重信誉企业”称号。

周围主要道路有张北路、侯庄路。

山东创尔沃热泵技术股份有限公司
Shāndōng Chuàng'ěrwòrèbèng jìshù Gǔfènyǒuxiàngōngsī

位于桓台县果里镇泰山路288号。

2004年8月23日成立。为股份有限公司。

占地面积3.3公顷，建筑面积8000平方米，注册资本10000万元，固定资产21156万元。主要生产、销售节能环保制冷设备、热泵设备、空调设备、暖通设备、通风设备、净化设备、加热设备、换热设备、太阳能收集装置、常压锅炉、溴化锂冷水机、机械装置研发等。年产值22992万元，年度完成利税额4964万元。

获山东省节能奖及中国热泵集成等品牌。

周围主要道路有张北路、果里大道。

山东黄河龙集团有限公司
Shāndōng Huánghélóngjítuán Yǒuxiàngōngsī

位于桓台县果里镇张北路205号。距县政府5千米。

2003年1月10日成立，为有限责任公司。其前身为始建于1924年的私人企业，字号“强恕堂酒店”。1945年转为国营企业，改名为山东省烟酒公司胶济区公司索镇烟酒总公司。下设侯镇、丁夏、焦桥、周村、朱台、淄川等分店。1957年，更名为山东索镇酒厂。改制后，取山东黄河龙集团有限公司。

公司占地面积11公顷，建筑面积58000平方米，注册资本4000万元，固定资产3.5亿元

山东创尔沃热泵技术股份有限公司

山东黄河龙集团有限公司

设办公室、财务部、销售公司等。员工 537 人。主要生产、销售白酒、配制酒。年产量 8400 吨，2014 年销售收入 3.29 亿元，利润 2543 万元，纳税 3068 万元。

1922 年，晚清举人王国锡以书斋“强恕堂”命名酿酒作坊，是中国著名的白酒酿造基地，山东省最早和连续不断生产时间最长的白酒企业，其酿造技艺列入山东省政府非物质文化遗产保护项目。“强恕堂”获全国首批“中华老字号”。“黄河龙”获“中国驰名商标”。并获“百强企业”等荣誉。2013 年，“强恕堂酒”获国家地理标志保护产品认证。

周围主要道路有张北路。

山东高泰建工有限公司
Shāndōng Gāotàijiàngōng Yǒuxiàngōngsī

位于桓台县果里镇张田路以南。

“高泰”寓意企业发展像泰山一样屹立凌云之顶。1996 年 4 月 18 日成立。曾用名：淄博桓台周家建工实业有限公司，为有限责任公司。

占地面积 3600 平方米，建筑面积 1230 平方米，固定资产 3158 万元。员工 120 人。主要承接建筑工程、钢结构工程等，年产值 30000 万元，年度完成利税额 800 万元。

施工的张店区公共租赁住房 2# 楼荣获“山东省安全文明示范工地”称号。

周边主要道路有张田路、205 国道。

山东天齐汽车博览园
Shāndōng Tiānqíqìchēbólǎnyuán

位于桓台县果里镇柳泉北路以西、205 国道以南。

2011 年 3 月成立，由山东天齐置业集团股份有限公司、山东天齐创业投资有限公司共同出资兴建。

占地面积 14.8 公顷，建筑面积 50 万平方米，注册资本 8000 万元，固定资产 29 亿元。设办公室、招商部、财务部等部门，员工 1300 人。主要经营汽车综合交易、汽车美容服务、二手车交易、汽车销售、车辆评估、维修、性能检测代办汽车落户手续，承办展览展示等。年产值 50 亿元，年度完成利税额 2 亿元。

为中国汽车流通协会有形汽车市场分会理事单位，获山东省著名商标、全国“安康杯”竞赛优胜班组等。

周边主要道路有柳泉北路、205 国道。

山东天齐汽车博览园

山东钢铁集团淄博张钢有限公司
Shāndōnggāngtiejítuán Zībó Zhānggāng Yǒuxiàngōngsī

位于桓台县果里镇石化路 9 号。属果里镇辖区。

因所在行政区域及产品类型而得名。1958 年 4 月建厂，1959 年四宝山联合炼钢厂和张店铸造厂并入。1965 年建轧钢车间，1966 年恢复炼钢生产，命名为山东张店炼铁厂。1971年山东冶金材料试验厂并入，更名张店钢铁厂。2006年初启动整体搬迁改造工程，由张店区金晶大道176号（企业本部）东侧迁入现址。隶属山东钢铁集团有限公司。

占地面积133公顷，建筑面积65万平方米，注册资本80亿元，固定资产3.5亿元。主要经营钢材（热轧圆钢、热轧带肋钢筋、高速线材）、钢坯、生铁、矿石、矿粉、石灰石、冶金炉料、矿渣微粉、冶金设备制造安装、发电及房地产开发。设办公室、招商部、财务部等部门，2014年在岗职工3898人。拥有100万吨高强度棒材生产线1条，2乘60万吨高速线材生产线2条，120吨转炉2座，135m^3，高炉1座，40万吨矿渣微粉生产线1条，冶金机械加工制造设备若干台套。主要设备年生产钢材220万吨，矿渣微粉40万吨，机械加工制造能力3万吨，全年生产生铁127.84万吨、粗钢146.22万吨，实现产值41.89亿元，销售收入66.73亿元，利润13574万元，纳税1316万元。

公司属国家大型钢铁企业，全国地方重点骨干钢铁企业之一，ISO9001质量体系认证企业，获全国钢铁工业先进集体。2014年，获全省冶金行业节能减排竞赛优胜单位。

周边主要道路有石化路、张北路。

山东鸿嘉置业有限公司
Shāndōng Hóngjiāzhìyè Yǒuxiàngōngsī

位于桓台县果里镇黄山路399号。

“鸿嘉”寓意志存高远，前景美好。2001年2月22日成立，为有限公司。

占地面积2.8公顷，建筑面积15249平方米，注册资本29000万元，固定资产4900万元。设办公室、财务、销售等部门，员工50人。主要经营房地产、建筑、装饰、装修材料等。年度纳税额3000万元。获安康辅助工程贡献奖。

周围主要道路有柳泉北路、果里大道。

淄博桓荣置业有限公司
Zībó Huánróngzhìyè Yǒuxiàngōngsī

位于桓台县果里镇柳泉北路南首西侧、珠江路123号、齐韵韶苑小区内。属果里镇辖区。

2010年11月，由山东创业房地产开发有限公司投资成立山东创业房地产开发有限公司桓台分公司。2012年4月，公司名称由山东创业房地产开发有限公司桓台分公司更名为淄博桓荣置业有限公司。为责任有限公司。

占地面积200平方米，建筑面积520平方米，注册资本2000万元，固定资产2000万元。设有综合科、工程科、营销科、财务科、售后服务科。员工17人。主要从事房地产开发、销售；房屋租赁；建筑及装饰材料、建筑机械（不含九座以下乘用车）销售。营业收入3亿元，年度完成利税额1698万元。

2014年度房地产开发企业信用等级为AA级。

周围主要道路有柳泉北路。

桓台县粮食储备库
Huántái Xiàn Liángshíchǔbèikù

位于桓台县唐山镇宋店，寿济路南15829号。

1999年6月4日成立，属桓台县粮食局直属国有粮食企业。

占地面积1.8公顷，建筑面积3520平方米，注册资本183万元，固定资产917万元。设业务科、财务科。员工5人。主要经营粮食收购，粮油储备等。年储粮油1万吨。

周围主要道路有寿济路、唐华路。

桓台县粮食储备库

东岳集团有限公司
Dōngyuèjítuán Yǒuxiàngōngsī

位于桓台县唐山镇工业路 1399 号，距镇政府 2 千米处，北靠东岳高分子厂区，东邻东岳研究院。

1987 年创建，2007 年在香港上市。

公司占地面积 565 公顷，建筑面积 454547.8 平方米，有山东东岳化工有限公司、山东东岳高分子材料有限公司、东岳氟硅材料有限公司、华夏神舟新材料有限公司、山东东岳有机硅材料有限公司等 8 个子公司和 3 个研发中心。总资产 100 亿元。主导产品为绿色环保制冷剂、有机氟材料及有机硅材料等，规模分别是 30 万吨、7.5 万吨和 20 万吨，是杜邦、大金三菱、海尔、海信、格力、美的、长虹等国内外著名企业供应商，是亚洲规模最大的氟硅材料生产基地、中国氟硅行业的龙头企业。2014 年，公司职工 6831 人，实现销售收入 234.4 亿元，利润 7.9 亿元，纳税 5.72 亿元。

为“省级文明单位”。并荣获优秀供应商，山东国际知名品牌，中国专利山东明星企业。2006 年 10 月，获“山东省高新技术企业”。2007 年 9 月，获“国家火炬计划重点高新技术企业”。2010 年 1 月，获“中国专利山东质量企业”。2013 年，荣获“全国就业与社会保障先进民营企业”。同年，还评为“中国优秀品牌企业”。2014 年，集团拥有国家级企业技术中心、博士后工作站、泰山学者岗位等。

周围主要道路有滨博高速、寿济路。

山东东岳化工有限公司
Shāndōng Dōngyuèhuàgōng Yǒuxiàngōngsī

位于桓台县唐山镇工业路 1399 号，距镇政府 2 千米处，北靠东岳高分子厂区，东邻东岳研究院。

1996 年 11 月 18 日成立，属东岳集团子公司。为有限责任公司。

占地面积 9.2 公顷，建筑面积 143593.7 平方米，注册资本 34000 万元，固定资产 34000 万元。设后勤部及车间计 33 个部门机构，员工 1500 人。主要生产绿色制冷剂系列产品、1 1-二氟乙烷、硫酸、盐酸、氯二氟甲烷、氟化氢、氟化氢铵、二氯乙烷、氟硅氨、氢氟酸、1 1 1-三氟乙烷、二氟氯乙烷、氯乙烯、二氟甲烷、四氟乙烷、聚氟乙烯等。年产值 344460.8 万元，年度完成利税额 8193.5 万元。

山东东岳化工有限公司

荣获优秀供应商、山东国际知名品牌、中国专利山东明星企业、省级文明单位等荣誉。

周围主要道路有滨博高速、寿济路。

山东东岳高分子材料有限公司
Shāndōng Dōngyuègāofēnzǐ cáiliào Yǒuxiàngōngsī

位于桓台县唐山镇工业路1707号。

2001年11月30日成立。属外资企业。

占地面积35.5公顷，建筑面积65441.5平方米，注册资本34000万元，固定资产64230万元。设生产部、研究所、保养中心及八大车间。员工1226人。主要研发、生产聚四氟乙烯、四氟乙烯、六氟丙烯、五氟乙烷、八氟环丁烷、氢氟酸、硫酸、全氟离子交换膜、七氟丙烷、盐酸、甲醇、碳化钙、过氧化氢、三氟甲烷、二氯甲烷、氢氧化钙溶液等。年产值167323万元，年度完成利税35987万元。

荣获山东省重点高新技术企业，国家火炬计划重点高新技术企业，山东省质量奖。并先后承担了支持计划，国家火炬计划重点项目及省市多项重大科研攻关项目。

周围主要道路有唐华路。

山东东岳氟硅材料有限公司
Shāndōng Dōngyuèfúguīcáiliào Yǒuxiàngōngsī

位于桓台县唐山镇工业路3166号。

2004年3月5日成立。属东岳集团子公司，股份制企业。

占地面积20.7公顷，建筑面积85500平方米，注册资本40000万元，固定资产4000万元。员工1000人。主要经营一氟甲烷、二氟甲烷、三氟甲烷、液碱。年产值168523万元，年度完成利税29865万元。

周围主要道路有寿济路、唐华路。

山东华夏神舟新材料有限公司
Shāndōng Huáxiàshénzhōu xīncáiliào Yǒuxiàngōngsī

位于桓台县唐山镇工业路1908号。

2004年7月1日成立。属东岳集团子公司，为私营有限责任公司。

占地面积29.8公顷，建筑面积46014.8平方米，注册资本1000万元，固定资产80234万元。设生产部、技术部、研究所及五大车间。员工900人。主要生产销售聚偏氟乙烯、氟橡胶、聚全氟乙丙烯、全氟辛酸、全氟磺酸离子交换树脂等。年产值72653万元，年度完成利税额13497万元。

2006年10月，获“山东省高新技术企业”。2007年9月，获“国家火炬计划重点高新技术企业”。2010年1月，获“中国专利山东质量企业”。

周围主要道路有唐华路、工业路。

山东东岳有机硅材料有限公司
Shāndōng Dōngyuèyǒujīguī cáiliào Yǒuxiàngōngsī

位于桓台县唐山镇工业路3799号。属唐山镇辖区。

因所在行政区域和生产有机硅材料而得名。2006年12月28日成立。属东岳集团子公司，为有限责任公司。2008年公司被认定为国家高新技术企业，并建成了院士工作站，淄博市首家有机硅材料工程技术研究中心。

占地面积38.4公顷，建筑面积114500平方米，注册资本65000万元，固定资产129865万元。

设生产部、车间等部门，员工 912 人。主要生产有机硅单体、有机硅中间体、硅粉、二氧化硅及硅油类、硅橡胶类、硅树脂类、硅烷类系列深加工产品，有机硅共沸物、三甲基一氯硅烷、一甲基三氯硅烷、一甲基二氯硅烷、二甲基二氯硅烷等。年产值 126850 万元，年度完成利税 12630 万元。

周围主要道路有工业路、唐华路。

山东贵和纸业集团有限公司
Shāndōng Guìhézhǐyèjítuán Yǒuxiàngōngsī

位于桓台县唐山镇振兴路 106 号，属唐山镇辖区。

因所在行政区域加嘉言及产品类型而得名。2001 年 1 月 21 日成立。其前身为 1976 年始建的桓台县造纸厂。1998 年改制，成立集团公司取现名。

公司占地面积 113.3 公顷，建筑面积 100000 平方米，注册资本 12000 万元，固定资产 222149 万元，现有资产 26 亿元。设生产部、车间等，集团以浆纸制造业为核心，集发电、供热、包装印刷、科研为一体的多元化集团公司，产品为纸浆制造、发电供热、废水治理、包装印刷。主要产品有瓦楞原纸、环保牛卡纸、特种纸，总产量 70 万吨，在全国位于第 22 位。2014 年，有员工 816 人，销售收入 12 亿元、利润 4987 万元，纳税 981 万元。

公司通过了 IS014001 环境管理体系认证、IS09001 质量管理体系认证。“贵和”商标是“山东省著名商标”。先后被评为“山东省优秀责任企业”“山东省造纸先进企业”“山东省环境友好企业”“山东省循环经济示范企业”“山东高新技术企业”“山东省轻工行业安全生产先进单位”“淄博市百强企业”“淄博市重合同守信用企业”等荣誉。

周围主要道路有少海路、唐华路。

山东智汇蠕墨新材料科技股份公司
Shāndōng Zhìhuìrúmòxīncáiliào kējì Gǔfèngōngsī

位于桓台县唐山镇寿济路 15266 号。

因所在行政区域及产品、企业性质而得名。1976 年成立。1993 年名为山东淄博蠕墨铸铁股份有限公司。2014 年 5 月，更名山东智汇蠕墨新材料科技股份公司。属股份制有限公司。

占地面积 21 公顷，建筑面积 72195 平方米，注册资本 1136.63 万元，固定资产 1136 万元。

山东贵和纸业有限公司

山东智汇蠕墨新材料科技股份公司

内设8个分公司，员工1900人。主要生产、销售铸铁件、机械加工件、建筑工程机械以及建筑工程机械租赁。年产值127748万元，年度完成利税额2060万元。

荣获中国工业行业排头兵、中国铸铁行业综合实力百强企业、国家高新技术企业、山东名牌产品企业、山东著名商标企业等荣誉。

周围主要道路有寿济路。

山东齐泰实业集团股份有限公司
Shāndōng Qítàishíyèjítuán Gǔfènyǒuxiàngōngsī

位于桓台县唐山镇振兴路606号。

1975年成立。1993年，名为邢家建筑公司，2001年更名为淄博邢家建工实业股份有限公司，2003年更名为山东齐泰实业集团股份有限公司。辖建安公司、房地产开发公司、工业与专业化公司、是一家集房屋建筑施工总承包、专业施工、房地产开发、工业生产资本运营等多元化经营为一体的大型企业集团。

占地面积2.9公顷，建筑面积8000平方米，注册资本4.5亿元，固定资产5亿元。设办公室、财务、市场、造价、质量安全等部门，员工8000人。年产值20亿元，年度完成利税额6000万元。

集团先后获得“全国优秀施工企业”“全国守合同重信用单位”“全国建筑业AAA级信用企业”“山东省建筑业先进集体”“山东省建筑业外出施工先进单位”“山东省劳动关系和谐企业”“山东省富民兴鲁企业”“鲁班奖”工程、“淄博市建筑业综合实力十强企业”“山东省建筑施工企业实力五十强”等荣誉。

周围主要道路有唐华路。

山东瑞泰管业有限公司
Shāndōng Ruìtàiguǎnyè Yǒuxiàngōngsī

位于桓台县唐山镇。

2001年1月17日成立，为制造类企业。

公司占地面积6公顷，建筑面积38000平方米，注册资本10200万元，固定资产4300万元。员工226人。拥有德国巴顿菲尔辛辛那提等国内外先进管材挤出流水线18条，管件注塑设备24台套。主要生产、销售PVC排水管材、管件；PP—R冷、热水水管材、管件；电工用套管；通信用光、电缆套管；煤矿用PE管道、给水用PE管道；燃气用PE管道等。年生产能力40000吨，年创产值3.8亿元。2014年销售收入31720万元，利润1870万元，纳税390万元。

企业属中国塑料加工协会会员、中国塑料管道委员会理事单位。是国内率先一批生产塑料产品、曾填补省内空白的专业厂家，在同行业中始终处于技术领先地位。

周围主要道路有唐华路、邢华路。

山东国弘重工机械有限公司
Shāndōng Guóhóngzhònggōng jīxiè Yǒuxiàngōngsī

位于桓台县唐山镇唐华路1701号。

“国弘”取中国的国，弘扬正气的弘，得名“国弘重工”。2004年12月7日成立，为三资企业。

占地面积13.4公顷，建筑面积84855.7平方米，注册资本2000万元，固定资产49227万元。

主要经销各类工程机械、机电设备等；承接非标设计、制作及技术咨询与培训；开展业投资、进出口贸易等业务。内设办公室、财务科、技术科、供应科和安全科。员工500人。年产值77886万元，年度完成利税额9302万元。

获科技技术奖、山东省建筑机械行业骨干企业、山东名牌产品。

周围主要道路有唐华路、耿焦路。

山东国弘重工机械有限公司

山东梨花面业有限公司
Shāndōng Líhuāmiànyè Yǒuxiàngōngsī

位于桓台县唐山镇东岳路，距镇政府1千米处。

因企业占地曾是梨园，而取名"梨花面业"。2001年2月4日成立，为私营有限责任公司。

占地面积5公顷，建筑面积20000平方米，注册资本4560万元，固定资产4560万元。设生产部、车间等，员工300人。主要收购粮食，生产、销售小麦面粉、挂面。年产值55000万元，年度完成利税4670万元。

获国家级驰名商标、国家级守重企业、中国放心油示范企业、省著名商标、山东省农业产业化重点龙头企业、省名牌产品等荣誉。

周围主要道路有寿济路、东岳路。

山东建华鑫国管桩有限公司
Shāndōng Jiànhuáxīnguó guǎnzhuāng Yǒuxiàngōngsī

位于桓台县唐山镇唐一村东唐华路西边。属唐山镇辖区。

2006年8月12日成立。为有限责任公司。"建华鑫国"寓意建设中华，振兴国家。

占地面积1.3公顷，建筑面积5241平方米，固定资产11427万元。设生产部、车间等，员工350人。主要生产预应力混凝土管桩、钢筋混凝土方桩等各类砼制预构件。年产值15757万元，年度完成利税2407万元。

获2011年度省工业先进企业、山东省水泥制品行业优势企业、淄博市工业先进企业等荣誉。

周围主要道路有寿济路、唐华路。

山东前昊碳素有限公司
Shāndōng Qiánhàotànsù Yǒuxiàngōngsī

位于桓台县唐山镇唐三村。

2005年8月30日成立。为有限责任公司。"前昊"寓意企业不断向前，蒸蒸日上。

占地面积11.3公顷，建筑面积23687平方米。注册资本7800万元，固定资产27435万元。设办公室、财务、销售、供应、生产等部门，员工485人。主要生产、销售炭素产品及进出口业务。年生产预焙阳极20万吨、煅后焦20万吨、增碳剂1万吨。年产值35450万元，年度完成利税额1699万元。

是中国铝业集团原材料供应商成员之一，综合产能居江北各碳素制品生产企业前列，出口创汇居全国同行业第四。荣获"山东省重合同守信用企业"、中国铝业十大原材料供应商。

周围主要道路有滨博高速、寿济路。

山东海思堡服装服饰集团股份有限公司
Shāndōng Hǎisībǎofúzhuāngfúshì jítuán Gǔfènyǒuxiàngōngsī

位于桓台县耿焦路188号。西靠少海路。

2008年4月17日成立。

占地面积2.9公顷，建筑面积30343平方米，注册资本10950万元，固定资产7513万元。设财务、生产、销售等部门。主要生产、销售服装、针织品、服装面料、印染布、棉布、化纤布、牛仔布、色织布、毛巾（被）、辅料等，拥有国内最先进的衣拿自动化吊装式流水生产线20条和专业化牛仔生产线20条，在淄博、烟台、济南、莱芜、枣庄、德州、济宁等地及海外柬埔寨拥有长期合作工厂50余家。年生产能力800万件，牛仔面料用量达1200万平方米。2014年有员工500人，销售收入达1.8亿元，利润907万元，纳税256万元。

公司是山东省最大的专业化牛仔服装生产企业，为山东省服装协会副会长单位，淄博牛仔行业联盟盟主企业，在美国洛杉矶建有设计营销中心。2014年12月，被评为“全国纺织行业管理创新成果奖”。

周围主要道路有少海路、耿焦路。

山东国源电缆电器有限公司
Shāndōng Guóyuándiànlǎn diànqì Yǒuxiàngōngsī

位于桓台县少海路3477号。

2002年7月22日成立。为有限责任公司。

占地面积6.4公顷，建筑面积26000平方米，注册资本30000万元，固定资产32000万元。设财务、生产、销售等部门，员工268人。主要设计、生产、销售电线电缆、高低压成套配电设备。年生产能力20万千米，2014年销售收入25007万元，利润总额1434万元、销售税金921万元。

周围主要道路有少海路、耿焦路。

山东万吉塑胶有限公司
Shāndōng Wànjísùjiāo Yǒuxiàngōngsī

位于桓台县唐山镇工业路188号。

2010年5月11日成立，为民营企业。“万吉”寓意万事大吉大利。

占地面积8公顷，建筑面积30000平方米，注册资本20000万元，固定资产12000万元。设办公室、生产部等，员工120人。主要生产、销售PE管材、管件。年生产能力达10万吨，年产值1450万元，年度完成利税额136万元。

公司拥有10项国家技术专利，获国家级高新技术企业、山东省守合同重信誉企业、中国塑料加工协会理事单位。商标“万吉龙”产品，被中国城市燃气协会推广为燃气工程重点推荐产品。

周围主要道路有工业路、唐华路。

山东万吉塑胶有限公司

山东新城建工股份有限公司
Shāndōng Xīnchéngjiàngōng Gǔfènyǒuxiàngōngsī

位于桓台县新城镇渔洋路2号，距镇政府驻地0.8千米处，西邻张田路。

1994年3月21日成立。为股份有限公司。是国家房屋建筑工程总承包特级资质企业。

占地面积6489平方米，建筑面积3924平方米，固定资产30000万元。下设办公室、财务、销售部等部门，员工13100人。主要从事建筑施工、设备及水暖安装、装饰装修、钢结构工程、网架工程、门窗幕墙制作安装、消防设施工程、高速公路路基、独立大桥、水利工程施工等。年产值480000万元，年度完成利税额5476万元。

相继获得“全国优秀施工企业”“全国诚信守法企业”“全国守合同重信用企业”“全国建筑业AAA级诚信企业”“全国信用评价AAA级企业”“新世纪十年——中国建筑业综合实力50强”“全国质量安全管理先进单位”“中国建筑业竞争力百强企业”“中国贯彻实施建筑施工安全标准化示范单位”“全国建筑企业全面质量管理‘金屋奖’”，先后创出国家建筑工程质量最高奖——鲁班奖、国家优质工程奖、国家装饰装修优质工程奖、全国用户满意工程等诸多荣誉和奖项。在援建北川新县城温泉片区26#街坊工程中，获全国唯一援川安居房工程国家优质金牌奖。

周围主要道路有张田路、寿济路。

山东新城建工股份有限公司

山东森荣塑业科技有限公司
Shāndōng Sēnróngsùyèkējì Yǒuxiàngōngsī

位于桓台县新城镇东南方向，距镇政府驻地4千米处，王家店路口东南角。

2006年6月22日成立。为有限责任公司。

占地面积1.5公顷，建筑面积5000平方米，固定资产2102万元。设办公室、财务、销售等部门，员工70人。主要制造、销售氟塑制品，聚四氟乙烯。年产值10959万元，年度完成利税额1020万元。

周围主要道路有寿济路、高淄路。

淄博市桓台橡胶模具厂
Zībó Shì Huántáixiàngjiāomójùchǎng

位于桓台县新城镇耿三里，距离镇驻地1.5千米处。

1991年9月25日成立。为私营独资企业。

占地面积2000平方米，建筑面积600平方米，固定资产520万元。设办公室、财务、销售等部门，员工44人。主要生产、销售橡胶模具车胎成型机。年产值4761万元，年度完成利税额431万元。

周围主要道路有滨博高速、高淄路。

山东美中美木业有限公司
Shāndōng Měizhōngměimùyè Yǒuxiàngōngsī

位于新城镇新立村西，距镇政府驻地 1.5 千米处。

2007 年 4 月 2 日成立。私营有限责任公司。“美中美”寓意产品质量优良。

占地面积 32 公顷，建筑面积 40000 平方米，注册资本 6000 万元，固定资产 22134 万元。设办公室、财务、销售等部门，员工 346 人。主要生产中高档家具（房间组、餐厅组、客厅组、酒店家具、软体家具等）。年产值 17379 万元，年度完成利税额 1132 万元。

周围主要道路有寿济路、高淄路。

山东美中美木业有限公司

淄博国信机电科技有限公司
Zībó Guóxìnjīdiànkējì Yǒuxiàngōngsī

位于桓台县新城镇张田路 8799 号，距镇政府驻地 0.8 千米处。

1999 年 8 月 6 日成立。为私营有限责任公司。“国”取“国家标准”之意，“信”取“信用”之意。

占地面积 10.7 公顷，建筑面积 35000 平方米，注册资本 1000 万元，固定资产 6550 万元。设办公室、财务、销售等部门，员工 103 人。主要制造、销售机电设备，从事货物进出口，节能环保技术研发及服务。年产值 33352 万元，年度完成利税额 3274 万元。

获山东省优秀科技创新企业、山东省技术进步二等奖、山东省重大节能成果奖、科技部中小企业创新奖励、科技部中小企业创新奖励。山东省工行 AAA 级信用企业、山东省“守合同重信誉”企业。

周围主要道路有寿济路、张田路。

淄博万森木业有限公司
Zībó Wàn sēnmùyè Yǒuxiàngōngsī

位于桓台县新城镇西贾村，距镇政府驻地 1 千米处。

2003 年 2 月 24 日成立，为私营有限责任公司。“万森”取森之森林、木多之意。

占地面积 1.3 公顷，建筑面积 10000 平方米，注册资本 600 万元，固定资产 983 万元。设办公室、财务、销售等部门，员工 35 人。主要加工、销售家具、轻体板门、实木门、木质复合门、异性木质品，工厂化装修。年产值 6691 万元，年度完成利税额 578 万元。

获山东名牌、省级守合同重信用企业等荣誉。

周围主要道路有张田路、寿济路。

淄博桓橡机械有限公司
Zībó Huánxiàngjīxiè Yǒuxiàngōngsī

位于桓台县新城镇耿三里，距镇政府驻地 1.5 千米处。

“桓橡”取“桓台橡胶机械制造业”之意。2004年4月22日成立，为有限责任公司。

占地面积7000平方米，建筑面积2000平方米，固定资产1196万元。设办公室、财务、销售等部门，员工39人。主要制造、销售轮胎成型鼓。年产值9678万元，年度完成利税额704万元。

周围主要道路有张田路、寿济路。

山东新昊化工有限公司
Shāndōng Xīnhàohuàgōng Yǒuxiàngōngsī

位于桓台县新城镇，距镇政府0.5千米处。

2004年11月4日成立，为私营有限责任公司。“新昊”寓意鸿飞玉美、志存高远。

占地面积10公顷，建筑面积9700平方米，注册资本4500万元，固定资产16875万元。设办公室、财务、销售等部门，员工354人。主要生产、销售硝酸钠、亚硝酸钠、纯碱，货物进出口。年产值69496万元，年度完成利税5939万元。

获“守合同重信用企业”“高新技术企业”“爱心慈善企业”“纳税等级AAA”等荣誉。

周围主要道路有张田路、寿济路。

山东新昊化工有限公司

桓台新宇化工有限公司
Huántái Xīnyǔhuàgōng Yǒuxiàngōngsī

位于桓台县新城镇城北、距镇政府驻地0.5千米。

1997年1月22日成立。为私营有限责任公司。“新宇”寓意鸿飞玉美、志存高远。

占地面积6.6公顷，建筑面积2800平方米，注册资本540万元，固定资产16875万元。设办公室、财务、销售等部门，员工354人。主要生产、销售纯碱、建材。年产值69496万元，年度完成利税额5939万元。

周围主要道路有张田路、寿济路。

桓台县曙光电力设备厂
Huántái Xiàn Shǔguāngdiànlìshèbèichǎng

位于桓台县新城镇乔家庄南、距镇政府驻地1.3千米。

2002年5月29日成立，为私营独资企业。“曙光”寓意电力光明。

占地面积5000平方米，建筑面积2500平

桓台县曙光电力设备厂

方米，固定资产549万元。设办公室、财务、销售等部门，员工10人。主要生产、销售电力设备、电缆、钢绞线、钢芯铝绞线、铜铝塑线。年产值4501万元，年度完成利税额334万元。

周围主要道路有寿济路、高淄路。

桓台县裕丰助剂有限公司
Huántái Xiàn Yùfēngzhùjì Yǒuxiàngōngsī

位于桓台县新城镇韩家正东，距镇政府驻地3千米。

2003年1月8日成立。私营有限责任公司。“裕丰”寓意丰饶。

占地面积7000平方米，建筑面积5000平方米，注册资本500万元，固定资产1102万元。设办公室、财务、销售等部门，员工14人。主要生产、销售1.3-二氯丙烯、白炭黑、化工设备、耐火材料。年产值7115万元，年度完成利税652万元。

周围主要道路有周荆路、寿济路。

山东省桓台县金波树脂厂
Shāndōng Shěng Huántái Xiàn Jīnbōshùzhīchǎng

位于桓台县新城镇城北、距镇政府驻地1千米处。

1998年1月14日成立。为私营独资企业。“金波”寓意企业多财多金。

占地面积7000平方米，建筑面积2000平方米，固定资产1132万元。设办公室、财务、销售等部门，员工50人。主要生产、销售酚醛树脂、不带有储存设施的甲醛溶液、乙醇（无水）、苯酚。年产值15265万元，年度完成利税额708万元。

周围主要道路有张田路、寿济路。

山东省桓台县金龙化工有限公司
Shāndōng Shěng Huántái Xiàn Jīnlónghuàgōng Yǒuxiàngōngsī

位于桓台县新城镇正东，滨博高速桓台路口西200米路南，距镇政府驻地0.5千米。

1999年6月14日成立。为私营有限责任公司。“金龙”寓意企业多彩多金。

占地面积7000平方米，建筑面积4000平方米，注册资本500万元，固定资产644万元。设办公室、财务、销售等部门，员工23人。主要生产、销售水质稳定剂、有机膦系列阻垢缓蚀剂、螯合剂、有机膦酸盐、聚羧酸类阻垢分散剂、水性专用分散剂、复合阻垢缓蚀剂、清洗预膜剂、杀菌灭藻剂、黏泥剥离剂、反渗透系列、净水絮凝系列、铜及盐酸酸洗剂。年产值7474万元，年度完成利税573万元。为中国最早最专业的工业水处理化学品供应商之一。

周围主要道路有寿济路、张田路。

山东金德化工有限公司
Shāndōng Jīndéhuàgōng Yǒuxiàngōngsī

位于桓台县新城镇崔楼村，距镇政府驻地3.5千米处。

2003年5月15日成立。为民营企业。“金德”寓意金科玉律、厚德载物。

占地面积2.5公顷，建筑面积7000平方米，注册资金618万元，固定资产1530万元。设办公室、财务、销售等部门，员工150人。主要生产、销售特戊酸（三甲基乙酸）、醇酸油漆、特种油漆、外墙乳胶漆、电动三轮车钢圈和塑料大桶等。特戊酸年生产能力为50000吨，醇酸油漆1000吨，塑料大桶15万只，电动三轮车钢圈150万只。

年产值 17093 万元，年度完成利税额 1312 万元。

公司被评为“市级守合同重信誉企业”“安全生产先进单位”。

周围主要道路有滨莱高速、周荆路。

山东淄博金泰轧辊有限公司
Shāndōng Zībó Jīntàizhágǔn Yǒuxiàngōngsī

位于桓台县新城镇张田路 35 号，距镇政府驻地 1 千米处。

2002 年 5 月 10 日成立。为私营公司。

占地面积 10.7 公顷，建筑面积 35000 平方米，注册资本 3000 万元，固定资产 869 万元。设办公室、财务、销售等部门，员工 184 人。主要制造、销售合金轧辊，货物进出口。年产值 5327 万元，年度完成利税额 471 万元。

2002 年，通过 ISO：2000 质量体系认证；2004 年，获科技型企业技术创新基金并获国家专利（专利号：ZL200420039645.8）；2006 年，成立山东省耐磨耐蚀轧辊工程技术研究中心。公司拥有先进的中频电炉、复合式离心浇铸和精密齐全的金属切削设备以及先进的质量测控手段。2006 年，金泰牌轧辊荣获“山东名牌”称号。

周围主要道路有张田路、寿济路。

山东新大生物科技有限公司
Shāndōng Xīndàshēngwùkējì Yǒuxiàngōngsī

位于桓台县新城镇新立村，距镇政府驻地 1.1 千米处。

2000 年 7 月 7 日成立。为私营有限责任公司。

占地面积 3.8 公顷，建筑面积 15000 平方米，注册资本 1500 万元，固定资产 4997 万元。设办公室、财务、销售等部门，员工 155 人。主要制造、销售倍他环糊精、预胶化淀粉、硬脂酸镁、微晶纤维素、羧甲淀粉钠。年产值 31743 万元，年度完成利税 2631 万元。

为与山东大学、沈阳药科大学、中科院联合创办的科研与生产为一体的医药辅料、食品添加剂企业。

周围主要道路有张田路、寿济路。

桓台东源化工有限公司
Huántái Dōngyuánhuàgōng Yǒuxiàngōngsī

位于桓台县新城镇城南村，距镇政府驻地 1 千米处。

2011 年 6 月 30 日成立。为私营有限责任公司。

占地面积 1.3 公顷，建筑面积 2000 平方米，注册资本 50 万元，固定资产 3164 万元。员工 50 人。主要制造、销售呋喃树脂、铸造树脂用磺酸固化剂、涂料、封箱条、脱模剂、硅胶、稀释剂、封箱膏、焦炭、黑色金属材料。年产值 26301 万元，年度完成利税额 1540 万元。

周围主要道路有张田路、寿济路。

山东淄博环宇桥梁模板有限公司
Shāndōng Zībóhuányǔqiáoliángmóbǎn Yǒuxiàngōngsī

位于桓台县田庄镇天齐路 288 号。南至庞胡路，北至淄博伟浩，西至天齐路，东至大庞生产路。

1995 年 12 月 14 日成立。为有限责任公司。

占地面积 9.6 公顷，建筑面积 27904 平方米，注册资本 2000 万元，固定资产 10957 万元。设办公室、技术、生产、财务、销售等部门，员工 236 人。主要制造、销售电缆桥架、钢模板、钢结构、电气设备开关、模板研制与开发等。年产值 5217 万元，年度完成利税额 1621 万元。

为模板行业一级资质、山东省守合同重信用企业、模板协会会员企业。

周围主要道路有天齐路、庞胡路。

山东晨钟机械股份有限公司
Shāndōng Chénzhōngjīxiè Gǔfènyǒuxiàngōngsī

位于桓台县田庄镇，东至牛王村，西至荆田路，南至田庄村，北靠牛王村。

1993 年 7 月 22 日成立。为股份制企业。

占地面积 14.1 公顷，建筑面积 50369 平方米，注册资本 1020.3 万元，固定资产 12626 万元。设办公室、技术、生产、财务、销售等部门，员工 359 人。主要生产、销售造纸机械、石油机械、饲料机械、海能发电装置及零配件、环保机械等。年产值 10830 万元，年度完成利税额 2680 万元。

周围主要道路有荆田路、寿济路、滨博高速。

山东辰龙纸业股份有限公司
Shāndōng Chénlóngzhǐyè Gǔfènyǒuxiàngōngsī

位于桓台县田庄镇 。

1994 年 6 月 10 日成立。为股份制企业。

占地面积 45 公顷，建筑面积 120000 平方米，注册资本 6800 万元，固定资产 43000 万元。设办公室、技术、生产、财务、销售等部门，员工 650 人。主要生产、销售机制纸、纸制品、造纸机械、精细化工品。年产值 43000 万元，

山东辰龙纸业股份有限公司

年度完成利税额 1500 万元。

周围主要道路有荆田路、寿济路、滨博高速。

山东天齐置业集团股份有限公司
Shāndōng Tiānqízhìyèjítuán Gǔfènyǒuxiàngōngsī

位于桓台县田庄镇。

“天齐”取自“齐所以为齐，以天齐也”。始建于 1972 年 3 月，1993 年 3 月 24 日为山东天齐置业集团股份有限公司。

占地面积 1 公顷，建筑面积 8500 平方米，注册资本 30600 万元，固定资产 24589.6 万元。设办公室、技术、生产、财务、销售等部门，员工 2 万余人。主要从事建筑施工、高速公路路基、公路和桥梁施工，水电暖及通风设备安装。年产值 768381.6 万元，年度完成利税额 66853 万元。

为山东省人民政府重点扶持的大型建设企业集团，全省建筑业企业十强之一。

周围主要道路有荆田路、寿济路、滨博高速。

山东金诚石化集团有限公司
Shāndōng Jīnchéngshíhuàjítuán Yǒuxiàngōngsī

位于桓台县马桥镇工业路北段，距镇政府驻地1.6千米处。

“金诚”寓意诚信如金。1996年10月26日成立，为有限责任公司。是一家以石油炼制为主的现代化企业集团。

公司占地面积18公顷，办公场所面积660平方米，注册资本3008.8万元，固定资产3008.8万元。员工130人。以石油炼制为主。主要生产、销售汽油、轻柴油、航空喷气机润滑油、道路石油沥青、液化石油气、溶剂油、轻质油、延迟石油焦、轻蜡油、燃料油、石脑油、渣油、石蜡。年产值370732万元，年度完成利税额6438万元。2014年，公司职工1470人，销售收入305亿元，利润1.6亿元，纳税1.7亿元。

相继荣获“中国企业500强”“中国民营企业500强”“中国石油和化工优秀民营企业”“中国石油和化工节能减排先进单位”“全国安康杯竞赛优胜企业”“省级文明单位”“山东省安全生产基层基础工作先进企业”“山东省诚信企业”“山东省消费者满意单位”等荣誉和奖项。

山东金诚石化集团有限公司

周围主要道路有张田路、滨莱高速。

山东金诚重油化工有限公司
Shāndōng Jīnchéngzhòngyóu huàgōng Yǒuxiàngōngsī

位于桓台县马桥镇红辛路4556号，距镇政府驻地5千米处。

“金诚”寓意诚信如金。2001年7月16日成立，为有限责任公司。

占地面积86.7公顷，建筑面积3420平方米，注册资本9200万元，固定资产9200万元。设办公室、财务科、企管科、宣教科、安保办等29个部门，员工1100人。主要生产、销售汽油、柴油、液化石油气、石脑油、丙烯、硫磺、硫酸等。年产值2654867万元，年完成利税19484万元。

荣获“全国安康杯竞赛优胜企业”“全国节能减排先进单位”“山东省安全生产基层基础工作先进企业”“山东省安康杯竞赛优胜企业”“山东省诚信企业”等荣誉。

周围主要道路有张田路、滨莱高速。

山东博汇纸业股份有限公司
Shāndōng Bóhuìzhǐyè Yǒuxiàngōngsī

位于桓台县马桥镇工业路北首。

“博汇”取“博集天下英才，汇世上群英”之意。始建于1991年，简称“博汇纸业”。是集造纸、化工、热电生产、销售为一体的现代化大型企业集团。集团下属子公司——山东博汇纸业股份有限公司于2004年6月挂牌上市，是县内唯一一家上海证券交易所主板上市企业。

公司占地面积400公顷。总资产228亿元。下设办公室、财务、人力资源、供应、生产、销售、研发中心、安全等部门，主要生产胶印纸、书写纸、包装纸、纸板、造纸木浆等。年产造纸能力2000万吨、化工产品2000万吨、发电60万千瓦，是亚洲最大的环氧氯丙烷生产基地，全国最大的卡纸、己二酸、己内酰胺生产基地。2014年职工13000人，产机制纸120万吨，化工产品150万吨，销售收入244亿元，利润4亿元，纳税5.8亿元。

相继被评为“高新技术企业”“中国企业信息化500强企业”“中国化工企业500强”“中国造纸十强企业”“全国制浆造纸30强企业”“全国造纸行业劳动关系和谐企业”“中国百家创新示范企业”“省级文明单位”，产品荣获“国家免检产品”“中国知名品牌”“山东省著名商标”等诸多荣誉和奖项。2004年，被山东省工商行政管理局认定为“免检企业”；被山东省造纸工业协会评为山东省造纸行业“十强企业”；被中国版协出版材料工作委员会《印刷质量与标准化》编辑部评为2003年度客户满意的“十佳”造纸企业；被科学技术部火炬高新技术产业开发中心认定为“国家火炬技术重点高新技术企业”；高档涂布白卡纸项目被科学技术部火炬高新技术产业开发中心认定为“国家级火炬计划项目”，博汇牌书写纸被山东省质量技术监督局认定为山东名牌产品，被山东省人民政府授予“山东省百强民营企业”；被中国企业联合会、中国企业家协会授予“首届中国优秀民营企业”。

山东博汇纸业股份有限公司

周围主要道路有工业路、大成路、海力路。

山东海力化工股份有限公司
Shāndōng Hǎilìhuàgōnggǔfèn Yǒuxiàngōngsī

位于桓台县马桥镇大成工业区。东靠高博高速公路，南靠济青高速公路，邻近齐鲁工业园区。

2003年11月5日成立。2010年，公司整体变更为股份有限公司，简称“海力化工”。为股份有限公司。

占地面积211.4公顷，固定资产30000万元。设财务、生产车间。员工3397人。主要生产、销售氯气、烧碱、高纯盐酸、二氯乙烷、聚氯乙烯、电石渣、氯化钡泥、环氧氯丙烷、氯丙烯、氯化氢、环氧氯丙烷、等多种化工产品。年产值793015万元，年度完成利税额16012万元。

公司为亚洲最大的环氧氯丙烷生产企业，同时在国内也是最大的己二酸生产企业，氯碱产能排名也在省内前3名。获“中国化工行业500强企业”“中国化工企业生命力60强企业”“中国化工企业竞争力100强企业”“百家创新示范企业”“山东名牌产品”“国家免检产品”等荣誉。

周围主要道路有工业路、大成路、海力路。

淄博广春暖通有限公司
Zībó Guǎngchūnnuǎntōng Yǒuxiàngōngsī

位于桓台县马桥镇张田路13600号。

“广春”，寓意春天到来驱走了严寒，象征着产品能给大众带来温暖。2011年1月10日成立。属制造类企业。

公司占地面积2500平方米，建筑面积800

平方米，注册资本 1060 万元，固定资产 5000 万元。设有财务部、生产车间等部门，主要设计、研发、生产、销售散热器、空调器、太阳能热水器、农业机械设备、环保机械设备、年产值2500万元，年度完成利税额 800 万元。

周围主要道路张田路。

山东天源热电有限公司
Shāndōng Tiānyuánrèdiàn Yǒuxiàngōngsī

位于桓台县马桥镇大成工业园。

“天源”寓意天赐良缘。前身是桓台县热电厂，1996 年 7 月 12 日成立，2003 年 5 月 20 日更名为淄博博能热电有限公司，2004 年更名为山东天源热电有限公司，简称天源热电，为有限责任公司。

占地面积 51.9 公顷，建筑面积 518621 平方米，注册资本 39000 万元，固定资产 19000 万元。下设财务、生产车间等，员工 890 人。主要生产、销售蒸汽、电及其副产品。年产值 17907 万元，年度完成利税 7163 万元。

周围主要道路有工业路、大成路、海力路。

淄博众瑞建工有限公司
Zībó Zhòngruìjiàngōng Yǒuxiàngōngsī

位于桓台县马桥镇，金马路西邻，红辛路北。

2006 年 4 月 5 日成立，为有限责任公司。“众瑞”寓意团结、祥瑞。

占地面积 120.9 平方米，建筑面积 120.9 平方米，注册资本 2260 万元，固定资产 1836 万元。设办公室、财务等，员工 835 人。主要从事建筑、装饰装修、机电设备安装、钢结构、水电暖安装等工程。年产值 18906 万元，年度完成利税额 768 万元。

周围主要道路有金马路、红辛路。

胜利油田桓台金家石油开发有限责任公司
Shènglìyóutián Huántáijīnjiāshíyóu Kāifāyǒuxiànzérèngōngsī

位于桓台县马桥镇红辛路 215 号，桓台县第二人民医院对面。

2002 年 7 月 18 日成立，为国有企业。

占地面积 4.1 公顷，建筑面积 11048.1 平方米，注册资本 2000 万元，固定资产 78194 万元。设技术信息室、综合管理室、经营管理室、生产运行中心和五个注采管理站，员工 377 人。主要从事石油、天然气开采，钻采设备维护与技术服务。年产值 55530 万元，年度完成利税额 10960 万元。

周围主要道路有红辛路、张田路。

山东万家园木业有限公司
Shāndōng Wànjiāyuánmùyè Yǒuxiàngōngsī

位于桓台县马桥镇张田路以西。

“万家园”寓意“万千细节，专为你家”，简称万家园木业。2003 年 6 月 20 日成立。为有

山东万家园木业有限公司

限责任公司。

公司占地面积 3.2 公顷，建筑面积 19596 平方米，注册资本 1287.6 万元，固定资产 5000 万元。设财务、生产车间。员工 280 人。主要生产、销售家具、沙发、门窗、制粉机械、仪表仪器等，有日生产木门 600 套的能力。2014 年，销售收入 2.2 亿元，利润 1953 万元，纳税 682 万元。

“万家园”是山东省著名商标，并获中国木门领军企业、中国木门行业特级企业、中国互联网木门十大品牌、山东名牌等荣誉。

周围主要道路有张田路。

淄博桓台荆家建工有限公司
Zībó Huántái Jīngjiājiàngōng Yǒuxiàngōngsī

位于桓台县荆家镇起马路 135 号。属荆家镇辖区。

因所在行政区域及产业类型而得名。1998 年 4 月 27 日成立，为集体所有制企业。

占地面积 2 公顷，建筑面积 1600 平方米，注册资本 6180 万元，固定资产 1000 万元。下辖张店 2 区、临盘 2 区、东营 2 区、济南 2 区等部门，员工 30 人。主要从事建筑施工、水电暖安装、装饰装修工程。年产值 3000 万元，年度完成利税额 100 万元。

淄博桓台荆家建工有限公司

周围主要道路有起马路、荆田路。

山东中科天泽净水材料有限公司
Shāndōng Zhōngkētiānzéjìngshuǐ cáiliào Yǒuxiàngōngsī

位于桓台县荆家镇政府东、起马路 100 号。属荆家镇辖区。

因所在行政区域及产业类型而得名。2008 年 4 月 10 日成立，为股份有限公司。

占地面积 6 公顷，建筑面积 45000 平方米，注册资本 2000 万元，固定资产 2000 万元。设有财务、生产、采购、销售、质检等部门，员工 91 人。主要生产、销售高纯度聚合氯化铝。2014 年销售收入 20330 万元，利润总额 4293 万元，销售税金 1380 万元。

建有院士工作站、高纯纳米絮凝剂产业基地。

周围主要道路有起马路、周荆路。

淄博孙树强扒鸡酱蹄有限公司
Zībó Sūnshùqiángpájījiàngtí Yǒuxiàngōngsī

位于桓台县荆家镇，距镇政府驻地 4 千米。

1999 年 4 月成立，以创始人和产品而得名。属食品加工类企业。

公司占地面积 9000 平方米，建筑面积 1500 平方米，注册资本 51 万元，固定资产 500 万元。设管理中心及采购部、车队、资料室等部门，员工 16 人。主要加工、销售酱卤肉制品。年产值 1000 万元，年度利税额 500 万元。

2003 年公司获国家级“无公害产品”；2006 年被评为“山东名吃”；2007 年被评为“山

东百年老字号”；2008年被评为“山东省著名商标”。

周围主要街道有张田路、滨博高速。

桓台县永汇化工有限公司
Huántái Xiàn Yǒnghuìhuàgōng Yǒuxiàngōngsī

位于桓台县荆家镇后孙庄，距镇政府6千米处。

“永汇”，取“永远汇聚”之意。2003年5月9日成立。属化工原料类企业。

占地面积1公顷，建筑面积1500平方米，注册资本1000万元，固定资产1000万元，设有管理中心、营销中心、生产中心等部门。主要生产、销售酚醛树脂。年产值为5100万元，年度利税额240万元。

周围主要道路有张田路、滨博高速。

山东起凤建工股份有限公司
Shāndōng Qǐfèngjiàngōnggǔfèn Yǒuxiàngōngsī

位于桓台县起凤镇中心路8号，距镇政府驻地0.5千米处。

公司始建于1970年，字号取自原起凤人民公社之名。1993年5月29日，改制为股份有限公司。

占地面积4002平方米，建筑面积3000平方米，注册资本30070万元，固定资产9000万元。设有办公室、财务部、经理室等部门，员工100人。公司拥有国家房屋建筑工程施工总承包一级资质，且具有钢结构工程、装饰装修工程专业承包一级资质，主要从事建筑施工。年产值3000万元，年度完成利税2063万元。

公司是“中国建筑业500强企业”。并获“国家优质工程奖”“全国优秀施工企业”“中国建筑业成长性百强企业”“全国工程建设质量管理优秀企业”“泰山杯工程”等荣誉。

周围主要道路有齐马路、宫荆路。

山东仁丰特种材料股份有限公司
Shāndōng Rénfēngtèzhǒngcáiliào gǔfèn Yǒuxiàngōngsī

位于桓台县起凤镇华沟南2千米、唐华路西1千米处。

2006年3月27日成立。2007年，更名为山东仁丰纸业有限公司。2013年，更名为山东仁丰特种材料股份有限公司。为股份有限公司。

占地面积11.3公顷，建筑面积54000平方米，注册资本4650万元，固定资产45000万元。设企管处、生产处、营销处、采购处、财务处、环保处、安全处，员工518人。主要研发、销售高性能电池隔离板、特种材料、过滤材料、及技术研发、技术转让等。年产值98000万元，年度完成利税额8980万元。

2014年，获山东省造纸行业“先进企业”、山东省环保厅“清洁生产”重点企业。

周围主要道路有仁丰路、唐华路、起马路、荆夏路。

山东泰宝防伪技术产品有限公司
Shāndōng Tàibǎofángwěijìshù chǎnpǐn Yǒuxiàngōngsī

位于桓台县少海路南2千米处。属起凤镇辖区。

山东泰宝防伪技术产品有限公司

1992年注册成立淄博泰宝防伪技术产品有限公司。2012年更名为山东泰宝防伪技术产品有限公司。

占地面积9.3公顷，建筑面积46500平方米，注册资本2000万元，固定资产30000万元。下设3个子公司、7个部门，员工760人。主要研发、生产、销售、防伪技术制品、物流管理技术产品、电子信息技术产品、不干胶产品等。年产值93000万元，年度完成利税18000万元。

为国家新材料产业化示范基地、省级文明单位、山东省著名商标。

周围主要道路有少海路、唐华路。

淄博砂轮厂有限公司

Zībó Shālúnchǎng Yǒuxiàngōngsī

位于桓台县起凤镇南部，距镇政府2.5千米。

1992年11月13日成立。原名淄博砂轮厂。2005年，更名为淄博砂轮厂有限公司。属民营企业。

占地面积3.4公顷，建筑面积3200平方米，注册资本158万元，固定资产2900万元。设办公室、财务部、生产部，员工80人。主要生产、销售磨具、磨料、结合剂等。年产值1700万元，年度完成利税150万元。

淄博砂轮厂有限公司

第十章

水利、电力通讯设施名

（一）水利

新城水库
Xīnchéng ShuǐKù

新城水库位于新城镇与马桥镇交界处，西南与邹平县陈度村接壤。因水库座落在新城镇，故称新城水库。水库为淄博市引黄供水工程的调蓄水库，是引黄二程的重要组成部分，主要功能是当不可抗力引起不能直接从黄河引水时，通过放水洞放水保证引黄供水系统的连续生产，提高供水保证率，为引黄工程可靠运行提供原水保证。

始建于 1993 年 4 月，2001 年 9 月投入运行。新城水库是（Ⅱ）型平原水库，工程等级为Ⅲ级。级，主要建筑为Ⅲ级，次要建筑物为 N 级。水库由围坝、放水洞、进水管、截水沟、坝后排水沟、观测设施、提水泵站、引水渠、放水渠等部分组成。水库总库容 1186 万立方米。最高蓄水位 19 米，死水位 13 米；坝顶宽度为 8.0 米，坝顶上游侧设防浪墙，防浪墙顶高程 22.2 米。

新城水库

引清济湖总干渠
Yǐnqīngjìhú Zǒnggànqú

起源于杏花河拦河闸，经马桥镇东南至小王庄北。全长 7.5 千米，渠口宽 15 米，最大水深 3 米，引水能力为 12 立方米 / 秒。属引水、蓄水、灌溉河道。

该渠系 1970 年挖成，因当时马踏湖、锦秋湖缺水干涸，引小清河水补济，故名。

引清济湖总干渠

引清济湖北干渠
Yǐnqīngjìhú Běigànqú

上起马桥镇小王庄北引清济湖总干渠，经高桥村南至崔家庄南入孝妇河二支流。全长 5.8 千米，渠口宽 12 米，最大水深 2 米，引水能力为 8 立方米 / 秒。

该渠于 1970 年挖成。引清济湖总干渠以下分为两条，该渠在北，故名。

引清济湖北干渠

引清济湖南干渠
Yǐnqīngjìhú Nángànqú

上起马桥镇小王庄引清济湖总干渠，流经田庄镇、唐山镇至索镇李家庄村南入乌河。全长 27 千米，渠口宽 15 米，最大水深 2.5 米，引水流量为 7 立方米 / 秒。

该渠于 1970 年挖成。引清济湖总支渠为两条，该渠在南，故名。

引清济湖南干渠

大寨沟
Dàzhàigōu

东起索镇三岔湾村东南乌河，向西经后埠、于堤、古城、冯家桥、聂桥、新城、赵家庄北折至西贾向西北到马桥镇东宰村止。全长 26.7 千米，沟口宽 10 米，最大水深 3.5 米，引水流量为 15 立方米 / 秒。

该沟原为水枝津，又名系河。《山东考古录》云："水经注：时水于西安（今索镇）县西分为二水。枝津西流会德会水（即猪龙河）又西迳东高苑城（今古城）……又西迳西高苑城（今苑城店），西北梁邹入涕。"《齐乘》云："新城系河故道在金犹然……在元已不通流……"该沟于 1970 年深挖、取直、展宽，因处农业学大寨时期，改名大寨沟。

铁源铁路立交桥
Tiěyuántiělù Lìjiāo Qiáo

位于果里镇吴磨新村以东 1200 米。建于 2011 年，上跨铁源铁路，3 孔，单孔跨径 20 米，桥长 65.64 米；桥面净宽 23 米，上部结构为装配式空心板，下部结构为钢筋混凝土双柱式墩。荷载等级汽 - 超 20，挂 -120。

铁源铁路立交桥

张东铁路立交桥
Zhāngdōngtiělù Lìjiāo Qiáo

位于果里镇官西村东900米的石化路上。建于2003年，上跨张东铁路，3孔，单孔跨径20米，桥长80.4米；桥面净宽21.5米，上部结构为装配式空心板，下部结构为U形桥台，钢筋混凝土多柱式墩，荷载等级汽-超20，挂-120。

张东铁路立交桥

玉带桥
Yùdài Qiáo

位于索镇街里乌河上，又名“索镇大桥”。以桥映水面婉如玉带而得名，始建年代不详。明万历四十四年（1616），杨起震等人整修。康熙二十六年（1687），于觉世等人又修。乾隆三年（1738），乡人捐修。光绪二十四年（1898），乡绅商贾又修。民国21年（1932），索镇高、苗两大家族捐修，建成花岗岩石桥面，并安装1米高的铁管铁链栏杆。历经整修，玉带桥由最初的低矮叠石小桥，变为7孔跨径5.85米的石台石拱桥。1964年，桥身泄水受阻，出现滞洪。1965年，国家投资11万元，改建成高5.35米，长47米，车行道5米，两侧各有1.25米宽的人行道7孔桥。除安装铁栏杆外，还在桥头安装路灯。桥面改为0.25米厚的钢筋混凝土梁板，载重标准为汽-10吨。

玉带桥

永济桥
Yǒngjì Qiáo

位于果里镇苇子河村东的龙须沟上，原新城至益都古道通过此桥。1921年，由闫家村房次槐带头捐资，联合苇河、闫家两村共同修建。桥为3孔跨径1.4米的石盖板桥，高2.2米，宽3.2米，长6.4米，盖板厚0.37米，桥墩用石块砌成，墩宽0.57米，翼墙为块石八字形。

永济桥

凤尾桥
Fèngwěi Qiáo

位于果里镇万家庄东的东龙须沟上，因桥孔像凤凰尾故名，原为新城至益都故道通过此桥。道光十八年（1838）始建，咸丰十年（1860）重修，1965年又护底回固，整修成3孔跨径1.45米的石墩台石盖板桥。高2.2米，宽3.1米，长6.2米。盖板2层，厚0.63米。桥墩各用块石砌成，厚0.5米，高2.2米，现存完好。

凤尾桥

镇北桥
Zhènběi Qiáo

位于索镇顺河路，南与玉带桥相对跨乌河。1972年建成。为单孔跨径30米的钢筋混凝土空腹双曲拱桥。长45.7米，宽9.3米，车行道宽7米，两侧人行道各1.15米，并装有1.15米高不锈钢栏杆。桥高5.5米，矢高5米，桥梁拱厚0.25米，桥台为浆砌石，翼墙为碓形护坡，载重标准为汽-13吨、拖-60吨。

镇北桥

鱼龙桥
Yúlóng Qiáo

位于起凤镇鱼龙村里鱼龙沟上，是湖区运输的主要桥梁，1978年建成。为单孔跨径23.5米截面悬链线钢筋混凝土双曲拱桥。长30米，高4.15米，总宽9.2米，净宽7.2米，两侧人行道各1米，并装有1米高的铁栏杆，矢高3.8米，下部为浆砌石台，翼墙为砌石直墙。载重标准为汽-13吨、拖-60吨。宫荆公路由此桥通过。

鱼龙桥

陈庄桥
Chénzhuāng Qiáo

位于省道高淄路马桥镇陈庄村内，跨孝妇河。始建于清乾隆三十七年（1772）。1995 年，投资 35.3 万元拆除重建。由淄博市公路规划设计院设计，2 孔，单孔跨径 10 米，桥长 20 米，高 4 米，桥面宽 14.5 米，为石台、钢筋混凝土空心板桥面，荷载：汽 -20，挂 -100，1995 年 11 月建成通车。

陈庄桥

苇子河桥
Wěizǐhé Qiáo

位于省道高淄公路果里镇苇子河村东首，跨越大龙须沟。清末至民国初年为小石桥。民国 10 年（1921）改建。1995 年投资 21.5 万元，拆除重建，由市公路规划设计院设计，单孔跨径 5 米；桥长 5 米，高 7.52 米，桥面宽 16.5 米，为石墩台、石拱桥，荷载：汽 -20，挂 -100，5 月投入使用。

苇子河桥

张家桥
Zhāngjiā Qiáo

位于索镇张桥村东首，跨越乌河；张店至北镇故道通过此桥。民国以前为草木面桥。中孔桥面可随时斜拉升降，以利于车辆与河道船只通过，每遇汛期，时常被水冲毁，致使大道时通时阻。民国 14 年（1925）里仁村陈茂文改建为石板桥，11 孔，跨径 2.5 米。民国 26 年（1937）乡人张泗桥等人，因桥窄不利交通，重建为 9 孔，每孔大小不一，中孔宽 3.3 米，高 2.5 米，其余 8 孔各宽 1.85 米，高 1.75 米，桥面竣工后，索镇北辛村苗家在济南设立的“成通商行”安装

张家桥

了1米高铁栏杆，为石台，石板桥。1963年，桥两端两孔塌陷，张桥村组织修复。1987年，在桥北侧建新桥1座，道路改线，原桥仍保留。

小清河特大桥
Xiǎoqīnghétèdà Qiáo

位于省道29高速公路荆家镇高桥、姚王村北。跨小清河、溢洪河、支脉沟三条河道。由省交通规划设计院设计，为50孔，单孔跨径25米，桥长1256.06米，宽28米。上部结构为预应力T形梁，下部为钢筋混凝土灌注桩，两端钢筋混凝土台，石砌护坡。荷载：汽-20，挂-120。省交通工程总公司施工，2000年4月动工，2002年8月竣工通车。

小清河特大桥

孝妇河桥
Xiàofùhé Qiáo

位于省道29高速公路田庄镇境内，跨越孝妇河。由省交通规划设计院设计。7孔，单孔跨径20米，桥长146.04米，宽28米，上部结构为钢筋混凝封土预应力空心板，下部为钢筋混凝土灌注桩，两端钢筋混凝土台，石砌护坡。荷载：汽-超20，挂-120。铁道部第十八工程局承建，潍坊市交通工程监理中心监理，2000年4月动工，2002年8月竣工。

孝妇河桥

小清河桥
Xiǎoqīnghé Qiáo

位于省道高淄路马桥镇岔河桥北，始建于清末。1969年，原张田路改线，在原桥西300米处建新桥，为3孔跨径25米钢筋混凝土双曲拱桥。1996年5月1日，市公路局投资170万元，在旧桥西侧建3孔新桥1座，跨径25米，桥长96.08米，车行道宽9米，两侧人行道宽1.25米，

小清河桥

护栏高0.475米。上部结构为钢筋混凝土钢架桥，下部结构为钢筋混凝土灌注桩，桥两头西边为石砌锥形护坡，荷载：汽-20、挂-100。马桥镇水利站承建，市交通规划设计院监理。1997年4月20日竣工通车。1998年7月，拆除旧桥重建与新桥并列，中间留2.8米空隙，桥面宽8米，行车道下游侧设0.5米宽护栏，上游两侧安装0.5米宽护栏。上部结构为预应力钢筋混凝土T形梁，下部为钢筋混凝土灌注桩，荷载：汽-20，挂-100。省交通工程开发实业公司施工，市公路局委托桓台公路局监理，11月竣工通车。

岔河桥
Chàhé Qiáo

位于高淄路小清河桥南下坡处，马桥镇岔河村西，跨引黄济桓干渠，始建于1983年，为钢筋混凝土微弯板桥。1996年5月，市投资40万元加宽改建，为3孔，单孔跨径11米，全长41.8米，桥面宽17米。上部结构为钢筋混凝土空心板；下部为石砌墩台，荷载：汽-20，挂-100。由马桥镇水利站承建，县公路站监理。7月建成通车。

岔河桥

乌河桥
Wūhé Qiáo

位于山深路索镇义和村南。跨越乌河，始建于1954年，为钢筋混凝土双柱式墩，单孔，跨径22.7米钢筋混凝土悬臂梁板桥。桥长39.9米，高9米，行车道宽7米，两侧人行道宽1米×2，安装钢筋混凝土栏杆。1987年7月，市公路段投资37.6万元在原桥基础上改建加宽。桥面南北两侧各加宽7米，中孔为22.2米钢筋混凝土T形梁，两端各为8米钢筋混凝土矩形板，下部为钢筋混凝土双柱墩和浆砌片石轻型桥台，两侧人行道安装铁栏杆，改建后桥面净宽21米。荷载：汽-20，挂-100。

引清济湖北干渠桥
Yǐnqīngjìhú Běigànqú Qiáo

位于国道205高速公路荆家镇境内。省交通规划设计院设计，4孔，单孔跨径13米，桥长57.44米，宽28米。上部结构为预应力钢筋混凝土空心板，下部为钢筋混凝土灌注桩。两端钢筋

引清济湖北干渠桥

混凝土台，石砌锥形护坡，荷载：汽-超20，挂-120。2000年4月动工，2002年8月竣工。

荆家排沟桥
Jīngjiāpáigōu Qiáo

位于国道205高速公路荆家镇境内。由省交通规划设计院设计，3孔，单孔跨径13米，桥长44.4米。上部结构为预应力钢筋混凝土空心板，下部为钢筋混凝土灌注桩，两端钢筋混凝土台、石砌锥形护坡。荷载：汽-超20，挂-120。2000年4月动工，2002年8月竣工。

引清济湖南干渠桥
Yǐnqīngjìhú Nángànqú Qiáo

位于省道29高速公路田庄镇境内。由山东省交通规划设计院设计，4孔，单孔跨径10米，桥长44.04米，宽28米。上部结构为预应力钢筋混凝土空心板，下部为钢筋混凝土灌注桩，钢筋混凝土台，石砌锥形护坡。荷载：汽-超20，挂-120。铁道部第十八工程局承建，潍坊市交通工程监理中心监理，2002年8月竣工。

引清济湖南干渠桥

跃进河桥
Yuèjìnhé Qiáo

位于省道29高速公路田庄镇境内。由山东省交通规划设计院设计，5孔，单孔跨径16米，桥梁总长85.44米，桥面宽28米。上部结构为预应力钢筋混凝土空心板，下部为钢筋混凝土灌注桩，两端钢筋混凝土台，石砌锥形护坡，荷载：汽-超20，挂-120。2000年4月动工，2002年8月竣工。

跃进河桥

西猪龙河桥
Xīzhūlónghé Qiáo

位于省道29高速公路新城镇花园村东。由省交通规划设计院设计，4孔，单孔距径13米，桥梁总长57.44米，桥面宽28米。上部结构为预应力钢筋混凝土空心板，下部为钢筋混凝土灌注桩，两端钢筋混凝土台，石砌锥形护坡，荷载：汽-超20，挂-120。2000年4月动工，2002年8月竣工。

西猪龙河桥

田庄立交桥
Tiánzhuānglìjiāo Qiáo

位于省道 29 高速公路田庄镇境内，跨县道耿焦路。由省交通规划设计院设计，3 孔，单孔跨径 13 米，总长 44.4 米，桥面宽 28 米，桥高 4.5 米。上部结构为预应力钢筋混凝土空心板，下部为钢筋混凝土灌注桩，两端钢筋混凝土台，石砌锥形护坡。荷载：汽 - 超 20，挂 -120。铁道部十八工程局承建，2002 年 8 月竣工。

镇南桥
Zhènnán Qiáo

位于索镇建国村南首，跨越乌河，始建于 1992 年。2000 年 8 月，寿济路改造，大桥重建。由市公路局设计，1 孔，跨径 31.3 米，总长 44.7 米，桥面净宽 28.6 米。两侧人行道各宽 1.4 米，安装铁栏杆。结构形式为钢筋混凝土板拱，U 形桥台，荷载：汽 -20，挂 -120。2000 年 4 月动工，2002 年 8 月竣工。

镇南桥

周家 1 号立交桥
Zhōujiā1hàolìjiāo Qiáo

位于省道 29 高速公路果里镇境内，跨省道高淄路。由省交通规划设计院设计，3 孔，单孔跨径 20 米，总长 66.04 米，桥面宽 28 米，桥高 4.5 米。上部结构为预应力钢筋混凝土空心板，下部为钢筋混凝土灌注桩，两端钢筋混凝土台，石彻锥形护坡。荷载：汽 - 超 20，挂 -120。2000 年 4 月动工，2002 年 8 月竣工。

周家 2 号立交桥
Zhōujiā2hàolìjiāo Qiáo

位于省道 29 高速公路果里镇境内，跨红庙至绍兴连村路。由省交通规划设计院设计。3 孔，单孔跨径 16 米，总长 53.44 米，桥面宽 28 米，桥高 4.5 米。上部结构为预应力钢筋混凝土空心板，下部为钢筋混凝土灌注桩，两端钢筋混凝土台，石彻锥形护坡。2000 年 4 月动工，2002 年 8 月竣工。

新城互通立交桥
Xīnchénghùtōnglìjiāo Qiáo

位于国道205高速公路新城镇昝家村东，跨省道寿济路。由省交通规划设计院设计，3孔，单孔跨径20米，总长66.06米，桥面宽32.35米。上部结构为预应力钢筋混凝土连续板，下部为钢筋混凝土灌注桩，两端钢筋混凝土台，石砌锥形护坡。荷载：汽-超20，挂-120。2000年4月动工，2002年8月竣工。

新城互通立交桥

荆家1号天桥
Jīngjiā1hàotiān Qiáo

位于省道29高速公路荆家镇境内。由省交通规划设计院设计，4孔，跨径分别为14米、18米、18米、14米，总长69.46米，桥宽12米。上部结构为现浇钢筋混凝土空心板，下部为钢筋混凝土灌浇桩，石砌坡。荷载：汽-超20，挂-120。2002年8月竣工。

荆家2号天桥
Jīngjiā2hàotiān Qiáo

位于省道29高速公路荆家镇境内，跨高王至陈桥路。省交通规划设计院设计，4孔，跨径分别为14米、18米、18米、14米，总长69.46米，桥宽12米。上部结构为现浇钢筋混凝土空心板，下部为钢筋混凝土灌注桩，石砌坡。荷载：汽-超20，挂-120。2000年动工，2002年8月竣工。

新城天桥
Xīnchéngtiān Qiáo

位于省道29高速公路新城镇祝家村东。由省交通规划设计院设计，4孔，跨径分别为14米、18米、18米、14米，总长69.46米，桥宽5米。上部结构为现浇钢筋混凝土连续板，下部为钢筋混凝土灌注桩，石砌坡。荷载：汽-超20，挂-120。2000年动工，2002年8月竣工。

胜利河节制闸
Shènglìhé Jiézhìzhá

位于马桥镇辛庄村北，胜利河与小清河交汇处，用于调控小清河与胜利河之间的水位。

胜利河节制闸

1998年1月，由国家投资586.8万元建成。该闸宽43.6米，分4孔，闸室长15.9米。闸底高程6.2米，墩顶高程13.28米，桥面净宽7米，连同人行道总宽8米。闸门为叠梁平面滑动钢闸门，配备双吊点卷杨式启闭机，设计流量660立方米/秒。

杏花河节制闸
Xìnghuāhé Jiézhìzhá

位于马桥镇五庄村西北1千米，杏花河与小清河交汇处，该河主要负责调控小清河与杏花河之间的水位和流量。1998年12月，由国家投资350万元建成，闸宽41.25米，分5孔，闸底高4.76米，闸墩高7.8米，桥面净宽7米，加人行道总宽8米。闸门为封闭式双向平面钢闸门，螺杆式启闭机，设计流量147立方米/秒。

杏花河节制闸

东猪龙河崔家北闸
Dōngzhūlónghécuījiāběizhá

位于荆家镇崔家庄东北，东猪龙河与小清河交汇处，主要负责调控东猪龙河与小清河之间水位和流量。1999年10月，国家投资108万元新建。闸总长58米，分3孔，孔宽4米，高3米，闸底高程4.99米，闸门顶高程8米，设计流量52.4立方米/秒。铸钢闸门，螺杆式手、电两用启闭机。

东猪龙河崔家北闸

东猪龙河崔家南闸
Dōngzhūlónghécuījiānánzhá

1999年7月，由市政府投资58万元新建。位于崔家庄南1.5千米，东猪龙河与孝妇河交汇的北岸处。该闸总长48米，分3孔，孔高3.5米，孔宽4米，闸底高程5.2米，闸顶高程8.7米，设计流量55立方米/秒，铸钢闸门，螺杆式手、电两用启闭机，是调控东猪龙河汛期洪水入预备河的关键大闸。

东猪龙河崔家南闸

小清河金家拦河闸
Xiǎoqīnghéjīnjiā Lánhézhá

位于马桥镇博汇造纸厂以北，属小清河干流和分洪道，是防洪、调洪的控制大闸。始建于1966年，闸分3孔，孔宽10米，门高8米，闸底高程4.5米。1996年，国家投资360万元进行改建，将原闸门改为3扇10×8-8 Ⅱ型实腹梁式弧形钢闸门，更换新启闭机，桥面由原来净宽4米提高到6米，并新建桥头堡和机架房，泄洪流量由332立方米/秒提高到500立方米/秒。

小清河金家拦河闸

孝妇河木佛闸（原名益民闸）
Xiàofùhé Mùfózhá

(Yuánmíng Yìmínzhá)

位于马桥镇木佛村西北，始建于1956年。闸分3孔，孔宽4米，高4.5米，闸底高程12.7米，设计泄洪能力80立方米/秒，是调控大寨沟接长及人字河引水调洪的枢纽工程。1995年，更换木闸板，维修启闭机4台，1996年维修桥面、护坡，更换栏杆。

孝妇河木佛闸

杏花河金家拦河闸
Xìnghuāhé Jīnjiā Lánhézhá

位于马桥镇金家村西北，博汇造纸厂门前。始建于1967年，分8孔；孔宽3.2米，高5.7米，闸底高程4.8米，木闸门，人工丝杠立式启闭机，设计泄洪能力147立方米/秒。该闸具有拦截河水、涌高水位之功能。1998年，装修栏杆，加固护坡，拓宽桥面8米；长38.8米，总宽达到16米，同时对启闭机进行维修保养。对北部五镇及马踏湖引水、蓄水发挥着重要作用。

乌河“五四”闸
Wūhé“wǔsì” Zhá

位于索镇于家磨村东南角，1964年建成。闸分5孔，孔宽3米，桥面宽7米；闸底高程13.11米，闸顶高程16.7米，设计流量120立方米/秒，是县境南部蓄水、调洪实现东水西调的关键工程。1986年曾进行过维修改造。2000年，对桥面及护坡进行整修，对配套启闭机架及设施进行维修保养。

预备河夏七闸
Yùbèihé Xiàqī Zhá

位于起凤镇夏七村，始建于1970年春。该闸为10孔，孔宽2.5米，孔高3.65米，闸底高程5.5米，木质闸门，人力丝杠10吨启闭机升降，是湖区重要的泄洪出口，泄洪流量为115立方米/秒。1995年，桥面增宽一倍，达到10米，整修栏杆、护坡，维修闸门及启闭设施。

预备河夏七闸

杏花河辛庄穿涵
Xìnghuāhé Xīnzhuāng Chuānhán

位于马桥镇辛庄村西北，杏花河与胜利河交汇处。1966年国家投资83.7万元建成，洞长182米，7孔，单孔高宽各3米，为砌石及钢筋混凝土结构，过水流量147立方米/秒。1991年，疏通治理该涵洞，泄洪排涝能力得到加强。

小清河倒虹吸
Xiǎoqīnghé Dàohóngxī

位于马桥镇北岔村北、高淄路桥东150米处，洞长180.5米，是县内引进黄河水的关键工程。1983年，由国家投资85万元建成。1997年，国家又一次投资70万元，对两岸洞身各加长10米，总长达200.5米，现为境内最长的涵洞。洞口分3孔，孔高2.35米，宽2.3米，底高程（黄海高程）为负2.22米，洞顶高程1.18米，钢筋混凝土结构，过水流量为25立方米/秒。

加长中的小清河倒虹吸

胡家扬水站
Hújiāyángshuǐzhàn

位于田庄镇胡家庄西南，西猪龙河东岸。1980年建成，1988年装机由上年的4台增至6台，扬水量由2.5立方米/秒提高至5立方米/秒。1989年冬，黄河水第一次引到胡家扬水站时，6台大泵同时抽水，5个流量南下涌入大寨沟并东调乌河，使附近农民为久旱的小麦及时浇上过

胡家扬水站

冬水。1990—1993年，因受水源限制，年扬水量100万立方米，灌溉面积3000亩左右。1994年后，上游来水不足，当地水源匮乏，暂停扬水。1997年，治理改建，安装配套3台大型轴流泵，扬水流量3立方米/秒，装机容量210千瓦。

崔家泵站
Cuījiā Bèngzhàn

位于荆家镇崔家村东北角，东猪龙河入小清河处的南堤旁。泵站以防止内涝、排除污水为目的，建于1984年。1996年汛期，小清河水位顶托，东猪龙河下游水位涌高，3台泵同时开机抽水，日扬水量为25.9万立方米，有效解除了东猪龙河泄洪与小清河顶托不能畅排的弊端。

崔家泵站

（二）电　力

果里220千伏输变电线路
Guǒlǐ220KV Shūbiàndiànxiànlù

因坐落果里镇而得名。线路总长11.17千米，其中35千伏徐斜I线，长度1千米；35千伏徐斜II线，长1千米；110千伏龙南T线，长3.47千米；110千伏果里至索镇桃园T线，长5.7千米。

果里220千伏输变电线路

吴磨220千伏输变电线路
Wúmò220KV Shūbiàndiànxiànlù

因地处果里镇吴磨村而得名。线路总长17.9千米，输出35千伏铁源线（侯庄铁矿）长3.06千米；35千伏龙南I线、II线、总长8.02千米，供张店轧钢厂使用；35千伏侯庄I线，0.385千米，地下埋设；35千伏汇丰塑料专线，长2.99千米。

吴磨220千伏输变电线路

35千伏裕东T线）。

渔洋220千伏输变电线路

Yúyáng220KV Shūbiàndiànxiànlù

因该线路从田庄往新城输送，新城有历史名人王渔洋，故名。该线路有110千伏渔洋I线、110千伏渔新II线、共计6.8千米。

渔洋220千伏输变电线路

桓台220千伏输变电线路

Huántái220KV Shūbiàndiànxiànlù

桓台220千伏输变电线路

因坐落在县城区而得名，是县内最大的输变枢纽，跨越索镇、唐山、田庄、马桥、新城5个镇，线路长度79千米。其中110千伏桓索（镇）线6.6千米；110千伏桓田（庄）线5.3千米；110千伏桓东岳T线5.5千米；110千伏桓唐（山）线5.2千米；110千伏桓岳唐T线2.6千米；110千伏桓桥（马桥）线21.16千米；35千伏邢（家）变线3.18千米，又至35千伏四氟（东岳化工）2.6千米；35千伏索变线7.17千米，又至北斗星35千伏地埋线0.6千米；35千伏前七线2.04千米，直供东岳化工；35千伏王（新城镇王家村）变线，11.09千米（35千伏前七T线、35千伏鸿杰印务T线、35千伏嶿铁T线、35千伏东岳T线、

龙南110千伏输变电线路

Lóngnán110KV Shūbiàndiànxiànlù

龙南110千伏输变电线路

因该线路始起原侯庄龙南村故名，线路总长度10.23千米。其中35千伏中汇1线、35千伏中汇11线长度共2千米；35千伏重交线（地埋）0.48千米；35千伏果（里）义（和）线3.27千米；35千伏太极线1.48千米；35千伏博丰线1.2千米；35千伏科勤线1.6千米。

索镇 110 千伏输变电线路
Suǒzhèn110KV Shūbiàndiànxiànlù

因座落于索镇故名，线路长度 18.43 千米，跨跃索镇、耿桥两镇。其中 35 千伏索义（和庄）线 5.67 千米（含 35 千伏医院 T 线，35 千伏城东 T 线）；35 千伏索东（义和）线 5.76 千米；35 千伏索桃（园）线 6.8 千米（含 35 千伏耿桥 T 线，酒厂 T 线）。

索镇 110 千伏输变电线路

桃园 110 千伏输变电线路
Táoyuán 110KV Shūbiàndiànxiànlù

桃园 110 千伏输变电线路

因地处原耿桥镇桃园村而得名，线路总长 27.7 千米。其中 35 千伏桃（园）耿（桥）线 2.66 千米；35 桃（园）邢（家）线 15.54 千米（含起凤 T 线 1.2 千米）；35 千伏桃（园）起（凤）线 8.3 千米。

田庄 110 千伏输变电线路
Tiánzhuāng110KV Shūbiàndiànxiànlù

是境内较大输变电枢纽，跨越田庄、新城、荆家 3 个镇线路总长 27 千米。其中田（庄）沈（沈家）线 9.6 千米；35 千伏电厂 T 线 4.3 千米；35 千伏田荆（家）线 4.8 千米；35 千伏田丰（仁丰）纸业线 8.3 千米（含 35 千伏田丰与 35 千伏桃邢线联络线 2.6 千米，35 千伏荆家 T 线 5.7 千米）。

田庄 110 千伏输变电线路

新城 110 千伏输变电线路
Xīnchéng110KV Shūbiàndiànxiànlù

因坐落在新城故名，输变电线路总长 23.21 千米。其中 35 千伏新田（庄）线 10.1 千米（不

新城110千伏输变电线路

含35千伏渔洋T线3.6千米，35千伏晨龙地埋T线0.3千米；30千伏新昝（家）线2.9千米；35千伏新陈（庄）线5.85千米；35千伏光明（金诚石化）T线7.3千米；35千伏新旲（化工）地埋线0.46千米。

马桥110千伏输变电线路
Mǎqiáo110KV Shūbiàndiànxiànlù

因坐落在马桥故名，输变电线路总长21.9千米。其中35千伏光明线1.4千米；35千伏金庄线2.9千米；35千伏马陈（庄）线9.7千米。

马桥110千伏输变电线路

索镇变电站
Suǒzhèn Biàndiànzhàn

110千伏索镇变电站位于索镇西部，距离镇政府驻地3千米，因坐落于索镇而得名。由原索镇变电站原址改造而来，承担着索镇的工农业供电任务。输入容量100000千瓦，输出容量100000千瓦；2008年5月始建，2008年11月建成。变电站配置2台110千伏变压器、110千伏室外设备区，110千伏、35千伏、10千伏高压配电室、主控室和库房、35千伏高压开关12台、10千伏高压开关柜24台。

索镇变电站

红庙变电站
Hóngmiào Biàndiànzhàn

位于马桥镇东部，距离镇政府驻地3千米。因坐落于红庙村而得名。输入容量9450千瓦，输出容量9450千瓦。1983年1月始建，1983年

红庙变电站

6月建成。配置2台350千伏变压器、甲变容量6.3兆伏安，乙变容量3.15兆伏安共计9.45兆伏安。设有35千伏室外设备区、10千伏高压配电室、主控室和库房。35千伏高压开关4台，10千伏高压开关柜15台。

龙南变电站
Lóngnán Biàndiànzhàn

位于果里镇南部，距离镇政府驻地2.3千米。因坐落于果里镇龙南村而得名。2009年4月有果里变电站，改名为110千伏龙南变电站。输入容量126000千瓦，输出容量126000千瓦。

龙南变电站

2004年4月始建2004年11月建成。配置2台110千伏变压器、110千伏室外设备区、35千伏高压配电室、10千伏高压配电室、主控室和库房。35千伏高压开关柜16台，10千伏高压开关20台。

唐一变电站
Tángyī Biàndiànzhàn

位于唐山镇西部，距离镇政府驻地4千米，因坐落在唐一村而得名。输入容量63000千瓦，输出容量63000千瓦。2003年5月始建，2003年12月建成。配置2台110千伏变压器、110千伏室外设备区、10千伏高压配电室、主控室和库房。

唐一变电站

马桥变电站
Mǎqiáo Biàndiànzhàn

位于马桥镇东部，距离镇政府驻地3千米，因座落马桥而得名。输入容量126000千瓦，输出容量126000千瓦。2006年5月始建，2006年11月建成。配置2台110千伏变压器、设有110千伏室外设备区、35千伏、10千伏高压配电室、主控室和库房、35千伏高压开关柜20台。

马桥变电站

桃园变电站

Táoyuán Biàndiànzhàn

位于桓台县北部，距离镇政府驻地10千米，因坐落于桃园村而得名。输入容量100000千瓦，输出容量100000千瓦。2007年5月始建，2007年10月建成。110千伏桃园变电站配置2台110千伏变压器、110千伏室外设备区、35千伏高压配电室、10千伏高压配电室、主控室和库房。

桃园变电站

沈家变电站

Shěnjiā Biàndiànzhàn

位于原周家镇西部，距离镇政府驻地10千米，因坐落在沈家村而得名。输入容量63000千瓦，输出容量63000千瓦。2001年3月始建，2001年5月建成。110千伏沈家变电站配置2台110千伏变压器、110千伏室外设备区、35千伏、10千伏高压配电室、主控室和库房、35千伏高压开关14台，10千伏高压开关柜型20台。

沈家变电站

田庄变电站

Tiánzhuāng Biàndiànzhàn

位于田庄镇，因坐落在田庄而得名，距离镇政府3千米。1997年3月始建，1997年8月建成，输入容量63000千瓦，输出容量63000千瓦。变电站配置2台110千伏变压器、110千伏室外设备区、35千伏、10千伏高压配电室、主控室和库房、35千伏高压开关柜13台、10千伏高压开关柜19台。

田庄变电站

起凤变电站
Qǐfèng Biàndiànzhàn

位于起凤镇南部，距离镇政府2千米。因坐落起凤而得名。输入容量20000千瓦，输出容量20000千瓦。1996年4月始建，1996年9月建成。配置2台35千伏变压器、35千伏、10千伏高压配电室、主控室和库房、35千伏高压开关柜8台，10千伏高压开关柜17台。

新城变电站
Xīnchéng Biàndiànzhàn

位于新城镇，距离镇政府驻地4千米。因坐落新城镇而得名。输入容量100000千瓦，输出容量100000千瓦。变电站配置2台110千伏变压器，并有110千伏、35千伏、10千伏高压配电室、主控室和库房。110千伏设备为GIS1套，35千伏高压开关柜18台，10千伏高压开关柜40台。

起凤变电站

新城变电站

昝家变电站
Zǎnjiā Biàndiànzhàn

位于新城镇东部，距离镇政府驻地5千米。1996年12月建成，因坐落于昝家村而得名。输入容量14300千瓦，输出容量14300千瓦。配置2台35千伏变压器、35千伏室外设备区、10千伏高压配电室、主控室和库房、35千伏高压开关柜4台，10千伏高压开关柜13台。

昝家变电站

耿桥变电站
Gěngqiáo Biàndiànzhàn

位于索镇北部，距离镇政府 6 千米，因坐落于耿桥村而得名。输入容量 20000 千瓦，输出容量 20000 千瓦。1987 年建成并投入使用。配置 2 台 35 千伏变压器、35 千伏高压配电室、10 千伏高压配电室、主控室和库房、35 千伏高压开关 10 台、10 千伏高压开关柜 17 台。

东义和变电站
Dōngyìhé Biàndiànzhàn

位于果里镇南部，距离镇政府 1 千米，因坐落东义和村得名。输入容量 18000 千瓦，输出容量 18000 千瓦。1996 年 4 月始建，1996 年 8 月建成。配置 2 台 35 千伏变压器，设有 35 千伏、10 千伏高压配电室、主控室和库房、35 千伏高压开关柜 9 台、10 千伏高压开关柜 15 台。

耿桥变电站

东义和变电站

淄博市齐林贵和热电有限公司
Zībó Shì Qílínguìhérèdiàn Yǒuxiàngōngsī

位于唐山镇政府东北方，距镇政府 3.5 千米。是由山东贵和纸业集团和淄博齐林热力集团建设和管理而得名。于 2001 年成立，总投资 2.9 亿元，为热电联产企业。以三炉两机配置，三台 75 吨 / 每小时循环流化床锅炉，一台 260 吨 / 每小时循环流化床锅炉、一台 12 兆瓦抽凝式汽轮发电机组和一台 6 兆瓦背压式汽轮发电机组组成，于 2002 年 8 月投入运营。2014 年 8 月，又新建一台 50 兆瓦抽凝式汽轮发电机组。总装机量达 6.8 万千瓦时，日发电量 90 万千瓦时，

齐林贵和热电有限公司

年发电量27000万千瓦时。占地面积24.8万平方米，建筑面积9万平方米。公司热用户有山东贵和显星纸业有限公司、山东海思堡服装服饰有限公司、淄博语嫣丹青纸业有限公司、桓台春源热力有限公司、黄家小区等，是市级安全化标准企业。

桓台县唐山热电有限公司
Huántái Xiàn Tángshānrèdiàn Yǒuxiàngōngsī

位于唐山镇政府北1.7千米，前七村西。由唐山镇政府建设和管理而得名。为满足唐山镇域工业企业和农业用电，及县城区和镇居民冬季供暖需求。始建于2003年11月，2005年10月投产。占地面积34万平方米，建筑面积10.2万平方米。总装机量10万千瓦时，日发电量120万千瓦时，年发电量4亿千瓦时。机组编成：1号组、2号组、配备3台130吨/每小时煤粉炉，配套2台50兆瓦抽凝式汽轮机，运行人员120人。公司近邻山东东岳工业园，交通方便。

山东天源热电有限公司
Shāndōng Tiānyuánrèdiàn Yǒuxiàngōngsī

位于马桥镇大城工业园区，系桓台县唯一大型火力发电企业，归山东博汇集团管辖。公司名称取“天赐良机、源远流长”之意而得名，简称天源热电，距镇政府2.68千米。始建于2003年3月，2007年1月投产。占地面积46.8万平方米，建筑面积11.7万平方米。总装机量70万千瓦时，并入山东电网。日发电量1320万千瓦时，年发电量396000万千瓦时。主要设备有：9台×30吨/每小时、4台×2.5万千瓦背压机组、2×1200吨/每小时锅炉、2×30万千瓦热抽凝机组，供热面积1900万平方米，供电供热用户山东伟利化工有限公司、山东海立化工有限公司、山东金诚石化集团及马桥镇居民。

桓台县唐山热电有限公司

山东天源热电有限公司

桓台经济开发区热力有限公司
Huántái Jīngjìkāifāqūrèlì Yǒuxiàngōngsī

位于果里镇桓台经济开发区石化南路76号，距镇政府西南1.2千米，因处开发区而得名。为满足桓台经济开发区工业、企业的用电、用气及县城区的冬季供暖需求，由山东汇丰集团有限公司建设和管理。始建于2014年10月，2015年3月建成投产。占地面积3.5万平方米，建筑面积1.1万平方米。锅炉机组为：2×75吨/每小时、3×130吨/每小时循环流化床锅炉。总装机量3万千瓦时抽凝机组。日发电量67.2万千瓦时，年发电量17184万千瓦时，供热面积210万平方米，员工120人。公司紧邻济青高速，51路东、51路西公交车经此并设站。

桓台经济开发区热力公司

淄博辰光海德热电有限公司
Zībó Chénguānghǎidérèdiàn Yǒuxiàngōngsī

位于田庄镇天齐路8号，距镇政府西南800米。因公司属山东辰龙纸业股份有限公司所辖，又与青岛海德公司合资而得名。简称辰光海德热电。为缓解用电、用气紧张，由辰龙纸业公司投资建设和管理。始建于2003年9月，2005年7月建成投产。总装机量2.4万千瓦时，日发电量46万千瓦时，年发电量14000万千瓦时。占地面积10.6万平方米，建筑面积29006平方米。主要设施有：2×1.2万千瓦时抽凝机组，3×75吨循环汽化床锅炉，机组人员135人。张田路公交车经此并设站。

淄博辰光海德热电有限公司

桓台县春源热源厂
Huántái Xiàn Chūnyuánrèyuán Chǎng

位于索镇花园村南，距镇政府东南1.5千米。为缓解县城居民供热用气紧张，由县政府投资，县春源热力公司建设和管理，故名桓台县春源热力公司热源厂。2011年4月，利用原淄博花园热电厂原有的土地和部分基础设施进行改建而成，于2011年11月投产。占地面积10.6公顷，建筑面积16213.56平方米。主要设施：2×70兆瓦高温热水锅炉。供热面积260万平方米，员工105人。紧邻花园路，交通方便。

桓台县春源热源厂

（三）通 信

县社小区通信光缆
Xiànshèxiǎoqū Tōngxìnguānglǎn

光缆从桓台县邮政局机房出局，沿中心大街北侧管道向西至槐荫路，又沿槐荫路东侧杆路至卫生街，再沿卫生街南侧杆路至县社门口，并向北进入桓台县县社小区。同时，在县社小区 5# 楼立小区主干光交箱（288 芯）一个，通信光缆为 24 芯。建设时间为 2015 年 7 月，长度为 1.5 千米，主要作用为县社小区的宽带接入。

机关一区通信光缆
Jīguānyīqū Tōngxìnguānglǎn

通信光缆从桓台县邮政局机房出局，沿中心大街北侧管道向西布放至机关一区南大门，向北进入小区。同时，在小区 1# 楼东头新立小区通信交箱（144 芯）一个。通信光缆为 24 芯，建设时间为 2015 年 8 月，长度为 1.3 千米，作为机关一区的宽带接入。

黄河龙小区通信光缆
Huánghélóng Xiǎoqū Tōngxìnguānglǎn

通信光缆从桓台县邮政局机房出局，沿中心大街北侧管道向东布放至张北路，再沿张北路西侧管道向南布放至黄河龙小区西大门，再向东进入黄河龙小区。同时，在小区内 14# 楼东头立小区通信光交箱（288 芯）一个。通信光缆为 24 芯。建设时间为 2010 年 12 月，长度为 2 千米，作为黄河龙小区的宽带接入。

建国小区通信光缆
Jiànguó Xiǎoqū Tōngxìnguānglǎn

通信光缆从桓台县邮政局机房出局，沿中心大街北侧管道向西布放至兴桓路，再沿兴桓路西侧管道向南至城标转盘，向东转过转盘，沿渔洋街南侧管道向东至建国小区。同时，在建国小区 88# 楼西头新立小区通信主光交箱（288 芯）一个，通信光缆为 48 芯。建设时间为 2012 年 6 月，长度为 4 千米，作为建国小区的宽带接入。

生产资料公司小区通信光缆
Shēngchǎnzīliàogōngsī Xiǎoqū Tōngxìnguānglǎn

通信光缆从桓台县邮政局南机房出局，沿中心大街北侧管道向西布放至东岳路，再由东岳路向南至渔洋街与云涛小区，距县政府 1200 米。2011 年 4 月 4 日成立投入使用，因地处生产资料公司而得名。天线高度 15 米，发射功率 20 瓦。

王沟移动通信基站
Wánggōu Yídòngtōngxìnjīzhàn

位于索镇王沟村，因处王沟村而得名。发射功率 20 瓦，基站天线高度为 45 米，建成时间为 2010 年 6 月。编号为 CTC-CRM-2015-819733087，站址编码为 t370321908000000032，普通地面塔，自建砖混机房，铁塔共享用户数为 3 户，性质为共用，设备装有 WCDMA，GSM900，CDMA。

于家移动通信基站

王沟移动通信基站

于家移动通信基站
Yújiā Yídòngtōngxìnjīzhàn

位于索镇于家村，因处于家村得名。发射功率 20 瓦，基站天线高度为 45 米，建成时间为 2009 年 6 月。编号为 CTC-CRM-2015-814519471，站址编码为 t370321908000000167，普通地面塔，自建砖混机房，铁塔共享用户数为 2 户，性质为共用，装有 WCDMA，GSM，tdcdma，移动 900M。

火车站移动通信基站
Huǒchēzhàn Yídòngtōngxìnjīzhàn

位于桓台县火车站，发射功率 2 瓦，基站天线高度为 45 米，因处桓台火车站得名。建成时间为 2013 年 7 月。编号为 CTC-CRM-2015-814739493，站址编码为 t370321908000000019，简易塔，机房类型为 RRU 拉远，铁塔共享用户数为 1 户，性质为独用。饲料厂拉远，装有 WCDMA。

火车站移动通信基站

炉姑庙移动通信基站
Lúgūmiào Yídòngtōngxìnjīzhàn

位于索镇西镇村炉姑庙，发射功率2瓦，基站天线高度为45米，因处炉姑庙得名。建成时间为2012年8月。编号为CTC-CRM-2015-820877008，站址编码为t370321908000000120。普通楼面塔，机房类型为RRU拉远，铁塔共享用户数为1户，性质为独用。从818局拉远，装有WCDMA。

炉姑庙移动通信基站

桓台信誉楼移动通信基站
Huántáixìnyùlóu Yídòng tōngxìnjīzhàn

位于桓台信誉楼，发射功率20瓦，基站天线高度为40米，因所处桓台信誉楼得名。建成时间为2008年6月。编号为CTC-CRM-2015-817005718，站址编码为t370321908000000005，为普通楼面塔，为租用机房，铁塔共享用户数为2户，性质为共用，装有WCDMA，GSM900，GSM1800，CDMA。

信誉楼移动通信基站

肛肠医院移动通信基站
Gāngchángyīyuàn Yídòng tōngxìnjīzhàn

位于桓台肛肠医院，发射功率20瓦，基站天线高度为45米，因所处肛肠医院得名。建成时间为2008年5月。编号为CTC-CRM-2015-814573252，站址编码为t370321908000000153，普通楼面塔，为租用机房，铁塔共享用户数为1户，独用，装有WCDMA，GSM900，GSM1800。

肛肠医院移动通信基站

中医院移动通信基站
Zhōngyīyuàn Yídòngtōngxìnjīzhàn

位于桓台中医院，发射功率 20 瓦，基站天线高度为 45 米，因处桓台中医院而得名。建成时间为 2008 年 6 月。编号为 CTC-CRM-2015-820430686，站址编码为 t370321908000000100，为楼面抱杆，租用机房，铁塔共享用户数为 1 户，独用，装有 WCDMA，GSM900（单独结算室内分布）。

中医院移动通信基站

实验学校移动通信基站
Shíyànxuéxiào Yídòngtōngxìnjīzhàn

位于桓台实验学校，发射功率 20 瓦，基站天线高度为 45 米，因处桓台实验学校而得名。建成时间为 2011 年 5 月。编号为 CTC-CRM-2015-815721127，站址编码为 t370321908000000156，为景观塔，机房类型为 RRU 拉远，铁塔共享用户数为 1 户，独用，从兰香园机房用电，装有 WCDMA，GSM900。

实验学校移动通信基站

温州批发城移动通信基站
Wēnzhōupīfāchéng Yídòngtōngxìnjīzhàn

位于桓台温州批发城，发射功率 2 瓦，基站天线高度为 45 米，建成时间为 2013 年 5 月。编号为 CTC-CRM-2015-818552198，站址编码为 t37032101000135，普通楼面塔，机房类型为 RRU 拉远，铁塔共享用户数为 1 户，性质为独用。

温州批发城移动通信基站

联通移动通信基站
Liántōng Yídòngtōngxìnjīzhàn

位于桓台联通公司，发射功率20瓦，基站天线高度为45米，因所处桓台联通得名。建成时间为2010年8月。编号为CTC-CRM-2015-814758263，站址编码为t370321908000000088，为楼面抱杆，无机房，铁塔共享用户数为1户，独用，装有WCDMA，GSM1800。

联通移动通信基站

农业生资公司移动通信基站
Nóngyèshēngzīgōngsī Yídòngtōngxìnjīzhàn

位于桓台农业生资公司，发射功率20瓦，因所处桓台农业生资公司得名，基站天线高度为40米，建成时间为2009年6月。编号为CTC-CRM-2015-816392773，站址编码为t370321908000000046，为普通楼面塔，租用机房，铁塔共享用户数为1户，独用，装有WCDMA，GSM1800。

农业生资移动通信基站

广电局移动通信基站
Guǎngdiànjú Yídòngtōngxìnjīzhàn

位于县广播电视局，发射功率2瓦，基站天线高度为40米，因所处桓台县广电局而得名。建成时间为2011年7月。编号为CTC-CRM-2015-816066153，站址编码为t370321908000000015，为普通楼面塔，租用机房，铁塔共享用户数为1户，为独用，装有WCDMA，GSM900。

广电局移动通信基站

辕南移动通信基站

Yuánnán Yídòngtōngxìnjīzhàn

位于田庄镇辕南村，发射功率 20 瓦，基站天线高度为 45 米，因处辕南村而得名。建成时间为 2008 年 5 月。编号为 CTC-CRM-2015-819738641，站址编码为 t370321908000000003，为普通地面塔，无机房，铁塔共享用户数为 2 户， 装有 WCDMA，GSM900，CDMA。

辕南移动通信基站

东埠移动通信基站

Dōngbù Yídòngtōngxìnjīzhàn

位于田庄镇东埠，发射功率 2 瓦，基站天线高度为 45 米，因处东埠村而得名。建成时间为 2012 年 9 月。编号为 CTC-CRM-2015-815596708，站址编码为 t37032101000144，为普通地面塔，无机房，铁塔共享用户数为 1 户，性质为独用。

东埠移动通信基站

李寨移动通信基站

Lǐzhài Yídòngtōngxìnjīzhàn

位于田庄镇李寨村，发射功率 20 瓦，基站天线高度为 45 米，因处李寨村而得名。建成时间为 2012 年 5 月。编号为 CTC-CRM-2015-817445660，站址编码为 t370321908000000090，为景观塔，自建砖混机房，铁塔共享用户数为 1 户，独用。从旬北接入网用电，装有 WCDMA，GSM900。

李寨移动通信基站

小庞移动通信基站
Xiǎopáng Yídòngtōngxìnjīzhàn

位于新城镇小庞村，发射功率 20 瓦，基站天线高度为 45 米，因处小庞村而得名。建成时间为 2008 年 5 月。编号为 CTC-CRM-2015-817358331，站址编码为 t370321908000000066，为普通地面塔，自建砖混机房，铁塔共享用户数为 1 户，独用。装有 WCDMA，GSM900，C 类终端。

小庞移动通信基站

西岔移动通信基站
Xīchà Yídòngtōngxìnjīzhàn

位于马桥镇西岔村，发射功率 20 瓦，基站天线高度为 45 米，因处西岔村而得名。建成时间为 2008 年 9 月。编号为 CTC-CRM-2015-819671391，站址编码为 t37032101000140，普通地面塔，自建砖混机房，铁塔共享用户数为 2 户，装有 WCDMA，GSM900。

西岔移动通信基站

宰相移动通信基站
Zǎixiāng Yídòngtōngxìnjīzhàn

位于马桥镇东宰村，发射功率 20 瓦，基站天线高度为 45 米，因处东宰村而得名。建成时间为 2012 年 5 月。编号为 CTC-CRM-2015-815596443，站址编码为 t370321908000000116，普通地面塔，自建砖混机房，铁塔共享用户数为 1 户，性质为独用。从东宰接入网用电，装有 WCDMA，GSM900。

宰相移动通信基站

中薛移动通信基站
Zhōngxuē Yídòngtōngxìnjīzhàn

位于马桥镇中薛村，发射功率 20 瓦，基站天线高度为 45 米，因处中薛村而得名，建成时间为 2012 年 8 月。编号为 CTC-CRM-2015-820102499，站址编码为 t370321908000000008，自建砖混机房，铁塔共享用户数为 1 户，性质为独用，从前薛接入网用电，装有 GSM900。

中薛移动通信基站

东营移动通信基站
Dōngyíng Yídòngtōng Yídòng tōngxìnjīzhàn

位于唐山镇东营村，发射功率 20 瓦，基站天线高度为 40 米，因处东营村得名。建成时间为 2012 年 5 月。编号 CTC-CRM-SDZB-2016-001347，站址编码 t370321908000000036，普通楼面塔，机房类型为 RRU 拉远，铁塔共享用户数为 1 户，性质为独用，从东营接入网用电，装有 WCDMA，GSM900。

东营移动通信基站

第十一章

交通站、场、铁路、公路名

（一）交通站、场、铁路

淄东铁路
Zīdōngtiělù

淄东铁路纵贯县域南北，南起胶济线淄博火车站，北至东营火车站，境内16千米，始建于1959年，1960年通车，原属张北地方铁路局。1966年7月，石油部、铁道部联合投资3800万元，改建张（张店）北（北镇）线，由轻便轨改为标准轨，建成国家3级路标准，改称张（张店）东（东营）铁路。建桓台车站1处，位于索镇偏东南，占地总面积8.5公顷，客运站台面积1300平方米，货运站台面积500平方米，为客运、货运四等中间站。20世纪初并入全国铁路网。1983年1月，开通济南至东营的客班列车，为每日对开线。1987年，索镇站内有5股线路，南北长2千米。另外，还有2条专用线，一条是输油线，至石油站，长500米；另一条是粮食专运线，达粮食储备库，长2千米。1988年5月，由张（店）东（营）铁路更名为淄（博）东（营）铁路。1989年9月，索镇火车站被济南铁路局命名为“标准中间站”。1990年7月1日，更名为“桓台火车站”。1997年3月，由济南铁路局投资62万元，建成550平方米货运营业大厅和办公楼。至2005年，客运、货运列车均在桓台火车站停靠，办理客货运业务。同年扩建火车站货场，由原来的26个车位扩大到110个，并实现了24小时装卸货物6000吨的速度。货场承载能力明显增强，成为促进当地经济发展的交通枢纽。

淄博—东营铁路

侯庄道口
Hóuzhuāng Dàokǒu

位于果里镇东部，侯庄村西，距镇政府约3千米，因处侯庄村而得名。始建于1959年。1973年1月起移交济南局。1988年5月，由张店东营铁路更名为淄（博）东（营）铁路。相交叉道路石化路。

侯庄道口

马王道口
Mǎwáng Dàokǒu

位于果里镇东部，在马王庄东侧，故名，距镇政府3千米。所在线路，淄（博）东（营）铁路。相交叉道路，马王一东傅村。始建时间1959年，建成时间1960年。

马王道口

桓台道口
Huántái Dàokǒu

位于索镇北部，距镇政府约5千米，因交

桓台道口

叉张北路省道294桓台段而得名。始建于1959年，1960年建成。所在线路—淄东线。

马家道口
Mǎjiā Dàokǒu

位于索镇东部，马家村东侧，距镇政府约3千米，因在马家而得名。所在线路为淄东铁路，始建于1959年，1960年建成。

马家道口

桓台火车站
Huántáihuǒchēzhàn

位于桓台县索镇境内，曾用名索镇火车站，距县政府驻地3千米，始建于1959年，1960年建成，占地总面积8.5公顷，客运站台面积1300平方米，货运站台面积600平方米。1989年9月，被济南铁路局命名为标准中间站。1990年7月1日，更名为桓台火车站。年货运量200万吨，运送人数5.6万人次。1997年3月，建货运营业大厅和办公楼。站内有5条线路，南北长1千米，另有2条专用线，一条为石油卸油线，长0.5千米，一条为国家粮食储备库专用线，长2千米。

桓台火车站

桓台长途汽车站
Huántái Chángtúqìchēzhàn

位于县城北侧的建设街与205国道交会处（张北路3733号）。前身是济南运输公司在桓台县索镇的代办点，1962年6月归属北镇汽车运输公司，其间多次易名。1993年3月更名淄博汽车运输总公司，2004年整体改制为淄博交通运输有限公司。2007年8月，注册为山东淄博交通运输集团有限公司桓台长途汽车站。占地面积1.1公顷，建筑面积4560平方米，有候车厅、售票厅、发车区、停车场，小件寄存处等设施，属国家二级客运站。运输线路18条，

桓台长途汽车站

其中省际4条，市际4条，日过往车辆60个班次；月客流量15000人，与205国道、803省道相连。

淄博市公共汽车公司桓台分公司
Zībó Shì Gōnggòngqìchēgōngsī Huántáifēngōngsī

位于县城东北方向，坐落在建设街与张北路以东，建设街以南，桓台县畜牧局以西，距县政府1.3千米。1983年8月，成立淄博市公共汽车公司第6车队。1989年12月，更名为淄博市公共汽车公司第6车场。1992年4月，更名为淄博公共汽车公司桓台分公司。1983年扩建，2001年3月建成。占地面积1.7公顷，建筑面积5600平方米，运输线路有51路东、51路西、185路、251路、611路。运输线路总长93.5千米，中巴车242辆，年客运量232.6万人次。

鱼龙客运站
Yúlóng Kèyùnzhàn

位于起凤镇鱼龙村宫红路南侧，因处鱼龙村而得名，2000年5月建成。由省交通厅拨款70万元，租场院地7亩，改造平房3间，新建平房11间，洗车台一处，蓄水池一个，打机井

鱼龙客运站

一眼，修院墙85米，硬化停车场4420平方米，2001年3月启用，投入车辆50台，营运鱼龙至张店线路，日发车226班次，日均客流量4068人次。

辛庄客运站
Xīnzhuāng Kèyùnzhàn

位于马桥镇西部的辛庄村，因处辛庄村而得名，距马桥镇政府3.5千米。1990年2月，开通索镇至辛庄村客运班车，4月在辛庄村组建客车站，租赁路边民房3间，为车站办公室，建有沙石停车场。投入运营车辆30台中巴，日客车74班次，日客流量1000人次。

公用型客车站
Gōngyòngxíng Kèyùnzhàn

为县内个体车站。境内自1984年出现第一个个体经营客运户，到1988年发展到99家。同年，在205国道以东，索镇建筑公司北侧，搭建活动板房亭为站址。1990年，县交通局租用索镇北辛村交通旅社院内8000平方米场地，投资3万元建起配套设施，选派6名工作人员，组建淄博市首个公用型客车站。将133台社会车辆，90台过境车辆纳入管理。1993年3月，在县城建设街东段路南，县人民保险公司东侧，征地9.5亩，建平房6间，搭建长70.5米，高8米钢架侯车棚1个，将公用型车站迁入。1994年7月，投资35万元，在县城南首，205国道东，县体育场西侧，硬化停车场面积1.4万平方米，改建成公用型车站。1996年12月，改迁到桓台长途汽车站院内。至2005年，车站采取定路线、定车辆、定地点、定班次、定站点、定票价及控制时间运行等措施规范运营秩序，营运索镇—张店、周村、淄川、辛店、岔河、陈桥、后孙、麻家、胡家、侯庄、南营、李家、黄家等线路。

公用型客车站

（二）公 路

新城公路站
Xīnchéng Gōnglùzhàn

在县政府西南方向，距县城区 15 千米。位于 S238 高淄路左侧，高淄路与寿济路交叉口以南。所在线路 S238、S321。1976 年 4 月始建，1999 年 5 月建成。

新城公路站

陈庄公路站
Chénzhuāng Gōnglùzhàn

位于县镜南北方向的 S238 高淄路线上，马桥镇境内。因在原陈庄镇南部，故名陈庄公路站。始建于 1979 年 8 月，有砖瓦房 230 平方米。2009 年各公路站合并后，作为交通观测站使用。

陈庄公路站

周家公路站
Zhōujiā Gōnglùzhàn

因该站在原周家镇郝园村，故名周家公路站。始建于 2013 年 3 月，2013 年 9 月投入使用。位于桓台县西南 G205 国道 K626+290 左侧。

周家公路站

负责 205、S235、S238、S294、S321 国、省干线 88.386 千米的公路管理、养护、执法工作。占地面积 15 亩，建筑面积 2244 平方米，其中办公楼 1262 平方米，主要设施有应急设备库和消防水池等。

滨莱高速公路淄博管理处桓台县收费站

Bīnlái Gāosùgōnglù Zībóguǎnlǐchù Huántáixiàn Shoūfèizhàn

在滨莱高速公路淄博段 K48 千米处，新城镇境内，因地处桓台故名。始建于 1999 年，2002 年投入使用。

畅安居乐业机动车停车场

Chàng'ānjūlèyèjīdòngchētíngchēchǎng

位于果里镇，果里大道以北，寓意为“畅通无阻，安全行驶”，故以畅安命名。占地面积 2.1 公顷，泊位数 1000 个，主要设施有监控平台、清障车等。于 2002 年 3 月始建，2002 年 10 月使用。

畅安停车场

滨博高速公路

Bīnbógāosùgōnglù

北起滨州，南至博山连接博莱高速公路，在境内穿越荆家、田庄、新城、果里 4 个镇 35 个村庄，长 23.51 千米，永久性占地 2187.74 亩。1999 年 9 月由省政府批准立项，省交通厅规划设计院组织设计，为双向四车道，全封闭、全立交，设计时速 120 千米。桥、涵荷载：汽—20 吨，挂—120 吨。路基宽度 28 米，沥青路面宽 23.5 米，中间设分隔带，结构为：基层石灰土厚 34 厘米，路面沥青砼 6 厘米 +5 厘米 +4 厘米，计 15 厘米。2000 年 4 月，投资 5 亿元动工兴建，2002 年 8 月竣工通车。并建桥、涵 87 座，总长 3057.2 米；林带绿化 23.51 千米，左右两则边坡栽植柳树 3932 棵，紫穗槐 3897 墩；中间分隔带间隔栽植蜀桧、扶芳藤、丰花月季、紫叶李等花卉苗木。在新城镇境内寿济路南侧建有桓台收费站。

滨州—淄博高速公路（S29）

山深路

Shānshēnlù

编号 G205，北起山海关，南至深圳市，为国家干线公路，境内穿越索镇、果里两镇，长15.8千米。1991—1992年，县政府组织沿线镇、村采伐两侧行道树，整修内外边坡，硬化路肩，按乔、灌结合形式植树绿化，东侧履带车行道改建沥青路面，路面宽度21米，并达到GBM工程质量标准。2000年春，投资7500万元，对山深路桓台段15.8千米按高等级公路进行改建，自博兴交界至城区北外环路4.7千米，路面宽21米，北外环至环岛南侧穿越城区路段2.7千米，宽19米。两段均为砼路面，厚24厘米，底层为16厘米水泥稳定碎石+16厘米二灰土。环岛至张店交界7.78千米，路宽由23米改建为29米，两侧砼预制路肩0.5米×2，总宽30米，面层结构为4厘米沥青砼+6厘米沥青砼+下封层。9月竣工通车。全路有中桥1座，长39.9米，小桥2座，计长50米。2001年春，在两侧内坡载植扶芳藤1838墩，两侧边沟、外坡采用乔灌相结合形式植树绿化。两侧路肩安装路灯326盏。

山海关—深圳公路（G205）

高淄路
Gāozīlù

编号S238，北起高青田镇，南至淄博，为省级干线公路。境内穿越马桥、新城、果里3镇，24.3千米。1988年，原周家镇境内5千米路段大修，在原路基础上做一层灰土，厚18厘米，采用层铺浅灌铺筑沥青，路面宽7米。1993年，县政府投资3200万元全路改建，11月按二级公路标准，完成测量设计，路基由10米拓宽至16米，沥青路面宽15米，5处路段改线取直，在果里、新城、马桥镇驻地路段，建三块板路9.1千米。其中，快车道宽16米，两侧慢车道各宽5米，快慢车道以2米宽绿化带分隔，人行道各宽6米。新建、改建桥、涵15座。1994年春，各镇按辖区路段选调专业队开始路基施工，6月上旬完成路基工程总量的80%。1995年3月，沿途各镇完成路基尾工及小桥、涵13座。10月，除小清河桥、引黄干渠岔河桥外，全线竣工通车。1996年，市公路局投资150万元，在小清河旧桥西侧新建桥梁1座。投资40万元，改建加宽引黄干渠岔河桥。1997年，小清河旧桥拆除改建，两桥紧靠并列，中间留有空隙分隔。1998年12月由张田路改称高淄路。2002年，桓台路段有中桥2座，计长139.8米；小桥7座，计长86.8米。全路以乔灌结合绿化。

高青—淄博公路（S238）

寿济路
Shòujìlù

编号S321，东起寿光，西至济阳，境内自临淄交界处向西，横越索镇、唐山、新城3镇，与邹平县相接，长20.4千米，为省级干线公路。1977年，铺筑沥青路面宽度7米，城区连接山深路段550米，路面宽10米。1990年，投资580万元，由省、市立项，唐山至索镇段按二级公路标准改建，唐山以东3.7千米，沥青路面宽14.4米，路肩两侧各0.3米，总宽15米；城区路段2.1千米，沥青路面宽21米。3月，一期工程动工，乡镇组织完成行道树采伐、征地、拆除工作。5月，县公路站组织专业队对路基、桥、涵进行改建，当年完成路基、桥、涵工程，并加做简易路面，保持车辆正常通行。1991年3月，二期改建工程开始，县公路站、市公路段工程处，分别承担灰土基层、沥青碎石铺筑、二灰碎石及2厘米沥青砼面层施工，5月底竣工。6月7日正式通车。1994年冬，完成新城至唐山段8千米改建，新城境内6.2千米，按三块板路设计，总宽38米，其中，主车道宽16米，两侧慢车道各宽5米，绿化分隔带宽2米。1999年5月，新城至邹平界2.3千米改线，完成沥青路面并通车。2000年，完成自临淄界至索镇前毕村东2.44千米，前毕村西至张东铁路0.7千米沥青路面；前毕村内1千米，张东铁路至东外环0.59千米为水泥混凝土路面。建小桥4座，总长89.7米。

张博附线
Zhāngbófùxiàn

在桓台县东南部，途经果里镇，南北走向，南起果里镇后埠村，北至果里镇前鲁村，长度6.4千米，宽29米，水泥路面，为省级干线公路。2008年由S803更名为G205；2011年又改称为张博附线，途经大寨沟。

寿光—济阳公路（S321）

张店—博山附线公路（S294）

第十二章

自然地理实体名

马踏湖
Mătà Hú

位于桓台县东北部，桓台县与博兴县两县交界处，地处泰沂山脉北麓山前洪冲积与黄泛冲积平原的迭交洼地，坐落在起凤镇，距镇政府驻地正北方向 0.1 千米。四方毗邻为：东至十字架河，南抵华沟村，西至预备河，北到小清河；类型为常年湖、淡水湖；该湖东西长 12.5 千米，南北宽 4 千米，面积约 50 平方千米。2/3 的面积在桓台。湖底海拔（黄海）高程 5.7 ～ 9 米，地势呈槽状，东西向条带分布，由西南向东北缓倾，西南部海拔 9 米左右，东北部 7 米以下，比降 1/2500，地面起伏不大。湖洼面积为 2.72 万亩；主要水源有孝妇河、东猪龙河、乌河、小清河和黄河；蓄水量为 500 万立方米。马踏湖为第四系沉积湖，历史上曾是水面广阔浩瀚的大湖泊。相传，齐桓公在此会盟六国诸侯，而六国诸侯担心被擒，亦以大军相随，于是众马踏平地成湖，故名马踏湖。曾名马大湖、麻大泊、锦秋湖、会城泊等；而后，讹传为麻大湖；1986 年 6 月，复名马踏湖。水资源开发利用情况有：1. 湖区建设有马踏湖国家级湿地公园。先后赢得省级风景名胜区、国家级湿地公园、全国农业旅游示范点、国家 4A 风景区、国家水利风景区等众多荣誉称号，现已成为全省乃至全国知名的旅游胜地，吸引了省内外众多游客前来观光旅游；2. 解放后面对水源减少的现状，实施了引小清河水入湖，从萌山水库、太河水库引水入湖、引黄过清补源等工程补充湖水；湖水通过预备河排洪。主要水产品有芦苇、白莲藕、鲈鱼、金丝鸭蛋等；马踏湖境内有著名的文化古迹五贤祠、会城遗址、冰山遗址、鲁连井、锦秋亭、徐叶书屋、东坡登临处等名胜古迹；齐景公、晏婴、鲁仲连、诸葛亮、李白、苏轼、于钦、王士禛等都到此处游览或隐居；北宋大文学家苏轼曾写下了脍炙人口的《横湖绝句》：贪看翠盖拥红妆，不觉湖边一夜霜；卷却天机云锦缎，纵教匹练写秋光。周围主要道路或交通线有起马路、旅游路等。

乌 河
Wūhé

曾名时水、耏水、如水、乌龙水。源出山东省淄博市临淄区西南矮槐树村。合画水北流，西折入桓台县侯庄，流经东沙河、吴家磨、三岔湾北折于于家磨北会涝淄河，穿索镇、耿桥、起凤、夏庄注马踏湖至小清河。县内河长约 25 千米。河床宽 60 米，流域面积 1165 平方千米。源浅易涸亦名乾时，其色墨又谓墨水，俗名乌河。《左传》载：“鲁庄公九年（前 685）齐鲁战于乾时，鲁军败。”又载：“鲁襄公三年（前 579）晋士句适齐，齐侯与‘盟于耏外’皆此地也”。原为常年流水，最大水深 5 米，一般水深 1.2 米，行洪流量为 120 立方米 / 秒。索镇至湾头有通航之利。《齐乘》载：“（于钦）常自济南华不注公里山下，经小清河，东入此湖（即马踏湖）折而南入时水，至索镇，舍舟归益都。”盛产鱼、虾、蟹、乌鳝、淄鳖。特产齐鱼（俗名齐脖子鱼），此鱼体小，长二寸左右，宽一寸左右。鳞细呈斑斓五彩状，颈短嘴小肉质鲜嫩，为下酒佳肴。近年由于水质污染严重，经常干涸，鱼航之利，不复见之。

乌河是一条历史久远，山泉为主，兼泄少量山洪和平原地面经流的河道。据《地名大辞典》载：“时水今曰乌河，又曰如水，俗称黑水，又曰乌龙水。出山东临淄西南矮槐树铺，合画水、系水北流折入桓台县，北注麻大湖。”

据《辞海》载：“……古分二支，一支西流经今桓台境西北入济水，旱时干涸，故又称乾（干）时。”

据清康熙五十七年（1718）《新城轶事》载：“因上流经葹头山，又谓之葹水。然则葹水也，时也、系也、女也、渑也、浊也、溷也、巨淀也、黑水也，随遇得名，一而已矣。”

据清光绪十四年《新城县乡土志》（1888年出版）载：“时水，在城东三十里，俗曰乌河，本淄水伏流，色黑故名……水出齐城西南二十五里，今名矮槐树，因该处有槐树二株甚矮，故以庄名。平地出泉，愈出愈大，由东南益都县、临淄县入境，西行至东沙河庄西北隅，而沙沟水入焉。至花园庄南，北折而行，及西北隅，而涝淄水入焉。至索镇北三里许，而绪河并支时入焉。又北流至夏庄北里许，东折入预备河，至博兴之院庄出境。”

据《重修新城县志》（方舆志·卷二）载：“按时水由邑属东沙河庄东北入境。《水经注》云：时水出齐城西北二十五里，平地出泉，即如水也，亦谓之源水。西北经黄山东，又屈而经杜山北，画水注之，……俗以画水为宿留水，而北入于时水。孟子去齐三宿而出画，故世以此为变水名也。……时水又西至石洋堰分为二，谓之石洋口枝津，西北至梁邹入济；时水又北经西安（索镇西南）城西又北，系水注之。《齐乘》曰：‘源南近淄水，详其地势山脉，盖伏淄所发’。……时水又北至般阳新城县东南索镇，口下可通舟楫。又北至博兴南，地名湾头，泺水会焉。又经利县故城西，又东经乐安北，又东北由马车渎入海。”《水经》谓：“时水自西安城南石洋堰分为二支津，西北合黄山之德会水，至梁邹入济，旱则涸竭，此乾时也，今天不通矣。”统《水经》《齐乘》观之，则系水、画水皆淄水之别出而入时者，虽与时同脉，非即时也。乾时系支流非经流也。

乌河往昔名称颇多，都是因时因地而异，而时水、耏水则是其正名，乌河则是其俗名，因水呈乌浊色，而群众呼之为“乌河”，相沿成习，不宜更改。

在桓台县注入的支流有：

1. 小河子，又名小沙河，发源于金岭镇村西老龙湾，经艾庄，冶里村东，于铁山、凤凰山之间西北流，经三龙村至县境内之东、西沙河两村之间注入乌河。

2. 涝淄河，是汇入乌河的最大支流，至索镇以南注入乌河。桓台境内长8.5千米，流域面积25平方千米。现河道最大行洪能力，桓台段可达25立方米每秒，1964年曾到达30立方米每秒。

3. 绪河子，自临淄区槐树务村西北流入，至本县张茅村南入境汇为渊渚(即刘茅洼)，现已消除连年涝灾，河道通畅，至索镇之马家庄北，西行注入乌河。系一条由小面积地面经流形成的小沟。

4. 支澥时，也称运粮河，自临淄区六天务处乌河北岸分出，于索镇南李家庄东南里许入境，至索镇东北合绪河子后入乌河，往时常年有水，且具规模，现已只留河形，常年干涸。河道全长86.5千米，桓台县段长24.65千米，流域面积，桓台县为183.7平方千米。

乌河在索镇以上，有大量水能可供利用。有10米落差，水磨连串，索镇以下，坡度平缓，便于航运。70年代以前，舟楫往来，络绎不绝，上达省城济南，下通海口羊角沟。平时可通行两吨小船，旺季可承载四五吨重的燕尾船。上行可抵索镇，因而索镇成为城乡交流各种货物的集散地。大大促进了索镇的经济发展，成为中华人民共和国成立前不亚于县城——新城的经济繁荣重镇。

总之，乌河因流域范围内的山丘面积小，很少发生突发性的洪涝灾害，汛期水势涨落均较缓慢，是县境内利最大而害最小的利河，为桓台沿河两岸人民，尤其为索镇和湖区的经济发展和文化繁荣做出了卓越的贡献。索镇之所以能成为桓台县唯一的水旱码头千年重镇，中华人民共和国成立前后能为渤海区清河地委驻地，及至现在的全县政治、经济、文化中心，与乌河流经此地是有直接关系的。可惜进入70年代之后，由于上游工业的迅猛发展，对地下水资源实行掠夺式的开采，使乌河源断流，变成了辛店、张店一带的工业污水排放沟，往昔之利已不再得。

桓台县委、县政府经30多年的努力，整治源头，护坡助堤，乌河又呈现出潺潺流水、河内水鸭成群、鱼虾争游、柳树乘阴、钓鱼者不计其数的美丽景色。

乌河

涝淄河

Làozī Hé

《益都县志》云：“涝淄河源于益都县白马关。”实指夏秋两季大金山南诸山汇水的源头。该河从临淄区边河乡进入张店区经石桥镇流入桓台县，经果里镇甘家、果里、义和、姜坊至于家磨北汇入乌河。县内河长8.8千米，流域面积119平方千米。行洪流量为20立方米/秒。又据民国22年（1933）重修《新城县志》载：“涝淄河在城东南五十里，发源益都白马关，进山涧西沟西下，北行三十里为张庄桥，分马

涝淄河

沟水西通德会水，流经杜科、乔庄之西至魏家庄西直北行。崖岸仅存，冬季常涸。至王庄之南，岸东有若冢者，高可数尺，方广里余，旁多甘泉，民传为海眼。水势稍大又北至甘、鲁二庄，始有粳稻鱼藕之利。又北经果子里等村，直到索镇之乌河。”据此，该河古今属季节性河流，涝淄河一名的由来和含义无从考证。

东猪龙河

Dōngzhūlóng Hé

发源于淄博市沣水南黄山脚下，经张店区石桥乡入桓台县果里镇，越大寨沟至唐山镇，流经邢家、田庄镇之边缘，至崔家庄东直入小清河。桓台县内长23.5千米，河床宽10～12米，流域面积878.3平方千米。最大水深3米，一般水深1米，行洪流量20～40立方米/秒。

该河曾名德会水。又因河水源黄山为汉大儒郑康成(名玄)讲学处，改名郑黄沟。清道光《济南府志》云：“淄川德会水俗名丰水，源出淄川县东北三十里名泉河头，可三亩余，诸泉迸发，如珠串流曰珠龙河。”后演变为猪龙河。1960年改名东猪龙河。现为张店城区主要排污河道，污染严重，鱼鳖绝踪。

据《重修新城县志》载：“郑潢沟东支流在城东十八里，前令王秉彝（直隶新乐举人，

明嘉靖四十一年（1562）壬戌保利地产析城令）所开。由于家堤东行，经姜家坊西北入涝淄河。”又载：“郑潢沟北支流由于家堤西北行，经唐山镇复岐分为二，东由小邢庄北经前、后七里庄，至诸葛庄入湖。西由东营前蜿蜒而西，又迤北入湖。明代乡宦崔讲所开，时人号为崔公渠。前令彭绍谦重浚，以开稻田，不成而罢。然唐山以北诸村皆免水患。”

“郑潢沟东、北两支皆始浚于明，近年干旱，水易涸浅，其东支流已淤塞，北支流地势低洼，水性直下，恒夺径流。清光绪三十四年（1908）知县恽毓庚因近城居民之请，于北岸修闸导其西流并立碑记之。”

今猪龙河分为东、西两条，发源于张店区的泮水镇黄山北麓，流向西北，至张店穿过胶济铁路又穿过张店城区内北流，于刘家斜沟村西南进入桓台。在本县境内于家堤村南分为东、西、北三条支流，东、北两条支流为明代后期新开，西支系原始正河。现主流为南北向，穿过本县中部，经果里、唐山、邢家，入锦秋湖，进入起凤镇，称东猪龙河，为明代乡宦崔讲主持所开。其下游在湖内于三屋子处与西来之孝妇河三支流汇合后流向东北，穿过华沟村注入马踏湖。1966年后，由于三屋子处改道正北，经华沟、傅庙两村之间北去，注入马踏湖，河道全长47千米，总流域面积190平方千米；桓台段长23.7千米，流域面积50.5平方千米。水中含醛、氨氮、砷、汞、铬、油等物质；pH值常年在6.0~11.0左右，根据1984年检测、五项毒物检测率为百分之百，汞的检出极值超标59倍，相当于农灌标准的28.5倍，酚极值超标为64倍。

上游张店区境内另有一条支流，称为西支，发源于张店区唐家山北坡，全长9.62千米，原为一条弯曲小沟，1965年张店区组织了一次疏挖，在闫桥北汇入主流，现主要承泄张店城区西部的工业废水及生活污水。

东猪龙河原在唐山村北小邢家庄处分为东西两支，其东支经前、后七里及诸葛庄里北去入锦秋湖。且是其主流。1964年疏挖时，只加大了西道，以使其脱离开村庄，行洪能力由原来的8立方米/秒，增加到30立方米/秒左右。从此东道遂废。雨季只排村内径流，现此沟改称七里排沟。1970年大寨沟疏挖后，因猪龙河高而大寨沟深，交叉处已建了穿涵与大寨沟隔离，南来之水已由东猪龙河全部承泄。

东猪龙河

西猪龙河
Xīzhūlóng Hé

古为猪龙河古道。现由“新城”往上为多水系，计有韩信沟、白蛇沟、老梧河、东猪龙河分流，汇于“新城”东侧，北流至田庄镇傅桥村西北注入孝妇河。河长8.4千米，河床宽26米。流域面积为252平方千米。最大水深4米，一般水深3米，行洪流量80立方米/秒。属季节性河流。

为与东猪龙河互区别，1960年定名西猪龙河。

西猪龙河是明末以前猪龙河的正身，原是山前补给的山洪河道，除常年有1.5立方米/秒的水进入桓台外，汛期偶尔暴发大的洪水，造成局部涝灾，但因源短坡大流急，洪水涨落较快。中华人民共和国成立后为区别于北支，始将于堤向西之大围子沟及西三岔湾向北至傅桥这两段合称为西猪龙河。1970年疏挖四河寨之大围子南沟后，将于堤至西三岔湾之东西段改称为“大寨沟”，只将西三岔湾至傅桥南北向的一段称为西猪龙河。此段长8.42千米，汇大寨沟、白蛇沟、韩信沟、老梧河等各沟雨季平原经流客水，至傅桥村北插入引清济湖南干渠，可行洪100立方米/秒。总流域面积252平方千米。

西猪龙河

孝妇河
Xiàofù Hé

发源于淄博市博山区神头村。流经淄川区、张店区、周村区、邹平县，从桓台县原陈庄乡东宰村北入境，经后薛折向陈庄、傅桥到荆家镇东北，注马踏湖。为季节性河流。本县内河长27.5千米，河床宽8米，流域面积1214平方千米。最大水深4米，一般水深2米。行洪量15—60立方米/秒。

该河古称孝水、袁水。又称陇水、笼水、泷水。宋熙宁六年（1073）称孝妇河至今。《寰宇记》载：“古名孝水。齐有孝妇颜文姜事姑孝养，远道取水，不以寒暑易心，感得灵泉生于室内。文姜尝以缉笼盖之。姑怪其须水即得，非意相供。值姜不在，私入姜室，去笼观之，水即喷涌，坏其居宅。故俗呼为笼水。今孝妇河也。”近年常常干涸，主要为行洪河道。

孝妇河古昔名称繁多，下游（桓台段）曾多次尾摆，洪涝灾害既重且频。

据文献记载有袁水、陇水、垄河、孝感泉等名称。《水经注》称泷水，《齐乘》曰孝泷水，《齐乘》曰笼水、《寰宇记》曰孝水。

据《新修桓台县志》载：“出长白山。《水经》谓之‘鱼子沟’。由北至新城县西，又北入小清河。”

旧由邑之西营至岔河会小清河。清康熙三十三年（1694），由吕家口东决，越长山绳家庄入县境，历新桥诸村至灞头（现里仁）庄南折会郑潢沟（现西猪龙河）入麻大湖。清乾隆三十一年（1766），又由顺和庄至陈家桥与郑潢沟会合。乾隆三十六年（1771），全省大涝，各河皆溢，决北薛庄，至陈家庄东南为湖，称“新湖”（即今崔姚洼），会郑潢沟于姬家桥。近新湖势高，渐成河形。至姬家桥东为水泊，成麻大湖之上游（现于家屋子四周之苇田洼地）。伏秋水潦汛溢，每弥漫成灾。

又载：“……按今，孝妇河自邑属东宰村西入境，迤逦东行，经傅家桥西北分一支流，经陈家桥、姬家桥、灞头至荆家庄后东行；于四河寨北圩土桥西，又分一支流，经姬家桥、陈家桥、高王庄、经荆家庄西北，会前支流东行入湖。流经关家庄后（即原三支流，现引清济湖南干渠），至北吕埠庄后入湖。春旱，近河村民建闸以灌田，虽盛暑雨不恒溢，溢亦微，且肥田，来岁麦必有秋，盖下流既畅，上流自不弥漫，今昔势异矣。”

桓台县段在清康熙三十三年（1694）以前由岔河直入小清河，以后即改由东宰村入境，经里仁一带入麻大湖。清乾隆三十六年（1771），又向南大摆动一次，此后基本再未摆动。1949年，县内的河道是：自东宰村以北土桥（该桥原是土桥），1972年5月，由惠民地区投资，邹平县施工改建为钢筋混凝土曲拱3孔桥为界进入桓台。流经辛桥村南，北薛庄北，穿过陈家庄和段家庄之间，继续东行稍偏南，至傅桥西北角分为三条支流。一支流由傅桥村西北北去，经姬家桥。陈家桥村里、里仁村东、在荆家村西北折转向东，至荆家村东北与二支流汇合。二、三支流于傅家桥北汇流。二支流流向东北，经高王庄里、荆家村西，贴庄绕至村北折向北去，与一支流汇合折向东北，经周董、后刘村北，流向东北，至华沟、鱼龙村北约2千米处的宋开贵屋子入麻大湖。三支流自傅桥村北分出后东去，顺四河寨围沟，经关家村北，至毛家口折向东北，至西吕埠村边，由北绕村半周，至东吕埠村东，折向东北，至沙鱼湾入锦秋湖。县境内干流（包括二支流）长28千米，一支流长7千米，三支流长13千米，合计总长48千米。

胜利河是孝妇河的一条分洪道，1951年由淄博专署组织开挖，于邹平县吕家庄分出北来，在本县西北角四马庄入境，原是东北流向至五庄西北的黑水湾入小清河，分洪80立方米/秒。1966年又新开溢洪道，入境后改向正北，顺邹、桓边界于辛庄北直入小清河，行洪可达600立方米/秒。

人字河是本县自辟的一条孝妇河分洪道。自木佛闸上向北分洪入原胜利河，于1963年第一次开挖，当时可分洪20立方米/秒，1982年又进行一次大的开挖加深，河底高程挖深至7米，挖至木佛闸，以便引入杏花河水灌溉沿河两万余亩土地，加深后汛期能分洪50立方米/秒。兴建后对防汛及平时灌溉作用明显。

杏花河
Xìnghuā Hé

发源于邹平县长白山一带。于马桥镇西辛村西北入境，至曹家西北入小清河。县内河长6.3千米，河床宽11米，流域面积20平方千米。最大水深6米，一般水深1.5米，行洪流量147立方米/秒。

该河系人工河。清光绪二十三年（1897）其水注入新清河，名清河沟。后讹为“杏花沟”。中华人民共和国成立后称杏花河。《邹平县志》载：“光绪二十三年挑清河沟即杏花河。治域北清河沟系白云湖旧址，势类釜底，每阴雨连绵，田禾均被淹没。知县桂鳞令民掘地北经新清河。清河沟讹为杏花沟。”

杏花河桓台段长6.3千米，县内流域面积约20平方千米，汛期设计排洪流量147立方米

孝妇河

杏花河

/ 秒。1966 年春由惠民地区根据小清河流域治理统一规划洪涝分排的治理原则，将下游入小清河口改道趋东进入桓台。由辛庄北建一压力穿涵，穿过胜利河底东来，至五庄西之黑水湾入小清河。

预备河
Yùbèi Hé

起源于起凤镇傅庙村北，向东经北夏庄村东入博兴县境。河长 9.1 千米，河床宽 10 米，最大水深 5 米，一般水深 2 米。排涝能力为 80 立方米 / 秒。属人工开挖的季节性河道。

该河系 1972 年开挖而成，为排涝预备河道。

预备河（广饶段称福民河）始挑于明代天启元年（1621）至明崇祯十六年（1643）。清代曾多次疏浚，以承泄小清河南之积水。据旧志记载："清康熙五十七年至五十八年（1718—1719）再开预备河，西起麻大湖之田家口，穿过会城泊，东至广饶县之金家桥入小清河。六十年开逯家沟故道，下通明代所开之预备河；清雍正十二年（1734），又接康熙五十七年（1718）新开预备河的上段，西起石村，东至龙门口，开挖了预备河下段，河宽二丈，由东北坞注淄河入海，名福民河。至清乾隆三十五年（1770）又再次疏浚。"

预备河是排泄马踏湖区汛期积水的主要出口，也是控制和保持湖区生产水位的主要控制点。现预备河之西河口位于本县之张家屋子（北夏庄）与乌河连接，迤逦东南，至与博兴县交界处折向东去，至东营市广饶县的北营村入小清河，其总流域面积（据山东省设计院和省水文总站资料）为 1756 平方千米，其中进水口以下按《惠民地区水利志》载：为 450 平方千米，在桓台境内仅 1.6 千米。虽然河道大部分在外县，但它与桓台县的湖区生产、蓄水、泄洪关系极大。本县于 1969—1970 年建成了预备河出口进水闸成为控制湖区水量的枢纽。1972 年本县又向西新开挖延伸 11 千米，至傅庙村西北接 13 号沟，使排水更为通畅。

预备河的开挖，使自明末以来在小清河下游形成了北有支脉沟，中有小清河，南有预备河的三河并行排水入海的形势，虽然屡浚屡塞，但对三百余年来及时排除湖区洪水，起了非常重要的作用。

预备河

小清河
Xiǎoqīng Hé

发源于济南西郊睦里村。流经历城、章丘县、邹平县、高青县，由马桥镇西辛村西北入境，到荆家镇崔家庄东入博兴县。县内河长约 18.9 千米，河底宽 25 米。最大水深 7 米，一般水深 2 米。行洪流量 230 立方米 / 秒。除常年通航外，兼有灌溉之利。

该河为人工河。《山东通志》载：水本入济水，伪齐刘豫导之东行。古听水入巨合水之故道，称为小清河。（按：小清河行实济水故道）。明嘉靖年间（1522—1566）小清河在历城县境湮塞。历城、章丘诸水皆决入大清河。清光绪十年（1884）自历城至寿光羊角沟筑堤。光绪十一年（1885）在大清河与小清河之间开挖新河，即今小清河水道。

小清河为桓台所有河流、湖泊的总干排水河道。上源有二，一为济南诸泉水，一为玉符河自睦里闸分出之水（玉符河上游支流有锦绣川、锦云川、锦阳川三条，于济南西之仲宫镇汇流而成）。二源于济南五柳闸汇合后，称小清河，流经县境北缘，至寿光县之羊角沟入海。

该河大部分河段系人工开凿，南宋建炎四年至绍兴七年，金太宗天会八年至十五年（1130—1137）金朝附庸刘豫“堰泺水东行入济故道，蜿蜒东北约500里，至马车渚入海，名曰小清河”。刘豫在泺水旧入济水处，即济南华山之南筑堰名“下泺堰”，壅泺水东流入济水故道，只有水大时才溢入大清河。自此大、小清河平行东北流、堰北为大清河，为区别于大清河，堰南命名为小清河。清咸丰五年（1855）黄河夺大清河道，大清河之名遂废，而小清河之名独存，并沿用至今。其流经路线在元、明、清三代虽少有改变，但除入海一段南移外，基本上保持了金齐初开时的线路。现总长237千米。桓台县段长18.8千米，流经地面高程上界为10.5米，下界为7.0米。河底高程由西而东为5米～3米，河底比降为1/9000左右。20世纪50年代以前为山泉补给的排洪排涝河道，能灌、能排、能航运。那时水清鱼跃，并兼有对下游居民供水的多种功能。中华人民共和国成立后列为全国5条战备河道之一。自50年代末期开始，沿途并建有50余处固定和临时扬水站，灌溉沿河两岸近3万亩土地。本县负有承泄上游客水的防汛抗洪任务，现最大泄洪能力为300立方米/秒。由于受春旱、夏雨、冬干的气候影响，流量随季节而变化。60年代以后变为济南市及沿途工业区的排污河道。1967年建起金家拦河闸后，又于1970年兴建了引清济湖干渠，成为桓台县北部引水灌溉及补充地下水源的重要供水河道。

小清河

大寨沟
Dàzhàigōu

东起索镇三岔湾村东南乌河，向西经后埠、于堤、古城、冯家桥、聂桥、新城、赵家庄北折至西贾向西北到原陈庄乡东宰村止。全长26.7千米，沟口宽10米，最大水深3.5米，引水流量为15立方米/秒。

该沟原为时水枝津，又名系河。《山东考古录》云：“水经注：时水于西安（今索镇）县西分为二水。枝津西流会德会水（即猪龙河）又西迳东高苑城（今古城），又西经西高苑城（今苑城店），西北梁邹入涕。”《齐乘》云：“新城系河故道在金犹然，在元已不通流。”该沟于1970年深挖、取直、展宽，因处农业学大寨时期，改名“大寨沟”。

（一）大寨沟为人工开挖，东自涝淄河，西至三岔湾的一段，古称乾时，时水支津，并有系河、维河、齐故运粮河之称谓。明代后期，于堤以东称郑潢沟东支，于堤向西实为郑潢沟之正道，清咸丰十年（1860）修筑四河寨圩墙以后，此段俗称“大圩子沟”。

大寨沟是中华人民共和国成立后东西横亘本县南半部最大的横向人工开挖河道。原来在新城东南之三岔湾接老梧河、寒沁沟后，即折向北去。1971年至1972年又进行了3次接长，由新城南至新城西折向西北，直通孝妇河之木佛闸，总长26千米。接纳县内东起乌河，西至孝妇河南来所有沟、河之水和西南面邹平陈度洼之客水。新城以东的东西段，沟底高程已挖深至14米，既深且大，最深处距地面达6米。能调洪30立方米每秒。建立节制闸，平时可拦蓄调动诸沟之水以资回灌；汛期可调节洪水，减轻灾害，是人工回灌和调蓄洪水的综合性工程。对全县抗旱、防涝作用较大。

（二）据《重修新城县志》载：原汇入现在大寨沟的河沟有以下几条：

1. 老梧河："梧河在南廓外，一名系河。或曰时水支津，西北汇德会水至梁邹入济者，谓乾时也。或曰齐运河故道，无考。郑独复曰：系河与渑水同其源，而与时水同其流，以经梧台，故系河又名梧河。然其流之西北入梁邹者，正新城系河之故道，在金犹然，故金史以系河属邹平，在元已不通流，故《齐乘》以为乾时，通志乃云系水，发源苑城，东流入新城。此鱼天野水之迹，通志据疑云尔。今苑城南一湾，止水即旱不涸，而溢亦不流恶，足以云发源乎哉。"(前志)"梧河西自长山苑城与孝妇河相接，孝妇河溢而东流，由此入郑潢沟，他时恒涸。"

2. 贾家沟："贾沟在城南二十里，泄东南诸斜沟以西之水，至古城西入郑潢沟。"

3. 大龙须沟："东龙须沟在城东南三十里，自郝家园东南，上受解家营诸洼之水。夏秋间霪雨，往往泛涨，漂泊两岸。北过耿家楼（现称景家楼）至荣家坊北入郑潢沟。"

4. 马家沟："马家沟在城东南五十里，自益都张庄桥分涝淄水西行入县境，至张店东与德会水合。"

5. 小龙须沟："西龙须沟在城东南十五里，起自长山麻姑营北，过积家庄入县界，由太平官庄经康家庄诸村，至崔楼洪福寺东入郑潢沟。冬夏常涸。"

6. 寒沁沟："寒沁沟在城南里许，由长山境来，入白石沟，与梧河会，以达郑潢沟，俗称韩信沟。"

现尚有下列排沟（旧志未载者）亦汇入大寨沟：

1. 野狐狸沟，南起西果里村西，北至于堤村以东注入大寨沟，亦系旧有排内涝之沟。

2. 友谊沟，原系张店区孝妇河马尚灌区排泄尾水之沟，以后由张店、桓台协商挖通、张店为排水，桓台为用水，每年春冬有时给桓台送水，因而取名"友谊沟"，此沟由张店来，至楼里庄南接入大龙须沟。

3. 李王排沟，亦名康相排沟，系为排除绍兴洼积水而于1965年7月开挖，南起绍兴洼，经李王村西北去，顺张田公路南沟注入白蛇沟。

以上南来注入大寨沟之河、沟，除乌河、涝淄河、郑潢沟原为群泉补给的山洪河道。老梧河是孝妇河的溢洪河道外，其余自东而西还有张北公路沟、傅坡沟、店子沟、白蛇沟、陈度洼诸排沟等。大寨沟向下游连接的分流自东而西有：赵宋排沟、周家沟、王茂沟、丰收沟、环城沟、东风沟、西潘沟、东潘沟等，均系为汛期排除平原洼地经流而于20世纪70年代后人工开挖的灌、排两用沟，只在夏秋霪雨季节，偶尔有客水流入，平时均为干河。

大寨沟

第十三章

名胜古迹、遗址、石刻、纪念地名

（一）名胜古迹

马踏湖
Mătàhú

马踏湖的历史源远流长。据史料记载：春秋时期即为齐国苑囿中的一块圣地。相传，齐桓公在此会盟诸侯，众马践踏，平地成湖。又传齐景公有马千驷，游于少海，畋于青丘，众马奔驰践踏成湖，这就是马踏湖的由来。后来该湖以圣地佳景闻名华夏，吸引了众多的名人学士到此游览。北宋大家苏东坡到此即景赋诗为“贪看翠盖拥红妆，不觉湖边一夜霜。卷却天机云锦缎，纵教匹烈写秋光”的佳句。元朝史学家、兵部侍郎于钦在此也写出了“霜风妆绿锦，万顷水云秋。海气朝成市，山光水对楼”的诗篇。后人即从苏于诗中撷取“锦、秋”二字改称锦秋湖。以风光秀丽著称于世的马踏湖，于1985年经省政府批准，复名为马踏湖。

马踏湖位于桓台北部，北接博兴，西北与高青隔河为邻。因地势低洼，致使淄博南部四条河流汇集于此，遂成为一个天然湖。全湖东西长12千米，南北宽8千米，方圆96平方千米。湖内港港汊汊，碧水滢滢，2100多条船道纵横交织成网，所有船道总长达400多千米。湖内盛产鱼、虾、蟹、蚌、蛤等水产。“金丝鸭蛋”“白莲藕”是马踏湖特产之冠。2004年，马踏湖被评为AAAA级旅游景区。2015年7月，马踏湖湿地公园顺利通过国家验收。

马踏湖

鱼龙湾
Yúlóngwān

鱼龙湾，在起凤镇鱼龙村中间，汉名龙湾，南北朝时叫鱼津。到了明朝始称“鱼龙湾”。鱼龙湾，历为湖乡最大的莲藕、鱼虾集散码头。有民谣：“金扒头桥（起凤桥），银夏庄，不跟鱼龙湾一后晌。”

深潜在鱼龙湾内的“仙鱼洞庭”，相传是一个“神鱼”洞。汉名“龙窟”，元、明时期称鱼龙窟。原始洞口，在卧龙桥旧址以北10米处的湾底东岸下，水深莫测，奥如海眼。洞口直径1.5米，出水处的湾岸上横嵌“鱼龙湾”三个砖雕大字，洞联为“龙挂雷雨飞，散还窟于此”。洞口往里坡度渐深，东进50米便是洞庭。洞庭呈椭圆形，进深4米，横阔6米，能回旋，供群聚。穿过洞庭，鱼洞沿旧鱼龙大街北侧直走龙眼北井（俗称“北井”，废于清末民初），再折而南至大街南沿的龙角槐（俗称“老槐树”）底下与龙眼南井（废于民国32年）相通，全长

200余米。传云：龙槐左右龙眼井，一脉相通入洞庭。湾干鱼不见，洞中有龙潭。曾有人认证：从井口撒进高粱去，于洞口泛出糠皮来。清末宋瑞图曾作《仙鱼洞庭》绝句：苍龙卧深泓，仙鱼居洞庭。寒暑皆如春，海底水晶宫。从此改称“仙鱼洞庭”。2006年，被评为省级旅游景区。

鱼龙湾

青沙湖
Qīngshāhú

青沙湖位于桓台西北的马桥镇西部，距县城28千米，是县内有名的三大湖之一。

青沙湖的形成很早。自历下地区（泉城济南）的水汇流成河，经马桥镇东流入海。据历史记载，东汉安帝永初二年（108），命名为临济湖（东汉至晋时期，马桥属临济县）后以湖底为青沙改为青沙湖，又以湖面广袤，雁阵来临亦称雁鸣湖。清光绪年间（1875—1908），小清河治理后，水患减少。青沙湖为沙盖红黑土，不仅是富饶的米粮川和野生药材的产地，还有着珍禽奇兽和迷人的景色。1997年，被列为市级文物保护单位。

忠勤劲松
Zhōngqínjìnsōng

在新城镇忠勤祠内，有两株高高耸立的劲松，高约25米，树围2.5米。盘根错节，枝干虬曲苍劲，参天黛色，四季长青。时有群鸟翔集其上，隔叶争鸣。据载：祠建于明万历十六年（1588），祠成植松，迄今400余年。虽历经沧桑，寰海沉浮，劲松依然斗风雨抗严寒傲岸不群，成为新城文化历史名城见证。

忠勤劲松

钟楼烟雨
Zhōnglóuyānyǔ

华沟村北青丘之上，五贤祠大门两旁建有钟楼。居高临下眺望马踏湖，芦花荡荡，气象

钟楼烟雨

万千；朝晖夕阳，横无涯际。似轻烟沉浮荡漾；似微雨缥渺不定。时有白鸥穿雾横飞；时有扁舟往返不绝。清初诗人徐夜咏《锦秋湖渔父词》：“竹笠蓑衣共一船，载将明月入芦烟”的诗情画意。时代不同了，但这“钟楼烟雨”这诗韵更浓的景色，成为马踏湖的一大景观。

凤凰槐
Fènghuánghuái

桓台县城西北约10千米处有村曰小寨。村南有一古槐，名曰凤凰槐，盘根裸露，干躯多折皱疤痕，颇似久经风霜的老人脸皮。树虽不甚高，但树冠颇大，翠盖遮80余平方米。枯枝似鹿角多歧，新枝茁壮叶茂，郁郁苍苍，小寨人视为“村宝”。据说，树与村民共处600余年。树荣则村荣，树废则村废。1988年村民捐资8000余元，在树四周垒起两米多高的花墙。正面镌有凤凰槐图案和诗句，“苍龙日暮还行雨，老树春身更着花”。夕阳晚照，满树金花，似孔雀开屏，十分壮观，小寨人以为凤凰落坡。2010年，被列为市级文物保护单位。

凤凰槐

五贤祠
Wǔxiáncí

五贤祠祠址原名青丘。据历史记载：“齐景公与晏子游于少海，畋于青丘。”青丘之说，源出于此。那时的青丘，形似龟盖，能随水沉浮，冬春季节，水位下降，青丘高大；夏秋之交，水位上升，青丘拍浮水面，但不能淹没。

“颜斶说齐王”之事过后，颜斶既居于此丘，过着旅鱼虾而友麋鹿的隐居生活，后世称其为颜斶故居。

晋武帝太康元年（280），人们就台筑房，命名青凉寺，祀鲁、颜二人。

宋初元嘉六年（429）青凉寺倾圮，于青冢北侧冰山址基上建无欲亭。

明万历年（1440前后），因大水淹没无欲亭，改建“颜祠”祭祀颜斶，意即突出宋苏轼称颂颜之贫为“巧贫”，倡颜斶之精神为“无欲”。

时历百余年，颜祠久废，新城王氏为首倡建“三贤祠”。《新城县志》载：《明天启志•建置篇》记述：“三贤祠在锦秋湖侧，祀鲁仲连、诸葛武侯、苏文忠公，岁久庙圮。乡宦同知王象艮重修。”

清乾隆三十八年（1773），乡人宋相沂重修三贤祠，改称颜斶祠，乡贤毕梦泽题匾“贵士”。祠堂抱厦木柱上刻联为“异姓三贤，卧龙谪仙天下士；数代一堂，汉相宋儒战国才”。大门座北向南，门联为“异姓结同心之侣，一堂萃三代之英”。门前有石狮一对。门东侧为钟楼，高约八米，悬吊大钟。门西侧为火池。

清嘉庆二十二年（1817）春，里人宋若仙倡修，改称“五贤祠”，祀鲁仲连，颜斶、辕固。

清同治三年（1864）里人维修五贤祠，新城王氏倡议鲁仲连、诸葛亮、苏东坡塑像；立颜斶、辕固立牌位。宋曰封倡修。

民国15年（1926），华沟村耆老宋呈葳、宋永安等倡修五贤祠。

“文化大革命”期间，五贤祠遭毁坏。

重建五贤祠，系1985年5月12日奠基，1986年5月12日竣工。改祀鲁仲连、颜瞩、辕固、诸葛亮、苏东坡，均有塑像。

现重建之五贤祠，祠门西南，门前有五级条石引步，檐下木制联栊，“五福祥云”透雕精细，立粉彩绘，栩栩如生。门坊面积4.2平方米，檐高4.95米，脊高7.45米，五脊四阿，琉璃瓦覆盖，瓦当严整，脊蹲鸱尾吻兽，飞檐四翘，不示洋，含古门之风，左右各建耳房，卷棚顶。耳房东西设院墙，墙两端各建两层四角小亭。立亭眺望，天光水色，鲁陂鱼荡，尽收眼底。

主建五贤堂，5楹，长18.7米，进深10.2米，脊高9.2米，檐高5.65米，细长方建钻石2尺承墙，悬上五脊，琉璃瓦覆顶，吻脊兽造型逼真。堂顶大架，24条支柱支撑负载，出檐深远，坡度平缓。檐下望板，近湖远山，荷塘苇荡，透雕浮景，造型新颖，龙头雀替，跃跃欲试。堂门上悬鎏金正楷“五贤祠”黑色匾额（董一博书）。

众多匾额、楹联、黑漆金字、庄严肃穆，五贤祠与马踏湖光浑然一体，生气盎然。1997年6月，被列为市级文物保护单位。

五贤祠

渔洋轩
Yúyángxuān

渔洋轩是为纪念清初一代诗宗——王渔洋而修建的。

王渔洋(1634—1711)，原名王士禛，字子真，一字贻上，号阮亭，世称王渔洋，山东新城（今桓台县人）人，历任翰林院侍读，詹事府少詹事，都察院左副都御史，刑部尚书等职。著书颇丰，共有37种，270余卷，在中国文学史上占有重要地位。

崇祯末年，烽火连天，新城王氏家塾为避战乱移至马踏湖区，王渔洋在这里写下了大量诗篇，有的诗文至今还在湖区广为流传。

清朝中期，王氏续修三贤祠时，加修了渔洋轩。修后有北屋三间，东山墙外有小拱门，屋厦檐下，两柱有楹联，楹联是王渔洋对的诗：“醉爱羲之迹，狂吟白也诗”。

屋内正面挂有王渔洋绣像，两旁有对联“兴会神到得意忘言，不着一字尽得风流”。

东西南三面墙上，悬有王渔洋自作之诗及历代名人书画。房中阵列着这位“一代宗匠”读书时用过的桌椅、文房四宝等。

徐夜书屋
Xúyèshūwū

原五贤祠大殿前设有抱厦，护以木栏。出木栏向西，过“通幽”拱门，是一处翠竹苍松玲珑别致的小庭院。该院即明朝后期，新城王氏的别墅。

明清交替之际，社会动荡不安，新城王氏家塾由新城移至此院。王士禛、徐元善（夜）等都曾在此就读。

明崇祯十五年（1642）新城发生“壬午年

之变”。清军攻下新城，在清军屠城烧杀中，夜之母以义不受污，投井死。

此次事变，是徐元善生平的一次大转折，他痛心国家沦亡，仇恨叛兵的凶残，悲悼家景的惨变，从那而后，更名夜，自号东痴，弃绝仕途，在王氏家塾北面，冰山西北山麓“掘门土室，绝迹城市”。过着潜身隐居自劳自食半耕半读的生活。

清康熙十一年（1672），渔洋母亲病故，王奔丧。丧后与长兄（士禄）、三兄东亭（士祜），同到夜隐居处冰山庐舍探望，见：“老屋三间，雨久穿漏，若将压焉”。既令知县雷聪为其修葺，并取名为“徐夜书屋”。

“徐夜书屋”占地面积144平方米，自成小院。面仰冰山，背靠大泽，取“水深鱼极乐，山秀任鸡翔”之意境。屋内还陈列着徐公生前在“老屋三间”中用过的桌、椅、床、几、书架、石砚、小地灶等，再现了隐君一家并日而食，屋内屋外不失主人生前意志。

徐夜书屋

渔洋祠

Yúyángcí

渔洋祠坐落在新城西南隅，是清初文坛领袖、刑部尚书王士禛的祠堂。

清康熙四十三年（1704），王渔洋因一刑事案件审判轻重悬殊被罢官。从此以后，他便不再做官，回新城老家，修了一座夫子亭，从事著述，不以一字通朝贵。而四方求诗文者，他一一热情接待。康熙四十九年（1710），圣祖念他的才学，仍复他尚书头衔，他因病告辞。一年后，病逝于家中，终年七十八岁。王氏家族便在他居住过的地方，为他修建了祠堂，即为渔洋祠。

原渔洋祠为正堂五楹，重梁挂柱，花棂隔扇，堂前有三级台阶。从正堂至大门，南北约30米，中有仪门三间。大门门楣上镌有“经筵讲官刑部尚书王士禛第”12个大字。大门两侧为雁翅形“八字”墙。大门正面有宽大迎壁，飞檐起脊，上有吻兽。大门前有一对高约1.8米的透雕石狮，分别立大门两边，颇有气势。正堂东西两侧各有偏屋三间，前抱厦。东称“牡丹祠”，西为看祠人住所。祠东西宽约32米。祠前有广场，南至大街，紧依西南城墙。1992年6月，渔洋祠被列为省级文物保护单位。

渔洋祠雪景

忠勤祠

Zhōngqíncí

位于新城西南隅的教场村，是一组典型的

明代建筑，为纪念王士禛的高祖王重光而建。新城王氏后裔，将其视为家祠。据《新城县志》记载，该祠于明万历戊子（1588）经始，己丑（1589）落成，距今已400余年。

王重光，字廷宣，山东新城（今桓台县新城镇）人。明嘉靖进士，因其秉性刚直，直忤当事，触冒权臣，被贬为贵州布政使左参议，分守贵宁、安平二道。嘉靖三十六年（1557），北京皇宫内华盖、谨身、奉天三大殿遇雷击遭火灾，急需修复。嘉靖帝诏令王重光从贵州采伐大木。当时生长大木的原始森林，被少数民族义军占据，无法进入。王重光受命后，经充分调查，周密计划，先派兵断绝起义军后援，亲率骑兵，突击义军首领营寨，“宣布明王朝政令”，以“恩德招降”，“全活三万众”。王重光即率部入山破伐大木。因环境恶劣，又加瘴气频发，王重光深入森林一年，因操劳过度，于嘉靖三十七年（1558）以身殉。嘉靖帝为之感动，亲书“忠勤报国”4字以示嘉奖。

王重光死后30年，其次子户部左侍郎王之垣，其长孙兵部尚书王象乾为首的子侄们，奏得万历皇上的恩准，于万历十六年（1588），在家乡新城立忠勤祠。

明末清初祠盛时，占地30多亩，有厅台、碑廊、制门、碑亭等，碑碣成群，松柏参天，

忠勤祠

翠盖浓荫，肃穆庄严。大门外广场前有制门，制门的青石柱上方，刻有“诸侯戴露朝天”圆雕。中门的石额是“登辛丑科进士王重光”。边联是“万里勤王忠侔日月垂青史，一身躯国气作山河壮紫宸”。进大门便是三间仪门，中间陈列一巨石匾额，镌有礼部尚书吴山书写的“忠勤报国”4个正楷大字。向里便是正厅大院。正厅5间，正厅正中为王重光的线刻彩绘画像，左侧为王重光次子王之垣的线刻画像。左、中、右三面墙镶砌着85块碣石。记述着王氏家族的兴起、功德、人物传记以及墓志和当代名人颂词等。《新城县志》载：“忠勤祠石刻、琳琅满目，海内知名。”

忠勤祠每年接游客4～5万人次，数以千计的港、澳、台胞和国际友人，也慕名前来观光。1991年为省级重点文物保护单位。1992年为AAAA级旅游景点区。

四世宫保坊
Sìshìgōngbǎofāng

四世宫保夜景

新城原是个古老文明的县城，在城区内建有形制各异的72座牌坊。在这些牌坊中，就其造型、气势、工艺、名位而论，“四世宫保”砖坊为最，且是现在唯一幸存者，在1985年就定为省级重点文物保护单位。

“四世宫保”坐落在新城镇城南村，张田公路西侧。建于明万历四十七年（1619），迄

今有300多年历史。先后维修3次，首次是清同治五年（1866），最后一次是1982年由人民政府拨款，全面复修。是为表彰当时兵部尚书王象乾保卫明朝有功，晋爵太子太保，为万历皇帝特许而建的。建坊时，王正在兵部任内，时年71岁。当时曾追封三代，包括他的曾祖王麟、祖父王重光、父亲三之垣，他们都因王象乾的功绩，诰赠为“光禄大夫柱国太子太保兵部尚书”，因此该坊称为“四世宫保坊”。

四世宫保坊，面向南北，跨街而立，是国内屈指可数的古代砖坊之一。该坊为砖石结构，以砖为主。坊高15米，面宽9.2米，进深3.3米，占地面积30余平方米。其形式为中间高，两边低的宫殿式样。它融建筑、雕塑、书法、绘画等艺术于一体，既有很高的观赏价值，又有重要的史研价值，充分体现了桓台——建筑之乡精湛、高超的建筑艺术。2013年5月，被公布为国家级重点文物保护单位。

新城七十二牌坊
Xīnchéngqīshí'èrpáifāng

《新城县志》载：元世祖至元十九年（1282），戊子秋八月，并淄莱路田、索二镇，于驿台立新城县治，隶般阳路。皇庆二年（1313）《创建庙学讲堂记碑》载：“操觚而应试者，父子蝉联，昆仲鹊起，一榜五成进士，十年三冠贤书”的考试局面。一时新城县国内誉为“岱宗绣裔”“江北青箱”“人聪敏、好读书”“新城才子满天下”的江北文化之乡。

随着历代新城具有所谓功名伟业之人的褒奖，各种类型的牌坊遍布城内主要街道，达72坊之多。这些牌坊中陈列城内子午路（中心路）排列外，也有按府衙方位精心设计者。牌坊标志的内容，除科第寿考之类，还有标志忠孝节烈的内容。这些牌坊分述如下：

1.“宣化”坊，设于旧县衙前，含义为宣经天纬地之文，为守先待后之举，破千万之愚蒙，新万众之耳目。

2.“宏图大展”坊，为邑人于浩，元末隐居不任，明洪武初，应招授云南都事而建。

3.“廉宪”坊，为邑人杨贵授应天府通判而建。

4.“进士”坊，为邑人吕仲维，授山西泽州判官而建。

5.“圣恩”坊，为邑人耿时，授河南陈留县知县。

6.“飞黄”坊，为邑人刘士昭，授河北真定府同知而建。

7.“地官”坊，为梁原，授河北真定府同知而建。

8.“圣恩”坊，为邑人王志道，授陕西省邠州判官而建

9.“鹏程”坊，为邑人王彬，永乐十二年甲午（1414），授江西省萍乡县知县而建。

10.“攀蟾”坊，为邑人赵献，永乐二十一年癸卯（1423）授广西省桂州府同知而建。

11.“观光”坊，为邑人李献，永乐九年辛卯（1414），授福建永春知县而建。

12.“凌云”坊，为邑人李鉴，宣德元年丙午（1426），授陕西省周至知县而建。

13.“凤鸣”坊，为邑人宋齐，成化十六年庚子（1480），授山西省洪洞县知县而建。

14.“奎焕”坊，据《古夫于亭杂录。王世禛笔记二则》载：“天顺七年癸未（1463）会试，贡院火灾，举人死于火者90人，俱特赠赐进士出身。内有荣华，新城人”，因建坊。

15“折挂”坊，邑人毕理，字文义，明天顺三年已卯（1459）举人，庚辰（1460）中礼部礼科，授广西怀远训导而建。

16.“圣恩”坊，为毕理建。

17.“文魁”坊，邑人于璧，中明天顺六年壬午（1462）授山西学正，后官终苑马寺卿而建。

18.“绣衣”坊，为邑人于璧建。

19.“腾蛟”坊，为邑人刘麟，明成化十年甲午（1474）举人，官通判，因立坊。

20.“褒荣”坊，邑人李从亮之子泰，赠赐奉政大夫、湖南常德府同知，妻郭氏赠宜人，因建坊。

21.“进士”坊，邑人李延寿，成化五年己丑（1469）进士，授太常博士，授监察御史，官至陕西左布政史而建。

22.“廉宪”坊，为李延寿建。

23.“亚元”坊，邑人毕，明成化十一年（1475）进士，授吏部主事，历官工部尚书。崇祀乡贤，因立坊。

24.“进士”坊，为毕享建。

25.“大司空”坊，为毕享建。

26.“步蟾”坊，邑人徐敬，明弘治九年丙辰（1496）进士，授监察御史。后改姓孙，移居安丘。因建坊。

27.“攀龙”坊，邑人刘溥，明弘治九年丙辰（1496）进士，授河北槁城令，山西道御史、忤巡抚中丞，告归卒。崇祀乡贤，因建坊。

28.“飞黄”坊，邑人于利，明弘治二年己酉（1489）授安徽凤阳通判，迁州府同知。崇祀乡贤建坊。

29.“经魁”坊，邑人毕昭，弘治十二年（1499）未进士建坊。

30.“地官“坊，邑人李镗，弘治五年壬子（1492）举人，授河南温县令，州同知，迁户部郎中。崇祀乡贤建坊。

31.“进士”坊，邑人刘城，正德五年庚午（1510）进士，嘉靖元年（1522）迁户科给事中。建坊。

32.“龙津春跃”坊，邑人巴恩明，正德九年甲戌（1514）进士。建坊。

33.“紫殿传胪”坊，邑人宋锐，正德十二年丁丑（1517）授山东长山知县，累贵州铜仁府知府，崇祀乡贤，建坊。

34.“登科”坊，邑人罗富，弘治十四年辛酉（1501）举乡试。建坊。

35.“文魁”坊，邑人何裕，弘治十四年辛酉（1501）举乡度，授河南沈丘县教谕。建坊。

36.“夺锦”坊，邑人孙缵，嘉靖七年戊子（1528）举于乡。建坊。

37.“登科”坊，邑人段亭，正德五年庚午（1510）举于乡，官通判。建坊。

38.“世科”坊，邑人荣冕，嘉靖四年乙酉（1525）举于乡，官平谷知县，建坊。

39.“折桂”坊，邑人罗述，正德八年癸酉（1513）举于乡，官常州府通判，建坊。

40.“弈世青云”坊，邑人刘溥子汝弼，正德八年癸酉（1513）举于乡，官陉县知县。故为其父子建坊。

41.“忠勤报国”坊，邑人王重光，嘉靖二十年辛丑（1541）进士，后恩赐太仆少卿，崇祀乡贤，建坊。

42.“四世宫保”坊，邑人王麟，颍川王府教授；王重光有“忠勤报国”之褒；王之垣仕至户部员外郎；王象乾兵部尚书。王氏四世宫保，伟誉中外，建坊。

43.“天宠封”坊，邑人王耿光，万历二十三年乙未（1595）进士，授河南渑池县县令，建坊。

44.“天宠貤封”坊，邑人王耿光，时与弟重光同窗共读，友爱倍至。其功名让其弟，后其子王其都，得进士，进开封知府。父子清节自励，悉以人公，尤为人所难能，崇祀乡贤，建坊。

45.“三世褒显”坊，为王麟、王重光、王之翰，建坊。

46.“四世都宪”坊，为王麟、王重光、王之垣、王象乾建。

47.“甲科济美”坊，为邑人王重光、王之垣、王之都、王象乾、王之辅等王氏祖孙父子建坊。

48.“岱宗绣裔”坊，为邑王氏祖孙父子兄弟叔侄建。

49.“江北青箱”坊，同前。

50.“熙朝名佐”坊，为王之垣建。

51.“父子尚书”坊，王之垣、王象乾父子建。

52.“两朝恩宠”坊，邑人耿錞，官霸州(今河北霸县)学正；耿鸣世，隆庆二年戊辰（1568）进士，授邢台（河北）县令，入为刑部主事，改广西道御史；耿庭柏，万历二十年壬辰（1592）进士，浙江巡抚。崇祀乡贤，为祖孙四人建坊。

53.“弈世承恩”坊，邑人徐雄，其子徐明，其孙徐准，字子式，义斋子，明万历十一年癸未（1583）进士，授中书舍人，历官永平知府，辽东参政，山西按察使，云南布政使。因建子孙三代坊。

54.“棠棣济美”坊，邑人广西道御史耿鸣世，万历二十六年（1598）进士，迁湖广道监察御史，弟耿鸣雷，官至太仆寺卿，建坊。

55.“殿邦元老”坊，为邑人王象乾建。

56.“殿中执法”坊，为邑人鸣雷建。

57.“大中丞”坊，为邑人王之猷、王象恒建。

58.“忠勤弈世”坊，为邑人王之猷、王象恒、王象春、王象复建坊、王与夔。

59.“清朝名卿”坊，为邑人耿鸣雷建。

60.“廉能任事”坊，为邑人王之辅建。

61.“钢祀中台”坊，为邑人王象恒建。

62.“桥梓耿劳”坊，为邑人耿鸣世，子耿庭柏建。

63.“恩荣”坊，为邑人毕超，弘治十二年己未（1499）进士，迁都御史巡抚山西，因建坊。

64.“为帝者师”坊，为邑人沈渊，嘉靖四十四年乙丑（1565）进士，授翰林院检讨，有帝王盛誉，建坊。

65.“贞烈”坊，为邑人王象节妻毕氏建。

66.“烈节”坊，为邑人刘前辉妻郝氏建。

67.“节孝”坊，为邑人沈周士妻毕氏建。

68.“东关北一”坊，为邑人耿洪烈妻毕氏建。

69.“一门忠烈”坊，为王氏甲申国变殉节父子兄弟建。

70.“南街二”坊，一为王士和妻韩氏，一为王兆郧侧室晋氏建。

71.“忠烈”坊，为王象复、子与夔建。

72.“节烈”坊，为王与胤妻于氏建。

文庙
Wénmiào

文庙亦称学宫，或称黉宫，坐落在原新城东门里大街路北。宫内主体建筑为大成殿，面宽5间，进深3间，重梁斗拱，双层飞檐，全木结构。黄色琉璃瓦盖顶，四路八脊，雕梁画栋，金碧辉煌。底层檐下正中悬“中和位育”匾额。殿内正中悬“万世师表”匾额，并供奉孔子及4圣、12哲牌位。殿前为月台，甬道及大成门3间。门前为泮池，因池为半圆形，故又称月牙池。池前有影壁，壁嵌蓝、黄二色琉璃瓦预制成的龙虎斗图案，所以又称龙虎壁。

大成殿后为明伦堂，面宽3间，进深3间，中间屏风上面悬白底黑字，匾额镌“明伦堂”斗大3字，相传是明代奸相严嵩所书。堂前有

文庙

古槐两株。据志载，为元初建庙时，由第一任县令张辉亲植。堂后3间为2层楼房，名“崇圣祠”。崇圣祠、明伦堂、大成殿、月台、甬道、大成门、泮祠、龙虎壁、云坊、太和元气壁，自北而南，形成文庙的中轴线。

大成门与大成殿之间，有东、西房各7间。院内积累了元、明、清各代的碑碣石刻，有很高的文献及艺术价值。

泮池左右，东西各有一门，称辕门。西辕门临大街，东辕门外为文昌阁，面宽3间，进深3间，方形建筑。上下两层，四面皆花棂隔扇，缘色琉璃瓦顶。阁后为名宦阁，再后为乡贤祠，都是正厅3间。

文庙历元、明、清各代扩建修葺，占地33亩，其中殿、堂、楼、阁、厅、庑、亭、房共百余间，错落有致、布局恰当，间以苍松翠柏，是新城一处气势宏伟的建筑群。

北极庙
Běijímiào

北极庙又称真武庙，坐落在新城北门外200米处北极台上，与城北门遥相互应。该庙创建于明嘉靖三十九年（1560），万历年间（1573—1620）知县马负图、清顺治五年（1648）生员于振翼、乾隆五十年（1785）住持赵氏等人先后进行重修，光绪二年（1876）知县李兆霖重修并扩建。当时民谣曰“新城县是顺民，贪官知县李兆霖，纳重粮，修庙神。”

北极庙是钟、鼓二楼，正殿、后殿两院组成的明清两代建筑群，它显示着建筑之乡能工巧匠的卓越技艺。自古从外地来新城的人，大都到北极庙参观游览，并数一数北极台的台阶有多少磴。

钟、鼓二楼：北极台南面，台下两侧屹立着两个雄威的石雕狮子。从两狮间通向台上的通道有33级台阶，上面是一个平台，建有壮观的大门，上悬“北极台”三字横匾。大门左、右两侧4米处，建有钟、鼓二楼，钟楼居东，鼓楼在西，都是正方形单开间，上下两层，楼高8米，好似群山中的两个高峰。相传，两楼是由两支建筑队伍隔幕建造的，各显自己的本领。其造型各异，精美壮观。均为青砖结构，飞檐斗拱，精雕细琢，独具风格。其门窗廊柱全用青砖精工细琢，独具风格。每条廊柱上都浮雕着巨龙盘绕，昂首向上，栩栩如生，大有腾空飞去之状。

正殿（真武殿）：是建筑群的主体，雄伟壮丽，五彩缤纷。全殿9间，宽3间，进深3间，斗拱飞檐，雕梁画栋五彩琉璃盖顶，闪闪发光，显得正殿分外富丽。殿内中间端坐真武画像，东西两个客厅各3间，是求神烧香或参观的人休息的地方。

后殿（玉皇殿）：后殿3间，建筑结构与正殿基本相同，不同之处是顶盖小青瓦，西山和后墙均绘大型壁画，殿内塑有玉皇大帝像。

北极庙整个建筑古朴高雅，雄伟壮观，由于久经变乱，现遗址尚存。

北极庙

翟公闸
Zháigōngzhá

大凡历史上，为人民干了好事的人，人民总不会忘记他。清代，建于桓台县起凤镇夏庄北的“翟公闸”，便是根据当时掌管修闸的县官翟翙的姓氏所命名。

据《重修新城县志》载：“翟翙，直隶饶阳人，以进士授新城令，在任三年［乾隆三年至乾隆六年（1738—1741）］，开夏庄稻田，遂为永利。调文登。”翟翙建的石闸，又曰夏庄石闸。据《重修新城县志》载：“夏庄石闸，在城东北五十里夏庄北。乾隆二十四年（1739），巡抚阿公（阿尔泰）奏《垦稻田》于此置坝，以时蓄泄。后易以石，知县翟翙建立。”后人为了纪念翟翙这位为官一任，造福一方的好县官，便称此闸曰“翟公闸”。

高楼华严寺
Gāolóuhuáyánsì

桓台县田庄镇高楼村西侧路北高台上有一组古建筑，那就是古刹华严寺。

华严寺因华严宗而得名。华严宗，中国佛教著名宗派之一，依《华严经》而立宗，故而得名。武则天曾赐号创始人法藏为“贤圣大师”，故称“贤首宗”。《华严经》全称《大方广佛华严经》，又称《杂华经》，为华严宗主要典籍。

《新城县志》载：“新城佛寺十二，崔楼之洪福，高楼之华严最著，洪福志乘谓唐建，华严或以为唐或以为元魏莫能明也。”《新城县志·金石·重修华严寺记碑》又载：“邑东北高楼有华严寺，故相传建于随代。《齐乘》《通志》及《舆地》诸书，略诸兰若，独载兹寺，其来之远可知也。寺前有塔，文帝得舍利一握，择天下名胜，建塔三十以藏之……”隋至今已1400余年，现在华严寺的建筑遗存已不是隋唐时代的原制，而是明清两代重修面貌了。

华严寺南北长100米，东西阔40余米，面积约4000平方米，寺向面南，高踞2米余的台地上。山门、四天王殿、大雄宝殿、百子殿在南北向的中轴线上，成三进院落。台壁用青砖砌成，青色条石压顶，正中有9级台阶，登上台阶就是山门一间。山门檐下悬蓝底金字匾额，上书“华严寺”三个颜体大字，门内两山绘哼、哈二神将，项盔冠甲，口阔眼铃，手执鞭锏，威壮凶猛。由山门里行是天王殿，建筑是硬山式过厅3间，内供奉东方持国、南方增长、西方广目、北方多闻四大天王高大神像，俗称为四大金刚，这是华严寺的第二道门卫。过天王殿是第二进院落。院内左路侧有古槐树一株，盘根错节，径可3围。八角饰挂盘龙扭，通体饰龙云、波涛垂鳞纹样，另有铭文，可惜纹饰、铭文没有留下著录、拓片，已不知何年为何所铸了。向北就是雄踞露台之上的大雄宝殿。大雄宝殿是华严寺的主体建筑，阔5间，进身3间，五脊攒尖顶，绿色琉璃白，二龙戏珠大脊，卷草蟠螭叉脊，大脊正中安放宝麒麟宝葫芦顶，两端鸱吻耸天，垂兽昂首，跑兽排列有序。正中三间金柱半露，花棂门窗贴金彩绘。殿中有砖砌高大神台，药师琉璃光佛、释迦牟尼、阿弥陀佛三尊高大金身佛像，端坐在周围有力士肩擎的束腰莲台上。大殿两山塑十八罗汉神像，这是华严寺的雕塑精品，身材尺度准确，衣冠纹饰自然，着色彩绘通真，活灵活现，呼之欲出。

大雄宝殿后是第三进院落，建有“百子殿”三间，形制与厢房同，只是高了点。殿内中间是送生娘娘塑像，相貌善良温厚。两山塑群童像，旧社会想儿盼女的人们花在此地的香火钱是不少的。

华严寺整组建筑布局严谨，主次得体，参

差有致，有一道青砖基础，青瓦罩顶的粉面围墙与人间隔开，平日山门紧闭，只有晨时的钟声传出来，唤起了人们早起，男耕女织，为生活而奔波。

2004年7月，常静法师应邀任华严寺住持，历经10年时间，开始了华严寺的复建和弘法利生的佛教活动，在各级政府的大力支持下，在广大护法居士的参与下，一座金壁辉煌、气势恢宏的宝刹以新的面貌展现在世人面前。

佛法在世间，普泽众生一方圣士。住持常静法师创办了佛教慈善实体——大地慈养院，得到了国家宗教局的重视和支持。慈养院于2013年10月11日正式揭牌，有50位“五保”老人入住。并规定，每年的腊月初八为老人的集体生日，举办福寿宴会。

如今的华严寺，鼓声、钟声、经声、佛声、讲法声澈照心源。僧人、居士专念修行。大地慈养院的老人幸福安祥，各种社会活动接连不断，充满生机勃勃祥和之气。1984年4月，华严寺被列为市级重点文物保护单位。

高楼华严寺

索镇炉姑庙

Suǒzhèn LúgūMiào

炉姑庙位于索镇西镇村，为纪念孝女李娥而建。

相传古时桓台境内铁牛横出，餐食青禾，祸及乡野，官府派人捉到了妖牛，并征集全国著名铁匠限期来炼化它，否则把所有铁匠斩首，但久炼不除。有民女李娥，为解父亲与众乡亲所困，奋身投炉，以躯冶炼，成仁取义。民众敬其行为品德，视为孝女，尊称炉姑，并设庙供奉香火。原庙为清乾隆年间（1736—1795）西镇乡宦于崇敕捐资重建，2002年，西镇村投资维修扩建，大殿翻顶，东殿拆建，西殿、山厅及耳房为重建，增建石廊，庙外新建“至孝堂”，广场立汉白玉炉姑雕像，占地2100平方米。正殿供铸铜贴金炉、侍女像，其他殿为泥塑绘金像。整体建筑为明清风格，古朴典雅。炉姑庙历来香火鼎盛。为弘扬孝德文化，桓台县确定每年农历九月初九举办淄博炉姑文化庙会。其间香客云集，游人如织。

炉姑庙于2002年被定为市级文物保护单位，2014年被定为省级非物质文化遗产。

炉姑庙

（二）纪念馆、遗址

王士禛纪念馆
Wángshìzhēn Jìniànguǎn

王士禛纪念馆，坐落在桓台县新城镇“忠勤祠”内，为纪念一代诗宗王渔洋而建立。

王士禛（1634—1711），即王渔洋，字子真，一字贻上，号阮亭，又号渔洋山人、蚕尾老人。山东新城人，清初著名诗人，文坛领袖，官至刑部尚书。

“忠勤祠”建于明万历十六年（1588），是为纪念王士禛的高祖王重光而建的，距今400余年。该祠建筑面积1078平方米，陈列面积513平方米。为三进院落，由大厅、接官厅、东西厢房及仪门等组成。均为青砖青瓦，砖雕迎风，吻脊走兽，院内碑碣林立，苍松挺拔，幽静秀丽，古色古香，自明末清初就是文人墨客的云集之地。“忠勤祠”这组明代建筑历经沧桑，由于动乱而受到一定程度的破坏，现存建筑为1984年开始维修，于1986年12月对外开放。其大厅、后厅及西厢焕然一新，且恢复了东厢、大门和迎门墙。1991年，县政府投资修建了石刻园，在石刻园正北面新修了二层仿古小楼，每层4间，抱厦结构，青砖砌体，青瓦盖顶。第一层主要是王渔洋事迹生平展和王渔洋著述展，陈列着百余件文物珍品，其中王氏后代王锡九先生捐献的渔洋手迹，省文物鉴定专家关天相先生捐赠的王士禛诗稿影印件、山东大学中文系教授袁世硕先生赠予的王士禛《昆仑房诗稿注评》（影印件20幅），董其昌为之写序的《王氏家谱》；还有王士禛珍藏的其祖父王之垣编辑的古籍《摄生篇》《炳烛篇》等。另外还收藏陈列着各种版本的由王士禛撰写的《带经堂诗话》《香祖笔记》《池北偶谈》等著作数十件。二楼主要展示了王渔洋纪念馆开馆后，全国的学者、书画家等为纪念馆留下的墨宝。此外，忠勤祠的西厢为2003年拍摄电视剧《王渔洋》时剧照展。这组古建筑系砖木结构，造型古朴精巧，保持了明代建筑的风格及特色。“王士禛纪念馆”匾额，为当代著名诗人臧克家题写。

祠内各厅、厢分别辟为纪念馆陈列室、正厅与东厢陈列着碑碣石刻130余件，王重光及其子王之垣和当年随其入黔伐木溺水身亡的张、王二帅的线刻着彩画像，分别置于正厅中、右侧和左右侧犄角，四幅画像有的巍然端坐，有的端庄肃立，福采威严。厅内环西、北、东墙三面镶砌着85块碣石，系王氏后人集历代名家书体刻石成文。有王羲之、王献之、钟繇、欧阳询、褚遂良、颜真卿等人的集字或手迹。也有明代书法家董其昌、祝允明、邢侗、申时行、程可中及王象晋等的手迹石刻。这些石刻不仅记载着王氏家族的兴起、功德、人物传记、名人颂词，有着重要的史料价值，而且也是书法爱好者不可多得的艺术范本。对这些作品的评价，明吏部尚书兼文渊阁大学士申时行撰写的《书少司徒王公墓表》称其为“集文遒劲貌美，宛然孤峰拔起”。“搜古书法，自晋右军大令及唐颜、柳辈，凡数家，择抉剪剔，绳连栉比，点画波拂，并出手摹……使人悦目醉心，把玩不能去手，观者可以光焉。”

王士禛是清初显贵，公务之余，致力于诗文著述，成就卓著。其诗、词、散文凡数十种500多卷，诗5000余首。他的诗格调高雅风流，吐辞修洁，尤其写景诗，境界缥缈淡远，意味灵空含蓄，有着相当高的艺术性。康熙帝尝征其诗，录三百篇，题曰《御览集》。被尊为一代诗宗，成为当时诗坛盟主。在诗论上创有“神韵说”。他以“兴到神会，得意忘言”为理论的诗歌创作，或咏山水景物，咏花草鱼虫，或眷云雾风月，或恋晨曦晚霞，以抒发情怀，可或谓其“语言妙天下”，受到当时诸大家的赞扬。就连批评他的诗作过分强调清淡平远，从而导致作品虚无缥缈脱离社会生活的现实主义诗人赵执信，在《谈龙录》论国朝之诗中也肯定王士禛为“大家”，与闻名江南的诗词大家朱彝尊齐名，“王之才高而学足以副之，朱之学博而才足以远之”。

王士禛出身明末世代书香官宦之家，25岁中进士，26岁初任扬州推官，后授翰林院侍讲学士等，累官至刑部尚书，体验民情，为政清廉是王士禛作为清朝贤臣的为人准则和处世哲学。馆内收藏的众多文物中，仅摘一二即可见一斑。几经周折辗转征集到的石刻拓片石印本《手镜》是王士禛的诫子手札。康熙十六年七月王士禛次子王启涝任唐山县令，由于当时“唐山为下邑，地瘠民贫”，王启涝又是“一介书生”，匆匆上任，使王士禛甚是放心不下，他在“心殊惴惴辄犹思虑”的心情下，“取手迹数十条付之”。他说：“公子公孙做官，一切倍要谨慎检点，见上司处同寅，接待绅士皆然，稍有任性，便谓以门弟傲人，时时事事须存此意。”又“官以得民心为主，为民间省一份，则受二份之赐，颂声亦易起矣”，“外出减驺从，自备饮令民间不惊扰”。又“地方万一有水旱之灾，即当全力申诋诤，为民请命，不可如山左向年以报灾为讳，贻民间之害”等等。这就不难看出，“你虽是督察院左都御史的儿子，但你的一切言行都要特别严格地约束自己”。教导儿子当官要以得民心为主，还特别告诫儿子要勇于为民请命，如有灾情要如实上报。另外还凭自己38年办案积累的经验，传授儿子处理各类民事案件应掌握的原则，处理日常生活应注意的事项等内容。全文约4000字，50余条。《手镜》通篇反映了王士禛洁己爱民、廉洁为政、为民请命这一贤臣的高贵品德。

由于历史的局限，尽管为民间省一份是为了“受二份之赐”“颂声易起矣”。但他能鼓励儿子勇于“为民请命”，不要以报灾为讳，作为封建士大夫来说是难能可贵的。《手镜》与其高祖王重光的《家训》，曾祖王之垣的《历仕录》，祖父王象晋的《格言》精神是一脉相承的。为此亦受到康熙帝的恩宠。康熙二十八年四月，其为父迁葬请假时，上谕大学士“山东人性多偏执好胜执仇……惟士禛则无是也，其作诗甚佳，居家惟读书，别无他事，若令回籍，殊为可惜，着给假五月，不义开缺，”可见其为人。其实王士禛也绝非是一位仅做到洁身自好，明哲保身的闲臣，是非面前尚能直抒已见。他在《香祖笔记》中记述了江南道监察御史张瑗奉命巡视北京西城，在香山发现了明天启年间（1621—1627）“窃操国柄，荼毒忠良，恶贯满盈”的魏忠贤之墓的情景。张瑗见到殿堂履

王士禛纪念馆

压数里，建筑金碧辉煌，墓碑碑文上对魏忠贤的颂扬时不仅发指，即奏圣上命“立仆其碑，铲平其墓”，让天下后世是非分明等。文虽描述了张瑗的举动，但却表明了王士禛鲜明的爱憎观点。

王士禛丰富的诗文著述，洁已爱民的卓著政绩，与王氏家族遗留下来的宏伟建筑，共同构成了独具桓台地域特色的文化——渔洋文化。

带经堂
Dàijīngtáng

清，刑部尚书王士禛府第，康熙三十九年（1700），御赐亲书“带经堂”额于主厅，“带经堂”三字系康熙帝亲书，后人因以名之。

该府第于弘治年间（1488—1505），原为工部尚书毕亨府，至嘉靖年间（1522—1566），又为户部左侍郎王之垣府。到清代康熙年间（1622—1722），转为王士禛的尚书府。到解放前夕，已仅剩带经堂厅5间，大门3间及门前影壁与一对石狮。

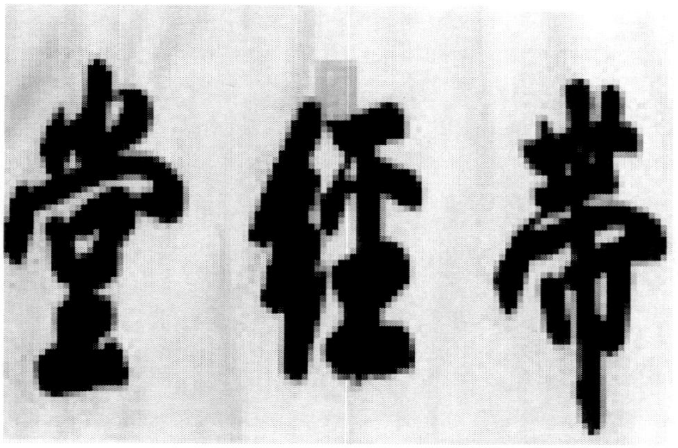

带经堂

耿家大院
Gěngjiādàyuàn

在明清两朝的桓台历史上，除新城王氏家族外，还出了另一大家族——新城耿氏家族。耿家大院便是耿氏家族在新城的住宅及商铺等。

明清两朝新城耿氏家族共出了8名进士，耿家大院是明朝耿鸣世、耿庭柏父子进士的故居，又是耿氏后世、近代县绅耿茂禨、耿茂禔（字筱，曾任桓台商会会长）兄弟的住宅。

耿鸣世，字茂谦，号敬亭，新城人，出身官宦家庭。明隆庆戊辰（1568）进士，历官邢台知县、刑部、礼部主事，广西、山西道监察使巡按等职，多有善政。耿庭柏，字惟芬，耿鸣世之子。万历壬辰（1592）进士，历官山阴令、河南光山县令、刑部职方司主事，吏部考功司主事、浙江巡抚都察院右佥都御史，死后赠太子少保兵部右侍郎。万历年间（1573—1620）耿庭柏任吏部文选司郎中，文选司的主要职责是协助尚书掌管官吏的“班秩迁升、改调之事”，故为吏部职权最重的一司。因当时万历帝不理朝政，吏部尚书缺，耿庭柏便为吏部的实际掌权者，其职位虽为司官，但其权力却位同尚书，故“新城王半朝，不如耿家一根毛”之说便由此而来。新城王氏有“四世宫保”之坊，耿氏也有“三世宫保”之坊，为赠资政大夫太子少保耿錞、耿鸣世、耿庭柏所建。清朝后期至民国时期，耿家成为新城最有实力的家族，其工厂和店铺遍布济南、张店等地。因此耿家大院

耿家大院

成为城中最大的院落。

耿家大院位于新城东南，东西两面邻城墙，北靠东西中心大街。耿家大院原是一组规模宏大的建筑，由于历史的变迁，该建筑群破坏严重，现存建筑占地近10亩，东西宽50米，南北长120米，为清末民初建筑风格，有四套院落，计60间房屋，全是青砖起脊小瓦，抱厦结构。

解放后，耿家大院收为国有资产。1949年5月至1950年4月桓台县人民政府驻此院。1950年6月交淄博联师使用，1953年8月淄博联师改名为山东省部队转业干部速成中学。1956年在此建立山东省桓台第二中学，1991年又更名为桓台县第一职业高中。2001年，桓台第一职业高中迁往索镇，该院被城东村购买接管。2010年7月，该院列为市级重点文物保护单位。

米脂祠
Mǐzhī Cí

米脂祠位于新城北部，戏马台东北。该祠是为纪念明末陕西米脂县令王象兑所建。王象兑、字之悦，号怡吾，生于明嘉靖甲子年（1564），岁贡生，是王渔洋的高祖王重光之兄王耿光之孙，曾任山东曹州训导，当时白莲教攻打曹州城，王象兑因佐州守城，白莲教不能攻城，全城百姓赖依活命之功，升米脂县知县。据传王象兑任米脂知县时，李自成时为米脂县捕快。当时，陕西连年旱灾，流民聚众杀富济贫。李自成一表兄任一股农民起义的小头目，王象兑两次严令李自成限期捕之而未果。当第三次又限期捕及未果时，王象兑下令打了李自成四十大板，以示惩罚，刚打完四十大板，李自成跺脚一声长叹，巨大的声音震落了县大堂屋檐上的瓦块，王象兑一看大吃一惊，暗想李自成非常人也，便不敢在此停留，辞官回新城。翌年便爆发了李自成领导的农民起义，李自成一起义便首先杀死了王象兑的继任者——米脂知县。王象兑因此躲过了一劫。

王象兑死后，其家人便在新城为其修建了米脂祠。该祠原为一规模宏大的建筑，经过多年变迁，现存只剩下祠的正厅三楹，为典型的明代建筑，青砖黑瓦，抱厦结构。正厅摆放着王象兑的牌位，牌位前面是一块约为0.8米见方的青石铺在地下。据说该石为王象兑从米脂带回来的，李自成曾在该石上跪过。米脂祠中除正厅建筑外，尚有古柏三珠。

米脂祠

清音堂
Qīngyīn Táng

清音堂又名王渔洋读书房，位于王渔洋故居东邻，相传为王渔洋曾祖王之垣所建。王之垣是王重光的次子，里人称其为见峰先生。嘉庆四十一年（1562）35岁时考中进士，历官荆州府推官、顺天府尹、湖广巡抚、户部左侍郎等职，万历十年（1582）首辅张居正去世后，王之垣避党争借病引退回里，居乡里20多年。期间王之垣在家课教儿孙，清音堂便是那时所建。王渔洋及其儿孙曾先后在清音堂就读过，清音堂匾额为王渔洋亲笔所书。可惜匾额在“文

清音堂

化大革命”时期被红卫兵作为“四旧”破坏。清音堂现尚存古建筑8间，分前后两院，占地近1亩，南北长30米，东西宽25米。

西城别墅
Xīchéngbiéshù

西城别墅位于今新城镇城南村，据《山东通志》载：“一名长春园，明尚书王之垣建，后王士禛即故址增葺，名西城别墅。”《重修新城县志》载：“西城别墅，在城内西南隅。”

明代万历年间（1573—1620），官至户部左侍郎的王之垣回归故里，于住宅（指十笏草堂）的西南修建了长春园，园内有宸翰堂。“宸翰堂之西，有轩南向，左右佳木修竹，轩后有太湖巨石，玲珑穿漏，曰大椿轩，轩南室3楹，回廊引之，曰绿萝书屋。其上方广，可以眺远曰啸台，薜荔下垂，作虬龙拿攫之状，百余年物也”“西南有小山，山上有亭，曰石帆亭。山下有洞，曰小善巷。前有池，曰春草地。池南有大石横卧，曰百丈山。山北有阁，曰半偈阁。东北有楼五间，曰高明楼，高明洞豁，坐见长白诸峰，楼前有双松甚古。”（见《新城县志》康熙三十二年版）

据《渔洋山人自撰年谱》记述：清康熙二十三年（1684），渔洋51岁时任詹事府少詹事，兼翰林院侍讲学士。是年“十一月奉命祭告南海”。康熙二十四年（1685），“四月十一日，发广州，哭故程兵部周量之殡。九月至北京复命”。闻父奔丧回归，从此开始了在新城故乡生活。

王渔洋回归故里后，将曾祖王之垣所建之长春园即故址增葺，取名“西城别墅”，随为住所。《西城别墅记》云：“重修石帆亭，覆以茅茨，窗槛皆仍其旧，西尻而东首，南置三石，离立曰三峰亭。亭后增轩三楹，曰樵唱山。直半偈阁之东偏，由山之西修廊缭绍，以达于轩阁。由山之东有石坡陀。出亭之前，左右奔峭，嘉树荫之，曰小华子岗。岗北石磴下属于轩阁，其东南皆竹也。南有石磴，与洞相直。洞之右以竹为篱，至于池南，篱东一径出个个中，以属于磴，曰个个径。其南限重关内外皆竹，榜‘茂林秀竹’四个大字。岌岌飞动，临邑邢太仆书也。又将于松下结茅三楹。名之曰‘双松书坞’。西城别墅清幽高雅，景物宜人。”

相传，王渔洋去世后，偶发火灾，西城别墅被焚，渔洋祠幸存为别墅之遗物。

新城冯氏住宅
Xīnchéng Féngshìzhùzhái

冯氏住宅，系清代新城大户冯冠鲁的住宅，位于今新城镇城南村，张田公路北侧。是在西城别墅故址上建造的，坐北向南，规模宏伟，占地8亩多，大小厅、房近百间，组成错落有致的十几个院落。其形制是在四合院基础上的改进，这是一座古朴典雅富有民俗风格的宅院，当时堪称县内住宅之冠。

该宅院之厅堂房庑，均为砖木结构，老瓦覆顶，透花高脊的古雅建筑。其主体建筑为四进院落，大门位于东南角，坐北朝南，盖有高雅美观的向阳大门楼，青砖老瓦，飞檐花脊，四角翘起。门前建有三磴石砌台阶，两尊石狮分踞左右两侧，气势雄威。朱漆大门，铜钉门槛，威严壮观。进大门对面镶边影壁上镌刻着俊秀的大“福”字。向西拐过重门即南花厅，花厅面宽3楹，木制雕花隔扇，门、窗口为砖砌拱券，门窗扇为木雕花格，门前石砌台阶，瓦顶花脊，富丽堂皇。花厅北连接二进院，中间隔一花墙，由雕花圆门相通。圆门内前院正北为大厅，5级台阶，前廊5楹，木柱卷檐，雕花门窗，宽敞明亮。厅前砌有平直甬路，甬路两侧建有鱼池和东、西厢房，并配建南屋。此院再北是三进院，院内正堂前面出厦抱柱，稍低于前院大厅，也配有东、西耳房和南屋。再北是四进院既后院，院内只见正堂，题额为“奉先孝思”4个大字。主体建筑的东侧为厩院，院门题额为“望杏开田，瞻榆秉来”8个大字。院内除厩棚和少数佣人住房外，余为花圃和菜园。主体建筑的西侧与厩院对称的是仅次于主体建筑的又一组豪华建筑，它开有南向扫地大门（既二门），门有平整笔直的甬道，北端为“晋裕隆盐出店”。院分三进，前院有南屋、西屋各三间；后院正房为华丽的客厅，并配有东、西侧室；最后一院建有漂亮的5间正房，无侧室。这一组建筑西侧建有很有名气的“冯家花园”，与主体建筑有路相通。据有关资料记载：园内山林亭榭，四时花香，景物纷华，设施高雅。花园北部建造巨型鱼池，池上设有雕栏木桥，南北相通，木桥西侧池北，建一影壁，上刻“鸢飞鱼跃”4个大字，笔力遒劲。木桥东侧池北建一假山，由景石砌成。山中有洞，题额为“如意洞”。池中塑一金蟾，踞于石台之上，张口仰望，栩栩如生。金蟾口中设有喷泉，池旁有井，车水入池，喷泉四溅，清澈涟漪。园中央建花台，是盆景区，盆盆奇葩异景，鳞次栉比。台之另侧为月牙池，池上有小拱桥，立桥而观，花鱼映照，景致迷人。西北侧为花室和园丁室。西首又一假山，系碎石砌成，高约五六米，蜿蜒细径，攀缘可登。山顶建有精致典雅的六角古厅，亭额为“喜雨亭”，亭联是“垒石为假山自存真气象，构亭作新景仍照旧规模”。额联均为清朝进士书法家郝毓椿撰书。亭下设置石桌、石墩，可供弈息。站立亭旁，鸟瞰内外，诸多胜景，纷然呈现。最南边是一翠缘竹林，兼有果树点缀其间，茂密葱郁，浓荫如盖，恬静幽雅，别有天地。

该宅院由于历经沧桑，大非原貌。桓台县文管所和新城镇粮管所住在院内。冯氏住宅于1984年定为市级重点文物保护单位。于2年经整修后，名为“王渔洋故居”为AAAA级旅游景点。

索镇高氏宅院
Suǒzhèn Gāoshìzháiyuàn

高宅坐落在索镇东镇村，是一座典型的明清式四合院建筑。整个建筑分为两大部分；一是北边的一楼三厅六厢房院，一是宅院西南角傍水的棣鄂楼（凉亭子）院。一楼三厅六厢房院，始建于清光绪二十四年（1898），共分三个院落，自南向北的顺序是：南向拔台大门设在东南角，3步磨石台阶，全用水磨青砖砌成。木制的垂珠檐枕系透雕的凤凰串牡丹。檐角4马头砖刻“松竹梅兰”，博风大梢上高踞哈巴狗等张口兽。椽子为薄砖，小布瓦盖顶，造型、装饰巧夺天工。

进大门，东厢房南山墙上砌有大影壁，由磨制的滚边青砖镶边，在中心青石板上雕“福”字。影壁上方有檐以增强立体感。影壁下边用条石雕花做基础，设计独具匠心。往西拐，通过二门，便是第一个院的南屋。屋前顺东、西厢房南端砌有一堵砖雕花墙，是透雕大葡萄架。刻功细腻，刀法娴熟，枝、干、果、叶，栩栩如生。花墙中央设圆门与该院的北大厅相对。大厅锁皮式，长17米，宽8米，厅厦宽1.5米，有两根朱色柱承重。透雕的垂珠檐笼，工艺精湛。下步为3步台阶。砖木结构，墙身用水磨青砖白灰砌成，门窗口为拱形，并在中间镶嵌着三块“凹”形剁石，每口的下方都以条形剁石作基。房顶为三大檩，方木椽，小薄砖，布瓦覆顶，脊端建有造型别致的烟囱，高1米，看去像钟鼓楼。东、西厢房，各长10米，宽4米，砖门结构，一门两窗系花格制品。

高宅三大院东侧有一条南北胡同，沿胡同北走是第二院，大门朝东，全部水磨青砖修砌，檐头码头上刻有“鹿同仙鹤”。剁石拔台阶，博风大脊大梢，布瓦盖顶。进大门首先看到的是该院南屋东山上造型别致的影壁。通过圆形二门，便进入中院，北屋为5间，长17米，宽8米，高4米的锁皮厅，厅下有两根圆柱作擎，柱立在鼓形剁石上。厅的两山墙各设圆窗一个，这座厅从设计、质量、刻工为三厅之冠。该院东、西厢大体与前院相同。

最后的院，大门向东，建造特别细致。门楣上方砌石匾额一方，上刻“游海世胄”4个苍劲大字。系高洪文手书，于民国7年（1918）建，由仪建民监制。门星“凹”字形，结构为石台阶，墙基为剁石，墙身为水磨青砖，用白灰修砌，大门的砖刻木雕，十分精致。进大门在后院南屋东山上有3米见方的影壁，影壁两角出翘，饰有张口兽，用小布瓦处理斜面，花脊花梢。中心部分是菱形石板，上雕一大“福”字。过二门进入大院，北边是高宅二层绣楼，楼东西长19米，宽5.6米，建筑面积为212.8平方米，白灰砖墙厚0.72米。每间设上下窗口，花格门窗扇，小布瓦盖顶，木楼梯设在西间室内，木制地板。该院的东、西厢工艺结构与别院相同，唯西厢房南端有两间砖包皮的矮房子，供所谓“下人”用。

从高宅的一楼三厅六厢房的建造中，可以看出建筑工匠们具有丰富的想象力和娴熟的工艺水平。整个建筑施工数年，据访以瓦工领工张承茂（索镇后毕人），木工领工张光仁（原侯庄大龙人），泥塑领工高庆和（索镇东镇人），施展了各自的才能，从设计到建成真是无懈可击。

西南是以凉亭为首的建筑群，始建于民国11年（1922），由瓦工头张予仁率附近巧匠建造。其设计、施工、工艺水平比前述的一楼三厢六厅房又高出一筹。该院大门北向，砖拱券，起脊双坡面，小布瓦覆顶，门楣上方一匾额书“敬圣者遵愈于”。三面雕各种花色图案，看上去俨然是一座城门。该院外西边，南边是个水湾，开始用砖从湾底筑砌，砌至高约2米，出现断裂塌方。随即又有济南兰顺营造厂经理王家兰之子王金西率领瓦工用石头砌成护坡，三合士夯实。主体工程是西面的二屋楼，名叫棣鄂楼，砖木结构，楼前有1.5米的前厅，木圆柱承重，二楼前装木栏杆。檐下有木制扣花围子镶边，采用透雕工艺。上下两层每间相对开门窗口各一个，木楼梯设在东南角。楼的房架和楼板用上等木材。起脊、花梢、小板盖板，西楼建筑面积为150平方米。

南边厅房3间，带前厅，前墙上镶着十分精美的壁画。厅的东头为耳房，西头与凉亭子相接，厅房长15米，宽7米，木房架木笆板上盖小布瓦。东厢3间，结构与南厅略同。

凉亭子在该院的西南角，上下三层，一、二层与西楼南头相通。据传系当时会客与休息的房间。西、南面各开一大窗。东边是上三层（凉亭子）的楼梯。厅的顶层地面用条石砌成，四周围砌女儿墙，女儿墙下端留有9个排水口。女儿墙上方建有塔式小砖垛12处、每个垛子都留有瞭望或射击的“十”字形孔洞，四角用4条圆柱承重。东、西两山是木三角架。下半部砌围墙，上半部设苦干花格窗口；南、北两面结构对称，在1.5米高的半墙上压砌条石，木制花格隔扇，刻工精美，双坡4角翘起，屋顶覆盖小布瓦。盛夏季节，在凉亭中清风徐来，暑气顿消。其结构合理，造型美观，表现了工匠们的智慧才能，堪称建筑之乡的一绝。

该住宅系东镇村大地主高虎臣所有。于1946年春，高虎臣被人民政府押往博兴湖滨执行枪决。1946—1947年，该处曾作为中共渤海区三地委驻地。1948—1958年，是中共桓台县委驻地，后由中共桓台县委党校使用。1988年，党校搬迁，索镇东镇村拆除了高氏宅院，盖上了民房。

邢家坡子教堂
Xíngjiāpōzi Jiàotáng

邢家坡子教堂是座著名的天主教堂，位于原邢家乡邢家村中心大街北侧，坐北向南，宏伟壮观。该教堂现称“天主堂”，原名“若瑟堂”。若瑟是耶稣的养父，终生主张至义、至勇、至洁、至顺、至逊。后来教徒们为效法他的诸德，便起了“若瑟”这个圣名，这就是若瑟教堂命名的缘由。

天主教传入邢家村已有200余年的历史。相传，约在清代乾隆末年，宗王庄天主教徒宗承忠、宗承恩兄弟二人迁至邢家村安家落户，并传于子孙。自此，世代相袭，不断发展。当时，在邢家乡西，东猪龙河两岸各有房屋3间（一为教徒自建，一为借用民房），作为临时教堂，是教徒们敬主祈祷、讲道、过教会节日，举行教会仪式之场所。约在光绪十四年（1888），由山东省天主教济南总教会派遣中国籍王神甫驻邢家教会，并负责管理桓台县所有教会施行圣事。当时，又有王神甫主持，在邢家村内新建6间教堂（包括北屋、东屋各3间），遂将教会活动迁移至此。因该教堂建筑式样像“人”字，故称“人字堂”。光绪二十四年（1898），济南总会又派意大利籍莫神甫到桓台负责教务，仍驻邢家村教会。随着天主教徒的逐年发展，教会决定建个大型教堂，但缺乏资金。光绪二十六年（1900），反清灭洋的义和团在当地展开了灭洋教、驱逐外国神职人员的活动，打死了十余名教徒。《辛丑条约》签订后，莫神甫乘机率王、宗两位中国神甫，要求天主教总会代其向中国政府索取赔款，抚恤被杀教徒家属。新城县衙害怕洋人，便付给了部分钱财。莫神甫还以向被杀教徒家属表示慰问为由，让全体教徒捐了些钱。这样，他便利用这笔钱备料兴工，由德籍圣方济会士庞修士绘图、监工，由唐山镇巴王村匠工王树贤承建。于1901年开始筹备，1903年大堂落成，命名为“若瑟堂”。1931—1934年，美籍神甫白明远在此坐堂期间，又在大堂东修建了木地板屋。1938—1941年，美籍神甫吴炳仁在此期间，又主持修建了修德院和其他一部分房屋。这样，该教堂逐步形成了一个具有相当规模的教堂，成为桓台县天主教的活动中心。

整个教堂分为三个大院，大礼堂是其主体建筑。全院南北长62米，东西长135米，呈长方形，总面积达8370平方米。

大礼堂矗立于东西大院之间，南北方位，分上下两层，上层小，下层大，砖石结构，红瓦盖顶。计高20米，宽15米，长29.5米。上下层顶部两侧四角各装白色尖锥一个，黑色十字架高立堂顶前缘。前檐壁中上端绘有4米高的“若瑟”抱耶稣圣像，肃穆庄严。礼堂设有五彩玻璃圆形窗，两侧有与其相称的4个拱形窗。在圣像下门额中间镌刻着“天主堂”3个金色大字，在蓝底映衬下，金光闪烁，分外醒目。底层正南面并开了个拱形门，中间者大，两侧者小，均为朱红色，其造型精美，新颖壮观。

整个大堂结构形式为中西结合之作，高雅别致，独具风格。

大堂内部，上层为8间，下层由两排10根红色石雕圆柱把大厅分为3排24间。其中包括正门前一间乐楼和北首的“若瑟”祭台。台中是“若瑟”塑像，高3米，台东侧是安多尼和耶稣帝王塑像；台西侧是圣母塑像，整个雕刻造型逼真，表情丰满。刻有花草的青石供桌上，供奉着木制耶稣圣心。花柱石栏与大厅相隔。在祭台的东、西两侧，还各有一个小厢房，东厢房为神甫更衣室，通过门廊进木地板屋，共12间，东西长35.5米，宽7米，砖木结构，苇草盖顶，西厢房为储藏室。

大厅内，地面是4色釉面砖拼成的几何图案，上铺地毯，设有木制案台和跪登。东、西两壁的巨幅布画是天主圣神14处苦像彩色图，高大素雅，形象逼真。在大堂前的一棵国槐上，悬挂着一个铜铁合金铸成的大钟，重50多公斤，撞钟时，钟声洪亮，方圆十几里都能听到。教徒们进堂诵经祈祷，鼓乐齐鸣，经声缭绕，一派盛景气象。

教堂东院是修德院男生班，有屋50间。西院是修德院女生班，有屋30间。南院内建有汽车库、马车处、粮仓、饲养处、磨坊等。教堂共有房屋134间。

邢家坡子教堂神职人员更迭频繁。先由意籍莫神甫兴建大堂，从1910年开始，先后又派来德籍达神甫、敏神甫，美籍高、傅、白、韩四位神甫及吴炳仁神甫。在吴炳仁主持教会活动期间，正是日军侵华战争的第三个年头。日本宪兵队借口吴炳仁妨碍日军军事行动，将吴逮捕，押送潍坊，后到北京关押。1941年后由德籍韩神甫、宰目良神甫接替了“若瑟堂”教务，1945年济南总教会又派来周振沂神甫（山东淄川人），直到1946年2月调往周村教堂，施行圣事。解放后，该教堂先后由桓台县公安局、山东康复医院四分院、渤海三中、桓台县粮站等单位使用。“文化大革命”中的1966年，大礼堂上层拆掉。

党的十一届三中全会后，落实了党的宗教政策。1984年10月6日成立了桓台县天主教爱国会。1984年12月15日，“若瑟堂”正式更名为“天主堂”。同时，定为桓台县天主教爱国会的会址。1985年，由淄博市政府拨款4000元，教徒集资7000多元，将教堂整修一新，教会也转入正常活动。现在全体教徒在中国共产党的领导下，高举爱国爱教旗帜，为祖国统一和建设贡献力量。2006年6月，邢家教堂被列为市级重点文物保护单位。

邢家坡子教堂

小庞遗址
Xiǎopáng Yízhǐ

位于田庄镇小庞村东北。遗址现存面积3万平方米，经探测文化层厚2～4米。遗址分为居住区、制陶区和墓葬区，出土器物十分丰富，有石铲、陶罐、鬲、斝、壶、樽、铜剑、铃、神兽镜等，主要文化堆积属龙山文化遗存，并延续至元代。居住区西南部是制陶区，存有大量红、灰陶碎片。村落东边为墓葬区，发现

小庞遗址

瓮棺小孩墓葬1处。1977年定为省级重点文化保护单位。

崔楼洪福寺遗址
Cuīlóuhóngfúsì Yízhǐ

《重修新城县志》载："唐开元三年乙卯（715）洪福寺建立，号为名刹"。其地形塽垲，冈原雄伟，真一方之福地也。东接格孙之城，西临桓景之庙，孝妇之河来于南，系川之水环乎北，四远之嘉境万古在焉。因之，四方佛门高师纷至沓来，各持高才力，"尊弘愿智悲大权方便，度众生于苦海火坑之中，小则迁善远罪离恶获福，大则明心见性入圣起凡。"

洪福寺历代香火不断，传延四方，到元代至元二十三年（1286）又有功德主李总管，奏奉势都儿国，八不沙大王金宝令旨，护持三宝，重修洪福寺大殿五楹。又至大德十年（1306），洪福寺再度重修，规模逐渐扩大，并辟地200亩，永为常住之瞻。尔后，洪福寺饱经风霜，历遭战火，几度兴衰，又扩建成三进院落，成为香火极盛的宝刹大寺。其一进院为两重过道门：第一道门内两侧塑哼、哈二将神像，神采威武，生动传神；第二道门内两侧塑四大天王金身，肃穆庄重，妙不可言。二进院为该寺主体，建正殿五楹，正殿前壁为花格隔扇，图案精美，作工奇异。前廊6个鼓形石基立6根圆木立柱支撑檐廊，柱面油漆富丽，耀眼睁光。殿内的东、西、北三面为青砖砌墙，重梁画栋，垂珠檐高翘，上悬风铃，叮当作响，双坡层顶，琉瓦复盖，金壁辉煌。大殿内塑三大菩萨、八难观音，又彩绘53樽护法神像，神姿栩栩如生，各具妙态，令瞻仰者赞叹不已，流连忘返。大殿的东、西两侧各有厢房3间，砖木结构，灰色布瓦屋面，东厢房内供奉孔夫子神像，英姿潇洒，威风凛凛。西厢房供菩萨神像，眉目传神，婉妙无比。东厢南头有钟楼，晨钟暮鼓，佛号经声，满溢佛门净地的神秘气氛；西厢南端有一碑亭，内立一八角石碑，高6尺许，相传由长春移此，上镌诗佛王摩诘的书词，字字珠玑，妙语惊天，更令佛门弟子、善男信女增加虔诚之情。三进院建有曾王殿3楹，内塑曾王金身，另有厢房3间为僧舍。南客房3间，专为接待施主香客所需。该院的东面开一门，迎门横一迎壁。

院内植苍松30余株，松涛阵阵，风铃声声，如藏无限玄机于其中。

该寺院早已全部拆除，终为憾事。诗云："欲问浮图事杳然，劫灰销尽更无烟。亲曾摩读石龛字，犹记开元乙卯年。"（诗载《重修新城县志·方舆志》）

北营铁佛寺遗址
Běiyíng Tiěfósì Yízhǐ

桓台县马桥镇北营村西首，青沙湖南沿，过去有一座古老建筑，名曰"铁佛寺"。《重修新城县志》载："铁佛寺在城北二十五里北营村。"

铁佛寺是一座建筑雄伟，规模宏大，驰名四方的古老建筑。该寺建于明代万历年间

（1573—1620），占地3亩许，高出地面约3米，要进寺院需经近30层台阶方可到达大山门，山门面南而立，飞檐斗拱，花脊吻兽，4角上翘，绿色琉璃瓦盖顶，雄伟壮观。门额上悬大横匾，上书“铁塔寺”3个正楷颜体金字，光彩夺目，严肃可观。山门两侧墙壁上绘有瘦人、瘦马，筋、骨、肋、脊历历可数，山门内塑有秦琼、尉迟敬德两门君，手持兵刃，站于门后，相貌威严，望而生畏。

相传北营建村之后，村民连年向村南义地拉土建房，年长日久，深掘成湾。明万历年间（1573—1620）的一天，有一村民拉土时，挖出了三尊神像，来历不明，大家都很惊奇，这时来了一位僧人，把三尊神像抱回住处。该僧出自私欲之目的，便捏造了一个所谓“神人托梦”的荒诞谣言说，他在当日夜间做了一个梦，梦见两位大仙和如来号啕大哭，哭着要衣裳穿，别的衣服不经久，必须要铁制的衣裳才行，要不然，这一方人就有大灾难。这僧人便召集邻近众僧述说此梦，就这样一传十，十传百，众人皆知，纷纷议论。其中有人提出建造铁佛寺，一呼百应。村民纷纷集资，众僧人化缘，时间不长就凑足了钱和料。一年多，就建成了驰名四方的铁佛寺。

古时之铁佛寺，有住僧十余人，终日暮鼓晨钟，诵经拜佛，清扫殿堂，看守寺院。每年四月初八日是香火大会。这天热闹非凡，做买做卖的商人，说书唱艺的人，闲暇无事的游人，各地善男信女前来烧香拜佛，求男求女，前来赶会者熙熙攘攘，络绎不绝，盛极一时。

跨进大山门，即是通向铁佛大殿的长廊，长廊内设两行合抱红色圆木柱支撑廊顶，上面有绿色瓦覆盖，地面方砖铺地，平整美观，长40余米，宽2米，3人并行各无妨碍。长廊中间建有廊房3间，里面塑有哼、哈二将和四大天王之站像，高约3米，各执降魔杵，呲牙咧嘴，凶像神严。

穿过长廊是铁佛正殿，长有20余米，进深10米，砖包土坯墙厚达80厘米。无内墙，是由12根红色合抱大圆木支撑殿顶，前面设花格木隔扇代替墙和窗，门额上悬3块大横匾，正中匾书“佛法无边”；左路匾书“木铎千古”；右路匾书“慈航普渡”，字色金黄，光彩夺目。进殿门正厅神台上端坐着三尊神像，正中是释迦牟尼，东首老子，西首孔子，子路、颜回侍立两旁。

沿三尊铁佛绕至西天如来佛像后面，举目处有喀喇山，绕佛龛而上，白云生处，满盘莲花，莲花座上塑有倒坐观音，金面朱唇，慈祥面善，盘膝打坐，形象生动，别具风采。

殿内四周列坐着18尊罗汉，容颜、姿态各异，张口者欲语，瞪眼者似怒，倾闻者慈善面笑，削眉者面带深思个个英姿威武，魄力雄健，形象逼真，活灵活现。

正殿前有东、西两厢房，各为3间，长10米，宽5米，高7米。东厢房有关羽、关平、周仓塑像。西厢房绘有西游记之意境，历尽险难艰阻，终于百炼成钢。

铁佛寺之创建是劳动人民之杰作，是祖国古代艺术的结晶，几经兵乱，残而复修，日军入侵，铁佛寺毁于一旦，所有景物，荡然无存，识者过此无不感叹。

木佛堂兴福寺遗址

Mùfótángxīngfúsì Yízhǐ

兴福寺坐落在原陈庄镇木佛村西首路北，它的前身为木佛堂，其建造年代无从详考。据《重修新城县志》记载：该寺始建于明初，迨嘉清末，寺僧如山，努于重建，修为寺。嗣后，万历三十五年（1607）又重修之。全寺南北长45米，东西宽23米，占地1035平方米。殿宇建筑雄伟，寺院古朴幽雅，是具有民族风格的三重殿，自南而北严整排列。殿内神像各具情态，栩栩如生。

第一重殿为山门殿，殿内塑有“哼、哈”二将，屹立东、西两侧。二神身高丈余，顶盔披甲，气势凶猛，令人望而生畏。穿过山门殿翘首东望，可见一高台钟楼，上悬大型铁钟一只，钟高近2米，重约400公斤。此钟音量颇大，敲撞时，方圆十余里能闻其声。

第二重殿为天王殿，殿内东、西两侧排坐着“四大天王”巨像。据传这“四大天王”系商末周初被神化了的战斗将领摩氏兄弟，即摩立青、摩立红、摩立海、摩立寿。四神像威武雄健，气概非凡，颇具英豪之姿。

第三重大殿为大佛殿，此殿是全寺的主体建筑，殿长14米，进深8米，殿宇为砖木结构，飞檐斗拱，瓦当严整；浮雕透雕，玲珑精美。殿顶正脊横档和两边翘角上，饰有各种形状的浮雕的鸱吻，造型壮美，颇壮观瞻。殿内矗立合抱木柱8根，顶端架梁上彩绘着祥云、蛟龙等图像，甚是可观。殿正中稍后是该殿正尊佛“西天如来佛”（释加牟尼）的佛阁。佛阁前上方悬一金字匾额，横书“法雨慈云”四个斗大金字。左右楹联为：“未及西域瞻法像，先向东土观灵光。”阁下有韦驮、韦礼合掌恭立两侧。如来大佛满面金光，慈眉善目，身披袈裟，合掌盘膝打坐于莲花台上。佛顶上悬一彩塑大鹏，引颈展翅，跃跃欲飞。佛阁两侧靠壁神台上排坐着18尊罗汉。东壁画景为“唐王朝佛”；西壁是“望海亭”“八仙过海”诸图。

大殿前配有东、西两厢殿，各为3间。东殿主神为关羽，西殿是达摩初祖。东、西两殿都饰有彩绘图像、图案，颇为美丽壮观。

纵览全寺，无论是彩绘雕像，还是建筑技艺，都有很高的艺术价值。可惜这些文化古物已荡然无存。现该寺唯一的古迹，是尚存的一株古槐树。此槐树名为龙盘槐（亦称龙头槐），不知植于何年，现身高3.81米，粗围0.87米。从躯体看虽不在高大挺拔之列，但它形态奇异，风貌独特，令人望之兴怀。该树树冠干屈枝卷，蜿蜒盘绕，宛如巨龙在架。民国时期，邑人张仙舟居士（荆家庄一文人）遨游本寺，对这一造型奇特的古槐颇为赞赏，遂留诗一首。诗曰：槐号龙盘盘似龙，天久日晒困院中，有时得到风雨月，飞腾云中化真龙。

明万历三十五年（1607）重修兴福寺记碑：

昔世尊于天空说法，阿育王刻旃檀为像，供养世尊，亲为摩顶授记。世尊开示阿难，三摩提路，阿难证悟，说偈赞佛，将此深心奉尘刹，是名为报佛恩。由此言之，木佛即佛，奉木佛即奉真佛也。邑西北十五里许有木佛堂，不知其始，国初，沙门净海修为今寺，颜以兴福。迨嘉靖末，寺僧如山，努力重建。拓金刚祖师，天王伽蓝诸殿以供诸神；建钟楼以警晨夜，俨然称盛刹已，迄今四十余年，渐就荒落，善士汪东海同僧用化募缘增修，加之广扩。邑士大夫暨诸善信莫不喜心乐助，共称盛举。功始于万历乙巳春，成于丙戌秋，殿宇墉牖，焕乎饬新，众心欢喜，愿记岁月，俾予为记。予惟如来世尊广施方便，随物示相，普渡十方是木佛也。安知非檀刻第二像乎？安知非阿难深心冥奉者予？况众生无明，迷昧本性，非见佛不能起信，非信法不能持心，则修像其起信之因乎？佛记一切色相咸是妙明真心中物，知此所修，又妙明空王庄严相乎？第一切有相名之为尘，尘非常住，终归变灭，更愿后为寺僧者，檀越者自非闸提，人睹像生信，生信持心，持心信心，信心护像。诸有智人知是妙明真心中物，从变灭中离一切相，从不变灭中即一切法，不令变灭则深心奉佛。不在阿难而人皆阿难，住世度生不在木佛，而人有佛性。将兹之所修，宁为今目，而亦宁惟相，兹之所记，宁惟今日而亦宁记相已耶。

邑人王象晋撰文

大明万历三十五年丁未孟冬

隋文宝塔遗址
Suíwénbǎotǎ Yízhǐ

桓台著名的古建筑——隋文宝塔，位于田庄镇高楼华严寺前。

据《重修新城县志》载：“邑东北高楼有华严寺，古老相传建于隋代。”“寺前有塔，文帝得舍利一握，择天下名胜三十以藏之，此殆其一。浮屠高出云表，为远近登眺游赏之所。”这里的塔和浮屠，就是指著名的“隋文宝塔”。

随文宝塔，是座以胜迹著称的摩天古塔，据有关资料记述，塔高数十丈，砖木结构，造型别致，雄伟壮观，为历代建筑行业所推崇。

该塔是座刹柱式结构的宝塔，建造坚固，古朴典雅，其建筑形式比汉代时期盛极一时的重楼式建筑高超得多，遗憾的是其建筑全貌已无可考查。所谓刹柱式建筑，就是楼阁的中心，树立一根通长到底的大柱，柱的根部埋于地基的中心，各楼层架构均与大柱相固接。这样既可保证整体的稳定性，又能保证向高层发展的需要。据《中国古代建筑史话》载：武则天时代建造的明堂，就是一座巨大的柱刹式建筑。塔扣中心有“巨木十围，上下通贯，栭栌橖蔑，借以为本。”由此可见，隋唐时代的桓台建筑技艺已具相当高的水平。

据《重修新城县志》载：“明朝万历年间，新城知县段文清误信传言，此为隋文塔内藏有金佛珍宝，遂将宝塔强令拆毁，“运其砖以修衙署，今旧垣遗瓦长尺有半者，皆其物也”。结果毁坏了这一珍贵的文物古迹而一无所获，至今贪婪毁塔的轶闻仍被人们痛恨和唾骂。

史家遗址
Shǐjiā Yízhǐ

位于田庄镇史家村中部和西南部，为高出地面 2 ～ 3 米的台地。东西长 245 米，南北宽 135 米，面积为 24050 平方米。

1996 年和 1997 年，来自国家、省、市的 12 位专家，对史家遗址进行两次抢救性清理发掘，揭露面积 1300 余平方米，清理龙山文化、岳石文化、商周文化以及龙山至商的三叠城壕和夯土，及岳石文化大型木架结构祭祀坑，出土岳石文化和商代的刻字卜骨、商代中晚期多字铭文与族徽铜、骨、蚌、石、玉、漆等文物 500 余件。清理岳石文化至西汉时期墓葬 14 座，水井 7 口，灰坑 11 个，岳石文化大型木架结构祭祀器物窖藏 1 处，商代杀殉祭祀坑 1 个，祭牛坑 1 个，殉猪祭坑 3 个，房基 2 座；清理龙山文化至商代城墙基槽 3 条截面探沟，其中在祭台上发掘出岳石文化时期大型结构祭祀，坑内分土层放置陶器、石器、蚌器、骨器等共 356 件。其中最为重要的发现，便是位于祭祀坑底部的两片残缺甲骨文。它的历史年代，比著名的河南安阳殷墟甲骨文早三个世纪以上。这两片甲骨上有明显的钻灼痕迹，其性质和制作方法与商代殷墟甲骨文具有同一性和传承关系，具有重要的学术研究价值。

发掘清理史家遗址的同时，对周边李寨遗址和唐山遗址、新城遗址、葵丘遗址进行调查钻探和试掘，发掘李寨大汶口文化墓葬 100 余处，龙山文化房基、灰坑遗迹 60 余处，商周墓葬十余处，钻探出李寨、唐山、葵丘、新城等城壕遗址，

史家遗址

葵丘邑遗址

出土一批大汶口文化彩陶器、玉器和龙山文化陶器、玉器、骨器。

2013年5月，史家遗址被定为国家级重点文物保护单位。

葵丘遗址

Kuíqiū Yízhǐ

葵丘遗址，位于桓台县果里镇张家埠村东。整个遗址是一坡度平缓的台地，中部隆起，南北长约500米，东西宽约300米，面积约15万平方米。东邻劳淄河，北边有一西南、东北走向的古河道。

《重修新城县志》载："水经注京相璠曰：齐西五十里有葵邱，今县东二十里前张家埠，东涝淄河西岸，平原一凸，方广数十亩，相传为葵邱故地……"近年来，市、县文物工作者，对此遗址进行了多次调查，断定为新石器时代遗址，属原始社会末期的龙山文化。该遗址文化层堆积厚约0.3～2.5米，暴露有夯土、灰坑等遗迹。出土文物有：陶、陶罐、陶壶、高柄杯、单耳环、石斧。

遗址的中部，有明代开封府知府王之都墓。王之都，山东新城县人，字尔章，号曙峰，王耿光之子，明万历乙未（1595）进士。现王之都的墓碑和集褚遂良、颜真卿字的功德碑，尚树立于遗址中。该遗址于1992年公布为省重点文物保护单位。

延乡城遗址

Yánxiāngchéng Yízhǐ

在桓台县东北部，起凤镇穆寨村东。汉初为延乡县城，汉元帝封李谭为延乡侯于此。东汉县废，遗址略呈方形，长处近千米，一般高出地面1.5～2米。1958年在此地下8米深处发现草木灰层。1979年挖掘出土的文物有铜镜、

延乡城（穆寨）遗址

白陶罐各1个。据考，均为汉代遗物。近有明初王瑄元帅墓。

东高苑城遗址
Dōnggāoyuànchéng Yízhǐ

位于唐山镇古城村。城址长方形，东西长560米，南北宽500米。西北角较高，出平均约二米半。城中旧有古井，传为管仲所凿。或谓今古城村即战国时齐相管仲之榖城。南北朝时刘宋置鬲县于此。城址出土物有绳纹陶砖、灰陶罐、汉代行军铁锅等。

唐山遗址
Tángshān Yízhǐ

位于唐山镇唐一村西南侧，处村西南半里许的高埠上。东周（前770—前256）时期已成村落。唐山遗址高出地面5～7米，东西长300余米，南北宽170米，占地面积51000平方米。南100米处，另有丘埠高起8～9米，传为古冢。它东距东猪龙河500米，西北面似有西南东北向的古河道，传为赵国运粮河。据明天启四年（1624）《新城县志》载：“唐山在城东十八里，土埠也，村以山名，上有古冢。”《新城乡土土志》载：“唐三，旧有古刹，唐山藏，禅师藏经处，故名唐藏店。”

中华人民共和国成立以来，广大群众兴修农田基本建设时，曾在遗址先后挖出铜铲、青铜盉、古钱币、灰陶罐，陶斝、陶鬲、陶豆、陶罐，周代的残砖败瓦和瓦当。打井时，挖至7.4米深处，再向下有2米的流沙，曾挖出木船铁箍、铁锚等文物，有的已交县文物管理所保存。1971年驻军于遗址下挖坑道时，在进深3米处，挖出封墓的鹅卵石，发现古墓后即停挖。在南、西两面均发现1米多高的石门，未引起重视，石门被运走使用。南面还有龟趺石碑一座，高4米，宽1米，厚0.5米，正面镌刻“唐藏店”3个大字，背面还有碑文，由于年久，字迹不清。遗址后面，因窑场用土，群众取土打坯，辟成有8米多高的悬崖，露出三层墓地，上下隔2米，还有土墓群。

此遗址经考古工作者确定为东周时期或更早的文化遗址。其东为明代云南布政使徐准墓。2006年12月，公布为省级重点文物保护单位。

会城遗址
Huìchéng Yízhǐ

会城遗址，在乌河东畔，桓台县起凤镇夏庄村东1千米与博兴县分界处，传为齐桓公会盟之地，湖乡人称“东城子”。遗址略呈方形，东西长500米，南北宽400米，平均高出地面1.5～2米。南部土岭（旧墙基）尚存300米，四周高，像个小盆地。这里，东枕渑水，西依乌河，处千乘、博昌之间。春秋战国时期，为齐国南北战略要地。现在这个地方，地势低洼，土质泛碱，沟洫间隔，东、北两面土岭犹存，多为防护林带，树草正茂，改成良田。

据考，会城遗址，《水经注》谓：“济水又东北迤为渊渚，谓之平州。”“经沃侧有平安县故城，俗谓之会城。”西周鲁宣王（姬静）元年（前827），于此会齐侯，故名会城。以此命湖为会城泊。《续山东考古录》载：“平安县故城，在城（新城）东北四十里，今会城。”隋开皇十八年（598），此改长乐县为会城县治所。清康熙五十七年（1718）成书的《新城轶事》也说：“县东北五十里，水泊有故垒，名会城。传齐桓公会诸侯于此。每逢秋雨，城内外汇为巨浸，如今常为水多，当时何以为国？沧桑转易，陵谷迹迁，今无足怪者。”清光绪十四年（1888）写成的《新城乡土志·古迹》截：“会城在夏庄北会城湖中，去县东北四十里，西周周宣王元年，公会齐侯于平州，以其会合之地，改曰‘会城’。”

中华人民共和国成立以来，群众兴修水利，在遗址中曾挖出砖瓦陶制器物，形制原始粗糙，多被群众扔掉。现遗址西缘田氏住宅土崖下，有古代残砖瓦砾。人们对古遗址也赋于种种轶闻传说，诗人王渔洋、徐东痴、王象春、王世禄等，都来游历赋诗，以抒游兴。现建筑物已荡然无存，只留遗迹在，实为憾事。

渠丘邑遗址
Qúqiūyì Yízhǐ

渠丘邑遗址，坐落在索镇花园村南1千米处的潘家沟附近，濒临乌河由东向北转流的拐弯处，隔乌河与于家村东西相望。遗址东西约6000米，南北宽5000米，原有土岭高出地米许，北面尚有长300米，宽2米，深1.5米的沟，对岸（乌河）有三合土的桥墩遗址。中华人民共和国成立后，群众兴修农田，地面逐渐整平，增建水利建设，现为花园村的粮田。

据《左传》载：“齐渠丘实杀无知。”《杜注》云“齐国今西安县也，齐大夫雍廪邑”，指的就是这里。史书记述：“齐僖公宠爱胞弟夷仲年，并爱其子无知，令其秩服奉养比太子，赐渠丘邑为公孙无知的食邑，僖公卒，襄公即位，绌无知秩服，即削减其品秩与食邑，把渠丘邑转赐给大夫雍廪为食邑，无知心怀怨愤，勾结连称、管至父杀死襄公而自立为君，齐国上下，多对无知等不满，大夫雍廪原与无知有隙，就联合朝中大臣密谋，待无知来渠丘邑巡察时，杀之。”《续山东考古录》载：“春秋•昭公十一年，楚申无字曰。齐渠丘实杀无知。”又“西安县故城在城（即新城）东四十里，今索镇。”

前685年秋天，齐鲁两国的乾时之战，就发生在渠丘邑附近的时水（今乌河）岸上。而渠丘邑为齐国的西安城。《齐乘》云：“临淄西四十里，耿弇讨张步，谓西安城小而坚。”《汉书》载：武帝元朔六年（前123）嘉李翔北征封涉轵侯食邑，食邑在西安城。《中国地名大辞典、西安县》条载：“汉置为侯邑，后汉建成武年（29）张步弟蓝弃西安走剧。”南北朝时，索镇为索卢县城。《续山东考古录》载：“西安县城在县东四十里，汉置县属齐郡，今索镇。今索镇之名，系由索卢县故城演变而来。”

20世纪60年代，花园村民在渠丘邑遗址曾挖出古代的霉锈残破的两把宝剑，以及残砖败瓦，还有北宋时期的“都统帅印”。1964年在张北公路西侧新建县人民医院处，曾挖出龙山文化时期的灰陶罐。这充分说明渠丘邑这地方很早就有人类定居。1997年10月，渠丘邑遗址列为省重点文物保护单位。

古城遗址
Gǔchéng Yízhǐ

古城遗址，位于县城区西南8.6千米，唐山村西南3.5千米，大寨沟北侧，今古城村。古名箕游城，格孙城，俗称古城子，约建于商代。遗址略呈方形，东西长560余米，南北宽约500米，平均高出地面1～2米，四周围墙遗址犹存，为土筑墙，现高约1～1.5米，西北角墙基高达2.5米，四面各置一门。据传，为商代主要防戍城。

《山东通志》载：“高苑故城，在新城镇东十二里，今名格孙城，又名箕游城。”《重修新城县志》载：“格孙城，即今古城。”《汉书、楚元王传》载：“景帝（前156）以亲封元王子岁为沈犹侯于此，古城，即沈犹侯改邑也。”崔楼洪福寺石幢云：“东有格孙之城。”附近有一古墓，碣云：“葬于箕游之城。”皆为其城，但莫知所始。纣王之叔箕子曾到此城游览，故名“箕游城”。又说春秋时期齐桓公之孙，因不服管教，过错难恕，被处罚格拘于此城，终老于此，故有“格孙城”之名。汉初高帝置高苑县，后汉作高苑，晋因之。故城有二，《水经注》：“高苑有东西二城。古城系西汉时高苑东城。”《桓台胜览》云：“古城，城临系水，形势颇佳。或曰：春秋管仲城小榖即此。”故老相传：“北门内西侧有管仲井。”《重修新城县志·方舆志》载：“城东十五里古城庄，北门内有古井，传为管仲所凿，井甃有瓦，宽四尺，长六尺，厚五寸，土人出之，坚如石。”此井于1936年被村人挖烤烟潮屋时掘出，石灰三合土盖着，井口还有3页大瓦片，微绿色，坚如石。现井已填平，并在其处盖房。群众在村内历次挖土，曾挖出古代大量残砖败瓦、灰陶罐、陶瓶、陶瓮，已被毁弃。还挖出汉代行军锅，锅口有4耳，锅内有铁铲，已由文物管理所保存。

南北朝时，北魏置鬲县，县城就在古城。隋朝大业中，置西苑城，在今邹平县苑城。其东高苑城，在今唐山镇古城村。

《桓台胜览》载：

一洲沽流绕画村，当年遗迹更无存。

祇今洪福石幢载，传说城名是格孙。

明末清初遗民诗人徐东痴有《咏古城诗》云：

忆见空城换物华，古人此去竟安家。

古城遗址

闲生感叹成荒废，独逸穷愁筧路赊。

万事不能当落日，孤村惟可伴寒雅。

我来登眺知何世，惆怅秋风野菊花。

清邑人胡太光《古城诗》云：

何代城归郑水边，残碑剥落委平田。

民风纯朴安耕凿，世事沧桑属变迁。

荒草萋迷寒食路，杏花浓淡夕阳天。

我来吊古空增叹，漠漠荒郊散晚烟。

2010年7月，古城遗址被列为市级重点文物保护单位。

青丘遗址
Qīngqiū Yízhǐ

在起凤镇华沟村北约1.5千米处马踏湖中，为一高出水面3～4米的土埠。民国时期尚有面积24亩。现仅余三亩地面。《左传》载“齐景公有马千驷，田于青丘”，即此地。

李寨遗址
Lǐzhài Yízhǐ

李寨遗址，田庄镇李寨村西南有一取土时留下的大坑，这平淡无奇的取土坑下及其周边却是迄今为止桓台县境内最早有人类活动痕迹的地方，在李寨村及其周边100多万平方米的土地上，从7000多年前的北辛文化晚期一直到战国时期，是我们的先民繁衍生息的地方。

李寨遗址是在1988年全国第二次文物普查时发现的，由于种种原因一直没有进行考古发掘。1997年，周边群众在原遗址带上取土，给李寨遗址带来了一定程度的破坏。随后，原县文管所在淄博市文物局的帮助下，对李寨遗址进行了抢救性考古发掘。

考古发掘过程中，考古人员发现，整个李寨遗址以现在的田庄镇李寨村为中心，辐射周边100多万平方米，从出土的器物判断，在整个遗迹内，人类活动的痕迹从7000年前的北辛文化晚期一直延续到战国时代，整个时间的跨度在5000余年，主要文物遗存包括大汶口文化时期的墓葬、房址，龙山文化时期的烧制陶器的窑址、水井、灰坑和墓葬，出土的文物数量庞大，并且质量非常高，尤其以其中出土的陶器最为典型。从李寨遗址出土的文物判定，该处遗址是一处重要的史前（夏朝之前）文化遗址。

李寨遗址属于典型的环壕聚落。历史学上的环壕聚落，是指在古代人类居住地，尤其是居住区周围设有防御性壕沟的聚落遗存，而且这种壕沟多呈不规则圆形环绕于居住地周围。在新石期时代，由于人类生产力水平比较低，为了防御野兽和其他部落的侵袭，因此多是在居住地周围挖壕以自卫，而这也正是人类“城”的起源。从李寨遗址考古发掘看，仅遗址的南部发掘的壕沟总长就超过800米，使用木、骨、石等工具挖掘而成，宽度一般在7～11米，沟深在3米以上。

2006年12月，李寨遗址被定为省级重点文物保护单位。

李寨遗址

戏马台遗址
Xìmǎtái Yízhǐ

戏马台遗址位于新城镇政府驻地北侧，东距索镇15千米。它又名系马台，还叫驿马台。台基隆起，向阳倾斜，南高7米，北高9米，东西长135米，南北宽104米，占地面积14040平方米。

据史料记载：元朝以前，为长山县驿马台。至元二年（1265）《初建儒学记碑》云：“齐之驿马也，土人建桓、景二公，岁时享祀。”世传驿台本春秋齐国战马集结的地方，俗称齐桓公戏马台，简称桓台，传说公子小白（齐桓公）回国继位后，任管仲为相，曾在北邢（新城西北部）集结战马，会盟诸侯，以显示兵力之强大。当时战马云集新城一高耸宽广的土台前，齐桓公兴致勃发，雄风战马，留下这一历史古迹，就是“齐桓公戏马台”。成为“九合诸侯，一匡天下”为五霸之首。好治宫室、狗马、苑囿、为游玩之乐，以此筑台戏马。《左传•哀公八年》记载：春秋时期的齐国，便以“有马千乘”作为“可以为君”的代称。

金末元初，天下大乱，山东豪强并起，各据一方，争权夺利，民乱无主，遭受涂炭。元太祖九年（1214），山东东路兵马副元帅张贵，收集流民，保居此土。为城增筑加高，周围修置夯土城墙，保护黎民团聚。明天启四年（1624）《新城县志》古迹志戏马台条载：“今县治旧传齐桓、景公时筑。”当时，城北有古饮马池，再北有古牧马场，即今新城西北邢家洼一带。

自新城建置以来，为元、明和清朝县衙驻地。至民国3年（1914），以新城有古迹齐桓公戏马台，易名为“桓台县”，1948 年桓城解放后，桓台县人民政府驻桓城，1950 年 4 月奉命迁至索镇，1982 年春复名新城镇。

清初新城知县雷聪写下诗篇：

桓台古霸迹，戏马饶雄风。

苑今囿为邑，台址犹高崇。

明末，王象春，新城人，做过南京吏部考功司郎中。曾作《戏马台》诗曰：

新城汉北半汉菜，旧是桓台戏马台。

长白俯临青海上，郑潢遥自碧天来。

1958 年以来，新城铁厂在台上修建挖土，发现黑陶片、黑陶罐等文物，经山东省考古工作者鉴定，确定是龙山文化时期的先民遗物。1986 年春，山东省考古工作者会同县文化局人员，在台址上钻探 5 ～ 6 米深处，仍有不少文物积存，即确定为新石器时代的先民遗址。

皇姑庵遗址
Huánggūān Yízhǐ

皇姑庵遗址，位于桓台县果里镇东沙河村。遗址为一高台地，北部被东沙村民房占用，遗址中部高出地面约 2.5 米，西边约 100 米为沙河，南北长约 400 米，宽约 200 米，总面积约为 80000 平方米。

皇姑庵遗址

1973 年，省、地（惠民）、县三级文物工作者对该遗址进行了调查。传说，皇姑庵的来历，是齐桓公的妹妹迁此地建房而居，故名。齐桓公在其妹死后，因怀念骨肉同胞，每年到此地搞一次纪念性的游猎活动，以表示对其妹的怀念之心。

近几年来，文物工作者到此调查时，在遗址东侧发现石灰窑，小型古窑遗址。此遗址至今保存完好。暴露有夯土、灰坑等遗迹。出土文物及标本有瓦当、花纹铺地方砖、豆丙、豆盘、罐口沿、瓮口沿、齐刀币等。

马栏台遗址
Mǎlántái Yízhǐ

位于荆家镇馑饥岭左侧，鲁连陂（华沟村）南沿有一高阜，俗名“凤凰咀子”又名“马栏台”，亦呼“马廏湾”这一多名遗址。历经考证，即清末新清河开通，山洪直泻无阻，湖中水位下降，平洲变高阜，深水成浅域。20 世纪 80 年代，村民垦荒造台田，下掘数尺，发现马粪层，粪色鲜泽，粪层厚度约 33 厘米左右，深浅不等，不知边际。细访耆老，皆云马栏台周围，统称“马栏”。“马厩湾”一名，来自宋、元时期原“高苑”县志。因那时锦秋湖隶高苑县属。

锦秋湖古称“少海”，古属“千乘”。《元和志》载：“千乘者，以齐景公有马千驷，畋于青丘得名。”

清康熙《新城轶事》载：“传称景公畋于青丘。”可见齐景公驱马四千，与晏子数到青丘，在馑饥岭南沿豢马是有据可证的。

诸葛亮经西安（索镇）、棘托一线，驾扁舟越官湖至鲁连陂，登上马栏台，极目一览，心旷神怡，即兴赋《官湖即目》一首：“今我访齐都，放荡鲁连陂，官湖何秀气，锦翠胜姑苏。借予一海鸥，自挟双凤凰，含笑瞰倒影，欣然胜吴刚。”

有明之季，鲁连陂宋氏四世知府宋锐，傅庙村李延寿方伯，系姑表昆季，自束发受书，同居鲁连陂，先后成进士。陂南马栏台，缘树成荫，群鸥翔集，远面花铁，近背青冢，天光水色，气象万千。为二人老退在野之游憩胜地。鉴于“官湖即目”一文，筑台建阁（轩），以为纪念。

阁分两层，上层前廊檐下悬有“凤凰阁”匾额。

天光水色均无价，凤凰海鸥皆有情

宋锐所题楹联，陈于阁门两柱。

下层轩内，孔明画像，陈于正面。李延寿方伯恭题对联悬挂两旁。

成大事从小心，一生谨慎；

仰风流于遗像，万古清风。

鹅鸭城遗址
Éyāchéng Yízhǐ

鹅鸭城遗址，在今荆家镇大园村村北 1 华里处，当地人叫“城子”。遗址为正方形，南北、东西各约 360 米，高出地面 1 ～ 1.5 米，现墙址外有很多青砖败瓦堆积，瓦片既大且厚，有的印有粗麻袋布纹。城内湿地泛城，早已辟为农田。据当地群众说，在城址内挖土时，掘出过黑陶罐、陶盆、陶瓶、陶杯、陶鬲、陶制烛台等。1959 年在遗址打井时，于城内西北隅深 2.5 米处，挖出十几节旧铁链，还有灰铁罐等物，疑为原城中的监狱。在民国 10 年（1921）前后，在城子周围挖条田沟时，在城西南半里许，挖出古碑碣 1 幢，曾洗出字迹，但因村人文化低，不能辨认字而深究。因陷入泥土 2 米以下，裸露数月，而后又被淤于沟底，因条田变迁，亦不知陷于何处。

鹅鸭城亦名慕容城，其由来是南燕慕容超曾在此放养鹅鸭而得名。相传，慕容超在桓台县青沙、麻大、锦秋诸湖放养鹅鸭。在他居住的鹅鸭城附近，每当阴雨季节，仿佛还能听到当年慕容超放的鹅鸭的鸣叫声。

明末新城官绅王象艮《鹅鸭城诗》云：

城名鹅鸭何代？岸止蒹葭自生。

闻说慕容畜养，每逢阴雨交鸣。

他的《锦秋湖竹枝三首》之一又说：

鹅鸭城边望不稀，汀洲水长荻芽肥。

慕容事远伤春目，斜日金鹅接翅飞。

明末新城人王象春、徐夜，清朝时期的刘大绅、王秋永来游鹅鸭城，也有文章和诗句描述到鹅鸭城遗址。

颜斶墓
Yánchù Mù

位于马踏湖中心，五贤祠东侧，总面积数万平方米的冢子湾，以自己特有的“遐园”式墟墓，为百里平湖添彩增秀。

湖村人们美其名曰“冢子湾”。古今诗人，游客颂为“清风激颓顽”，称“清风”的发祥地。

冢子湾的来龙去脉。颜斶，齐人。往吊颜斶墓而不知底细者，总提出问题；颜斶去世后为什么葬于湖之中心？《桓台胜览》载：“高哉彼颜斶，逸气凌齐宣。荣利安可诱，保和从自然。”“晚食与安步，讵以荣利迁。墟墓绝樵采，清风激颓顽。”

据史载：“马踏、锦秋、青沙、龙湾、会泊、庞家诸湖，周、秦以前，统称少海，周末战国时期，称齐国苑囿。少海之中心有土，拍浮水面，能随水沉浮，名曰青丘。”“齐景公与晏子游于少海，田于青丘。”颜斶中年，面折齐王，退隐青丘，与鲁连陂隐士鲁仲连，心心相印，系密友。秦灭齐不久，鲁连蹈海就义。颜斶目睹，悲愤交集，相继去世。后人葬颜斶于青丘东侧，埋鲁连于蹈海处北侧。自那，青丘北侧，现冰山。后人称“冢子湾”。

辕固冢与辕太傅祠

Yuángùzhǒng Yǔ Yuántàifùcí

辕固，号生，西汉时齐郡人。清《新城县志》载：“辕固故里，俗讹牛堌，在城东十八里。汉博士辕固故里也。有冢在庄南，旧传为授经台，后人即此地立太傅祠。”即现在桓台县田庄镇辕固村。辕固，系西汉时期，今文学“齐诗学”的开创者，景帝时，立为博士。《汉书·艺文志》谓辕固生曾为《诗》作传。其著录有《齐后世故》《齐孙氏故》《齐后世传》《齐孙世传》《齐杂记》等。景帝授博士时，曾“雄辩黄生”“力挫窦太后”，朝野上下盛誉辕固廉直，后授清河王太傅。武帝时，复以贤良征为博士，时已90岁。

辕固离世后，众弟子纷来吊孝，并于授经台后为先生筑墓，是为“辕固冢”。据传，其墓乃弟子及乡邻兜土夯实筑成。占地10亩许，冢高约20米，其顶西高东低。清末时尚有砖铺残迹。辕固冢前，左、右三面，植松树30余株，直径均在80厘米左右，冢前立有一米宽，两米高的石碑，正面刻有“汉室之墓”字。每年清明节前后，各地文人儒士，皆来祭扫。

清代诗宗王渔洋《辕固里》诗序云：“怀古思故人也，生不同时，旷世相感，千里而外，百代之下，犹同一室，矧生其里闬者乎？《诗》曰：‘维桑与梓，必恭敬之。’予是为诗，犹雅人恭敬之意也。”

为了纪念辕固，明嘉靖十年（1531），在授经台上建“辕固祠”。清初，监生崔振纲、廪生崔瑞卿，因辕固祠历久浸圮，便联名请于官府，率邻里捐资重建。并于春秋两次致祭。清嘉庆乙丑年（1805），云南省南华人刘大绅，在新城任知县时，为弘扬文化尊崇先贤，倡修原“辕太傅祠”，迄今200余年。正门悬有蓝底金字“辕太傅祠”匾额。

祠正殿有三大间，青砖墙，鱼鳞瓦，规模宏大，殿宇壮观。殿内正面立“辕老夫子之位”牌位，令人望之起敬。殿门抱柱上书有知县刘大绅的对联：

妥神灵于故里近在乡里春秋匪懈；

务正学以利言守正不恶道遵邹鲁。

古力三月二十八日，是辕太傅祠落成之日，乡里共庆。并定每年该日为“庙会”。是日，祠内有外地文人墨士，四方乡里百姓，接踵而至，顶礼膜拜。祠外商贾云集，杂技献艺。

中华人民共和国成立后，庙会逐渐冷落消失，“文化大革命”中辕太傅祠已被毁。1972年，省考古部门在冢西掘一坑，长9米，宽3米，深1.5米，内装木炭灰，仅发现陶瓷瓦罐一个，据说墓已被盗。

白莲王墓

Báiliánwáng Mù

白莲王墓为一中型冢墓，位于青沙湖西的马桥镇辛庄西端，正南50米处，原胜利河（现已改道）畔。

1951年秋，中共桓台县委调集民工开掘原胜利河时，曾掘开此冢，上盖6块大石板。撬开中间石板，用滑车抽水，露出北、西两大门，两门内皆黑黝黝，难辨内部真相。东为马厩，南面为一大石影壁，背面镌有中楷文字甚多，惜多数未能辨识，只有数字依稀可辨。墓中人姓白，职称为光禄大夫。又有“白孟艾、白子艾”，6字，似墓中人两个儿子的姓名（白为姓，艾为辈，孟、子是名）。据访问，张官庄曾存过影壁上的文字抄件。其他因当时地下泉水湧流涨急，未能深掘，只能原土埋掉。在拙墓时，曾掘出悬钟形茶壶一把（现在张官庄一农户保存），全马骨一具，大型烧砖若干，呈蜂窝形。

据民间传说，白莲王系宋初人，统率士卒与赵匡胤争夺天下，后被宋赵击溃。

何世璂墓
Héshìqí Mù

何世璂墓，位于马桥镇陈一村。何世璂，字澹庵，又字坦园，号铁山，俗称何大老。初姓陈，七世祖从舅氏姓何，陈庄村人。清康熙五年（1666）生，雍正七年（1729）卒，终年67岁。

何自幼聪慧，家贫而苦学。康熙二十三年（1684）考中举人，授莒州学政训士，康熙四十八年（1709）考中进士，授庶吉士。散馆后历任检讨、山西道监察御史、浙江学政、两淮盐运使、贵州巡抚，户、吏部侍郎、署直隶总督等官职。

何老诚持重、廉明节俭、恪任勤遵，成绩显著，颇得皇帝赏识，后积劳成疾，卒于保定官署。皇帝闻报恸悼，派官致祭，御批千金归葬，并亲自谥号为“端简”。因为御批千金归葬，故乡人都称何世璂墓为“御葬坟”。

何世璂墓位于前陈庄南200米处，墓地约2400平方米，墓穴全系灰土结构，古朴坚实，墓顶高约8米，形似山冈。该墓建造功底颇深，墓穴历经200多年未见塌陷。1953年开墓破棺材，死者尸体完好，衣帽鞋袜质地如新，可见当时的施工工艺和密封技术是相当高的。

何氏墓整个茔地面积约6000平方米，茔内排列着诸多造型壮美的浮雕，显示着茔墓特有的宏伟气势。墓前有约8平方米的石供桌，由整块青石刻制而成。供桌前墓道两侧矗立着4座刻有汉、满文字的龟驮石碑，高约6米，依次排列，石碑前有4尊高约4米的石人雕像，巍然屹立。依次前排是成对的石羊、石马、石狮等。最前首是宏伟的石门，该门高达13米，十分壮丽可观，上面雕琢诸物，工艺精湛，颇引人注目。

据传说，何世璂登入仕途，在京为官时，曾一度任过皇太子的老师。在任教期间，康熙皇帝常入书斋与之聊天，他们虽是君臣关系，但此时此地君不显威严，臣不感拘谨，彼此都谈笑自如，畅所欲言。不过在有些事情上，君臣间也有时出现意见不和形成僵局。有一次因皇太子未完成作业，何把他留在书斋，令其跪至门外反省，补习功课。时过良久，康熙皇帝未见子归，遂赴书斋询问，一见子受体罚，大为不悦，不禁发问：“小小学童何以忍之受其苦？”何以反问的口气回对：“古之圣贤豪杰，孰不从困苦中来哉？”康熙皇帝愤然曰：“苦读者做君主，不读书者亦做君主，王位定矣！”何也气愤地说：“读好书者可做尧之舜君，不读书者做桀纣之君也！”皇帝听了沉默不语。

何世璂墓

晏婴纪念堂
Yànyīng Jìniàntáng

在起凤镇华汯村西北 3 千米，马踏湖中的齐台上。齐台原名柏寝台，湖区居民呼之为齐家台子。台高出水面 1 米左右，形似龟盖，面积约 100 平方米，东南距青冢约半公里。据《元和志》载："齐景公有马千驷，田于青丘，与晏子游于少海。"齐景公是晏子辅政 40 多年的第三代君主。游少海时，晏婴已是老年人。相传，当时景公曾于其上筑离宫以自娱，号为柏寝台。景公与晏子游少海射猎时，走失一匹马，景公甚是不悦。晏婴早知景公玩兴未尽，便独自回京城临淄。

晏子去后，景公暗自心喜，白天射猎于青丘，荡游于少海，晚上娱乐于寝台。爱妾百般献宠，景公在宠姬诱惑下，如醉如痴，神魂颠倒。

晏婴在京，看到陈（田）氏施恩惠以服众望，散家资以结百姓。颂陈氏之德，为陈氏效死者，举目皆是。终日间忧心如焚，急回寝台，力劝景公回京，以国事为重。景公何尝不想到国家，坐寝台之颠而望其国，叹曰："美哉！堂堂乎！后代将孰于此！"众臣子皆泣。晏子笑。景公怒。晏子对曰："臣笑群謏甚。君问后代将孰有此？吾以为齐政卒归田氏。田氏虽大德，而公权私，有德于民，民爱之。"

景公曰："寡人之国而田氏之奈何？"

晏婴对曰："君高台深池，赋敛如弗得，刑罚弗胜，如田氏何？君欲夺之，则近贤，远不肖，赈穷恤孤。虽十田氏，其如君何！"

景公默然。景公虽有所悟，但历史的发展不出晏子所料。后齐终为田氏所代。

晏婴（前 500），字仲，谥平，后人称其晏平仲，夷维（山东高密人），世称晏子景三公。春秋时期，著名政治家。事齐灵、庄、景三公。

明朝中期，邑绅王氏，出于慕贤之情，倡建晏婴纪念堂于寝台之上。外观是城墙四围，蓝砖白线，蔚为大观；内看殿堂数间，坐北面南，有晏平仲画像，高悬殿堂北壁，面向冰山，节俭廉政形象令人钦佩。立于城门前面，东南望去，无欲亭托于冰山顶峰，向贤之心，油然升起。

颜子钓鱼台
Yánzǐ Diàoyútái

位于起凤镇华沟村马踏湖旅游景点五贤祠东北一公里处，有一明显的高台，突出水面。台上四面杨柳，浓荫蔽日，周围蒹葭苍苍，清翠连天。相传这个台子是战国时期齐国高士颜斶钓鱼的地方，现在人们称为颜子钓鱼台。

相传，很早时，这儿茅屋数间，门上有对联。室内正面有清朝举人张汉渡撰写的一幅中堂："潋艳湖光接天水，先生曾此钓鱼船。把竿笑傲轻钟鼎，万乘呼来竟不前。"两旁有对联："琴棋书画人雅淡，风花雪月韵清高。"

胜处祠
Shèngchù Cí

胜处祠，坐落在马踏湖中。夏日，满目芙蓉，红绿交射，一称暗香，佛佛袭人。荷花数百顷，蒲菰分田，水花溢馥。各类水鸟羧集鸣异；秋天，绿锦全收，一望万顷水云，波光云影，水天一色，湖澄见底，游鱼可数，芦荻飞白，稻米飘香；初冬将近，沾网层层，惊鸭划空。可谓湖中佳胜。

胜处祠所在俗称李家台。十里平湖，惟浮此台，如海上浮舟。四季登临，湖光独秀，各有景观。雅号"鼓浪屿"，吸引了历代的骚人名士。

北宋熙宁八年（1075），苏东坡知密州时，曾慕名前来郎官湖（锦秋湖原名）览胜。并赋《横湖绝句》："贪看翠盖拥红妆，不觉湖边一夜霜，卷却天机云锦缎，纵教匹练写秋光。"诗中潜"锦秋"墨香，从此湖名用之。明朝天启，清朝康熙等《新城县志》均载，元朝兵部侍郎，《齐乘》作者于思容常自济南华不住山下，经小清河入湖，折而南入时水（乌河）至索镇，舍舟归益都。是其常所往来之地矣。于公爱其风光，遂步坡老"锦秋"韵亦赋五律一首："霜风收绿锦，万顷水云秋。海气朝成市，山光晚对楼。舟车通北阙，图画入南州。且食鲈鱼美，吾盟在白鸥。"虽萍聚一时，却留芳千古。迄今田妇牧稚，犹艳谈之。"李白留下谪仙泊，苏轼改了郎官湖"至今犹传。

明末诸生，诗人徐元善曾至鱼龙湖上追胜，怀古人，发幽情。谓之曰："宜于北岸胜处，祠苏、于二公。额以'盟鸥'、更榜'卷云写练'4个大字于其上。"

胜处祠，建于清初系明式建筑，有殿厦3楹为祠堂，古朴庄重大方，脊曾若奔若踞，飞檐翘角承天，青墙丹柱接地，可谓巧夺天工。坐北朝南，周围院墙，大门居中，系砖木结构，重檐歇山，气势挺拔。门匾为"卷云写练"，框联是"霜风收绿锦，且作清游寻胜地；翠盖拥红妆，更教思古发幽情"。迎壁正面镌刻着苏公《横湖绝句》，烘托着门匾气势；背面刻有于公《鸥盟律诗》，以表对水云秋光的迷离。

院墙的大门两侧，有"画廊"相称，湖中水产，鱼族、鸟类以次分陈，花似舞，鸟欲飞，鱼争游；湖光名胜皆有缩影，远山近水，似蜃楼奇幻。

祠堂门匾上书"胜处祠"，楹联是："两代豪杰留胜处，一朝明公治锦秋"（是嘉庆间重书）。祠堂内正壁悬挂着"盟鸥"两字的巨幅中堂，对联是"缅于公战马，怀苏轼神笔"。分左右敬挂苏（居右）、于（居左）二公画像，各有几案。画像两侧满是历代名家诗词联语，追颂二公胜迹。

嘉庆间整修时，在祠堂内的东西山壁上分挂了清朝乾隆间治水济湖的翟翻、刘大绅两知县的塑像，皆有颂词、联语和翟公祠（废圮）前的《小河碑文（佚失）》相衬，尽叙遗爱。也各有壁画分陈，翟公一侧画的是：翟翻顶举圣旨立于闸上，题词是：效李冰造起一道栏水坝（夏庄翟公闸）。刘大绅一侧画的是刘大绅挥举水棹站在河岸，题词是"仿大禹疏通八里倒流水"。互相对应。

厦檐底下的前墙上内嵌数块石刻是：其一，王象益的六言诗《苏子图》："城东一派野水，苏子图画锦秋。回顾苍茫烟雨，知心惟有白鸥。"其二，王象艮的七言律诗《锦秋图》"此湖昔日游坡老，绿锦霜秋写此图。烟水哪能分北地，弦歌何处不西湖。朝昏相目云千里，风雨扁舟水一区。波镜晚来迎白发，相过百遍岂为遇。"

胜处祠东侧，有一临水高台，是苏东坡横湖赋诗的地方。乾隆末年上建一凉亭，名曰"东坡亭"，也叫"超然亭"。线条淡素，风韵儒雅。面北高悬"东坡亭"3个大字，翼然点苍，乃刘大绅手书。有联云："静亭尽览湖中趣，幽室能观水下山。"拾级而上，可饱览湖色，陶然入醉。

1985年，一位山东省副省长泛舟至胜处祠遗址时，游兴大作，欣然命笔，留下"一路芦苇看不住，四面荷花送香来"的名句。一美国游人也以像步入"迷宫"叹为观止。

早时，也有很多趣闻轶事流传。仅举其一：庄上一老宿，以渔猎自娱。一日，卯时楫舟进湖，泊胜处祠处欲小憩时，顿觉头晕目眩，昏迷卧舟。朦胧中，宛如两节藕状的一石舫临舟泊浮，洁白如玉。平水处横书"揽胜舫"3个隶体大字，石舫上面有一朱红水榭，灵秀精致，楣书"漱荷斋"3个黑底金色小篆，颇有净禅心，通幽处之感。须臾，走出两个清秀婀娜的少女，略带纤柔羞怯情意，搀宿登舫，穿过水榭，直进一楣曰“静轩”的幽室入座，敷温至尽，一女抓取荷叶、荷梗、荷蒂、莲蕊水煎，矛宿服下。稍时，老宿苏醒，身心复原，甚感奇怪。返庄叙议，一渔翁恍然大悟曰：“今天是六月二十四（古历），正是荷花生日，乃红莲显圣矣！”

望湖楼
Wànghú Lóu

望湖楼遗址，在起凤镇鱼龙村东北隅的古南北河入湖口。是明朝兵部员外郎杨继盛至湖揽胜怀古的地方。因地处锦秋湖之阳，马踏湖之阴，登临其上能俯瞰马踏湖，远眺会城泊而得名。正北遥望，隐约能见博兴城上的锦秋亭和垣外笔架山，如海市点苍，东望千古会城倚瑶池；夕阳下的三贤祠郁郁葱葱；挺峙于湖心中流的胜处祠，东坡亭和湖上二亭近在眼底。可谓“锦秋胜迹收眼底，不愧名曰望湖楼”。

嘉靖间（1522—1566），杨公因公过境，兴致泛舟游览锦秋湖。从田家庄东渡，进鱼龙湾后，顺南北河北游。当船到湖边时，因蒲藕等被盖缠绕，游船难行，杨公乃曰：“船到‘河头’，就此观赏。”说话间，举步登上东岸一高台，尽情饱览，时值盛夏，满目芙蕖，四望无际，真是“接天莲叶无穷碧，映日荷花别样红”，如入图画。并赋《望湖怀古》一首：

名湖落居会城西，华日锦云笼罩奇。

高柳喜迁莺出谷，亭祠时待凤来仪。

李白吊咏鲁仲连，苏轼横赋锦秋诗。

慕容鹅鸭两千年，鸣聒犹在阴雨里。

就地进餐，尽尝湖味，小憩于河西岸的白蜡树台上时，杨公又吟《赞望湖台》绝句：

扁舟一叶入水城，湖色如画像洞庭。

鱼龙湾北停泊处，不亚东岳望海亭。

以后多有名流学者闻迹至游，揽胜追古后，无不赞叹留言。淄川翰林唐梦赉曾留绝句以寄其志：

渔家结屋列苏州，水尽南去散菜畴。

他日诛茅三亩地，湖阴须起望湖楼。

后人为追念杨仲芳之忠憨，承唐公梦赉之志，知县吉士瑛倡议，于嘉庆十三年（1808）在望湖台上建一望湖楼。楼属高台层榭的阁式造型。底层坯基起台，上为3间砖木结构楼阁，前面出厦，木制隔扇，图案各异；后面和东、西两面均为回廊，廊壁漏窗，造型精美。透过漏窗可依次环顾湖光水色。望湖楼掩映在高杨绿柳丛中，三面环水，清流潆绕，乘水临风，很有苏州沧浪亭之美姿。

厦下正中悬匾“望湖楼”。框联是：“华章征前游，忠憨集中神久在：绝句鉴横渡，荷花时节我刚来。”

另有一楹联：

“秋深清见底，雨过碧连空。”

几经山洪冲击，黄水泛滥，望湖楼尽圮于光绪二十四年（1898），文物全失。虽遗址尚存，凡几改民宅，面貌全非。

改革开放后，湖中名胜古迹，相继恢复，开放或重建。桓台县人民政府湖区开发办公室争取县、镇两级政府投资，先于1986年在望湖楼旧址东面500米处，修建望湖楼宾馆一处。鱼龙村在湖心重建望湖楼，其造型设计，尽仿原样。让杨仲芳勇劾佞臣的精神久远流传。

赵公闸
Zhàogōng Zhá

赵公闸遗址，在鱼龙村南2.7千米处的老官庄（古庄名，赵文炳立。系唐山镇演马村）西北角的大漏上，是明代万历间（1573—1620）知县赵文炳（字含章）治水治湖蓝图的枢纽。欲沿锦秋湖南缘凿通泷（孝妇河）、沂（小清河）二水，西涉济南，舟楫可通。此建石闸，以控水位。

然而，石闸不竣，河未凿通，赵公调任，工程废止。历经沧桑，石闸沉没地下。

据康熙《新城县志》载：“石闸，系明代知县赵文炳所凿。欲通泷•沂二水，西达济南。今没于水中，在鱼龙湾南。”明王象春《北湖游记》曰：“清朝中叶以上，锦秋湖水灾频繁，汀州，露渚十年九潦，斯民寒饥不堪。”就是有几任悯恤民艰的官府，多是悯水长叹而去。如明弘治间，新城知县胡琏（江苏宜兴人）留的《悯水诗》：

下地贫民实可怜，巢居于木学乔迁。
只因夏潦兼秋潦，最苦今年与去年。
谷地粼粼堪下钓，豆田漠漠已牵船。
儿啼女哭西风冷，三孔桥头野水边。

至万历年间，赵文炳任新城知县时，方励精图治，探下流，勘地势，构划出了这一水利于民的治水蓝图。他的《悯水激怀》诗曰：

胼胝疏河也是人，怂教洪流溺斯民。
百泉倒逆襄庐上，万派何由到海滨？
地隔藩篱难剖破，天悬霄汉杳无闻。
愿将身化沃焦状，投入汪洋杀巨津。

诗人王象艮写六言诗一首《惋惜赵公闸》：

石闸龙湾南畔，一流疏凿可通。
东北万年水利，后人谁嗣赵公？

迄今，赵公闸沉没地下已400余年。其间，湖田沧桑巨变，原来的汪洋大泊成了春夏两季缺水的季节湖。党和政府采取以蓄为主的治水、治湖措施，于1976年大型洼改时，在赵公闸旧址的东西一线，凿通一条东起乌龙河，西接猪龙河，全长7.8千米，以灌溉、防洪为主兼顾淡水养殖，水、陆交通综合利用的工程——“三口沟”。农业连续丰收，产量稳步增长。淡水养殖业从无到有，日趋活跃，可谓人杰地灵。若是赵公灵的话，是会为其400年的夙愿以偿欣慰九泉。

庞居士湖
Pángjūshì Hú

庞居士湖，亦名庞家湖。位于荆家与马桥镇之间。《重修新城县志》载：“庞家湖在锦秋湖西，旧传庞居士沉金处。”又云：“庞居士冢，城北周刘庄侧，有古冢，相传为庞居墓。”王渔洋《古夫于亭杂录》卷二曰：“新城东北有庞家湖，亦名庞居士湖，相传以为庞居士沉金处……湖正锦秋湖之西，青沙湖之东。邑志当补入。”相传后汉有一个襄阳才士亲躬聘请庞德公出山，都被庞德公婉言谢绝。问曰：“先生不肯受官禄，将何以遗子孙乎？”庞德公曰：“人皆遗之以危，我独遗之以安。”刘表听后大为钦佩，回荆州后，便在士人中大加赞扬，于是多方人士纷纷赴陇上拜访庞德公。其中很多人劝解庞德公出山，过名权利禄之生活。庞德公感到十分不安。于是，他便与妻儿商量妥当，借去鹿门山采药，一去不返。后来他们便来到青沙湖、锦秋湖一带定居，人称庞居士。数年后，才士得知他在锦秋湖一带生活后，送给他一车金银。庞居士有了这些财宝后，心情更为不安，总觉得不知如何处置。他自念曰：“若以予人，又恐人之若我，不如置之无何有之乡。”（见《古夫于亭杂录》）遂之辇送金银入大湖之中，举家修道。清代文学家王渔洋先生的从祖王象艮《庞居士湖》诗曰：“世上惟思钱少，居士反能恶多。若不沉金湖水，浮生爱溺成河。”

桑公堤
Sānggōngdī

桑公堤（在马桥镇金家村北一段称金家堰），系后金村北的黑水湾，西接邹平县韩家套的护水堤，全长8.5千米。

清初，青沙湖连年弥漫，前后金、五庄、岔

河等 13 个村，村民怨声载道，不得宁日，且在大难之端，常与高苑县人民为争一岸之开塞，动干戈，遭牢狱，实为千古之冤。

清康熙三十三年（1694），新城知县孙元衡目睹惨状，誓以拯民水火为己任。据状申报灾异，巡抚桑（额）公历河道勘实，并令舍河治泊，委泊于河，修堤防水，挽民倒悬，实为神禹之见。知县孙公下榻北营寒舍，历行鸿猷。俟九月，农工毕。诹曰鸠工，募夫役，按步计粟，以为工食，稽勤惰，恤劳苦，昼亱往返堤岸。用工约 10 万，不到两月而告竣。该堤屹若山立，亘若长城，自是众民得安。

《重修新城县志》载：“桑公堤，东西长一十八里一百四十步，折算六千五百八十四步，东至新城黑水湾，西至长山韩家套内，除长山县境内一千六百四十步，长邑兴筑外，本县实筑堤五千一百二十步，堤岸俱底宽二丈五尺，顶宽一丈五尺，高六尺，地势高低不等，用工多寡不一，用工数目列后：

十三庄人夫筑堤一千一百七十六步，每步十工，共用一万一千七百六十工，每工给谷六升。

募集的人夫筑堤三千九百四十四步，每步用工八工或九工九，共用工四万九千三百八十八工，共用谷四千四百五十六石四斗四升。”

又载：“屹若山立，亘若长城，且岸旁植柳布苇，拟之竹苞，松茂之园，何多壮焉！而自是无漂没之患，而自是无讼狱之扰，顿时，除千年之害，永贻万世之安。我侯之惠，此一方民者岂浅鲜哉！异日，赋毕讼闲，有时游观我邑，坐卧扁舟，万顷茫然，十里荷花，一行绿柳，父老举盏，童儿击壤，西湖歌舞，何独杭州称盛耶！”

巡抚桑公，官居显位，不辞劳辛，谆督修堤，13 庄人民感恩肺腑，便命名此堤为“桑公堤”。并在北营一村与铁佛寺中间，立碑以志为念。

清乾隆六年（1741），新城知县杨通及嘉庆九年（1804）知县赵彭钱均曾率民对此堤重修加固，咸丰八年（1858）也曾有阮、杜二人率众重修。抗日战争期间，以至中华人民共和国成立前后，沿堤旧线尚有断断续续的堤段，迨至挖掘杏花河并根治青沙湖，堤段已为土源，早为民工拉平，踪迹毫无。

附：桑公碑左上角字迹：

> □□□□□之虑倡议首举
> 乡丁往会筑之更请右堂
> 竣盖至是桑公之德益深
> 颂德□休以为是桑公堤
> 嗣后遇有南水禀官议□
> 咸丰八年十月

齐桓公戏马台与古县衙

Qíhuángōng Xìmǎtái Yǔ Gǔxiànyá

戏马台位于新城的西北隅，又名系马台、驿台，相传为春秋齐桓公所筑。该台台基隆起，向阳倾斜，南高 7 米，北高 9 米。南北长 104 米，东西宽 112 米，占地 16.6 亩。

元朝以前，该台为长山县之驿马台，并于此设驿台镇。世传驿台本春秋齐国战马集结的地方，俗称齐桓公戏马台，简称“桓台”。春秋时期，齐桓公任用一代贤相管仲治理齐国，十几年下来，齐国政治清明，文教昌盛，经济繁荣，桓公“九合诸侯，一匡天下”成为五霸之首。齐桓公好治宫室、狗马、苑囿，为游玩之乐，以此筑戏马台，故名。《重修新城县志》载：“戏马台亦名桓台，齐桓公之遗迹也。”台上旧有齐桓公和齐景公的庙，元后为县署。

金朝末年，战火连年，台芜荒野，民乱无主。元太祖九年（1214）邑人山东东路兵马副元帅张贵，为保聚驿台，组织流民绕台筑城，曰“新城”。南宋理宗绍定元年（1228）并淄莱路田、索（田指今高青县田镇，索指索镇）二镇于新城置县，故名“新城县”。自此历经元、明、清，戏马台为新城县衙所在地。民国3年（1914），因国内以新城为县名者有五个，议留直录最初之一，余均改名，因戏马台为城中最早古迹，而改名为桓台县。

戏马台自桓台置县便为县治，台上建筑宏伟高大，因此戏马台一直为桓台县八景之一。明天启《新城县志》八景之“桓台戏马”：遐想桓景盛际，牧事修举，凭高一望，云锦成群。今遗址巍然，不无今昔之感。

明万历新城进士，著名诗人“一代才华”王象春曾作诗《桓台系马台》云：

新城县北半汙莱，旧是桓公系马台。
长白俯临青海上，郑潢遥自碧天来。
三齐陵墓金蚕冷，废苑风霜玉鹤哀。
杼柚小东财才尺，松楸无处问龙媒。

清初新城知县雷聪写下诗篇：

桓台古霸迹，戏马饶雄风。
苑囿今为邑，台址犹高崇。
频仍兵燹后，一烬如咸宫。
历逾三十载，荆棘龙蓬蓬。
凭凌恣远眺，感慨复何穷。
岁次在乙卯，毅然为鸠工。
更戒扰民力，赀捐七箸中。
幕春迄初夏，堂构已穹窿。
扶丈观成者，含笑携黄童。
二水连城郭，列岫映廉栊。
虽属弹丸邑，形胜冠齐东。
邹鲁让文学，簪缨相继隆。
但念闾净内，仓箱常未丰。
嗷嗷听笪月，不寐恒省躬。
缅怀管相国，富强诚懋功。

戏马台因高于地面7米多，台上县衙为全城最高目标，遇有战事最先受到攻击。为预备城破出逃，执政者在台的西北角挖了一“出水洞”（亦称出逃洞）。洞口铁门锁着，洞内供奉“衙神”。日伪时期又挖了一较大的洞。两洞与戏马台西北的兴教禅寺（元至正年建，明正德年间邑善人王伍重修，万历年间乡官少师兵部尚书王象乾重修）相通。

桓台县衙，自元初设县至民国期间一直设在戏马台上。据康熙《新城县志》记载：县衙始于明朝洪武六年（1373），知县张辉始建大堂三间，名曰“忠爱堂”，后厅三间，又后为知县宅，东为銮驾库，前为月台、甬道、戒石亭。嘉靖年间知县颜钥于戒石亭前建筑仪门。门之左为衙神庙，收粮房及监狱，门之右也是收粮房。仪门之南为大门，大门外东为旌善亭，西为申明亭、总铺。大门南为迎壁，再南约50米为鼓楼。鼓楼下层东壁有一长方石称“鼓楼阴雨”，为桓台八大景之一。大堂东为寅宾馆，馆南为钟楼及两县丞衙。大堂前为官库，两翼为六房吏舍。崇祯四年（1631）毁于叛兵。

清朝康熙十七年（1678）重修县衙，计大门、仪门六间，大堂五间，戒石亭一间，钟楼一座，宾馆、吏房、廊庑二十一间，内署、二堂、楼房、书室五十六间。

1933年拆除大门及戒石亭改为“八字”门

齐桓公戏马台与古县衙

墙铁栅门，先是为仪门，次第为大堂、二堂、三堂皆三间，最后官邸。大堂两侧有典史厅、迎宾馆、三班六房、官库等。牢房设在右侧高墙铁门内，左侧有跨院平房数间，系贮存粮、草库房。

1938年，日冠侵占桓台城，县衙又毁于兵燹。1940年，日伪县知事（县长）杜杰按原样修复。1945年8月、1948年3月两次解放桓台县城，县衙最后毁于战争。

忠勤祠石刻
Zhōngqín Cí Shíkè

“忠勤祠”内石刻共百数十种，琳琅满目，海内知名。从内容看多为王氏歌功颂德、少有诗词，还有图画，其书法艺术不可忽视，大部分集历史上的书法名家的字刻成。

《王氏琅琊公传》《王隐德公传》《少司徒王公神道》《少司徒平蛮督木传》《忠勤祠祀》《见峰公神道碑》是集王羲之书刻成的。王羲之，东晋人，至今已逾1400多年。王氏书迹流传极为稀少，并且真伪相杂，但将上述石刻与唐太宗李世民撰序、唐高宗李治作记的弘福寺释怀仁奉勒钩摹缀集王羲之书而成的《大唐三基圣教序记》相较，虽不能说天衣无缝，也直逼其迹，几可乱真，尚不失动合规仪，调谐金石，天资神纵，无以寄词的面貌。

《颖川王公传》《少司徒泺川王公颂》，是集东汉三国时期的钟繇书刻成，钟繇又早王羲之七八十年，书迹传至今者，亦是凤毛麟角。钟繇的《荐秀直表》，今有影印本流传。

忠勤祠集字的石刻，几乎襄括了唐代所有楷书名家，例如：集褚遂良字的《贵州忠勤祠祀》《少司徒王公平蛮督木赞》《忠勤祠录序》，集颜真卿字的《刘太淑人传》《谕祭文六通》，

大隋开皇十四年纪事碑·隋

孙辽浮图铭记·北魏

忠勤祠石刻 1

集王献之碑刻局部·明

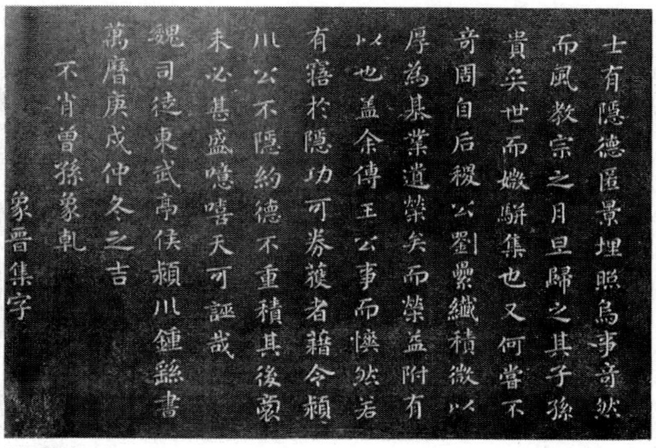

集钟繇碑刻局部·明

忠勤祠石刻 2

集褚遂良碑刻局部·明

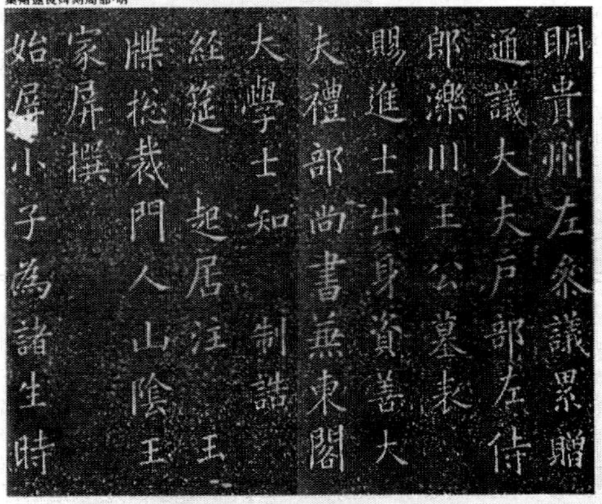
集欧阳询碑刻局部·明

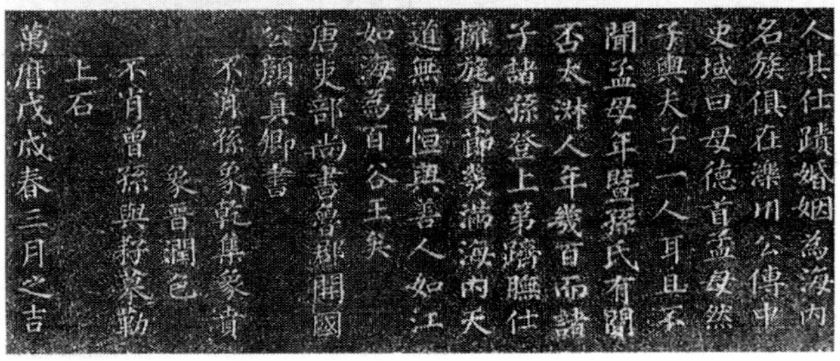
集颜真卿碑刻局部·明

忠勤祠石刻 3

集欧阳询字的《泺川王公墓表》，集柳公权字的《谕祭文六通》，集虞世南字的《泺川王公墓表》、集李邕字的《王太仆传》。从中可以看出集唐人书褚遂良居首。颜真卿次之，虞世南、欧阳询、柳公权、李邕居后。唐人书迹碑刻如今尚不难见，忠勤祠石刻是明嘉靖、万历年间刻成的，是400年前的事，其接近真迹的程度是胜过集王羲之、钟繇书的。王为正书之祖，六朝是真书的发展时期，至唐大盛，成为中国历史上正书的黄金时代，自唐以来，还没有一个时期的正书能够逾越唐朝的正书。唐人正书的特点主要是字体端正，用笔合法，四方严谨，八面具到，偏旁布置穷工极巧，而无平正呆板之病，各家又有其独出特色，自成一格。欧书的纤浓得中，刚劲不挠，有正人执法，面折庭诤之风，至其点画工妙，意态精密，无以尚也。虞书的立意沉粹，下笔如神，不落疏慢，刚矛内含，遒媚不凡。褚书的婉美华丽，疏瘦劲练，古雅绝俗。李书的如宽大长者，下笔挺耸，一点一画如抛砖落地，仪态高异，不敢以虚侨之意拟之。颜书的端庄雄伟，气势开张，格力无纵，可谓如点坠石，画如流云，钩如屈金，低昂有态。柳书的结构劲媚，沉着痛快，骨硬气刚，耿介特立。

忠勤祠石刻以集褚遂良书最多，这是王氏家族偏爱褚书的缘故，因为褚书师法晋王，书生气浓烈。王家自明中叶起家，遂昌为山左巨族，书香门第，科第接踵，官宦代传。家庭教育归纳起来就是：幼而学，壮而仕，食俸禄，报皇恩之类，所以世人为其歌功颂德，撰写文章，集历代名家之字，请巧工勒石以咏志，而启迪后代，让其家风相衍不衰，那就是很自然的事了。

忠勤祠石刻中，还有一部分当时书法家的

四世宫保坊匾额·明

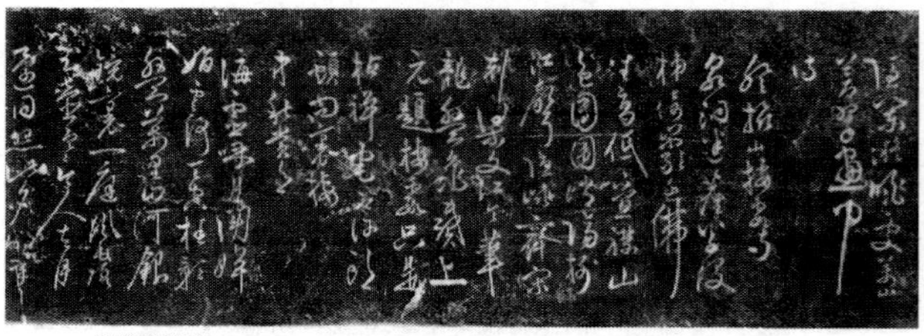
祝允明碑刻局部·明

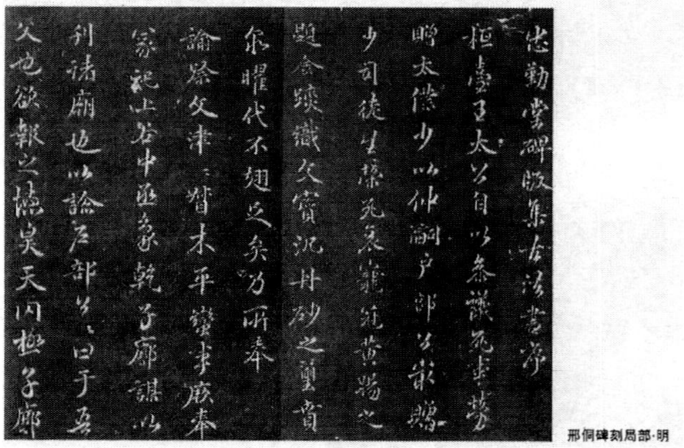
邢侗碑刻局部·明

忠勤祠石刻 4

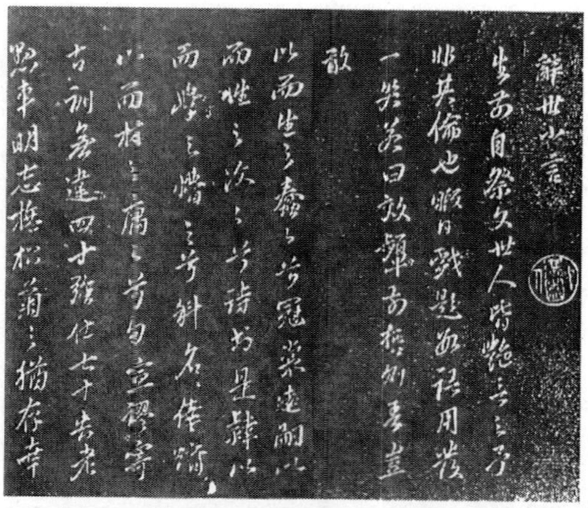

王象晋碑刻局部·明

刘重庆碑刻局部·明

忠勤祠石刻 5

作品，最著名的当推祝允明、邢侗两家。祝允明，明天顺四年至嘉靖五年（1460—1526），字希哲，号枝山，时称吴中四才子之一。祝书早岁如帛裹铁，动符规矩，精谨严正，晚年的草书奔放自然，天真纵逸警若游龙，狂而不怪。忠勤祠内，祝允明的自书诗草书，就是其作品的特点。

邢侗，明嘉靖三十年至万历四十年（1551—1612），山东临邑人，字子愿，时于华亭董其昌，顺天米万钟、晋江张瑞图，并称邢、张、米、董四家。邢侗书法诸体皆精，而最会心慊意尤在右军，忠勤祠内的《王氏大槐记》，石刻就是钱汝梁撰文，邢侗书刻的，为小楷，通扁 540 余字，一气呵成，无一苟且，字字皆精。

忠勤祠石刻摘其要者如上所述，另外还有李三才、刘重庆、王之垣、王象晋、申时行、沈庭芳等诸宦名流的书刻，也算得书法名家。

忠勤祠石刻的拓件在清朝后期、民国初年社会上的爱好者，多装订成册，推向社会，广为流传，影响很大，王氏家族也因此引以为豪。

到 1985 年政府拨款重修忠勤祠时，仅存石刻 100 余块，在维修期间，又觅得 20 余块，现已超过 120 块，但据《新城县志》载，此数相差较远，待后继续寻找，以恢复其大观。

忠勤祠石刻，是明嘉靖、万历年间镌刻的，它是明代书法艺术、石刻艺术水平的实物资料，是难得的欣赏历代书法和石刻的场所。

北岭庄石刻

Běilǐngzhuāng Shíkè

1985 年索镇史志办征集到一块石刻，石刻完整，边沿虽有打击痕迹，但未损及刻字。清代光绪年间（1875—1908）出土于北岭庄，故名。原存北岭庄罗氏宗祠，历经战乱被遗失。1982 年在县电影公司再次发现。石呈长方形，高 0.4 米，宽 0.8 米，厚 0.26 米。正文隶书：

大隋开皇十四年岁次甲寅十月壬戌廿三日甲申青州长乐县高丘乡人佛弟子西门与知身长子财非已有遂舍家资敬造祇亘精舍一土区上为国王帝主群僚百官州县令长又为师僧父母亡过亡世现在居门眷属法界众生愿共弥勒初会不隋三涂善愿从心咸同斯福。

字后题名两层，上层 3 行：

比丘僧知盈

比丘僧进

并仪井一土区

下层六行：

维冉阝西门庆晖

维冉阝高达摩

维冉阝静道渊

维冉阝杜桃升

比丘尼静那

比丘尼静密

李靖书

《新城县志》对于该石刻有这样一段记载：

右石光绪间于北岭庄出土，现存该庄罗氏宗祠。至于该石刻是怎样由北岭弄到索镇去的，当前尚未弄清楚。该石长74厘米，宽38厘米，厚22厘米，呈不规则长方形。

大隋石刻为开皇十四年（594）刻制，至今已近1400年，而文中又有青州长乐县高丘乡字样，这对于研究桓台县历史沿革、书法历史是一件很珍贵的历史实物资料。这件石刻现存忠勤祠。

水月松风石屏
Shuǐyuèsōngfēng Shípíng

位于忠勤祠院内的水月松风石屏，是数块刻石拼装组合而成，上面镌“水月松风”4个大字，整体呈屏风形，因以为名。

此屏总高2.8米，宽2.3米，“水月松风”为行书阴纹，呈双行排列。每字均半米见方。字体俊秀，笔力矫健。落款为“晋王羲之书”。水月松风4字与王羲之《圣教序帖》中的字体相符，系集字。石屏阴面为浮雕图形，上方雕有明月、古松，下雕高山流水及雀鸟猿鹿，各具情态，栩栩如生。整个画面呈现凤状，似见流云匆匆，松涛震耳，溪流湍湍。因此，雀鸟归巢，猿鹿惊走之态，形象逼真，惟妙惟肖。整幅画面中间，雕有一只庞然巨兽，昂首对月，垂涎欲滴，既有吞月之欲，又有惊恐之态。据考，此兽为麒麟科，名曰犭贪，古有食“月”之典。据说在封建社会，清官为政，愿将此图置座右，以警戒自己“不要贪得无厌”或像犭贪一样吞食月亮。画面左右，镶有两块条石，正面镌有联句，上联为“风竽鸣地籁”，下联为“云锦发天机”，字体为阴纹行书，笔法宽舒潇洒。据考证，是元代济南张养浩所书。此屏上方有独石盖帽，覆盖全石，盖帽呈起脊瓦垄形，石

水月松风石屏1　　水月松风石屏2

脊两头雕有云字形饰物。石屏下部有巨石基座，基石硕大，比例匀称，有稳妥之感。石屏各部组装严密，整体完美。此屏规模之宏大，形状之奇异，内容之丰富，世所罕见。具有较高的艺术价值，确是一件石刻艺术珍品。

石屏原在新城东门王氏东园内，为明代兵部尚书王象乾（王渔洋之伯祖）的司马园。东园在明代已废，仅存石刻。“文化大革命”时，此屏被推倒在地，略有所损。1985年由县文管所移至忠勤祠内，1990年在忠勤祠石刻园内重新组装，以全新的面貌重现于世，供人观赏。

百鹿石
Bǎilù Shí

位于忠勤祠院内。百鹿石是自然形成的太湖石，石上线刻百头小鹿，故名“百鹿石”。现陈列在新城忠勤祠内。

百鹿石全高2.8米，最大腰围4米，由主石巨型石座组成，石座呈不规则形，也是一块太湖石，只要横卧地下，更增加了百鹿石的光彩。主石结构细腻，正、背、侧面满布天然孔洞，回转曲折，深浅各异，且互相贯通。大孔握拳可入，小孔不容一指。线刻小鹿分布全石，跑、跳、卧、饮，各具情态，生动活泼，栩栩如生。

百鹿石

石阴上部较平滑处，刻有“园林引兴”4字，其下镌诗一首。“泰山之精，嶙峋蜿蜒，凤仪寄兴，亻合（ho意思是取）泉斯年”。虽有剥蚀，尚可辨认。诗文的左方，又线刻3尊弥勒佛像，位置错落，大小不等，其笑容可掬，引人喜爱。此石造型极佳，石上刻诗、刻佛、刻鹿，为世人所罕见，实属石刻艺术珍品。

此石原为新城王氏南园之物。南园是明万历年间王象晋（王渔洋的祖父）的别墅。王象晋官至浙江右布政使，晚年隐居南园，从事著述《群芳谱》等巨著。据查，“园林引兴”4字及其诗，是王象晋所书。王象晋晚年好佛事，石上刻伢象，也许就是明志。可以推断，此石距今至少有370多年。南园早废，该石于1985年移至忠勤祠内保存，1990年在忠勤祠石刻园内陈列展出，为石刻园增添了光彩。

振玉石
Zhènyù Shí

振玉石是一块巨大的自然形成的太湖石，高约5米，最大腰围为4米。整体像一只站立的玉如意，只是下部较粗大。因底部窈坎处阴面镌“振玉”二字，因以为名。落款为“李白书”，系为集字。字体清晰，为双钩摩勒。全石结构不规则，透、漏较粗阔，古朴浑厚。上端似玉如意的头，顶部平正，大面积向前方倾斜，

振玉石

类似鸭舌帽形。形体奇特，有很高的观赏价值。

此石在原桓台二中菜园内（原为明代兵部尚书王象乾的司马园）发现，已移至忠勤祠石刻园内陈列。据史料记载，此石来自济南张养浩的云庄别墅，原名叫“待凤石”，因顶部平整，有等待凤凰来停居及吉祥如意的意思。

苍云石
Cāngyún Shí

苍云石

位于忠勤祠院内。苍云石与振玉石一样，都是自然形成的巨形太湖石，高约5米多，最大腰围5米，阴面镌“苍云”二字，回龙观为名。落款为“霁宇书”（霁宇是王象乾的号）。苍云石整体上宽下窄，石质平滑细腻，漏、透、瘦极佳，活像一朵直立的仙云，挺拔秀丽，极富观赏价值。正面右下方有一削平处，刻有张养浩的一首词（词名《江城子》），内容是赞

扬这块石头的，词曰：“何年仙斧断云根？玉无痕，翠生春。磅礴空庭，太华入平分。百窍暗通元气漏，无一窍，不氤氲。想当丘壑闷献真，泣波臣，走山君，一笑移来，造物不吾嗔。目击烟霞心已了，谁再梦，上星辰。”下款为“元泰定元年暮春七日张养浩书”。据查，元代济南张养浩，辞官八年，在济南以北置云庄别墅。张一生爱奇石，搜罗天下10块奇石为“十友”，常置酒与石间独饮，呼石“十友”对饮。“振玉石”为“十友”之一，“苍云石”为“十友”之首，在云庄内，此石不叫“苍云”，叫做“玉云”石，为张养浩奇爱之，多以此石为诗，可见之珍贵。据有关园林专家考证，苍云石的规模之大，形状之奇，造型之美，实属全国罕见。现陈列在忠勤祠石刻园林内。

王渔洋故居
Wángyúyáng Gùjū

王渔洋故居位于桓台县新城镇城南村，建于清康熙二十四年（1685），是王渔洋在其曾祖王之垣所建长春园故址上修缮而成，又名西城别墅。王渔洋故居现占地1.5公顷，建筑面积7000多平方米，现为全国（省）重点文物保护单位、国家AAAA级旅游景区、中国社科院古代文学研究基地、中纪委中国传统家规《忠勤报国铸家魂》拍摄基地、山东省爱国主义教育基地、山东省社科教育基地、淄博市反腐倡廉教育基地，先后荣获全国文物保护最佳工程奖、国家优质工程奖、山东省园林绿化优质工程、连续两届山东省博物馆纪念馆十大精品陈列、淄博市十大美景。

王渔洋幼承家学，早慧聪颖，8岁能诗，12岁能赋，17岁应童子试，郡、邑、提学三试第一，18岁中举，25岁中进士，26岁授扬州推官，累官至刑部尚书。王渔洋为官45年，在康熙身边做官27年，蒙特旨入翰林，是有清以来由部曹改词臣第一人。王渔洋既是一位内阁重臣，又是文坛领袖，一生著述36种560余卷，创作诗歌4000余首，首创诗论“神韵说”，被尊为“一代正宗”。

2009年9月，王渔洋故居保护修复工程正式启动，由北京古建研究所设计施工方案，曲阜园林古建公司建设施工，浙江龙邦装潢公司负责展陈设计施工。截至2013年年底，完成了古建修复、园林绿化、陈列布展等工作。故居保护修复工程被省市专家组认定为省、市文博系统的亮点工程和样板工程，得到了国内著名古建专家罗哲文先生的高度评价，被古建设计专家马炳坚收入古建名著《大壮营造录》，在全国发行。故居展陈被验收组专家称为“优质精品工程，名人故居现代典范之作”。

修复后的王渔洋故居主要包括生活区、生平区、园林区、祭祀区四大主题展区与游客接待中心。生活区主要通过明清建筑和室内陈设展示王渔洋生活原貌；生平区以现代化博物馆展陈方式，分专题介绍王渔洋的读学文政风采。

2013年10月，王渔洋故居对外开放，得到了全国、省市县各级领导、专家学者以及社会各界群众的高度认可，引起强烈社会反响。王渔洋故里致力于打造爱国主义教育、廉政教育和国学教育三大基地，诺贝尔文学奖获得者莫言、“词坛泰斗”乔羽、台湾文化大学国际企业管理研究所教授邱毅、中国社会科学院博士生导师蒋寅、山东大学古典文学研究所所长王小舒等先后到此参观和指导工作，并留下宝贵赞誉。山东省政协视察组对景区的保护修复和陈列布展给予了充分肯定，赞为“家族文化的瑰宝，文物保护的典范！”中央电视台《走遍中国》栏目以故居为背景拍摄的《半朝王家》，展现了新城王氏家族辉煌的历史地位和历史成就。山东电视台、《齐鲁晚报》、山东文博网、

《桓台大众》等几十余家报刊媒体撰文报道。中华诗词协会、商务印书馆等专家、学者前来品读渔洋文化并赞不绝口。中央纪委监察部网站将新城王氏家规选入《中国传统中的家规》，成为山东两个家规宣传示范点之一。中央、省、市、县多个部门、单位把廉政课、家风课开到了景区。县内外几十所中小学师生每年到故居开展国学与爱国主义教育。王渔洋故里的国学、爱国主义和廉政文化已经逐步推向全国。

桓台县烈士陵园
Huántái Xiàn Lièshìlíngyuán

桓台县烈士陵园始建于1968年，1972年正式开放。陵园位于县政府东北3千米处，占地10875平方米。2009年春始，历时两年多时间，对陵园进行全面提升改造。陵园以大门牌坊—人工湖—九曲桥—日月、山河亭—大型铜雕、纪念馆—纪念碑—无名烈士墓—碑塔为中轴线，左右对称。整个设计天圆地方，既有中国传统建筑文化的底蕴，又具有现代建筑风格，是集教育、纪念、游玩于一体的开放式、园林化教育基地。

大门是精美的嘉祥大理石牌坊，高8米，长16米，向外呈“八”字形，门额镌刻有名家书写的“烈士陵园”四个金字，笔法庄重遒劲，熠熠

烈士陵园大门

生辉。大门两侧正面是四川将军红理石上镌刻着“为有牺牲多壮志，敢教日月换新天”毛主席手书金字。一对2.5米高的石狮分列门坊两侧。门坊背面分别镌刻着渤海三军分区原政委李曼村的《烈士颂》，和《桓台县革命烈士陵园简介》。

步入陵园大门，甬道两侧各建有人工湖和九曲桥。人工湖右侧的亭曰“日月亭”，左侧的亭曰“山河亭”。其亭有六根方形3.6米高的大理石柱作支撑，顶部为半圆覆盖。亭正面立柱上镌刻着对联“铁山巍巍烈士功高垂青史，乌河清清英雄热血谱华章”。横联为“山高水长”。背面对联“曾经峥嵘岁月改天换地迎解放，如今和平年代励精图治创辉煌”。横联为“继往开来”。人工湖左边的亭曰“山河亭”，亭正面对联“仁人志士壮怀激烈笑傲沙场，英雄儿女群情高昂盛世安康”。横联“浩气长存”。背面对联“饮水思源万民争来感恩不尽，报国为民英雄此去光荣常在”。横联

烈士悼念广场

群雕

烈士陵园碑塔

"感召后人"。"日月""山河"两亭，象征着烈士们的英雄事迹"与日月周辉，与山河同在"。穿过红肥绿瘦、赏心悦目的花丛，高3.4米、长4.2米的铸铜雕塑矗立其中，底座上镶嵌着第二次国内革命战争、抗日战争、解放战争时期的铸铜军徽。一组群雕人物手持"老套筒、大刀、长矛等武器的抗日战争场景；一组吹响军号、手提机枪、紧握钢枪，送粮支前的解放战争场景。每组铜雕用黄铜达2.84吨，设计新颖、造型逼真，省内罕见。新改造布展的革命烈士事迹纪念馆，采用声、光、电高科技展示手段，陈列着数十位烈士事迹、照片、实物。详细介绍了小清河伏击战、花山、牛旺庄、石桥、果里、唐山、桓城二次解放的战斗经过图；还介绍了东沙河村创建中共清河特委机关报——《群众报》，及在面窝村建立抗日三支队"耀南剧团"的经过。馆内还用两台彩电播放《英雄谱》的电视专题片。纪念馆东、西两外山和北墙悬挂着280平方米的体现军民抗日、小清伏击战，二次解放新城、渡江作战、抗美援朝、自卫反击作战的巨型浮雕。在容纳5000人悼念广场正面，用四川将军红石立有"人民英雄永垂不朽"金字纪念卧碑(长8米，高1.75米）。背面镌刻着为民族独立和人民解放、国家富强和人民幸福而献身的978位（第二次国内战争31人，抗日398人，解放296人，建国后183人，外籍70人）烈士英名。墓区内新建无名烈士墓和革命烈士碑塔（全国罕见）。213座红色大理石烈士墓碑卧于松柏之中，供人们凭吊瞻仰。

陵园建设把经念性与教育性相结合，成为全县爱国主义教育的重要阵地，每年有数万人到此悼念革命烈士，接受爱国主义教育的洗礼。该园1989年已成为淄博市爱国主义教育基地和市级重点烈士纪念建筑物保护单位。

云涛烈士纪念馆
Yúntāo Lièshì Jìniànguǎn

云涛位于索镇原玉带桥北侧，为乌河当中的小岛。呈扁舟形，南北长87米，东西最宽31米，面积约2400平方米，古称"云涛"。因"天将，雨有云气，盘郁其上"而得名。传说"水深不没。人多不满"。清道光二十六年（1846），索镇于懋节立"云涛古迹"大字石刻于二石基座之上。为索镇人周衍东撰文，高玉赞书写。桓台烈士纪念碑即建于此。

1946年春，中共桓台县委、县政府为纪念抗日战争牺牲的烈士，决定在云涛建革命烈士纪念塔。副县长张精忠组建了建筑办公室，募捐款"北海币"近亿元，招聘能工巧匠30多名，有张正书、李家俊、国二、李丕忠等。选用四宝山之石，切磋琢磨，精工制作。制成烈士英名录碑两块，一块高175厘米，宽76厘米；一高176厘米，宽69厘米，两碑共镌刻着125名烈士的英名。烈士颂碑一座，高174厘米，宽75厘米，上面镌刻着渤海第三军分区政委李曼村为烈士撰写的四字颂文（附后）。据云，当时还刻有铭碑一幢，烈士名录碑8幢，其他饰物若干，布局构思，颇具匠心。

附：

乌河清清，铁山巍巍。烈士烈士，如山如水。
日寇乱华，家乡垂危。守土抗战，匹夫有责。

揭竿而起，振臂相随。找共产党，跟毛主席。
放下锄头，拿起武器。无分操场，山川野地。
无分课堂，枪林弹雨。栉风沐露，卧薪吞弹。
民供给养，敌供武器。一战奋发，再战却敌。
百战千战，知已知彼。无攻不克，无坚不摧。
寇兵老羞，施展毒计。分割封锁，清剿蚕食。
奸淫烧杀，年无虚日。有井水处，无所不至。
王逆金生，丧心投敌。认贼作父，引狼入室。
南攻北夹，夜袭昼击。痛我烈士，前仆后继。
有出远征，有的坚持。洒血泰岳，新莱博淄。
埋骨渤海，广博垦利。白发倚闾，新婚望夫。
苦熬八年，一旦胜利。群众翻身，有穿有吃。
应思来处，功在烈士。追源报本，来自人民。
生产战斗，属于人民。肝脑涂地，为了人民。
呜呼痛哉，优秀子孙。永垂不朽，勒诸贞珉。

渤海三军分区政委李曼村谨撰
胶济铁路管理处秘书李景房敬书
中华民国三十五年暮春中浣 谷旦

石刻挽联数对，文为：

铁山巍巍烈士功高垂千古，祢水洋洋革命事业冠古今。

大节无愧天壤，光荣常存人间。

作解放事业而牺牲芳名不朽，为中国人民以流血浩气长存。

字体庄重俊雅，亦似李景房手迹。

1945年8月，国民党顽八军进犯索镇，烈士碑被破坏。1948年2月，这些建筑物又遭还乡团砸毁。

1965年中共桓台县委、县政府秉全县人民意愿，重建烈士纪念碑，将碑基座建为3层，高约3米，直径9米。下面修台阶12级，石狮一对分列两侧。碑身为方形，面宽1.8米，高25米。顶部四角挑起，鳞次栉比伸檐。碑身、顶部款式参照天安门广场人民英雄纪念碑而做。正面刻有原桓台县委书记刘林祥题字：革命烈士永垂不朽。落款为：中共桓台县委员会、桓台县人民委员会，一九六五年八月一日立。碑阴有桓台一中副校长宋明侯书写的《烈士颂》，“文化大革命”间，几遭涂损，后用水泥抹平。

1977年春，竖起了原刻制好的两座英名录碑，一座颂碑。桓台一中团支部组织学生植松柏301棵。1978年春，在云涛北端建起东、西两套间，三间大厅的纪念堂，并绕埠砌上护埠石墙。在纪念堂内陈列着烈士的英名和事迹。

1991年秋，纪念碑向东北倾斜2度。县民政局请来专业技术人员，移动开石座台阶，清理碑身腐蚀砖砌，用钢筋混凝土加固，防止了碑体倾斜。

2010年夏始，历时一年半时间，对云涛烈士纪念地进行全面修复改造。对拱形桥加宽0.5米，加厚0.2米，并沿舟新制作汉白玉护栏。小桥对面是长7米，高5米，体现解放桓城的的雕刻迎壁。3米长，1.8米高的“云涛古迹”镶嵌其中，雕花底座，斗拱覆盖。纪念碑底层底座镌刻12组浮雕，上部底座镌刻4组浮雕。“烈士颂”碑和两块烈士英名碑，各坐落在三个3米高的四角斗拱亭中，碑身用玻璃罩保护。纪念堂前的甬道正中。新建一组3米高的冲锋战斗3名解放军镀铜雕塑。纪念堂外墙新贴墙面瓷砖。屋顶新换深红色琉璃瓦，脊顶有吻口走兽。纪念堂大厅内陈列着马耀南、胡凤林、柴玉录、李志业、王金英、张经淮、李贤荣七位烈士塑像和他们的事迹。

每年的新兵入伍、少先队入队、新党员入党，都到烈士纪念碑前宣誓。清明和烈士纪念日前来祭扫的有1万多人。1989年8月，该纪念地被批准为市级重点烈士纪念建筑物保护单位，和市级爱国主义教育基地。

第十四章

文物、游览地名

（一）文物

文物统计表

单位名称：桓台博物馆

文物名称	年代	质地	文物简介
青釉执壶	晋	瓷	唐山遗址采集，喇叭口，细长颈，短流，圆腹，平底，器形规整，胎刻“王、龙”二字
康熙帝书法“信古斋”	清	丝	征集，系康熙四十一年（1702），康熙皇帝御笔长卷
王渔洋手稿	清	纸	征集，纸质文本。王士禛，清，字贻上，号阮亭，别号渔洋山人，士禛诗为一代宗匠，有《带经堂》《渔洋诗文集》《精华录》等数十种著作
寿山图	明	丝	征集，设色绢本册页画，是明万历年间（1573—1620）著名画家殳素依据王渔洋曾祖父王之垣为其母祝寿所铸铜寿山而创作
孝友图	明	丝	征集。系明万历年间由蓝瑛、尤道恒、张杏羽、殳素等数十名画家创作，所画人物故事都是新城王氏家族的生活题材，反映了当时贵族大夫阶层的生活情趣
陈情图	明	丝	征集。系明万历年间由蓝瑛、尤道恒、张杏羽、殳素等数十名画家创作，所画人物故事都是新城王氏家族的生活题材
湘竹金扇	明	纸	征集，纸本，双面铺金，檀木作内扇骨，湘妃竹作外扇骨，一面为明代唐寅的人物画，一面为康熙御书唐诗
康熙帝书法中堂	清	绢	征集，绢本，共二十七字“惟正是视，玄黄匪惑，非礼不观，仪型是则。慎尔所觌，无愆斯德，临米芾”
黑陶单耳杯	龙山文化	陶	前埠遗址，泥质磨光黑陶，圆唇，敞口，腹部饰以弦纹，耳为錾状耳

续表

文物名称	年代	质地	文物简介
靳谭山水图轴	清	纸	征集，纸本，靳谭为明末清初人，生卒年月不详
褐釉四系罐	唐	瓷	征集，直口，方唇，圆腹，圈足，肩部四耳，肩部及下腹部饰弦纹，整器上部施青釉
褐釉兽头提梁水注	宋	瓷	唐山遗址采集。水注作兽形，兽背设一提梁，兽口为流口，器形矮小，为文房用品
玉璧	龙山文化	玉	前埠遗址采集。白玉，无纹饰
王啟磊山水图册页	清	纸	征集，王启磊，字石丈，号湘源，别号黄海山人，山东新城（今桓台县）人，王渔洋族侄，工画
王象乾手稿	明	纸	征集。纸本，王象乾，字子廓，号霁宇，明隆庆辛未进士，授闻鼓县令，迁兵部主事、兵部员外郎、郎中，出为保定知府，累官至兵部尚书兼史部尚书，晋爵太子太保
王象春书信手稿	明	纸	征集，纸本。王象春，字季木，号文水，山东新城人，明万历三十八年（1610）进士，他负有一代才华有盛名，但赋性亢直，不附俗流，列名东林党，坎坷终身，明末著名诗人，著有《问山亭集》和《齐音》
父辛爵	商晚期	铜	桓台史家遗址，通高18厘米。长流，尖尾，束颈，腹微鼓，圜底，三锥形足，牺首鋬。腹部为云雷地饕餮纹，鋬内铭文“父辛”二字
父癸觚	商中期	铜	桓台史家遗址，高14.1厘米，口径11.3厘米，底径8.2厘米。宽体式。颈部三道弦纹，腹部有饕餮纹，圈足内铭“父癸”二字
铜簠	西周晚期	铜	高18厘米，口长27.5厘米，口宽23.5厘米，足14～17.2厘米。器与盖造型基本相同，呈长方形，腹斜收，圈足，每边中有缺，两侧置有龙鋬一对，其口沿饰重环纹，底、盖对铭十字，铭文相周
瑞兽葡萄镜	唐	铜	直径9.9厘米。圆形，兽钮。镜的背面纹饰为高浮雕式“瑞兽葡萄纹”，以双线高圈将镜背分成内外二区

续表

文物名称	年代	质地	文物简介
节墨之法化	春秋	铜	通长18.5～18.8厘米，最宽处2.8～3厘米。青铜质，弧背凹刃，刀柄扁平，刀柄末有圆环，刀身轮廓线较高，钱面模铸“节墨之法化”五字。钱文书法秀劲，铸造精致，铜质坚好
金错刀	西汉	铜	通长7.3厘米，又名“一刀平五千”，上为方穿圆形，下为刀币形，身形如刀，其环如大钱，整个形态类似一把钥匙，其方穿上下用黄金镶嵌“一刀”二字，刀身横铸“平五千”三字。由于“一刀”二字用黄金错成，故世称“金错刀”，此类钱币为王莽所铸行，金错刀一枚值五铢钱五千枚
彩绘红陶双耳壶	大汶口文化	陶	桓台李寨遗址出土，泥质红陶，圆唇，敞口，高颈，溜肩，鼓腹，平底，器物整体施黑衣，颈部偏上对称饰两耳，颈至腹上部两周红色条纹内绘红色“X”纹三个，腹至底上部绘红色楔形纹，该器制作规整，纹饰独特，有鲜明的鲁北大汶口地域特征
彩绘红陶双耳罐	大汶口文化	陶	桓台李寨遗址出土，泥质红陶，圆唇，敞口，短颈，溜肩，球形腹，小平底，唇部、颈部及腹部施以黑色带状纹，肩部横向和纵向交叉纹，两侧三角形耳上绘黑色条纹
彩绘红陶壶	大汶口文化	陶	桓台李寨遗址出土，泥质红陶，圆唇，敞口，直颈，球形腹，小平底，器表施黑衣，颈部绘红色圆点，腹部三周红色圈纹，内绘红色圆点。该器物体现了大汶口文化时期东夷族对太阳神的崇拜
红陶鬶	大汶口文化	陶	夹砂红褐陶，颈较短，流较长，向外斜伸，纽索形鋬，袋状三足
双鋬红陶鬶	大汶口文化	陶	夹砂红陶，流短且平，侈口，短颈，高裆，三袋状足，半环形鋬，腹部饰凸弦纹，是东夷部族对鸟崇拜的具体体现，该器三足为空心袋状，增加了器物容量，而且受热面积也大，设计可谓精巧之至，体现了6000年前东夷人的科学创造
黑陶觯形壶	龙山文化	陶	桓台李寨遗址出土。泥质磨光黑陶，尖唇，侈口，束颈，溜肩，半球形腹腔，内弧形收下腹，平底，颈腹部饰两周凹弦纹，一周凸弦纹，上腹部饰纵向压印纹

续表

文物名称	年代	质地	文物简介
黑陶蛋壳高柄杯	龙山文化	陶	桓台李寨遗址出土。整个器形可分为两段，上部为一敞口杯，下部为一筒形镂空座。矮圈足，整个器物有四层弦纹，两层镂空。口沿最薄处仅0.01厘米，杯体最厚处0.03厘米，是典型的龙山文化蛋壳陶
青花将军罐	清顺治	瓷	盖有宝珠形钮，自颈部往下饰蕉叶、如意、缠枝牡丹、蕉叶纹。整个画面色泽青翠稳定
青花鼓凳	清乾隆	瓷	该器为鼓形，故名，凳上、下各有一排鼓钉突起，纹饰自上而下为梅花、菊花、团鹤、缠枝牡丹，缠枝西蕃莲为双勾勒，是斗彩漏烧

青釉执壶

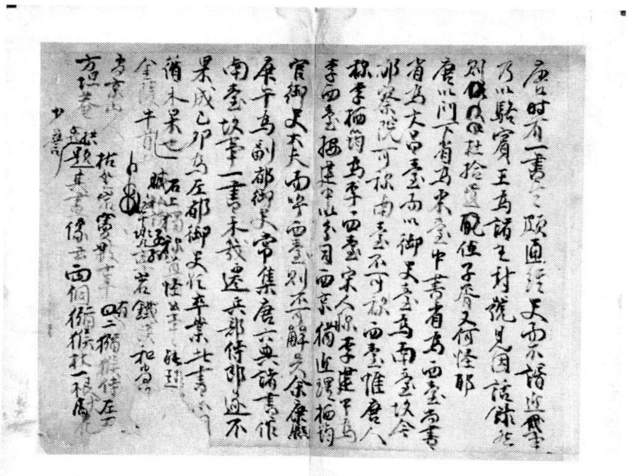

王渔洋手稿

寿山图 1

寿山图 2

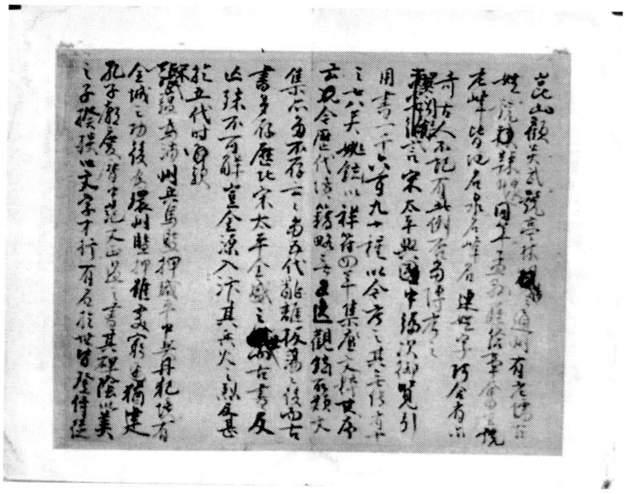

王渔洋手稿

康熙帝书法“信古斋”

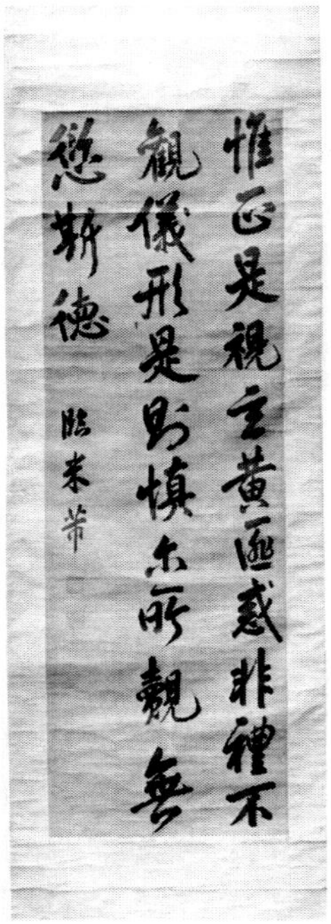

康熙帝书法中堂

靳谭山水图轴

孝友图 1

孝友图 2

孝友图 3

陈情图 1

陈情图 2

黑陶单耳杯

湘竹金扇 1

湘竹金扇 2

褐釉兽头提梁水注

褐釉四系罐

父辛爵

玉璧

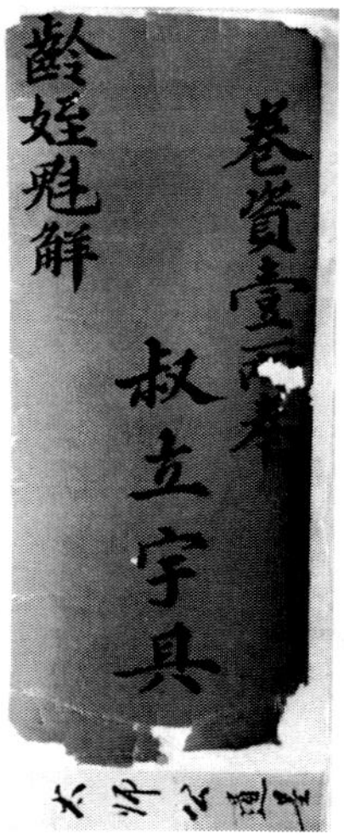

王象乾手稿

父癸觚

王啟磊山水图册页

金错刀

节墨之法化

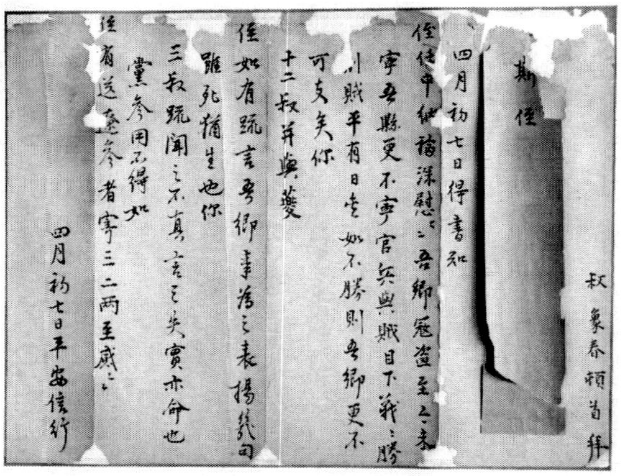
权象春顿首拜
斯侄
四月初七日得书知
侄徒中伸稽深慰、、吾乡冦盗至、、未
寧安縣更不寧官兵與賊日下戰、、勝
則賊平有日矣如不勝則吾鄉更不
可支矣你
十二叔并與夔
侄如有疏言吾鄉事為之表揚幾句
雖死猶生也你
三叔疏聞之不真言之失實亦命也
黨參用不得如
侄有送黨參者寄三二兩至感、、
四月初七日平安信行

三象春书信手稿

铜簠

铜簠

彩绘红陶壶

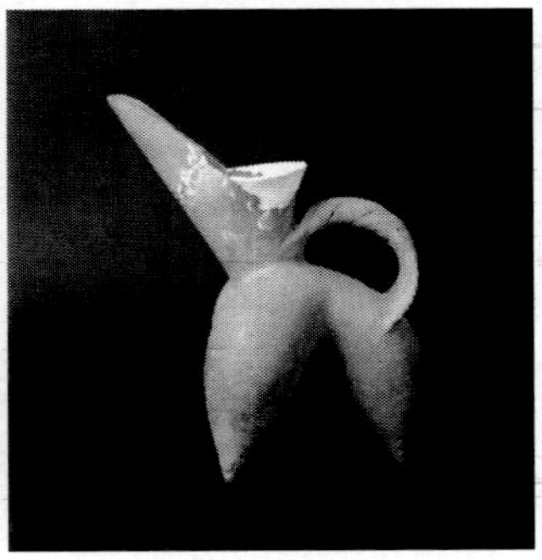

红陶鬶

绘红陶双耳壶

绘红陶双耳罐

双鋬红陶鬶

黑陶觯形壶

黑陶蛋壳高柄杯

青花将军罐

青花鼓凳

（二）游览地

桓台博物馆
Huántái Bówùguǎn

桓台县博物馆位于县政府西侧，1999 年 9 月对外开放，占地面积 1.3 公顷，建筑面积 6000 平方米。馆内现设展厅 12 个，9 个专题陈列，展示各类文物 5000 余件。展出内容以桓台历史和文化艺术为主，设有 11 个展厅，分别有东夷文明之光、薄姑国青铜器、古币汇展、铜镜鉴赏、瓷器、玉器鉴赏、明清书画、彩蝶世界等展览，其中《彩蝶世界》共展出了 1500 余种 20000 余只世界珍稀和濒危灭绝的蝴蝶标本，填补了山东地区无昆虫馆的空白。展出的后李文化陶器、大汶口文化彩陶及墓葬、王士禛诗文手稿、清康熙皇帝御笔“信古斋”、史家遗址出土的迄今中国最早的甲骨文等均具有重要历史价值。

展览内容丰富多彩，展览形式灵活多样，有大量精美文物可供观众鉴赏；有内容翔实，融入图版的文字、沙盘、照片、图表等多种形式的说明及文献资料。多层次、多侧面历史地反映了桓台的政治、经济、文化、艺术和礼俗，记述了桓台历史的发展脉络，展示了辉煌的古代文化成就，反映了桓台在华夏文化中所占的重要位置。

桓台县博物馆

万狮博物馆
WànshīBówùguǎn

万狮博物馆坐落在桓台县城内，馆内陈列

各类狮雕塑艺术品千余件，珍贵图片数百幅。其中部分有很高的历史文物价值和很强的艺术观赏价值。有汉、魏、南北朝、隋、唐、宋、金、辽、元、明、清各个时代的作品。狮子造型各异，千姿百态，材质也有不同，有石材、木材、玉材、铁材、铜材、瓷材等。展品在美仑美奂的灯光照耀下，变换着各种色彩，更增添了魅力，令人遐想无边。该馆的建设填补了淄博地区的空白。

万狮博物馆

万壶艺术馆
Wànhú Yìshùguǎn

万壶艺术博物馆

万壶艺术馆坐落于桓台县东岳路商业银行一层南大厅。营业面积500多平方米。馆内收藏丰富，元朝、明朝、清朝、民国、“文化大革命”等各个不同时期的壶，种类较多，其中古代紫砂壶294种。

红莲湖公园
Hóngliánhú Gōngyuán

红莲湖位于桓台县城南3千米，距离淄博市中心城区15千米，交通非常便利。红莲湖是桓台城乡河流水系建设的重要组成部分，分为两期工程建设。

西湖区始建于2009年年初，于2010年国庆节竣工投入使用。西湖区总投资2.55亿元，全长1600米，宽388米，绿化总面积62万平方米，其中水域面积约26万平方米，蓄水200万立方米。栽植各类苗木30万余株，铺装约7万平方米，大型喷泉4处，建筑小品、廊亭11处。

西湖突出“以水为主，动静相宜”，它的绿化景观分为“自然生态区、人文历史区、时尚休闲区、运动休闲区”四个区域，形成了具有强烈文化信息的现代生态园林景观。主要景点有古城遗风、八景长廊、童趣园、吊桥、沙滩等。

东湖区位于寿济路南侧，西起柳泉路，东至涝淄河，全长1.4千米，均宽386米，绿化总面积55万平方米，总投资2.6亿元。该工程于2012年年初开工建设，于2014年5月1日竣工投入使用。

东湖区是由设计西溪湿地的杭州园林设计院设计的，在遵循整体性、生态性、参与性原则的基础上，通过挖湖堆山，塑造开保有致，形态丰富的大山大水格局。集自然休闲、商业休闲、文化休闲及康体休闲于一体的生态湿地公园。主要景点有知鱼廊、音乐地图广场、八角阁、农耕园、柳杉堤、风车等。

景区先后被授予“国家AAA级景区”“省人居环境范例奖”“山东省旅游摄影创作基地”“十佳市级都市农业示范区”“山东省水利风景区”等奖项。红莲湖极大地改善了广大市民的生活环境和生活质量，真正达到了经济、社会、生态效益的完美结合。

红莲湖公园

少海公园
Shàohǎi Gōngyuán

少海公园位于县城中心西约1000米处。因马踏湖曾名少海，故称“少海公园”。于2004年3月施工，10月竣工。少海公园总面积约24.5公顷，共种植绿地面积14.5万平方米，栽植各类苗木20万余株，整个公园绿化以种植树木，特别是乔木为主。花草树木清翠欲滴，花团簇锦。水面5.8万平方米，大型音乐灯光喷泉3处，水作为少海公园重要的景观基础，为周边街区和城市共享。铺设道路面积7600平方米，铺装广场4600平方米，建设小品、廊亭9处，安装各种草坪、广场灯500余盏，音箱、音柱100余个，修建拱桥、木桥、大桥共10座。公园分为文化园景区、植物观景园、康乐园景区和水景园景区。

公园设三处大型喷泉，喷泉有独立水型12种，组合水型40多种。其中6个相同池子设计了七种独立水型，包括万众一心、旋转花篮、共赴前程、大鹏展翅、蛟龙出海、孔雀开屏、雪松。喷泉静动结合，与少海公园的自然环境融为一体。音乐喷泉是当今水景的最高表现形式。水形雪白自然、粗壮挺拔，飞碟高射、水形高大粗壮、直冲云天。变幻的跑泉是目前国内最为先进的喷泉水形之一，可产生追逐跑动，可形成山形、玉柱、旗帜、水幕，形成了城市需要的自然之气。

少海公园

马踏湖生态旅游渡假区
Mǎtàhú Shēngtàilǚyóudùjiàqū

马踏湖位于桓台县东北部，是由乌河、猪龙河、孝妇河等河流汇流形成的浅平湖泊湿地，面积96平方千米，现有湿地核心区10平方公里。享有国家AAA级景区、国家湿地公园、全国农业旅游示范点、国家水利风景区、省级风景名胜区和省级地质公园等众多荣誉称号。湖内2100余条河道纵横相连，交织成网，形成了我国北方独具特色的“村村靠湖、家家连水、户户通船”的水乡风貌，素有“北国水乡”之美称。战国时期鲁仲连、颜斶、汉代辕固曾隐居于此，三国时期诸葛亮、宋朝大诗人苏轼、一代诗宗王渔洋等都曾在此留下足迹和诗篇。著名的历史文化古迹有五贤祠、冰山遗址、徐夜书屋、会城遗址等。

马踏湖不仅景色迷人，而且物产丰富，湖中盛产几十种水产品，野生鸟类有70多种，湖中芦苇质地优良、细薄柔软，用其编成的宫灯、四屏扇等工艺品，远销多个国家和地区。金丝鸭蛋、鱼龙香稻、白莲藕曾是历代宫廷的贡品。金丝鸭蛋是全省优秀旅游产品。

每年农历的三月十八日举办马踏湖五贤祠庙会；每年端午节，举办马踏湖龙舟赛；农历七月份，逢荷花盛开，举办马踏湖民俗风情旅游节，届时还有盛大的荷花灯会和风味美食节活动。

目前马踏湖生态旅游度假区正在以国家AAAAA级旅游景区、国家级旅游度假区标准进行改造提升，规划面积24平方千米，以建设江北最佳湿地度假休闲地为目标，将马踏湖打造成为集生态修复、科普教育、湿地体验、人文艺术传播、养生农耕于一体的复合型湿地度假区。

马踏湖渡假区

城标广场

Chéngbiāo Guǎngchǎng

1997年3月，县政府投资450万元，在县城南侧205国道、南外环路等5个交叉路口处，建设城标广场，占地81亩，6月竣工。其中，交通环岛直径228米，绿地面积37.5亩。环岛中心建有桓台城标，高度44米，主体为薄壳、立柱和不锈钢球，象征着桓台似东方地平线冉冉升起的一颗灿烂明珠。立柱上的麦穗、齿轮和斗拱，象征着农业、工业、建筑业为全县的三大经济支柱。立柱呈H字形，意为桓台缩写。基座为九级台阶，象征着桓台各项事业蒸蒸日上。城标南北两侧镶嵌着原全国人大常委会委员长彭真为桓台题词“建筑之乡”。城标周围安装各式圆形、隐形喷泉和水底灯。西部设有600平方米露天音乐舞台，地面铺设大理石，舞台周围是草坪绿地并种植雪松、龙爪柏、龙爪槐500株。夜幕降临时，路灯、射灯、礼花灯、水底灯遥相辉映，景色怡人。

城标广场

人民公园

Rénmín Gōngyuán

1991年6月，在城区乌河段南首，沿河两岸滩涂地带，随自然地形建设人民公园，后因乌河改道，面积缩小而放弃。1999年3月，投资100万元，在索镇中心大街与东岳路东侧交界地段，租用索镇新民村土地100亩，建设桓台人民公园，1999年9月竣工。公园内缘花面积约5000平方米，栽有龙柏、京桃、火炬、蜀桧等花木，中部安装体育健身器材一处。2014年又新建80米长的仿古走廊和大型群众大舞台。公园内还植法桐、毛白杨、杉树、大夫芳藤球、丁香和紫荆等园林植物，不同色彩的地被植物组成各种图案，四季常青，鲜花成丛。

人民公园

文体中心
Wéntǐ Zhōngxīn

桓台县文化体育中心，位于桓台县城西南2.5千米，淄博市柳泉北路和桓台大道交会处，2005年10月开工建设，2008年正式投入使用，占地33.9公顷，建筑总面积62204平方米，绿化面积15万平方米，总投资近4亿元。是桓台县建设生态、和谐、人文特色城市的一项标志性民心工程。曾于2009年承接了“全运会”排球项目部分赛事，2010年“省运会”篮球与手球项目赛事，2013年中国“十艺节”部分剧目的演出。

文体中心内有大剧院、图书馆、文化馆、城市规划展、全球通影城、体育馆、全民健身休闲广场、会务中心等设施。其中图书馆、文化馆为国家一级馆，全民健身休闲广场为国家级全民健身广场。并先后获得省级文明单位、齐鲁文化特色新地标、淄博市青年文明号等荣誉称号。

文体中心

第十五章

历史地名

西安县
Xī'ānxiàn

汉高祖置县，魏、晋因之，南朝宋武帝废西安。汉武帝（刘彻）于此封李翔为涉轵侯，汉平帝（刘衎）于此封东平殇王孙为西安侯。故城即桓台县城索镇。

索卢县
Suǒlúxiàn

南朝宋武帝侨置县，北齐天保年间（550—559）县废。故城即今桓台县城索镇。

新城县
Xīnchéngxiàn

1228 年蒙元置县。民国 3 年（1914），以县名五省同见，议留最早置者，此以新城里有齐桓公戏马台，又名桓台，易名桓台县。故城即今桓台县新城镇。

索镇区
Suǒzhènqū

在桓台县东部。为桓台县七区之一。1961 年 9 月由索镇人民公社改建，区公所驻索镇。辖索镇、耿桥、张桥、东毕、南王、侯庄五个公社。1966 年 7 月撤区并社为索镇、耿桥、侯庄三公社。

桓城区
Huánchéngqū

在桓台县西部。1961 年 9 月由桓城人民公社改建，区公所驻桓城（今新城）。辖城关、邢家、洼子、周家、沈家五公社。1966 年 7 月撤区并社为桓城、周家两公社。

唐山区
Tángshānqū

在桓台县中部。1961 年 9 月，由唐山人民公社改建，区公所驻唐山。辖唐山、西毕、店子、楼子、果里五个公社。1966 年 7 月，撤区并社为唐山、果里两公社。

田庄区
Tiánzhuāngqū

在桓台县中部。1961 年 9 月，由田庄人民公社改建，区公所驻田庄。辖田庄、大寨、吕埠、诸葛、郭店、傅桥六公社。1966 年 7 月，撤区并社为田庄、傅桥、邢家三公社。

高王区
Gāowángqū

在桓台县北部。1961 年 9 月，由高王人民公社改建，区公所驻荆家庄。辖高王、里仁、孙桥、王明、刘家五公社。1966 年 7 月，撤区并社为荆家、刘家两公社。

起凤区
Qǐfèngqū

在桓台县东北部。1961 年 9 月，由湖滨人民公社改建，区公所驻起凤。辖夏庄、起凤、华沟、演马、鱼龙五公社。1966 年 7 月撤区并社为起凤人民公社。

陈庄区
Chénzhuāngqū

在桓台县西北部。1961年9月，由陈庄人民公社改建，区公所驻陈庄。辖前陈、马桥、北营、黄郭、木佛、金家六公社。1966年7月，撤区并社为马桥、陈庄两公社。

新桥镇
Xīnqiáozhèn

在桓台县城索镇西北22千米，陈庄西3.5千米处。即今辛桥村。明代置镇，为新城县八镇之一。

崔楼镇
Cuīlóuzhèn

在桓台县城索镇西11.8千米，新城东3.2千米，大寨沟北侧。即今崔楼。明、清两代皆于此置镇。

旬召镇
Xúnzhàozhèn

在桓台县城索镇西北8.5千米，田庄东2千米。即今旬召庄。明、清两代皆于此置镇。

高楼镇
Gāolóuzhèn

在桓台县城索镇西北11.5千米，田庄西1.6千米，跨田庄一陈庄公路。即今高楼。明、清两代皆于此置镇。

扒头桥
Pátóuqiáo

在桓台县索镇北11千米，跨乌河、锦秋公路。民国初易名起凤桥。曾为区、公社机关驻地。

拐子庄
Guǎizǐzhuāng

在桓台县城索镇西南6千米，西果里村北1千米，跨涝淄河。清光绪年间（1875—1908）易名义和庄。民国初分为东义和庄、西义和庄。

窦家庄
Dòujiāzhuāng

在桓台县城索镇西8.3千米，唐山西南2.3千米，章索公路南侧。清光绪年间改名人和庄。

宫尹庄
Gōngyǐnzhuāng

在桓台县城索镇北3千米，耿桥南，乌河西岸，跨锦秋公路。1934年改名宫家庄。

龙凤庄
Lóngfèngzhuāng

在桓台县城索镇南4.8千米，吴磨新村西1.8千米，淄东铁路西侧，跨小龙一卫固公路。清初改名大龙庄。

龙王庄
Lóngwángzhuāng

在桓台县城索镇东南8千米，吴磨新村东南3千米，小龙一卫固公路东侧。1949年改名三龙庄。

永乐村
Yǒnglècūn

在桓台县城索镇南4.3千米，吴磨新村西北2.8千米。清中期易名凤凰庄，光绪年间改名凤鸣庄。

花园大街
Huāyuándàjiē

位于原索镇政府驻地南500米，西邻乌河，东为居民区。街巷走向为南北，长度800米，宽度7米。

据传，明朝建村后，逐年形成大街。因是花园村的主要街道，故命名为花园大街。索镇大集（农历四、九）的旧货、杂货市场设在该大街。

1995年后，花园村整体搬迁，现该地处于待开发。

圩子沟街
Wéizigōujiē

位于原索镇政府驻地东南500米，东为居民区，走向为南北，长度800米，宽度7米。

中华人民共和国成立初期拆除圩子墙，并向北延伸，填平修成土路。因位于圩子沟上，故得名圩子沟街。1986年秋因充满垃圾、污水、无法行人，加上西头堵塞而废除此街。

朱家磨沟街
Zhūjiāmógōujiē

位于原索镇政府驻地南1.1千米，东侧乌河，西侧均为居民住户。街走向为南北，长度350米，宽度为5米。

据传，清初，朱姓在此居住，并在乌河上建水磨。因该街南建水磨，故得名朱家磨沟街。

随着1975年乌河水断流，和1992年村居改造，该地名消失。

桓台县烟棉公司
Huántáixiànyānmiángōngsī

位于县政府驻地西南1500米，张北路南段东侧。占地70亩，职工60人，下设4处黄烟收购站，年收购黄烟14.5万公斤。

1956年成立桓台县烟草公司，隶属桓台县商业局。1985年更名为索镇烤烟厂。1961年又更名为县社烟棉部，改属桓台县供销合作社。1964年更名为桓台县烟棉公司。1980年后黄烟种植逐年减少，于1983年撤销。

桓台影院
Huántáiyǐngyuàn

位于县政府驻地东500米，中心大街北侧，占地2600平方米。影院高17米，前门三层，内设上、下二层座，共1885座。管理人员15人，年收入12万元。

1975年由山东省文化局投资兴建，1977年9月竣工，同年10月1日开业。因属桓台县电影管理站辖，故名桓台影院。1996年拆除桓台影院，建丽都精品街。

桓台县粮食转运站
Huántáixiànliángshizhuǎnyùnzhàn

位于原索镇政府驻地东南1500米，车站西路东侧。职工8人，占地1.12万平方米，容量170万公斤。主要为全县中转调运粮食，年经营量1500万公斤，平均库存粮食150万公斤。

该站于1961年由桓台县粮食局投资建成，因主要任务是中转调运粮食，故名桓台县粮食转运站。1984年5月撤销。

桓台县工人文化宫
Huántáixiàngōngrénwénhuàgōng

位于兴桓路西侧，占地4946.13平方米，建筑面积为2340平方米。设有电视中专班1个，函大班1个，工会专业证书班1个，高考辅导班2个。共有管理人员6名，学生264名，为桓台县总工会下属单位。

1981年建，在镇北大街西段南侧，桓台影院北邻。为职工业余学习文化、体育活动中心。名桓台县总工会职工俱乐部。1988年更名为桓台县工人文化宫。1995年撤销。

桓台县人民剧场
Huántáixiànrénmínjùchǎng

位于原索镇政府驻地东南400米，乌河东部，索镇东镇村东段北侧。占地2000平方米，职工4人，共容1000人，年接待剧团50天，年收入3000元。

该院于1952年县政府投资建成，属桓台县文化局领导。因位于乌河以东，故取名河东礼堂。主要用于会议和演出。1961年重修。1965年改名为桓台县人民剧场。1987年撤销。

果里烟站
Guǒlǐyānzhàn

位于原果里公社驻地东。占地10亩，职工11人，年收购黄烟十万担。

该站于1969年由桓台县烟棉公司投资建成，是桓台县烟棉公司下设的一个黄烟收购站，因设在果里公社境内，故名果里烟站。1984年4月撤销。

东岭庄
Dōnglǐngzhuāng

位于索镇东4千米，索镇——敬仲公路（现寿济路）南侧。属前毕村民委员会。31户，136人，耕地180亩，主产小麦、玉米。

该处原为前毕庄的一部分土地。为便于耕种，1960年由前毕部分村民迁此居住，因处东岭地片，故名。

2000年，因妨碍修建公路，其住户搬迁前毕庄内。东岭庄至此消失。

张家屋子
Zhāngjiāwūzi

位于桓台县城东北3.3千米。原属耿桥镇刘家村民委员会。25户，110人，耕地130亩，主产小麦、玉米。

《张连清墓碑》载：清道光十年（1830）张连清由张桥移居于此，村名张家屋子，曾名张家辛庄，俗名张家嫉妒庄。《桓台县地名志》（1986年版）载：张家屋子。

1987年末，迁并入刘家庄。张家屋子至此消失。

宋家屋子
Sòngjiāwūzi

位于桓台县城西北 14.5 千米，田庄镇政府驻地西北 4.8 千米，孝妇河北岸。属傅桥村民委员会。22 户，110 人，耕地 90 亩，主产小麦、玉米。

据考，清乾隆年间建村。

2000 年，因地处不便，已整体迁入傅桥村内。宋家屋子至此消失。

官 庄
Guāngzhuāng

位于桓台县城北 8.6 千米，距原邢家乡政府驻地东北 4.5 千米。属演马村民委员会，2 户，10 人。是县内最小的村庄。耕地 12 亩，主产小麦、玉米。

据传，此处为春秋时期齐桓公练马场看守处，故名官庄。《桓台县地名志》（1986 年版）载：官庄。

1987 年，已迁入演马村内，该地名至此消失。

第十六章

附　录

淄博市人民政府

淄政字〔2001〕37号

淄博市人民政府
关于同意桓台县调整部分乡镇行政区划的批复

桓台县人民政府：

《桓台县人民政府关于调整乡镇行政区划的请示》（桓政字〔2001〕16号）收悉。经转报省政府批准（鲁政函民字〔2001〕67号），同意撤销耿桥镇，将其行政区域并入索镇镇；撤销侯庄镇，将其行政区域并入果里镇。其行政区域界线以（桓政字〔2001〕16号）文所附的地形图上标绘的界线为准。

二〇〇一年三月二十七日

桓台县人民政府

桓政字〔2017〕26号

桓台县人民政府
关于同意索镇部分道路命名的批复

索镇人民政府:

你单位《关于对部分道路命名的请示》(索政发〔2016〕59号)收悉。经研究,同意你镇提出的道路命名意见。现将部分道路命名批复如下:

一、镇府街:位于索镇卫生院(索镇人民政府原址)前,东西走向,西起槐荫路,东至铁西路,长2000米,宽10米。

二、索镇大街:位于世纪中学前,东西走向,西起803省道,东至铁西路,长1760米,宽7米。

三、文化街:位于顺河路以西,南北走向,北起建设街,南至建国路，长1230米，宽18米。

四、北辛路：位于索镇卫生院西侧，南北走向，北起建设街，南至镇府街，长710米，宽7米。

五、炉姑路：位于世纪中学东侧，南北走向，北起镇府街，南至建国路，长385米，宽10米。

六、永安路：位于索镇卫生院西侧向南，南北走向，北起镇府街，南至索镇大街，长230米，宽5米。

七、卫生东街：位于黄河龙小区以北，富丽花园以南，东西走向，西起803省道，东至顺河路，长800米，宽15米。

八、建国路：位于温州批发城（建国市场）北侧，东西走向，西起803省道，东至顺河路，长820米，宽20米。

九、市场南路：位于温州批发城（建国市场）南侧，东西走向，西起803省道，东至顺河路，长775米，宽12米。

十、兴学路：位于建国小学东侧，南北走向，北起建国路，南至渔洋街，长430米，宽8米。

十一、花园路：位于花园小区西侧，南北走向，北起渔洋街，南至桓台大道，长710米，宽10米。

桓台县人民政府

2017年3月23日

桓台县人民政府办公室　　2017年3月23日印发

— 2 —

桓台县人民政府

桓政字〔2017〕81 号

桓台县人民政府
关于同意对果里镇部分道路命名的批复

县民政局:

你单位《关于对果里镇部分道路命名的请示》(桓民发〔2017〕1 号)收悉。经研究,同意你局提出的道路命名意见。现将部分道路命名批复如下:

1. 海河路:位于鸿嘉星城北侧,东西走向,东起涝淄河,西止猪龙河,长3100米,宽23米。

2. 黄河路:位于鸿嘉星城东门对面,东西走向,东起涝淄河,西止鸿嘉星城东门,长 1200 米,宽 16 米。

3. 果里大道:位于鸿嘉星城南门前,东西走向,东起张北路,西止猪龙河，长3880米，宽23米。

4.侯庄路：位于侯庄卫生院前，东西走向，东起县界，西止张北路，总长9000米。县界-张东铁路长7120米，宽8米；张东铁路-张北路长1880米，宽23米。

5.义和路：位于果里镇政府前，东西走向，东起张东铁路，西止东义和村，长2100米，宽16米。

6.淮河路：位于急公新村前，东西走向，东起柳泉北路，西止华山路，长 900 米，宽 16 米。

7.石化南路：位于汇丰石化集团南门前，东西走向，东起汇丰石化，西止张北路，长1200米，宽16米。

8.巨明路：位于巨明机械集团前，东西走向，东起张北路，西止涝淄河，长800米，宽8米。

9.太极路：位于华泰轴承有限公司前，东西走向，东起张东铁路，西止张北路，长1100米，宽16米。

10.东泰路：位于东泰交通规划设计院前，东西走向，东起张北路，西止柳泉北路，长1300米，宽16米。

11.珠江路：位于齐韵韶苑北侧，东西走向，东起柳泉北路，西止县界，长600米，宽16米。

12.春光路：位于晨报印务北侧，东西走向，东起张东铁路，西止张北路，长1200米，宽9米。

13.和济路：位于华伟银凯门前，东西走向，东起县界，西止张北路，长1300米，宽12米。

— 2 —

14. 建龙路：位于建龙化工北侧，东西走向，东起张东铁路，西止张北路，长1100米，宽9米。

15. 博丰北路：位于博丰复合肥北侧，东西走向，东起张东铁路，西止张北路，长1100米，宽9米。

16. 博丰南路：位于博丰复合肥南侧，东西走向，东起张东铁路，西止张北路，长800米，宽9米。

17. 闽江路：位于淄博科勒北侧，东西走向，东起官中村，西止蒙山路，长 900 米，宽 16 米。

18. 漓江路：位于鑫港燃气北侧，东西走向，东起蒙山路，西止张东铁路，长 900 米，宽 16 米。

19. 富华路：位于麻家村东侧，东西走向，东起耀昌路，西止李王排沟路，长 1200 米，宽 12 米。

20. 英雄路：位于淄博市工会南侧，东西走向，东起县界，西止李王排沟路，长 1700 米，宽 18 米。

21. 三赢路：位于太平村的南侧，东西走向，东起县界，西止西十三路，长 1100 米，宽 18 米。

22. 衡山路：位于张钢东侧，南北走向，南起 G205，北止侯庄路，长 1400 米，宽 9 米。

23. 蒙山路：位于汇丰石化集团东侧，南北走向，南起和济路，北止 G205，长 1920 米，宽 16 米。

24. 聚荣东路：位于万科化工门前，南北走向，南起太极路，北止石化南路，长 730 米，宽 12 米。

— 3 —

25. 泰山路：位于创尔沃门前，南北走向，南起建龙路，北止侯庄路，长 3500 米，宽 16 米。

26. 黄山路：位于天齐汽车博览园西门前，南北走向，南起珠江路，北止红莲湖，长 4900 米，宽 16 米。

27. 华山路：位于鸿嘉星城南门对面，南北走向，南起 G205，北止鸿嘉星城南门，长 1000 米，宽 16 米。

28. 耀昌路：位于原周家镇府西侧，南北走向，南起太平村，北止 S238，长 5300 米，宽 16 米。

29. 排沟路：位于滨博高速东侧，南北走向，南起康家村，北止 S238，长 5200 米，宽 8 米。

桓台县人民政府

2017 年 8 月 16 日

桓台县人民政府办公室　　2017 年 8 月 16 日印发

— 4 —

地名汉字首字笔画索引

二 画

三 画

四 画

五画

六画

七画

八画

九画

十画

十一画

十二画

十三画

十四画

十五画

十六画

二十画

后　记

《桓台县地名志》的编纂工作，历经两年时间，就要交付印刷了。这是桓台县第二次全国地名普查工作的重要成果之一，也是一部具有法定性、科学性、知识性的地名工具书。县政府边江风县长为该志作了序言。

本志地名辞条的主要来源：一是以 1986 年编印的《桓台县地名志》为蓝本，二是第二次地名普查中出现的新地名为依据。在 3711 条地名信息中，我们本着严肃认真、精益求精的工作态度，核实编辑而成本志。本志主要内容有行政区划和自然村、社区、居民点名称；自然地理实体名称；具有地名意义的事业、企业单位和人工建筑名称；名胜古迹和纪念地名称，共四大类。其中，镇（街道）以上行政区划 9 条，路、街、巷 34 条，自然村 314 条，居委会、居民点 47 条，自然地理 9 条，人工建筑 121 条，各专业部门 57 条，文物、古迹、纪念地、游览地 107 条，国有、民办企业 125 条，总共 823 条。历史地名 34 条。照片 499 张，70 万字。本志所汇集的地名辞条基本包括了桓台县全县地名现状和历史，进而增强了可读性与“历史、教化、资治”的功能。但是由于各种原因与条件限制，可能存在尚未列入的地名。

在编纂《桓台县地名志》期间，县委、县政府十分重视，成立了桓台县全国第二次地名普查领导小组，张京义副县长任组长。县财政局、史志办、统计局、档案局、住建局、文化局、水利局、交通局、公路局、文体中心、教体局、王渔洋纪念馆等部门领导极为关照。县史志办董杰主任、王渔洋研究中心魏恒远主任、省地名专家东营市地名办王作山主任，提供了大量资料，提出了意见、建议，进行了修改完善。我们民政局班子和地名办的工作人员，投入了大量心血和精力，兢兢业业、勤奋工作，付出了艰辛的劳动。藉此，谨向关心和支持并为编纂工作做出贡献的领导、专家、同仁表示衷心感谢！

编纂《桓台县地名志》是一项浩繁文化工程，涉及面广，工作量大，加之我们编纂水平有限，疏失和差错在所难免，恳请读者批评指正。

桓台县民政局

2018 年 10 月